Dagmar Seifert

*Feuervogel*

Dagmar Seifert

# *Feuervogel*

Roman

Langen Müller

Besuchen Sie uns im Internet unter
www.langen-mueller-verlag.de


Schutzumschlag: Wolfgang Heinzel
Illustration: Gisela Rüger, München
Satz: Uhl + Massopust, Aalen
Gesetzt aus: 10,4/12,75 Punkt New Caledonia
Druck: Jos. C. Huber KG, Dießen
Binden: R. Oldenbourg, Heimstetten
Printed in Germany
ISBN 3-7844-2879-7

# *Inhalt*

# *Im* 1. *Kapitel*
## *geht gleich die Welt unter, während der Feuervogel aus Eis entsteht*

Merle Voß war noch nicht sieben, als die Welt unterging. Jedenfalls ging sie beinah unter. Gott schickte eine neue Sintflut. Dabei wusste Merle definitiv, dass Er damals Noah Sein Wort gegeben hatte, so was nie wieder zu machen. Es war enttäuschend genug gewesen zu erkennen, dass manche Erwachsene nicht hielten, was sie versprachen. Und nun sogar Gott?

Genau zum Weltuntergang war Familie Voß damit beschäftigt, ein völlig neues Leben anzufangen. Ein schönes, natürlich. Butz Voß, Merles Vater, sollte die Redaktion und den Vertrieb für ein schwedisches Comic-Heft übernehmen. Ein schwedischer Herr, den er von früher kannte, war ihm mitten auf dem Stephansplatz begegnet, sie hatten ein Schnäpschen getrunken und Butz erfuhr, dass der Schwede verzweifelt nach dem richtigen Mann für seine Heftchen suchte. Nun hatte er den richtigen Mann gefunden!

Butz würde eine Menge Geld verdienen, jeden Monat. Versichert wären sie dann auch, das hatte er mehrmals gesagt. Sie könnten sich alles Mögliche kaufen, ein Auto, ein neues Radio und vielleicht einen richtigen Armsessel für Opilein. Einen neuen Schlafanzug hatte Merle schon bekommen, rosa mit grünen Tupfen, sowie einen Schulranzen aus echtem Leder. Sie sollte Ostern eingeschult werden, und mit diesem Ranzen war es nicht so schlimm, all die fremden Kinder kennen zu lernen.

Mit einem Vorschuss auf seinen Verdienst mietete Butz ein einstöckiges Haus im Stadtteil Wilhelmsburg, da war es nicht so teuer. In den oberen Zimmern konnten sie wohnen, Butz, Merle und Opilein. Die unteren Räume wurden als Büro genutzt. Butz ließ alles neu tapezieren und Türen und Fensterrahmen streichen. Hier würde er Chef sein über eine Sekretärin und einen Grafiker. Sprechblasen aus Comic-Heften mussten aus dem Schwedischen übersetzt und genau so witzig und sinnvoll in Deutsch geschrieben werden. »Schwedisch sprichs du wenich genuch! Das kann ja kein Erfolch wern«, meinte Opilein grämlich, und Butz knurrte ihn an: »Du miesmachendes altes Gerippe!«

Am Freitag zogen sie ein. Ein grauer, trotziger Tag mit ungewaschenen Wolkenfetzen am Himmel und vielen Pfützen. Seit Tagen stürmte es immer schlimmer, im Radio hatten sie gesagt, es orkante. Manchmal gab es sogar Blitz und Donner, richtig gefährlich.

Von außen sah das Haus nicht sehr hübsch aus, Merle kämpfte mit der Enttäuschung. »Was ist das für ein Hubbel außen am Garten?«, fragte sie ihren Vater. Sie erfuhr, das sei der Deich.

»Ein Teich?!«

»Nein, Süße, **D**eich. Das ist ein Wall, der uns vor der Elbe beschützt.«

»Wieso? Was tut sie denn?«

»Nichts. Weil der Deich da ist.«

Innen im Haus roch es schön und neu nach Kleister und Farbe. Und Merle bekam ein eigenes Zimmer! Aus ihrem Fenster konnte sie auf den Hubbel gucken, auf den **D**eich. Dahinter floss schmutziges Wasser sehr schnell vorbei. Davor lag der Garten, kahl um diese Jahreszeit, plattgetretenes gelbes Gras, einige nackte Büsche.

Merle drängelte sich an den Männern, die Butz schleppen halfen, vorbei, die Treppe hinunter. Ihr Vater trug eine Kommode allein. Er war riesig groß und sehr stark. In seinem Mundwinkel qualmte eine Zigarette.

»Butz, darf ich raus?«

»Setz die Mütze auf!«, rief er, schiefmäulig wegen der Zigarette, hinter ihr her.

Merle zerrte ihre bunte Strickmütze über die Locken, zog ihre Jacke an und stieg in die Gummistiefel, bevor sie auf die Straße lief. Es regnete gerade nicht, doch sie musste sich mit aller Kraft gegen den Wind anstemmen. Ein paar große Jungen planschten durch die Pfützen. Einige wummerten gegen die Scheibe eines Fensters und schrien: »He, olle Griguleit, zeich mo dein Gesicht!«

Merle hatte Angst vor anderen Kindern. Sie war viel lieber – und viel öfter – mit Erwachsenen zusammen. Sie verstand Kinder nicht, und Kinder verstanden sie nicht.

Sie hoffte, dass die Jungen sie nicht entdecken würden. Leider taten sie das doch, genau in dem Moment, als der Sturm ihr die Mütze wegriss. »Nu guck, wat die aufm Kopp hat! Originol rostige Putzwolle!« Der Größte krallte seine Hand in ihre durcheinander fliegenden Haare. Merle rannte in den nächsten Hauseingang, obwohl sie fühlte, dass sie dabei eine Menge Haare los wurde. Sie stolperte und polterte in ziemlicher Dunkelheit hastig eine Treppe hoch und betete, ein Erwachsener möge auftauchen und ihr helfen – denn hinter sich hörte sie ihre Verfolger mit Lärm und Geschrei näher kommen. Ihr Gebet wurde sofort erhört, ein dicker Mann mit Hut und Aktentasche trat aus einer Wohnungstür, machte Licht, schloss umständlich hinter sich ab, bemerkte die vorbeiflitzende kleine Gestalt überhaupt nicht und wurde von den Jungen gerammt, die hinter ihr her die Treppe hinauf stürzten. Er hielt alle mit seinen dicken Armen fest und schimpfte: »Wat soll dat denn nu woll, wat? Wo wullt ihr hin, ihr Bengels? Hier is kein Spielplatz, is hier nich! Nu man rut mit euch!«

Merle beobachtete keuchend, ein halbes Stockwerk höher, durch das Treppengeländer, wie er alle vor sich her aus dem Haus scheuchte. Dann fiel die Haustür hinter ihnen zu. Nach einer Weile ging auch das Licht wieder aus. Es war ganz still, nur der Sturm heulte draußen.

Aber die Jungen wussten doch, dass sie noch oben war. Würden sie nicht wieder kommen? Merle wartete mit trockenem Hals und hämmerndem Herzen. Endlich traute sie sich aufzustehen und Stufe für Stufe zurück nach unten zu schleichen.

Als sie ganz unten auf den Fliesen ankam wurde die schwere Haustür aufgerissen, und gleichzeitig knipste jemand das Licht an. Dort standen die Jungen und starrten Merle erwartungsvoll entgegen: »Haa, do issie, Froll'n rostige Putzwolle. Wat wissu hier, hä? Wat hassu hier zu suchn?«

Der Größte kam auf sie zu, mit ausgestreckten Krallenhänden. Im gleichen Augenblick öffnete sich direkt neben ihnen wieder eine Wohnungstür – dabei hatte Merle diesmal gar nicht gebetet. Eine magere alte Frau mit struppigem schwarzweißem Haar schnauzte den Jungen mit den ausgestreckten Händen an: »Na, was soll das werden?«

»Uh Mann, die olle Griguleit pesönlich. Nu verhex sie uns alle!« Die Jungen taten ängstlich.

Die kniff ihre glitzernden Augen zusammen: »Natürlich verhex ich euch, keine Sorge! Ich lass eure Schniedelchen alle so winzig klein, wie sie sind. Die werden nicht größer, wenn ihr wachst und groß werdet, die bleiben so klitzeklein.«

Die Bengels stoben kreischend aus dem Haus. Der Große steckte den Kopf noch mal durch die Tür und rief: »Uuuwaia, ich hab man nur 'n ganz klein Winzigen …« Dann verschwand er wieder.

Obwohl es eigentlich nicht so wirkte, als ob man sie besonders ernst genommen hätte, bemerkte die Frau gewichtig: »Davor haben sie mehr Angst als vor irgend was anderem.«

Merle drückte sich mit dem Rücken gegen die Wand. Sie fand das harte Gesicht, die schwarzen Augen und die scharfen Falten durchaus beängstigend.

»Nu komm mal rein«, kommandierte Frau Griguleit. Schon ging das Licht im Treppenhaus wieder aus. Merle machte blinzelnd ein paar Schritte in den hellen Flur und folgte der Frau in die Küche. »Welch Glückes Geschick, dass sie dich gerade vor meine Haustür getrieben haben«, fand die Frau.

Eine rot-weiß-schwarze Katze sprang maunzend auf sie zu. Merle freute sich über etwas Vertrautes und streichelte sie. »Wir haben auch eine Katze, die heißt Emma. Wie heißt die hier?«

Frau Griguleit betrachtete die Katze irritiert, als sähe sie das Tier zum ersten Mal. Dann meinte sie: »Mietz heißt sie.«

Der Name ›Mietz‹ kam Merle ziemlich langweilig vor. Sie kraulte die Katze zwischen den Ohren und überlegte, wie sie am schnellsten wieder weg kam.

»Für Kaffee bist du wohl noch zu klein«, überlegte die Frau. Auf dem Tisch stand eine Thermoskanne und eine halbvolle, dampfende Kaffeetasse. »Willst du ein Glas Milch?«

»Nein danke. Ich mag keine Milch.«

»Nein? Die ist aber gesund für kleine Mädchen. Wo wohnst du denn?«

»Ich weiß noch nicht. Wir sind ganz neu hier. Wir ziehen gerade ein. Da so die Straße runter.«

»Seit wann bist du von zu Hause weg? Macht deine Mami sich Sorgen?«

»Meine Mami ist tot«, stellte Merle fest. »Schon lange«, fügte sie beruhigend hinzu. »Ich glaube, schon im Krieg.«

Die Frau lachte. »Im Krieg ist sie gestorben? Wie alt bist du denn?«

»Sechs. Ich komm Ostern in die Schule«, sagte Merle automatisch. (Das eine schien mit dem anderen zusammen zu hängen.)

»Na, wenn du sechs bist, dann muss deine Mami schon elf Jahre tot gewesen sein, bevor sie dich gekriegt hat – so lange war der Krieg da schon vorbei.« Die Frau lachte wieder. Merle erlebte zum ersten Mal, dass ein Erwachsener den Tod ihrer Mutter lustig fand. Meist blickten sie betreten und sagten etwas Tröstliches.

»Und bei wem lebst du? Bei deinem Papa?«

»Ja. Bei Butz und Opilein und Emma – Emma ist das einzige Mädchen außer mir. Und bei Opileins Hund, der heißt Esau. Esau ist ja in der Bibel der Behaarte, der Bruder von Jakob, und Jakob war glatt. Dabei ist der Hund wirklich ziemlich kahl. Ich hab Opilein gefragt, warum er seinen Hund nicht lieber Jakob genannt hat, und er hat gesagt, als er den Hund kennen gelernt hat, war er noch reichlich behaart.«

Frau Griguleit zündete sich mit Haushaltsstreichhölzern eine Zigarette an, sammelte Tabakkrümel von ihrer Zunge und blickte Merle amüsiert an. Ihr Lächeln wirkte boshaft, weil sie dabei die Unterlippe herunter zog. »So. Na gut. Und was wollten die Jungens von dir? Haben sie dich gejagt und geärgert, weil du rotes Haar hast? Haben sie ›Hexe‹ gesagt?«

»Nein. Das haben sie nur zu Ihnen gesagt«, stellte Merle richtig.

»Da haben sie ja auch Recht. Aber du bist auch so eine. Du hast ja sogar rote Augen. Und weiße Wimpern. Und Sommersprossen im Winter. Du bist eine Hexe.«

»Bin ich nicht.«

»Warte es ab. Wenn sie dich lange genug gehänselt haben, bist du eine.«

»Bin ich nicht«, beharrte Merle. Sie streichelte Mietz so nachdrücklich, dass die Katze jedes Mal leicht in die Knie gehen musste. Plötzlich zuckte ein Blitz vor dem Fenster, und ganz kurz darauf grollte ein ausführlicher Donnerschlag. Alle drei blickten nach draußen, die Frau, das Kind und die Katze. Merle verzerrte das Gesicht.

Frau Griguleit stand auf. »Ach jemine, fürchtest du dich? Na, dann lauf mal zu deinen ganzen männlichen Verwandten und deiner Emma. Bevor du nass wirst.«

Sie schlurfte voraus auf ihren hinten flach getretenen Hausschuhen und öffnete Merle die Tür. »Vielleicht sind sie weg«, sagte sie und lächelte wieder so merkwürdig böse, »und wenn nicht, dann musst du eben schnell rennen. Uns Hexen jagen sie immer. Das ist so.«

Merle schluckte. »Ja. Und danke, dass Sie mir geholfen haben. Und danke für die Milch.«

»Du hast doch gar keine getrunken!«

»Weil ich keine mochte. Aber wenn ich gemocht hätte, hätten Sie mir doch welche gegeben.«

Frau Griguleit stützte eine Hand in die Hüfte und schüttelte den Kopf. »Wer hat dich denn so gut erzogen?«

»Butz.«

»Das ist dein Papa?«

Merle nickte.

»Das soll er lieber lassen. Du bist sowieso schon anders als andere Kinder. Und dadurch wirst du erst recht anders. Nun lauf!« Die Frau schlug so plötzlich die Wohnungstür zu, als wäre sie auf einmal wütend.

Merle lief. Gerade begann es wieder zu regnen, und dann schüttete es auch gleich. Gegen den Sturm kam sie kaum an, sie musste sich teilweise richtig an den Hauswänden fest halten. Immerhin waren die Jungen nirgends zu sehen – so weit sie die Augen gegen Nässe und Wind überhaupt aufbekam. Da sie keine Mütze mehr hatte, prasselte ihr das Wasser direkt auf den Kopf.

Gleich darauf erkannte sie ihr neues Haus, vor allem durch den Lastwagen davor. Diesmal kam es ihr noch etwas hässlicher vor. Aus rotbraunen Steinen, klobig und kantig, mit einem flachen Dach wie eine Schachtel. Merle wünschte sich, in einem weißen Haus zu wohnen.

Sie wurde vom Sturm durch die offene Haustür geweht, stieß sich das Knie an einer Kiste, aus der sie viele leere Bierflaschen mit einem dunklen Auge anstarrten und stand ihrem Vater gegenüber, der gerade seinen Pullover auszog und sich damit die Haare frottierte. Sicher schwitzte er vom Tragen und Schieben und Zusammenbauen der Möbel. Er riss seine großen Augen noch weiter auf, als er Merle sah: »Wie siehst du denn aus? Bist du in die Elbe gefallen? Ich hab dir doch gesagt, du sollst deine Mütze aufsetzen!« Er rubbelte nun mit seinem Pullover Merles Gesicht und Haar ab.

»Ich hab meine Mütze verloren, Butz…«, brabbelte sie unter dem Pullover hervor. »Und da waren böse Jungs, die haben mir Haare ausgerissen….«

»Wo sind sie? Ich hau sie alle tot!«, versprach Butz. Merle bekam einen Kuss und schnupperte: Butz roch so schön, nach Zigarettenrauch und nach sich selbst, herb und etwas süß, unendlich angenehm. Ja, und außerdem nach Bier. Er griente sie an: »Möchtest du Schaum?«

In der kleinen, schneeweiß renovierten Küche im Erdgeschoss saßen Opilein und die beiden Helfer, alle mit offenen Bierflaschen in der Hand. Auf dem Tisch lagen leere, senfbeschmierte Pappteller. Butz suchte in einer der Umzugskisten, wickelte einen Kaffeebecher aus Zeitungspapier, öffnete eine weitere Flasche und goss das Bier vorsichtig aus ziemlichem Abstand ein. Dann reichte er es seiner Tochter: »Da, meine Süße.« Merle schleckte den Schaum wie eine Katze die Sahne. Sie bemerkte, dass die beiden Freunde von Butz befremdet guckten. Ihr Vater tat oft Sachen, die andere Leute erschreckten. Das war lustig. Als er sich eine neue Zigarette anzündete, bat sie deshalb: »Darf ich ziehen?«, und er hielt ihr sofort die Zigarette hin. Merle saugte vorsichtig am Filter und achtete darauf, den Rauch hinten im Gaumen aufzubewahren, bevor sie ihn wieder auspustete. Einmal hatte sie das Zeug aus Versehen eingeatmet und war vor Husten fast gestorben. Wie sie gehofft hatte, guckten die beiden fremden Männer noch entsetzter. Aber sie trauten sich natürlich nicht, etwas zu sagen. Alle Menschen hatten Angst vor Butz.

Opilein, der diese Prozedur gewöhnt war und längst nicht mehr protestierte, betrachtete sie aus zusammengekniffenen Augen: »Ham sie versucht, dich zu ersaufn? Du biss ja nasser als 'ne Wasserleiche. Du muss die Plünn' ausziehn, Mädel!«, quäkte er. Seine Stimme klang etwas betrunken.

Butz stimmte zu: »Zieh deinen schönen neuen Schlafanzug an und geh gleich ins Bett, damit du dir nichts weg holst! Wir sind auch gerade fertig mit Umziehen …«

»Ach, fertich sind wir?«, knarrte Opilein. »Denn möcht' ich ma wissn, warum dauernd die Haustür offn stehn tut!«

»Was stört dich nun wieder daran, dass die verdammte Haustür offen steht?«, schrie Butz in einem seiner plötzlichen Wutanfälle.

»Na, zun Beispiel ziehttas, zufällig ham wir Sturm in Hamburch, heizen tun wir für draußn, ganz Willemsburch hattas kuschelig warm auf unser Kostn, un beklaut werdn könn' wir auch, wenn wir hier alle inne Küche hockn un die Tür steht offn un keinein tut aufpassn! Du solls nich in Versuchung führn, auf dass du nich in Versuchung geführt werdes!«, gab der alte Mann zurück, den Kopf auf seinem mageren Hals trotzig vorgestreckt.

Butz schmetterte seine Bierflasche in den Ausguss. Sie zerbrach, dicke Scherben und Flocken vom schäumenden Bier flogen umher. Die beiden Umzugshelfer standen gleichzeitig auf.

»Wir woll'n denn auch mal wieder …«, sagte der eine.

Merle fasste einen der beiden mit ihrer feuchten, kalten kleinen Hand und zog ihn hinter sich her aus der Küche, während sie den anderen anlächelte. Beide folgten ihr äußerst bereitwillig.

»Danke für die Hilfe!«, sagte sie an der – offenen – Haustür zu beiden. Der eine blickte immer noch beklommen über die Schulter zurück Richtung Küche, wo der Krach weiter ging. Der andere brummelte etwas Verabschiedendes »Und Grüße an dein' Vater …«

Dann stiegen beide in das Lastauto. Merle schloss mit aller Kraft (denn der Sturm stemmte dagegen) die Haustür. So. Sie zog die Gummistiefel aus und stellte sie an den Rand der Schuhreihe unter der Treppe. Dann ging sie an dem Geschimpfe aus der Küchentür und an den vielen Kisten, die den Flur verengten, vorbei die Treppe hinauf. Auch im ersten Stock standen Kisten gestapelt im Flur.

Merle fand fast sofort die Tür zu ihrem Zimmer wieder. Jemand hatte ihr Bett bezogen, der Schlafanzug wartete auf dem Kopfkissen. Neben dem Bett stand, auf zwei übereinandergetürmten Umzugskisten, eine Schreibtischlampe mit schrägem Schirm.

Sie suchte das Badezimmer – zwei Türen neben ihrem, trübweißgekachelt, nicht sehr hübsch –, setzte sich auf die Toilette, die leider furchtbar hoch war, sodass ihre Beine in der Luft baumelten, guckte, ob jemand ihre Zahnbürste ausgepackt und hingestellt hätte (was nicht der Fall war) und ging wieder in ihr Zimmer. Sie zog die nassen Sachen aus und den Schlafanzug an, der sich innen ganz flauschig anfühlte. Ihre Bettdecke war zunächst noch kühl, wärmte sich jedoch schnell. Harter Regen prasselte gegen das Fenster und hörte gleich wieder auf. Wirklich hell war es den ganzen Tag nicht geworden, und jetzt begann auch schon die frühe Winterdämmerung. Merle steckte einen Daumen in den Mund (hier konnte sie ja keiner sehen), blickte zwischen Kisten und Tüten umher und entdeckte den neuen Schulranzen, der über eine Schrankecke gehängt war. Wenn sie hier in die Schule gehen musste – würden dann diese Jungen hinter ihr herrennen und ihr Haare ausreißen?

Von unten hörte sie Gelächter: Opileins dünnes, blechiges Altmännerlachen und das dunkle, rollende Gelächter ihres Vaters, das leicht in Husten überging, weil er soviel rauchte. Sie hatten sich also wieder vertragen. Dann wummste eine Tür. Die Haustür?

Merle, den Teddy unterm Arm, hüpfte aus dem Bett und zum Fenster. Wirklich sah sie die beiden nebeneinander her im Halbdunkel durch den Garten stapfen, lachend und hustend und sich gegen die heftigen Böen stemmend. Sie waren wohl draußen, um den kleinen Esau sein Beinchen heben zu lassen und um selbst gegen den Deich zu pinkeln – dann schrien und kreischten sie, weil der Wind sie mit ihrem eigenen Pipi bespritzte. Sie kamen Arm in Arm zurück zum Haus, der magere kleine Großvater, seinen Hund hinter sich herziehend, torkelte und schwankte, der breite Vater hielt ihn fest. Butz wurde nie betrunken, egal, wie viel er trank. Sie hörte die Haustür krachen und den Gesang der beiden: »Darf ich bitten zum Tango um Mitternacht, dumm dumm, fragte ich Susann, dumm dumm, sie sah mich nur an …«

Merle rutschte von der Fensterbank und stieg wieder ins Bett. Sie knipste die Schreibtischlampe an und saß in einem ovalen Fleck von gelbem Licht.

Kurz darauf klopfte es an ihrer Tür. Butz kam herein, auf einem Pappteller brachte er ihr ein Butterbrot und zwei lauwarme Knackwürstchen. Hinter ihm Opilein, sanft schwankend, ein Glas weiße Zitronenbrause in der Hand.

»Abendbrot, Schätzchen!«, sagte Butz. Er setzte sich auf die Bettkante. Opilein platzierte sein mageres kleines Hinterteil auf einem Kistenstapel.

»Am Wochenende packen wir alles aus und Montag geht es los mit dem Büro unten.«

»Bleiben wir jetzt für immer hier?«, fragte Merle. Sie konnte sich das nur schwer vorstellen; ihr kam es so vor, als hätten sie kaum je länger als ein paar Wochen irgendwo gewohnt.

»Möchtest du das?«

Sie schüttelte den Kopf. »Ich möchte ein weißes Haus mit einem Wintergarten, bitte.«

Einmal hatte Butz mit ihr Bekannte besucht, die so eine verglaste Veranda besaßen voller kleiner Palmen und Bäumchen. Das war wie draußen und trotzdem so sicher wie drinnen.

Butz wischte ihr mit dem Zeigefinger vorsichtig ein wenig Senf aus dem Mundwinkel. »Eines Tages haben wir so was, meine Süße! Das verspreche ich dir. Jetzt geht es bergauf mit uns.« Er nahm den leeren Teller, gab seiner Tochter einen Kuss auf ihre sommersprossige Nase: »Schlaf schön«, zwinkerte ihr liebevoll zu und ging zur Tür. Opilein, der die Augen verdreht hatte, als Butz ihren Aufstieg beschwor, gab ihr auch einen Kuss und ermahnte sie: »Schön betn, hörsu, Mädelchen?«

Sie schlossen die Tür nicht, sondern lehnten sie nur hinter sich an.

Merle trank in kleinen Schlucken die Brause. Jetzt merkte sie, wie müde sie schon war. Sie knipste die Lampe aus und legte sich bequem zurecht. Inzwischen stand vor dem gardinenlosen Fenster die schwarze Nacht. Ein blasser Mond versuchte vergeblich, sich durch die rasenden Wolkenfetzen zu kämpfen.

Der Wind schien immer heftiger zu werden, und trotzdem hatte

Merle immer weniger Angst, weil er jetzt schon so lange herumheulte. Es passierte ja doch nichts Schlimmes. Eigentlich hörte es sich sogar gemütlich an, wie er jaulte und sang und mit allen möglichen Gegenständen klapperte und rasselte, während es im Bett so kuschelig und warm war. Sie steckte den Daumen in den Mund und schlief mit einem Gefühl großer Sicherheit und Geborgenheit ein. Jetzt ging es bergauf mit Familie Voß…

Hin und wieder träumte Merle von einer Frau, die sehr lieb und gut war. Sie wohnte in einem geduckten Häuschen mit Strohdach. Im großen Märchenbuch, aus dem Opilein manchmal vorlas, gab es ein Bild von einem ähnlichen Haus, das gehörte den sieben Geißlein und ihrer Mutter. Die Frau hatte ein eckiges Gesicht mit braunen Augen, einen großen, dicken Mund und strähniges, dünnes Haar. Sie nahm Merle auf den Schoß und streichelte ihr Gesicht. Ein Kätzchen spielte auf dem Boden mit einem Wollknäuel. Plötzlich sagte die liebe Frau: ›Du musst deinen neuen Schulranzen mitnehmen, Herzchen, der war so teuer. Und etwas zu essen und zu trinken.‹ Merle wusste nicht recht, was die Frau damit meinte. Wohin mitnehmen?

Das Kätzchen begann, klagend zu miauen. Besonders schön klang es nicht, und es hörte gar nicht auf.

Merle wachte auf, weil es in Wirklichkeit die Katze Emma war, die auf ihr drauf saß und so laut miaute. Dabei wusste Emma genau, dass sie nicht aufs Bett durfte. Der Orkan draußen heulte und tobte immer noch ganz enorm. Merle versuchte, die Katze von ihrem Bauch zu schubsen, doch Emma krallte sich rücksichtslos fest und miaute weiter.

Und dann hörte Merle das seltsame, schmatzende Geräusch auf dem Boden, neben ihrem Bett. Sie suchte mit der Hand nach dem Schalter, knipste die Lampe an und sah ungläubig, wie kleine Wellen über den Fußboden liefen. Überall Wasser, eine dünne Schicht. Ich träume noch, sagte sich Merle.

Die Katze blickte jedoch ebenfalls zu Boden und krallte sich voll Entsetzen immer fester in Merles Bauch. Träumte die auch? Merle reckte ihren Arm nach unten und stippte die Finger in das Wasser. Es fühlte sich ganz normal nass an. Sie rieb ihre Hand am Schlafanzugoberteil trocken. Ihr fiel ein, dass Birgit, eine Freundin von Butz, mal erzählt hatte, wie bei ihnen zu Hause das Badewasser überlief und die ganze Wohnung durchweichte, weil ihre Tante so alt und tüdelig gewesen war und vergaß, dass sie den Hahn aufgedreht hatte.

Sollte Opilein tüdelig sein? Merle warf die Bettdecke mitsamt Katze beiseite und versuchte, in ihre rosa Hausschuhe zu schlüpfen. Die hatten sich bereits vollgetrunken und keinen Sinn mehr für ihre Aufgabe. Also rannte das Kind barfuß so schnell wie möglich, auf Zehenspitzen, spritzend und erschaudernd durch das eiskalte Wasser zur Tür. Im Flur standen lauter volle Umzugskisten, um die herum es schwappte. Merle öffnete die Badezimmertür, auf Zehenspitzen stehend, und reckte sich hoch zum Lichtschalter. Nein, weder aus dem Waschbecken noch aus der Wanne kam Wasser. Obwohl es auch hier bereits den Boden bedeckte. Sie knipste das Licht wieder aus.

In welchem Zimmer schlief denn bloß Butz? Merle kletterte auf einige der im Flur übereinander gestapelten Kisten, zog die nassen Füße hoch, drückte das Wasser aus dem Saum ihrer Hosenbeine und rief halb weinend: »Hier läuft was über! Butz! Opilein!«

Eine der Zimmertüren flog auf und krachte gegen die Wand. Die großen nackten Füße ihres Vaters plätscherten in den Flur. Merle konnte ihn ganz gut erkennen durch das gedämpfte Licht aus ihrer eigenen offenen Zimmertür, das den Flur ein wenig erhellte. Sofort verlor sie die schlimmste Angst. Butz war so stark und klug, jetzt konnte nichts mehr passieren. Er trug nur eine Schlafanzughose – Merle sah die Narben auf seiner Schulter und seiner Brust, er war voller Narben, denn sein Leben war immer abenteuerlich verlaufen. Er rieb sich benommen die Augen. Dann blickte er auf seine Füße, die bis zu den Knöcheln im Wasser standen, und dann begann er zu fluchen. Er platschte zu einer der anderen Türen, schlug mit beiden Händen dagegen und brüllte: »Hinnerk! Komm sofort aus dem Bett, zieh dich an und nimm deine wichtigsten Sachen mit! Hier steht alles unter Wasser! Vergiss deinen blöden Köter nicht …«

Er watete zu Merle, warf sie über seine Schulter, trug sie in ihr Zimmer, setzte sie auf das Bett, riss die Schranktür auf und holte hastig Unterwäsche, Strümpfe, Strumpfhosen, lange Hosen und drei Wollpullover heraus, die er seiner Tochter zuwarf. »Zieh dich so fix wie möglich an! Zieh alle Pullover übereinander, wir kommen nicht an unsere Mäntel und Jacken heran, die hängen unten in der Garderobe. Wenn du fertig bist, bleib da sitzen …«

Als er wieder kam, war er selbst ganz angezogen. Merle hatte, von ihrem eigenen Herzklopfen erzitternd, beobachtet, wie das Wasser stieg. Jetzt reichte es ihrem Vater schon an die Mitte der Waden.

»Sind deine Schuhe nicht nass, Butz?«

»Ich hab keine an. Unsere Schuhe sind alle unten. Unter Wasser.«

Er hob sie wieder hoch. »Aber wo ist Emma? Die hat mich geweckt!«, rief das Kind.

Beide konnten die Katze nicht entdecken.

»Sie wird sich schon selbst helfen. Katzen sind tüchtig«, tröstete der Vater. »Los, Süße, wir müssen auf den Boden …«

Er griff im Flur seine Aktentasche von der obersten der Umzugskisten und lief mit Merle auf der Schulter die Bodentreppe hinauf. Auf der obersten Stufe saß Opilein und schaute sie griesgrämig an. Sein Gesicht wirkte besonders unliebenswürdig, weil er sein Gebiss nicht im Mund trug, sondern in einem Plastikbehälter. Auf seinem Schoß hielt er die Bibel und den ›blöder Köter‹ Esau, eine Art schäbiger Mops mit kahlgescheuerten Stellen auf seinen Falten.

Butz setzte sich und das Kind neben den alten Mann. Er wrang das Wasser aus den Beinen seiner Cordhose, trocknete sich die nackten Füße ein wenig mit seinem Taschentuch ab und zog zwei Paar Socken übereinander an. Die Socken hatte er in der Jackentasche gehabt. Opilein schaute ihm neidisch zu. Er trug seine Hosenbeine bis zum Knie gekrempelt, darunter waren seine armen Füße nackt. Merle zupfte ihren Vater am Ärmel und zeigte auf Opileins Füße.

Butz stöhnte ärgerlich, zog ein Paar Socken wieder aus und hielt sie dem alten Mann hin: »Hier, um Gottes willen. Zu erben gibt's von dir ja nichts, und ich will auch in Zukunft weiter deine Rente versaufen.«

Opilein sah nicht besonders dankbar aus, zog die Socken jedoch ächzend an.

Dann öffnete Butz die Tür zum Boden, der nicht wie ein richtiger Boden aussah, weil er genau so gerade Wände hatte wie jedes andere Zimmer – nur die Decke saß niedriger – und schaltete das Licht an, eine matte Glühbirne an einem Kabel. Es gab keine Möbel, doch dafür eine Menge anderes Gerümpel, zum Beispiel eine hölzerne Schiebkarre. Butz lief zum Fenster und sah hinaus, dann fluchte er wieder.

Merle kam hinterher. Große Bäume wurden schmerzlich tief hinunter gebeugt, ein Karton wirbelte durch die Luft und überall glitzerte es um sie herum. Der Sturm hörte sich hier oben an, als wollte er das Haus beiseite fegen.

»Was ist das, was da so blinkt?«, rief Merle. Sie musste rufen, damit man sie überhaupt verstand.

»Wasser.«

»Soviel Wasser?!«

»Ja. Und wo das her kommt, da ist noch mehr.«

»Was ist denn eigentlich übergelaufen?«

»Die verdammte Elbe.«

»Aber da war doch der Deich davor?«

»Tja. Mir scheint, er hat aufgegeben und ist abgehauen.«

Butz zog Päckchen und Feuerzeug aus der hinteren Hosentasche und zündete sich eine Zigarette an. Opilein setzte sich unter Gemurmel und Geknurr in die Schubkarre, Esau auf dem Bauch.

Plötzlich fiel Merle ein, was die liebe Frau in ihrem Traum gesagt hatte. »Butz – wir müssen meinen Schulranzen mitnehmen, der war doch so teuer. Und was zu essen und zu trinken …«

»Ja – un meine Stumpn! Liegn unter mein Kopfkissn!«, verlangte der alte Mann.

Butz reichte seiner Tochter die Zigarette zum Halten, zog in aller Eile seine Socken aus, krempelte die Hosenbeine so hoch wie möglich und lief hinaus.

Merle ging zu Opilein und streichelte mit der linken Hand Esau den abgescheuerten rosa Bauch. Rechts hielt sie die Zigarette fest. Dann fiel ihr Blick auf die Bibel, die neben Esau lag. Richtig, an diesem Abend hatte es keine Gutenachtgeschichte gegeben. Normalerweise bekam Merle zum Einschlafen etwas vorgelesen; von Opilein Märchen oder aus der Bibel, von Butz ›Lederstrumpf‹ oder ›Huckleberry Finn‹, sehr sonderbare und fremde Geschichten, die durch seine warme, tiefe Stimme schön wurden. Es kam auch darauf an, dass sie dabei hin und wieder die Illustrationen gezeigt kriegte (sogar die alte Bibel besaß viele bunte Bilder, zum Beispiel von einer Karawane mit Kamelen oder von Fischerbooten auf dem See Genezareth).

»Liest du mir bitte aus der Bibel vor?«

»Hier is so funzliges Licht, da kann ich die kleine Schrift gar nich erkenn', Mädelchen.«

»Dann erzähl was, Opilein, ja?«

»Ach Gott, ach Gott, hier muss man ja so brülln. Was wistu denn hörn?«

»Vom Krieg?«

»Ach nee, heute nich.«

»Dann, wie du Butz kennen gelernt hast. Aber ganz von vorn. Wie du Koch auf dem Schiff nach Holmstock warst …«

»Stockholm tut das Kaff heißn. Na, Butz hat gekellnert auf unsen Riesendampfer. Alle Weiber hatter schöne Augn gemacht. Da hab ich damals schon gedacht: möge der Herr verhindern, dass der Kerl ma meine Tochter Elke übern Wech laufn tut. Das hab ich mir gedacht, so wahr ich hier inne Schubkarre sitzn tu! Un denn issas doch passiert, und da hattn wir den Salat. Aber wenn's nich passiert wär, denn hättn wir dich ja nich, Mädelchen, und du würdst uns ja sehr fehln …«

Das funzelige Licht ging plötzlich aus. Merle quiekte unwillkürlich. »Hast du das ausgemacht, Opilein?«

»Nee, Mädel. Ich tu hier in alle Unschuld sitzn un komm nich an' Schalter.«

»Ich seh gar nichts mehr!«

»Warte ma ab, bis deine Augn sich gewöhnt ham …«

Sie hörten, wie die Tür sich öffnete und Butz zurück kam.

»Butz, das Licht ist aus!«

»Ich weiß. Wahrscheinlich sind die elektrischen Leitungen abgesoffen.« Er nahm Merle die Zigarette ab, die man besonders gut im Dunkeln erkennen konnte. Wirklich gewöhnten sich ihre Augen nach und nach an die Finsternis, sie sah die Umrisse von Butz, der sich erneut die Füße abtrocknete. »Ich hab uns ein großes Handtuch mitgebracht, das können wir sicher gut gebrauchen. Deinen Schulranzen hab ich auch und eine Brauseflasche. Die hatte ich mit nach oben genommen, um nachts was zu trinken zu haben. Zu essen haben wir nichts. Hast du denn Hunger?«

»Nein.«

»Mich tut keinein fragn!«, rief Opilein quäkend aus seiner Schubkarre.

»Dich frage ich, wenn's Zeit ist, deinen Hund zu schlachten!«, rief Butz zurück. »Hier sind deine Stumpen …« Er wanderte in die Richtung, aus der das Schimpfen kam, reichte seinen Schwiegervater die Zigarillos. Opilein klappte die Schachtel auf, fühlte, wie viel noch darin war und quakte traurig: »Is ja nich viel. Aber besser als nix.«

Butz machte sein Feuerzeug an: »Hier – los, altes Kirchenlicht!«

Opilein lutschte und nuckelte, bis der Stumpen gut brannte. »Nimm du man die Schachtel, Butz, die tut nich in meine Jackntasche passn.«

»In meine auch nicht!« Aber Butz nahm gottergeben die dünne Blechschachtel mit. Er setzte sich so bequem wie möglich auf den Boden und zog Merle auf seinen Schoß. »Versuch doch mal, ein bisschen zu schlafen, Süße.«

»Es ist so laut.«

»Daran gewöhnst du dich.«

»Ich hatte gar keine Gutenachtgeschichte.«

»Du bist doch vorhin auch ohne Geschichte eingeschlafen. Ich hab hier kein Buch, und wenn ich eins hätte, könnte ich ohne Licht nicht lesen. Und ich könnte dir auch keine Bilder zeigen.«

Plötzlich kam es Merle so vor, als sei das Schlimmste an dem ganzen Unglück mit der Überschwemmung die fehlende Gutenachtgeschichte. Mit sehr weinerlicher Stimme sagte sie ins Ohr ihres Vaters: »Wenn ich jetzt keine Geschichte kriege, kann ich nie wieder froh sein!« Sie wusste im Moment nicht genau, wo sie diese Formulierung schon mal gehört hatte, aber sie schien gut zu passen. Sie hörte ihren Vater lachen. »Ich will auch nur eine ganz kurze – mit nur einem Bild zum Angucken! Bitte!!«

Butz knipste sein Feuerzeug an und hielt es über den Deckel der Stumpenschachtel: »Hier – schau hin. Das ist das Bild. Die Geschichte kommt gleich. Siehst du, dass er dir ähnlich sieht? So ein kleiner Vogel bist du auch.«

Merle guckte erstaunt auf die Schachtel. Die Schrift konnte sie nicht lesen, deshalb wusste sie auch nicht, dass die Zigarillosorte ›Feuervogel‹ hieß. Aber sie kannte natürlich die Abbildung: einen Zweig mit Blättern und Blüten, auf dem das Geschöpf saß, eine gelungene Mischung aus Kolibri, Papagei und Pfau. Es ließ den leuchtenden Schweif kokett hinter sich herunter hängen und blickte unter einer Art Federkrönchen sinnend in die Weite, dem Betrachter sein Profil mit dem kurzen, spitzen Schnabel zeigend. Sein Gefieder prunkte in roten, goldenen und pfirsichfarbenen Tönen, war über und über gescheckt und gepunktet und schien in der Tat so viel Sommersprossen zu besitzen wie Merle.

Butz deckelte sein Feuerzeug zu, steckte es weg und versuchte, Merle bequemer auf seinem Schoß zu betten. »Was hast du für kalte Hände! Oh – und was hast du für ein kaltes Näschen! Frierst du?«

»Ja, und wie. Ich bin aus Eis. Ganz besonders meine Füße …«

Butz zog seinen obersten Pullover aus und wickelte ihn seiner Tochter um die Füße. Er rieb und massierte sie am ganzen Körper. Butz hatte immer warme Hände, in jeder Lebenslage, egal, wie kalt es war. Er fror auch niemals; er schwitzte höchstens.

»So, du kleiner Eiszapfen. Also, es war einmal ein kleiner Eiszapfen, der saß da und fror und zitterte und klapperte und schnatterte …« Butz machte den Eiszapfen nach und Merle musste kichern. »Nun ging die Sonne auf, die sah den kleinen Kerl. Sie schickte einen besonders tüchtigen und heißen Sonnenstrahl zu ihm. Der wärmte das Eis, es schmolz an der Außenseite zu kleinen Wasserperlen und fing das goldene und rote Sonnenlicht ein. Die Tropfen wurden zu Federn, da war aus dem Eiszapfen ein Feuervogel geworden!«

»Was ist denn ein Feuervogel?«

»Etwas ganz Schönes. Groß und leuchtend, wie ein Pfau und ein Papagei zusammen. Du hast ja das Bild gesehen. Feuervögel können zaubern, glaube ich. Auf jeden Fall bekommen sie alles, was sie sich wünschen. Sie sind stolz und werden schnell wütend, aber eigentlich sind sie lieb. Sie haben Temperament, doch tief innen steckt immer noch der Eiszapfen in ihnen, deshalb bleiben sie kühl und verlieren nie den Kopf. Gut, unser Feuervogel wohnte in einem schönen

Schlosspark in einem warmen Land. Auf einem hohen Baum hatte er sich ein großes Nest gebaut und mit seinen eigenen Brustfedern weich ausgepolstert. Ein Nest mit – hm – mit einem Wintergarten vorne dran. Er war der schönste und merkwürdigste Vogel in dem ganzen Park, der stärkste und klügste. Die anderen Vögel waren neidisch auf ihn. Das waren Spatzen und Drosseln und Finken. Sie hätten auch gern so ein prächtiges Gefieder gehabt wie der Feuervogel. Oft flogen sie ganz dicht an ihm vorbei und rupften ihm ein paar Federn aus. Die klebten sie sich dann selber an –«

»Was is das?«, unterbrach Opilein. »Tut ihr das auch hörn?« Sie lauschten angestrengt, um durch das Sturmgeheul und die anderen Geräusche wahrzunehmen, was so beängstigend klang: »Hilfe!«, schrien mehrere Menschen, ganz dünn und winselig, »Hilfe!! Hilfe!!«

Opilein rief plötzlich mit schriller Stimme: »Da ging alles Fleisch unter, was sich auf Erden regete, an Vögeln, an Vieh, an wildm Getier und alles, was da gewimmelt is auf Erdn, und alles was Odm hatte des Lems auf dem Trocknem, das starb.«

Das stand in der Bibel, in der Geschichte von der Arche Noah, Merle hatte sie oft vorgelesen bekommen. Sie klammerte sich an Butz fest und rief empört: »Aber Er hat doch einen Bund geschlossen, dass Er es nie wieder tut! Deshalb hat Er doch den Regenbogen gemacht! Er hat es doch versprochen!« Sie drehte ihr Gesicht in der Dunkelheit nach oben: »Butz, werden wir ertrinken?«

»Nein, ganz bestimmt nicht. Wenn das Wasser noch höher steigt, gehen wir oben aufs Dach, da ist eine Luke… Und wenn es noch höher steigt, dann bau ich uns ein Floß…«

»Tu doch gleich ma mit anfang, denn bistu fertich, wennas da is…«, schlug Opilein vor. »Was du immer redn tus!«, fuhr er fort, »Floß baun! Wodraus denn wohl?«

»Am besten aus dir vertrockneten alten Sack!«, brüllte Butz über die Schulter in Richtung Schubkarre. »Das trägt bestimmt gut!«

»Warum soll der Herr wohl grade son Lumpn wie dich errettn? Das Kind wird er wohl errettn und vielleicht mich sündiges altes Wrack, weil ich ja bereun tu. Aber du? Du bist kein Gerechter, Butz, das bistu nich, und bereun tustu auch nich…«

Durch das beruhigende, gewohnte Geräusch ihrer Streiterei schlief Merle ein.

Sie wachte auf, als es wieder hell wurde. Sie lag zusammengekrümmt auf dem Schoß ihres Vaters, zugedeckt mit dem großen Handtuch, und sie hatte den Daumen im Mund, was sie schnell korrigierte, bevor es jemand bemerkte. Butz schlief nicht, er rauchte und lächelte sie an, als sie in sein unrasiertes Gesicht schaute. »Guten Morgen!«

»Ist das Wasser weg?«, fragte Merle benommen.

»Nein. So schnell verschwindet das nicht wieder. Es ist aber auch nicht auf den Boden hochgekommen. Guck, hier ist alles trocken.«

Merle blickte sich um. Graues Licht erhellte den großen Raum nur sehr unvollkommen durch die beiden kleinen Fenster. Opilein schlief in der Schubkarre und Esau schlief auch. Beide sahen so aus, als würden sie schnarchen. Hören konnte man das kaum, der Sturm tobte immer noch.

Bald darauf erwachte auch Opilein und schimpfte und spektakelte, er würde mit seiner verfluchten Arthritis niemals im Leben wieder aus dieser Schubkarre rauskommen, man würde sie mit ihm zusammen beerdigen müssen, und es würde furchtbar lächerlich aussehen, wenn er vor seinen Richter treten müsste mit einer Karre am Hintern.

Sie frühstückten jeder einen Schluck Zitronenbrause. Merle wollte mehr, doch Butz erklärte: »Wir wissen nicht, wie lange wir hier noch fest sitzen. Wir müssen sparsam damit sein.«

Merle gähnte. »Können wir nicht die Elbe trinken? Davon gibt es doch genug.«

»Hast du nicht gerochen, wie die stinkt? Das ist nicht einfach klares Wasser, was da schwimmt ist voller Dreck und Abwasser.«

Merle stand auf, streckte sich und ging zum Fenster. Hätte sie sich hinausgebeugt, dann hätte sie das Wasser mit der Hand erreichen können, so hoch war es gestiegen. Die Bäume hatten keine Stämme mehr, die waren untergegangen, nur die kahlen Kronen guckten noch heraus. Merle sah erstaunliche Dinge, die vorbeischwammen: eine Kuh, die ganz ausgestopft aussah, und ein VW-Käfer-Auto. Butz holte sie vom Fenster weg: »Du musst nicht alles sehen, was da schwimmt.«

»Bis Montag ist das Wasser aber doch weg?«, fragte Merle plötzlich. »Dann ist doch wieder alles trocken und sauber?«

»Ich weiß nicht recht. Nicht ganz und gar, glaube ich.«

»Ja aber... da kommt doch die Sekretärin und der Mann, der die Sprechblasen malen soll – ? Da musst du doch in deinem Büro arbeiten?«

Butz antwortete nicht. Opilein lachte meckernd. »Wenn du schon ma ganz neu anfang tus, Butz! Den Sündigen verfolcht das Übel, will ich dir ma sagn. Und du has ja noch für teuer Geld renowiern lassn, das du noch gar nich has! Oha oha oha.«

Irgendwann hörten sie Hubschrauber. Hin und wieder konnten sie auch einen aus dem Fenster sehen. Butz öffnete die Luke zum Dach und zog eine kleine Leiter herunter, damit er und Merle hinaufsteigen konnten. Es war sehr ungemütlich hier, sie wurden fast vom Dach geweht und sie froren. Dann sahen sie ein Schlauchboot, das über die Wasserwüste auf sie zupaddelte. Vier Menschen saßen darin. Ein Mann ganz vorn im grünen Regenmantel brüllte zu ihnen hinauf: »Wie viele seid ihr?«

»Zwei Erwachsene und ein Kind«, brüllte Butz zurück.

»Ihr passt noch rein! Wir kommen zum Fenster!«, schrie der Mann. Butz und Merle sahen zu, dass sie wieder vom Dach hinunter auf den Boden kamen. Dann öffneten sie mühsam eins der klemmenden Fenster. Und dann musste Butz Opilein aus der Karre pflücken. Der schrie und jammerte: »Au! Folterknecht! Schinder! Aua!« Butz gab Merle den kleinen Hund zu halten und trug seinen Schwiegervater zum Fenster, wo ihn der andere Mann übernahm und irgendwie im Schlauchboot unterbrachte. Merle und Butz hörten Opileins schrille Stimme: »Esau! Wo is mein Hund! Ich geh nich ohne mein' altn Kameradn!«

»Kein Hund!«, widersprach der Mann im Regenmantel. »Wir müssen Menschen retten.«

Daraufhin strampelte Opilein herum und wollte zurück auf den Dachboden. Butz griff sich den kleinen Köter und stopfte ihn in Merles leeren Schulranzen, um den er das Handtuch wickelte. Dann reichte er dem Mann im Schlauchboot den Ranzen und seine Aktentasche, griff Merle um die Taille und stieg vorsichtig aus dem Fenster in das Boot. Opilein schimpfte immer noch, wurde aber friedlich, sobald er Esaus Ohren aus dem Ranzen gucken sah.

Und plötzlich, als der Mann im grünen Mantel sein Boot schon mit dem Paddel vom Haus abstieß, sprang Emma von irgendwoher auf Butz' Schulter, fauchte alle an und krallte sich da fest. Sie starrte vor allem den Mann im Regenmantel so böse an, dass er nicht protestierte. Butz löste die Katze von seiner Schulter, streichelte sie ein paar Mal, um sie zu beruhigen, und setzte sie dann Merle in den Schoß. Dann nahm er einem halbwüchsigen Jungen hinten im Boot die Ruder weg, gab ihm einen Klaps auf die Schulter und nahm seinen Platz ein.

Sie fuhren an einem Menschen vorbei, der sich in der Krone eines Baumes verfangen hatte und auf dem Gesicht im Wasser schwamm. »Müssen wir den nicht retten?«, fragte Merle den Regenmantel-Mann. Er blickte nur kurz hin und gleich wieder weg und antwortete nicht.

Sie drehte den Kopf und sah zurück zu dem einsamen Menschen im Wasser. Dabei bemerkte sie erst, dass die alte Frau Griguleit mit im Schlauchboot saß, ohne ihre Mietz. Sie hatte eine Decke um die Schultern und auch über dem Kopf, die sie jetzt aber so weit herunter zog, dass ihr verwuscheltes Haar zu sehen war. Die schwarzen Augen der Frau funkelten Merle an. Sie beugte sich vor, bis ihr Mund vor dem Ohr des kleinen Mädchens lag. »Das hab ich gemacht!«, rief Frau Griguleit. »Ich hab das Wasser losgeschickt, damit die alle ersaufen, die mich nicht leiden können. Hokuspokusfidibus. So was können wir Hexen. Wer uns ärgert, der bereut es zum Schluss!«

Sie richtete sich wieder auf und lächelte triumphierend unter ihrem nassen, windzerzausten Haar.

Zunächst mal zogen sie zu Harry. Butz meinte, Harry sei ihm noch was schuldig, und der teilte wohl diese Ansicht, denn er nahm Familie Voß ohne weiteres in seiner Wohnung in Farmsen auf. Seine Frau Loni räumte ein kleines Zimmer frei. Schließlich konnten Butz, Opilein und Esau auf einer Doppelcouch schlafen, während Merle ein Ziehharmonikabett bekam. Für ihre Sachen gab es nur einen kleinen Schrank, aber, wie Harry lachend sagte: »Ihr habt ja auch nix mehr, jetzt!« Die Katze Emma schlief oben auf dem Schrank.

Harry war groß und dick und vollbärtig und er lachte viel. Wenn er atmete, schnaufte er sonderbar, wie ein großes Pelztier. Loni war blond und gepolstert und roch nach Vanille und Milch, denn sie hatte ein Baby, den kleinen Manfred. Beide waren nett zu Merle und nahmen sie gern in den Arm oder auf den Schoß. Eigentlich hätte das Kind nichts dagegen gehabt, wenn Harry nur nicht so aus dem Bart gestunken hätte (nach Essensresten?) und wenn Loni nicht so schnell gerührt gewesen wäre, wobei sich jedes Mal ihre hellblauen runden Augen von unten her mit Wasser füllten, was dann zum Schluss Merle oder dem Baby auf den Kopf tropfte, je nachdem, wer gerade auf ihrem Schoß saß. Merles Schicksal rührte sie jederzeit und mehrmals am Tag: mutterlos und jetzt auch noch knapp vorm Versaufen gerettet, das arme kleine Ding.

Die Pläne für den schwedischen Comic hatten sich übrigens zerschlagen. Ob durch die Sturmflut oder von selbst wurde nie richtig klar. Im Leben von Butz zerschlug sich sowieso immer sehr viel, sofern er nicht sogar selbst etwas zerschlug. Nun hatten sie leider noch mehr Schulden als vorher schon. Von ihren Sachen – Möbel, Kleidung, Haushaltsgeräte – war nach dem Ablaufen des Wassers das meiste jedoch verdorben und kaputt. Leider war Butz nicht versichert gewesen. Opilein bekam von seiner Hausratsversicherung ein wenig Geld. Es gab deswegen einen Riesenstreit zwischen ihm und seinem Schwiegersohn, der von ihm verlangte, er sollte mehr angeben, als er verloren hatte.

Butz lief viel in der Stadt umher und versuchte, Arbeit zu finden. Ein paar Nächte lang machte er ›Schicht‹ im Hafen. Dann schlief er tagsüber. ›Schicht‹ bedeutete, schwere Sachen hin und her zu tragen.

Ostern wohnten sie immer noch bei Harry und Loni, sodass Merle von ihnen eine Extra-Schultüte bekam zur Einschulung. Sie war das einzige Kind mit zwei Tüten. Und natürlich das einzige mit wildgelocktem rotem Haar, das einzige, dessen Vater dabei war anstelle einer Mutter. Einstweilen tat ihr niemand etwas, doch die anderen Kinder, die Mütter und sogar die Lehrerin starrten sie misstrauisch an und schienen Schlimmes von ihr zu erwarten.

Eigentlich fühlte sich Merle nicht schlecht in Farmsen. Sie fand es bloß schade, dass alle Kinder in ihrer Klasse irgendwie schon miteinander befreundet waren. Keiner sprach mit ihr, niemand lächelte sie an. Wenn sie fragte, ob sie bei Spielen mitmachen könnte, hieß es: »Och nö, wir sind schon genug, lass man.« Es wirkte, als sei sie ein überzähliges Teilchen, das nirgends hinpasste.

Mit dem Frühling wurde die Katze Emma rollig, sie kullerte auf dem Boden umher und wimmerte und wollte einen Kater, sagte Butz. Während er das sagte, guckte er zufällig gerade Loni an, deren weißes, rundes Gesicht dadurch ganz rosa wurde.

Weil Emma einen Kater brauchte, durfte sie nicht hinaus, alle mussten aufpassen. Und dann entwischte sie doch, als ein Fenster gekippt stand, schlängelte sich hindurch und blieb ein paar Tage verschwunden. Als sie wieder kam, litt sie nicht mehr an Rolligkeit. Stattdessen wurde sie bald immer dicker. »Was hat Emma?«, fragte Merle erschrocken, denn eines Tages wurde dieser dicke Bauch auch noch von innen ausgebeult, als stampfte jemand darin herum. »Hat sie ihn verschluckt? Da ist doch jemand in ihr drin …«

»Wen verschluckt?« Loni stopfte Strümpfe unter der Küchenlampe.

»Den Kater. Sie wollte doch einen Kater, deshalb ist sie weggelaufen. Hat sie ihn jetzt irgendwie in sich drin?«

Loni sah schon wieder ganz rosa aus. »Frag mal deinen Vater. Oder deinen Großvater«, empfahl sie.

Merle fragte beide, abends in ihrem kleinen Zimmer. »Was ist mit Emma los? Wer ist in ihr drin?«

Opilein saß im Bett in einem Flanellschlafanzug von Harry, mit viermal umgekrempelten Ärmeln und viermal umgekrempelten Hosenbeinen und blätterte in der Bibel, um eine schöne Gutenachtgeschichte zu finden. Butz saß rauchend auf der Bettkante. Die beiden Männer wechselten einen Blick, dann drückte Butz seine Zigarette, obwohl sie kaum zur Hälfte aufgeraucht war, im Deckel von einem Gurkenglas, das ihm als Aschenbecher diente, aus und räusperte sich. »In Emma drin? Babys. Kleine Kätzchen.«

»Wirklich?« Merle war entzückt. »Wie viele?«

»Das wissen wir nicht, bis sie da sind. Fünf vielleicht. Oder sechs.«

»Und wie sind sie in Emma rein gekommen?«

Opilein nickte düster, als hätte er diese Frage kommen sehen. »Denn ma los. Nu issas so weit«, meinte er.

Und sie bemühten sich gemeinsam, darzulegen, wie kleine Katzen in große Katzen gelangten.

Zunächst erläuterten sie die technischen Einzelheiten:

»Du weißt doch, dass kleine Mädchen und kleine Jungen verschieden sind?«

»Und das funktscheniert denn ganz ulkich …«

»Also, man stöpselt sich gewissermaßen ineinander, verstehst du?«

»Das is klitzeklein. Ganz, ganz lütt und doch schon 'n Mensch …«

»Na ja, die Hälfte von einem Menschen. Die andere Hälfte hat die Frau in ihrem Bauch, in einem Ei. Und die Hälften fügen sich zusammen dabei. Und dann wird daraus ein Baby.«

»Tut das Machen weh?«

»Oh nein! Es macht Spaß. Es ist ein wunderschönes Gefühl. So ein bisschen wie … Weißt du, wenn deine Nase kribbelt, und du möchtest nichts auf der Welt lieber, als niesen, das kennst du doch? Und du holst Luft und atmest tief, da kommt der Nieser näher, da kommt er noch näher, gleich kommt er von selbst, du könntest ihn gar nicht mehr aufhalten, auch, wenn du wolltest, und dann – Hatschi! Und du fühlst dich glücklich und erleichtert. So ähnlich ist das. Nur schöner. Und weiter unten.«

Dann beleuchteten Butz und Opilein den emotionalen und moralischen Hintergrund:

»Und wenn man sich lieb ham tut, denn will man ja auch schmusn, nich? Und der Herr hat ja schon zu Adam und Eva gesacht: Seiet fruchtbar und mehret euch und füllet die Erde! Das hatter gesacht vor den Sündnfall. Aber erkannt hat Adam sein Weib erst nach den Sündnfall. Daran kann man erkenn', dassas Sünde is.«

»Quatsch. Es ist keine Sünde, lass dir nichts erzählen. Lass nie zu, dass jemand hässlich darüber redet. Es ist das Schönste auf der Welt. Es ist einfach Liebe. Liebe ist nicht schmutzig.«

»Denk da immer an, dass Babys dabei rauskomm.«

»Obwohl – nicht jedes Mal entsteht dadurch ein Kind.«

Opilein gab einen empörten Schnarchlaut von sich, doch Butz beharrte: »Manche Leute bekommen überhaupt keine Kinder, so oft sie es auch tun, es passiert nichts.«

»Meissens tutas leider da passiern, wo's nich soll. Zun Beispiel, wenn die Leute nich verheirat' sind.«

»Darf man keine Babys haben, wenn man nicht verheiratet ist?«, wollte Merle wissen.

»Nein«, sagte Opilein, und Butz gleichzeitig: »Doch.«

Sie starrten sich feindselig an. »Es ist doch wohl nicht gesetzlich verboten, oder?!«, fragte Butz drohend.

»Nee, gesetzlich wohl nich. Jedoch es tuet nich gut, das sage ich, und wenn du meine Enkelin was anners beibringn tus …«

»Man kann ja einfach warten, bis man verheiratet ist!«, meinte Merle in versöhnlichem Ton.

Ihr Vater schüttelte den Kopf: »So einfach ist das eben nicht. Wenn der Körper erwachsen wird, weiß er auf einmal, wie viel Spaß es macht – noch bevor man es zum ersten Mal gemacht hat. Und dann treibt es einen dazu. So wie Emma. Die hat sich aus dem Fenster geschlängelt, weil sie's einfach tun musste, verstehst du? Sie konnte nicht anders. Das kann einen verrückt machen …«, fügte er, leiser murmelnd, hinzu.

»So wie, wenn keine Zigarette mehr da ist?«

»Genau so!«, stimmte Butz zu, und Opilein schwieg verbiestert, weil er selbst nicht von der Sünde des Rauchens frei war.

»Werden dann nicht ganz viele erwachsene Leute verrückt, wenn sie nicht verheiratet sind? Gibt es nichts, was ihnen hilft? Medizin oder so?«

»Na, es gibt beispielsweise Frauen … Prostituierte sind das, schwieriges Wort, nicht? Oder Dirnen. Die sind den armen Männern behilflich, bevor sie verrückt werden.«

Opilein verdrehte die Augen: »Behilflich sacht er! Die tun sich ihr sündiges Geld damit verdien', das tun sie. Schmutzige Weiber. Leben auffe Reeperbahn. Sünderinn.«

»Soviel ich weiß, war dein lieber Herr Jesus ganz dicke mit denen!«

»Wenn sie helfen, sind sie doch lieb!«, fand Merle.

»Das sind sie auch meistens. Und nichts ist verächtlicher, als ein

Mann, der zu Dirnen geht, um seinen Stau loszuwerden, und der sie gleichzeitig verachtet!«, schnaubte Butz seinen Schwiegervater an.

Der murrte kleinlaut: »Is ja lange genuch her. Und oft war das auch nich grade, wenn ich so an annere Leute denken tu, sonne wie dich …«

Merle fand das ganze Thema ausgesprochen interessant. »Und was machen die armen Frauen, wenn sie vor lauter Liebe verrückt werden?«, erkundigte sie sich. »Gibt es da auch nette Männer, die ihnen helfen?«

Opilein und Butz guckten etwas ratlos.

»Frauen haben keinen so starken Trieb. Die können normalerweise wirklich warten, bis sie verheiratet sind.«

»Aber Emma …«

»Na, Emma ist ja auch eine Katze.«

Merle dachte nach. »Können nur Frauen und Männer miteinander Babys kriegen, oder auch Männer und Männer? Dann könnten die es doch miteinander machen, wenn sie es so doll wollen! Oder geht das nicht?« Gleich fiel ihr ein: »Nein, das geht ja nicht! Weil sie ja beide … Man kann sie nicht stöpseln … Oder?«

Opilein hielt sich mit beiden Händen die Augen zu. Butz lachte hustend. »Kinder können nur Frauen und Männer zusammen haben. Aber es passiert schon, dass Männer mit Männern ins Bett gehen. Das funktioniert auch. Sie müssen einfach …«

Opilein zupfte Butz am Ärmel. »Sach es nich! Das muss sie nich wissn!«

Butz fuhr ärgerlich herum. »Wieso denn nicht? Meine Tochter bekommt nicht zu hören: ›Das verstehst du noch nicht‹ oder ›Dafür bist du noch zu klein‹, wenn es nicht stimmt. Wenn sie mir eine Frage stellt, werde ich sie beantworten. Das ist doch lächerlich. Wenn sie das eine versteht, warum soll sie dann nicht das andere verstehen?«

So erfuhr Merle auch noch, wie die Liebe funktioniert, wenn Männer unter sich sind. Und wie Butz darüber dachte (sein Fall sei es nicht, er wollte es jedoch nicht verurteilen, jeder, wie er mochte) und wie Opilein die Sache sah (Schmutz und Sünde und Sodomie, das ham die Leute in Sodom und Gomorra gemacht, und wie das den' ergang is, das weißtu ja!).

Merle akzeptierte die Aufklärungsstunde als Gutenachtgeschichte. Nichts daran ängstigte sie oder kam ihr unangenehm vor. Was Butz gesagt hatte, leuchtete ihr ein und befriedigte ihre Neugier. Dass Opilein überall seine Ängste hatte und ständig über die Sünde stolperte, war nichts Neues. Im Einschlafen dachte sie darüber nach, ob die anderen Kinder in ihrer Klasse wohl schon davon wussten. Und falls nicht, ob es ihr nicht gelingen könnte, auf diese Art ihre Aufmerksamkeit und ihr Wohlwollen zu erringen.

Fünf Tage später brachte Merle einen Brief für ihren Vater aus der Schule nach Hause. Butz war noch nicht da, und Opilein drehte den Brief misstrauisch in seinen zitternden alten Händen: »Oha oha oha. Was hastu denn ausgefressn, Mädelchen? Hastu was kaputtgemacht?«

Merle schüttelte den Kopf. Sie glaubte zu wissen, worum es ging, obwohl die Lehrerin nichts Genaues gesagt hatte. Es war ja auch gar nicht so wichtig. Wichtig war, ob Butz heute in einem Lichtspieltheater in der Innenstadt angestellt werden würde. Falls es klappte, fing er als Platzanweiser an, sollte jedoch später in die Verwaltung aufsteigen können, und seine Pläne gingen schon viel weiter. Mit dem Geld, das er dort verdiente, könnte er später ein eigenes Restaurant aufmachen. Das war es, wovon Butz träumte. Gegen Abend kam er endlich nach Hause und strahlte breit: Es hatte geklappt. Gut gelaunt öffnete er den hässlichen beigegrünen Briefumschlag.

*Die Lehrerin schrieb:*

Sehr geehrter Herr Voß!

Wie Sie vielleicht schon gehört haben, haben die Eltern der Kinder aus der Klasse 1b gemeinschaftlich protestiert gegen die Ungeheuerlichkeiten aus dem sittlichen Bereich, die Ihre siebenjährige! Tochter Merle in der Klasse verbreitet hat. Es war dabei nicht nur von Fortpflanzung die Rede, sondern ebenso von Prostitution und Homosexualität! Merle blieb auch nach wiederholter Befragung verstockt dabei, dass sie die Grundlagen ihrer Schauergeschichten von ihrem Vater und ihrem Großvater erhalten hätte, was wir natürlich für unglaubhaft halten.

Unser Schulleiter, Herr Dr. Dreister, und ich sind sehr besorgt wegen dieser Angelegenheit.
Es wird deswegen am 7. Juni um 20.00 Uhr ein außerplanmäßiger Elternabend stattfinden, zu dem wir Sie unbedingt bitten, sich einzufinden. Dort sollten wir uns über eine eventuelle Bereinigung dieser leidigen Sache einigen.
Mit fr. Grüßen!
*I. Ralfsen*

Butz lachte über den Brief. »Feuervögelchen, warum hast du mir denn nicht gesagt, dass sie auf dir rumgehackt und dich ausgefragt haben?«

»Weil dich niemand mit gar nichts stören sollte, bis du die Anstellung im Kino hattest«, erwiderte Merle wahrheitsgemäß.

»Denn geh man zu den Elternabend, das hastu dir selber eingebrockt!«, fand Opilein. Butz wollte etwas erwidern – da hörten sie einen merkwürdigen Lärm aus der Küche, Gepolter und Klatschen wie von Schlägen, Harry brüllte etwas und Loni weinte. Butz, Opilein und Merle rissen die Tür auf und rannten zum Ort des Geschehens. Esau trippelte hinterher. Da stand Harry mit drohend erhobener Hand über seiner Frau, die sich zusammen duckte. Ihre Haare standen zerrauft vom Kopf ab. Harry drehte den Eintretenden wilde, rollende Augen entgegen: »Knutschflecken hat sie am Hals, diese …«

Die Küchenlampe schwankte hin und her und beleuchtete abwechselnd die Gesichter der Menschen in der Küche. Loni schaute Butz ganz verzweifelt an, als ob er ihr helfen könnte. Butz starrte drohend auf Harry, der daraufhin langsam seine Hand sinken ließ und Butz seinerseits ungläubig und verwirrt ansah. Opilein knautschte griesgrämig mit seinem Gebiss herum, als wollte er sagen: Ich hab's mir doch gleich gedacht. Merle blickte neugierig von einem zum anderen. Esau kläffte. Der kleine Manfred saß in einem Babystühlchen, das Gesicht bis unter die Augen voll Brei, und heulte laut.

»Du Schwein, du! Ich nehm' dich auf und ernähr' dich, und dir fällt nichts Besseres ein, als meine Frau zu verführen«, sagte Harry leise zu Butz.

»Sag nicht Schwein zu mir«, war alles, was Butz einstweilen dazu vorbrachte.

Die Barthaare rund um Harrys Mund standen wie gesträubt nach allen Seiten. Sicher hätte er Merles Vater gern verhauen. Tatsächlich war er ungefähr genau so groß – also ziemlich groß – und wahrscheinlich sogar jünger, jedoch dick und behäbig, ein Mann, der gern im Sessel saß und viel lachte. Jeder, der Butz kannte, wusste, wie entsetzlich wütend er werden konnte, und wie schrecklich er dann zuschlug.

»Macht, dass ihr rauskommt, allesamt«, sagte Harry mit ganz erschöpfter Stimme. Er guckte keinen mehr an, er starrte nur noch auf die Wachstuchdecke, die auf dem Küchentisch lag.

Loni war auf einen der Stühle gerutscht und weinte jetzt still und gleichmäßig vor sich hin. Der kleine Manfred hatte aufgehört zu brüllen. Er schluchzte nur ein bisschen und lutschte zwischendurch an seinem Löffel, der noch mit Brei beklebt war.

»Kommt!«, sagte Butz Voß zu seiner Familie. Merle, Opilein und der Mops folgten ihm zurück in das kleine Zimmer, um ihre paar Sachen zu packen. Und weil sie eigentlich nichts hatten, in das sie einpacken konnten, brachte ihnen Harry, stumm und vorwurfsvoll, zwei alte, geflickte Kopfkissenbezüge dafür. Große Plastiktüten waren eben 1962 noch nicht üblich.

»Ausgezeichnet«, brummte Butz, während er ungeduldig – und ungeschickt – einen Kissenbezug voll stopfte. »Dann wirst du gleich diese verklemmte alte Jungfer Lehrerin los und deine blöden Bumsköpfe von petzenden Schulkameraden, Vögelchen. Du kannst völlig neu anfangen!«

Opilein hörte auf, seine Schuhe zuzubinden und bemerkte traurig: »Un tutas Not? Muss sie schon wieder neu anfang nach gerade mal'n Vierteljahr Schule, nich ganz? Du versündichs dich an den Kind, Butz Voß, und ich kannnas nich verhindern …«

## *Das 2. Kapitel*
## *bringt uns nach Altona und Gomorra und verwirrt einer Fürsorgerin die Frisur*

Sie zogen in ein kleines Zimmer in einer Pension in der Königstraße in Altona, obwohl Opilein das gar nicht lieb war: Altona saß ihm zu nahe an St. Pauli, so dicht wie Gomorra bei Sodom. Die Königstraße wurde, wenn man auf ihr immer weiter ging, zur Reeperbahn, da wohnte die Sünde, deshalb galt ihm auch dieses Ende der Straße mit dem harmlosen Namen als unsauber. Wenn der alte Mann mit seinem Hündchen hinaus ging, musste das Tier sich alles verkneifen, bis sie um die erste Ecke gebogen waren.

Merle kam in eine andere Schule, zu einer anderen Lehrerin (Frau Danzer) und zu anderen Kindern. Frau Danzer hatte einen Zungenfehler sowie einen ziemlich dichten blonden Bart auf der Oberlippe und auf den Wangen und neigte dazu, sich plötzlich zu schütteln, als sei ihr kalt oder als ekele sie sich. Als sie Merle zum ersten Mal sah, schüttelte sie sich heftig und legte ihre molligen rosa Arme um ihren Körper, wie um sich selbst festzuhalten. »Merle? Daz izß ja ein zonderbarer Name!«, meinte sie vorwurfsvoll, und damit hatte sie Recht. Die anderen Mädchen in der Klasse hießen Ulrike oder Renate – es gab drei Gabis. Merle hieß weit und breit niemand.

Sie wurde der Klasse mit den Worten vorgestellt: »Daz izß die Neue.« Frau Danzer hätte im selben Ton sagen können: ›Das ist die Fremde‹. Dreiundzwanzig gnadenlose Augenpaare bohrten sich in Merles Sommersprossen, und ein schrilles Stimmchen rief: »Die sieht ja komisch aus!« Worauf alle in tobendes Gelächter ausbrachen. Frau Danzer erschauderte und befahl mit leidender Stimme: »Ruhe jetzß, wir nehmen alle die Fibel herauz!« – was gelogen war, ihre lag bereits auf dem Lehrerpult.

Merle sollte als erste vorlesen. Erfreulicherweise war es dieselbe Fibel wie in der Farmsener Schule, sie hatte oft mit Butz und Opilein darin gelesen und kannte längst alle Geschichten. Sie war nervös, schlug aus Versehen weiter hinten auf, als Frau Danzer verlangt hatte und las flüssig eine Herbstgeschichte von Drachensteigen und Apfelernte vor. Alle starrten sie erstaunt an. Frau Danzer zischelte: »Daz izß falsch. Nach dem Lehrplan zind wir erzß auf Zeite Zwölf. Ez izß nazeweiz, vorauz zu lezen.«

Hinter ihr flüsterte jemand: »Naseweis mit Sommersprossen!«, und wieder lachten alle, wenn auch unterdrückt.

In der Pause wurde ihr etwas aus einer Tüte angeboten, und als sie hineingriff, war es Sand. Sie reagierte schon misstrauischer, als ein dickes blondes Mädchen sie rief: »Komm mal her, du, Märthe oder wie du heißt … Ich will dir was zeigen!« Die anderen Kinder drängten sie jedoch in diese Schulhofecke, und bevor sie begriff, worauf das Ganze hinauslief, wurde ihr hartes, fettiges Butterbrotpapier ins Gesicht gerieben. Merle duckte sich weg, so gut sie konnte und legte die Hände vor ihr Gesicht. Dann rannte sie ins Schulklo und sah im Spiegel, dass ihre Stirn und die linke Wange rot und etwas zerschrammt aussahen – und fettig von der Margarine aus dem Papier.

»Du brauchst morgen nicht wieder zu kommen!«, riefen einige Kinder hinter ihr her, als sie nach Hause ging.

Das war Merles völliger Neuanfang in der Schule, ohne verklemmte alte Jungfer von Lehrerin und ohne blöde Bumsköpfe von petzenden Schulkameraden.

Sie schlug, als sie mittags nach Hause kam, vor, noch mal woanders ganz von vorn anzufangen. Butz und Opilein, die nicht verstanden, wie ernst es Merle damit war, lachten. »Ich brauche Turnzeug. Turnschuhe in Weiß und eine blaue Turnhose, so 'ne pludrige, glänzende«, verkündete das Kind zur Strafe. Daraufhin seufzten die Männer und dachten darüber nach, was das kosten würde.

»Warum hast du so was in deiner alten Schule nicht gebraucht?«, fragte Butz gereizt.

»Das hat Frau Danzer auch gefragt. Sie sagt, das kann überhaupt nicht sein und ich lüge. Turnen gibt es in jeder Schule und deshalb braucht man auch immer Turnzeug.«

Butz holte sein Portemonnaie hervor und begann, Geld zu zählen. »Ich habe unsere Miete für die kommende Woche beisammen und sehr wenig Geld, um zu essen«, sagte er unglücklich.

Opilein holte stöhnend sein geheimes Geld aus seiner inneren Westentasche. »Hier. Nimm. Sonst tut sich das Mädel vor den annern Kinnnern lächerlich machn.«

Das schaff ich auch mit Turnzeug, dachte Merle, da reicht mein Gesicht. Sie protestierte: »Nein, Opilein, das ist doch dein Geheimgeld. Das eilt nicht! So schnell muss ich keine Turnschuhe haben.« Denn sie hoffte, dann könnte sie weiterhin auf einem Schwebebalken sitzen und zugucken, anstatt die Stunde mitzumachen.

Opilein war über ihre Selbstlosigkeit enorm gerührt, während Butz das Geld in der Hand seines Schwiegervaters betrachtete und urteilte: »Dafür kriegen wir Schnürsenkel. Aber du hast Recht. Merle darf nicht aus der Reihe tanzen, schon gar nicht, weil wir uns etwas nicht leisten können, was alle anderen haben! Ich nehme erst mal das Mietegeld. Mir fällt schon ein, was wir der Pensionswirtin hier sagen. Komm, Vögelchen!«

»Muss ich unbedingt mit?« Merle war froh, die sichere Zimmertür von innen hinter sich geschlossen zu haben.

»Natürlich, Süße. Woher soll ich sonst wissen, ob die Schuhe passen?«

Sie fuhren mit der Straßenbahn in die Innenstadt. Im Alsterhaus bekamen sie sowohl weiße Turnschuhe (vorsichtshalber auf Zuwachs gekauft, Merles Füße wuchsen zur Zeit so schnell) als auch die pludrige Turnhose. Das übrige Geld reichte nicht mehr für die Wochenmiete. Um zu sparen, liefen sie zu Fuß nach Hause. Das dauerte lange, und Merle taten die Füße weh. Butz bot ihr wiederholt an, sie könnte auf seinen Schultern reiten. Das hatte sie als sehr kleines Kind gerne getan, aber sie fürchtete, einer ihrer Klassenkameraden könnte sie dabei sehen. Also trabte sie weiter. Wenn Butz nur erzählte, irgendetwas …

Butz begann mit einer weiteren Feuervogel-Geschichte (inzwischen hatte der Feuervogel bereits viele aufregende Abenteuer bestanden, dem König das Leben gerettet, war eine Weile mit einem netten Schiffskapitän, der ihn irrtümlich für einen Papagei hielt, über die Meere gesegelt und hatte einen Piratenschatz entdeckt). Danach kam etwas über die Wikinger und die Völkerwanderung. Butz wusste viel über die Goten und die Vandalen, Alarich und

Chlodwig und solche Leute. Ganz früher, als er noch sehr jung war, wollte er studieren und Professor werden. Sein großes Pech war, dass er mit achtzehn Jahren plötzlich faul wurde, keine große Lust mehr hatte, in der Schule zuzuhören – und sitzen blieb. »Es gab in diesem Jahr so viele schöne Mädchen in unserer Gegend!«, pflegte er zu erklären, und wenn Opilein das hörte, meinte er jedes Mal: »Um dir zu gefalln, muss 'ne Frau nich schön sein, das mussie nich. Die muss bloß Frau sein, das reicht.«

Ein halbes Jahr vor Butz' Abitur brach der Krieg aus, und weil sein bester Freund sich freiwillig meldete, ging er mit. (Sie blieben wirklich einige Jahre zusammen und erlebten fast soviel Abenteuer wie der Feuervogel; vor allem ärgerten sie ihre Vorgesetzten, denn ›Gemeinsamkeit macht stark‹. Merle liebte diese Kriegserlebnisse, die oft sogar richtig komisch waren.) Doch dann musste er zusehen, wie dieser Freund von einem russischen Panzer zerquetscht wurde, wenige Meter neben ihm, und er konnte nicht helfen.

Einen Monat nach Butz' fünfundzwanzigstem Geburtstag war der Krieg vorbei, da konnte er ja nicht noch mal zur Schule gehen. Also fing er an, in einem (nicht kaputt gebombten) Hotel in Hamburg zu arbeiten. Er lernte vor allem, zu servieren oder einen Tisch abzudecken, indem er sich geschickt mit tausend Tellern und Schüsseln belud, die Arme hinauf bis zu den Schultern, Messer und Gabeln so ineinander verschränkt, dass sie nicht herunter fallen konnten. Und er lernte kochen. In diesem Hotel hätte er ganz groß Karriere machen können, wenn nicht ein gemeiner, neidischer Mensch dort gearbeitet hätte, der es nicht ertrug, wie tüchtig Butz war, und der sofort eifersüchtig wurde, sobald seine Freundin sich mit Butz ein bisschen unterhielt. Also machte er ihn beim Chef schlecht und drängelte ihn hinaus!

Seitdem hatte Butz als Koch und Steward auf Schiffen gearbeitet (vor allem auf skandinavischen, er lebte und arbeitete auch einmal ein Jahr lang in einem Hotel in Schweden), war Taxi gefahren, hatte auf dem Wochenmarkt verkauft, in Restaurants geputzt und sogar im Varieté Haus Vaterland auf der Bühne gestanden und alle Artisten angesagt. Das hätte ebenfalls sein Glück werden können, da ihn das Publikum liebte. Doch dann gab es Ärger, weil er auf einen verdorbenen Magen ein Schnäpschen kippte und der Varietéchef ein Spießer war und ihn hinaus warf. Alles in allem blieb sein großes Pech, dass er ein Jahr vor dem Abitur so träge geworden war.

Merle wusste, dass ihr Vater sich nicht darum kümmerte, ob sie schlechte oder gute Noten mit nach Hause brachte: die Schule wäre sowieso ein blöder Zwangsverein. Doch sollte sie unter allen Umständen vermeiden, ›kleben‹ zu bleiben, denn das sei Zeitverschwendung und könnte ihr Leben ebenso ruinieren wie seins.

Obwohl sie das Leben ihres Vaters auswendig kannte, ermunterte sie ihn immer wieder gern, davon zu erzählen. Das war so schön und interessant wie Märchen oder biblische Geschichten.

Kurz bevor sie die Königstraße erreichten, kam ihnen eine blonde Frau entgegen, blieb stehen und sah sie an.

»Birgit!«, rief Merle.

Birgit blickte etwas schmollend zu Butz auf. »Ich hab immer gehofft, ich begegne dir nie wieder«, sagte sie. Trotzdem wirkte sie erfreut. »Was macht ihr in dieser Gegend?«

»Richtig – du wohnst doch jetzt auch irgendwo hier?«, erwiderte Butz.

»In der Schmarjestraße. Ich hab da eine Dreieinhalbzimmerwohnung geerbt von meiner Tante Trine, die hab ich zu Ende gepflegt, und als sie tot war, kam raus, dass sie mir die Wohnung vermacht hat. Parterre, mit Hintergarten und sehr geräumig.«

»Die Tante, die so tüdelig war und das Wasser immer überlaufen ließ?«, fragte Merle.

»Ja, die«, erwiderte Birgit und lächelte sie an.

Butz streckte eine Hand aus und strich über Birgits Blusenkragen. Dann tippte er mit dem Zeigefinger auf ihre Unterlippe. Birgit machte die Augenlider halb zu und sah etwas müde aus.

»Merle, Liebchen, von hier aus findest du doch allein zu Opilein? Komm, nimm deine Turnsachen mit und sag ihm, ich komme später nach …« Butz hielt seiner Tochter die Tüte hin, ohne den Blick von Birgit zu wenden.

»Klar«, sagte Merle. »Tschüss, Birgit!«

Birgit antwortete nicht, weil sie inzwischen Butz' Fingerspitze im Mund hatte und daran nuckelte.

»Birgit Hansen? Oha oha oha. Welche is das denn nu wieder?«, fragte Opilein ärgerlich, als Merle alleine nach Hause kam.

»Die Blonde mit den braunen Augen. Sie trägt einen schwarzen Strich über den Wimpern, wie ein Fotomodell. Und sie riecht nach Maiglöckchen. Ich mag sie gern.«

Opilein brummelte vor sich hin, angemalt wären Sünderinnen. Auf dem kleinen zweiflammigen Gaskocher, den die Pensionswirtin ihnen geliehen hatte, machte er Spiegeleier mit weichem Dotterkern und knusprig-braunem Rand zum Abendbrot. Ab und zu zog er seine kleine vernickelte Taschenuhr an der Kette aus der Westentasche und blickte sie vorwurfsvoll an. Dann schimpfte er auf Butz, diesen ›unzuverlässigen Strolch‹.

»Kannst du Butz eigentlich wirklich nicht leiden?«, fragte Merle bekümmert.

»Konnt den Kerl noch nie leidn.«

»Warum wohnt ihr dann zusammen?«

»Weil du das Kind von meine Elke bis. Weil du ’n liebes, kluges Kind bis. Weil ich dich lieb hab. Du bis was ganz Besonners, Mädelchen. Und den Kerl überlass ich dich nich. Das könnte den so passn! Der hat meine Elke unglücklich gemacht, un das reicht. Da wird der Herr ihn noch für strafn. Dich wird Butz Voß nich unglücklich machn, da tu ich aufpassn.«

»Meine Mama ist eigentlich gar nicht im Krieg gestorben, oder?« Während sie fragte, wunderte sich Merle, dass sie das vorher noch nie hatte wissen wollen. Oder hatte sie gewollt, und nie eine richtige Antwort bekommen?

»Nee.«

»Woran ist sie denn gestorben?«

Opilein putzte seine Brille, und da er schon dabei war, putzte er auch gleich seine Augen mit dem großen Taschentuch. Er wischte und rubbelte.

»Du, Opilein – woran ist meine Mama denn gestorben?«

»Ja, wie sacht man? An gebrochm Herzn.«

»Also sie hat Kummer gehabt?«, übersetzte Merle vorsichtig. »So wie Genovefa?« Denn über diese tragische Frau gab es eine Geschichte im großen Märchenbuch. Das Buch war zwar in Wilhelmsburg abgesoffen, jedoch später, als die Elbe ablief, wieder aufgetaucht und getrocknet und wurde weiter benutzt, trotz welliger, teilweise zusammenklebender Seiten und verkrümmter Deckel. Genovefas Mann, Graf Siegfried, war leider so dumm, seinem Diener zu glauben, der Genovefa verklagte. Deshalb schickte er die Arme in einen wüsten Wald, wo sie ein Söhnchen bekam, das sie vor lauter Verzweiflung ›Schmerzensreich‹ taufte, was ja wirklich ein grässlicher Name war. »Ist ihr Herz auch gebrochen, weil ihr Mann so gemein gewesen ist?«

»Ja, kann man sagn. So ähnlich wie bei Genovefa. Wegen ihrn Mann.«

»Also war Butz Schuld, dass ihr das Herz gebrochen ist?« Merle hatte es ja schon geahnt, doch es betrübte sie. »Hat jemand ›falsch Zeugnis‹ wider sie geredet und Butz hat das gehört?«

»Nee. Eher hat Elke ja wohl dauernd gehört, wie jemand richtich Zeuchnis gegen Butz geredet hat. Un selbs mitankuckn konnte sie das obendrein.«

Merle sah zu, wie Opilein die Teller zusammenstellte, um sie in die Küche zu bringen. »Wie stirbt man an gebrochenem Herzen? Fällt man einfach um?«

Opilein seufzte in das schmutzige Geschirr. »Das fraach mich mal, wenn du'n büschen älter bis, Mädel. Denn redn wir da noch mal über«, verhieß er, bevor er das Zimmer verließ.

Am nächsten Vormittag, während Merle von einem Jungen aus der Parallelklasse so mit dem Gesicht gegen das Schulgebäude gestoßen wurde, dass sie eine große blaue Beule unter dem linken Auge bekam, erschien Butz wieder in der Pension. Er handelte mit der Wirtin und war so nett und witzig, dass er einen Teil der schon bezahlten Miete zurück bekam. Dann packten sie wieder alle Sachen in die Kopfkissenbezüge. Als Merle kam, konnten sie direkt aufbrechen. »Komm ich in eine neue Schule?!«, fragte sie, unendlich erleichtert.

»Nein, nein, keine Sorge. Warte mal, zeig mal, komm mal her – was ist denn mit deinem Gesicht? Hat die Lehrerin dich gehauen?«, rief Butz aufgebracht.

»Oder die annern Kinner? Neue kriegn öfters Kloppe!«, wusste das kluge Opilein.

Merle sah die erschrockenen, schuldbewussten Augen ihres Vaters.

»Nein, Quatsch, ich bin ausgerutscht und hingefallen, auf der Treppe und mit dem Gesicht aufs Geländer. Wo ziehen wir denn hin?«

»Zu Birgit. Ganz hier in die Nähe. Birgit magst du doch gern?«

»Doch, die ist nett. Wohnen wir da wieder in einem Zimmer?«

»Nein, in zweien. Du und ich in einem und Opilein allein in einem ganz kleinen Zimmer. Mit seinem Mops.«

»Moment mal, ja! Wieso soll ich alleine wohn, und ihr zwei beide steckt zusamm?!«, erboste sich der alte Mann. »Kommt ja nich inne Tüte. Ich werd mit den Mädel ein Zimmer teiln. Wer weiß, was du ihr für Tünkram in' Kopf tus, wenn ihr zusamm seid. Du lüchst ja, wenn du nurn Mund aufmachn tus.«

»Ja, danke sehr. Dann will ich dir was sagen, Hinnerk. Dann kriegt die junge Dame hier ein Zimmer für sich und Emma, wie sich das für eine feine kleine Prinzessin mit ihrer Kammerzofe gehört, und wir drei Männer teilen uns das andere. Was hältst du davon?«

Damit waren sie alle zufrieden. Und dann zogen sie los mit ihren geflickten, vollgestopften Kissenbezügen und ihren Haustieren, dem abgescheuerten Hund und der schwangeren Katze.

Obwohl Butz arbeitete und Opilein Rente kassierte und Birgit sich sehr großzügig zeigte, reichte das Geld nie so richtig, und die Schulden wurden nie weniger. Eine von Opileins Theorien lautete, sie würden sich bedeutend besser stehen, wenn Butz nicht dauernd andere Leute einladen würde, in Kneipen und anderswo, möglichst noch zu Champagner.

Birgit lernte bald die zuständigen Gerichtsvollzieher kennen, und sie lernte, nett mit ihnen zu reden, ihnen Kaffee zu kochen, zu erklären, wo Butz gerade steckte (manchmal im Kleiderschrank in ihrem Schlafzimmer, was sie nicht zugab), und wie hart er arbeitete, um seinen Verpflichtungen nachzukommen. Sie hielt die Herren davon ab, Kuckucksmarken auf ihre eigenen Möbel oder Teppiche zu kleben und musste einmal sogar galante Anträge von einem der Beamten ablehnen. Im Grunde fand sie das ganz spannend und interessant, ängstigte sich jedoch, ob ihre Nachbarn nicht errieten, wer da ständig mit der Aktentasche zu Besuch kam.

Irgendwie klappte es nicht lange mit der Anstellung im Filmtheater. Butz fuhr wieder Taxi, vor allem nachts, weil das besser bezahlt wurde und weil der Taxiunternehmer selber dann gern schlafen wollte. Das bedeutete, dass Butz am Tag hätte schlafen müssen – wenn er nur gekonnt hätte. Mittags kam Merle aus der Schule, Birgit, die in einer Speditionsfirma arbeitete, nachmittags von der Arbeit und Opilein war sowieso den ganzen Tag da und klapperte mit Geschirr oder mit seinem Gebiss, beklagte sich Butz. Immer dann, wenn er gerade mal eingeschlafen war, kläffte Esau. Emma schließlich bekam eines Tages ihre Babys und machte ihnen ein Nest in Butz' Lederjacke, die er beim Heimkommen am frühen Morgen auf den Boden geworfen hatte. Als er abends wieder los wollte, hinderten ihn daran sechs quakende Kätzchen und eine fauchende Emma, sodass er zum Schluss ohne Jacke los ging. Das alles machte ihn noch gereizter und nervöser, als er schon von Natur aus war. Er stritt sich mit Birgit und er stritt sich noch viel schlimmer mit Opilein. »Was willst du denn dauernd bei mir, Affengesicht!?«, brüllte er ihn an. »Wieso ziehst du nicht einfach woanders hin mit deiner fürstlichen Rente? Du hängst an mir wie Rotz am Ärmel, und du bringst mir nur Pech, merkst du das nicht?«

»Ach so, denn bin ich da jetz Schuld an, dass dir allns verquer gehn tut? Pech brinstu dir selber, Butz Voß, da brauchstu kein annern nich für! Das kommt, weil dich deine Sündn verfolgn, un das wird noch viel schlimmer wird das noch wern, weil du dich auch an deine Tochter versündign tus! Was hat das Kind denn fürn merchwürdiges Lebn, frach ich dich, bei dein Rumzigeunern un ewich umziehn un immer wieder annere Weiber!«

Dafür, dass Merle ein geschmeidiges, geschicktes Kind war, fiel sie ungewöhnlich oft hin und stieß sich dauernd an Gegenständen. Seit sie in Altona wohnten, hatte sie eigentlich ständig blaue Flecken, verschorfte Kratzer und mindestens eine Beule. Ihrer Familie redete sie ein, das käme vom Toben: »Wir haben viel Spaß beim Spielen, da tut man sich mal weh!« Ihre Lehrerin achtete nicht auf so etwas. Darüber hinaus hatte Merle es gelernt, sich so zu schützen und abzuducken, dass sie nach Möglichkeit an Stellen getroffen wurde, die unter der Kleidung versteckt lagen. Aber eines Tages kam der Schularzt und untersuchte alle Kinder. Vor ihm musste sich jeder ausziehen, und er war der Ansicht, die Blessuren kämen nicht vom Toben: »Erzähl keinen Unfug, Kind, du bist misshandelt worden! Irgendjemand verhaut dich ja geradezu gewohnheitsmäßig …«

Merle leugnete das entschieden. Der Arzt betrachtete sie ernst und machte sich seine eigenen Gedanken. Er war entschlossen, die Sache nicht auf sich beruhen zu lassen.

Er wollte auf jeden Fall eine Blutuntersuchung vornehmen, um auch noch andere Möglichkeiten zu prüfen. Da gab es plötzlich ein Riesengeschrei. »Aber es macht doch nur ein kleines bisschen Pieks!«, versprach der Doktor erstaunt. Soviel er verstand, ging es nicht um den Pieks: Merle fürchtete sich davor, Blut abgezapft zu bekommen …

Als sie, ungefähr zehn Tage später, aus der Schule kam und klingelte, machte ihr niemand die Tür auf. Birgit arbeitete natürlich bei ihrer Spedition, und Opilein, fiel Merle ein, wollte an diesem Vormittag ›zum Amt‹, um seine Rente abzuholen. Gleich hinterher ging er meistens einkaufen: für sich selbst seine ›Feuervogel‹-Zigarillos, für Merle eine kleine Tüte mit sauren Waldmeister-Bonbons – »Hier, Mädel, is ja nich viel, aber besser als nix!« –, für Birgit ein dürres Sträußlein Blumen (er verstand sich ganz gut mit ihr, obwohl sie sich doch einen Lidstrich malte). Für ihren Vater gar nichts, extra nicht.

Aber Butz musste doch zu Hause sein! Sonst hätte sie am Morgen den Schlüssel mitbekommen.

Merle klingelte ein weiteres Mal. Nun hörte sie auch Geräusche in der Wohnung, hastiges, verstohlenes Rennen, leises Türenklappen. Dann öffnete Butz endlich. Er hatte glänzende Augen und ein verstohlenes Schmunzeln im Gesicht, als würde er gern grinsen und hielte mit Gewalt seine Mundwinkel fest. Er trug nur seine schwarze, schon etwas abgeschabte und glänzende Cordhose, seine Alltagshose, kein Hemd und nicht einmal Socken.

»Hallo, meine Süße. He, wo willst du hin?«

»Ich muss mal …«

Aber Merle wurde am Bad vorbei gezogen. »Das geht jetzt nicht, da ist gerade jemand.«

Da trat der Besuch schon aus der Badezimmertür. Eine Frau mit schönem, über ihre Schultern fließendem, dunklem Haar und ebenso glänzenden Augen wie Butz. Sie trug ein feines graues Kostüm und an den dicken Beinen Nylonstrümpfe. »Oh!«, sagte sie, als sie das Mädchen bemerkte. »Du bist wohl Merle? Du bist aber groß für dein Alter. Ich bin Frau Schöneich.« Während sie sprach, bemühte sie sich, ihre Haare hoch am Hinterkopf zu einer großen Acht zusammen zu drehen. Da sie inzwischen alle drei aus dem Flur in das gemeinsame Zimmer von Butz und Opilein gegangen waren, griff Frau Schöneich sich Haarnadeln, die hier auf dem Tisch verstreut lagen, und steckte sie nach und nach in ihre Frisur, die dabei immer ordentlicher wurde. Sie sah Merle etwas verlegen, aber ziemlich freundlich an und erkundigte sich: »Hat dein Vater dich schon einmal geschlagen, Kind?«

Merle umarmte Butz von der Seite. »Mich? Nie! Er verhaut andere Leute. Sogar Opilein, wenn der zu schlimm meckert. Aber mich nie. Ich meckere ja auch nie«, fügte sie hinzu.

»Soso«, sagte Frau Schöneich. Und sie zog ihre grauen, hochhackigen Schuhe an, die seltsamerweise auf dem Teppich hier im Zimmer standen, gab Merle die Hand: »Auf Wiedersehen, Kind«, und ließ sich von Butz zur Wohnungstür bringen.

Als er wieder kam, fragte Merle: »Wieso hast du kein Hemd und keine Schuhe an?«

»Ich war so müde, da hab ich mich noch mal schlafen gelegt.« Merle sah, dass das stimmte: Butz' Bett war noch ganz zerwühlt. »Und diese Frau ähm … Schöneich, oder? Die hat mich wach geklingelt«, erklärte Butz weiter.

»Was wollte die denn?«

»Die war vom Amt«, antwortete Butz. Da begriff Merle, dass es sich irgendwie um Opileins Rente handeln musste.

Abends fand Birgit eine Haarnadel von Frau Schöneich auf dem Teppich, als Butz und Opilein gerade zusammen in der Küche falschen Hasen zubereiteten. »Wer war hier?!«, fragte sie und fuhr zu Merle herum.

»Eine Frau vom Amt. Frau Schön… Schöneich? Wegen Opileins Rente. Der ist ihre Frisur kaputtgegangen, alle diese Nadeln sind rausgefallen, und dann hat sie das wieder heilgemacht«, wusste Merle.

Birgit lief in die Küche und fragte Opilein, ob es Schwierigkeiten mit seiner Rente gäbe.

Der schien ahnungslos. Er hatte alles Geld bekommen, was ihm zustand.

»Wer ist Frau Schöneich?«, fuhr Birgit Butz an.

Er blickte ihr warnend ins Gesicht. Er hatte es nicht gern, wenn man so mit ihm sprach. »Frau Schöneich ist eine ältere Dame vom Jugendamt. Irgendwer hat den Verdacht geäußert, dass ich meinen Feuervogel misshandle. Da musste Frau Schöneich kommen und sich die Sache mal angucken.«

»Du? Merle schlagen?« Birgit lachte.

»Wenn die Kuckuckskleber Fraun wärn, hättn wir das leichter«, murmelte Opilein über der Pfanne, aber so leise, dass Birgit ihn nicht hörte. Laut und grämlich fragte er: »Warum kommt keinein von Amt un tut ma guckn, ob du mich misshandln tus?« Er rührte mit einem Schneebesen die Sauce auf und löschte sie mit etwas Sahne ab. »So, dass' fertich.« Er begutachtete kritisch die Menge und urteilte: »Is ja nich viel, aber besser als nix.«

»Und konntest du die Frau beruhigen?« Birgit war nun sorgloser. Eine ältere Beamtin: kein Grund zur Eifersucht.

Butz griente vor sich hin, während er die Kartoffeln abgoss. »Na ja, ich weiß nicht… Beruhigt hab ich sie wahrscheinlich nicht. Aber als Merle aus der Schule kam, konnte sie ja selbst befragt werden. Ich glaube, das hat die gute Frau überzeugt«, meinte er.

Merle deckte den Tisch in Birgits Wohnzimmer, und sie setzten sich zum Essen hin. »Das ist schön«, sagte Birgit mit vollem Mund, »dass man nach Hause kommen kann und dann steht so eine leckere Mahlzeit auf dem Tisch. Das hab ich so noch nie gehabt…« Als Butz aus der Kiste auf dem Balkon ein Malzbier für Opilein holte, wandte sich Birgit an den alten Mann und flüsterte: »Haben Sie mit ihm geredet, Herr Meiners?«

»Versucht hab ich das«, zischelte Opilein zurück, »bloß er will kein Fernsehn. Leider. Da kanns nix machen.«

Merle schob sich eine Kartoffel in den Mund und kaute nachdenklich. Alle taten, was Butz wollte. Butz seinerseits tat oft und gern, was Merle wollte. Er war der Stärkste, doch er hatte sie so lieb, dass er sich häufig ihren Wünschen beugte. Das bedeutete: eigentlich war sie selbst, jedenfalls hier im Hause, die Stärkste. Dabei stand sie außerhalb des Hauses als die Schwächste da, diejenige, die immer nur weggeschubst und verhauen wurde. Das war doch eigentlich merkwürdig.

»Butzi?«, fing sie mit schiefgelegtem Kopf an.

»Mein Feuervögelchen?«

»In meiner Klasse und auf dem Schulhof reden die Kinder immer alle über das Fernsehen und was sie sehen dürfen. ›Die Augsburger Puppenkiste‹ zum Beispiel. Und Tierfilme, von Kängurus in der Sahara und so.«

»Kängurus sind nicht in der Sahara. Die hüpfen in Australien herum.«

»Siehst du, wenn wir auch Fernsehen hätten, dann wüsste ich, wo sie rumhüpfen. Meine Freundin hat heute gesagt, sie lernt ganz viel durch das Fernsehen…«, log Merle. (Die Kinder in ihrer Klasse würden sich kaputtlachen, wenn sie das hörten. Merle und ›eine Freundin‹!)

Butz schichtete sich den letzten Bissen auf die Gabel, mit ruhigen, eleganten Bewegungen seiner langen, gepflegten Finger. »Vögelchen, ich hab kein Geld für so ein Ding…«

»Oh, wenn's nur daran liegt – ich wollte mir eigentlich sowieso einen kaufen!«, sagte Birgit schnell.

Butz blickte misstrauisch zwischen ihr und seinem Schwiegervater hin und her. »Ihr seid euch ja alle ungewöhnlich einig. Sagt mal – ist das eine Verschwörung? Habt ihr das Kind aufgehetzt?« Er warf seiner Tochter einen durchbohrenden Blick zu. Sie guckte unschuldsvoll zurück, groß und kläräugig. Butz lächelte, beugte sich vor und drückte Merle ein Küsschen auf die Wange. »Na, wenn Birgit so nett ist und kauft eine Flimmerkiste für uns alle…«

Sie deckten zusammen den Tisch ab. Opilein ließ heißes Wasser ins Spülbecken laufen, Merle griff zum Küchenhandtuch. Butz rasierte sich im Bad, denn in dieser Nacht fuhr er das Taxi. Birgit knipste das Radio an, suchte Tanzmusik und lackierte sich am Küchentisch die Fingernägel.

»Du bist ein sehr kluges kleines Mädchen, das ist mir schon oft aufgefallen«, sagte sie nach einer Weile.

»Die lücht, dass sich die Balkn biegn! Lücht, ohne rot zu werdn!«, empörte sich Opilein. »Mädel, wo hastu das bloß her? Na, was fraach ich. Von ihrn Vater hat sie das. Der lücht doch, wenn er bloß 'n Mund aufmachn tut.«

»Aber nicht so gut. Bei ihm merkt man es eher«, meinte Birgit traurig und schraubte mit abgespreizten Fingern vorsichtig das Lackfläschchen zu.

Merle stand erschrocken da: »Ich hab doch gar nicht gelogen. Es stimmt doch, dass im Fernsehen lehrreiche Sachen kommen …?« Oder wussten Opilein und Birgit etwa, dass die anderen in der Schule niemals über so etwas mit ihr reden würden? Dass sie gar keine Freundin hatte?

»Has ja Recht. Aber ich mein' so das Raffinierte. Wie du dein' Vater um' Finger wickeln tus.« Opilein schaute Merle von der Seite an, als sei sie gefährlich.

»Es schadet ihm doch nicht! Es ist Birgits Geld, und überhaupt …« Merle war kurz vorm Heulen. Birgit legte ihr einen Arm um die Schulter, bemüht, nicht an den frischen Lack auf ihren Nägeln zu stoßen: »Nun hören Sie man auf, zu schimpfen, Herr Meiners. Sie wollten doch in erster Linie das Gerät, weil Sie oft allein zu Hause sind und sich langweilen, nicht? Merle hat es doch nur gut gemeint …« Das Kind nickte und lehnte den Kopf an Birgits großen, weichen Busen. Hier roch es nach Maiglöckchen, Birgits Lieblingsparfum.

»Komm mal mit, ich hab' was für dich …«

In der Kommode in Birgits Schlafzimmer gab es wunderbare Sachen: Pralinenschachteln, winzige Fläschchen mit Parfum oder Lippenstifte in Puppengröße zum Probieren. Merle bekam ein Stück Marzipan und ein kleines buntes Papierschirmchen, das mal in einem Eisbecher gesteckt hatte. »Du, Merle? Erinnerst du dich eigentlich noch an deine Mama? Also, ich meine … fehlt sie dir?«

»Nö. Ich hab ja Butz und Opilein … Und dich«, fügte Merle höflich hinzu.

»Ja, schon. Aber wenn ihr bei mir auszieht, bin ich wieder weg.«

Merle glaubte zu wissen, worauf Birgit hinaus wollte. Sie öffnete und schloss das kleine Schirmchen.

»Wie würdest du es finden, wenn dein Vater mich heiraten würde?«

»Wenn er gerne möchte«, sagte Merle so nett wie möglich.

Birgit seufzte und setzte sich auf ihr Bett. »Wenn du zu ihm sagen würdest, dass du es gern hättest …«

Merle hielt das Schirmchen hoch. »Darf ich es kaputtmachen?«

»Es ist deins, du kannst damit machen, was du willst. Aber wieso willst du's kaputtmachen?«

Merle zerdrückte den weißen Schirmknauf und wickelte ein feines Stück Papier heraus: »Deshalb. Da drin sind Stückchen von japanischer Zeitung. Da kannst du die kleinen Schriftzeichen sehen, guck mal … Das mag ich so gern.«

Butz klopfte an die Tür und verabschiedete sich von beiden mit einem Kuss. Er duftete nach Rasierwasser. Der Duft blieb noch im Zimmer, nachdem er gegangen war.

»Warum willst du ihn denn heiraten? Ihr streitet euch doch so oft«, gab Merle zu bedenken.

»Das war früher viel schlimmer. Als wir früher zusammen waren, weißt du? Da hat er mich auch geschlagen. Deshalb hab ich ja Schluss gemacht, damals.«

»Warum hast du uns dann in deine Wohnung geholt?«

»Weil ich dachte, er hat sich geändert. Hat er ja auch. So schlimm wie früher ist es lange nicht mehr.«

»Gestern hat er dir eine geklebt«, erinnerte Merle.

»Ja, aber nur etwas. Das ist ja kein richtiges Schlagen. Und hinterher hat es ihm Leid getan. Er hat mir versprochen, er tut es nicht wieder.«

Merle blickte zweifelnd. Birgit wurde ärgerlich. »Ich dachte, du magst mich gern.«

»Tu ich auch. Aber ich glaube, du solltest ihn lieber nicht heiraten.«

»Also möchtest du mich gern wieder los sein?«

»Nein, wirklich nicht...« Merle wusste nicht, wie sie das erklären sollte. Warum wollte Birgit das bloß unbedingt? Und dann wurde es ihr plötzlich klar: »Du bist so ein bisschen rollig, ja?«

»Bitte?!«, fragte Birgit entsetzt.

»Na ja, entschuldige, nicht so doll wie eine Katze natürlich. Aber du willst gern heiraten, damit du mit Butz Liebe machen kannst? Deshalb?«

»Ach – das geht auch so«, sagte Birgit trocken. »Nur hab ich natürlich ständig Angst, dass was passiert. Und außerdem, ab dreißig weiß ein Mädchen gern, wo es hingehört.«

Merle dachte immer noch darüber nach, während sie das kleine Schirmchen weiter auseinander nahm. Schließlich teilte sie Birgit das Ergebnis ihrer Überlegungen mit: »Wenn ihr verheiratet sein würdet, dann dürften die Gerichtsvollzieher ihre Kuckucks auch auf deine Sachen kleben.«

»Du bist ein komisches Kind«, sagte Birgit ernüchtert. »Du siehst alles immer so kalt und klar. Ein anderes kleines Mädchen wäre mir um den Hals gefallen und hätte gesagt, oh ja, sie will gern eine liebe neue Mutti. Und dann hätte sie ihren Vater gebeten, die Frau zu heiraten.«

»Und dann hätte er vielleicht die neue Mutti verhauen, und die hätte immer nur geheult.«

»Ja, vielleicht. Unglücklich sind die meisten Menschen sowieso dauernd. Das muss man ja nicht auch noch vorher wissen! Oh Merle – guck mal, was du da gemacht hast!« Birgit blickte auf ihren rosa Bettvorleger, und Merle blickte schuldbewusst mit. Da lag das Schirmchen, in unendliche Schnipsel und Splitterchen zerkrümelt. Birgit lachte ein bisschen. »Na, da hast du sie ja alle zerpult, meine hübschen kleinen Hoffnungen. Damit du die Schrift sehen kannst, die innen drin steckt. Typisch irgendwie – du zeigst, woraus es gemacht ist, und dann ist alles kaputt. Warte, ich hole den Staubsauger!«, rief sie. Als sie damit zurück kam, umarmte sie das kleine Mädchen. »Vielleicht hast du sogar Recht. Vielleicht bin ich dir eines Tages dankbar dafür. Im Moment bin ich nur enttäuscht.«

Als Merle an diesem Abend vom Bad barfuß in ihr kleines Zimmer ging, trat sie in eine der Haarnadeln von Frau Schöneich. Sie nahm sich vor, zur nächsten Schularztuntersuchung rechtzeitig krank zu werden.

Moritz, Emmas acht Wochen alter Sohn, (das einzig übrig gebliebene, alle anderen waren verschenkt worden) spielte mit allem, was ihm vor die dicken Pfoten kam. Er kollerte Birgits Lockenwickler unter den Schrank, er hebelte Opileins Gebiss aus dem Glas und kickte es quer über den langen Hausflur, er rollte Merles grünen Schulfüller vom Tisch bis in die Küche, und er versteckte Butz' Feuerzeug. Jedenfalls war es verschwunden, und wer sonst als Moritz kam dafür in Frage? Butz musste sofort los, um Taxi zu fahren, und natürlich wollte er dabei rauchen, lang genug war die Nacht ja wohl. Wie sollte er ohne sein Feuerzeug auskommen? Er suchte fluchend danach.

Butz beim Suchen – oder bei vielen anderen praktischen Tätigkeiten, die etwas Geduld oder Gelassenheit erforderten – zuzusehen, war ein Erlebnis. Opilein pflegte zu sagen: »Guck dein Vater bein Suchn zu, brauchstu kein Fernsehn.«

Sonst geschmeidig und geschickt, befand er sich im Krieg mit der Materie. Er hasste die Gegenstände und sie hassten ihn. Sie sperrten sich gegen seine Eingriffe, klappten zu, fielen um, klemmten ihm die Finger, rollten weg. Er schmetterte sie rachsüchtig auf den Boden oder trat danach – wobei er sich leicht verletzte. Merle liebte es, ihn Heiligabend zu beobachten, wie er die Tanne schmückte, immer zorniger werdend, zum Schluss kurz davor, den Baum zu erwürgen, umherstapfend zwischen zerbrochenen Kugeln und verknäueltem Lametta. Wie das HB-Männchen in der Zigaretten-Werbung: ›Halt, mein Freund, wer wird denn gleich in die Luft gehen …‹

Jetzt steigerte er sich in eine mörderische Wut, denn es war höchste Zeit, und mit Kowalski gab es in letzter Zeit manchmal Unstimmigkeiten. Opilein, Birgit und Merle suchten mit. Sie merkten deutlich: gleich würde Butz explodieren.

Und dann rannte Merle zu ihm, den gesuchten Gegenstand in der Hand. Butz hob das rote Feuerzeug ins Licht. Es war stark zerkratzt und benagt. Butz schleuderte das Feuerzeug auf den Boden und machte einen Satz zum Katzenkorb. Der kleine Kater nahm gerade seine Abendmahlzeit zu sich. Emma, die eben noch geschnurrt hatte, legte die Ohren eng an den Kopf und fauchte Butz nervös an, als er die Hand ausstreckte. »Verdammtes Viehzeug!«, brüllte Merles Vater und griff nach Moritz. Seine Hand wurde allerdings dadurch gestoppt, dass ihn jemand mit aller Kraft am Ärmel zurückriss.

Butz fuhr herum. Es machte ihn rasend, wenn man sich ihm widersetzte. Sein Gesicht leuchtete dunkelrot, an seinen Schläfen tickten die Adern, seine Augen quollen drohend aus dem Kopf. Er sah grotesk aus. Das wurde ihm plötzlich klar, als er erkannte, dass die ihn hindernde Person genau so aussah. Merles Gesicht war rot, so rot, dass ihre Sommersprossen weiß leuchteten. Ihre Augen schienen ebenfalls hervorzuquellen. Ihre Nase, ganz wie die ihres Vaters, schob sich spitz nach vorn, weil sie die Oberlippe, genau wie er, so straffte. So starrten sie sich an, aus nächster Nähe.

»Lass mich sofort los!«, knurrte Butz durch gefletschte Zähne, wobei sich seine Nase drohend kräuselte.

»Nein!«, knurrte seine Tochter. Auch ihre Nase kräuselte sich dabei, auch sie sprach durch ihre zusammengepressten Zähne, von denen sie drohend die Lippen zog. Der Unterschied bestand nur darin, dass ihr links unten gerade ein Vorderzahn fehlte.

Opilein und Birgit, Esau und die Katzen schauten erstarrt mit an, wie die beiden Naturgewalten sich gegenseitig bedrohten.

Da brach Butz in ein gewaltiges, dröhnendes Gelächter aus. Sein Gesicht verlor die dunkle Farbe, er richtete sich auf, packte Merle um die Taille und warf sie in die Luft, um sie wieder aufzufangen und zu umarmen. »Du kleines Raubtier!«, rief er. »Du hast wohl auch vor gar nichts Angst, was?« Und er gab ihr einen dicken Kuss auf die langsam wieder blasser werdende Wange. Merle schlang die Arme um seinen Hals und lachte.

Butz musste nun wirklich schleunigst los. Er nahm sich ein Heftchen Streichhölzer mit und winkte seiner Familie zu, immer noch enorm amüsiert und hustend nach all dem Gelächter.

»Mir ist ja fast das Herz stehen geblieben!«, seufzte Birgit, als er weg war. »Ich dachte, jetzt bringt er das Kind um!«

»Ich hab mich auch verjaacht. Un ich sollte das doch besser wissn. Also, Mädel, Mumm hastu ja, da hatter Recht!«, bestätigte Opilein.

Wenn ihr wüsstet, dachte Merle, was für Angst ich davor habe, morgen wieder zur Schule zu gehen …

Letzte Stunde: Turnstunde. Merle steht in einer sauberen Reihe (›Riege‹ nennt Frau Danzer das) mit den anderen Kindern da, im weißen Rippenhemd, blau-glänzender Turnhose und ihren immer noch relativ neuen und relativ zu großen weißen Turnschuhen. Frau Danzer – in weißem Rippenhemd über gewaltigem weißem Büstenhalter und mit langer schwarzer Gymnastikhose über ihrem kastigen Hinterteil – Frau Danzer fiepst stoßartig mit der Trillerpfeife. Bei jedem Ton löst sich eins der Kinder aus der Riege, um mit klatschenden Schuhen in ergreifender Einsamkeit durch die riesige Halle zu rennen, sich bäuchlings über das Pferd zu schieben (mehr oder weniger gehalten von zwei Hilfspersonen in Rippenhemd und pludriger Turnhose, die sich schwankend dagegen stemmen), irgendwie auf der nach Gummi stinkenden Matte zu landen und klatschend zurück zu laufen, ans andere Ende der Riege, während vorn das nächste Kind losrennt. Merle zu Ehren zieht Frau Danzer die Pfeife aus dem Mund und tadelt erschauernd: »Kannzt du dich nicht gerade halten? Du langez Elend. Du läufzt ja wie ein nazzer Zack!« – was Merles Mitschüler so gewaltig amüsiert, als wäre es eine originelle, witzige Bemerkung. Merle muss die schöne Übung wiederholen, rutscht diesmal neben das Pferd, landet schief, halb auf der Matte und halb auf dem Parkettboden, vorbei an den halbherzig ausgestreckten Händen der Helfer, und stößt sich dabei das linke Knie: »Aua!«

»Ungeschickt läzt grüzen«, urteilt Frau Danzer und bleibt todernst, während ihre Schüler sich ausschütten wollen.

Merle, befürchtend, dass sie ein weiteres Mal laufen und hüpfen soll, humpelt zurück ans Ende der Riege und wird durch das Schrillen der Pausenklingel befreit.

Frau Danzer hat noch etwas anzusagen: »Zeid mal alle ztill, Kinder. Ab Zonnabend werden wir eine neue Schülerin bei unz haben. Zie heizt Anke Kluge und kommt auz Kiel.«

Eine Neue! Das bedeutet, dass Merle nicht mehr die Neueste sein wird. Vielleicht werden von jetzt an alle auf dieser Anke rumhacken und sie verhauen – nicht mehr auf Merle? Oder werden sie ihren Spaß verdoppeln und alle beide quälen?

Sie knippert, auf dem Schwebebalken sitzend, umständlich ihre Turnschuhe auf, bekommt von der Lehrerin einen Verweis, weil sie das doch erst im Umkleideraum machen soll und erwidert mit künstlicher Fröhlichkeit: »Anke Kluge? Die wohnt auch in der Schmarjestraße wie wir, nicht? Da sind gerade welche eingezogen …«

Frau Danzer ist immer glücklich, wenn sie widersprechen kann: »Keinezwegz, nein. Die Familie Kluge izt in die Blücherztraze eingezogen.« Sie denkt nach und verrät Merle dann sogar die Hausnummer, immer noch in vorwurfsvollem Ton. Und Merle geht in den Umkleideraum, wo man ihre Turnschuhe herumwirft und mit Wasser füllt, freut sich, dass sie darüber hinaus heute nicht drangsaliert wird und humpelt mit dem kaputten Knie nach Hause.

Am Samstag ging sie zehn Minuten früher los und in die Blücherstraße. Nach einer Weile trat ein Mädchen in ihrem Alter aus dem Haus, ein kleines, dünnes Wesen mit erschrockenen Mauseaugen. Merle glich sich der Geschwindigkeit des Mädchens an und fragte: »Bist du Anke Kluge?«

Anke blieb erschrocken stehen. »Woher weißt du das?«

»Hab ich rausgekriegt«, meinte Merle geheimnisvoll. »Pass auf, ich muss dir was Wichtiges sagen. Komm, wir gehen dabei weiter. Also: du kommst in die Klasse von Frau Danzer, richtig?«

Anke nickte eingeschüchtert.

»Gut. In die geh ich auch. Die Kinder aus meiner Klasse haben sich vorgenommen, dich fertig zu machen.«

»O Gott! Wie denn fertig?!«, piepste Anke Kluge angstvoll.

»Verhauen und so, du weißt schon. Weil du die Neue bist. Aber ich bin dagegen.«

Nun sollte Anke eigentlich fragen, weshalb Merle dagegen sei, sie schwieg jedoch und schielte Merle nur entsetzt von der Seite an.

»Ich finde so was nämlich gemein!«, sprach Merle ihren Text auch ohne Stichwort. »Hier – ich hab dir was mitgebracht auf den

Schreck…« Sie blieb stehen, schnallte ihren Schulranzen auf und holte eine Papiertüte heraus: »Negerküsse. Magst du so was? Die beiden sind für dich, ich ess' nur einen… Ich hatte schon einen, weißt du…«

Anke Kluge war auf jeden Fall nicht zu entsetzt, um nicht die Negerküsse zu verschlingen. »Und was machen sie jetzt mit mir?«, fragte sie kurz vor dem Schulgebäude mit leicht verklebtem Gaumen.

»Vielleicht nichts – wenn sie uns zusammen sehen. Gemeinsamkeit macht stark, verstehst du? Wir müssen nur fest zusammen halten. Wenn dich jemand schubst, dann schubs ich ihn – und du musst das genau so machen.«

»Ich kann nicht gut schubsen«, wandte Anke ein. Leider klang es glaubwürdig. Sie sah viel mehr wie jemand aus, der geschubst wurde.

Egal, dachte Merle. Besser ein mickriger Verbündeter als gar keiner. Sie lächelte Anke aufmunternd an. »Wir sagen einfach, wir kennen uns von früher. Die haben keine Ahnung, dass ich nie in Kiel gewohnt hab.«

»Ich soll sagen, wir kennen uns von früher?«

Schade, dass sie so blöd ist, dachte Merle. »Ja! Wir sagen das beide.«

»Ich mag nicht lügen.«

»Das gefällt mir. Ich lüge auch nicht gern. Aber wenn's mal sein muss…« Merle zuckte mit den Schultern. Bevor sie den Schulhof betraten, hakte sie sich schnell noch bei Anke ein. Die Kinder aus ihrer Klasse staunten: »Wer ist das denn?«

»Anke – unsere Neue. Ich kenne sie von früher, aus Kiel«, sagte Merle schnell.

»Sind da lauter so komische Kinder, in Kiel?«, fragte ein Kind und stieß Anke ein bisschen beiseite. Anke torkelte sofort haltlos in die Gegend. Merle hielt sie mit einer Hand am Ärmel fest und trat gleichzeitig dem stoßenden Kind ans Schienbein.

»He! Au! Spinnst du?!«, sagte das, unternahm jedoch nichts weiter.

Es funktioniert! dachte Merle glücklich.

Bisher hatte sie allein an einem Zweiertisch gesessen. Nun saß Anke neben ihr. In den Pausen standen die Neue und die Allerneueste zusammen. »Siehst du!«, triumphierte Merle, »sie lassen uns in Ruhe.«

Anke Kluge hatte den ganzen Vormittag noch kein einziges Mal gelächelt. Sie blickte Merle verzagt an, als sie fragte: »Hast du noch mehr Negerküsse?«

Als Merle nach Hause kam, war ihre ganze Familie da. Sie hätte schrecklich gern erzählt, was passiert war. Da sie jedoch seit Monaten behauptete, alles sei in Ordnung und sie hätte gute Freundinnen in ihrer Klasse, war das völlig unmöglich. So sagte sie nur: »Wir haben eine Neue in der Klasse, die ist nett. Kann sie uns eigentlich mal besuchen?«

»Nein«, antwortete Birgit sofort.

Butz blickte ärgerlich auf: »Warum denn nicht, verdammt noch mal?«

»Weil Kinder Fragen stellen. Und wenn dieses kleine Mädchen Merle über mich fragt: ›Ist das deine Mutti?‹, dann sagt sie natürlich ›Nein‹. Und dann fragte das Mädchen weiter: ›Ja, aber wer ist denn das?‹ Was soll Merle dann wohl sagen? ›Meine Stiefmutter‹ geht nicht, denn das bin ich nicht. Also ...«

»Schon gut«, unterbrach Butz. »Ich verstehe schon. Mit scheint, es ist das Beste, wenn du dich Merles Freundinnen einfach nicht zeigst. Bleib in deinen Gemächern, wenn Kleinzeug zu Besuch ist, dann können die Gören auch keine dummen Fragen stellen.«

Worauf Birgit weinend aufstand und das Zimmer verließ.

Ein paar Tage später brachte Merle ihre neue Freundin Anke tatsächlich mit nach Hause. Sie wollte ihr Moritz zeigen.

»Putzig!«, meinte Anke, ohne zu lächeln. »Ist das dein Zimmer?«, fragte sie dann und drehte sich im Kreis.

»Ja. Ich weiß, es ist ein bisschen klein ...«

»Aber immerhin deins. Ich muss eins mit meiner Schwester teilen. Gut, dass die nicht so oft da ist ...«

Es klopfte an der Zimmertür, und Butz schaute herein, in der Lederjacke und fertig zum Ausgehen. »Tschüss, mein Vögelchen. Oh, hallo, du hast Besuch?«

»Ja, das ist Anke. Opilein hat uns reingelassen, du hast gerade geduscht. Darf ich gleich mit zu Anke gehen? Sie wohnt in der Königstraße. Ich bin auch ganz bestimmt zum Abendessen zurück.«

Butz zwinkerte ihr zu, nickte lächelnd in Ankes Richtung und schloss die Tür wieder hinter sich.

»War das dein Vater?«

»Ja.«

»Der sieht aber schick aus«, urteilte Anke. »Du, könnten wir nicht euer kleines Kätzchen kaufen, wenn meine Mutter das erlaubt?«

»Das könnt ihr umsonst haben, wenn ihr lieb zu ihm seid. Emma kann ja wieder neue kriegen«, meinte Merle großzügig.

Frau Kluge war nicht dafür, ein Katzenkind zu kaufen, und geschenkt wollte sie auch keins. Sie lächelte noch weniger als ihre Tochter, trug eine buntgeblümte Kittelschürze über einem unglaublich dicken Bauch sowie flockige Dauerwellen. Sie ließ ihre Augen argwöhnisch an Merle auf und ab gleiten. »Deine Familie kommt auch aus Kiel?«

Auf dem Weg zu ihrem Haus hatte Anke noch gewarnt: »Lüg meine Mutter bitte nicht an. Das mag sie nicht.« Und Merle dachte: Wenn ich gut lüge, merkt sie's doch gar nicht. Aber wer weiß? Vielleicht war Frau Kluge ja wirklich ein Mensch, der Lügen aufstöberte wie andere Leute Ungeziefer. Merle hatte sich vorgenommen, die Wahrheit zu sagen. Und jetzt kam ihr Ankes Mutter gleich so! Sollte sie vielleicht erklären, dass sie in der Schule täglich verprügelt worden war und Anke als Schutzschild benutzen musste?

»Kiel? Ja, aber das ist schon lange her. Da war ich noch ganz klein.«

»Wie viele Geschwister hast du?«, lautete die nächste Frage.

Hier sagte Merle die Wahrheit, obwohl sie bereits ahnte, dass die nicht willkommen war: »Gar keine.«

»Einzelkind. Mhm«, sagte Frau Kluge säuerlich. »Einzelkinder werden immer verwöhnt und können nicht teilen.«

»Wir bekommen in ganz kurzer Zeit noch ein neues Baby. Einen Jungen oder ein Mädchen«, warf Anke trübsinnig ein. Vielleicht dachte sie daran, dass sie dann noch mehr würde teilen müssen.

Merle guckte den Bauchberg von Frau Kluge an und unterdrückte jede entsprechende Bemerkung. Doch Ankes Mutter hatte ihren Blick bemerkt und sah jetzt richtig erbittert aus. »Wir werden das Baby aus dem Krankenhaus holen, Ankes Vati und ich«, sagte sie streng, »da suchen wir uns ein besonders schönes Kind aus.«

Merle lächelte die Frau mitleidig an. »Sicher!«, sagte sie aufmunternd. Ankes Mutter verließ hoheitsvoll das Kinderzimmer.

»Deine Mama ist ziemlich dick, oder?«

»Ja, das stimmt. Sie hat so zugenommen, weil sie Ostern zu viele Schokoladeneier gegessen hat«, erklärte Anke ernsthaft. »Das kann sie aber schnell wieder loswerden, wenn sie eine Diät macht.« Sie schien zu glauben, was sie sagte. Merle unterdrückte ihr Gekicher und guckte sich Ankes Spielsachen und ihre Puppen an. Das lenkte sie ab von der eigenartigen Wahrheitsliebe im Hause Kluge.

In den großen Sommerferien mussten Anke und ihre Schwester in ein Kinderheim auf einer Nordseeinsel, obwohl sie das beide nicht wollten. »Mein Vati hat zu viel im Büro zu tun, der kann nicht verreisen, und meine Mutter muss ihm ja Essen kochen«, erklärte Anke. Merle dachte: und ihr Baby bekommen. Doch sie tröstete Anke nur, es würde bestimmt lustig werden in dem Heim. »Gut, dass deine Schwester mitkommt. Du weißt ja, Einigkeit macht stark.«

»Wir sind uns aber selten mal einig«, verriet Anke unglücklich. »Was machst du denn in den Ferien?«

»Ich fahre auch an die See, ich weiß noch nicht genau, wie lange. Mein Großvater hat eine Schwester, die lebt an der Ostsee. Die besuche ich. Außerdem wollen wir Ausflüge machen, mein Vater und ich.«

»Toll. Ich beneide dich«, sagte Anke. Merle schwieg erschüttert. Das war, so weit sie sich erinnern konnte, das erste Mal in ihrem Leben, dass ein anderes Kind sie beneidete. Was für ein wundervolles, süßes Gefühl!

# *Das 3. Kapitel*

## *bedauert das hässliche junge Entlein und zeigt sorglose Momente mit netten Kindern an der Ostsee*

An einem schläfrigen, warmen Sonntag machte Butz Voß wirklich einen Ausflug mit seiner Tochter. Er durfte das Taxi dazu benutzen und sie fuhren zu einer teuren Villengegend am Stadtrand, um Häuser anzugucken. Butz wusste genau, wo die prachtvollsten standen, denn er musste manchmal Leute hierher fahren oder von hier abholen.

»Ich nehme das Weiße da drüben mit den Erkertürmchen! Natürlich muss es einen Kamin haben. Im Winter laden wir alle unsere Freunde ein und sitzen vor dem Feuer …«

»Wer sind unsere Freunde?«, fragte Merle.

»Na, Harry und so …« Butz betrachtete das Haus seiner Träume aus einer anderen Perspektive und fuhr lebhaft fort: »Eigentlich hab ich viele Freunde. Der Kontakt ist nur etwas eingeschlafen. Im Übrigen denke ich, dass Harry mir ganz schön hinterher weint. Für den hab ich viel getan. Wenn wir wieder erfolgreich sind, dann sind die Freunde auch wieder da, so ist das. Nicht zu vergessen Hotte!«, fügte er schnell noch hinzu – und es klang, als hätte er ihn eigentlich gerade vergessen. Hotte war sein neuer Freund, Merle war ihm schon begegnet. Obwohl der Name nach Pferd klang, sah Hotte mehr wie ein Frosch aus, sehr klein und glotzäugig. Er schien Butz gewaltig zu bewundern und zu ihm aufzublicken, aus seiner Perspektive verständlich.

»Und welches Haus wirst du kaufen, Süße?«

»Das da drüben!«

Butz guckte. »Eine gute Wahl. Wenn wir so dicht nebeneinander wohnen, können wir uns jeden Tag besuchen. Wir können gemeinsam frühstücken. Nach dem Frühstück lassen wir den Butler alles wegräumen und abwaschen.«

»Was ist ein Battler?«

»Ein Butler ist ein Diener, aber ein englischer. Der ist noch vornehmer als ein deutscher.«

»Und wo wohnt Opilein? In deinem oder in meinem Haus?«

Butz' Gesicht verdüsterte sich etwas. »Am besten in seinem eigenen Haus.«

»Du magst Opilein nicht so sehr, oder?«

»Ach, er ist doch ein drolliges altes Gestell. Natürlich mag ich ihn.« Butz blickte auf seine Uhr. »Gleich halb vier – ich muss Kowalski sein Taxi bringen, das braucht er heute Nachmittag. Weißt du was? Ganz in der Nähe vom Taxistand ist ein neues Eiscafé, da essen wir Eis!«

Wieder im Wagen, guckte Merle neugierig in den Handschuhkasten. Unter anderem lag ein Buch darin. Sie versuchte, den Titel zu entziffern, gab dann aber auf: »Du, Butz, da steht ja nur Quatsch! Das kann man ja gar nicht lesen.«

»Doch, Vögelchen. Das ist Französisch. Lies mal, was da steht ...«

»Leß Ch ... Chu-Ans?«

Butz hob das Kinn etwas höher und sagte: »Les Chouans.« Seine Stimme streichelte und schmeichelte dabei. »So spricht man das aus. Das heißt ›Die Eulen‹. Ein Roman, der von der Französischen Revolution handelt. He, darf ich hier vielleicht abbiegen, ja? Ist denn das die Möglichkeit. Guck ihn dir an – fährt mit Hut und Handschuhen!«

»Könnte ich es lesen?«

»Idiot! Wer hat hier Vorfahrt, was? Dummkopf! – Ich werde dir das Buch auf Deutsch besorgen, Schätzchen. Das verstehst du bestimmt.«

»Was ist eine Rewullutzhion?«

»Ein Umsturz. Alles wird geändert, meistens von Leuten, die wütend sind und die es nicht mehr ertragen, dass es so weitergeht wie bisher.«

»Also ist das gut?«

»Revolutionen sind meist blutig und grausam wie Krieg. So etwas wie eine Operation, die einen kranken Teil am Staatskörper entfernt. Das macht ihn nicht immer gesund. Manchmal stirbt er trotzdem, ein Land und ein Volk gehen zugrunde. Manchmal sogar wegen der

Revolution. – Du Hornochse, wo hast du denn den Führerschein her? Geklaut, he? Na, er kann nichts dafür, er kommt aus Pinneberg – Bei der Französischen Revolution sind die Menschenrechte entstanden, die sind schön – viel schöner als die blödsinnigen Zehn Gebote aus der Bibel, die Opilein so gern hat. Als die Zehn Gebote entstanden, waren die Menschen noch ziemlich klein, wie im Kindergarten. Als sie sich die Menschenrechte ausdachten, waren sie schon etwas erwachsener.«

»Hast du so was alles in der Schule gelernt, Butz?«

Er lachte. »Zum Teil. Das meiste habe ich gelernt, weil ich gelesen habe und herumgestöbert und Fragen gestellt. Es ist so wichtig, ›warum‹ zu fragen, Merle. Kinder fragen oft warum. Erwachsene denken, sie wissen schon alles, was wichtig ist, und fragen nicht mehr. Es ist wichtig, den eigenen Verstand zu benutzen. Benutz deinen Verstand! Und hör bitte nie auf, ›warum‹ zu fragen.«

»Warum gehst du nicht jeden Tag in ein Büro wie andere Väter?«

Butz schwieg eine Weile. »Weil ich dabei verrückt werden würde, wahrscheinlich. Wenn du einen Wellensittich in einen Käfig setzt, dann fühlt er sich da ganz gut, weil er dafür gezüchtet wurde. Wenn du einen wilden Vogel einsperrst, wird er ziemlich schnell zugrunde gehen. Ich kann nicht jeden Tag dasselbe tun, und dann auch noch deshalb, weil's mir jemand anderer befiehlt. Dafür verzichte ich gern auf Sicherheit und Rente und bezahlten Urlaub und solche Sachen. Und ich hab immer die Chance, ganz groß raus zu kommen, die Welt zu erobern und mir vielleicht so ein weißes Haus zu kaufen.«

»Glaubst du, wir schaffen das?«

»Ja, das glaube ich.« Butz fing an, zu singen: »Einmal schafft's jeeeeder, jeder kommt dran, wenn er wirklich was kann …« Er sang schlecht, aber laut und vergnügt. »Das war ein bekanntes Lied, als ich jung war«, erklärte er zwischendurch und sang weiter: »Zeig dem Leben frech die Zääähne …«

Merle hörte eine Weile zu und sang dann schon mit. Sie lernte schnell auswendig. Einmal schafft's jeeeeder …

Das italienische Eiscafé lag an der Alster. Butz setzte seine Tochter direkt davor ab: »Ich bringe das Taxi eben zu Kowalski und komm dann zu Fuß hierher. Du setzt dich an einen Tisch. Wenn jemand fragt, sagst du, dein Vater kommt gleich.«

Merle wählte einen Tisch unter einem grünen Sonnenschirm. Ein junges, sehr schönes Mädchen mit rabenschwarzer, aufgetürmter Bienenkorbfrisur, hellrosa geschminkten Lippen und kleiner, gebogener Nase kam nach einigen Minuten zu ihr: »Bist du allein, Kleine?«

»Nein, mein Vater kommt gleich«, antwortete Merle artig.

Und da kam er auch schon die Straße entlang, groß und breit, in seinem etwas wiegenden Gang, lächelnd, den dunkelblonden Kopf hoch erhoben.

Das schöne Serviermädchen hauchte: »Dio, ist das dein Vater?«

Merle nickte.

Kaum saß Butz am Tisch und guckte in die Karte – er bestellte zwei Sahne-Fruchtbecher ›Grandioso‹ –, da gingen zwischen ihm und dem Serviermädchen feine goldene Linien hin und her, bis sich ein ganzes Netz gebildet hatte.

An einem anderen Tisch saßen junge Männer, die ständig mit der Schönheit herumalbern wollten. Sie riefen: »Renata, he, Renata!« Die wurden von ihr jedoch überhaupt nicht beachtet, außer, dass sie ihnen ihr Eis brachte und die Rechnung.

Als immer mehr Gäste eintrafen und nach und nach alle Tische besetzt wurden, bekam Renata Hilfe von einem sehr schlanken jungen Mann, den sie ›Carmine‹ nannte. Er schien der Besitzer des Eiscafés zu sein und außerdem Renatas Bruder oder sonstiger Verwandter, denn er sah ihr sehr ähnlich mit seinem schwarzen Haar, dem schmalen Gesicht und den riesigen hellbraunen Augen mit den langen Augenlidern. Carmine wirkte genau so uninteressiert und hochmütig gegenüber den anderen Gästen wie Renata, und eben so neugierig Butz gegenüber. (Nur gingen zwischen ihnen keine goldenen Fäden hin und her.) Das wunderte Merle nicht. Sie war es gewöhnt, dass ihr Vater andere Menschen faszinierte.

»Iste alles zu Ihre Zufriedenheit gewesen?«, fragte Carmine mit einer kleinen Verbeugung, als sie bezahlt hatten und noch auf die Quittung warteten. Er sprach mit stärkerem Akzent als Renata.

»Danke, wunderbar. Das beste Eis in der Stadt!«, antwortete Butz lächelnd.

Carmine erwiderte sein Lächeln. »Das freut mich – Signore Barbarossa!«, meinte er und zwinkerte ein bisschen, bevor er wieder in der Eisdiele verschwand.

»Frecher Kerl«, meinte Butz leise, aber amüsiert.

»Was meint er damit, Butz?«

»Barbarossa bedeutet ›Rotbart‹. So nannten die Italiener den großen Deutschen Kaiser Friedrich, der regierte im Mittelalter. Und rate mal, weshalb der so genannt wurde?«

»Weil er einen roten Bart hatte? Du hast doch gar keinen Bart!«

»Nein. Aber wenn ich ihn nur wachsen lasse, dann ist er rot, da hat dieser Carmine Recht.«

»Woher weiß er das?«

Butz schaute an sich herunter. Sein Hemd war ein wenig aufgeknöpft, und die gelockten, rostroten Brusthaare kräuselten am Hals heraus. »Da darfst du noch mal raten, Feuervogel.«

Merle begriff plötzlich: »Dann hab ich mein rotes Haar ja von dir geerbt?!«

Butz lächelte. »Wusstest du das nicht?«

Renata brachte ihnen die Rechnung, sie hielt das Papier so, dass auf der Rückseite etwas mit Bleistift Geschriebenes zu sehen war. Sechs Zahlen hintereinander, immer zu zweit. Sieht genau aus wie eine Telefonnummer, dachte Merle.

»Danke«, sagte Butz leise. Er sah ernst und direkt mit seinen großen blauen in die hellbraunen Augen der Serviererin. Merle dachte: das kann man richtig hören. Als ob Sektgläser aneinander stoßen!

Käthe Beetz war die Schwester von Hinnerk Meiners, Merles Großvater. Sie wohnte in einem niedlichen Haus in einem hübschen kleinen Badeort, der sich in der Lübecker Bucht zwischen die bekannteren und mondäneren wie Grömitz oder Kellenhusen kuschelte. Hier gab es noch keine Hotelzeile und auch keine Strandpromenade, nur hochgetürmte Dünen mit scharfem Dünengras, das boshaft in nackte Füße schnitt.

In Tante Käthes Haus roch es angenehm nach Wäschestärke und Geschirrspülmittel, eine Uhr an der Wand schaukelte mit ihrem Pendel und die Dielen knarrten, jede in ihrer eigenen Tonart.

Butz hatte seine Tochter selbst hingefahren (nicht mit dem Taxi, weil Kowalski, dieser Schwachkopf, das nicht erlauben wollte), sondern mit einem anderen Wagen, geliehen von seinem neuen Freund Hotte. »Da sieht man, was wirkliche Freunde sind!«, schnaubte Butz, wütend auf Kowalski.

»Dich hab ich zuletz gesehn bei deine Taufe, da warstu ja noch ganz lütt. Groß bistu für dein Alter, was? Ich bin ja eintlich deine Großtante, aber sach man schlicht Tante zu mir, das reicht denn auch«, erklärte Käthe Beetz Merle ganz am Anfang. Sie zeigte ihr den kurzen Weg zum Strand und zu ihrem eigenen Strandkorb. Das Kind bekam am ersten Nachmittag eine blaue Schaufel mit Stiel, um den Wall der Burg, die rund um den Strandkorb gebaut war, hoch zu schaufeln. »Guck, ders ganz abgesackt, der muss wieder schön steil wern.«

Merle, im Badeanzug, schaufelte tapfer und schämte sich entsetzlich. Sie war nicht nur blasser als jeder einzelne Mensch hier am Strand, einschließlich Tante Käthe, die neben ihr wie ein Neger aussah, es wurde auch deutlich, wie viele Sommersprossen sie am ganzen Körper beherbergte. Gott sei Dank war sie zur Zeit frei von blauen Flecken und irgendwelchen Wunden, denn inzwischen brach die letzte Ferienwoche an und die handfesten Erinnerungen an ihre Klasse waren verheilt.

Von einer der Nachbarburgen aus wurde Merle unter Gekicher beobachtet, da wälzten sich Kinder im Sand. Tante Käthe kannte sie: »Das sin Grit und Gesa Lüttjohann mit ihre kleine Freunde, das sin nette Kinner. Mit den' tu man spieln«, schlug sie vor.

Wie nette Kinder kamen sie Merle nicht vor; eher beängstigend, dunkelrotbraun gebrannt, mit weißgelb gebleichtem Haar, boshaftschlitzäugig.

»Huhu, Gesa, kommt doch ma ran, das' Merle, meine Nichte, sacht euch doch mal gutn Tach!«, verlangte Tante Käthe fröhlich und winkte in die Nachbarburg. Alles, was sie erntete, war noch mehr höhnisches Gekicher, aber sie blieb dabei: »Schade, sie komm' nich. Sin wohl 'n büschn schüchtern. Nette Kinner sin das. Wink ihn ma zu ...«

Merle drehte sich verlegen um und winkte ein ganz kleines bisschen, in der Hoffnung, sie würden es vielleicht übersehen. Leider wieherten sie daraufhin laut los und verschwanden aus ihrem Blickfeld, weil sie sich offenbar vor lauter Heiterkeit zu Boden werfen mussten.

»Alberne Bande«, meinte Tante Käthe gutmütig und holte ihr Strickzeug hervor, um es sich im Strandkorb gemütlich zu machen. Übrigens saß sie nicht etwa im Badeanzug oder etwas Ähnlichem da (»Das' nix mehr für 'ne alte Frau wie mich, so nakicht am Strand!«), sondern in weißem Faltenrock, Schnürschuhen und heller Bluse, bis zum Hals geschlossen. Sie strickte, blinzelte auf die glitzernde See und stellte manchmal grimmig fest: »Da fährt der Russe!«

Merle dachte zuerst, es handle sich um einen ganz bestimmten Russen, der ihre Tante ärgerte. Nach und nach begriff sie, dass dort verschiedene russische Kriegsschiffe patrouillierten. »Die wolln verhindern, dass die armn Menschn ausse Zone zu uns rüber komm tun. Wenn sie ein schwimm sehn, denn schießn sie auf ihn«, wusste die Tante.

Merle hätte sich gern neben sie gesetzt und ein bisschen gelesen (Butz hatte ihr wirklich ›Die Eulen‹ von Balzac in der deutschen Übersetzung besorgt), aber die Tante war dagegen: »Zeich ma her – in dein Alter liest man doch nich sonne Schinkn, Kind, das' ja 'n Erwachsnenbuch! Du bist doch man grade seit Ostern inne Schule? Sos' man mit annere Kinner spieln, geh ins Wasser oder an Strand lang und ammesier dich!«

Es war ihr nicht beizubringen, dass ihre Großnichte sich beim Lesen viel mehr amüsiert hätte. Auch dass sie nicht besonders kinderlieb war, vermochte Merle der Tante nicht zu vermitteln. Schließlich tat sie so, als marschiere sie munter aufs Wasser zu und am Strand entlang, schlug dann einen scharfen Bogen und schlich sich von hinten zu ihrem Strandkorb zurück, um hier, dicht an die Burg gekauert, die nächsten Stunden in relativer Sicherheit zu verbringen – denn die Kinder würden es doch hoffentlich nicht wagen, sie anzugreifen, wenn Tante Käthe ihre Schreie hören konnte? Um sich ein bisschen die Zeit zu vertreiben, sammelte sie von hier aus alle Muscheln, Steine und trockenen Ästchen, die sie erreichen konnte, und steckte dieses Material zu Mustern und Bildern in den Sand.

Wenn es kühl wurde und die Ostsee anfing, seltsam schattig und einsam auszusehen, weil die Sonne auf der anderen Seite der Erde unterging, dann lief Merle wieder im Bogen herum und tat so, als käme sie am Strand entlang zurück.

Die Taktik schien einige Sicherheit zu bieten. Tatsächlich passierte in den folgenden Tagen nichts Schlimmeres, als dass Merles Haut sich rötete, Blasen schlug und sich in großen Flecken und verschiedenen Farbschattierungen pellte, vor allem auf den Schultern, der Stirn und der Nase. Tante Käthe schien so entgeistert, als hätte es seit Anbeginn der Menschheit noch nie einen Fall von Sonnenbrand gegeben. Sie rieb Merle morgens mit Sonnenmilch ein und abends mit kalter Buttermilch, vertrat jedoch im wesentlichen die Meinung: »Geh man immer los in die Sonne, mein Süßen, der Körper tut sich an alles gewöhn. Eines Tages bistu da durch.«

Zum Trost und überhaupt kaufte Tante Käthe für sie im Modelädchen des kleinen Ortes ein neues Kleid mit Spitzen und Rüschen, alles aus reiner Baumwolle, dazu Sandalen. Die Sandalen waren hübsch und bequem, das Kleid zu gerüscht, wie aus einem anderen Jahrhundert. Aber es ließ den ganzen Rücken frei, und das war angenehm, denn der piekste und juckte vom Sonnenbrand.

Eigentlich gefielen Merle die Ostsee, die Brandung, der leichte Salz- und Fischgeruch, die kreischenden, frechen Möwen und der weiche, helle Sand. Wenn doch bloß keine anderen Kinder da gewesen wären! Oder wenn sie selbst doch bloß schon erwachsen gewesen wäre – dann hätten sie ihr nichts mehr tun können. Dann hätte sie wirklich leichten Herzens auf dem feuchten, körnigen Sandstreifen direkt am Wasser entlang wandern können, sich die Füße umspülen lassen, Muscheln suchen und Quallen angucken. Niemand hätte ihr verboten, Erwachsenenbücher zu lesen, niemand verlangt, dass sie irgendwelchen drohenden Kindern winken oder sich vielleicht sogar in ihre Gewalt begeben sollte.

In einer Burg in der ›letzten‹ Reihe, also nahe den Dünen, saß täglich ein junges Paar im Strandkorb, die von Merle scharf beobachtet wurden. Die dunkelhaarige Frau sah bezaubernd aus, und sie wusste das auch. Ihr blonder Mann, ebenfalls ganz ansehnlich, schien sie anzubeten, er rannte und holte alles, was sie sich wünschte, buddelte an der Burg herum, stellte ihr den Strandkorb höher oder niedriger und drehte ihn nach ihren Wünschen in den Schatten oder in die Sonne. Er las ihr aus der Tageszeitung vor, rieb ihr den Rücken ein – was er nutzte, um ihr viele Male Hals und Ohren zu küssen –, fotografierte sie immer wieder und eilte mit einem Handtuch zum Strand, sobald sie aus dem Wasser kam. Beide schienen völlig glücklich damit, er, so zu lieben, und sie, so geliebt zu werden.

Wenn ich erwachsen bin, werde ich schön sein, beschloss Merle. Und sie dachte voller Kummer an die mindestens zehn Jahre, die sie noch von dieser Zeit trennten.

In der ›Stube‹ von Tante Käthe, die für Feiertage und eventuellen Besuch abwartend staubgewischt da stand, hingen viele Familienfotos. Hier erblickte Merle eines Tages, höchst überrascht, ein Bild der ›lieben Frau‹ aus ihren Träumen. Das war sie, mit den traurigen dunklen Augen, den spitzen Backenknochen und dem großen, weichen Mund. »Tante Käthe – wer ist das hier?«

»Du soss doch nich inne Stube spieln … Wer, zeich ma? Ach, mein Süßen, ja, das' meine Nichte Elke, deine Mutti is das.«

»Das?!«

»Ja. Ham sie dir nie'n Bild von deine Mutter gezeicht?«

»Ich weiß nicht. Doch, ich glaube schon. Hast du sie gekannt?«

»Natürlich! Liebe Deern war das. Viel zu lieb. War kurz vor der Heirat mit'm Jung hier ausse Gegend, Knut hieß der. Aber denn muss ja dein Vater auftauchn mit seine blauen Augen und sein strahlndm Lachn und redet so kluch über alles. Hinnerk kam von See und bracht' ihn mit.« Tante Käthe sah mit weiten Augen aus dem Fenster und murmelte: »Schleppt den auch noch selber in sein Haus, wo er ihn doch kenn tut von unnerweechs und weiß, was das für ein' is …« Sie zog ihre dünnen weißen Augenbrauen zusammen. »Ach, das verstehs' du alles noch nich, Kind. Ich hab jetz inne Küche zu tun, wistu allein an' Strand gehn und spieln?«

»Nein!«, sagte Merle erschrocken.

»Nich? Das' auch 'n büschen heiß heute, was, die Sonne sticht orntlich. Denn hilf mir mal inne Küche, ich kriech morgen Besuch von Meta Kling, das' 'ne gute Freundin, die kommt zun Kaffe. Jetz backen wir Kuchn, du machs bestimmt gern die Schüssel ausschleckn, was?«

Tante Käthe hatte Merle den Balzac-Roman weggenommen. Das musste ein Irrtum sein, so was durfte doch eine Siebenjährige nicht lesen! Abgesehen davon, dass sie es natürlich nicht verstand. Zum Trost lieh sie Merle an diesem Abend ein Buch mit Biedermeier-Illustrationen: ›Das hässliche junge Entlein‹ von Hans Christian Andersen.

Als die Tante gegen halb neun in das Zimmer kam, in dem ihre Großnichte in einem riesigen Bett mit Metallgitter und in geblümter Bettwäsche lag, da fand sie das Kind völlig in Tränen aufgelöst. »Was' denn nu los? Tut dir was weh?«

Merle rang hervor: »Das arme, arme Entlein!!«

»Ja, nu is ja gut. Kind, das' doch nur 'n Märchn. Das mussu dir nich so zu Herzn nehm.«

Merle weinte weiter: »Sie haben es geschubst und gebissen und gehauen, bloß, bloß weil es *hässlich* gewesen ist…«

»Ja, ich weiß. Aber…«

Merle suchte in dem Buch, fiebrig und ungeduldig. »Hier. Hier, guck… ›Es ist zu groß und ungewöhnlich‹, sagte die beißende Ente, ›und darum muss es gepufft werden.‹ Was ist denn so schlimm am Ungewöhnlichen, Tante Käthe??!!« – und Merles Tränen schossen zu Dutzenden hervor und kullerten über ihr Gesicht und ihr Nachthemd.

»Gar nix, mein Zeit! Nu beruhich dich doch bloß! Hier, schnäuz dir mal die Nase. Un tu mir mal das Buch gebn. Wenn ich gewusst hätte, dass dich das so aufreecht… Du soss man noch gar nich lesen, du bis da noch zu jung für… Denk doch da mal an, dassas Entlein zum Ende ganz schön wird un denn ham das alle lieb und keinein schubstas mehr! Un da tutas sich freun – !«

Merle putzte sich gehorsam die Nase. »Ja, ich weiß. Das versteh ich auch nicht. Es freut sich einfach nur, statt zu sagen: ›Jetzt brauch ich das nicht mehr! Mich lieb zu haben, wenn es alle tun, das ist ja billig. Wenn einer von euch mal damals zu mir gehalten hätte, als ich noch hässlich war, der wäre jetzt mein Freund. Ihr andern könnt mir im Mondschein begegnen!‹ Warum ist das Entlein nicht böse auf die anderen?«

Die Tante nahm das Märchenbuch und schlug die vorletzte Seite auf. »Guck mal, hier stehas – warte mal, hier: ›Er war allzu glücklich, aber gar nicht stolz, denn ein gutes Herz wird niemals stolz!‹ Siehstu.«

Merle sah böse vor sich hin, jetzt ohne Tränen. »Ich wäre stolz. So'n großer, erwachsener Schwan, der kann ganz schön gefährlich werden. Ich hab mal in Hamburg in einem Park gesehen, wie ein Schwan einen Schäferhund gejagt hat. Gefaucht hat der! Und der Hund ist gerannt – der hatte nur Angst!«

Tante Käthe lächelte. »So, un jetz schlaf schön, mein Süßen …«

Der nächste Tag war grauverhangen, jedoch fast noch wärmer als die vorigen. Merle musste ihr neues Spitzen-Rüschenkleid tragen und bekam zwei weiße Schleifen in die Drahtlocken gebunden. Gleich nach dem Mittagessen klingelte es an der Haustür, und weil sie in der Küche beide Hände voll hatte, rief die Tante nach Merle: »Machs ma aufmachn, Kind? Das' vielleicht schon Meta …«

Merle öffnete – ungern. Draußen lauerte die Gefahr, nur drinnen war es sicher. Und wirklich stand vor ihr eins der gelbblonden, schmaläugigen Mädchen aus der Nachbarburg vom Strand, Gesa oder Grit. Sie grinste bei Merles Anblick, drehte sich um und rannte weg.

»Was war denn?«, begehrte die Tante aus der Küche zu wissen.

»Das war eins von den Kindern, Gesa oder Grit. Sie ist weggerannt.«

»Die Lüttjohann-Deerns?« Tante Käthe trocknete ihre Hände ab. »Warum hastu sie nich rein gebetn?«

Das fehlte gerade noch! »Ich sag doch, sie ist gleich wieder weggerannt.«

Etwas an Merles Ton ließ die Tante stutzen. »Machsu die nich, die Mädchen?«

»Ich kenn sie doch gar nicht.« Merle blickte durch die weiße Spitzengardine in den grauen, tiefhängenden Himmel. »Ich glaube, die können mich nicht leiden.«

»Wie komms du denn da auf? Das musstu nich denken, mein Süßen. Das sin nette Kinner! Warum solln die dich nich mögn?«

Weil mich keiner mag, dachte Merle. »Ich weiß nicht.«

»Ham dich in Hamburch mal Kinner verhaun?«

»Ja.«

»Na, das kann ich mir denken, das sin auch Rabauken, da inne Stadt. Aber die Kinner hier sind anners, Merle! Guck ma, da musstu einfach nett auf los, sach Hallo und lach sie an, denn könnt ihr prima spieln. Mach einfach, was sie machn, denn gehtas schon ...«

Merle brauchte ihre Zweifel nicht mehr zu äußern, denn nun kam Meta Kling. Sie war im mittleren Alter, rotbackig und problembeladen. Sie ließ sich auf das Sofa in der Stube fallen: »So viel Kuchen! Käthe, du sollst doch nicht – ! Ich hab dir so viel zu erzählen ...«

Damit fing sie an, bevor der Kaffee auf dem Tisch stand. Merle bekam mit, dass es sich um kompakten Liebeskummer handelte. Außerdem hörte es sich so an, als hätte Meta sich in Holland ein Baby aus dem Bauch operieren und wegwerfen lassen, aber: »Schschscht! Wenn das raus kommt, bin ich dran ...« Den einen Mann schien sie zu lieben, der andere durfte nichts wissen: »Schschscht! Wenn Walter das jemals erfährt ...!«

Merle hörte so fasziniert zu, dass sie kaum an ihrem Kuchenstück aß. Leider bemerkte das bald die Tante, und in ihrer üblichen Fehleinschätzung für die Bedürfnisse ihrer Großnichte verlangte sie: »So, mein Süßen, nu geh man raus Spieln, das' ja langweilich hier für dich ...«

Meta Kling kam mit ihrer Generalbeichte vorübergehend aus dem Tritt, sah mit feuchten Augen die gerüschte und beschleifte Merle an und meinte: »Kind, hast du das gut, dass du noch Kind bist!«

»Warum?«, fragte Merle, dem Rat ihres Vaters folgend.

Tante Käthe antwortete: »Das verstehstu jetz noch nich, das weiß man erst später, wie sorchlos die Kindheit is. So, nu geh man.«

»Ich glaube, es gibt bald ein Gewitter. Ich habe Angst vor Gewitter«, wandte Merle ein.

»Das hassu von dein Großvater! Hinnerk hat sein Leben lang Angst gehabt vor Blitz und Donner.«

»Ja. Wenn es schlimm wird, sitzen wir zusammen und lesen die Psalme. ›Der Herr ist mein Hirte‹ und so …«

Meta legte den Kopf schief und verstand nicht recht.

»Der hattas so mitte Bibel, mein Bruder, seit das mit seine Tochter passiert is. Du weißt doch …« Tante Käthe sprach etwas leiser mit Meta, als ob Merle sie nun nicht mehr hören würde.

Meta schien sich nicht zu erinnern. Tante Käthe wollte es gern erläutern. Bloß musste das Kind erst mal aus dem Haus: »Mein Seuten, das gewittert nich. 'n büschen schwül is das, mehr nich. Geh man raus anne frische Luft …«

Wie verabredet klingelte es wieder an der Tür. Diesmal öffnete die Tante selbst. Meta und Merle in der Stube hörten: »Guten Tach, Frau Beetz. Darf Ihre Enkeltochter rauskomm spieln?«

»Tach, mein Kind. Merle is meine Großnichte, nich mein Enkel. Ja, sie kommt gleich. Sie wollte sowieso eben raus …«

Meta lächelte Merle immer noch so an, als wäre sie die verkörperte kitschige Kindheit. Merle umklammerte ihren halb leer gegessenen Kuchenteller. Tante Käthe wollte nun gern wissen, wie Metas dramatische Erlebnisse weiter gingen, und zwar ohne die unschuldigen Ohren von Merle dabei.

»Nu geh man, mein Süßen, die Kinner wartn. Siehstu, die mögn gern mit dir spieln!« (Erklärend zu Meta: »Merle hat gedacht, die könn sie nich leidn!« Rührungssteigerung bei Meta.)

Vielleicht, dachte Merle, sind sie wirklich nett. Vielleicht sind sie wirklich ganz anders als die Hamburger Kinder. Sie schob sich zögernd aus der Tür. Im gegenüberliegenden Hauseingang standen sie und grinsten sie an. Die beiden Lüttjohann-Schwestern, ein schielendes Mädchen mit butterfarbenen Zöpfen, zwei blonde Jungen. Wie war das? Nett drauf los, Hallo sagen, einfach nachahmen, was sie machten.

»Hallo«, sagte Merle und versuchte ein unbefangenes Lächeln. »Was wollt ihr denn spielen?«

Außer Grinsen und Kichern kam eine Weile nichts. Dann schlichen sie näher. Schwierig, nachzuahmen, was sie machten, da alle um Merle herumstanden und sie aus schmalen Augen musterten. »Is das jetz dein neues Kleid?«, fragte Grit (oder Gesa) und zog an der

Rüsche. Es klang so, als hätte sie seit Tagen darauf gewartet, dass Merle ihr neues Kleid anzog. »Das war bei Baumann in Schaufenster, nich? Hat dir deine Oma das gekauft?«

»Sie ist nicht meine Oma. Sie ist meine Tante. Ja, das haben wir bei Baumann gekauft.«

»Anke Petzolt hattas auch anprobiert, mit ihre Mama, un denn hat sie da reingepischert …«

Alle fünf lachten kreischend. Das Lüttjohann-Mädchen zerrte wieder an der Rüsche, so stark, dass Merle das Kleid von der einen Schulter rutschte. »Sieht ja todschick aus, das bepischerte Kleid. So an dir …«

Merle blickte sich nach der Haustür um. Noch war sie dicht hinter ihr. Noch war es Zeit, zu klingeln und Tante Käthe zu erklären, ihr sei ganz übel und sie müsste ins Bett.

»Kommstu ma mit? Wir wolln dir was zeigen!«, fragte der große Junge. Sein Gesicht erinnerte Merle an die Steinzeitmenschen aus dem Lexikon, Augenbrauenwülste, Zähne, die nach allen Seiten strebten, als wollten sie seinen Mund verlassen, egal, wohin. Der andere Junge sah bedeutend hübscher aus, hellblond und fein. Er schien zu bemerken, dass Merle drauf und dran war, zu flüchten, und er sagte relativ freundlich (er sprach weniger Dialekt als die anderen): »Sollen wir dir mal Kaninchen zeigen?« – worüber die anderen wieder ins Kichern kamen.

»Oder bistu zu feige? Hastu Angst?«, flötete die mit den Zöpfen.

»Wo sind denn eure Kaninchen?«

»Wir müssen da hinten lang, an der Kuhweide vorbei …«

Der Weg zu dem Kaninchen war weit, zwischen Feldern hindurch, halb am Nachbardorf vorbei, unter dem tief hängenden, dunklen Himmel. Hier gab es einen Müllplatz, eingezäunt von Maschendraht, der allerdings an einer Seite niedergetrampelt worden war. Die Kinder liefen zu einem daneben stehenden, baufällig aussehenden kleinen Haus, um zwei Hausecken herum, blieben dann stehen und sahen Merle triumphierend an. Die Lüttjohann-Mädchen kicherten schon wieder. Vielleicht war es das, was Tante Käthe unter ›nette Kinder‹ verstand, diese ständige Heiterkeit, die nach keiner aufwändigen Ursache verlangte.

Das Kaninchen war kaum halbwüchsig, zart und hellbraun, und es war ungemein tot. Jemand hatte mit einem Stein auf das Tier eingeschlagen (der Stein lag blutig daneben), den Schädel zerschmettert, das Rückgrat am oberen Teil, die Vorderpfoten. Hier überall war das Fell von einem blutigen Brei überzogen, auf dem die Fliegen summten. Die Hinterbeine und das weiße Schwänzchen sahen dagegen fast sauber und unversehrt aus, flauschig und anmutig.

»Habt ihr das getan?«, fragte Merle leise.

»Klar. Die sin schädlich. Un viel zu viele gibtas auch davon«, belehrte sie der Steinzeit-Junge mit seiner Jaulstimme.

Merle fuhr herum, um wegzulaufen, wurde jedoch festgehalten – »Bleib ma hier, wir wolln doch spieln!« – und zu Boden gestoßen. Eigentlich sollte sie auf den Kaninchenkadaver fallen, sie drehte sich jedoch im Fallen beiseite. Gewohnheitsmäßig hob sie die Arme vor ihr Gesicht, um möglichst wenig sichtbare Schläge zu fangen. Diesmal war das schwieriger. Die Kinder in der Schule bekamen irgendwann genug und hörten auf; sie mussten ja nach Hause, zum Mittagessen, und außerdem stand Merle am nächsten Tag wieder zur Verfügung. Diese Kinder hier hatten wohl einstweilen nichts besseres vor; nachdem sie eine Weile auf das Mädchen im Rüschenkleid eingeprügelt und -getreten hatten, rief der blonde kleine Junge: »Ich weiß was Gutes! Los, wir bringen sie auf den Müllplatz!«

Sie schleppten und zerrten ihre Beute vom Haus weg und über den niedergewalzten Maschendraht in den Müll. Merle landete in einem Haufen leerer Konservendosen, die leider furchtbar stanken.

Sie hatte sich vorher schon sehr gefürchtet. Jetzt bekam sie Todesangst. Sie hielt es für wahrscheinlich, dass diese Kinder sie umbringen wollten – wie das Kaninchen. Wenn sie das eine fertig brachten, bekamen sie auch das andere hin. Hinterher brauchten sie nur zu sagen, sie hätten keine Ahnung, wo Merle sei.

Gesa (oder Grit?) holte mit spitzen Fingern ein geringeltes Stück Stacheldraht aus dem Müll und kam damit auf Merle zu, die von den anderen festgehalten wurde. Sie wickelte den Draht fest um Merles Fußknöchel. Merle schrie. Die Hände wurden ihr auf dem Rücken gefesselt, mit einem Stück Bindfaden, der allerdings so morsch war, dass er bald wieder riss. Das Mädchen mit den gelben Zöpfen kratzte mit einem zackig abgelösten Büchsendeckel auf Merles nackten Rücken herum. Merle schrie lauter.

»Guck ma, wie weh ihr das tut!«, rief das schielende Mädchen, das neugierig in ihr verzerrtes Gesicht guckte, erfreut und schnitt gleich noch einmal zu. Merle versuchte, sich weg zu winden. Da traf sie der erste Schlag am Kopf – ein metallischer, widerlicher Schmerz. Sie zuckte hoch und sah den hellblonden kleinen Jungen, der eine Metallkette nach ihr geschleudert hatte und gerade zum zweiten Mal ausholte. Sie fühlte, wie ihr Blut den Rücken hinunter lief und über die Stirn sickerte und schrie wie eine Wahnsinnige.

»Was macht ihr denn da? Was soll das denn wern?«, rief eine brüchige Altmännerstimme von der Straße her. Da kam ein Mensch auf einem Fahrrad mit einem winzigen Hund an der Leine. Der Hund kläffte jetzt los.

»Oh, Schiet, das' Petermann!«, nuschelte der große Junge, der eben noch nach einem passenden Gegenstand für ihr Spiel im Müll gewühlt hatte. »Los, wir haun ab!«

Die fünf netten blonden Kinder rannten los,weg von Herrn Petermann und seinem Hund. Er stellte umständlich sein Rad ab und balancierte über den Müll auf Merle zu. Sie kauerte in den leeren Dosen, blickte ihn groß an und wimmerte. Das Hündchen kläffte immer noch. »Was ham die denn mit dir gemacht, diese lütten Deubel?!«, fragte Herr Petermann mitleidig. Er versuchte ungeschickt, den Stacheldraht von ihren Füßen abzurollen, was schwierig war, weil der Draht wie eine lebendige Schlange um sich schnappte. »Autsch!«, rief der alte Mann empört und lutschte an seinem Finger. »Rostig is der auch noch. Sach ma deine Mutter, sie soll dich zum Arzt bring, dass der dir 'ne Tetanusspritze gibt, hörstu?««

Merle blieb noch am Boden, als der Draht endlich ab war. Immerhin gab sie nicht mehr diese kleinen Wimmertöne von sich. Herr Petermann machte sich trotzdem Sorgen, weil sie so gar nichts sagte. »Bissu mit deine Eltern hier irgendwo in' Hotel? Du? Sach doch ma was. Tut dir was weh? Du blutes da anne Stirn …« Er zog ein sauberes, gebügeltes Taschentuch aus der Hosentasche, schaute es an, seufzte bedauernd und steckte es wieder ein. »Soll ich dich zur Polizei bring?«

Merle schüttelte den Kopf. Sie konnte nicht sprechen, weil ihre Zähne so klapperten und sie dagegen den Mund fest zusammenpressen musste. Sie reckte die Hand nach oben, und der alte Herr Petermann half ihr auf die Füße.

»Danke!«, stieß Merle einmal kurz hervor, dann schnappte ihr Mund wieder zu.

»Machs nich alleine nach Hause?«, fragte Herr Petermann verständnisvoll. »Weißwas, Deern, setz dich man auf mein Gepäckträger, ich bring dich. Du zitters ja, komm, ich leech dir meine Jacke über. Wo musstu denn hin, nach Lenste oder nach Rothenhuse?«

Merle nickte oder schüttelte den Kopf, und so kamen sie schließlich zum Haus der Tante, sogar, bevor es regnete.

»Danke! Herr! Peter! Mann!«, schnatterte Merle noch mal durch ihre klappernden Zähne, als sie vom Gepäckträger rutschte und ihm seine Jacke wieder gab.

»Bei Frau Beetz tus du wohn? Grüß sie man ma schön. Un gute Besserung.«

Er fuhr weiter, sein Hündchen trippelte nebenher wie eine kleine Maschine.

Merle klingelte an der Haustür und wartete, zitternd und mit klappernden Zähnen, bis Tante Käthe öffnete.

»Meta? Komm ma her, sei ma leise, ich glaub, nu schläft sie. Was sachs du denn dazu? Hastu gesehn, ihr Rückn is zerschnittn und rund um die Füße un die Waden alles kaputt un blutich, auch aufn Kopf irgendwie. Dreckich issas auch alles, aber ich mach das nich waschen, wäscht man nur den Dreck inni Wundn. Das schöne neue Kleid is in Fetzen, und stinkn tut das! Billich war das ja nich grade, das Kleid. Nu issas hin. Also, sie sacht, das warn die Lüttjohanns un drei annere Kinner. Un nu bitt ich dich, Meta: Kannstu das glauben?! Die klein' Lüttjohanns, die sin vielleicht mal 'n büschen frech. Aber die machen doch nich so was! Ich versteh das nich. Ich bin wie vor'n Kopf geschlagn …«

Metas Stimme erwiderte: »Das is sie ja auch. Vor'n Kopf geschlagn, mein ich.«

»Wie? Ach so, ja. Ich versteh das nich. Immer geht alles gut, die

Kinner spieln un ham Spaß. Un jetz soll so was passiern? Wie Mord un Totschlach un mit Blut? Wie in Kino? Soll ich nu vielleicht zur Pullezei? Oder zu Stine Lüttjohann, un ihr sagn: weisstu was, deine Kinner ham meine Enkelin mit Stacheldraht gehaun – ?! Soll ich das vielleicht sagn? Die meint ja, ich wär verrückt. Dabei sin wir immer gut ausgekomm. Das Kind is merchwürdig, Meta. Ich mussas mal sagn. Sie is ja nüdelich und Hinnerk seine Enkelin un Elke ihre Tochter, un trotzdem… Vor allm is sie die Tochter von ihrn Vater. Und wie der is hab ich dir ja heute Nachmittach erzählt. Bei den gehtas auch immer irgendwie alles mit Gewalt ab. Sie sacht, in Hamburch is sie auch von Kinner verhaun wordn. Ja, nu fraach ich dich: was tut sie denn, dass sie egalwech Kloppe kriecht? Das muss doch irgendwie an ihr liegn? Wenn Elke doch bloß Knut geheirat' hätt! Denn wär das sicher 'n normales Kind geworn. Schon dieser Name: Merle! Un die rotn Haare. Un die Augen sin irgendwie orangsche, nich? Un so groß und dünn dabei. Also, ich weiß nich. Lesen will sie dicke Erwachsnenbücher, das soll ihr Vater so wolln, sacht sie. Sieben is sie man grade! Guck, hier…«

Metas Stimme: »Honnore deh Ballsack…«

»Ja. Un wenn du ihr 'n Märchen gibs, denn kommt sie ganz außer sich. Wenn sie Obst will, denn sacht sie jedes Mal: Darf ich bitte ein Apfel ham? Ich sach, Kind, sach ich, fraach nich, nimm einfach, aber nein, das kann sie nich. Wie so 'ne feine Dame immer. Ich kann schon verstehn, dass die annern Kinner sie nich mögen. Sie is ja gar kein richtiges Kind. Nu will sie zu Butz, sacht sie.«

»Zu wem?«

»Zu Butz, Mensch, hab ich dir doch erzählt, ihr Vater. Sie sacht nich Vater oder Papa, nein, sie sacht Butz, wie wenn das einfach ihr Freund wär. ›Ich will zu Butz‹ sacht sie, soweit sie reden kann, weil sie so zittern tut. Ich ruf nachher an, da is das billiger. Is sowieso nich sein Telefon, gehört seine derzeitige Freundin, wo er bei lebt. Tut so viel wissn, der Mann, is wirklich kluuch, manchmal sacht er mittendrin 'n langes Gedicht auf un wennu Pech has, inne annere Sprache, verstehs kein Wort, aber muss bei sonne Frau wohn, weiler nix eignes hat. Un das Kind un Hinnerk wohn' natürlich mit dabei. Ich fraach immer mal: Hinnerk, warum tus du dir das an? Tut das Not?

Un denn sachter: Ja, ich bin sein schlechtes Gewissn, von alleine hat der Kerl keins, aber wenn ich immer da sitz, denn muss er immer bedenkn, was er meine Elke angetan hat. Ja, so is das. Soll ich uns ma noch 'n Kaffe kochn?«

Merle lag in ihrem Bett und hörte zu. Das Gewitter grollte weiter in der Ferne herum und traute sich nicht näher. Morgen würde Butz kommen und sie abholen. Sie zitterte immer noch, vor allem in den Beinen, sie konnte nichts dagegen tun. Wenn der nette alte Mann nicht gekommen wäre, wäre sie vielleicht schon tot. War sie wirklich schuld daran, dass andere Menschen sie nicht mochten? Sie tat doch niemandem etwas. Dann fiel ihr das hässliche junge Entlein ein. Das hatte auch niemandem etwas getan, außer, dass es groß und hässlich und ›anders‹ war. Sie rollte sich eng zusammen, steckte den Daumen in den Mund und schloss die Augen.

Der gute Hotte – »Ein wahrer Freund!« – lieh Butz sofort das Auto. Tante Käthe lächelte Butz an, viel freundlicher, als Merle erwartet hätte. Er sah aber auch schön aus, leicht gebräunt, das etwas verblichene hellblaue Hemd passte gut zu seinen Augen. Egal, wie sie morgen wieder über ihn redet, im Moment gefällt er ihr, dachte Merle. Sie gackerte und drehte sich vor ihm hin und her, rückte sogar den Balzac-Roman wieder heraus: »Guck, den wollte deine Tochter lesn, Butz, das' doch nix für'n Kind?«

»Warum denn nicht?«, fragte er und lachte mit seinen schönen Zähnen. Tante Käthe lachte mit und zuckte mit den Schultern. »Ja, wenn du meins …«

Sie winkten beide der Tante aus dem abfahrenden Auto zu.

»Was hast du mit deinen Beinen?«, fragte ihr Vater.

»Ich zittere immer noch. Komisch, das geht nicht weg.«

Tante Käthe hatte Butz am Telefon vorsichtig erzählt, was passiert war – in sehr gemilderter Form offenbar, und mit vielen ›Merle behauptet‹. Er hatte sich, als er ankam, ihre zerstochenen Beine und die kleine Kopfwunde angesehen und gemurmelt: »Wie ist so etwas nur möglich?«

Den Rücken zeigte sie ihm gar nicht erst, Tante Käthe schien das auch nicht erwähnt zu haben.

Merle hatte kurz darüber nachgedacht, ob sie Butz bei dieser Gelegenheit erzählen sollte, dass sie auch in Hamburg dauernd von anderen Kindern verhauen wurde – und sich dagegen entschieden. Er würde sofort denken, das sei seine Schuld, weil sie umziehen mussten, weil er mit Loni rollig war... Und dann hatte er noch mehr schlechtes Gewissen. Es reichte wirklich, wenn Opilein dafür sorgte. Das musste sie nicht auch noch machen.

»Weißt du, warum diese Kinder dich gequält haben? Was der Grund dafür war? Du bist doch so ein kleiner Haudrauf, das weiß ich. Ich seh ja, dass du manchmal blaue Flecken und Beulen hast. So war ich auch als kleiner Junge. Hast du sie irgendwie provoziert? Hast du jemanden angegriffen?«, fragte Butz.

»Nein. Ich hab ihnen wirklich nichts getan. Tante Käthe sagt, die sind sonst immer nett.«

»Vielleicht sind sie neidisch.«

»Auf mich? Wieso?«

»Weil du was Besonderes bist, mein kleiner Feuervogel. – Ja, stell dir mal vor, Schafsgesicht, ich hab Vorfahrt, die steht mir zu! – Na, nächste Woche bist du wieder bei deinen gewohnten kleinen Freunden und Freundinnen, da fängt die Schule wieder an!«, meinte er dann aufmunternd.

Merle dachte mit Schrecken an den finsteren Schlund der Schule und mit ein klein wenig Hoffnung an ihre Freundin Anke, ihre Verbündete, das winzige, flackernde Licht in dieser Dunkelheit.

Der alte Herr Petermann hatte übrigens Recht gehabt mit seinem Rat, gleich zum Arzt zu gehen. Die Wunden vom rostigen Stacheldraht an Merles Beinen entzündeten sich und eiterten, sie bekam Fieber. Vielleicht hätte Tante Käthe sie doch waschen sollen. Birgit ließ ihren Hausarzt kommen.

Merle bekam Spritzen, Salbe und Binden um die Waden, eine Woche lang, während die Ferien bereits vorbei waren. Der Arzt war nett, Merle mochte ihn gern und er sie auch, abgesehen von dem unendlichen Theater, das sie veranstaltete, wenn es ums Blutabnehmen ging: »Es ist doch nur ein kleiner Pieks!« Merle versicherte, den Pieks nicht zu fürchten. Sie stellte sich doch bei den Spritzen überhaupt nicht an. Sie war bereit, sich noch viel mehr Spritzen geben zu lassen, das machte ihr nichts. Aber Blut, das ihr aus dem Körper gezogen wurde, sodass sie es sehen konnte, wie es dunkel und dick in ein Röhrchen floss: Nein! Das war entsetzlich.

Den Roman durfte sie nun endlich lesen und war schnell damit fertig. Butz brachte ihr aus der Leihbücherei ›Die Geschichte zweier Städte‹ von Dickens. Teils las er ihr daraus vor, teils las sie selber, und es gefiel ihr sehr.

»Wenn meine Beine nie wieder heil werden und ich sitze vielleicht immer im Rollstuhl – muss ich dann nicht zur Schule?«

»Doch. Schulpflicht bleibt bestehen. Wahrscheinlich kämst du in eine spezielle Schule für behinderte Kinder, ich weiß nicht genau. Aber mach dir keine Sorgen, deine Beine heilen bestimmt.«

Leider war Butz nicht viel zu Hause. Das Taxifahren war vorbei, er hatte sich mit Kowalski überworfen, der ein unerträglicher Querkopf und Tyrann war.

Opilein war müde und traurig, der Anblick seiner zerkratzten und zerstochenen Enkelin hatte ihn sehr schockiert. In letzter Zeit kaute er seine Feuervogel-Stumpen, anstatt sie zu rauchen. Davon bekam er zwar Durchfall, doch das war ihm die Sache wert. Wenn er nicht vor dem Fernseher saß, hockte er auf dem Klo und blockierte das Badezimmer, sehr zum Ärger von Butz, der sich rasieren, oder von Birgit, die ihr Haar toupieren und mit Haarspray einnebeln wollte.

Natürlich las auch Opilein aus der ›Geschichte zweier Städte‹ vor, mit zitternder Stimme und völlig falscher Aussprache der englischen und französischen Namen – das merkte Merle daran, wie Butz sie aussprach.

Eine Woche nach Ferienende musste Merle wieder los, den Schulranzen auf dem Rücken. Die Kinder sammelten sich vor Stundenbeginn auf dem Schulhof. Merle hatte sich manchmal etwas Sorgen um die kleine Anke gemacht – ob die jetzt alles alleine abbekam? Es sah jedoch nicht so aus, als ob sie ausgegrenzt wurde, im Gegenteil. Sie stand bei einigen Kindern aus ihrer Klasse, offenbar in ein freundschaftliches Gespräch vertieft, und als sie Merle kommen sah, drehte sie ihr betont den Rücken zu.

»Ach, ich kann nicht mehr – jetzt ist die wieder da!«, rief ein Junge Merle zu – oder vielmehr über sie hinweg. »Jetzt wird mir wieder übel, wenn ich auf'm Schulhof steh, und die mit ihrem Gesicht kommt vorbei. Da kann ich wieder mein Pausenbrot nicht essen!« Die anderen lachten beifällig. Anke nicht. Allerdings lachte Anke nie.

In der Klasse befand sich Merle nun wieder allein an einem Tisch, Anke thronte neben Heidi – »Auz zitzßtechnischen Gründen«, erklärte Frau Danzer. Sie nahm Merles Entschuldigungsbrief entgegen, der auch das ärztliche Attest enthielt, las erschaudernd, was da stand und musterte Merle mit ungeduldiger Verständnislosigkeit: »Ztacheldraht? Wie izt daz denn pazziert?«

»Ich bin gestolpert«, lautete Merles umfassende Erklärung, mit der sich Frau Danzer auch sofort zufrieden gab.

Man las in der Fibel, aus der Merle inzwischen eigentlich alles auswendig konnte. Sie las flüssig, ein wenig gelangweilt (die Geschichte war kindisch), aber perfekt betont, sie las jedes Satzzeichen mit, denn Butz hatte ihr erklärt, die Satzzeichen seien so etwas wie Regie-Anweisungen des Autors, ein Komma entspreche dem leichten Atemholen beim kurzen Nachdenken, bei einem Punkt senkt sich die Stimme, und vor dem Fragezeichen muss sie sich heben. Ihre Fehlerlosigkeit weckte weder bei der Lehrerin noch bei den Mitschülern irgendeine Sympathie. Dann hörten alle zu, wie ein Junge (der, dem bei Merles Anblick sein Pausenbrot widerstand) langsam, ohne jede Betonung und häufig ein Wort falsch erratend, vor sich hin stümperte.

»Gut, du hazt dir Mühe gegeben!«, urteilte Frau Danzer, die Merles Vorlesen unkommentiert gelassen hatte.

Natürlich, dachte Merle höhnisch, natürlich hat er sich Mühe gegeben. Sonst wäre es ja noch schlimmer geworden.

Sie blickte aus dem Fenster in Baumkronen und Sonnenschein und träumte ihren Lieblingstraum, in dem Butz es geschafft hatte, ein Restaurant zu besitzen. Sie leitete es mit ihm zusammen, sie trug schwarze Stöckelschuhe, rosa Lippenstift und eine Bienenkorbfrisur wie die schöne Italienerin aus dem Eiscafé. Mit dem Küchenchef redete sie darüber, was es heute geben sollte, und sie musste etwas schimpfen, weil er den Pudding vergessen hatte. Sie fuhr selbst los, ganz viel Pudding kaufen, in ihrem schwarzen VW-Käfer, an dessen

Armaturenbrett eine kleine Vase mit einer rosa Nelke klebte. Als sie zurückkam, war Butz verzweifelt. Ihm war auch gerade das Fehlen des Puddings aufgefallen. »Keine Sorge, Butz«, konnte Merle sagen, »das hab ich schon erledigt!«, und er freute sich …

Es klingelte zur Pause, Merle war wieder erst sieben Jahre alt – noch nicht einmal siebeneinhalb, die Zeit verging einfach nicht. Wie viele Tage noch, bis sie endlich erwachsen war? Wie viele Tage in der Klasse und auf dem Schulhof?

Im Flur und auf der Treppe wurde sie bereits gerempelt, gute alte Gewohnheit. Zufällig ging sie neben Anke. »Na? Gehörst du nun zu den anderen?«, fragte sie.

Anke sah sie ganz kurz von der Seite an. Sie hatte wohl Angst, im Gespräch mit ihr gesehen zu werden. Sie antwortete, indem sie gerade vor sich hin sprach: »Die wollten mich gar nicht fertig machen, wie du am Anfang gesagt hast.«

»Stimmt. Ich hab 'ne Freundin gebraucht. Deshalb hab ich dich angeschwindelt.«

Anke sagte, weiter mit der Nase geradeaus: »Sei vorsichtig. Jetzt wollen sie dich nämlich wirklich richtig verhauen. Morgen nach der Schule, weil eine Stunde eher Schluss ist.«

»Aha. Und du? Machst du mit?«

Anke blieb stehen, um an ihrer Sandale herum zu fummeln. »Nicht sehr. Ich kann nicht gut hauen. Du, meine Eltern haben aus dem Krankenhaus Zwillinge geholt. Stell dir mal vor, jetzt hab' ich im Ganzen zwei Schwestern und einen Bruder.«

»Toll. Ich wette, deine Mama hat schnell ganz viel Diät gemacht, damit sie mit allem fertig wird?«

»Stimmt. Hat sie«, sagte Anke etwas überrascht und sah Merle jetzt doch von der Seite an. Als sie bemerkte, dass man sie dabei beobachtete, richtete sie sich auf und schubste ihre Ex-Freundin. Sie hatte Recht: das gehörte nicht zu ihren Talenten. Sie rutschte mit der Hand an Merles Schulter ab und wäre fast selber gefallen.

Auf dem Nachhauseweg spielte Merle mit dem Gedanken, wie ihr Vater und ihr Großvater zur See zu gehen, als blinder Passagier. Oder sollte sie sich in einen Zug schmuggeln und weit weg fahren?

Sie wollte ihren Vater nicht verlassen. Sie wollte jedoch auch nicht weiter in die Schule gehen. Wo auf der Welt konnte sie sich in den nächsten zehn Jahren verstecken? Und vor allem: wie konnte sie es vermeiden, am nächsten Tag in der letzten Stunde ›richtig verhauen‹ zu werden? Sie betete mal wieder, das hatte sie lange nicht gemacht. Anschließend wandte sie sich noch speziell an ihre Mutter, die schließlich eine Art Engel war: »Bitte, lass irgendwas geschehen, irgendwas!«

Merle hatte getrödelt, zu Hause saßen sie schon bei der Nudelsuppe, und zwar alle: Butz, Opilein und sogar Birgit, die einen Urlaubstag abbummelte. Eigentlich wollte sie Fenster putzen und den Garten auf Vordermann bringen. Stattdessen nutzte sie ihren freien Tag, um sich mit Butz zu streiten: »Natürlich bist du das gewesen, ganz klar. Von wegen mit Hotte treffen! Aber wer war sie? Schwarzes Haar, so 'ne ordinäre ganz hoch toupierte Frisur, der letzte Schrei von vorgestern, zu kurzer Rock, der zeigt, dass sie zu dicke Knie hat, Lippenstift in Kreischpink…«

»Du hast ja bewunderungswürdig genau hin gesehen«, lobte Butz. Er fing Merles Blick ganz kurz ein. Das Kind lächelte ihn beruhigend an. Butz glaubte doch wohl nicht, dass sie sich verplappern würde? »Eine Person, auf die deine Beschreibung zutrifft, kenne ich nicht. Wenn du wirklich mich gesehen hast, ist sie zufällig neben mir her gelaufen.«

»Klar. Und du hast ihr natürlich auch vollkommen zufällig am Hals rumgeknabbert!«, schrie Birgit, warf ihren Löffel in die Suppe, dass es spritzte, und lief in ihr Schlafzimmer.

»Sodom und Gomorra! Wo sollas bloß noch hin! Oh nee, oh nee, oh nee«, jammerte Opilein und spritzte sich tüchtig Maggi-Würze in seine Suppe. Daraus schloss Merle, dass Butz sie gekocht hatte. Sie bezichtigten sich gegenseitig, schlechte Köche zu sein.

Es klingelte an der Haustür, Butz ging öffnen und kam mit einem Telegramm wieder. Er reichte es mit erstauntem Ausdruck Opilein, der es mit ebenso erstauntem Ausdruck öffnete, seine Brille aus der Westentasche hervorfummelte und die Bügel hinter seinen Ohren befestigte. Er las – und sein Gesicht wandelte sich von Erstaunen zu Traurigkeit. »Käthe is tot. Meine Schwester. Ach…«

»Mein herzliches Beileid, Hinnerk«, sagte Butz. »Aber das versteh' ich nicht. Vor ziemlich genau einer Woche war sie doch noch das blühende Leben?«

Opilein guckte mit sehr wässerigen Augen umher, legte den Löffel auf das Tischtuch und erklärte, über seinen Suppenteller geneigt: »Denn wenn ich essn soll, muss ich seufzn, und mein Schrein fährt heraus wie Wasser, denn was ich gefürchtet habe, is über mich gekomm', wovor mir grauete, hat mich getroffn! Das saacht Hiob, und das saach ich auch.«

»Na, komm schon, Hiob, so schlimm ist es ja nicht«, meinte Butz lächelnd.

Opilein klopfte an die Schlafzimmertür der schluchzenden Birgit, erklärte den Trauerfall und bat darum, telefonieren zu dürfen. Nachdem er das eine Weile getan hatte, konnte er erklären: »Hingefalln is sie, auffe Kellertreppe. Denn kam sie in Spital, un da kriechte sie Lungnentzündung. Ging alles ganz fix. Nu is sie wech. Guck, nu bin ich der einzigste, der übrich is. Mein Tochter tot, mein Frau tot, Käthe ihr Mann und der Sohn im Kriech gebliem. Un nu is sie selber auch wech …« Opilein kaute an seiner Oberlippe herum.

»Ich bin doch noch da. Ich bin auch mit dir verwandt«, tröstete Merle. Opilein streckte ihr sofort die Arme hin, und Merle rannte um den Tisch und knuddelte ihn fest.

»Tja, Mädel, denn hastu sie wenichstens noch mal richtich kenn gelernt, was?«

»Ja«, sagte Merle mit schlechtem Gewissen. »Sie war sehr, sehr nett«, fügte sie hinzu.

Birgit vergaß vorübergehend ihren Kummer über die Frau, die Butz öffentlich geküsst hatte, kochte Kamillentee für Opilein und hörte sich seine Klagen an.

Butz war auch nett zu seinem Schwiegervater, er ging sogar los, um eine Flasche Weinbrand zu kaufen. »Hier, alter Knochen, das wärmt die Seele!«, sagte er.

## *Im 4. Kapitel*
### *erscheint ein Engel mit Zahnlücken und lernt Merle, so zu tun, als wäre sie ein normales Kind*

Während Butz und Opilein ihre Seelen wärmten, grollte Birgit vor sich hin. Ihre Eifersucht war ja nicht verschwunden, nur ein paar Schrittchen zurück getreten hinter den Trauerfall. Schließlich klopfte Birgit an Merles Zimmertür: »Kann ich dich mal sprechen? Was machst du gerade?«

Das Kind aß Kekse und grübelte über Flucht- und Auswanderungsplänen. »Nichts.«

»Ah, gut«, fand Birgit, schloss die Tür hinter sich und setzte sich neben Merle auf das Wandklappbett. »Du hast doch gehört, wie ich die Frau vorhin beschrieben habe, mit der dein Vater mitten in der Stadt geknutscht hat? Kennst du die irgendwie?«

Merle schüttelte den Kopf. »Nö. Möchtest du einen Keks? Nein? Butz knutscht doch mit vielen Frauen.«

Die Antwort gefiel Birgit überhaupt nicht. Sie starrte eine Weile vor sich hin und fing dann plötzlich an zu weinen. »Was soll ich bloß machen? Was soll ich bloß machen?«

»Das kann ich dir sagen. Es wird dir nur nicht gefallen.«

»Das glaub ich auch. Sag trotzdem mal.«

»Also, ich finde, du musst drüber nachdenken, wie gern du wirklich mit Butz zusammen bist. Ob du glücklich dabei bist. Und wenn du rauskriegst, dass er dich vor allem glücklich macht, dann kümmere dich nicht mehr darum, wen er küsst oder mit wem du ihn siehst, sondern freu dich, wenn er bei dir ist. Sei gar nicht erst neugierig. Wenn jemand dir was erzählen will, dann musst du sagen: ›Danke, das will ich gar nicht hören.‹ Du musst immer guter Laune sein und nie meckern. Butz hasst Meckern. Dann fühlt er sich wohl mit dir und kommt wahrscheinlich immer wieder. So, das ist die eine Möglichkeit. Oder du findest raus, dass du vor allem immer verzweifelt bist und dass es dich kaputtmacht. Dann schmeiß uns hier raus. Es ist doch deine Wohnung. Mit Meckern erreichst du bloß, dass Butz keine Lust hat, mit dir zu reden oder nach Hause zu kommen. Du kannst ihn nicht dahin meckern, dass er nicht mehr neugierig ist auf andere Frauen. Du kannst ihn ja auch nicht durch Meckern dahin kriegen, dass er plötzlich braune Augen hat.«

Birgit starrte sie groß an. »Was du so redest! Du bist wirklich anders als alle anderen Kinder, die mir je begegnet sind.«

Merle wischte ein paar Kekskrümel von ihrem Rock und zuckte mit den Schultern. Sie dachte: Das ist ja mein Problem.

Nun war also Tante Käthe tot, und das war ja auch sehr traurig, aber es rettete Merle in keiner Weise vor der großen Abreibung am nächsten Tag. Als sie im Bett lag, konnte sie vor Angst nicht schlafen. Immer noch bekamen ihre Knie unkontrollierte Zitteranfälle unter der Bettdecke, vor allem, wenn sie Angst hatte, so wie jetzt. Sie kratzte vorsichtig die abheilenden Schorfstellen an ihren Knöcheln und grübelte darüber nach, was sie tun sollte.

Dann war sie wohl doch eingeschlafen, sonst hätte sie nicht aufwachen können durch den Lärm. Butz brüllte mit seiner großen Wutstimme, kaum noch zu verstehen, was er sagen wollte, es klang mehr wie ›Uahuahuahuah!‹. Birgit keifte weinend dagegen an, auch nicht besonders verständlich. Jedenfalls begriff Merle, dass es immer noch um ›diese schwarzhaarige Schlampe‹ ging und dass Birgit sich zu gut dafür wäre, betrogene Ehefrau zu sein, wenn sie nicht mal Ehefrau war.

Sie hat leider nicht zugehört, dachte Merle. Ich hab's ihr doch wirklich genau erklärt!

Opilein zeterte mittendrin, es gab Gerumpel und Gepolter und Gekläff von Esau, was wohl bedeutete, dass der alte Mann was an die Ohren bekam. Nach und nach beruhigten sie sich wieder, es wurde leiser, und Merle begann gerade, erneut einzuschlafen – als es an der Tür klingelte.

Birgit ging öffnen und bekam es mit zwei klaren, harten Männerstimmen zu tun: »Fräulein Birgit Hansen? Guten Abend – oder besser guten Morgen …«

Und der andere: »Sind Sie hier die Mieterin?«

Was wollten die denn? Butz fragte sich das wohl auch. Er stürmte dazu und verlangte sehr laut zu erfahren, was diese Störung sollte um diese Zeit.

Einer der Männer antwortete ziemlich scharf und ebenfalls nicht gerade leise: Eben weil es so spät sei, hätten Nachbarn sie alarmiert und gemeldet, hier in der Wohnung müsse wohl Mord und Totschlag stattfinden. Jetzt wollten sie die Familienverhältnisse und die Wohnverhältnisse überprüfen. Ob sie mal die Papiere sehen dürften? Wer sei denn hier der Mieter? Und: »Sind Sie zufällig Herr Burkhard Voß?«

Butz empörte sich: »Ich lass mich nicht kontrollieren! Das kommt dabei raus, bei dieser verdammten Adenauer-Regierung!«

Birgit sagte mit lieber Stimme: »Sie müssen ihn bitte entschuldigen, er hat ziemlich viel Weinbrand getrunken. Wir haben alle Weinbrand getrunken, wir hatten heute einen Todesfall in der Familie ...«

»Sind Sie die Ehefrau?«, wurde sie gefragt. Die Frage machte Birgit giftig. »Das wäre ich ja gern, aber damit kann ich leider nicht dienen!«, sagte sie schnippisch.

»Also jetzt holen Sie mal alle Ihre Ausweispapiere, sonst müssen wir nämlich zur Verhaftung schreiten«, meinte einer der Männer, worauf Butz brüllte: »Hört euch an, wie das Männchen sich aufspielt! Der kleine Staatsdiener im hochwichtigen Auftrag!« Und gleich darauf, noch viel lauter: »Pfoten weg, du Zwerg, was fällt dir ein, hast du Lust auf 'ne Tracht Prügel?«

Dann neues Gepolter und Gerumpel – Geräusche einer Schlägerei. Merle sprang aus dem Bett, rannte zur Tür und öffnete einen Spalt. Leider sah sie nur Birgit und Opilein, dessen feine weiße Haare buchstäblich gesträubt in die Luft standen. Beide guckten in den Hausflur, in dem offenbar die Schlacht tobte, die sich allmählich auf die Eingangstür zu entfernte.

Merle lief zurück in ihr Zimmer und zum Fenster. Ein Stück neben dem Eingang stand der Peterwagen geparkt, und, richtig, da purzelte gerade das Männerknäuel aus der Tür, rollte und strampelte auf den Gehwegplatten herum und seitlich in die kleine Hecke. Butz kämpfte großartig. Allerdings war er auch größer und breiter als die beiden Uniformierten. Er bedachte den etwas größeren Polizisten mit krachenden Faustschlägen auf Kopf und Gesicht und schlug hin und wieder mit dem Ellbogen nach dem anderen, der ihn zurück zu halten versuchte. Merle bemerkte, dass auf der gegenüberliegenden Straßenseite Menschen aus den Fenstern hingen. Sicher war das auch in ihrem Haus so, sie konnte es nur nicht sehen.

Butz stürzte mit seinem Gegner auf das kleine Rasenstück vor dem Haus, sein Unterarm presste sich über den Hals des Polizisten. Dessen Kollege versuchte immer noch, den tobenden Riesenkerl an den Schultern zurück zu ziehen. Dann hielt er plötzlich etwas in der Hand, das er energisch auf Butz' Hinterkopf krachen ließ. Das Geräusch war entsetzlich, gut zu vernehmen durch die geschlossene Fensterscheibe. »Nein!!«, schrie Merle hinter der Fensterscheibe. »Nein!!! Nein!!!!«

Birgit und Opilein stießen ihre Tür auf und guckten gleich darauf, ohne Licht zu machen, neben ihr aus dem Fenster. Birgit umarmte Merle, sie krallte ihre langen Nägel in ihren Schultern fest. Ein Stück tiefer wedelte Esau gegen ihren Nachthemdsaum. Vielleicht freute er sich, dass Merles Vater mal was abbekam.

Nach dem vierten Schlag auf seinen Hinterkopf fiel Butz nach vorn, mit dem Gesicht auf seinen Gegner. Der hinter ihm stehende Polizist zog ihn am Hemd ein wenig zurück, damit sein Kollege hervorkriechen und aufstehen konnte. Der bemühte sich, sein Nasenbluten mit dem Handrücken zu stoppen. Butz hob schon wieder den Kopf und versuchte, sich hoch zu stemmen. Der Polizist, der ihm von hinten auf den Schädel geschlagen hatte, legte ihm schnell Handschellen an. »Können Sie aufstehen?«, fragte er. Butz nickte. Trotzdem brauchte er ein wenig Hilfe, um hoch zu kommen, weil seine Hände jetzt so eng beisammen waren. Als er auf den Füßen stand, fing er an zu lachen. Der Polizist, der vor ihm stand, zuckte etwas zurück. »Machen Sie keine Schwierigkeiten«, sagte er.

Butz lachte lauter. »Nein, jetzt hab ich Ihnen genug Schwierigkeiten gemacht!«, meinte er gut gelaunt. Merle kannte diese Art ihres Vaters: bei ihm wechselte das Wetter schnell. Jetzt hatte er eben wieder gute Laune. Wahrscheinlich hatte ihm der Kampf, alles in allem, Spaß gemacht. Der Polizist schien das nicht zu verstehen. Er blickte misstrauisch, packte Butz am Oberarm und zog ihn zum Polizeiauto.

Der zweite Polizist wischte mit einem Taschentuch in seinem Gesicht herum und presste es sich unter die Nase, während er hinterher kam. Er rief durch das Tuch seinem Kollegen zu: »Du, der Mann ist Ringer oder Boxer! Schade um das schöne Talent…« Dann stiegen sie alle ein und gleich darauf fuhr der Wagen auch schon los, ohne Blaulicht und ohne Sirene.

Die drei am Fenster schauten hinterher, dann drehten sie sich zurück ins Zimmer. Birgit zog die Gardine fest zu und schaltete das Deckenlicht ein. Sie sagte leise: »So, jetzt muss ich die schöne Wohnung verkaufen und mir was anderes anschaffen. Ich kann den Nachbarn ja nie wieder in die Augen sehen. Das war denen bestimmt ein willkommener Anlass, uns anzuzeigen, die gucken wohl seit Monaten drauf, was sich hier tut. Wilde Ehe mögen die nicht…«

»Was passiert jetzt mit Butz?«, fragte Merle die beiden Erwachsenen. Birgit sah Opilein an, ebenfalls fragend. Der schüttelte den Kopf: »Gut aussehn tutas nich. Widerstand gegn die Staatsgewalt, nich, und vorbestraft isser auch…«

»Was heißt das?«

»Dass dein Papa schon ma in Gefänknis gewesn is. Auch wegen Gewaltätichkeit, weil er sich ja nich zügeln kann. Un wenn man das schon ma getan hat, denn wird die Strafe immer härter. Also den sperrn sie wech, soviel steht fest«, meinte Opilein grämlich.

Sie setzten sich nebeneinander auf Merles Wandklappbett und sortierten die Fetzen. »Ich geh morgen gleich zu einem Makler und lass die Wohnung zum Verkauf eintragen und such mir was Neues, weit weg!«, meinte Birgit mit brüchiger Stimme. »Ich fang völlig neu an. Wenn Butz wieder raus kommt, muss er ohne mich fertig werden. Der findet immer Frauen genug…«, da knickte ihr die Stimme ganz weg.

»So, und wir beiden sehen zu, wo wir bleiben«, sagte Opilein zu Merle. »Was meinstu – wolln wir anne Ostsee? Wir könn' in Käthe ihr Haus wohn, das gehört jetz wohl mir, glaub ich…«

»Nein!«, sagte Merle mit Bestimmtheit. »Ich will nie wieder an die Ostsee. Und ich will auch nie wieder in meine Schule hier. Morgen wollen sie mich totschlagen, haben sie gesagt, also die Kinder hier, ich wollte schon auswandern deswegen…« Jetzt konnte sie das ja sagen, jetzt traf es Butz nicht mehr.

»Warum hastu mir das nich gesacht?« Opilein streichelte Merle die Haare. »Siehstu, ich sach das doch, das' ne Rabaukengegend hier, wir gehen wo hin, wo das netter is. Un morgen gehstu ersma gar nich mehr inne Schule, da solln sie wen anners totschlagn, du bist weiter krank anne Beine, das deixeln wir schon. Nich, Fräulein Birgit? So, un nu geh zu Bett un schlaf schön, das kommt allns zurecht. Die nächste Schule, wo du hingehs, da bleibst du, bistu überhaupt ganz fertich bis!«

Die dritte Schule, die Merle in diesem Jahr besuchte, war neu und schön: riesige Fenster, und in all dem sauberen Gefunkel spiegelte sich die herbstliche Morgensonne.

Merle war ebenfalls neu und schön; jedenfalls empfand sie selbst, bei weitem nicht mehr so hässlich zu sein wie vorher. Sie trug eine weiße Bluse unter einer dunkelblauen Strickjacke, einen dunkelblauen Faltenrock, weiße Kniestrümpfe und dunkelblaue Halbschuhe mit Lederbommelchen. Birgit hatte geholfen, Kleider zu kaufen für die neue, viel feinere Gegend, in der sie jetzt mit Opilein wohnte. Birgits Friseuse verhalf Merle zu einer Frisur, die ihr gefiel: »Wie soll es denn aussehen?«, fragte sie das Kind, und Merle antwortete: »Bitte ganz anders als ich!«

Bisher bauschte ihr Haar wie eine rote Wolke um ihren Kopf, nun schnitt die Friseuse das meiste davon ab, effilierte, dünnte aus, kämmte den übrig gebliebenen, verschüchterten Rest eng an den Kopf und bändigte alles energisch mit einem Seitenscheitel: eine Art Jungenfrisur, schlicht und apart, ohne besonders aus dem Rahmen zu fallen.

Die Kundin flog der Meisterin begeistert um den Hals und beide freuten sich. Im Hintergrund, vielfach gespiegelt, umhaucht von Haarsprayduft und Dauerwellengestank, freuten sich Birgit und Opilein, sie mit der etwas witwenhaften Melancholie, die sie ausstrahlte, seit Butz verhaftet worden war; er mit seiner neuen, olympischen Heiterkeit, die deutlich zeigte: Alles ist gut geworden.

Denn er war plötzlich reich – na ja, oder doch wenigstens recht wohlhabend. Butz war weg. Das Leben lachte.

Weil Merle sich geweigert hatte, mit an die Ostsee zu fahren, reiste Hinnerk Meiners allein zur Beerdigung seiner Schwester und erfuhr hinterher von einem Notar, dass er nicht nur das Haus sowie ein weiteres Grundstück samt Immobilie geerbt hatte, sondern auch Bargeld, Bankkonto und Sparkonto: »Ich fraach mich, wo hat sie das bloß her gehabt? Von ihrn Mann wohl, Bruno Beetz, der Herr hab ihn seelich. Geizich wie son Schotte mussie gewesn sein, anners kann ich mir das nich erklärn. Hat sich selber nix gegönnt, immer die arme Frau markiert, oha oha oha! Un gut is das, denn wenn Butz Voß das inne Finger gekricht hätte, wär das jetzt wech. Gepriesn sei meine Schwester Käthe, saach ich!«, freute sich Opilein.

Butz Voß wurde zu drei Jahren und zwei Monaten verurteilt, hauptsächlich, weil er seinen Unterarm auf die Kehle des Polizisten gedrückt und dadurch, wie sich später herausstellte, dessen Schilddrüse gequetscht hatte, was zu Folgeschäden wenn nicht geführt hatte so doch hätte führen können… Ein Arzt mit einschläfernder Stimme wurde dazu erschöpfend vernommen, bis der Angeklagte laut äußerte, er hätte den armen Hund wohl doch gleich umbringen sollen, dann müsste erstens der sich jetzt nicht jahrelang quälen, und niemand würde zweitens von dem Gequatsche des Arztes gequält. Der Zwischenruf brachte Butz keine Sympathien ein und wirkte nicht strafmildernd. Er konnte sich eben, wie Opilein bemerkt hatte, einfach nicht zügeln.

Derweil mietete Hinnerk Meiners eine hübsche Wohnung in einem gelben Klinker-Neubau im Stadtteil Lokstedt. Birgit half, alles nett einzurichten. Sie sorgte für weibliche Akzente wie beispielsweise Wolkenstore-Gardinen vor den Balkontüren – auf so etwas wäre Opilein nie von selbst verfallen. Er und Merle erwarteten, dass Birgits so angenehme und praktische Freundschaft ihnen erhalten bleiben würde. Doch kaum, dass sie mit einem Fläschchen Sekt die neue Wohnung und die neue Merle eingeweiht hatten, verabschiedete Birgit sich von ihnen mit so dauerhaften und dramatischen Umarmungen, dass kein Zweifel blieb, es war für immer.

»Du hast Recht damit gehabt, dass ich deinen Vater lieber nicht heiraten sollte!«, flüsterte sie dem kleinen Mädchen noch zu,

»Danke dafür!« Merle drückte sie fest und nickte, während sie dachte: Er hätte es sowieso nie getan.

Das Kind befand sich immer noch in einem Zustand des Staunens über die Macht ihrer toten Mutter, ob sie nun Engel sein mochte oder nicht. Wie sie die Sache eingefädelt hatte, vom Tod der Tante über den Trost-Schnaps und die Eifersucht verursachende Italienerin bis zu den Polizisten, die Butz einfach wegholten und dem Geld, das Opilein plötzlich besaß! Wäre Butz bei ihnen geblieben, dann hätte er es bestimmt irgendwie geschafft, das ganze geerbte Vermögen in ein gemeinsames Geschäft mit Hotte oder Ähnliches zu stecken. Alles passte ineinander; wäre das eine nicht passiert, hätte sich das andere nicht ergeben, und alles zusammen rettete Merle vor ihren Mitschülern. Hatte es allerdings so dicke kommen müssen? Wäre es vielleicht auch anders gegangen? Merle verdächtigte Elke Voß, ein wenig ihre Rachegelüste Butz gegenüber befriedigt zu haben.

Und nun war Merle also unterwegs in den neuen Schuhen und trug ihren neuen Kopf über den Schulhof, ängstlich und aufgeregt. Sie kam zu spät. Obwohl der Weg weder weit noch kompliziert war, hatte sie sich doch verlaufen. So war der Schulhof schon leer, und Merle rannte, den klappernden Ranzen auf dem Rücken. Bei aller Eile musste sie sich vorsichtig bewegen. Ihre Schuhsohlen waren noch sehr glatt.

Hinter einer geschlossenen Klassentür wurde gesungen, ein Herbstlied mit Hui und Wind und bunten Blättern. Hinter einer anderen Tür redete eine liebliche Lehrerinnenstimme etwas von Igeln.

Nun stand Merle vor der Klasse 1a. Hier gehörte sie hin. Hinter der Tür erklang vielstimmiges Gelächter, dann meinte eine Männerstimme: »Ja, das findet ihr komisch, ihr Görenvolk!«, und darüber lachten die Kinder noch mehr.

Merle lehnte sich der Klassentür gegenüber an die Wand und versuchte, ruhiger zu atmen. Jetzt musste sie klopfen und dann musste sie eintreten und dann würden sie alle angucken. Sie hatte die größte Lust, wieder zu gehen und lieber am nächsten Tag wieder zu kommen. Oder am übernächsten. Ihr bisschen Mut, gewachsen auf der neuen Frisur und den neuen Kleidern, war schon wieder verdorrt.

Da wurde die große Eingangstür am anderen Ende des langen Flurs noch einmal aufgezogen, und ein weiteres kleines Mädchen kam angetrippelt. Sie bewegte sich schnell auf Merle zu, mit leicht schief geneigtem Kopf und breitem Lächeln.

Das Kind kam Merle unerhört schön vor, fast wie ein Engel – sofern man sich einen Engel mit Zahnlücken vorstellen konnte. Es trug ein rotgeblümtes Kleid unter einer weißen Strickjacke und weiße Strümpfe in roten Sandalen. Sein blondes, weiches Haar war zu einer Ponyfrisur geschnitten und fiel glatt und gefällig auf seine Schultern. »Hallo, du!«, sagte es atemlos. »Bist du auch zu spät? Ich kann überhaupt nichts dafür. Mein Meerschweinchen war ausgerissen, das ist frech wie Oskar, so ein Ärger. Du bist die Neue, nicht? Wie heißt du? Süß, der Faltenrock. Dunkelblau ist diesen Herbst ganz doll Mode. Ich brauch auch was in Dunkelblau. Ich bin Angelika!«

Merle brummelte verlegen ihren Namen. Das Mädchen schüttelte ihr herzlich die Hand. »Freut mich. Lass uns einfach ruck zuck reingehen, Herr Pausch schimpft nicht. Herr Pausch ist nett!«, versicherte es und öffnete auch schon die Klassentür.

Das Zimmer war lichtüberflutet, voller Sonnenschein. Der Lehrer-Schreibtisch stand in einigem Abstand zur grünen Wandtafel, die quadratischen Tische der Schüler nicht hintereinander, sondern willkürlich schräg verteilt. Ungefähr zwanzig Kinder wandten ihre Augen, wie Merle befürchtet hatte, zur Tür. Das war jetzt aber nicht mehr so schlimm, weil sie nicht alleine da stand. Angelika, neben ihr, lächelte strahlend einmal rundum und schließlich in Richtung des Lehrers: »Guten Morgen, Herr Pausch! Unverhofft kommt oft. Ich bin etwas zu spät, und zum Trost bringe ich gleich das neue Mädchen mit!«, sagte sie drollig, mit schiefgelegtem Kopf. Wieder lachten alle, auch Herr Pausch.

Er sah selbst aus wie ein Schuljunge, mit einem runden, grübchengeschmückten Gesicht und randloser Brille, buntgepunkteter Krawatte und gebauschten Kniehosen.

»Das ist Merle Voß? Wie schön. Wo setzen wir sie denn nun hin?« Herr Pausch blickte sich suchend um.

»Sie kann ja neben mir sitzen, bis Wibke wieder gesund ist«, bestimmte Angelika, zog Merle am Jackenärmel hinter sich her zu einem der viereckigen, spiegelblank lackierten Tische und schob ihr den kleinen hölzernen Drehstuhl hin. »Aber wenn sie wieder kommt, dann muss sie woanders hin! So ist das Leben«, flüsterte sie verschmitzt, »dann bleibst du einfach hier sitzen!«

Merle nickte benommen. Herr Pausch sagte freundlich: »Wollen wir mal lesen? Merle, fang doch bitte an, die Geschichte auf Seite 22, die handelt vom Zirkus. Dann hören wir alle, wie weit du bist.«

Merle war sehr vorsichtig. Es war immer noch dieselbe Fibel, die sie nahezu auswendig kannte. Sie las stockend, ohne besondere Betonung, langsam. Als sie fertig war, schaute sie auf. Alle sahen sie erstaunt an, auch Angelika und Herr Pausch. Was hatte sie falsch gemacht? War es immer noch zu richtig gewesen?

Angelika gab zuerst ganz laut ihre Meinung zum besten: »Ich muss schon sagen, da staunt der Laie, und der Fachmann wundert sich.«

»Du liest ganz hervorragend, da kommen wir nicht mit!«, urteilte auch der rundliche Lehrer und stellte sich auf eine Stufe mit seinen Schülern. »Wenn du in allen Fächern so gut bist, dann gehörst du nicht mehr in die erste Klasse, Merle. Dann sollten wir mal gucken, ob wir dich in die 2a von Frau Krug oder die 2b von Fräulein Dobers geben …«

Angelika hielt erschrocken Merles Hand unter dem Tisch fest. »Nein, bitte nicht!«, zischelte sie durch ihre Zahnlücken, »du bleibst doch hier, oder?«

Merle nickte heftig und drückte Angelikas Hand fest. »Ich bin nur in Lesen und Schreiben etwas voraus«, sagte sie zum Lehrer. »In Rechnen bin ich ganz schlecht.«

Darüber lachte nicht nur er, sondern die ganze Klasse. Sie lachten sie nicht aus. Sie lachten einfach über das, was sie gesagt hatte. So, als ob sie ein normales, nettes Kind wäre.

»Du bist also Merle? Angelika hat uns schon viel von dir erzählt«, sagte Frau Wieland, Angelikas Mutter. »Du bist seit Montag in ihrer Klasse, nicht? Und ihr habt euch gleich auf Anhieb verstanden, sagt sie. Wie alt bist du denn?«

Frau Wieland war eine hübsche Frau, hübscher als die meisten

Mütter, schlank, etwas geschminkt (zumindest trug sie Lippenstift. Natürlich keinen Lidstrich, der galt als ordinär. Aber ihre Wimpern schien sie zu tuschen.) Außerdem hatte sie Schuhe mit hohen Absätzen an. Ein flotter Käfer für eine Mutter.

»Sieben«, sagte Merle in dem etwas schafsmäßigen Ton, den sie sich angewöhnt hatte, um harmlos zu wirken. Sie blickte Frau Wieland dabei nicht an, denn ihr war aufgefallen, dass die wenigsten Kinder Erwachsenen ins Gesicht sahen, wenn sie antworteten. Trotzdem registrierte sie aus den Augenwinkeln das Stirnrunzeln. Was zum Kuckuck wollte die Tante?

»Ich muss schon sagen, du bist ja enorm groß für dein Alter!«, fand Frau Wieland. Sie blickte auf Merles Sandalen und fügte hinzu: »Und du lebst auf großem Fuße …«

Gut beobachtet. »Ja, ich weiß.« Merle gestattete sich ein törichtes Lächeln und zog ihre Strümpfe hoch, obwohl sie gar nicht rutschten. Alle Kinder zogen dauernd ihre Strümpfe hoch. Eine allgemein anerkannte Geste.

»Ich habe läuten gehört, du lebst bei deinem Großvater?«

»Ja. Meine Mutter ist tot und mein Vater ist im Ausland. In Schweden.«

»Na, dann spielt man schön. Dir ist es ja wohl nicht weiter peinlich, Angelika, dass es in deinem Zimmer wieder mal aussieht wie Kraut und Rüben.« Sie lächelte flüchtig und verließ das Kinderzimmer. Angelika lachte Merle aufmunternd an. »Mütter müssen immer fragen. Und immer meckern. Da kann man nichts machen. Ist dein Opa nett?«

»Opilein ist ein Schatz. Komm bald mal zu uns, dann lernst du ihn kennen«, versprach Merle. Sie bewunderte Murmel, das Meerschweinchen (»Ist er nicht schrecklich goldig?«) und Angelikas Puppen.

»Entschuldige die Unordnung, ich weiß, bei mir sieht es aus wie bei Hempels.«

Merle begriff nicht: »Bei wem – ?«

Angelika lachte. Dabei zogen sich ihre feinen Augenbrauen fast schmerzlich zusammen, als ob sie vor lauter Lachen gleich weinen wollte, und das sah besonders herzlich aus und reizte zum Mitlachen. »Ach, das sagt man doch so: Unordentlich wie bei Hempels unterm Sofa. Kennst du das nicht?«

»Nein. Wer sind Hempels?«

»Ich weiß auch nicht. Vielleicht gibt's die gar nicht wirklich. Ich muss ganz ehrlich sagen, da hab ich noch nie drüber nachgedacht. Stell dir einfach eine ganz doll schlampige Familie vor. Guck mal, hier sind meine Gesellschaftsspiele. Wozu hast du Lust? Das hier macht Spaß…«

Merle spielte doppelt; sie spielte das Brettspiel und sie spielte ein Kind, das spielt. Sie passte unendlich auf, nichts zu sagen, was ungewöhnlich sein könnte – und da sie sich oft über dieses Kriterium selbst nicht schlüssig war, redete sie wenig. Sie beobachtete Angelika genau, achtete darauf, wie sie reagierte und guckte ihr ›kindliches Verhalten‹ ab. Das war alles anstrengend. Sie war froh, als sie sagen konnte: »Ich muss jetzt nach Hause, sonst macht Opilein sich Sorgen.«

»Schade!«, seufzte Angelika. Sie brachte ihren Gast zur Tür und umarmte ihn: »Du, ich find 's einsame Spitze, dass du in unserer Klasse bist!«

Merle stiegen die Tränen so dick in den Hals, dass sie nicht antworten konnte. Sie nickte nur und knuddelte zurück.

*14. April 1963*

Lieber Butz,

jetzt auch herzlichen Glückwunsch zu deinem Geburstag!

Ich hofe, du kenns dieses Buch noch nicht? Wenn die Soken nicht passen, ist das Opileins schuld.

Er behaubtet, Du hast Gr. 44. Ich sage 46! Wer hat recht?

Danke für Deinen schönen Gebutstagsbrief und für die süßen Gadrobenhaken mit den Tedibären.

Nun bin ich entlich 8, das hat vieleicht gedauert.

Weit bin ich damit auch noch nicht. Aber Angelika ist erst 7 geworden, einen Monat vor mir. Die ist aber gern Kind und hat keine Grose Lust, erwaksen zu werden. Angelika hat in irem Haus gefeiert mit ganz Vielen Kindern aus unserer Klasse, wir hatten Alle bunte Hütchen aus Pappe auf (zimlich albern) und es gab so Viele Gewinne, das Opilein eine tühte nemen mußte.

So eine feier wollte ich nicht. Das ist so Unruig.
Bei mir war nur Angelika und natülich Opilein. Wir haben Kuchen gegeßen und mit meinen Geschenken gespihlt. Aber Angelika hat auch eine Tühte mit gewinnen bekommen! Opilein lässt sich nicht Lumpen!
Bitte füre Dich gut, damit du balt wieder bei uns
bist. Ich hab Dich lieb!
*Deine Merle*
P.s. noch etwas trauriges: Moriz ist überfahren worden. Und tot. Ich glaube, Emma trauert. Ich auch.

*17. April 1963*

Mein liebes kleines Feuervögelchen,
diese Socken sind winzig. Trotzdem danke. Ich habe sie einem Bekannten hier geschenkt. Schon wird allgemein angenommen, ich sei ein guter Mensch. Soviel zu Deinem Wunsch, ich möge mich gut führen.
Wie bist du auf die Idee gekommen, mir ein Buch von Hans Fallada zu schenken? (denn das war doch bestimmt Deine Idee?) Vor langer Zeit war er mein Lieblingsschriftsteller. Ja, ich kenne es und freue mich darauf, es noch mal zu lesen.
Mein kleines Mädchen, ich freue mich, daß Du mir so oft schreibst, aber tu mir den Gefallen und geh bei diesem schönen Wetter lieber an die frische Luft. Ich würde gern rausgehen. Manchmal möchte ich den Gefängnisdirektor bitten, mich ein bißchen in die weitere Umgebung fahren zu lassen, zum Beispiel an die Elbe. Ich will mich nur durchwehen lassen, etwas Elbsand in die Hand nehmen und wegrieseln lassen und dann zurückkommen und mich wieder in meine Zelle begeben.
Für manche Menschen ist es nicht so schlimm, eingesperrt zu sein. Solche gibt es hier auch. Für andere ist es unerträglich. Vorhin flogen an meinem Fenster Schwalben vorbei in diesen seidigblauen Himmel, ich dachte an meine Kindheit und wie ich herumgerannt und auf Bäume geklettert bin, den ganzen Tag nur draußen an der frischen Luft. Ich war so glücklich damals und ich wußte es nicht. Die Schwalben haben auch keine Ahnung, wie

glücklich sie sind. Es mag in diesem Moment Leute geben, die dürften rausgehen, so viel sie wollen, jederzeit – doch sie haben keine Lust dazu. Sie bleiben lieber in der Wohnung und vor dem Fernsehapparat oder im Bett.
Ich möchte mir gern vorstellen, wie Du mit Deinen Freunden herumtobst und den Wind genießt und die herrliche frische Frühlingsluft. Faß die Knospen an und die Weidenkätzchen und mach Dir klar, wie wunderbar es ist, daß Du sie mit den Fingerspitzen fühlen kannst. Viele Dinge begreifen wir erst richtig, wenn sie verschwunden sind. Zum Beispiel die Gesundheit und die Freiheit.
Paß auf Dich auf, Schätzchen!
In Liebe, Dein
*Butz*

*25. April 1963*

Lieber Butz,
statt dir zu schreiben, war ich also draußen. Hier sind ein paar Weidenkäzchen für dich.
So frei wie du denkst, bin ich ja nun nicht. Ich muß jeden Tag zur Schule und das ist wiederlich. Das einzig nette an der Schule ist Angelika. Sonst hab ich nie lust dazu. Vielleicht hätte ich lust, wenn ich nicht müßte.
Opilein hat mir Zuletzt, weil ich ihn gefragt habe, eine ganze Menge über seine Familie erzählt, über die Meiners. Dabei ist mir aufgefalen, daß ich ganz wenig über Familie Voß weiß. Wer bist Du, mein Vater? Sag mal. Vielleicht waren deine Eltern nicht sehr nett und Du hast darum nie über sie gereded. Sonst bist Du ja nicht so schweigsam und ich weiß viel über dich.
Also, falls es nicht zu schlimm ist, erzäl doch mal.
Ich hab dich lieb. Egal, was wir für schreckliche Ahnen haben.
*Dein Feuervogel*

*28. April 1963*

Mein Vögelchen,
wenn ich Deinen Brief nicht gleich gelesen hätte, dann hätte ich die Weidenkätzchen sicher nicht für das gehalten, was sie sind.

Ich dachte, es sind getrocknete Erbsen und hätte sie fast gegessen.
Also, etwas über Familie Voß. Mein Großvater, Besitzer einer kleinen Fabrik für Kekse, tüchtig, bärtig und beängstigend, hat nie gelacht, starb früh. Meine Großmutter war eine Riesin (über 1.80, glaube ich), germanisch-rotblond, hieß Gertrude. Ihr Sohn Emil, mein Vater, war der Erbe. Von ihm wurde erwartet, tatkräftig die Fabrik zu übernehmen, sich zu verheiraten und mindestens einen Keks-Erben herzustellen. Leider war er verträumt veranlagt. Tatkraft lag ihm nicht. Er spielte Klavier (nicht sehr gut) und hätte gern komponiert. Das wurde ihm untersagt. Er hätte es ja heimlich tun können. Dazu war er vielleicht nicht tatkräftig genug.
Eines Tages heiratete er, ganz plötzlich, im Frühling. Er hatte die Frau auf einer Reise getroffen, und nach zwei Wochen kam er mit ihr nach Hause und sie war Frau Voß. Die ganze Familie nahm ihm das übel.
Emil Voß war damals schon 36, meine Mutter genau halb so alt: 18. Sie hieß Barbara, war aus Hamburg und dort noch zur Schule gegangen, Lyzeum hieß so was damals. Sie war eine schöne junge Frau mit kastanienbraunen Locken. Sie muß ziemlich frech gewesen sein, sehr selbstbewußt, es gehörte schon was dazu, einfach mit einem Mann durchzubrennen.
Dann sind sie natürlich aneinander gerasselt: die alte Frau Voß und die neue Frau Voß, die kleine freche Barbara und die Walküre. Mein Vater hat sich nicht dazwischen geworfen. Ungefähr ein Jahr nach der Heirat hat meine Mutter mich bekommen. Vier Tage nach der Geburt ist sie verschwunden.
Ich hab mein Leben lang darüber nachgedacht, was eine junge Mutter dazu bringen kann, ihr nagelneues Baby einfach hinter sich zu lassen. War es so schlimm in dem alten Haus mit der Fabrik nebenan und der riesigen Großmutter im Haus, die alles besser wusste? Es muß ja wohl so gewesen sein. Sie war weg und sie blieb weg, aus Hamburg hat ein Anwalt die Scheidungspapiere geschickt.
Mein Vater war von da ab noch viel verträumter, und reichlich getrunken hat er auch, immer den teuren Rotwein, oft direkt aus der

Flasche. Ab und zu hat er etwas Klavier gespielt. Bei all seinen Bemühungen ist die Keksfabrik pleite gegangen. Mit mir hat er ganz selten mal gesprochen. Ich glaube, er hat mir angelastet, daß Barbara verschwunden ist. Schließlich war seine Leber kaputt und er ist gestorben. Da hat meine Großmutter alles verkauft und ist mit mir auch nach Hamburg gezogen. Sie hat dauernd schlecht über meine Mutter geredet, solange ich mich erinnern kann. Ich hab Barbara trotzdem mal besucht, als ich neun Jahre alt war. Na, sie hat mich praktisch rausgeschmissen, sie wollte mit keinem Voß mehr was zu tun haben. Sie besaß inzwischen übrigens ein eigenes Miederwarengeschäft, sehr ungewöhnlich damals für eine Frau.
Jedenfalls hab ich's anders gemacht. Als vor fast neun Jahren die kleine Elke Meiners zu mir kam und geweint hat, weil sie schwanger war, hab ich gesagt: ›Dann wird sofort geheiratet.‹ Weil ich wollte, daß mein Kind das Gefühl hat, gewollt und geliebt zu sein. Wenn man dieses Gefühl nicht hat, fehlt einem was. Mir hat's immer gefehlt.
Soviel zu Deinen Ahnen. Ich bin auf jeden Fall froh und stolz, daß ich Dein Vater sein darf!
*Dein Butz*

Merle hörte die Stimme ihres Großvaters, leise und etwas zitternd: »Hassu Angs? Muss' keine Angs habn, Mädelchen, ich bin bei dir!« Während sie sich bemühte, aufzuwachen, dachte sie: Angst? Weshalb denn? Dann hörte sie das ferne Grollen. Sie spürte, wie ihr Herzschlag gleich an Tempo zulegte, als versuche er, dem Gewitter zu entkommen.

»Wisstu mit ins Wohnzimmer komm'?« Er holte gleich den Bademantel aus ihrem Kleiderschrank und half ihr, ihn über den Pyjama zu ziehen, wobei er aufpassen musste, nicht auf seinen Hund zu treten, denn der wuselte aufgeregt um seine Füße herum. »Hier, zieh man auch Sockn an, so warm issas nich.«

Sie gingen ins Wohnzimmer, in den großen, karierten Ohrensessel. Opilein setzte sich und nahm Merle auf den Schoß. Esau schmiegte sich eng an seine Beine und barg den runden Kopf zwischen den Pfoten. Er hasste Gewitter.

Die Bibel lag schon griffbereit auf dem Tischchen neben dem Sessel, obendrauf die Brille, die Opilein jetzt in seinem Gesicht installierte und hinter den Ohren verankerte, als sollte sie ein für alle Mal dort bleiben. Er griff das dicke Buch und schlug es beliebig auf: »So spricht der Herr: Siehe, ich will einen Verderbn bringnden Wind erweckn… Nee, warte ma…« Opilein blätterte. Wenn es donnerte oder blitzte, kniff er erst mal die Augen zusammen, hielt Merle krampfhaft fester und wartete, bis es vorbei war. »Hier: Nun kommt das Ende über dich, denn ich will mein Zorn gegen dich richtn… Oh, Mann!« Er fand noch eine Weile nur Stellen, an denen der liebe Gott schlechter Laune war und wandte sich deshalb den Psalmen zu: »Danket dem Herrn, denn er is freundlich, und seine Güte währet ewiglich…«

»Wer hat eigentlich die Bibel geschrieben?«

»Na, der liebe Gott selber, nich. Die Bibel is das Wort Gottes.«

»Wirklich? Und mal tun die Menschen heimlich was, und er merkt es erst später, und dann will er sie alle ersäufen, weil sie böse sind, oder mit Feuer und Schwefel bewerfen – und andererseits kann er dafür sorgen, was sie wollen und was sie machen? Warum macht er sie dann nicht gleich lieb und ist damit zufrieden?«

Opilein fühlte sich überfordert: »Wieso kanner dafür sorgn, was wir wolln un machn? Der Mensch is 'n Sünder…«

»Aber er hat doch den Pharao bei Moses immer verstockt und verstockt, damit er nicht nachgibt und Moses noch mehr die Macht des Herrn zeigen kann. Das hast du mir vorgelesen. Warum macht Gott so was? Und andererseits, warum tut er nichts, damit die Menschen lieb sind und er sie gar nicht erst umzubringen braucht? Kann er sie nur verstocken und böse machen? Kann er sie nicht lieb machen?«

Blitz und Donner zugleich, Opilein knautschte sein Gesicht zusammen: »Oha oha oha! Herr erbarme dich unser un lassas nich einschlagn!« Nachdem es wieder still blieb, blätterte er in der Bibel herum. Merle dachte zuerst, er suchte da nach einer Antwort. Dann merkte sie, dass ihm keine einfiel.

»Darf ich die Bibel mal selber lesen, Opilein?«

Der alte Mann zögerte. »Ich weiß nich, ob du alles verstehn tus, was da so steht… das' ja ab und an 'n büschen merchwürdig…«

»Wenn ich was nicht verstehe, kann ich dich ja fragen.«

Opilein sah nicht so aus, als ob er sich darauf freute.

Ein langer, greller Blitz erhellte das Fenster hinter der zugezogenen Gardine, der Donner folgte, mächtig, hässlich und misstönend. »Immer noch nich sehr weit wech …«, brummelte der alte Mann. Er blickte zum Telefon hinüber, das neben dem Sofa auf einem Glastischchen stand. »Gut, dass wir nich so dicht an Telefon sin, das' gefährlich. Da hat ma Gesine Hauff mit ihre Tochter telefoniert bei Gewitter, un da is der Blitz inne Leitung gegang, un sie sacht grade: ›Nu will ich ma auflegn …‹ und wutsch, beide doot. Wisstu noch 'n Psalm, Mädelchen?«

»Nein, danke, Opilein. Erzählst du mir mal, wie meine Mutter gestorben ist?«

»Wie deine … Warum denn das nu? Da sosstu mir doch mit komm, wennu älter bis!«

»Jetzt bin ich doch älter.«

»Na, nich viel. Aber einma mussu das ja doch wissn. Also … Da wars du so zweinhalb Jahre alt. Elke wollte wech von dein Vater, weil sie das nich mehr ausgehaltn hat, seine Pleitn un seine Lügn und immer die annern Fraun. Sie hat mir geschrieben, ich soll komm un sie mit dir wech holn. Ich bin auch angereist gekomm, und wie ich da bin, da hatter sie schon wieder beredet, er machtas nie wieder un er ändert sich. Bumms, da hattas eingeschlagn, hastu gehört! – Na, un wie sich das trifft, begechnet Butz genau an den Tach 'n Freund ausm Kriech wieder, der hatte ihm ma das Lehm gerettet un umgekehrt. 'n reichen Kerl war das, aus 'ne ganz feine Familie. Den hatter eingeladn. Damit deine Mama da keine Arbeit mit ham soll, hat Butz denn auch gleich Essn und Trinckn mitgebracht. War ja nett gedacht. Das Teuerste von' Teuern, immer nobel, Graf Koks vonne Gasanstalt. Schampanjer und zwei große Hummerviecher, die ham noch gezappelt und hattn zusammgebundne Klapperfüße. Elke hat sich nich getraut, die anzufassn, un Butz hat sie selber in' Topp geschmissn un gekocht. Denn kaam die Leute, der Kamerad un seine Frau, sonne kleine nüddeliche …«

Merle seufzte, denn sie ahnte, was passiert war. Opilein nickte: »Die hätte nu genau ehmso gut groß un dick sein könn, da kommtas nich auf an. Dein Vater liebt das Weibliche, egal, wie das aussieht, un möglichs jede, die er noch nich in seine Sammlung gehabt hat. Wie Könich David.«

Großer Donnerschlag etwas weiter weg. Tolles Regenrauschen und Gegluckse der Regenrinne.

»Die kleine Frau, von dein Vater gleich hin und wech, wie alle. Na, wir essn das feine Zeuch, un wie das alle is, ham sie Grammofon angemacht. Der Kamerad mochte dieselbe Neger-Dschäsmusik wie Butz. Un denn bis du gekomm.«

»Ich?!«

»Ja. Du bis wohl aufgewacht vonne laute Musik, denk ich mir. Da hastu gestandn in dein klein Nachthemdchen mit rote Löckchen um dein Kopf wie son lütten Marzipanengel. Elke sacht: Zurück ins Heiabettchen! Butz sacht: Nee, lass doch! Nimmt dich aufn Schoß und lässt dich Schampanjer trinckn. Un nu wollte die junge Frau gern tanzn, die annere. Hatte schon son klein' sitzn un hattas sehr deutlich gemacht, dassie speziell mit dein Vater tanzen will. Un wie sie das sacht, da sachst du mit deine kleine Piepsstimme: Oh ja, tanzn! Un Butz steht natürlich auf und tanzt mit dir aufm Arm. Der konnte dir ja noch nie was abschlagn. Der Kamerad tanzt mit deine Mutter. Und die junge Frau un ich sitzn da so rum un guckn zu. Die Frau guckt immer nur Butz an un er immer sie. Un du has sie auch angeguckt und mit deine lütten Fingerchen Butz seine Nackenhaare gedreht, wie wenn du wüßtes, worum das geht. Wie sonne gelernte Sünderin hastu das gemacht. Denn bin ich eingeschlafn. Un aufgewacht von großen Krach. Butz hat grade den alten Kriechskameraden vermöbelt, mit dem er sich ma das Lehm gerettet hat gegenseitich, weil dem seine Frau wohl gesacht hat, sie muss ma wohin, un Butz hat ihr das gezeicht, un denn sind sie so lange wechgebliehm ...«

»Waren sie rollig?«

»Ja, rollich warn sie wohl. Da is der Kamerad hinterher und hat spektakelt un was anni Ohrn gekriecht, un deine Mutter hat geheult. Wohl auch, weil gleich wieder das Geschirr in' Dutt ging, klimperdibums. Bloß du has mit große Augen neugierich geguckt und keine Angst gehabt. Dir hat dein Vater nie Bange gemacht wie annere Leute.«

Merle versteckte ihr Lächeln in Opileins Bademantelkragen.

Inzwischen donnerte es viel weiter entfernt.

»Es zieht wech.«

»Und wie ist sie denn nun gestorben?«

»Ach so, ja. Nächsen Tach nachmittachs is deine arme Mutter ausm Fenster gefalln. Bein Scheibn putzn.«

Merle fuhr hoch: »Butz hat sie doch nicht geschubst?«

»Nee! Der war gar nich zu Hause. Na, un Elke gleich nach 'n Kranknhaus natürlich und operiert. Hat aber nix mehr genützt. Nächsen Tach is sie eingeschlafn.« Opilein hatte Tränen in den Augen und in der Stimme. Er suchte in der Bademanteltasche nach einem Taschentuch und rieb sich ein wenig die Nase. Merle wartete etwas ab, bevor sie weiter fragte: »Aber du hast doch gesagt, er war Schuld – ?«

»War er auch. Ich weiß nich, ob sie mit Absicht gesprung' is oder ob sie so fertich war von allm, was passiert war, dass sie nich aufgepasst hat. Kann ich nich sagn. So oder so hat Butz Voß das aufm Gewissn. So, nu weißtu das. Is natürlich viel zu früh, so was 'n Kind zu sagn. Aber du wolltst das ja wissn …«

Das Kind gähnte herzhaft.

Opilein guckte auf die kleine Pendeluhr an der Wand: »Gleich drei! Mädel, ich schreib dir 'ne Entschuldigung für die Schule, wir sagn, du bis 'n büschen krank. Denn schläfstu dich aus morgen. Immerwech dies frühe Aufstehn is sowieso nich gesund …«

Jeder mochte Angelika gern leiden: jedes Kind in der Klasse, die Lehrer, sogar der widerwärtige Hausmeister, der Herr Lurch hieß und auch so aussah. Merle mochte immer noch niemand.

Herr Lurch wartete, bis Merle vorbei kam, dann fegte er mit seinem blöden Besen eine Staubwolke auf sie zu.

Angelikas Mutter konnte das rothaarige Mädchen nicht ausstehen, verbot ihrer Tochter jedoch nicht die Freundschaft und bemühte sich außerdem, ihre Abneigung für sich zu behalten.

Angelikas Bruder Andreas fand Merle ›hässlich wie die Nacht, tut mir Leid‹. Michael, der schon vierzehn war, nahm sie gar nicht erst zur Kenntnis.

Eine Nachbarin der Wielands fragte Angelika über die Gartenhecke (während Merle daneben stand): »Na, Angelika Wieland, du bist doch so ein nettes, normales kleines Mädchen. Warum musst du mit so was wie der da spielen?« – und zeigte mit dem Kinn auf Merle. Angelika reagierte darauf nicht mit Frechheit oder Aggression. Sie zeigte sofort ihr bezauberndes Lächeln und antwortete einfach: »Weil wir zusammen durch dick und dünn gehen. Deshalb.«

Immerhin griff niemand Merle körperlich an. Sie wurde auch nicht mehr laut verhöhnt. Wenn die anderen Völkerball spielen wollten, mussten sie natürlich Merle akzeptieren, sonst spielte Angelika auch nicht mit.

Meist spielten die beiden sowieso allein zusammen. Oder Angelika erzählte. Sie dachte sich Märchen und Geschichten selber aus. Das war für Merle mindestens so schön wie Lesen – eigentlich noch schöner, denn sie konnte rechtzeitig sagen: »Lass den Prinzen jetzt bloß nicht gutmütig sein! Erst muss er sie alle bestrafen!«

Merle bemühte sich immer noch, allen das naive, normale Kind vorzuspielen. Nur Angelika gegenüber traute sie sich inzwischen, die Maske abzunehmen, denn die störte es nicht, dass Merle ›anders‹ war. Sie schien es nicht einmal zu bemerken.

Obwohl also wirklich jeder Angelika gern leiden mochte, war sie manchmal tieftraurig, das strahlende Lächeln glitt von ihrem Gesicht, und sie sagte zu Merle: »Eigentlich hat mich keiner richtig lieb. Der Michael ist der ganze Stolz von meinem Vater, sein Großer, der wird mit Glanz und Gloria Abitur und Karriere machen, na klar. Meine Mutter hat Andreas am liebsten, weil er ihr wie aus dem Gesicht geschnitten ist. Die Jungs sind ein Herz und eine Seele und bauen zusammen Flugzeugmodelle oder gehen zum Fußball. Ich geh allen meistens auf die Nerven und bin im Weg. Immer auf die Kleinen. Eigentlich brauchen sie mich überhaupt nicht. Ich bin schlicht und ergreifend überflüssig. Ganz gern mögen sie mich vielleicht, aber wirklich lieb hat mich keiner.«

»Doch – ich!«, sagte Merle und umarmte Angelika.

»Ja, du, mein Babylein.«

»Moment mal – ich bin ein Jahr älter als du, Kleinkind! Was heißt hier Babylein?«

»Das sagt man doch so, wenn man wen lieb hat. Kommt in allen englischen Liedern vor. Du kannst ja auch so was zu mir sagen. Am liebsten ›Gelika‹. Das hab ich zu mir selbst gesagt, als ich noch klein war. Das sagt jetzt keiner mehr, aber du darfst das. Wenn wir alleine sind. Also, du hast mich lieb, Gott sei Dank. Aber dich liebt dein Opi ganz doll, nicht? Und dein Vater doch auch, wenn er mal da ist?«

»Butz liebt mich auch, wenn er nicht da ist. Der liebt mich immer«, sagte Merle aus tiefster Überzeugung. »Für den bin ich das wichtigste auf der Welt.«

Frau Wieland kam in diesem Augenblick ins Kinderzimmer, um eine gebügelte Bluse in Angelikas Schrank zu hängen. Da sie nicht, wie Butz das zu tun pflegte, vorher anklopfte, bemerkte Merle es nicht gleich und setzte noch hinzu: »Deshalb schreibt Butz mir auch mindestens einmal die Woche. Manchmal sogar zweimal.«

Frau Wieland blieb stehen. »Butz? Wer ist das? Ein Brieffreund?« Sie versuchte, freundlich-interessiert auszusehen, doch wie jedes Mal, wenn sie mit Merle sprach, konnte sie ihr Unbehagen nicht verbergen. Das Mädchen hatte so gar nichts Putzig-Drolliges, Rundlich-Niedliches, die wimpernlosen rötlichen Augen blickten kalt und durchdringend und schienen alles zu bemerken und zu verurteilen.

Merle bemühte sich, ihren Ärger zu vertuschen und ein argloses Kindergesicht zu zeigen: »Mein Vater. Er wird von seinen Freunden Butz genannt, deshalb nenne ich ihn manchmal auch so.«

Frau Wielands Mund lächelte. Der Rest ihres Gesichtes sagte: Ach du lieber Himmel!

»Dein Vater schreibt dir ein bis zwei Mal die Woche? Ich muss schon sagen, das ist aber oft. Zeit ist Geld. Er ist doch sicher sehr beschäftigt?«

Klar doch, dachte Merle, er liest viel. Und er arbeitet in der Gefängniswerkstatt.

»Er schreibt ja keine sehr langen Briefe.«

Frau Wieland nickte, als sei sie mit dieser Auskunft zufrieden. Sie hatte keine Ahnung von der Wahrheit. Doch sie witterte deutlich die Lüge.

»Darf Merle zum Abendbrot bleiben, Mutti?«

»Wenn sie möchte – natürlich, gerne.«

Den ganzen Abend ›normales Kind‹ spielen? Merle zögerte.

Angelika strahlte sie an: »Kartoffelsuppe mit Würstchen, wer kann da widerstehen?«

»Danke, gern. Darf ich dann mal schnell zu Hause anrufen, damit mein Großvater nicht für mich kocht?«

Frau Wieland konnte sich nur schwer einen kochenden Großvater vorstellen. Alles, was mit diesem Kind zusammen hing, war sonderbar. Doch natürlich durfte Merle das kantige schwarze Telefon benutzen, das im Flur auf einer Kommode stand.

Es war strapaziös, aber auch wissenswert für Merle, bei Wielands zu essen. Zusammen mit Frau Wieland und Angelika deckte sie den Tisch. Herr Wieland, ein Mann mit höckeriger Nase und strenger dunkler Hornbrille, unterhielt sich währenddessen mit seinen Söhnen im Wohnzimmer über die Schule und irgendetwas, das sie in den Radionachrichten gehört hatten. Als alles auf dem Tisch stand, setzten sie sich hin, Herr Wieland verkündete ernst: »Na, Mahlzeit und guten Appetit!«, und man durfte essen.

Merle musterte unter ihren unsichtbaren Wimpern hervor die Familie. Komisch, dass sie nicht alle für die kleine Schwester schwärmten; Angelika war die hübscheste und liebenswerteste von allen. Frau Wieland attraktiv, doch ein wenig welkend und beleidigt darüber; ihr Mann düster, von seiner eigenen Würde durchdrungen; der ältere Sohn mager, blond und farblos; der jüngere brünett und eitel, zum Schwitzen neigend. Ihm fehlte plötzlich Salz in der Suppe. Angelika wurde von Frau Wieland in die Küche geschickt, das Salzfässchen holen, und zwar schnell: »Worauf wartest du?« Merle blieb fast der Mund offen stehen, sie stopfte ihn schnell mit einem Löffel Suppe.

»Warum musstest du für ihn laufen? Ist das, weil du die jüngste bist – oder weil du ein Mädchen bist?«, fragte sie Angelika, als sie nach dem Essen ihren Schulranzen zusammenpackte, um zu gehen.

»Ich weiß nicht genau. Vielleicht eher, weil ich ein Mädchen bin. Meine Mutter hat mir mal ein Gedicht aufgesagt, da kommt drin vor: Dienen lerne beizeiten das Weib, oder so ähnlich. Weil die Männer es doch zu Hause gemütlich haben sollen. Sie rennt selbst auch immer und bringt meinem Vater hastewaskannste alles, was ihm gerade fehlt. Ist das bei euch nicht so? Ach nee, kann ja nicht…«

»Nein. Bei uns verteilt sich das besser. Wenn ich nach Hause komme, hat Opilein meistens die Schürze um, und wenn ich was machen will, sagt er: ›Lass man, setz dich und ruh dich aus, Schule is schwer genug!‹ Und Butz hat mir immer alles getragen, zum Beispiel den Schulranzen oder Einkaufstüten. Er sagt, Frauen dürfen nicht schwer tragen.«

Angelika legte den Kopf schief. »So ist das verschieden.«

*8. Februar 1964*

Lieber Butz!

Jetzt bin ich also dabei die Bibel zu lesen. Da stehn vielleicht Sachen drin! Im ganzen hab ich bis jetzt den Eindruck, die Bibel findet Liebe schrecklich und Krieg toll. Aber ich bin ja noch am anfang, vielleicht wird es später anders.

Ich lese auch sonst immer noch viel. Nach David Copperfild und Große Erwartungen hat mir Fräulein Klinke eine Biographie von Charles Dickens emfohlen. Also Frl. Klinke ist die Leiterin der Bücherei hier bei uns. Erst fand sie mich wohl komisch, weil ich Erwachsenbücher lese. Inzwischen gefällt ihr das. Sie hat ein Eksamen mit mir gemacht, ob ich auch alles verstehe, und anschließend war sie beruhigt.

Charles Dickens war als kleiner Junge ganz verzweifelt, weil sein Vater ins Gefängnis kam. So was kommt in den Besten Familien vor.

Angelika und ich wollen uns zu unseren nächsten Geburtstagen zusammen etwas wünschen, weil es derartig teuer ist, das es für einen alleine unverschämt wäre. Ein ganz großes Indianerzelt, dunkelblau mit Bemalung, steht bei Spielzeug Rasch im Schauhfenster. Das soll dann in Wielands Garten. Im Sommer können wir da drin Schlafen!

Ich wünsche mir aber auch noch was alleine für mich. Nämlich ein Schulkochbuch. Ich muß früh anfangen mit kochenlernen, wenn ich später mit dir in unserem Restorant arbeiten will, oder?

In Liebe deine Tochter

*Merlevögelchen*

Um zu verhindern, dass sie vorzeitig in eine höhere Klasse versetzt wurde, hielt Merle sich mit dem Zeigen ihrer schulischen Leistungen sehr zurück. Sie konnte allerdings Angelika gut bei den Schularbeiten behilflich sein, und sie achtete darauf, für beide immer ungefähr mittelgute Zensuren zu erarbeiten.

Nachdem sie einen ganzen Nachmittag damit verbracht hatte, Angelika in ›Sachkunde‹ abzuhören, und die, anstatt zu protestieren, sich aufrichtig bedankte, meinte Merle plötzlich: »Du bist meine beste und einzige Freundin, und deshalb möchte ich dir ein Geheimnis verraten. Komm bitte her, ich kann es nicht laut sagen …«

Angelika kam näher, mit erstaunten Augen.

»Also«, wisperte Merle, »mein Vater ist gar nicht in Schweden. Er ist – im Gefängnis.«

»Nein!«, hauchte Angelika. Dann umarmte sie Merle. »Du Arme! Dein armer, armer Vater! Was hat er getan?«

»Zwei Polizisten verkloppt.«

Angelika starrte mit offenem Mund. »Polizisten – ?! Zwei – ? Ist er ein Riese?«

»Na, er ist schon ziemlich groß, ja. Und sehr stark.«

»Du bist ja auch groß. O Gott, Merle … Warum hat er das getan?«

»Er hat sich über sie geärgert.« Merle fing unwillkürlich an, leise zu lachen, und Angelika lachte leise mit. Sie lachten, bis sie strampelten, sich den Magen fest hielten, japsten und keuchten. Aber die ganze Zeit leise.

Die Tür des Kinderzimmers ging weit auf und Frau Wieland trat ein. »Es ist gleich Abendbrotszeit, Merle muss gehen. Bitte halt nicht Maulaffen feil, setz dich mal in Bewegung, Angelika! Ich will hier Ordnung, und zwar in Null Komma nichts!«

Die beiden Mädchen räumten schweigend und schnell zusammen auf. Angelikas Mutter sah mit verschränkten Armen zu. »Du, Merle, du hast doch gesagt, dein Vater arbeitet in Schweden und schreibt dir mindestens einmal die Woche? Ich wollte dich bitten, dass du für Michael mal ein paar schwedische Marken mitbringst, er sammelt doch. Das wäre nett!« Damit ging sie hinaus.

»Glaubst du, sie hat gelauscht?«, hauchte Merle in Angelikas Ohr. Die schüttelte den Kopf: »Bestimmt nicht. Sie traut dir bloß nicht.

Sie hat schon mal gesagt, sie hat das Gefühl, du lügst so dies und das zusammen. Da hab ich gefragt, was denn zum Beispiel, aber sie konnte es nicht sagen. Vielleicht will sie überprüfen, ob du wirklich schwedische Briefmarken hast.«

»Na, da hat sie gut getroffen. Die hab ich nämlich nicht.«

Die Freundinnen sahen sich besorgt an. »Schmerz, lass nach. So ist das Leben. Was machen wir denn jetzt?«, meinte Angelika ratlos.

# *Das* 5. *Kapitel*

## *enthält das geheimnisvolle Verschwinden von 1 Großvater, 1 Katze und ziemlich vielen Esstischen*

Gisela Klincke besaß ein längliches Gesicht mit spitzem Kinn und spitzer Nase. Ihre Frisur, über dem Kopf hochgebauscht, bog sich, von Haarspray fixiert, in vielen gefährlichen Spitzen rund um den Hinterkopf nach oben. Ihr kleiner Busen stach spitz nach beiden Seiten in die Luft, weil sie grundsätzlich solche Büstenhalter kaufte.

Gisela Klincke konnte Kinder nicht leiden. Sie kicherten und tuschelten herum und mussten dauernd zur Ruhe ermahnt werden. Sie fabrizierten Fettflecke oder Fingerabdrücke und knickten Eselsohren. Im übrigen verstanden sie sowieso nicht, was sie lasen. Wenn es nach Fräulein Klincke gegangen wäre, dann hätten Kinder vor der Volljährigkeit überhaupt keinen Zutritt zu ihrer Bücherei haben dürfen. Doch der Senat der Stadt Hamburg war völlig wild darauf, schon in den Kleinsten die Liebe zur Literatur zu wecken. Jeden Mittwochnachmittag war ausdrücklich Kindertag, ein Horror für geräuschempfindliche Menschen. Dann kamen die Rotzlöffel und stellten dumme Fragen.

Heute war Donnerstag, der Mittwochnachmittag wieder eine gesegnete Woche lang entfernt. Da ging die Tür der Bücherei auf und ein Kind trat ein. Fräulein Klincke hätte fast geknurrt – bis sie erkannte, wer kam, und ein zartes, glückliches Lächeln ihr langes Gesicht erhellte. »Hallo, du! Schon wieder ausgelesen? Hat's dir gefallen?«

Merle nickte. »Eigentlich hätte ich die Biografie zuerst lesen sollen, dann hätte ich die Bücher noch besser verstanden. Schade, dass sie so dünn ist. Und alt, oder? Gibt es nicht noch mehr über ihn?«

Gisela Klincke schüttelte den Kopf. »Nicht auf Deutsch. Aber ich habe zu Hause eine ganze Reihe von englischen Dickens-Biografien.«

»Schade. Ich kann doch noch kein Englisch. Ich bin erst in der zweiten Klasse.«

»Ich könnte sie dir übersetzen. Wenn du möchtest… warte mal…« Fräulein Klincke sah auf ihre kleine, eckige Armbanduhr. »Hast du Lust, zu mir zum Tee zu kommen? In einer halben Stunde macht die Bücherei zu. Du müsstest dich eben so lange irgendwo hinsetzen und warten.«

»Das würden Sie tun?!!«

»Das würde ich tun.«

Eine Dreiviertelstunde später schloss sie ihre Wohnungstür auf und nahm ihr merkwürdiges kleines Hütchen ab: »Du kannst deinen Mantel hier aufhängen. Ich setze schnell Wasser auf für den Tee.«

Merle sah sich neugierig um. Eine düstere kleine Wohnung mit schmalen Fenstern. Im Treppenhaus hatte es nach Kohl gerochen. Wer das schöne neue Haus der Wielands kannte, der wusste, wie dürftig Fräulein Klincke wohnte. Aber ihr ganzes Wohnzimmer war von oben bis unten – sogar über den Fenstern und über der Tür – mit Bücherregalen besetzt! Wielands hatten ein einziges Bücherregal, darauf stand der gesammelte Goethe in dunklem Leder neben dem gesammelten Shakespeare in hellem Leder, eine Terrakotta-Vase, die Tonfigur einer Tänzerin, zwei dicke Romane, ungefähr acht andere Bücher, einige Bildbände über die Kunst der Griechen und einige Taschenbuch-Kriminalromane. Hier bei Fräulein Klincke gab es keine Dekoration zwischen dem Lesestoff, dafür standen die Bände teilweise in zwei Reihen hintereinander oder lagen flach oben drüber. Bis der Tee kam, studierte Merle die bedruckten Rücken. Ganz zum Schluss, in Nasenhöhe, sah sie einen Brief als Lesezeichen in ›Gösta Berling‹ stecken. Und auf dem zackig aufgerissenen Umschlag klebte eine Marke mit einem Königsprofil. Auf der Marke stand: Sverige. Merle fuhr zu Gisela Klincke herum, die gerade mit der Teekanne eintrat: »Entschuldigen Sie, ist das Post aus Schweden? Mit einer schwedischen Briefmarke?«

»Gewiss. Meine Schwester Almut wohnt in Stockholm. Ich werde sie dort demnächst besuchen. In zwölf Tagen genau fahre ich los. Möchtest du Waffeln?«

»Ja, bitte. Und Briefmarken. Wenn's geht. Das ist nämlich so… Ich hab mich in einer Lüge verheddert. Und damit ich frei komme, brauch ich ein paar schwedische Briefmarken…«

»Eine Lüge?«

»Ich würde den Leuten die Wahrheit sagen, wenn sie in der Lage wären, es zu begreifen. Aber sie wären bloß schockiert.«

Gisela Klincke nickte. »Ich verstehe, was du meinst. Wir leben leider mit den Engstirnigen auf engstem Raum zusammen. Setz dich. Sieh mal, hier ist eine wunderschöne englische Biografie über Charles Dickens. So sah er aus, als er jung und sorglos und erfolgreich war – wie ein Engel, nicht? Sieh dir diesen sinnlichen Mund an – und diese Augen! Junge, der hätte es mir abbetteln können. Erfolgreich ist er immer geblieben, doch er wurde krank und verbittert. Sieh ihn dir hier an! Sieht er hier nicht aus wie ein alter Mann? Und er war erst Mitte Fünfzig. Eine ästhetische Zumutung. Damals hatte er eine junge Geliebte. Nun stell dir vor, dieses Gesicht dicht über dir! Na schön. Ich lese gleich vor und übersetze es dann, mal sehen, wie weit wir heute kommen. Nimmst du Zucker in den Tee?«

»Ja, danke. Wissen Sie was, Fräulein Klincke – ich glaube, eigentlich kennen wir uns richtig gut. Nicht so lange, aber gut.«

»Das empfinde ich auch so. Man nennt das Seelenverwandtschaft.«

»Eigentlich sind wir fast Freunde, oder?«

»Wir sind Freunde. Ich lasse wirklich nicht jeden in mein Zuhause. Du hast Recht: sag bitte Gisela zu mir. Und Du.«

»Oh! Vielen Dank! Gisela – würdest du mir eine Karte aus Schweden schreiben, wenn du da bist?«

»Gerne. Das hatte ich mir sowieso vorgenommen.«

»Würdest du mir auch zwei schreiben? Eine von dir selbst und eine von jemand namens … Butz?«

»Butz?«

»Ja. Ich schreibe dir genau auf, was drin stehen soll. Das wäre einfach phantastisch!«, freute sich Merle und verbrannte sich den Mund am heißen Tee. »Was hast du für eine Schrift? Könnte sie männlich sein?«

Gisela Klincke griff neben ihr Telefon und nahm einen Schreibblock und einen Kugelschreiber. Sie schrieb: »Hallo, Merle, meine neue Freundin!« auf das Papier und hielt es dem Mädchen hin.

»Sie haben auf jeden Fall eine sehr schöne Schrift, eigentlich weder männlich noch weiblich, finde ich. Sogar schöner als der richtige Butz!«, rief Merle erfreut.

»Na, dann ist ja alles in Ordnung. Dann können wir ja mit Herrn Dickens anfangen.«

»Ja. Und hinterher erzähle ich Ihnen – dir, worum es geht bei meiner Schwindelei. Du wirst doch nicht schockiert sein? Es kommt ein Gefängnis drin vor…«

Fräulein Klincke biss gelassen in eine Waffel. »Ich bin nicht leicht zu schockieren. Ich habe die Weltliteratur gelesen. Da kommt noch viel mehr vor«, erklärte sie.

Zwei Wochen später verabschiedete Merle sich gerade von Angelika – als ihr noch einfiel: »Ach, Frau Wieland, stimmt ja, jetzt hab ich endlich mal an die Briefmarken gedacht. Hier, die hab ich alle von den Umschlägen abgeschnitten. Das sind aber keine besonderen. Die hier auf der Karte ist eine besondere, ich hab Butz darum gebeten, für Michael. Ich hab sie gestern bekommen und wollte sie nicht zerschneiden. Vielleicht können Sie die Marke selbst ablösen und mir dann die Karte wiedergeben?«

»Donnerlittchen, die ist wirklich hübsch!«, gab Frau Wieland überrascht zu. »Du bist doch morgen wieder da? Bis dahin haben wir die Marke ab! Ich danke dir.«

Sie verließ das Kinderzimmer und las:

*Stockholm, 24. März 1964*

Meine liebe kleine Tochter,
danke für Deinen ausführlichen letzten Brief.
Ich wollte ja versuchen, Ostern endlich einen längeren Besuch in Deutschland zu machen, aber jetzt kommen wieder berufliche Dinge dazwischen. Wir müssen weiter Geduld haben.
Auf diesen Brief klebe ich eine extraschöne Marke für den Bruder Deiner Freundin.
Ich umarme Dich aus der Ferne!
*Dein Vater »Butz«*

Frau Wieland schüttelte den Kopf. Das klang doch alles vernünftig und sympathisch. Die Schrift sah gut aus. Die Rechtschreibung stimmte. Es war nett von Herrn Voß, an die Marke für ihren Sohn zu denken. Es war nett von Merle, ihn davon zu unterrichten und auch noch weitere Marken für Michael mitzubringen. Offenbar arbeitete ihr Vater also wirklich in Schweden. Offenbar standen die beiden tatsächlich in einem regen Briefwechsel.

Wieso hatte sie bloß dauernd das Gefühl, das stimmte alles hinten und vorne nicht?

Schon Anfang Juni war es angenehm warm. Das riesengroße gemeinsame Indianerzelt von Angelika und Merle stand die ganze Zeit in Wielands Garten hinter den Stachelbeerbüschen aufgeschlagen. Oft lag Angelika vor dem Zelt auf einer Wolldecke, sonnte sich und erzählte Geschichten, während Merle im Zelt saß und zuhörte. Sie spielten niemals Indianer; das Zelt trug den Charakter eines friedlichen Eigenheims, war innen mit Decken und Sofakissen ausgestattet sowie mit hölzernen Hockern, die Tische oder Regale darstellten. Vor dem Zelt hatte Angelika kleine Beete gegraben, mit Kieseln eingezäunt und mit Primeln bepflanzt. Andreas Wieland erklärte, es sei das blödeste Schrebergarten-Spießer-Indianerzelt, das er je gesehen hätte.

Frau Wieland, im Gegensatz dazu, fand es angenehm, die Kinder in sicherer Nähe zu wissen und spielte mit, indem sie erlaubte, dass die Mädchen Lebensmittel mitnahmen, eine Schüssel kalten Milchreis etwa und ein Glas eingemachte Sauerkirschen, solange sie das schmutzige Geschirr in angemessener Zeit zurück brachten und selbst abwuschen.

Am Wochenende durften sie im Zelt schlafen, auf Luftmatratzen und in Schlafsäcken. Angelika hatte ihr kleines, batteriebetriebenes Radio mitgenommen, auf dem sie leise Radio Luxemburg hörten – das brachte die schönste Musik, vor allem die Beatles. Sie ließen die Zeltöffnung aufgeschlagen und sahen in den schlafenden Garten. Am hellen Sommerabendhimmel stand der Mond. Eine Amsel sang oben auf dem Pflaumenbaum gegen Radio Luxemburg an. Von weitem erklang Motorengeräusch und das dunkle Rumpeln der Straßenbahn. Alles war still und friedlich. Plötzlich fragte Angelika leise: »Denkst du manchmal daran, dass wir sterben müssen? Wir alle?«

»Ab und zu.«

»Macht dir das keine Angst? Ich hab's lange gar nicht glauben können. Ich dachte immer: ich nicht! Aber es stimmt leider. Entsetzlich. Das kann doch nicht sein, dass ich nicht mehr da bin.«

»Ich weiß nicht… So toll find ich's auch wieder nicht, da zu sein. Na ja, andererseits ist das Leben in der letzten Zeit schöner als früher. Bloß Butz fehlt mir sehr.«

»Was willst du eigentlich machen, wenn du mal groß bist?«

»Nicht noch größer werden. Ich glaube, ich werde die schlimmste Bohnenstange aller Zeiten. Also, ich möchte, dass Butz ein Restaurant hat, und dass ich bei ihm arbeiten kann. Und wir müssten so viel verdienen, dass wir uns ein schönes weißes Haus kaufen können.«

»Willst du gar nicht heiraten?«

»Ich weiß nicht. Nein, eigentlich nicht. Ich will nicht fest sitzen.«

»Oh, ich will heiraten! Möglichst ganz früh. Ich will fünf Kinder haben. Drei Jungen und zwei Mädchen. Ich werde sie Oliver und Sebastian und Markus nennen und Magdalena und Isabella. Die Jungen werden mir ähnlich sehen, mit blauen Augen und blondem Haar, und die Mädchen kommen nach ihrem Vater, mit dunkler Haut und glutvollen schwarzen Augen. Ein Gedicht von einem Mann!«

»Wer ist das denn?«

»Weiß ich doch jetzt noch nicht. Er wird mir eines Tages begegnen. Er wird sich wahnsinnig in mich verlieben und mir jeden Wunsch von den Lippen ablesen.«

»Wieso? Ist er taubstumm?«

»Nein! Ich meine natürlich, von den Augen ablesen. Also, noch bevor ich den Wunsch ausgesprochen habe.«

»Ich versteh schon.«

»Wir werden sehr, sehr glücklich miteinander sein, denn ich bin seine große Liebe und er meine. Und wenn ich tot bin, wird er mir ewig hinterher trauern und keine andere Frau wird je wieder sein Herz berühren…«

Merle richtete sich auf. »Wenn du tot bist?«

»Ja. Ich glaube, ich werde nicht sehr alt. Ich hab so ein Gefühl …«

»Du bist doch nicht krank?«

»Ich glaube nicht. Aber genau weiß man das nie. Ich ahne … dass ich früh sterbe. Mit fünfundzwanzig oder so. Das ist ja ziemlich früh. Deshalb will ich auch möglichst jung heiraten und meine Kinder bekommen.«

»Findest du nicht, dass dein armer glutäugiger Mann in Schwierigkeiten gerät, wenn du wegstirbst und lässt ihn mit fünf schreienden Bälgern alleine? Ist das nicht etwas gemein?«

»Ach, Merle, wie kannst du lachen! Du nimmst mich nicht ernst!«

»Doch, das tu ich. Ich glaub bloß nicht, dass du früh stirbst. Ich glaube, du bleibst immer meine Freundin, fünfzig oder sechzig Jahre lang.«

»Ich weiß nicht …«, sagte Angelika traurig und blickte in den Himmel, der langsam so dunkel wurde, dass die ersten Sterne sich zeigten. »Vielleicht werd ich einen Unfall haben, so wie deine Mutti. Oder ich bekomme plötzlich eine auszehrende Krankheit. Das Unglück wird wie ein dunkler Schatten auf unsere große Liebe fallen. Ich hab auch Angst vor dem Weltuntergang.«

»Na, dann sind wir ja alle tot.«

»Eben. Ist das nicht entsetzlich? Ich hab oft Träume von Friedhöfen und so, als ob ich schon im Grab liege oder als Gespenst zwischen den Gräbern umher wandere … Dann wach ich auf und weine. Und dann kann ich zu niemand gehen. Meine Eltern würden wütend werden und mich Hals über Kopf aus dem Schlafzimmer jagen, zu meinen Brüdern will ich gar nicht erst gehen, die lachen mich sowieso nur aus. Was ist das – ?! Du, sind das nicht die Beatles? Das Lied kenn ich gar nicht! Das klingt doch wie ihre Stimmen, nicht?«

Merle fand auch, dass es wie die Beatles klang. Sie warteten gespannt, bis der Sprecher hinterher etwas sagte, und: tatsächlich, das Wort Beatles kam bestimmt vor.

»Ich kann es kaum erwarten, Englisch zu lernen und zu verstehen, was sie singen!«

»Ich auch. Außerdem könnte ich dann englische Bücher lesen. Und wenn Engländer und Amerikaner in unser Restaurant kommen würden, könnte ich mit ihnen reden. Butz kann das. Er kann sehr gut Englisch und Französisch sprechen und etwas Spanisch und etwas Schwedisch.«

»Toll! Was ist er eigentlich von Beruf, wenn er nicht im – du weißt schon – sitzt? Ach, natürlich: Restaurantbesitzer!«, sagte Angelika mit solcher Überzeugung, dass Merle sie nicht korrigieren mochte.

*29. Juni 1964*

Lieber Butz!

Seit einigen Wochen ist mir aufgefallen, das Opilein neuerdings anders riecht. Du weißt ja, normalerweise riecht er nach altem Mann und Muffigen Anzug und Feuervogel-Zigarillos (aber seit wir Geld haben, raucht er sie wieder und kaut nicht mehr). Jetzt riecht er nach Veilchen und Rosen und so was. Er rasiert sich jeden Tag! Er hat sich drei oder vier neue Westen gekauft eine aus goldbedrucktem zeug.

Ich hab gedacht, ist er rollig?

Kann man das in seinem alter noch sein? Er ist doch schon 74?

Na ja, dann hab ich sie kennen gelernt. Er hat Sahnebesee gekauft und Kaffee gekocht und gesagt wir kriegen besuch. Dann kam eine Dame im Glennscheckkostüm und Persianermantel (bitte, wir haben Sommer!) und einer Brille mit tausend kleinen Brillianten, soll jedenfalls so aussehen. Sie hatte vier kleine Hunde bei sich die sich alle völlig ähnlich sehn. Zwergpinscher. Esau wurde sofort gebißen, obwohl er doch hier wohnt. Emma war nur noch auf dem Schrank und hat runtergefaucht. Sie heißt Frau Von Matzendorf. Ich schätze sie ist so mitte 50. Kleine schwarze Äugelchen wie Rosinen und reichlich Goldzähne Rechts und Links. Eine Figur wie eine 8, oben und unten rund und in der Mitte zusammengeschnürt. Eigentlich wirklich nett, lacht sehr viel. Opilein in seiner Weste mit Gold und duftet wie eine Blumenvase und ist ganz schüchtern! Eigentlich richtig süß. Er hat sie getroffen, im März glaube ich, weil ihre Hundis sich um seine Beine gewickelt haben mit ihren Leinen und Peng waren sie im Gespräch, er hat von Esau geredet. Nun hat Esau einen Biß im Hintern, ich mach

ihm stinkende Salbe da drauf, die will er nicht mal abschlappern, weil sie so wiederlich ist.
Opilein sagt, Frau Von Matzendorf ist vom Leben Gestraft. Sie ist Witwe, aber noch nicht lange, und vorher war sie auch schon adelig, gewissermaßen von Natur aus. Sie hat einen Bürgerlichen Mittagstisch in einem Haus beim Grindel, im 1. Stock. Da kommen die Leute, die in der Gegend in Büros arbeiten immer zum essen.
Aber jemand will die arme Frau wohl um ihr Geld Begaunern. Ich verstehe das nicht so genau. Das dauert bis sie ihre Erbschaft kriegt. Opilein kann sie Trösten, weil er seine Erbschaft gekriegt hat. Gestern (Sonntag) waren sie im Kino, ich hab Esau in der Küche eingesperrt in seinem Körbchen, die vier kleinen Mistviecher im Wohnzimmer am Tischbein angebunden. Emma immer noch auf dem Schrank.
Opilein singt jetzt oft vor sich hin, aber nicht Paul Gerhard und Kirchenlieder sondern Ich hab Dein Knie gesehn. Ich glaube, er ist wirklich rollig.
*Alles Liebe, Deine Merle*

*1. Juli 1964*

Mein kleiner Feuervogel,
das sind ja tolle Nachrichten! Damit hätte ich nun wirklich nicht gerechnet, daß Hinnerk noch mal goldbedruckte Westen tragen würde und singen: ›Ich hab dein Knie gesehen‹. Ich freue mich für ihn und für seine aristokratische Braut. Ich hoffe, er macht sie glücklich. Ich hoffe auch, sie macht ihn glücklich. Ich hab's irgendwie nie geschafft, meine Frauen glücklich zu machen, wahrscheinlich, weil mir zwischendurch immer welche begegnet sind, die ich auch noch glücklich machen wollte.
Jetzt ist hier gleich Besuchsstunde, ich hoffe, dass Hotte mich besuchen wird. Er ist ein treuer Freund, das muß ich sagen, wenn's auch sonst wohl dies und das gegen ihn einzuwenden gibt. Außerdem wird wohl jemand kommen, den ich kürzlich kennen gelernt habe, ein interessanter Mann, der würde Dir auch gefallen, er spricht unsere Sprache, sehr intelligent, sehr witzig. Über den

muß ich Dir demnächst mal einen langen Extrabrief schreiben. Vielleicht ergeben sich mit dem gemeinsam berufliche Möglichkeiten, wenn ich das hier mal hinter mir habe.
Sei geknuddelt von Deinem
*Butz*

»Dein Großvater will heiraten? So alt, wie er ist?«, wunderte sich Angelika. Sie turnten hinter den Stachelbeerbüschen herum und bauten das Indianerzelt ab, denn Wielands wollten am nächsten Tag in Urlaub in die Schweiz fahren.

»Erst mal wollen sie sich verloben, mit einer großen Feier. Ich krieg extra ein neues Kleid. Wahrscheinlich in Hellblau, weil Frau von Matzendorf Hellblau so liebt. Sie wird ein hellblaues Kostüm tragen zur Verlobung. Und Opilein eine ganz neue Weste in Hellblau. Alle ihre Pinscher bekommen hellblaue Schleifen um.«

»Esau auch?«

»Esau macht sich jede Schleife ab, die du ihm umbindest. Das lernt er auch nicht mehr. Er ist ja auch nicht mehr der Jüngste.«

»Man ist so jung, wie man sich fühlt. Muss Liebe schön sein.«

»Du könntest auch noch sagen: So ist das Leben.«

»Ja, entschuldige, das sagt man doch so. Schade, ich muss sagen, ich würde mir deine neue Stiefgroßmutter gern mal angucken, aber jetzt fahren wir ja schon weg. Da muss ich wohl oder übel warten, bis wir wieder da sind. Wann ist denn die große Verlobungsfeier?«

»Keine Angst, erst Ende Juli. Dann bist du doch zurück?«

»Längst. Wir fahren ja nur zwei Wochen. Da verreist ihr jetzt wohl gar nicht, dein Opi und du?«

»Nein! Dann wäre er ja von Frau von Matzendorf getrennt!«

»Ach natürlich. Wie nennt er sie eigentlich? Immer Frau von Matzendorf? Oder hat die edle Dame auch einen Vornamen?«

»Leonora. Aber er sagt wirklich nur ihren Nachnamen und Gnädige Frau. Jedenfalls, wenn ich dabei bin.«

»Glaubst du, sie küssen sich?«, kicherte Angelika.

»Ich denke schon. Wenn sie das nicht tun – warum sollten sie dann überhaupt heiraten? Ins Kino gehen können sie auch als gute Bekannte.«

Sie rollten die blaue Zeltplane zusammen und brachten sie, zusammen mit den langen Bambusstützen, über die Außentreppe in Wielands Keller. Dann gingen sie direkt aus dem Keller ins Kinderzimmer. Dabei kamen sie am großen Garderobenspiegel vorbei. Merle blieb stehen. Sie erblickte ein hübsches kleines Mädchen mit goldbrauner Haut, rosigen Wangen, leuchtend blauen Augen und honigblondem Haar, einer zarten Figur und schöngeformten Armen und Beinen. Und daneben ein lang gestrecktes Stück Mensch mit kurzen roten Locken, bleichem, gesprenkeltem Gesicht, in dem die Augen wie brennende Tupfen saßen, blassen, gesprenkelten Armen und Beinen, lang und so dünn, dass die Gelenke knubbelig hervorstanden. Was immer sie aß, machte sie nie breiter, immer nur länger. »Guck mich an. Ich sehe aus wie etwas aus dem Gruselfilm.«

»Ach was, das liegt im Auge des Beschauers. Ich seh' kurz und stummelig aus und immer so niedliche rote Bäckchen wie ein Bauerntrampel! Ich gefall mir auch nicht. Niemand gefällt sich selbst. Da kann man nichts machen.«

Opilein war ein ritterlicher Mann. Wenn sich eine Dame in Not befand, dann eilte er ihr zu Hilfe. Zumindest Frau von Matzendorf mit den Rosinenäugelchen erhielt seinen Schutz und Schirm. Sie schien Widersacher zu haben sowohl in Gestalt böswilliger angeheirateter Verwandtschaft als auch in Form von garstigen Rechtsverdrehern. Manchmal weinte sie darüber, und Ritter Hinnerk legte mit Schwung seinen kurzen Arm um ihre runden Schultern und beruhigte sie, bis sie wieder mit allen ihren Goldzähnen lachte.

Ärger gab es jedoch auch mit dem Personal, das sie in der Küche ihres Mittagstisches beschäftigte. Aufsässig waren die Leute, unsauber, und wirklich kochen konnten sie ebenfalls nicht. Leonora von Matzendorf sprach viel von der Wiege, an der ihr dergleichen nicht gesungen wurde. Opilein indessen handelte praktisch. Er griff sich eine der Schürzen, die in der Grindelallee im ersten Stock in der Küche hingen und begann, dem stumpfsinnigen Volk richtiges Kochen beizubringen.

Der Erfolg war durchschlagend. Es sprach sich herum, wie gut das Essen neuerdings schmeckte. Viele neue Dauergäste meldeten sich an. Einige der unlustigen Köche wurden mit dem neuen Tempo nicht fertig und kündigten, dafür kamen neue, flinke, geschickte. Frau von Matzendorfs Rosinenäugelchen glitzerten vor Glück. Ihr Neffe Bodo, der Sohn ihrer verstorbenen Schwester und ihr einziger leiblicher Verwandter, ein rundlicher Bengel mit Geheimratsecken und ihre ausschließliche Stütze auf der Welt (bis Ritter Hinnerk aufgetaucht war) sprach Opilein seine Anerkennung aus: »Was Sie hinlegen in Ihrem Alter – also allen Respekt!«

Bodo war sich nicht zu schade, in der Küche mit anzupacken oder Geschirr abzuräumen, und sogar Merle wurde manchmal hinzugezogen. Das machte ihr Spaß; sie deckte alle fünfzehn Tische, legte die gefalteten Stoffservietten hin, öffnete in der dampfenden Küche Büchsen oder schälte Kartoffeln. Opilein war hier der absolute Boss. In diesem Juli schien die Sonne heiß, um den riesigen Herd herum waberten tropische Temperaturen, und seine schmächtige kleine Figur rannte hin und her, rührte, goss ab, schob große Töpfe herum – und tappte manchmal etwas wackelig zum Fenster, um tief die abgasduftende Luft der Grindelallee einzuatmen.

An einem Samstagvormittag Mitte Juli kam Merle mit dem immer noch leicht humpelnden Esau von einem Gassigang nach Hause. Sie besaß ihren eigenen Schlüssel, seit Opilein seiner Braut dauernd in der bürgerlichen Küche half. Direkt vor der Wohnungstür, durch den Briefkastenschlitz geworfen, lag die Post. Ein dicker Brief an sie selbst war auch dabei. Angelika entschuldigte sich, dass sie sich erst so spät meldete (am darauf folgenden Tag fuhr Familie Wieland schon wieder nach Hause) und erklärte, womit sie so beschäftigt gewesen war: in dem traumhaften Hotel am traumhaften Luganer See hatte ein traumhafter Junge geurlaubt, dreizehn Jahre alt, irrsinnig goldig und Wolfgang heißend. Obwohl also schon im fortgeschrittenen Alter – Angelika war ja erst acht – hielt dieser Knabe es nicht für unter seiner Würde, jeden Abend mit Angelika Minigolf zu spielen. (Was Angelika ›Minnigolf‹ schrieb. Merle fand nicht heraus, ob aus Versehen oder als kleine Pointe.) Da verging die Zeit natürlich wie im Fluge. Angelika gab zu, schlicht und ergreifend bis über beide Ohren verliebt zu sein und vermutete bei Wolfgang ähnliche Gefühle ihr gegenüber. Zumindest hatte er seinen Vater gebeten, sie zu fotografieren. Sie fuhr also, wie sie schrieb, mit einem weinenden und einem lachenden Auge heim, freute sich jedoch auf Merle. Am Schluss des Briefes fragte sie schelmisch, ob Merle immer schön mit allen fünf Hunden Beinchen heben ginge und fand: Du bist wirklich ganz doll auf den Hund gekommen. Und bis Montag, immer Deine Angelika.

Merle freute sich über den Brief und auf ihre Freundin. Wie wunderbar, zu wissen, dass sie sich aufeinander verlassen konnten, dass sie immer befreundet bleiben würden. Die Ferien dauerten noch fast vier Wochen, sie würden beieinander übernachten dürfen, hier oder bei Wielands – denn natürlich konnten sie das Indianerzelt wieder aufbauen. Und Angelika würde bestimmt die ganze Nacht erzählen, von diesem Wolfgang und von dem traumhaften Hotel.

Sie stellte dem keuchenden Esau ein Schälchen mit frischem kaltem Wasser hin und öffnete die Balkontüren und alle Zimmertüren, um etwas Durchzug zu verursachen: der Tag war ungewöhnlich heiß. Am Schrank in ihrem Zimmer hing schon das gestern gekaufte, himmelblaue Leinenkleid für die Verlobungsfeier.

Bestimmt, überlegte Merle, durfte Angelika an der Verlobungsfeier teilnehmen. Sie würde ihr besticktes weißes Kleid mit dem Bolerojäckchen anziehen, und Frau von Matzendorf würde sie durch ihre brillantenglitzernde Brille mustern und ausrufen: »Hinreißend!« – denn das sagte sie immer, wenn ihr etwas gefiel, zum Beispiel Opileins neue Verlobungsweste oder die Brosche mit dem Aquamarin, die er seiner Braut kürzlich gekauft hatte für ihr hellblaues Verlobungskostüm.

Oben vom Schrank herunter musterte Emmas dreieckiges kleines Gesicht mit den spitzen Ohren sie misstrauisch. »Nein, kein Pinscher weit und breit, Emma – du kannst runter kommen!« Aber die Katze blieb oben. Seit die Frau von Matzendorf-Ära angebrochen war, lebte sie fast nur noch dort. Merle stellte ihr sogar den Fressnapf auf den Schrank.

Jetzt wurde die Wohnungstür aufgeschlossen und Opilein erschien. Da stand er mitten im grellen Sonnenschein in einer seiner neuen Westen, mit sauberen, glänzenden Schuhen, er lachte breit, sein Gebiss funkelte ordentlich.

Auf einmal kam es Merle so vor, als sei etwas anders an ihm. Sie guckte eine Weile herum, und er blieb geduldig stehen und wartete, bis sie es herausfand: »Deine Haare sind nicht mehr weiß!«

Opilein nickte bestätigend. »Hat doch 'n büschn alt gemacht, wie?«

Das flaumige, dünne Haar war nicht nur dunkel geworden, es saß auch eng am Schädel, durch irgendeine Paste oder Creme festgekleistert. Dadurch schien Opilein nun einen viel kleineren Kopf zu haben. Im Ganzen, fand Merle, sah es aus, als hätte er furchtbar geschwitzt. Dadurch wirkte er eher kränker und gebrechlicher als vorher. Aber sollte sie ihm das vielleicht sagen?

»Schick!«, meinte sie deshalb nur, und er strahlte noch mehr.

Dann klingelte das Telefon. Natürlich war es für Opilein, und natürlich war es seine zukünftige Frau. Er redete eine Weile mit ihr, nannte sie abwechselnd ›Frau von Matzendorf‹ oder ›Gnädige Frau‹, einmal aber auch ›Spatz‹ – gefolgt von einem genierten Blick zu Merle, die so tat, als hätte sie nichts gehört. Seine Gesprächspartnerin schien wieder mal nervös und aufgeregt, er musste sie beruhigen (was er gern machte) und versprach zum Schluss, auf seine Westentaschenuhr schauend: »Das' doch gar kein Problem, gnädige Frau, denn komm' wir ebn schnell ma hin. Machn Sie fix die Büchsnsuppn auf und orntlich Petasilje obenauf, un denn ganz heiß machn, fast kochn, denn müssn alle ganz sutje essn. Ach so, entschulligung, sutje heißt ›langsam‹. Un bis die denn alle mitte Suppe fertich sin, sin wir schon da. Kartüffeln schäln kann ja schon ma Herr Bodo inne Zwischenzeit, nich? Wie? Ja, bring ich auch allens mit, gestern war ich noch bei de Sparkasse. Immer mitte Ruhe. Bis gla-heich!«

Merle bemühte sich, ihr Missfallen zu verbergen. Bei der Hitze zum Grindel und auch noch in der Küche arbeiten! Sie zog sich seufzend eine dünne Leinen-Latzhose an, ein dünnes Hemd und Sandalen. Immerhin spendierte Opilein ein Taxi. In dem Auto waren alle Fenster bis zum Anschlag heruntergekurbelt, trotzdem stank es nach dem Schweiß des Fahrers. Schlechte Laune hatte er außerdem, er fluchte fast so schön wie Butz beim Fahren.

Das glitt alles an Opilein ab. Er leuchtete vor Glück, tätschelte Merles Hand und gab ihr ein Überschwang-Küsschen auf die Wange.

»Bist du glücklich, Opilein?«, fragte Merle, bewegt von beinah mütterlichen Gefühlen. Er nickte. »Ja, Mädelchen, wie lange nich. Vielleicht wie noch nie. Mit meine erste Frau, deine Mama ihre Mutter, das war ja ganz anners. Mehr so vonne Vernunft bestimmt, willich ma sagn. Dass sonne Frau wie die Frau von Matzndorf« – er kostete den Namen jedes Mal aus, Merle dachte: er wird traurig sein, wenn er ›du‹ und ›Leonora‹ sagen muss – »wie die Frau von Matzndorf so ein wie mich nehm tut un is da nich hochnäsich oder was und heiß demnächs denn plötzlich einfach Frau Meiners…« Opilein konnte nicht weitersprechen, nur den Kopf schütteln. »Sie is doch immer nett zu dir?«, fragte er etwas später eindringlich. Das hatte er schon oft gefragt, von Anfang an, ebenso wie er immer wieder wissen wollte, ob Merle denn ihrerseits Sympathie empfände. Nachdem diese Punkte ein weiteres Mal zufriedenstellend geklärt worden waren, lehnte sich Opilein in das Rückenpolster und lächelte verträumt in den flirrenden Tag.

Kurz vor der Grindelallee holte er sein wohlbeleibtes Portmonee hervor, nicht nur für den Taxifahrer, auch für Merle: »Hier, Mädel, Taschngeld!«

»Opilein, du hast mir erst letzte Woche was gegeben. Wir wollten das doch jetzt immer monatlich machen…«

»Ach was, nu nimm! Kauf dir was Schönes!«, befahl der alte Mann vergnügt. Und Merle bedankte sich und steckte das Geld in ihre Latztasche. Großzügig war Opilein schon, seit er ein ›reicher Mann‹ geworden war. In der letzten Zeit hatte sich das sehr gesteigert, zum einen durch seine gute Laune, zum anderen, weil Frau von Matzendorf zu sehr viel Geld kommen würde, wenn der laufende Prozess um ihr Erbe einmal durch war. Man hoffte, das würde noch in diesem Herbst geschehen. Danach wollten Hinnerk Meiners und seine Braut sich ein schönes gemeinsames Haus anschaffen (mit Platz für Merle und alle fünf Hunde sowie, vermutlich, vielen Schränken für Emma) und heiraten. »Und Butz?«, hatte Merle einmal zu diesen Zukunftsplänen gefragt. »Kann der auch in dem schönen Haus wohnen, wenn er aus dem Gefängnis kommt?«

Dazu hatte Opilein lange geschwiegen. Er brachte es einfach nicht über sich, seinen missratenen Schwiegersohn zu beichten.

Noch glaubte Frau von Matzendorf, Merle sei Vollwaise. Zum Schluss bekam das Kind zur Antwort: »Ich glaub nich, dasser gern bei mir un meine Frau wohn tut. Un du kanns denn ja ma guckn, ob du mit Butz immer umziehn wills un ärmlich lem un von Schule zu Schule, oder lieber bei uns reiche Leute bleim wills.«

»Ja, gut, mal sehen. Aber das schöne Haus wird doch nicht weit weg sein von Angelika? Ich muss doch nicht die Schule wechseln?«

»Nee, da pass ich auf. Das musstu nie wieder, soweitas mich angeht«, versprach Opilein.

Im bürgerlichen Mittagstisch waren alle Tische gut besetzt, alle Fenster weit geöffnet und alle Jalousien herunter gezogen, was eine angenehme gelbliche Dämmerung erzeugte. Zwei Köche hatten Frau von Matzendorf im Stich gelassen, sie flatterte gereizt und hilflos umher, denn dergleichen war ihr ja keineswegs an der Wiege gesungen worden. Im übrigen sah sie fesch aus in einem Seidenkleid mit engem Rock, vorn geknöpft, und enorm hohen Stöckelabsätzen. Opilein zog das Sommerjackett aus und die Schürze über und rettete souverän das Kalbsfrikassee. Merle rührte saure Sahne und Zitronensaft zu Salatsauce, hackte Dill, zerrupfte Salatblätter möglichst gleichmäßig, dann füllte sie die Rhabarbercreme in Schälchen und begoss sie mit je einer kleinen Kelle Vanillesauce. Bodo hantierte schwitzend mit heißem Wasser, bürstete Gläser aus und trocknete sie fusselfrei sauber, dann servierte er wieder oder räumte ab. Schade, dachte Merle für einen Augenblick, dass wir später so schrecklich reich sein werden und nicht mehr arbeiten müssen. Dies hier macht einfach Spaß, sogar bei der Hitze!

Hinter der Küche, durch einen kurzen Flur getrennt, lag die private Zweizimmerwohnung von Opileins Braut. Dort schmachteten die Zwergpinscher ihrem Gassigang entgegen. Merle hoffte, dass sie dazu nicht abkommandiert wurde, denn es war entsetzlich schwierig, weder andere noch sich selbst in die vier Leinen zu verwickeln, und ohne Leine konnte man die verwöhnten kleinen Hunde sowieso nicht bändigen.

In dem kurzen Flur befand sich auch die private Toilette Frau von Matzendorfs, die Hinnerk Meiners und seine Enkelin natürlich benutzen durften. (Die großen Toiletten für ›Damen‹ und ›Herren‹ vor dem Speisesaal stanken erbärmlich.) Als das Schlimmste in der Küche – das Herstellen und Servieren des Hauptgerichts – vorbei war, huschte Merle mal schnell hinaus. Sie kämpfte noch mit den Knöpfen ihrer Latzhose, als sie wieder aus dem parfumduftenden kleinen Raum kam. Sie blickte auf, weil sie ulkige Geräusche hörte, etwas wie ein Lutschen oder Schmatzen, dazu leises Grunzen und Schnaufen. Und da sah sie Leonora von Matzendorf, an den Türpfosten zu ihrem Schlafzimmer gelehnt, innig umarmt von Bodo, ihrem pausbäckigen Neffen, der auf ihrem Mund herumküsste in einer Art, die Merle noch nie im Kino gesehen hatte. Mit der rechten Hand hielt er seine Tante umschlungen, seine linke untersuchte die Innenseite ihres oben aufgeknöpften Kleides, und sein Knie hatte er so zwischen ihre Beine geklemmt, dass ihr fast der enge Rock zu reißen drohte.

Merle konnte sich des Gefühls nicht erwehren, dass ihr Anblick die beiden zukünftigen Verwandten in diesem Augenblick wenig erfreuen würde. Sie huschte leise und unbemerkt aus dem Flur und wieder in die laute, heiße Küche. Opilein saß erschöpft, doch zufrieden in seiner Schürze am großen Küchentisch und füllte die letzten Desserttellerchen für die letzten Gäste, während er sich mit einer zerknautschten Serviette Luft zufächelte. Die gedunkelten Haare standen wirr um seinen Kopf herum. »Na, Mädelchen? Bistu auch kaputt, was? Was' los, du bis ja ganz blass? Is dir nich gut? Die Hitze macht ein fertich, hm?«

Merle nickte nur. Die Hitze machte einen wirklich fertig.

Die Hitze und das neue Problem hinderten Merle in der folgenden Nacht am Schlafen. Schließlich stand sie leise auf, knipste das Lämpchen über ihrem Schreibpult an und schrieb einen Brief.

*10. Juli 1964*

Lieber Butz,
ich hab ein Paar Sorgen.
Ich lese jetzt seit über einem Halben Jahr an der Bibel herum. Auf der ganzen Welt predigen Pastoren daraus und der Pabst schwört

drauf und ganz viel Leute glauben dran. Ich glaube gern an Gott und ich werde das auch weiter tun, aber an den aus der Bibel lieber nicht. Behalte das bitte bloß für dich, ich glaube, das darf man nicht sagen. Man soll da nicht weiter drüber Nachdenken sondern dran glauben und Schluß. Aber Du hast mir doch empfohlen, ich soll immer Warum fragen?
In den Psalmen kommt dauernd vor, wie der Herr Feinde wie Stoppeln niedermäht und so was. In den zehn Geboten steht groß und breit: du sollst nicht töten. Dann macht der Bruder von Moses für die Leute in der Wüste ein goldenes Kalb und Moses wird stinksauer. Eben hat er noch gelernt Du sollst nicht töten, und jetzt sagt er: So spricht der Herr, jeder soll durch unser Lager gehen und seinen Bruder, Freund und nächsten erschlagen. Das haben sie getan und mal eben dreitausend Menschen umgebracht! Dreitausend! Stell dir mal vor, was für ein Blutbad! Wenn das wirklich passiert ist, dann hatten sie hinterher alle zu beerdigen, sie konnten die Leichen ja nicht einfach rumliegen lassen bei der Hitze! Und dann geht Moses wieder rauf auf den Berg, und glaubst Du, Gott sagt zu ihm: Aber Moses, ich hab dir doch gesagt, ihr sollt nicht töten! Nicht im geringsten. Das heißt, Du sollst nicht töten gilt eben nicht immer. Und wenn du glaubst, der Aaron, der Bruder von Moses, der das Kalb gemacht hat, kriegt eins auf den Deckel, o nein. Der ist weiter Priester. Er ist genau so feige wie Adam im Paradies, der sofort petzt, Eva war schuld. Aaron sagt, das blöde Volk war schuld, er kann ja nichts dafür. Und damit kommt er durch.
Kannst Du mir das erklären? Opilein nicht. Ich hab meine Religionslehrerin gefragt, die hat mir eine sehr schlaue Antwort gegeben: Das verstehst du noch nicht. Ach ja, und dann hat sie noch gesagt, ich soll über so was nicht nachdenken, man soll Glauben ohne zweifeln.
Inzwischen ist es halb 3 (ich schreibe Mitten in der Nacht)
Jetzt komm ich zu meiner 2. Sorge. Eigentlich ist die noch schlimmer. Ich habe heute zufällig gesehen, wie der Neffe von Frau Von Matzendorf sie geküsst hat. Aber wie! Also nicht neffenartig. Ist das Sodomie, weil sie doch verwandt sind?
Jetzt weiß ich nicht, ob ich das Opilein sagen soll. Und wie ich das

sagen soll. Er liebt sie so und er freut sich so auf die Verlobung und die Hochzeit. Es würde ihn bestimmt traurig machen. Also ich glaube kaum, das er sagen würde: Och das macht doch nichts. Und wenn er das sagt, dann hat er nicht begriffen, wie das war. Richtig rollig! Was soll ich bloß machen? Andrerseits kann ich doch nicht zulassen, das Opilein das nicht weiß?
In 2 Wochen ist die Verlobung. Die wird schön was kosten. Opilein schmeißt in letzter Zeit mit dem Geld um sich wie ein besoffener Matrose. Weil Frau Von Matzendorf so viel hat, wenn sie das erst Mal hat.
Was soll ich bloß machen?
Bitte schreibe mir schnell mit einem Rat.
Ich hab dich lieb.
*Deine Merle*

Merle arbeitete hart an diesem Brief. Es war schwierig, die richtigen Worte zu finden, sowohl für das eine als auch für das andere Problem. Sie verbesserte vieles, suchte andere Worte, strich durch und schrieb oben drüber. Als sie endlich zufrieden war, sahen die beiden Seiten sehr unordentlich und schwer zu lesen aus. Sie nahm neues Papier, schraubte gähnend ihren Füller wieder auf und schrieb alles noch einmal sauber ab. Dann klebte sie den Umschlag zu, adressierte ihn und versteckte ihn erst mal in ihrer Schulmappe. Montag wollte sie in der Post eine Marke kaufen und den Brief einstecken. Als sie ihre Lampe ausknipste, merkte sie, dass es draußen schon hell war. Sie stieg ins Bett und schloss die Augen. Hoffentlich fiel Butz eine Lösung ein …

Am Sonntag wachte sie dadurch auf, dass ihr die Sonne durch einen Gardinenspalt ins Gesicht schien. Es musste spät sein, wenn die Sonne schon so weit herumgewandert war! Warum hatte Opilein sie nicht zum Frühstück geweckt?

Merle sprang aus dem Bett. Ihr Schlafanzug klebte an ihrem Rücken, sie hatte geschwitzt: Es war schon wieder so heiß.

Opilein war weder im Wohnzimmer noch in der Küche noch überhaupt irgendwo. Er hatte nur alle Gardinen zugezogen und alle Fenster und die Balkontüren etwas aufgemacht für Durchzug. Esau hockte an der Wohnungstür und fiepte. War mit dem denn noch nicht gegangen worden? Merle lief zurück in ihr Schlafzimmer, zog ein Sommerkleid an und rannte mit dem Hund nach unten. Das war wirklich nötig. Als sie wieder in der Wohnung war, guckte sie endlich auf die Uhr: halb zwölf! Wo steckte denn bloß ihr Großvater?

Sie stellte Futter und Wasser für Hund und Katze hin (Emma fand sie auch nirgends. Sollte Opilein sie mitgenommen haben? Und wohin, bitte sehr?) und machte sich ein Butterbrot. Schade, sonst war gerade das gemeinsame Sonntagsfrühstück immer so schön: Opilein kochte für jeden ein weiches Ei, für sich selbst natürlich Kaffee, aber für Merle Kakao, sie saßen in Ruhe zusammen und unterhielten sich.

Merle wartete und wartete. Was war bloß passiert?

Gegen eins rief sie bei Frau von Matzendorf an – obwohl sie mit der eigentlich nicht gern sprechen wollte nach dem, was sie gestern gesehen hatte.

Das blieb ihr auch erspart; keiner meldete sich.

Um zwei nahm Merle Esau an die Leine, steckte ihren Schlüssel ein und verließ das Haus. Die Stadt war ausgestorben, kein Mensch zu sehen. Merle fragte sich wieder, wie damals bei der Sturmflut: träume ich eigentlich? Sie trabte mit dem Hund zur Straßenbahnhaltestelle und wartete eine halbe Ewigkeit auf die Bahn. Der Fahrer schien ein lebender Mensch zu sein, er kassierte das Geld, reichte ihr den Fahrschein ohne ein Wort, drehte sich um und fuhr wieder los. Außer Merle und Esau gab es keinen einzigen Fahrgast. Sie setzte sich auf einen Platz dicht bei der Tür. Der Fahrer machte sich nicht die Mühe, die Stationen auszurufen. Vielleicht fand er, nur für ein Mädchen und einen Hund lohne sich das nicht. An der Haltestelle Rentzelstraße sprang sie, den Hund unterm Arm, hinaus.

Auch hier schien es keine Menschen mehr zu geben. Merle rannte die Straße entlang bis zum Haus, neben dessen Eingang das viereckige weiße Schild hing:

Bürgerlicher Mittagstisch
1. Stock
von Matzendorf
Montag bis Sonnabend
12.00 bis 14.00 Uhr

Sie klingelte mehrfach, ohne Ergebnis. Während dieser Zeit fuhr ein einziges Auto hinter ihr die Grindelallee entlang. Endlich, nach langer Zeit, kam eine Frau, die sehr langsam ging und so guckte, als sei ihr ganz allgemein ziemlich übel. Sie zog mit zitternden Händen ein Schlüsselbund hervor, schloss die Haustür auf und fragte Merle leise: »Willst du mit rein, du und dein Hund? Wollt ihr wen besuchen? Dann komm! Eine Hitze ist das, die schmort einem das Gehirn weg…«

Merle zog den widerstrebenden Esau (wahrscheinlich roch er bereits die Pinscher) die Treppe hoch hinter sich her. Hier klingelte sie wieder an der Tür. Und wieder passierte überhaupt nichts.

Merle hatte Hunger und Durst, sie machte sich eine ganze Menge Sorgen und vor allem hätte sie endlich gern gewusst, was das Ganze eigentlich sollte. Nun, hier im Treppenhaus auszuprobieren, wie lange sie es ohne Essen und Trinken aushielt, brachte auch nichts.

Als Esau merkte, dass es nun darum ging, den Heimweg anzutreten, zurück zur Straßenbahnhaltestelle und nach der Fahrt zurück zu ihrer Wohnung, weigerte er sich. Er setzte sich hechelnd, mit kläglichem Ausdruck in seinem kleinen Mopsgesicht, einfach auf die Straße und wollte sich lieber ziehen lassen und dabei seinen Popo wundscheuern, als noch einen Schritt zu gehen. Merle nahm ihn auf den Arm.

Natürlich hoffte sie, inzwischen möge Opilein zu Hause eingetroffen sein (von ihr aus auch mit Frau von Matzendorf, sogar mit Bodo, schlimmstenfalls) und könnte alles erklären. Doch die Wohnung war so leer wie vorher, ohne Opilein, ohne Emma.

Merle trank kaltes Wasser direkt vom Wasserhahn in der Küche. Halb vier nachmittags. Sie machte sich wütend noch ein Brot. Heute Mittag hatten sie Gulasch mit Nudeln essen wollen, das Gulasch wartete im Kühlschrank. Wurde das denn nicht schlecht, wenn man es nicht verarbeitete?

Merle holte »Das große Schulkochbuch« aus ihrem Zimmer und schlug unter G nach. Dann suchte sie alles zusammen, was sie brauchte: den Schmortopf, das Öl, die Zwiebeln. Wenn Opilein (bitte, bitte!) abends kam, war das Essen fertig und musste nur noch kurz aufgewärmt werden.

Es machte Spaß zu kochen, obwohl Merle etwas Angst hatte vor der grün-orange-blauen Gasflamme und vor dem spritzenden Fett. Schließlich hatte sie schon öfter zugesehen, Zwiebeln schneiden konnte sowieso niemand so schnell wie sie.

Als es fertig war, kurz vor sechs, merkte sie, dass sie die Nudeln vergessen hatte. Sie tat sich trotzdem einen Teller voll auf und aß das Gulasch mit einigen Scheiben Brot. Es schmeckte lecker; vielleicht eine Spur zu wenig braun und etwas zu salzig, aber nicht schlecht!

Um sieben stellte sie das fertige Gulasch in den Kühlschrank, machte die Küche sauber, so gut sie konnte, und nahm auch den Müll mit runter, damit er bei der Hitze nicht anfing, zu stinken. Die Fenster und Balkontüren mussten über Nacht alle zu gemacht werden, damit kein Einbrecher rein konnte. Sie schrieb einen Zettel für Opilein, falls er zwischendurch nach Hause kam. Esau wurde wieder an der Leine befestigt und mitgezogen. »Los, komm – wir können doch nicht einfach hier bleiben wie auf einer einsamen Insel …«

Gisela Klincke war ziemlich überrascht, doch gastfreundlich. Sie bezog eine Decke und ein Kissen und legte mehrere Wolldecken übereinander auf den Boden: »Ist es auch nicht zu hart? Nein? Dann könnt ihr da schlafen, dein ulkiger Hund und du. Morgen fangen wir an, deinen Großvater zu suchen. Möchtest du noch etwas essen? Ein Leberwurstbrot?«

»Nein, danke; gegessen habe ich. Ich hab einfach Gulasch gekocht«, sagte Merle mit einigem Stolz. Sie saß noch eine Weile neben Fräulein Klincke (die einige silberne Clips im Haar hatte, damit ihre Frisur am nächsten Tag wieder nach allen Seiten piekte) auf dem Sofa und las in einem dicken Buch: ›Ein Kampf um Rom‹.

»Es ist kitschig, aber geschichtlich interessant«, erklärte Gisela, die selbst abwechselnd in zwei Büchern las. Wenn jetzt alles in Ordnung wäre, würde ich mit Opilein fernsehen, dachte Merle. ›Einer wird gewinnen‹ mit Kulenkampff oder so was. Opilein sah das so gern. Sie würden Salzstangen essen und Bluna trinken – denn ihr Großvater hatte aufgehört, ihr Malzbier zu geben, weil er befürchtete, dass sie davon so in die Höhe schoss.

Fräulein Klincke verachtete das Fernsehen, so wie Butz.

»Kannst du mir eigentlich was aus der Bibel erklären?«

»Nein. Die Bibel ist nicht zum Erklären oder zum Verstehen da, sonst wäre sie ein Horrorbuch«, antwortete Gisela sofort, ihre Brille von den Augen auf die Stirn schiebend, um Merle besser zu erkennen. »Die Bibel enthält weder Logik noch Gerechtigkeit, sondern Mythen. Umgearbeiteten, immer wieder veränderten und angepassten Menschheitsglauben. Zum Beispiel die stets wiederkehrende Geschichte des Königs, der sich von seinem Sohn bedroht fühlt. Die gab es schon viele tausend Jahre vor Adam und Eva, und eigentlich ist sie nichts als eine Metapher über das irdische Leben und den irdischen Tod, oder, wenn du so willst, über den Wechsel der Jahreszeiten. Möchtest du wirklich kein Leberwurstbrot? Dann mach ich mir jetzt mal eins.«

Am nächsten Morgen telefonierte Gisela Klincke mit Hamburger Krankenhäusern, und nach weniger als einer Viertelstunde machte sie Hinnerk Meiners ausfindig. Merle aß zwei Leberwurstbrote, trank einen Becher Malzkaffee, ging mit Esau Beinchen heben und brachte den Hund dann in die leere Wohnung: »Bleib schön hier, draußen ist es viel zu heiß für dich!«

Opilein lag in einem schmalen, hohen Bett, neben anderen Männern in den gleichen Betten. Merle kam es so vor, als wäre er, seit sie ihn das letzte Mal gesehen hatte, um ungefähr zwanzig Jahre gealtert, obwohl seine Haare ja nicht mehr weiß aussahen. Alle seine Gesichtsknochen standen hervor, unter und über den Augen hatte er grünliche Ringe. Seine dünnen Lippen waren blass und ganz nach innen gesunken, weil das Gebiss fehlte.

»Ach, mein Mädelchen!«, nuschelte er schwach, als Merle und Gisela eintraten. »Sie ham immer schon bei uns zu Hause angebimmelt, da is bloß keinein ran gegang. Ich hab mich schon gesorcht um dich. Geht dir das gut?«

»Ja, prima. Opilein, wo ist Emma? Und wo ist Frau von Matzendorf? Sie macht nicht die Tür auf, ich war da…«

Opilein rollten zwei Tränen aus den Augen und gleich noch je zwei hinterher. »Ich weissas auch nich, was da passiert is«, flüsterte er. »Ich werd noch bregnklüterich…«

Dann erfuhr Merle, wieso er im Krankenhaus lag. Ihr Großvater hatte am Samstagabend, wie gewohnt, bei seiner Braut angerufen, um ihr ›Gute Nacht‹ zu sagen. Da ging niemand ans Telefon, und das beunruhigte ihn schon. Auch später abends und am nächsten Morgen meldete sich keiner, völlig unbegreiflich. Er konnte sich das nur so erklären, dass etwas mit dem Telefon nicht stimmte. Um sich zu beruhigen, beschloss er, einfach schnell hin zu fahren. Merle schlief noch tief und fest, es war ungefähr acht Uhr morgens. Er wollte sie nicht wecken. Bis Esau hinunter musste – nicht vor zehn – würde er wieder zurück sein und in aller Ruhe Frühstück machen.

Er rief sich übers Telefon ein Taxi und klingelte dann unten an der Tür des Hauses am Grindel, wie Merle einen Tag später. Im Gegensatz zu seiner Enkelin hatte Opilein jedoch einen Schlüssel für die Haustür, und nach kurzem Zögern machte er Gebrauch davon. Oben, vor der Tür zum ›Bürgerlichen Mittagstisch‹, klingelte er wieder, und schließlich klopfte und rief er, laut und immer lauter.

Da guckte gegenüber ein Nachbar im Schlafanzug ins Treppenhaus und fragte wütend, was denn nun schon wieder los wäre. »Könnt ihr nicht endlich mal Ruhe geben? Die ganze Nacht Umzug, ohne alle Rücksicht mit den Möbeln die Treppen runter, und jetzt schon wieder Lärm und Radau, könnt ihr nicht mal am Sonntagmorgen stille sein!?«

»Umzuch?« Opilein hoffte, sich verhört zu haben. Der Nachbar verschwand wieder. Als es ganz ruhig im Treppenhaus war und wirklich keiner kam, da bückte sich Hinnerk Meiners und guckte durch das Schlüsselloch. Eigentlich hätte er ein paar Tische mit hellblauen Tischdecken, Salz-Pfeffer-Essig-Öl-Menagen und einige Stühle sehen müssen. Aber alles, was er erkennen konnte, war leerer Parkettboden!

Da wurde ihm entsetzlich schwindelig, er hatte das Gefühl, keine Luft mehr zu bekommen. Er sah zu, dass er die Treppe hinunter kam, aus dem Haus und an die frische Luft. Hier verstärkte sich der Schwindel noch, alles drehte sich – ja, und dann war er wohl umgekippt. Und Gott sei Dank hatte ihn jemand gefunden oder gesehen und einen Krankenwagen angerufen. Er war wohl ziemlich lange ohne Bewusstsein geblieben. Kreislaufkollaps sagten die Ärzte erst mal, und sein Herz gefiele ihnen nicht, jetzt wollten sie alles Mögliche testen und ausprobieren.

Gisela Klincke war gleich zu Anfang von Opileins großem Bericht taktvoll auf den Flur hinaus gegangen, ganz im Gegensatz zu dem Kahlkopf, der links neben ihm lag und vor Neugier fast aus dem Bett fiel. Vielleicht war es auch nicht nur Taktgefühl der Bibliothekarin: auf dem Flur hatten zwei sehr junge, sehr hübsche Krankenpfleger mit langem Haar und mädchenhaften Gesichtern gestanden und sich unterhalten, einer davon mit besonders muskulösen Armen in seinem kurzärmeligen weißen T-Shirt. Jetzt guckte Gisela wieder ins Krankenzimmer: »Merle, ich muss gleich los, soll ich dich mitnehmen oder bleibst du noch hier?«

Opilein brabbelte etwas, ganz aufgeregt. Nach einer Weile verstanden sie, dass er auch mit wollte, nicht hier bleiben und sich testen lassen. Er bestand darauf. Er musste zur Bank, bevor die über Mittag dicht machte, und etwas prüfen …

Eine Schwester kam herein und wollte widersprechen, als sie erkannte, was der alte Herr vor hatte. Sie kam nicht gegen seine Entschlossenheit an: »Das geht um Lem un Tod gehtas!«, keifte er, und sie murmelte kopfschüttelnd, das eben befürchte sie auch. Trotzdem half sie ihm, seine Sachen anzuziehen, den schicken Anzug, der beim Hinfallen auf der Straße etwas gelitten hatte, die elegante graue Weste, die glänzenden Schuhe. Seinen dunkelblauen Seidenschlips steckte Opilein zusammengerollt in die Anzugtasche. Er musste unterschreiben, dass er auf eigene Verantwortung das Krankenhaus verließ, dann schlurfte er eilig, von Merle und Gisela Klincke untergehakt, den Gang hinunter.

»Und wo ist nun Emma?«, fragte Merle traurig. Sie ahnte schon, dass Opilein das auch nicht wusste. Vielleicht war es ausgerechnet an diesem vermaledeiten Sonntagmorgen vom Schrank herunter gekommen und durch die offene Balkontür verschwunden, das unnütze Tier.

Gisela hatte überhaupt keine Zeit mehr, Merle musste ihren Großvater allein stützen, als er in die Bank ging – und hinterher erst recht. Er sackte auf ein kleines Mäuerchen vor einer Häuserreihe, wischte sich den Schweiß ab und sagte immer wieder: »Nein. Nein. Nein! Ich kannas nich glauben. Nein …«

Aber es sah so aus, als hätte Frau von Matzendorf, die Zugriff auf sein Konto besaß, für ihren Umzug eine Menge Geld benötigt.

»Sind wir jetzt wieder arm?«, fürchtete Merle.

Opilein antwortete nicht. Er sah so elend aus, dass sie ihn gern ins Krankenhaus zurück gebracht hätte. Dafür war keine Zeit: »Ich muss mich beeiln … Ich muss ganz schnell …« Opilein rannte schon wieder los, zu einer Telefonzelle, suchte fahrig nach Kleingeld, wühlte verzweifelt im Telefonbuch und fand nicht: »Wo stehter denn? Der muss doch hier …« Doch der Anwalt Frau von Matzendorfs schien ebenso verschwunden wie sie selbst nebst Neffe Bodo und allen Möbeln.

»Un heute nachmittach läuft die Bürgschaft aus!«, teilte Opilein Merle traurig mit. »Oha oha oha. Wir sin nich nur arm, oh nein, wir ham Schuldn nich zu knapp, so is das. Ich kannas nich glauben. Sonne feine Frau! 'ne Dame! Immer adelich, schon, bevor sie geheirat' hat. Mädel, so war sie doch nich, sach doch selbst ma. Der Neffe, der Bodo, der hat sie vielleicht zu irgndwas gezwung', wer weiß …«

Merle dachte, dass die Knutscherei nicht besonders zwanghaft ausgesehen hatte. Wozu jedoch sollte sie das arme Opilein jetzt noch damit quälen? Das brauchte er nie zu erfahren. Gut, dass sie den Brief an Butz noch nicht eingesteckt hatte.

Opilein und Merle, plötzlich wieder arme Leute, aßen eine Bratwurst am Imbiss im Stehen. Hinterher gingen sie zu einer Polizeistation. Opilein erstattete Anzeige und musste sich von den Polizisten erzählen lassen, auf so was hätte er aber auch nicht hereinfallen müssen. »So 'ne feine, adlige Frau!«, verteidigte er seinen Irrtum.

»Na, das wollen wir mal dahin gestellt sein lassen, wie adlig die Dame war.«, meinte der Oberpolizist nüchtern.

Dann fuhren sie mit der Straßenbahn nach Hause, um Esau hinaus zu lassen. Jetzt waren Taxis nicht mehr drin …

Opilein verbrachte den Nachmittag am Telefon zu Hause, versuchte herauszufinden, wie sehr er hereingelegt worden war, regte sich fürchterlich auf dabei und schwitzte, der Hörer war schon ganz glitschig.

»Wir müssn hier wech, raus ausse Wohnung!«, bekam Merle zwischendurch zu hören.

»Warum? Hat Frau von Matzendorf unsere Wohnung auch irgendwie verkauft?«

»Dies' ja nur gemietet. Un die Miete is hoch. Ich kriech nur noch meine normale kleine Rente, wie früer. Ansonssen ham wir nix wie Schuldn. Wie viel weiß ich noch nich. Wir müssn hier so schnell wie möchlich wech, inne billige Bleibe. Wir brauchn sofort 'n Nachmieter, vielleich könn wir den was von unsere Möbel verkaufn. Un vielleicht kriegn wir die Hälfte vonne Monatsmiete von ihn zurück. Ich muss mal guckn, vielleicht kann ich unser Anziehzeuch verkaufn oder zun Pfandhaus bring, nutzt nu auch nix mehr, was solln wir jetz noch in feine Plünn …«

»Können wir uns jetzt nie wieder was leisten?«, fragte Merle traurig.

Ihr Großvater blickte weit über eine Zimmerecke hinaus, er blickte in die Zukunft, und er sprach wie ein Pastor: »Der Herr hattas gegebn un der Herr hattas genomm, un ich will dir ma was sagn: einglich könn wir da froh über sein. Denn es steht geschriebn, eher geht'n Kamel durch'n Nadelöhr, als wie 'n reichen Mann in' Himmel komm tut.«

»Wie traurig. Wie traurig für König Salomo und König David«, sagte Merle spitz.

»Nee, moment ma. Also wenn ein sowieso durch un durch fromm is, denn gilt das nich. Dann schadet son büschen Geld nix …«

Das Telefon klingelte, dauernd rief irgendwer zurück, den Opilein sprechen wollte. Diesmal hielt er ihr den Hörer hin: »Für dich. Aber mach zu … Ich muss gleich wieder redn.«

Es war Angelika, zurück aus dem Urlaub.

»Ist alles in Ordnung mit dir, Merle? Ich hab geträumt, dass du traurig bist.«

»Bin ich auch. Ich muss dir viel erzählen …«

»Meine Mutter sagt, wenn wir wollen, kannst du über Nacht bleiben.«

»Opilein – darf ich zu Angelika und da übernachten? Bitte!«, sagte Merle beschwörend. Opilein nickte. »Gut, geh man. Aber denn bistu morgn früh wieder hier!«

Merle packte ihre Übernachtungssachen in eine kleine Tasche. Ihr fiel der Rest vom Gulasch ein, der noch im Kühlschrank stand. Sie füllte ihn in einen Topf, verlängerte mit etwas Wasser und Sahne, würzte nach und erhitzte alles. Das servierte sie ihrem Großvater zusammen mit getoastetem Weißbrot.

»Was' das denn, Mädelchen?«

»Unser Sonntagsgulasch. Das wäre doch sonst schlecht geworden. Ich hab's gestern verarbeitet.«

Opilein kostete – und lächelte zum ersten Mal an diesem Tag. »Das hassu fein gemacht! Was'n patente Deern! Danke, mein Kind…«

»Du – Opilein? Wir können doch hier in der Gegend in eine billige Bleibe ziehen, nicht? Ich muss doch nicht in eine andere Schule und weg von Angelika?«

Opilein hatte bestimmt gehört, was sie sagte. Er antwortete nicht, und das Lächeln verschwand wieder aus seinem Gesicht.

»Was ist bloß Schlimmes passiert?«, fragte Angelika besorgt. Sie war noch viel tiefer goldbraun gebrannt und ihr Haar von der Luganer Sonne gebleicht. »Ich muss sagen, wenn ich's nicht schon geträumt hätte, würd ich's dir an der Nasenspitze ansehen. Los, komm, wir gehen in mein Zimmer, da haben wir am ehesten Ruhe. Wenn wir draußen sind, wollen sie bloß dauernd was von uns.«

»Irgendwas stimmt nicht mit diesen Kindern«, meinte Frau Wieland, die mit ihrem Mann auf der Terrasse saß und ein Glas Rotwein trank. »Jeder ist an so einem schönen warmen Abend draußen und genießt die wunderbare Luft, du und ich, die Jungens, jeder. Aber die beiden Fräulein Naseweis sitzen im Kinderzimmer zusammen, als ob es hagelt. Warum bauen sie nicht wieder ihr Zelt auf? Warum toben sie nicht draußen herum? Jetzt ist es gleich halb zehn, und seit dem Abendessen hocken sie drinnen. Ich will ihnen mal ein bisschen die Leviten lesen.«

»Tu, was du für richtig hältst, Ilse«, brummte Herr Wieland.

Sie angelte nach ihren Sandaletten, stand auf, ging ins Haus und öffnete die Kinderzimmertür. Da saßen die beiden, der blonde und der rote Kopf dicht beisammen. Sie spielten keineswegs, sie redeten wohl nur.

»Was habt ihr denn jetzt schon wieder für weltbewegende Themen am Wickel? Kinder, benehmt euch doch mal eurem Alter entsprechend und spielt einfach unbeschwert. Ihr tut immer so wichtig wie kleine Erwachsene«, meinte sie und blickte die Mädchen missbilligend an. Sie sah nicht extra in Merles Richtung, doch sie war überzeugt davon, dass Angelika früher ein frisches, heiteres, ganz normales kleines Mädchen gewesen war, bevor dieses merkwürdige knochige Kind hier auftauchte.

»Merles Großvater ist auf der Straße zusammengebrochen und ins Krankenhaus gekommen«, sagte Angelika.

»Oh, das tut mir Leid. Wie geht es ihm?«

»Schon wieder besser. Aber ich mache mir natürlich Sorgen«, antwortete Merle, weniger um Kindlichkeit bemüht als gewöhnlich.

»Na, überlass das mal den Ärzten. Die haben das ja gelernt, die werden das schon richtig machen.«

Angelika ärgerte sich darüber, dass ihre Mutter immer noch so tat, als wäre alles gar nicht weiter schlimm: »Er ist doch schon über siebzig, Mutti. Was ist, wenn er stirbt?«

Frau Wieland schüttelte den Kopf und schaute aus dem Fenster in den bezaubernden hellen Abend. »Ja, was ist dann? Heutzutage irrt ein Waisenkind ja nicht mehr bettelnd und in Lumpen durch die Gegend. Wir haben schöne, moderne Heime, in denen Kinder wirklich gut aufgehoben sind.«

Merle schluckte. Ein Heim. Ein schönes, modernes Heim mit vielen netten Kindern. Nicht nur vormittags, sondern den ganzen Tag und die ganze Nacht. Da konnte sie sich überhaupt nicht mehr bergen. Und das auch noch ohne die süße Lichtgestalt ihrer Freundin, ohne ihren Schutz.

»Aber sie ist ja kein Waisenkind. Sie hat ja einen Vater. Der würde dann wohl entweder nach Deutschland kommen, oder dich nach Schweden holen, nicht wahr?«, setzte Frau Wieland hinzu. Immer, wenn sie von Merles Vater sprach, klang es ein wenig so, als bezweifle sie seine Existenz.

»Könnte Merle nicht einfach bei uns wohnen? In meinem Zimmer ist doch genug Platz. Wir würden auch bestimmt ganz, ganz gut in der Schule werden… ich brauch viel weniger von allem, was Geld kostet… Zum Beispiel weniger Kleider… Das ginge doch?«

Angelikas Mutter lächelte, fuhr jedem Mädchen mit einer Hand über den Kopf und ging zur Tür. »Ihr kleinen Spinner, das könnte euch so passen. Nicht nur am Wochenende die ganze Nacht durch quasseln, sondern jede Nacht, was? Kommt gar nicht in die Tüte. Jetzt wartet mal ab, bestimmt wird der Großvater bald wieder gesund. So, und nun schlaft schön und schnattert nicht mehr zu lange. Gute Nacht!«

»Die hat doch keine Ahnung!«, sagte Angelika wütend, nachdem Frau Wieland gegangen war.

»Deine Mutter würde eher ein Nashorn anschaffen als mich immer im Haus zu haben.«

»So ist das Leben. Aber egal. Wir bleiben Freundinnen, immer! Lass uns das schwören.«

»Wie denn? Auf die Bibel?«

»Ich glaub, wir haben gar keine. Nein, einfach so. Wir schwören, uns immer, immer beizustehen und uns nie zu verlassen. Ich schwöre.«

»Ich auch.«

»Wollen wir wirklich schlafen? Bist du schon müde?«

»Ich weiß nicht. Ein bisschen. Willst du mir noch was von dem Wolfgang erzählen? Er hat gesagt, du siehst aus wie ein Engel?«

»Engelchen. Wie ein Engelchen, hat er gesagt. So was geht natürlich runter wie Öl.«

»Ich sollte dich auch Engelchen nennen. Engelchen Angelika. Ja, und weiter?«

»Wir haben uns toll unterhalten, auch so vor den anderen. Wir haben die anderen richtig veralbert, uns so die Bälle zugeworfen.«

»Bälle?«

»Nein – Sätze, Witze. Das sagt man doch so… Wollen wir ein bisschen Radio Luxemburg hören? Merle – Babylein, weinst du?«

»Nur etwas. Entschuldige. Ich hab gerade so gedacht, vielleicht sehen wir uns jetzt lange nicht. Wenn wir weit weg ziehen… Irgend wohin, wo's billig ist... Wir werden kein Telefon haben und kein Fahrgeld für die Bahn. Vielleicht nicht mal Geld für Briefmarken, also jedenfalls nicht oft...«

»Oh, hör auf, das ist entsetzlich traurig. Ich werde dir immer schreiben, auch, wenn keine Antworten kommen. Und ich besuche dich, ich hab genug Taschengeld für die Bahn.«

»Hoffentlich verbietet dir das deine Mutter nicht, wenn wir arme Leute sind.«

»Dann soll sie's doch verbieten, dann mach ich's heimlich. Los, mach mal Platz, ich komm zu dir rüber. He, du – weinst du schon wieder? Ach, Kindchen, du musst nicht weinen. Was kann ich tun, was kann ich tun? Soll ich dir eine schöne Gutenachtgeschichte erzählen?«

Merle schnüffelte. »O ja, bitte. Vom Feuervogel.«

»Von was?«

»Von dem hat mir Butz immer erzählt, als ich klein war. Das ist ein schöner Vogel mit feurigem Gefieder, und der kann zaubern. Jedenfalls bekommt er alles, was er sich wünscht. Er wohnt im Schlosspark vom König, und die anderen Vögel können ihn nicht leiden. Eigentlich soll ich der Feuervogel sein, weißt du. Erzähl von dem...«

Angelika überlegte eine Weile, die Unterlippe zwischen den Zähnen. Dann begann sie: »Es war einmal, da kam die Tochter des Königs, die kleine Prinzessin Delia, nachts in den Schlosspark, weil sie so betrübt war. Ihre beste Freundin war von einem bösen Ritter gefangen worden und schmachtete eingekerkert am Ende der Welt. Der Feuervogel vernahm ihr Weinen und flog von seinem Baum zu ihr hinunter. ›Warum bist du so betrübt? Kann ich dir helfen?‹, fragte er. Prinzessin Delia klagte ihm ihr Leid. Da sagte der Feuervogel: ›Setz dich auf meinen Rücken, wir fliegen ans Ende der Welt.‹ ›Kannst du mich denn tragen, du schöner Vogel?‹, fragte die Prinzessin. Und der Feuervogel sprach: ›Oh, ich bin sehr, sehr stark...‹«

# *Im 6. Kapitel*

## *findet eine blitzartige Erleuchtung statt, wodurch Merle sich nachbarlich völlig anders verhält*

Opilein und Merle zogen in ein möbliertes Zimmer nach Wandsbeck. In der großen Altbauwohnung gab es noch drei weitere Mieter und das Vermieterehepaar Abel, barsch und humorlos. Es war gut, dass Emma sie verlassen hatte, denn Esau allein bereitete genug Verdruss, seinetwegen mussten sie mehr zahlen, weil er ›nachts bellen‹ könnte.

Einstweilen hustete Herr Abel, der Vermieter, nachts bellend. Der durfte das natürlich.

Die große Küche wurde von allen gemeinsam benutzt, deshalb gab es da außer dem Gasherd noch drei elektrische Kochplatten.

Das Klo war scheußlich, ganz am anderen Ende des Flurs, das riesige Milchglasfenster stand immer gekippt, was leider gar nichts half, zumal es nur ins Treppenhaus aufging und keineswegs in die frische Luft. Jeder der Mieter musste sein eigenes Klopapier dorthin mitnehmen und wieder zurück bringen.

Das Badezimmer sah ähnlich hässlich aus, und jeder Mieter durfte nur einmal in der Woche baden; waschen konnte man sich öfter, was vor allem am frühen Morgen zu großem Gedrängel führte.

Opilein hatte es geschafft, alle ihre Möbel dem Nachmieter zu verkaufen, so besaßen sie etwas Bargeld, um zu leben und die Versicherung und die Krankenkasse zu bezahlen, bis die Rente kam. Und den Tierarzt! Denn Esaus rückwärtige Wunde, die doch so schön geheilt war, hatte sich erneut infiziert und brauchte noch mehr Salbe. Er ließ sie sich nur von Merle auftragen, nach Opilein schnappte er und knurrte ihn an, als würde er ihm übel nehmen, ihn überhaupt je mit den giftigen Zwergpinschern in Berührung gebracht zu haben.

Merle schaute oft besorgt in den knarrenden alten Kleiderschrank, in dem jetzt ihre wenigen Sachen hingen. Aus den Sommerkleidern wuchs sie gerade schon wieder heraus, und sie hatte praktisch überhaupt keine Wintersachen, die auch nur annährend passten, nicht mal Schuhe. Opilein würde ihr etwas kaufen müssen. Was das sein würde, konnte sie sich ungefähr vorstellen: im Billigkaufhaus besorgt und billig aussehend.

Ihr Haar musste geschnitten werden, es stand schon wieder in die Luft und kringelte über die Ohren. Doch sie konnten selbstverständlich gar nicht daran denken, zum Friseur zu gehen. Opilein wuchs auch langsam auf dem Kopf das Weiße nach, das sah sehr sonderbar aus.

Die Straße, in der sie jetzt wohnten, war schmutzig und viel befahren. Merle dachte mit Sehnsucht an die hübschen Bäume und den kleinen Park in Lokstedt. Wenn Angelika und sie mit den Rädern fuhren, kamen sie immer ganz schnell zum Niendorfer Gehege, das war wie ein richtiger Wald. Es kam ihr so vor, als gäbe es in Wandsbek nur Fabriken und Wohnhäuser und Bürohäuser. Ihr Fahrrad hatte Opilein natürlich auch verkauft.

Sie sah sich manchmal die Schule an, in die sie nach den Ferien gehen würde: ein hässlicher, rotbrauner Kasten, sehr alt und so finster, als speichere er die Verzweiflung von vielen Schülern seit mehr als hundert Jahren.

Opilein rasierte sich jetzt nur noch jeden dritten oder vierten Tag, nicht wie früher jeden zweiten oder, wie zu Zeiten der Frau von Matzendorf, jeden Morgen. Ein weißgraues Gestoppel stand in seinem trübsinnigen Gesicht. Er las auch wieder viel in der Bibel, was er während seiner Vor-Verlobungszeit nicht getan hatte. Vor allem las er über Sünderinnen und Babylonische Huren.

Immerhin nahm er Merle nicht übel, dass sie auch zu den Weibern gehörte.

Sie lebten seit einer guten Woche in dem Zimmer, und Merle hatte Butz immer noch nichts darüber geschrieben. Sie wurde das komische Gefühl nicht los, alles, was passiert war, würde erst dadurch wirklich wahr, dass sie es ihrem Vater erzählte. Als könnte sich doch noch plötzlich etwas ändern, wenn sie es nicht tat. Er musste immer noch glauben, alles sei in bester Ordnung und die Verlobungsfeier seines Schwiegervaters mit einer adeligen, demnächst sehr reichen Dame fände nun bald statt.

Opileins Herz stolperte neuerdings öfter beim Schlagen, sodass er husten musste. Er ging deswegen zum Arzt, er nahm auch Medizin, er musste viel liegen und ruhen und traurig um sich blicken. Jetzt ging fast nur noch Merle mit dem Hund.

An einem trüben, grauen Nachmittag schlenderte sie mit Esau an der Leine die Straße entlang auf einen dunkelroten Kasten von Haus zu – bis sie plötzlich bemerkte, dass es sich schon wieder um ihre zukünftige Schule handelte, nur von der anderen Seite gesehen. Diese Perspektive schmeichelte dem Gebäude ebenso wenig.

Merle überquerte die Straße und bog ab, um zurück nach Hause zu gehen, als vier Kinder ungefähr in ihrem Alter – also so um zehn – vor ihr standen. Vier Jungen, geschmacklos und billig angezogen, mit derben Gesichtern und drohendem Ausdruck.

»Dein Köter hat vorhin an unser Haus gepinkelt. Meine Mutter will, dass du das wegmachst!«, behauptete einer von ihnen. Merle ging rückwärts, den widerstrebenden Esau hinter sich her ziehend.

»Guck mal, die ist genau so hässlich wie ihr Hund. Guck die Haare! Und dünn wie son Spargel! Komm mal her, du, willst du was an die Backen?«

Merle bückte sich, klemmte den Mops unter den Arm und begann, zu rennen, die Straße hinunter, an einer alten Fabrik vorbei, quer über einen Kinderspielplatz, auf dem kein Kind spielte, durch parkende Autos hindurch, über eine befahrene Straße, an verschiedenen kleinen Geschäften entlang, wieder schräg über eine Straße, auf eine Bushaltestelle zu, um eine Telefonzelle herum – und dann stellte ihr einer der Jungen von hinten ein Bein und Merle flog aufs Gesicht. Esau jaulte auf. Wahrscheinlich hatte er sich sein kaputtes Hinterteil gestoßen. Merle versuchte gar nicht erst, wieder hoch zu kommen. Sie ließ sich verhauen, hob beide Arme um ihren Kopf und wartete, bis es vorbei war. Übrigens war überhaupt nur noch einer der Jungen dabeigeblieben, die anderen hatten vielleicht nicht so schnell rennen können. Er schlug schnell und nicht sehr kräftig auf ihren Kopf und ihre Schultern ein, stieß auch hin und wieder mit dem Knie nach ihr, traf jedoch kaum. Endlich fand er es wohl selbst unbefriedigend, er drehte sich um und ging einfach. Merle blieb auf der Straße sitzen und weinte. Nicht, weil es so wehtat, sondern weil sie wieder da gelandet war, wo sie herkam.

Sie nahm den alten Hund auf den Arm, untersuchte sein Hinterteil, was er, ganz leise knurrend, zuließ, und tröstete ihn. Dann merkte sie, dass sie sich beim Hinfallen das Knie aufgeschlagen hatte. Sie stand auf und setzte sich mit Esau auf den Rand eines eckigen steinernen Blumenkübels. Hier holte sie ihr Taschentuch hervor, machte es mit Spucke nass und wischte vorsichtig am Knie herum. Die Blumen neben ihr dufteten, sie blieb einen Augenblick sitzen, um sich zu beruhigen und etwas Kraft zu schöpfen. Sie hatte keine Ahnung, wo sie sich befand. Sie würde fragen müssen, wie sie zurück kam. Hoffentlich machte sich Opilein keine Sorgen.

Plötzlich hörte sie Erwachsenenstimmen, zwei Männer. Die warteten offenbar auf den Bus und konnten sie nicht sehen, weil sie durch eine Ecke der Telefonzelle verdeckt war. Es dauerte einen Augenblick, bis sie begriff, dass von ihr die Rede war.

»... das ist nämlich genau das, was ich dir vorhin gesagt habe. Ein typisches Beispiel dafür. Das Kind rennt weg, als wär was Mächtiges und Gefährliches hinter ihr her, der Junge verfolgt sie, als wär sie winzig klein und schmächtig. War sie aber nicht – das Mädchen war doch ein ziemlicher Brocken, dünn vielleicht, aber groß, größer als er auf jeden Fall. Vielleicht war sie älter. So ungefähr zwölf, oder? Und der Junge vielleicht zehn und eher 'ne halbe Portion. Er verhaut sie, sie wehrt sich kein bisschen. Er ist stark und sie ist schwach, da sind sich beide einig. Reine Psychologie, nichts weiter! Er ist eben männlich und sie ist weiblich, da versteht es sich für beide von selbst, dass er prügelt und sie still hält.«

Die andere Männerstimme wandte ein: »Vielleicht sind die beiden ja Geschwister und sie wird von den Eltern benachteiligt und er vorgezogen?«

Und wieder die erste: »Von mir aus, das, was ich behaupte, bleibt bestehen: Es geht niemals um wirkliche Schwäche oder Überlegenheit, immer nur um die innere Überzeugung davon. Wenn einer von beiden überzeugt davon ist, steckt er den anderen an. Und das ist das Geheimnis jeder Kriegführung. Schon Bonaparte hat ...«

Der Bus kam, öffnete schnaufend die Tür, und die beiden Männer stiegen, weiterredend, ein. Merle pustete ihr kaputtes Knie. Es war ja anfangs nicht nur einer, dachte sie. Es waren vier. Und auch wenn sie kleiner sind als ich, vier sind doch mehr als einer. Ich hatte auch noch den kranken Hund dabei. Außerdem war ich so entsetzlich traurig darüber, dass es nun wieder los geht. Ich glaube, sogar, wenn er noch kleiner gewesen wäre, hätte ich mich nicht gewehrt. Ich war zu traurig, um mich zu wehren…

Aber wenn sie wirklich richtig darüber nachgedacht hätte, wäre ihr aufgefallen, dass sie sich noch nie gewehrt hatte, seit sie von anderen Kindern verhauen wurde. So, als existiere diese Möglichkeit überhaupt nicht. Sie lief weg, sie schützte sich ab, sie wartete, bis es vorbei war. Und wenn es sehr wehtat, schrie sie.

Sie lag auf ihrem nachts zum Bett umfunktionierten Sofa und wachte auf, weil es klingelte. Normalerweise ging sie das nichts an, Herr oder Frau Abel machten die Tür auf. Jetzt jedoch hatte sie das deutliche Gefühl, sie müsste hingehen. Sie guckte kurz zu Opileins Bett hinüber: er schlief, Esau zusammengerollt auf der Brust. Das soll er doch nicht, dachte Merle, der Arzt hat gesagt, das schadet seinem Herzen. Sie marschierte den langen, mit Linoleum belegten Flur hinunter. Die Türen zu den Zimmern und der Küche waren schmaler als sonst und saßen ein wenig anders, und da, wo der Flur eigentlich zu Ende war, führte er plötzlich weiter um die Ecke. Jetzt träume ich aber wirklich, oder? dachte sie.

Vor der Tür stand die liebe Frau. (Richtig, das ist meine Mutter, Elke. Opileins Tochter.) Sie nickte Merle zu und kam hinein. Auf dem Weg zu ihrem Zimmer begegneten sie Käthe Beetz, die mit müdem Gesicht und in Filzstiefeln auf dem Weg zum Klo war, mit einer Papierrolle unter dem Arm. Sie und Elke nahmen kaum Notiz voneinander, sie grüßten sich kurz und höflich wie Fremde.

Im Zimmer beugte sich Elke über Opilein und gab ihm einen Kuss auf die Stirn, dann setzte sie sich auf Merles Sofabett. Ihre Tochter setzte sich neben sie.

›Es ist wohl schwer, mal wieder, Herzchen?‹ fragte Elke Voß.

Merle nickte.

›Immer, wenn es schwer ist, will etwas gelernt werden. Tu, was dein Vater dir gesagt hat! Benutz deinen Verstand. Du willst doch wissen? Du willst immer wissen!‹ Elke schaute ganz eindringlich aus ihren großen dunkelbraunen Augen. Leider verstand Merle wenig. Sie konnte nur denken: weil meine Mutter braune Augen gehabt hat und Butz blaue, deshalb sind meine so komisch irgendwo dazwischen geworden …

Die braunen Augen guckten so lieb. Merle streckte die Hand aus und strich ihrer Mutter vorsichtig über die Wange. Da wurde sie in den Arm genommen, ganz innig und fest. Wie schön, eine Mutter zu haben! Merle schluchzte auf – und erwachte davon, diesmal richtig. Opilein und Esau schnorchelten leise, einander sehr ähnlich im Ton. Herr Abel bellte in seinem Zimmer. Vor dem Fenster fuhr ein Auto vorbei mit lauter Musik: »Schuld war nur der Bossa Nova …«

Merle schob ihre Arme unter den Kopf und dachte nach. Sie wollte wissen. Natürlich. Aber was?!

Herr und Frau Abel und alle ihre Mieter wohnten im ersten Stock. Im zweiten Stock, direkt darüber, auf der linken Seite, wohnte eine Familie Reiher, Vater, Mutter und zwei Söhne. Der ältere Sohn war schon erwachsen, der jüngere, Gunnar, ungefähr zwölf oder dreizehn Jahre alt und groß für sein Alter, denn er überragte Merle um einen halben Kopf.

Sie war ihm ein paar Mal direkt an der Haustür begegnet oder auf der Treppe, und sie meinte, er wäre eigentlich ein hübscher Junge. Glattes, sandfarbenes Haar fiel ihm in die Stirn und über die braunen Augen, seine kurze, feine Nase endete eine Spur hochgestülpt. Sein aufgeworfener, voller Mund schien ständig zu trotzen: Ja und? Was soll's?! Sehr kindlich wirkte er nicht mehr, keine Spur unsicher oder schüchtern.

Merle lächelte Gunnar manchmal ein kleines bisschen zu, wenn sie ihm begegnete. Sie wusste nicht genau, wie er das aufnahm. Er lächelte auf jeden Fall nicht zurück. Vielleicht bemerkte er sie überhaupt nicht.

Die Polizei suchte einstweilen vergeblich nach Frau von Matzendorf, ihrem Neffen Bodo und Hinnerk Meiners' Geld. Sie konnten

Opilein nur sagen, dass noch eine Reihe anderer Menschen geschädigt worden war und dass es allgemein um ganz schön große Summen ging.

»Das' doch alles den Bodo sein Werk! Sach doch nich, dass sie auf so was gekomm' is!«, grummelte Opilein. »Bodo hattas geplant, um seine Tante zu beerbn, sach ich dir. Un vielleicht tuter ihr nu auch noch was an! Damit er denn auch erbn kann. Oh nee, oh nee, oh nee. Wie soll ich ihr denn helfn, wenn ich nich weiß, wo sie is?«

Da er ihrem Nachmieter in Lokstedt auch ihren Fernseher verkauft hatte, konnte Opilein sich jetzt nicht von seinen trüben Gedanken ablenken. Er saß im Sessel, starrte dumpf vor sich hin und las manchmal in der Bibel. Seine Stumpen kaute er wieder, aber nur eine Viertellänge am Vormittag und eine Viertellänge am Nachmittag: »Wir müssn sparn.«

Merle fand, er hätte nicht so viel verkaufen sollen. Nicht seine teuren Anzüge – nur den ›Hinfall-Anzug‹, den er an seinem letzten Tag als reicher Mann trug, hatte er behalten wollen –, nicht ihr blaues Verlobungs-Leinenkleid. Besonders viel Geld gab es sowieso nicht dafür, bei weitem nicht so viel, natürlich, wie die Sachen ursprünglich gekostet hatten. Und den Fernseher hätten sie auch behalten sollen, dann könnte Opilein sich jetzt das Kinderprogramm angucken, das hatte ihn in den Vor-Frau-Matzendorf-Zeiten immer so erfreut. Er erklärte ihr, dass sie vor allem Schulden abbezahlen mussten. Indessen kam es Merle so vor, als würden sie das in diesem Leben sowieso nicht mehr vollständig schaffen.

Ein eigenes Telefon besaßen sie natürlich nicht. Im Flur der Abels, gleich neben der Haustür, gab es einen schweren schwarzen Kasten mit silberner Münzeinwurfvorrichtung. Der stand auf einer Kommode mit zierlich weggespreizten dünnen Beinen zwischen zwei Fünfziger-Jahre-Schalensesseln, einer in Pink, einer in Türkis.

Wie Merle schon befürchtet hatte, geizte Opilein nun mit den Pfennigen. Taschengeld war praktisch gestrichen und damit das Fahrgeld, um Angelika zu besuchen. Vielleicht wäre Merle nicht einmal hingefahren, wenn sie Geld gehabt hätte; sie fühlte sich einfach zu niedergeschlagen, um sich zu irgendeiner Unternehmung aufzuraffen.

Immerhin bekam sie täglich Post von Angelika. Viel gab es ja eigentlich nicht zu berichten, die Schule hatte noch nicht wieder angefangen und bei Angelika passierte auch nichts Ungewöhnliches. Doch sie schrieb; und sei es nur:

Liebe Merle,
heute fällt mir überhaupt nichts ein außer das Du meine allerbeste Freundin bist und immer bleibst. Ich hofe, es geht dir gut. Ich bete für Dich. Ich hofe, wir sehen uns balt wieder.
Ich habe Andreas meine Schultasche auf den Kopf gehaun, weil er sagt, wie gut, dass die entlich weg ist.
Alles liebe, immer deine
*Angelika*

Doch es gab auch längere Briefe, teilweise mit kleinen Zeichnungen am Rand. In einem ganz dicken Umschlag hatte sich sogar einige Märchen befunden, die sich Angelika selbst ausgedacht hatte:

Lis sie vor dem einschlafen, das sind meine Gutenachtgeschichten für dich!

Jeden Tag legte Merle einen Brief von Angelika in den alten Kleiderschrank in ihrem möblierten Zimmer. Immer wieder guckte sie dann sorgenvoll ihre paar Kleider und Hosen an. Die Latzhose, dachte sie, kann ich auch noch gut anziehen, wenn es kälter wird, einfach mit einem Pullover drüber. Die passt wenigstens. Sie fasste, ohne selbst zu wissen, wieso, in die große Latztasche – und griff einen Zehnmarkschein, der glatt darin lag. Merle sah das Geld mit ganz großen Augen an. Dann erinnerte sie sich: Den hatte ihr Opilein damals gegeben, in diesem anderen Leben, als sie noch glücklich waren.

So, wie es aussah, müsste sie ihm das Geld wohl zurück geben. Er war bestimmt nicht der Meinung, dass sie sich einfach ›Was Hübsches‹ kaufen sollte, jetzt nicht mehr. Er würde es nehmen, betrübt angucken und seinem vernünftigen Zweck zuführen wie zum Beispiel Margarine kaufen oder den Tierarzt bezahlen. Wenn sie den

Schein jedoch nicht gefunden hätte, würde er diese Dinge von anderem Geld bezahlen müssen …

Merle war kein übertrieben selbstloses Kind. Trotzdem dachte sie keinen Augenblick daran, sich jetzt selbst etwas zu gönnen, Angelika zu besuchen oder dergleichen. Sie überlegte vielmehr, womit sie Opilein etwas aufheitern könnte. Im Moment war er beim Arzt, und wenn er wieder kam, wollten sie ihren Nachmittagstee trinken. Dazu gab es nicht mehr, wie zu Zeiten des Reichtums, ein Stückchen Kuchen, sondern eine halbe Scheibe Schwarzbrot mit Margarine und Erdbeermarmelade bestrichen für jeden. Merle hatte den Verdacht, man könnte Kekse kaufen, die auch nicht teurer waren als Schwarzbrot und Marmelade. Vielleicht bereitete es ihrem Großvater ein bitteres Vergnügen, wenn schon arm, dann auch richtig und mit aller Wucht arm zu sein. Als wollte er sich selbst bestrafen. Oder als läge ein romantischer Trost in der Dramatik. Dabei liebte er Kuchen, vor allem Baiser, diese leichten, trockenen weißen Wölkchen, mit Sahne gefüllt.

Merle beschloss, schnell los zu gehen und für den Nachmittag etwas Kuchen zu kaufen. Sie dürfte Opilein bloß nichts von dem Geld erzählen. Sonst war der Rest nämlich weg, für ›vernünftige Sachen‹. Nicht nur das: wahrscheinlich würde er schimpfen und sich aufregen, dass sie etwas so Überflüssiges wie Kuchen gekauft hatte. »So was in unsere Lage!«, würde er ausrufen, ohne sich zu freuen.

Merle knipste Esau die Leine an sein Halsband und lief mit ihm die Treppe hinunter, zwei Straßen weiter, zur Bäckerei Sandemann, wo sie sonst Brot kauften.

Sie band Esau draußen an den Hundering und trat ein. Wie erfreulich, außer ihr und der dicken Frau Sandemann befand sich niemand im Laden.

»Frau Sandemann, ich möchte gern Kuchen haben. Aber Sie müssen ihn mir schenken!«, verlangte Merle, wobei sie, um keine Missverständnisse aufkommen zu lassen, den Geldschein auf die gläserne Theke packte. Frau Sandemann blinzelte misstrauisch und humorlos. »Was?«

»Also, ich denk mir das so: Sie schenken mir Kuchen. Und dann schenke ich Ihnen genau so viel Geld, wie der kosten würde.«

Frau Sandemann schüttelte den Kopf, nicht weil sie dagegen war, sondern um anzudeuten, dass bei Merle eine Schraube locker sei. Immerhin sah der Zehnmarkschein aus wie ein guter, echter Zehnmarkschein. »Was für Kuchen?«

»Zwei Stückchen Sahnebaiser, bitte.«

Frau Sandemann legte den Kuchen auf ein kleines weißes Papptablett und schlug das Papier gekonnt locker drum herum. Dann griff sie wortlos nach dem Geld, öffnete die Kasse, suchte das Wechselgeld heraus und legte es Merle mit ausdruckslosem Gesicht hin.

»Frau Sandemann: Wenn mein Großvater fragen sollte, dann sagen Sie bitte, Sie hätten mir den Kuchen geschenkt. Abgemacht?«

»Wir verschenken nichts.«

»Ich weiß. Es ist ja nur... Ich will ihm eine Freude machen, und es soll ihm nicht um das Geld leid tun, verstehen Sie? Wenn er glaubt, es hat nichts gekostet, regt er sich nicht auf.«

Frau Sandemanns rundes Gesicht nahm einen etwas wacheren Ausdruck an. »Ach so, jetzt versteh ich. Ja, alte Leute sind komisch. Und je älter sie werden, umso schlimmer wird das. Gut, wenn er fragt, denn sag ich das...«

»Danke!« Merle strahlte. Frau Sandemann zeigte im weitesten Sinne etwas wie ein Lächeln.

Das Kind balancierte sein Kuchenpaket sehr vorsichtig in der rechten Hand, während es mit den linken Esau vom Hundering löste. Merle hatte sich in der letzten Zeit angewöhnt, ziemlich krumm und mit gesenktem Kopf zu gehen. Dann sah man nicht so, wie groß sie war, und ihr Gesicht fiel auch nicht so auf. Darüber hinaus passte diese Haltung zu ihrer Gemütsverfassung.

Doch jetzt ging sie etwas aufrechter. Vor der Haustür stand der hübsche Junge aus dem zweiten Stock, Gunnar Reiher, und blickte ihr entgegen.

Merle lächelte ihn wieder an. Sie hoffte, er würde ihr die Haustür öffnen, denn sie trug ja in der einen Hand das Paket und in der anderen die Hundeleine.

»Wenn ihr zu Hause einen Spiegel hättet, würdest du andere Leute nicht so angrinsen. Dann wüsstest du nämlich, was deine Fresse für eine Zumutung ist«, sagte Gunnar Reiher. Es war das erste Mal, dass Merle ihn reden hörte. Er sprach mit ziemlich leiser Stimme, fast wie ein Erwachsener.

Eine Sekunde lang konnte sie nicht glauben, was sie gehört hatte. Aus irgendeinem Grund – vielleicht, weil er gut und gepflegt aussah – hatte sie geglaubt, er wäre nett.

Sie wollte gerne sagen: Warum redest du so? Du kennst mich überhaupt nicht, und du redest, als ob du einen Grund hättest, mich zu hassen.

Doch sie brachte nur mühsam hervor: »Was hab ich dir denn getan?!«

Gunnar sah sie von oben bis unten an, ihr blasses, entgeistertes Gesicht, die knochigen Schultern, die langen dünnen Beine mit den dicken Kniegelenken, eins davon frisch verschorft, die großen Füße in den braunen Sandalen, den zitternden, schäbigen Mops, das Kuchenpaket. »Getan? So jemand wie du muss nicht extra was tun. Ich seh dich ja immer mal hier rumrennen seit ein paar Tagen. Du siehst nicht nur eklig aus. Du bewegst dich falsch, du gehst falsch und du guckst falsch. Wahrscheinlich redest du auch falsch, da muss ich dich gar nicht erst hören. So einen wie dich hab ich in meiner Klasse, den kann keiner leiden, der kriegt immer nur Kloppe. Der ist auch so – anders. Das kann ich nicht erklären. Aber ich kann's riechen. Du bist anders als die anderen. Und ihr bildet euch da immer noch was drauf ein …«

Es sah so aus, als wollte Gunnar noch weiter reden. Merle hatte genug. Sie nahm das Kuchenpaket in den linken Arm und streckte die Hand nach der Klinke der Haustür aus. Vielleicht hatte diese Bewegung etwas Aggressives. Gunnar packte ihr rechtes Handgelenk und drehte es scharf nach hinten. Merle konnte einen Schmerzenslaut nicht unterdrücken. Das Kuchenpaket fiel mit einem klatschenden Geräusch auf den Boden, Esau sprang gerade noch zurück, bevor es ihn traf, schnüffelte dann aber interessiert dorthin. Gunnar trat mit seinem Schuh zweimal nachdrücklich das Paket platt, Sahne und Baisersplitterchen spritzten heraus.

Eigentlich war das recht gewagt; er musste doch damit rechnen, dass Merle im Auftrag eines Erwachsenen unterwegs war und ihn verpetzen würde. Sicherlich plante er, in diesem Fall alles zu bestreiten. Vielleicht wollte er behaupten, er hätte genau gesehen, wie Merle das Paket aus Unachtsamkeit fallen ließ, und nun wollte sie ihn beschuldigen, um nicht bestraft zu werden. Ja, wahrscheinlich hoffte er, sie würde ausgeschimpft werden oder sogar Prügel bekommen, wenn sie ohne Paket oder mir kaputtem Kuchen nach Hause kam.

Esau begann, zu schlabbern, was er erwischen konnte. Gunnar ließ Merles Handgelenk los, er schleuderte es richtig von sich, mit einer verächtlichen Geste. Dann drehte er sich um und ging mit leichten, selbstbewussten Schritten die Straße entlang davon.

Merle hob das platte Paket vorsichtig auf, zog den Hund mit ins Haus und gleich durch die Kellertür, die Treppe hinunter zu den Mülleimern. Sie fühlte sich zu betäubt, zu versteinert, um zu weinen.

Opilein war in der Wohnung, vom Arzt zurück, und wunderte sich, dass sie mit dem Hund gegangen war: »Um solche Zeit, Mädel? Wieso das?«

»Ich hatte das Gefühl, es war dringend. War es aber gar nicht«, sagte Merle leise.

Opilein hatte schon Teewasser aufgesetzt. Merle bestrich die Schwarzbrote mit Margarine und Marmelade.

Nachdem er das erste Mal abgebissen hatte, geriet dem alten Mann irgendetwas zwischen Gaumen und Gebiss, ein Krümel oder ein Marmeladenkörnchen. Er versuchte zunächst, es durch Verschieben seines Unterkiefers zu entfernen, ruckelte dann mit dem Kinn auf und ab und spülte schließlich mit einem Schluck Tee in seinem Mund herum. Merle beobachtete ihn gerührt. Sie erinnerte sich, dass Angelika mal gesagt hatte, Opilein sei irrsinnig goldig. Das war er wirklich. Sie stand auf, knuddelte ihn und gab ihm einen Kuss auf die Nase.

In dieser Nacht dachte Merle Voß darüber nach, ob sie sich umbringen sollte und wie am besten. Was konnte sie denn sonst tun?! Wo immer sie war, so lange sie am Leben blieb, steckte sie in dieser sommersprossigen Haut, die von allen normalen Menschen gehasst wurde. Sie wusste nicht einmal, was sie falsch machte, wie sie ging und guckte – aber Gunnar hatte vollkommen Recht: jeder roch es, jeder merkte es sofort, sie brauchte nicht mal was zu sagen.

Sie konnte sich nicht davor drücken, zur Schule oder einfach nur auf die Straße zu gehen. Wohin sie auch blickte, sie sah nirgends Hoffnung, nirgends eine Möglichkeit. Sie konnte überhaupt nichts tun, um ihre Situation zu ändern – außer, nicht mehr da zu sein.

Ihr fielen verschiedene Methoden ein, sich aus dem Leben zurück zu ziehen, sogar einige, die einfach nach einem Unfall aussehen würden. Trotzdem kam ihr immer wieder in den Sinn: selbst, wenn es nur ein Unfall ist – das hält Opilein jetzt nicht auch noch aus. Und Butz, im Gefängnis, der schon seit fast zwei Wochen nichts von ihr gehört hatte und sich sicher Sorgen machte, dem durfte sie das eben so wenig antun. Die beiden, dachte sie, haben auch nicht gerade viel Hoffnung auf der Welt. Und sie haben mich jedenfalls lieb.

Dann dachte sie auch noch an Esau, der sich nur noch von ihr die Salbe auftragen ließ, von keinem sonst, nicht mal vom Tierarzt selbst. Der brauchte sie doch auch, dieser hässliche alte Hund…

Nun waren die Sommerferien bald zu Ende. In fünf Tagen würde Merle in die bedrohliche rote Schule gehen müssen, den bedrohlichen fremden Kindern entgegen. Na, einen kannte sie ja schon, Gunnar Reiher. Und die vier kleinen Jungen, die sie und Esau gejagt hatten, waren sicher auch dort Schüler.

Noch einmal war es außerordentlich heiß geworden und zudem drückend. Opilein saß sehr blass und klein in seinem Sessel und atmete mühsam. »Mir's ga nich gut!«, sagte er zu Merle. »Was meinstu, soll wir ma den Arzt anrufn?«

Bevor sie darüber nachdenken konnten, fiel er bereits auf die etwas abgeschabte Perserbrücke der Abels. Merle rannte zum Schrank, wühlte in der Latzhose (sie hatte ihr restliches Geld fest in ein Taschentuch gewickelt, damit es nicht klimperte) und lief damit in den Flur, um das Telefon mit Münzen zu füttern und einen Unfallwagen anzurufen.

Frau Abel war ziemlich beleidigt, dass zwei weiß gekleidete Männer mit Opilein auf einer Bahre aus ihrer Wohnung ins Treppenhaus eilten, während unten der Wagen mit weit geöffneten Türen dastand. »Was macht denn das für'n Eindruck!«, sagte sie hinterher vorwurfsvoll zu Merle.

Am Nachmittag rief sie selbst mit säuerlicher Miene Merle ans Telefon. Das Krankenhaus war dran und informierte sie, dass ihr Großvater auf jeden Fall die nächsten beiden Tage dort bleiben würde. Sie wüssten noch nicht genau, was es war.

»Und was wird nu mit dir?«, fragte Frau Abel das Mädchen finster.

Merle antwortete nicht. Sie ging in ihr Zimmer und überprüfte die Vorräte, Brot und Büchsen, dann guckte sie in einem der beiden großen Kühlschränke in der Küche nach. Die beiden untersten Fächer waren für sie und Opilein reserviert. Sie fand Möhren, vier Kartoffeln, einen halben Weißkohlkopf, eine kleine Tüte voller Fleischabfälle vom Schlachter, drei frische Eier und Margarine.

Aus dem kleingeschnippelten Weißkohl, den sie in Margarine anbriet und dann gar dünstete, machte sie sich ein schönes Mittagessen. Esau bekam einige Löffel Fleischabfall mit einer halben klein geschnittenen Möhre und etwas Reis gekocht.

Wie gut, dass ich so was schon kann, dachte Merle beim Kochen, verzweifelt um Frohsinn bemüht. Aber wie wird es weiter gehen, wenn Opilein so krank ist, dass sie ihn operieren und es lange dauert? Wo soll ich bloß Geld hernehmen?

Ihr fiel wieder das ›moderne Heim‹ für Waisenkinder ein. Hunde durfte man da bestimmt nicht haben. Also kam Esau ins Tierasyl. Oder sie ›schläferten ihn ein‹. Merle weinte in das Hundefutter.

An diesem Nachmittag war es sehr still in der Wohnung, weil die meisten Mieter etwas vor hatten und gegangen waren. Dann verließen sogar die Abels das Haus. Merle war allein. Sie trat ans Fenster und sah hinaus.

Draußen hatte es sich seit einigen Stunden immer mehr bedeckt und bezogen, nun war es dunkel geworden, lange vor dem Abend. Dunkle Wolken bewegten sich recht schnell über den Himmel. Seitlich, von der Stadt her, drohte eine schwarze Wand, darunter leuchtete es bedrohlich kupferfarben und orange. Auf der Schwärze zeigte sich ein unruhiges, zitterndes Glimmern, wie von einer kaputten Lampe. Wetterleuchten, dachte Merle. Da kommt ein Gewitter. Es kommt näher hierher.

Riesenangst überwältigte sie. Was sollte sie jetzt nur tun?

Sie steckte den Daumen in den Mund. Die Bäume auf der Straße wurden von heftigen Windstößen beiseite gebogen. Ein Blitz zuckte, verzweigte sich, verschwand. Bald darauf grummelte der Donner. So nahe ist es schon! Und ich bin alleine. Kein Opilein, der mich in den Arm nimmt.

Neben ihr, auf dem Boden, winselte Esau leise. Merle hockte sich zu ihm herunter, streichelte seinen runden Kopf und murmelte beruhigende Worte an ihrem Daumen vorbei. Dem kleinen Kerl war auch bange. Hatte ja seit jeher mitbekommen, wie sein Herrchen schlotterte, sobald es ein Gewitter gab. Das hatte doch Tante Käthe gesagt: Hinnerk hat sein Leben lang Angst gehabt vor Blitz und Donner. Vielleicht, dachte Merle plötzlich, fürchtet sich der Hund überhaupt bloß, weil er das immer bei Opilein gesehen hat.

Sie ließ den fiependen Esau im Stich, richtete sich groß auf und starrte in den Himmel, ohne ihn wahrzunehmen.

Vielleicht war das bei ihr genau so? So lange sie sich erinnern konnte, hatte ihr Großvater sie getröstet, wenn es nur von ferne donnerte und blitzte. Hatte sie denn überhaupt vorher selbst Angst gehabt? Hatte es ein Vorher gegeben?

Ein scharfer Blitz – wildes Getöse. Merle richtete ihre Augen darauf, als ob sie es im Kino sehen würde. Es ging sie nichts an. Es betraf sie in keiner Weise.

Sie nahm den Daumen aus dem Mund und wischte ihn geistesabwesend an ihrem Pulli trocken.

Es war nicht ihre Angst. Es war immer nur Opileins Angst gewesen.

Sie hatte das Gefühl, in einem dunklen Flur zu stehen, in dem sich rechts und links mit immer größerer Geschwindigkeit Türen öffneten, und hinter diesen Türen war es hell.

Sie hatte gar keine Angst.

Vielleicht hatte sie nicht nur vor Gewitter keine Angst? Sie fürchtete sich nicht vor Butz, das tat sonst jeder. Sie sah Opilein vor sich, der mit schriller Stimme rief: »Hau mich nich!«, wenn Butz bedrohlich auf ihn zu kam.

Merle griff mit beiden Händen die Fensterbank und hielt sie ganz fest. Inzwischen prasselte der Regen wild an die Scheibe, Blitz und Donner geschahen abwechselnd oder gleichzeitig, direkt über ihr. Merle fing an, zu lachen. »Ich hab keine Angst vor dir!«, brüllte sie das Gewitter an.

Sie knipste Esau an die Leine und wollte ihn zur Tür ziehen, aber er verkrallte sich so in der Perserbrücke, dass die unter ihm ein Knäuel bildete. »Es ist nur ein Gewitter. Es ist überhaupt nicht gefährlich!«, versicherte sie dem Hund. Der guckte sie an, als wäre sie verrückt geworden. »Gut, dann bleib eben hier – ich will raus …«

Merle nahm ihren Schlüssel und rannte los. Sie polterte die Treppe hinunter, riss die Haustür auf und machte einen Satz nach draußen. Sofort wurde sie geduscht – der Regen war kühl, nicht kalt, richtig erfrischend. Sie rannte umher, sprang extra in Pfützen, hielt dem Regen ihr Gesicht entgegen, versuchte, ihn zu trinken und mit der Zunge aufzufangen. Es donnerte, es blitzte, es konnte ihr überhaupt nichts anhaben! Sie musste immer noch lachen, und sie schrie mit zusammengekniffenen Augen nach oben, in den Himmel hinauf: »Ich hab keine Angst! Ich hab keine Angst!«

Irgendwann konnte sie nicht mehr, irgendwann gab auch das Gewitter auf. Es wurde heller da oben, die Wolken trieben schon wieder auseinander, der Regen kam nur noch fein und schwächlich. Blitze gab es nicht mehr, nur noch von Ferne etwas Donner. Merle lehnte sich an eine Hauswand und holte tief Luft. Sie war unglaublich nass. Ihre Füße rutschten haltlos in den Sandalen hin und her. Ihr Rock triefte und tropfte. Von den Haaren auf ihrer Stirn rieselte es über ihr Gesicht. Sie zitterte, nicht vor Kälte, sondern vor Aufregung und Anspannung. Es war der wichtigste Augenblick ihres Lebens. Sie war gerade geboren worden.

Sie guckte dem Gewitter hinterher, das nach Osten abzog, und bemerkte auf der blauschwarzen Wolkenwand dort hinten einen blassen Regenbogen, der immer kräftiger wurde, je mehr die Nachmittagssonne ihn beleuchtete.

Merle nickte. Gut, dachte sie, gut! Als wäre der Regenbogen der fällige Stempel unter ihr neues Lebensgefühl.

Übrigens wurde ihr nun doch langsam kalt. Sie zog die Haustür auf, knipste das Licht an und tropfte auf die Fliesen.

»Pfui Deibel, das ist ja kaum zu überbieten«, sagte Gunnar Reiher, der gerade aus dem Haus wollte und ihr nun gegenüber stand. »Geh beiseite – Hau ab!« Er stieß sie nur mit den Fingerspitzen, um möglichst wenig nass zu werden.

Sie zuckte für den Bruchteil einer Sekunde zurück. Er war gefährlich. Er war einer ihrer vielen Feinde. Und sofort folgte wieder die ganz große Erkenntnis: Ich habe keine Angst. Meine Angst war immer nur ein Irrtum! Ich habe keine Angst!

Hätte er dasselbe eine Stunde früher gemacht, wäre überhaupt nichts passiert. Merle hätte sich wahrscheinlich an die Wand gedrängt, weggeduckt, in der Hoffnung, er würde es damit gut sein lassen.

Inzwischen hatte er es mit einem anderen Menschen zu tun.

Niemals hatte Merle ihre Verfolger gehasst. Sie hatte sie immer nur gefürchtet, gehofft, im Guten mit ihnen zurechtzukommen, sich durchzuschummeln, von ihnen doch noch anerkannt und angenommen zu werden.

Jetzt fühlte sie zum ersten Mal Wut, eine starke, herrliche Wut, die sie von innen her wärmte. Sie schwamm auf großen, schäumenden Emotionswellen. Und jetzt, als sie in das angeekelte, feindliche Gesicht dieses Jungen sah, wurde sie wie ein Surfer auf seinem Brett von einer anwachsenden, sich aufbäumenden Woge gehoben, immer höher, immer steiler.

Gunnar stand etwas verwirrt da. Er sah in dem Gesicht dieses unangenehmen Mädchens etwas, das er nicht deuten konnte, noch nie gesehen hatte, das nicht da hin gehörte. Er packte sie an ihrer nassen Schulter, um sie gegen die Reihe blecherner Briefkästen zu schleudern. Merle fuhr ihm im selben Augenblick mit gespreizten Fingern ins Gesicht, verkrallte sich in seinem Haar, in seinen Augenlidern. Gleichzeitig sprang sie ihn an und umklammerte mit beiden Beinen seinen Körper. Die große Welle wuchs immer noch, höher und höher.

Gunnar wehrte sich. Er war ein kräftiger, sportlicher Junge. Er war gewohnt, sich mit anderen Jungen zu prügeln, im Spaß oder im Ernst. Er hatte es auch schon mit unfairen kleinen Feiglingen zu tun gehabt, die sich nicht an die Regeln hielten, die kratzten oder traten oder spuckten.

Er hatte jedoch noch nie erlebt, dass jemand die Fingernägel hinter seine Ohren grub, um sie abzureißen, dass jemand nach seiner Oberlippe schnappte und richtig fest zubiss, dass jemand den eigenen Kopf wie eine Rammkugel in sein Gesicht krachen ließ. Soweit er noch denken konnte, wurde ihm klar: Dieses Mädchen war völlig verrückt, und sie versuchte gerade, ihn zu ermorden! Sie schien keinen Schmerz zu spüren (denn er hatte ein paar Fausthiebe gelandet, die sie eigentlich hätten zu Verstand bringen müssen). Sie schützte sich in keiner Weise ab. Sie war rasend. Ab und zu sah er im trüben Licht der Treppenhauslampe ihr nasses Gesicht, und das machte ihm Angst. Sie strahlte auf entsetzliche Art, sie sah glücklich aus.

Er nahm alle Kraft zusammen – zweifellos war er viel stärker als sie –, riss sie an den Händen zurück, warf sie auf den Rücken und hockte sich über sie. »Du tollwütige Ratte!«, zischte er atemlos. Er spannte die Finger, um ihre Gelenke beide mit einer Hand zu halten und sie mit der anderen zu ohrfeigen, ihr dieses Grinsen aus dem Gesicht zu schlagen. Merle spuckte ihm in die Augen und trat ihm in den Magen. Er flog hintenüber, sie sprang mit beiden Füßen auf seinen Bauch. Gunnar würgte. Das Mädchen krallte eine Hand schon wieder fest in seine Haare und schlug seinen Kopf auf die Fliesen. Er versuchte, die Hand zu lösen, riss an ihrem Kleid und bekam ihre Faust ins Gesicht, in ein Auge, auf die Nase, dann auf den Hals.

Merle dachte nichts. Sie war nur noch Energie, eine grelle, scharfe Vernichtungsenergie. Sie spürte nicht die geringste Angst, keinen Schmerz, kein Mitleid, keine Hemmung. Sie wurde von der Welle getragen. Sie hatte sich noch niemals so gut gefühlt, so mächtig, so allmächtig. Sie schlug wieder und wieder zu, und der Junge hielt sich jetzt nur noch die Unterarme vor sein blutendes Gesicht. Er stieß seltsame Jammergeräusche aus.

Da wurde Merle von hinten gepackt, festgehalten, hochgezogen und auf die Beine gestellt, von einem ganz übermächtigen Gegner. Das Aufwachen tat weh. Sie sah verwirrt auf, in ein bekanntes, wenn auch verändertes Gesicht, schmaler, mit Augenringen und sehr kurzem Haar, trotzdem unverkennbar: »Butz!!«, rief sie ungläubig.

Er ließ sie los, weil er merkte, dass ihr Kampfrausch vorbei war, richtete sich auf und lachte sie an. »Feuervogel! Du kleiner Tiger! Das ist typisch meine Tochter!«, sagte er stolz zu jemand, der hinter ihm stand, näher bei der Eingangstür.

Gunnar Reiher krabbelte mühsam hoch und hielt sich dabei an den Briefkästen fest, gegen die er Merle hatte werfen wollen. Er sah nicht gut aus. Auf seiner Stirn saß eine Wunde, seine linke Augenbraue wurde dick, die Oberlippe schwoll nach dem Biss an. Da er immer noch weinte, tropfte ihm Schleim aus Mund und Nase, der sich mit dem Blut seiner Verletzungen mischte. Er blickte Merle und Butz an, stampfte plötzlich mit dem Fuß auf und rief undeutlich etwas von »Polizei, verdammt!«.

Da trat der Mann auf ihn zu, der vorher hinter Butz gestanden hatte. »Hast du gerade nach der Polizei gerufen, mein Freund? Was bist du für ein Glückspilz, schon steht sie vor dir. Ich bin Polizist. Kommissar Baczinski. Was kann ich denn für dich tun?«

Butz grinste. Gunnar und Merle blickten Kommissar Baczinski erstaunt an.

Gunnar sprach dumpf, als hätte seine Zunge auch etwas abbekommen: »Die hier hat mich verprügelt – aufs Gemeinste! Die müssen Sie anzeigen …«, verlangte er, während er sein Gesicht abtastete. Sein aufgeworfener, trotziger Mund schien jetzt anzudeuten: so was kann man doch mit mir nicht machen!

»Was ich muss oder nicht muss untersteht natürlich meiner alleinigen Entscheidung. Im Übrigen hast du es ja gerade angezeigt. Bist du von diesem – Kind etwa grundlos angefallen worden? Oder hat sich die Kleine nur verteidigt?«

Eigentlich, dachte Merle, die langsam wieder zu sich kam, könnte ich jetzt ja sagen, dass er angefangen hat. Und ich könnte gleich noch erzählen, dass er mir neulich den Kuchen zertrampelt hat. Seltsamerweise verspürte sie nicht das geringste Bedürfnis danach. Jahrelang hätte sie nichts dringlicher gewünscht, als dass ein Polizist auftauchen würde, wenn andere Kinder sie schlugen. Jetzt, genau jetzt, war es zu spät. Sie brauchte keinen Verteidiger mehr. Sie würde sich in Zukunft immer selber helfen können.

»Na, so klein ist die ja auch wieder nicht«, gestattete Gunnar sich schnippisch anzumerken. So sprachen Kinder nicht mit Erwachsenen, und schon gar nicht mit Polizisten. Kommissar Baczinski richtete sich drohend auf.

Da sagte Merle: »Ist schon gut, Herr Kommissar. Er hat jetzt Angst, deshalb ist er frech. Das müssen Sie nicht beachten.«

Sie warf ihrem blutenden Nachbarn einen verächtlichen Blick zu, nahm Butz' Hand und zog ihn hinter sich her, die Treppe hinauf.

Baczinski fuhr dem Jungen mit der flachen Hand dicht über den Kopf, sodass seine hellen Haare etwas zu Berge standen. »Schön, mein Freund, nun werd mal wieder ruhig!«, riet er. »Geh hin, wo du hergekommen bist und verhalt dich friedlich. Ich möchte von dir so bald nichts mehr über kleine Mädchen hören, von denen du dich bedroht fühlst.«

Er schritt hinter Merle und Butz die Treppe hinauf, sein langer Gummi- oder Kunstledermantel schwang hinter ihm her. Gunnar blieb stehen, unsicher und misstrauisch, und betastete vorsichtig seine geschwollene Augenbraue.

Als Kommissar Baczinski schwungvoll auch in den zweiten Stock steigen wollte, hielt Merle ihn am Gummiärmel fest und zog ihn zurück vor die Tür mit dem Messingschild: *R. Abel* »Hier. Moment – ich muss meinen Schlüssel rausholen …«

Wie gut, dass niemand da war. Abels wären bestimmt dagegen gewesen, dass ein so nasser Mensch wie Merle in ihrer Wohnung herumlief. Merle schob die beiden Männer in ihr Zimmer, holte sich ihre Latzhose, einen leichten Pulli und ein Handtuch aus dem Schrank und rannte damit den Flur entlang zum hässlichen Badezimmer, um sich da umzuziehen. Dabei bemerkte sie im Spiegel erst ihr aufgeschürftes Kinn und beim Abtrocknen die blutigen Fingerknöchel. Beim Kämpfen hatte ihr nichts wehgetan.

Als sie zurück kam, flog sie Butz in die Arme: »Du bist draußen! Du bist draußen! Wieso jetzt schon? Hast du dich so gut geführt?«

»Ich hab mich phantastisch geführt. Jetzt bin ich auf Bewährung frei. Übrigens hättet ihr mir ruhig schreiben dürfen, dass ihr aus Lokstedt weggezogen seid! Wir haben eine Weile gebraucht, um euch zu finden. Was ist euch denn passiert?« Butz sah sich in der düsteren Möbelwelt der Abels um. »Und wo ist Hinnerk? Sein blöder Mops ist immerhin noch da …«

Esau saß in einer dunklen Zimmerecke, dicht an den Schrank gedrückt, und nahm übel, dass Merle ihn bei Gewitter allein gelassen hatte. Ab und zu knurrte er leise vor sich hin, und er sah ganz betont keinen der Menschen mit seinen etwas vorstehenden, von Natur aus vorwurfsvollen Augen an.

»Opilein ist im Krankenhaus. Heute Morgen, als es so heiß war, ist er hingefallen. Seine Braut ist nämlich weg – und sein ganzes Geld. Das hat seinen Kreislauf kaputtgemacht. Da hat er alles verkauft, was wir noch hatten, damit wir etwas Geld haben für die Miete hier und den Tierarzt und um Schulden abzustottern.«

Butz machte große Augen: »Wie ist das denn möglich?«

Merle erzählte, so ausführlich es sich machen ließ vor einem fremden Menschen und noch dazu einem Polizisten. Sie wollte Opilein auch nicht als Dummkopf dastehen lassen, deshalb ließ sie die Geheimnisse um Frau von Matzendorf und ihren Neffen ganz besonders im Dunkeln.

Trotzdem bekam Butz einen Lachanfall, als er begriff, worum es ging: »Ausgerechnet Hinnerk! Ausgerechnet mein gottesfürchtiger Schwiegervater verfängt sich in den Lockungen des Weibes und kommt zu Fall! Batsch, du weißt gar nicht, wie ulkig das ist!«

Merle sah ihren Vater vorwurfsvoll an, was dem nicht weiter auffiel. Kommissar Baczinski jedoch beobachtete ihr Gesicht, und er bemerkte beschwichtigend: »Nun sieh mal, welche Tragik. Die Braut weg, das Geld weg, der Kreislauf im Eimer.«

Im dämmrigen Treppenhaus hatte Merle nicht viel von ihm gesehen. Sein langes Kasperpuppengesicht mit der krummen Nase gewann durch die listigen, lebhaften kleinen Augen. Lächelte er, so wie jetzt, zeigte er lange gelbe Pferdezähne. Er war vielleicht etwas jünger als Butz, nicht ganz vierzig, schätzte Merle.

»Sie sind Polizist?«

»Weißt du, was ein Bewährungshelfer ist?«, fragte Baczinski gegenan.

»Der steht einem Strafgefangenen bei, wenn er auf Bewährung

aus dem Gefängnis kommt, damit er sich mit allem zurecht findet, Arbeit und eine Wohnung kriegt, glaube ich«, antwortete sie.

Baczinski schob anerkennend die Unterlippe vor und wiegte den Kopf. »Gutes Gehirn, dein Fräulein Tochter.« Und zu Merle: »Stimmt genau. Das ist ein Bewährungshelfer.«

»Und das sind Sie?«

»Oh, nicht doch. Hab ich das behauptet? Butz hat einen. Natürlich hat er einen. Das ist aber ein braver Ochse. Ich berate ihn besser.«

Merle kam ein Verdacht. »Sind Sie überhaupt Polizist?«

»Von Zeit zu Zeit. Wenn es nötig ist. Eigentlich eher nicht«, gab Baczinski zu und grinste mit seinem enormen Gebiss. »Könntest du uns so etwas Ähnliches wie Kaffee kochen, kleines Mädchen?«

»Leider nur Malzkaffee.«

»Das ist kläglich. Wo ist der nächste Krämerladen?«

»Wenn Sie aus dem Haus kommen, gleich rechts um die Ecke und schräg gegenüber.«

»Gut. Ich kaufe Kaffee, du kochst ihn, und dann packen wir alle eure Sachen zusammen in Pappkartons, die hab ich zufällig unten im Auto. Sodann kündigen wir bei Fräulein Abel.«

»Das ist ein Ehepaar Abel. Sachen packen? Wohin gehen wir denn, Herr Baczinski?«

»Butz Voß hat eine ganz nette Wohnung bekommen durch seinen Nicht-Bewährungshelfer Batsch, das bin ich und so darfst du mich auch nennen. Die Wohnung liegt übrigens in Barmbek. Da wirst du heute Nacht schon dein Haupt betten, mein Kind.«

Merle wandte sich an ihren Vater: »Ist Barmbek dichter an Lokstedt als Wandsbek?«

Wieder antwortete Batsch. Er drehte sich in der Tür um, kurz, bevor er Kaffee kaufen ging, und sagte wie ein Gedicht oder ein Rätsel auf: »Barmbek ist dichter an Wandsbek als Lokstedt. Aber Barmbek ist auch dichter an Lokstedt als Wandsbek. Bedenke dies!«

Als er gegangen war, lachte Butz schallend und erzählte Merle, wie er den ›verrückten Kerl‹ kennen gelernt hatte. Batsch hatte eigentlich einen entfernten Verwandten besucht, der ebenfalls im Knast saß. Dabei waren er und Butz sich begegnet – »Und wir haben uns gleich ineinander verguckt, wir haben geredet und gelacht und sein armer Cousin saß daneben und hat nichts verstanden. Ich hatte dir doch kurz von ihm geschrieben?«

Jetzt würde alles besser werden. Er hätte die Ideen und Batsch das Geld, ein wenig Geld zumindest, genug für einen guten Anfang. Sie würden eine Kneipe aufmachen, Batsch und er, sie würden ein Auto haben: »Ein eigenes Auto! Kannst du dir das vorstellen, Feuervögelchen? Jetzt geht es bergauf mit Familie Voß! Jetzt werden wir die Welt erobern. Oder mindestens die halbe. Und alle schönen Frauen darauf werden miterobert, und alle Schatztruhen, die wir kriegen können.«

Butz fasste Merle um die Taille, tanzte mit ihr im Zimmer herum und begann donnernd, sein Lieblingslied zu singen: »Einmal schafft's jeeeeder, jeder kommt dran, wenn er wirklich was kann…« Merle sang mit, bis sie beide außer Atem waren und stehen blieben. Butz sah sie ganz genau an: »Mein Gott, ist das Kind gewachsen. Du bist ja ein Riesenweib…«

Merle ließ den Kopf sinken. Etwas von ihrem Hochgefühl schmolz dahin. Sie war groß, plump und hässlich.

Butz beobachtete sie genau. »Weißt du eigentlich, dass du eine unglaublich schöne Frau werden wirst? Solche Fohlen wie du, mit langen, staksigen Beinen, an denen alles ein bisschen falsch angeschraubt aussieht – das werden die prachtvollsten Vollblutpferde. Du musst nur etwas Geduld haben, es lohnt sich. Du wirst eines Tages viel schöner aussehen als jedes leidlich hübsche Kind heutzutage. Warte noch ein paar Jahre. Und bis dahin – dem Bengel hast du's aber gegeben, vorhin! Das hätte ich nicht besser gekonnt. Was bist du für eine phantastische Kriegerin!«

Als Abels zurück kamen, wurde ihnen kurz mitgeteilt, das Zimmer sei wieder frei. Sie nahmen das mit gekränkten Mienen zur Kenntnis. Eigentlich jedoch war das ihr ganz gewöhnlicher Gesichtsausdruck.

Merle packte alles in die Kartons, was Opilein und ihr gehörte. Sie wischte sogar die beiden Kühlschrankfächer sauber, die sie benutzt hatten. Butz und sein neuer Freund trugen die Kartons die Treppe runter zum Auto. Im allerletzten Karton, neben seinen Näpfchen, seiner zusammengerollten Leine und seiner Decke, saß Esau. Er sah genau so beleidigt aus wie die Abels.

Eigenartigerweise war es Batsch, der die Idee hatte, noch einmal im Krankenhaus anzurufen und zu erklären, wo Merle anschließend zu erreichen sein würde, bevor sie losfuhren. Zu ihrer Überraschung konnte Opilein selbst mit ihnen telefonieren. »Hallo, Hinnerk, ich bin zurück!«, dröhnte Butz frohgemut. »Pass auf, ich nehme das Kind mit in meine neue Wohnung, Adresse hab ich gerade schon der Schwester diktiert, Telefon haben wir noch nicht gleich, aber wir rufen jeden Tag an. Wie geht's dir denn, altes Gerippe?«

Merle presste ihr Ohr dicht an Butz' Gesicht, konnte jedoch nur Opileins Stimme hören, nicht jedoch, was er sagte.

»Natürlich hast du ein Zimmer bei mir, was hast du denn gedacht? Werden sie dich denn operieren?«, fragte Butz. »Na, das hört sich doch gut an. Dann ruh dich jetzt aus. Und wenn du wieder bei uns bist, dann gucken wir mal, wie wir das mit deinen Schulden hinkriegen ...«

Merle dachte daran, dass Opilein als reicher Mann Butz nicht in seiner großen Villa haben wollte. Und nun war ihr Vater sogar so nett, sich um die Schulden zu kümmern. In Zukunft, dachte sie, wird es schwierig für Opilein sein, Butz an seinem schlechten Gewissen zu ziehen ...

Batsch fuhr das Auto, Butz saß neben ihm, Merle hinten, neben dem gefüllten Hundekarton. Als sie an der bedrohlichen roten Schule vorbeifuhren, atmete sie tief auf. In die würde sie nie gehen müssen! Dann dachte sie: und wenn auch, es wäre egal gewesen. Ich hätte jedes einzelne Kind in dieser Schule verprügeln können. Ich bin eine phantastische Kriegerin.

Sie fuhren durch den Feierabendverkehr der Stadt, es ging nur langsam voran. Butz und Batsch rauchten während der Fahrt Zigaretten und unterhielten sich. Hin und wieder drehte Butz sich zu ihr um und zwinkerte ihr zu.

Als sie an einer Ampel hielten, beugte sie sich vor und bat ihn: »Darf ich mal ziehen?«

Wie früher hielt er ihr sofort seine Zigarette hin. Merle hatte den würzigen, leicht bitteren Geschmack fast vergessen. Sie balancierte den Rauch in der Mundhöhle und pustete ihn dann langsam aus. Eine Dame in einem Wagen neben ihnen starrte sie völlig entsetzt an, sah dann zu Butz und schüttelte ausdrucksvoll missbilligend den Kopf. Butz und Merle lachten. Es machte Spaß, zu schockieren.

Batsch grinste so breit, dass oberhalb seiner langen Zähne noch ein Fingerbreit rosa Zahnfleisch sichtbar wurde. »Du hast ja sehr unorthodoxe Erziehungsmethoden!«, sagte er. »Pass auf, dass sie dich nicht teeren und federn.«

Dann wurde die Ampel grün, sie fuhren weiter und Merle lehnte sich wieder zurück.

Was an einem einzigen Tag alles passieren konnte!

Opileins Einlieferung ins Krankenhaus –

Das Gewitter und die Entdeckung, dass es nichts zu fürchten gab –

Der Kampf mit Gunnar –

Die Wiederkehr von Butz –

Der Auszug, schon wieder in ein neues Leben!

Ich sollte, dachte Merle, mir nie zu sehr Sorgen machen, wenn alles dunkel aussieht. Das kann sich ja doch ganz schnell wieder ändern. Und manchmal ist es sogar gut, wenn etwas Schlimmes passiert. Wäre Opilein heute Nachmittag gesund und bei mir gewesen, dann hätten wir uns wieder gegenseitig über das Gewitter getröstet. Und ich hätte bestimmt niemals gemerkt, dass es gar nicht meine Angst war …

Einige Tage später waren die großen Sommerferien zu Ende. Merle ging wieder mal in eine völlig neue, ganz andere Schule. Sie trug neue schwarze Jeans, in der Herrenabteilung gekauft, eine neue, schwarze Lederjacke mit silbernen Nieten und auf dem Kopf das, was man gerade ›Afro-Look‹ nannte. (Was bedeutete, ihr krauses Haar stand nach allen Richtungen ab.)

Der größte Junge in ihrer Klasse trat auf sie zu und fixierte sie drohend mit eigenartig flachen, länglichen Augen in ganz hellem Blau, die so wirkten, als hätte er sie aus Papier ausgeschnitten und auf seine richtigen Augen gelegt. »Wer bist du denn?!«, sagte er drohend.

Merle empfand mit großem Genuss, wie sehr er sie früher eingeschüchtert hätte – und wie wenig ihm das jetzt gelang.

»Das wirst du schon noch merken«, antwortete sie.

## Das 7. *Kapitel*

### *schleudert uns nahezu ins Hier und Jetzt und spricht der Zukunft jede Sicherheit ab*

Merle erwachte langsam und ungern, weil ihr Handy ein schottisches Tänzchen dudelte. Es klang dabei ziemlich gedämpft und geknebelt, als versuche jemand, ihm den Mund zuzuhalten. Stimmt, es steckt in meiner Handtasche, dachte sie. Sie öffnete ein Auge und blinzelte im dämmrigen Zimmer umher. Die Handtasche befand sich einen Meter vom Bett entfernt auf dem Teppich. Sie selbst lag angenehm und geborgen in Nandos Arm. Es wäre Frevel, ihn zu wecken. So, nun hatte es übrigens von selbst aufgehört.

Merle machte zufrieden das Auge wieder zu und kuschelte sich auf dem warmen Bizeps zurecht. Sie waren spät ins Bett gekommen, im Caso Primo war ein Geburtstag groß gefeiert worden …

In ihre bereits wieder schläfrig verschwimmenden Gedanken jodelte es erneut auf schottisch. Das schien wirklich dringend zu sein. Sie versuchte, ganz vorsichtig aus seinem Arm zu schlüpfen, da sagte seine Stimme hellwach: »Es ist in der Handtasche, nicht? Soll ich es dir geben?« Und er streckte sich über sie hinweg, bekam die Tasche mit den Fingerspitzen am Griff zu fassen und zog sie dicht heran.

»Ja, hallo?«, sagte Merle misstrauisch in das kleine Telefon. Wer rief sie denn am Montagmorgen um sieben an? Jeder, der sie so gut kannte, dass er ihre Handynummer besaß, wusste doch, dass sie montags ausschlief …

»Tante Merle?«

Sehr viele Menschen gab es nicht, die sie ›Tante‹ nannten. Eigentlich nur einen.

»Hallo, Jessy«, sagte Merle. Hauptsächlich, damit Nando wusste, wer dran war.

»Entschuldige bitte die frühe Störung. Später ging nicht, ich muss sofort losfahren, bin ab acht auf Sendung. Ich komm gleich mal ganz locker damit raus, was los ist: Mami hat heute Nacht versucht, sich die Pulsadern aufzuschnippeln. Verschiedene Pillen hat sie auch geschluckt…«

»Wie geht es ihr?!«, unterbrach Merle erschrocken.

»Man hat sie ausgepumpt und zugepflastert. Aber du kannst dir denken, dass sie seelisch ziemlich mies drauf ist, wenn sie so was macht. Sie hat dauernd Angst vor dem Weltuntergang…«

»Das hatte sie doch eigentlich schon seit langer Zeit…«

»Ja, ich weiß. Aber seit dem elften September ist ihrer Ansicht nach jetzt sowieso alles gelaufen. Das mit New York hat irgend so 'n Typ vorausgesagt…«

»Nostradamus?«

»Ich weiß nicht genau. Kann sein, der auch. Sie liest da so bescheuerte Bücher, und sie kennt auch irgendwelche Leute, die ihre Panik noch schüren.«

»Nostradamus hat ganz selten mal exakte Angaben gemacht. Bei dem kann jeder die Voraussagen hinterher zurechtschieben, dann passen sie mit etwas Glück auf das, was gerade passiert ist.«

»So was checkt Mami nicht. Zuletzt hatte sie echte Depressionen. Ihr Chef hatte die heiße Idee, das sind die Wechseljahre, aber kann bei ihr ja nicht sein. Sie selber meinte, zu viel Stress. Sie hat eine Woche Urlaub genommen, wollte nicht verreisen, sich nur im Garten sonnen und die Seele baumeln lassen… Vorgestern Abend kriegte sie Besuch von so 'ner esoterischen Tante, da ging's wieder um den Weltuntergang. Hinterher haben wir uns noch gezofft deswegen. Gestern hab ich sie nicht gesehen, ich war den ganzen Tag im Sender und abends im Biergarten und im Nachtcafé. Vorhin haben sie mich über mein Handy erreicht und mir erzählt, was los ist. Und da dachte ich an dich. Du wirkst beruhigend auf sie, auf dich hört sie, falls du ihr irgendwie Vernunft predigen willst.«

»Ich ruf sie gerne an. Wo liegt sie denn?«

»Im Krankenhaus Bogenhausen. Warte, hast du was zu schreiben? Ich such grad mal die Nummer…«

Merle machte zu Nando, der neben ihr lag, einen Arm unter den Kopf geschoben, eine schreibende Bewegung. Er nahm einen Bleistift vom Nachttisch neben sich und hielt ihn ihr hin, zusammen mit dem Roman, in dem sie vorm Einschlafen schmökerte. Merle klappte das Buch ganz vorn auf, wo viel weißes Papier zur Verfügung stand: »Okay, kann losgehen, Jessy …«

Nando stand auf und zog die Gardinen zurück. Draußen dehnte sich ein unverschämt strahlender Tag, vital und erwartungsvoll. Kein Tag zum Verschlafen.

»Ist das ein tolles Wetter an meinem freien Tag!«, sagte Merle unwillkürlich ins Telefon.

»Oh, hier auch. Die Biergärten sind vollgepfropft. Aber wieso freier Tag? Ich denke, du leitest deine Restaurants nicht mehr selbst? Hab ich das falsch verstanden?«

Das war Merle etwas peinlich. »Nein, das ist richtig. Ich hab in beiden einen Geschäftsführer. Aber deshalb sehe ich doch hin und wieder nach dem Rechten …«

Sie nahm Nandos breites Grinsen aus den Augenwinkeln wahr.

»Ach so, alles klar. Tante Merle? Ich wollte dich noch um einen Sonder-Gefallen bitten. Ich hab Omi vor fünf Jahren, als Mami das letzte Mal ausgeflippt ist, in die Hand versprochen, sie beim nächsten Mal zu benachrichtigen. Ich hab bloß keinen Bock, mir jetzt stundenlang anzuhören, wie schrecklich es ist, dass ich mein Studium abgebrochen hab und wie konnte ich nur zu einem Radiosender und da öffentlich reden wie beim Zirkus und blablabla. Könntest du ihr kurz beibringen, was passiert ist?«

»Ich soll deine Großmutter anrufen?«

»Genau die. Ilse Wieland persönlich.«

»Na gut.«

»Du bist ein Schnuckel! Alles klar. Tschaui …«

Merle starrte nachdenklich vor sich hin. Nando setzte sich neben sie auf die Bettkante und legte fragend den Kopf schief. »›Wo liegt sie denn‹, hast du gesagt – aufgebahrt oder nur krank? Was ist passiert? Mit Angelika doch wohl?«

»Sie hat versucht, sich umzubringen.«

»Willst du sie gleich anrufen oder erst Kaffee trinken?«

»Lieber erst mal Kaffee trinken und mich sammeln«, entschied Merle.

»Gut. Möchtest du Brötchen?«

»Holst du welche?« Sie lächelte ihn an. »Du bist ein Engel.«

Er nickte. »Ich bin ein Engel.«

»Nimmst du gleich den Hund mit zum ersten Beinchen heben?«

Nando öffnete die Schlafzimmertür. »Sobald er wieder von dieser Welt ist. Im Moment hat er gerade eine seiner Wahrnehmungen, guck mal …«

Der große Hund stand mit dem Hinterteil zur Schlafzimmertür und nahm weiter keine Notiz von ihnen. Er starrte gebannt nach oben in eine Ecke des Flurs, dicht unter der Decke, in der es für Merle und Nando absolut nichts zu sehen gab. Dabei wedelte er sachte und ehrfürchtig.

Nando kraulte ihm den großen, drahthaarigen Kopf. »Na, Basil, was siehst du denn da?«, fragte er leise. »Einen Geist? Einen Außerirdischen? Einen Engel? Ich bin auch einer. Kommst du mit, Brötchen holen?«

Basil war bei der Berührung zusammengezuckt. Nun seufzte er tief, wedelte heftiger und irdischer und trabte neben Nando her zum Badezimmer, um davor Wache zu halten.

Nach dem Frühstück rief Merle in dem Münchner Krankenhaus an und erfuhr, Frau Wieland schlafe gerade, sie möge doch in einigen Stunden noch einmal anrufen.

»Ich will aber erst mit Angelika gesprochen haben, bevor ich ihre Mutter anrufe. Was machen wir bis dahin?«

»Wir gehen alle drei spazieren. So schönes Wetter haben wir selten.«

Sie gingen an der Elbe entlang und durch den Jenisch-Park. Basil staunte mit offener Schnauze hinter Schmetterlingen her, er sah jedes Mal so aus, als hätte er im ganzen Leben noch keinen gesehen.

»Erzähl mal was von Angelika«, verlangte Nando. »Was ist denn überhaupt passiert?«

»Sie hat sich gleichzeitig die Pulsadern aufgeschnitten und irgendwelche Pillen geschluckt, sagt Jessica. Man hat sie aber wohl rechtzeitig gefunden, körperlich scheint es ihr relativ gut zu gehen. Ich frage mich, was passiert ist. Warum hat sie mich nicht angerufen? Ich hasse es, dass sie jetzt so weit weg wohnt. Am Tag davor hatte sie Streit mit ihrer Tochter, wegen ihrer Ängste. Sie hatte schon seit langem Angst vor Weltuntergängen. Ich glaub, die Gründe haben gewechselt. Mal hat sie einen Kometen erwartet und mal Außerirdische …«

»›Armageddon‹ und ›Independence Day‹. Da lag sie auf jeden Fall im Trend.«

»Angelika hat immer im Trend gelegen. Schon als kleines Mädchen. Sie hatte zur rechten Zeit ein Poesie-Album, und sie hat es zur rechten Zeit wieder verschwinden lassen. Sie war weder avantgardistisch, noch ist sie hinterher gehinkt. Ein kleiner silberner Fisch im großen Schwarm. Nando, warum ist sie nur so traurig in den letzten Jahren?«

»Vielleicht liegt sie damit im Trend?«

»Sei nicht gemein.«

»Ich bin nicht gemein. Ich kenne sie nicht so gut wie du, aber ich kann sie gut leiden. Nein, ich meine das ganz ernst. Sie ist jetzt wie alt –?«

»Ein Jahr jünger als ich.«

»Also sechsundvierzig. Sie ist geschieden. Ist sie erfolgreich in ihrem Beruf? Nein, ich meine: Ist sie glücklich damit?«

»Beides nicht so sehr. Ich glaube, sie schreibt gern, sie hat ja immer gern erzählt. Sie hat mir auch lange Briefe geschrieben. In einer Zeit meiner Kindheit, als es mir sehr schlecht ging und ich Angst vor der Zukunft hatte, hat sie mir täglich einen Brief geschrieben. Da war sie erst acht Jahre alt. Ich finde das enorm für ein achtjähriges Kind. Und dann noch ein ziemlich undiszipliniertes.«

»Das finde ich auch.«

»Also, so gesehen ist Journalismus sicher goldrichtig für sie. Aber sie darf in dieser Redaktion in München selten das schreiben, was sie möchte – sie hat häufig Ärger mit Kollegen. Manchmal bekam sie, glaube ich, schon das Gefühl, sie wird richtig gemobbt. Außerdem fühlt sie sich fremd im Süden. Sie kennt wenig Leute. Der Föhn macht ihr zu schaffen. Vielleicht gewöhnt sie sich ja noch ein. Sie wohnt erst seit ungefähr einem Jahr da unten.«

»Du hattest als Kind Angst vor der Zukunft, sagst du eben. Ich glaube, das hat Angelika auch.«

»Wenn sie an den nahenden Weltuntergang glaubt, dann muss sie wohl Angst vor der Zukunft haben.«

»Ich denke, es ist umgekehrt. Es ist vielleicht immer noch angenehmer für sie, zu fürchten, dass ihr der Himmel auf den Kopf fällt – und dann vorher Selbstmord zu begehen –, als sich einzugestehen, dass sie keine große Lust mehr hat, Angelika Wieland zu sein, weil da nichts Lustiges mehr kommt, weil sie sich nicht auf die Zukunft freuen kann. Im ersten Fall ist das eine schicksalhafte Begebenheit, die alle trifft und für die sie nichts kann. Im zweiten Fall lauert der Vorwurf, sie hätte es irgendwie selbst verschuldet.«

»Du bist ekelhaft klug, Nando.«

»Ich weiß. Willst du heute Mittag kochen? Oder machen wir uns nur einen riesengroßen Obstsalat?«

»Das ist eine tolle Idee. Und wir legen uns in den Garten und lesen.«

»Ja, im Schatten.«

»Haben wir es gut …«

Am frühen Nachmittag erreichte Merle ihre Freundin.

»Hallo, du! Dein Kind hat mir erzählt, du wolltest abhauen.«

»Alte Petze von Kind. Hallo, Schätzchen. Ich muss besoffen gewesen sein. Ich war besoffen. Und zugekifft. Alle möglichen Pillen hab ich auch genommen – na, die nehme ich immer … Beruhigungsmittel, um ruhiger zu werden. Und als das nichts genützt hat, Schmerzmittel, damit es nicht so wehtut, wenn ich schneide … Hat natürlich trotzdem tierisch wehgetan. Dumm geboren und nichts dazu gelernt. So ist das Leben. Und wie geht's dir?«

»Ich mach mir Sorgen um meine Freundin. Warum hast du mich nicht angerufen? Wenn's geklappt hätte, wäre ich ohne letzte Nachricht von dir geblieben. Das hätte ich dir ewig übel genommen. Oder ist ein Abschiedsbrief an mich unterwegs?«

Angelika schwieg eine Weile. Als sie wieder sprach, klang ihre Stimme ein wenig verwaschen. »Ich hab dir tatsächlich geschrieben, dumme Nuss. Liegt zu Hause in meiner Schreibtischschublade. Hoffentlich findet das nie einer. Furchtbarer Kitsch. Dass du der einzige Mensch bist, der mich je verstanden hat und zu mir gehalten und ähnlicher Mist. Stimmt ja schließlich auch. Soll ich lügen, in meinen letzten Augenblicken? Scheiße, jetzt fang ich schon wieder an, Rotz und Wasser zu heulen…«

Sie konnte nicht weitersprechen.

Nach einer Minute: »Entschuldige, Babylein. Hier heult der Schlosshund. Bin irgendwie ziemlich fertig. Die drehen mich hier auch durch die seelenklempnerische Mangel, das muss wohl sein. Immer auf das Schlimme. Und dann die Hitze. Ich lieg zugedeckt im Bett bei über dreißig Grad…«

Wieder eine Pause. Dann sagte Angelika leise und eindringlich: »Merle, ich hab so erbärmliche Angst. Ich schlottere vor Angst. Du glaubst ja nicht an so was, aber ich sage dir: Wir sind am Vorabend der Katastrophe. Das mit den Twin-Towers war nur der Anfang. Als nächstes kommt der Russe…«

»Das hat meine selige Großtante Käthe auch immer behauptet. Welcher Russe eigentlich?«

»Alle. Sie wiegen uns in Sicherheit. Und plötzlich kommt der Überfall. Dann ist es drei Tage und drei Nächte lang dunkel…«

»Wie kriegen die Russen das denn hin?«

»Das mit der Dunkelheit sind wieder nicht die Russen. Das ist irgendein Himmelskörper, glaube ich. Aber es trifft alles zusammen. Es gibt ein Buch, in dem sind alle Prophezeiungen gesammelt und verglichen, und da stimmen fast alle überein…«

»Ach, komm. Wanda hat immer gesagt, die Zukunft besteht aus Möglichkeiten.«

»Aber diese Möglichkeit wird überall vorausgesagt. Und dann macht es mich wahnsinnig, dass der Papst immer noch lebt!«

»Was hat denn der Papst damit zu tun?!«

»Leider stimmen alle Voraussagen auch darin überein, dass diese Geschehnisse genau in die Regierungszeit von Johannes Paul II. fallen. Und ich muss ganz ehrlich sagen, seit Jahren denkt man doch, er kann nicht mehr, aber nein, er ist immer noch da…«

»Du wirst doch dem armen alten Mann nichts Böses wünschen, bloß, damit die Prophezeiung hinkt?«

»Er könnte wenigstens abdanken«, verlangte Angelika. »Jetzt lachst du wieder! Lach mich nicht aus! Wenn du dich damit beschäftigt und diese Bücher gelesen hättest, dann würdest du nicht lachen. Oder vielleicht würdest du so lachen, dass ich mitlachen könnte und keinen Schiss mehr hätte. Ach, Babylein, du glaubst gar nicht, wie du mir fehlst! Ohne dich macht das alles keinen richtigen Spaß.«

»Komm zurück nach Hamburg.«

»Und den guten Job schmeißen? Ich bin doch nicht mit dem Klammerbeutel gepudert. So was finde ich nie im Leben wieder in meinem Alter. Warum kommst du nicht hierher? Ja, ich weiß schon, musst du nicht extra sagen: weil du deine Restaurants nicht im Stich lassen kannst…«

»Wann darfst du nach Hause?«

»Weiß nicht genau. In einigen Tagen werd ich bestimmt wieder auf die Menschheit losgelassen.«

»Gut. Sobald du weißt, wann, rufst du mich an. Und dann komme ich zu dir, mindestens für einen Tag und eine Nacht. Versprochen.«

»Echt? O Mann. Und Nando lässt dich weg? Das ist super. Aber – Merle?«

»Ja?«

»Tu mir den Gefallen und komm mit dem Wagen oder mit der Bahn. Am besten mit dem Wagen. Nicht fliegen! Ich kann vor Angst nicht schlafen. Lass einen Fanatiker mit an Bord sein, und dann… Da kennen die doch nichts. Oh, bloß nicht! Das würde ich mir nie verzeihen, dass du mich besuchen willst und gehst dabei über 'n Jordan. Bitte, kein Flugzeug, Schätzchen…«

»Also, ruf an! Ich freu mich auf dich. Und gute Besserung…«, antwortete Merle nur.

Das fehlte noch, im Auto hin und zurück und die Restaurants einen weiteren Tag im Stich lassen!

Merle versuchte den ganzen Montag, Frau Wieland zu erreichen – ohne Erfolg.

Am Dienstag war es noch viel heißer.

Am Morgen telefonierte sie mit ihren Restaurants, dann duschte sie, schlang ihren Nackenknoten, zog ein leichtes Sommerkleid an und legte ein bisschen Lippenstift auf. Nando kam aus seinem Arbeitszimmer und sah sie erstaunt an.

»Wo willst du denn hin, bei dieser Hitze?«

»Ich muss ins Caso Secondo. Günthi hat Stress mit Ellen, da muss was passieren.«

Er lächelte. »Günthi ist so ein tüchtiger Kerl, Vögelchen. Der wird eigentlich mit allem allein fertig, inklusive Ellen. Aber wenn du meinst, du musst dir das antun…«

Als Merle nachmittags zurück nach Hause fuhr, war sie dankbar für die Klimaanlage im Wagen. Sie hatte es eilig, sie sehnte sich nach ihrem kühlen Haus und dem Garten und Nando und Basil.

Sie hörte Musik, als sie vor dem Haus hielt. Nando saß am Klavier im Wohnzimmer und spielte ein wenig vor sich hin.

Basil lief auf sie zu, sobald sie ausstieg, er klopfte wedelnd alle Sträucher und Büsche aus. »Nicht die armen Rosen, Basil! Guck mal, die verlieren ja vor Schreck alle Blütenblätter…«

Nando kam in den Garten und küsste sie. »Setz dich, hier in den Schatten, ich hab die Stühle extra hier hin gestellt. Was Kaltes zu trinken? Soll ich den Wagen schnell in die Garage fahren, bevor er schmilzt?«

Sie sank auf die Liege, zog die Sandaletten aus, setzte die Fußsohlen auf die Platten der Terrasse und wunderte sich, wie kühl die waren.

»Ach ja, bitte. Und bring mir doch mein kleines blaues Adressbuch, ja? Ich will gleich noch mal versuchen, Frau Wieland zu erreichen..«

Nando brachte ihr mit sichtlichem Stolz ein hohes Glas kalten Kaffee mit Vanilleeiskugeln drin und Sahne drauf samt Strohhalm. »Hier, damit deine Kurven gedeihen.«

Merle trank. »Wundervoll. Du bist das Glück meines Lebens. Das bist du sowieso.«

»Schön siehst du aus, Feuervogel. So rosig und glühend. Das ist doch nicht nur die Hitze. Hattest du Gelegenheit, jemanden zu verhauen oder anzubrüllen oder sonst wie zur Sau zu machen?«

Merle verzog etwas schuldbewusst das Gesicht. »Ich hab Ellen gefeuert. Aber ohne Genuss. Du, es ging so nicht mehr, das Amt macht mir Ärger…«

»Ich weiß. Das war bestimmt richtig. Außerdem war sie auch noch eine alte Giftkröte, obendrauf zur Schlampigkeit. Günthi schafft das erst mal alleine?«

»Ein Weilchen schon. Aber wir brauchen dringend jemand, der ihm hilft. Notfalls ...«

»Lass mich raten: notfalls übernimmst du das fürs Erste? Ach, übrigens, Angelika hat vorhin noch mal angerufen. Sie wird in zwei Tagen schon wieder zu Hause sein. Also ab Donnerstag, dem zwanzigsten, erwartet sie dich gern, sagt sie. Das bedeutet, du brauchst wirklich ziemlich hastig eine zweite Hilfskraft für das Caso Secondo, oder? Was guckst du mich so an, Satansbraten? Was lese ich in deinen ausdrucksvollen Augen?!«

»Ach, Nandolein ... Es wäre doch wirklich nur für einen einzigen Tag und einen Abend ... Und du hast das doch schon mal gemacht ...«

»Du wagst es, mich an diese ferne Episode meiner Vergangenheit zu erinnern? Klar, Nandolein wird sich die Schürze umbinden. O Gott, bin ich verrückt?«

Merle knuddelte ihn. Dann wählte sie die Telefonnummer von Frau Wieland. Diesmal meldete sich die alte Dame.

»Hallo, guten Tag, hier ist Merle. Wie geht es Ihnen?«

»Einigermaßen, so gut es bei dieser Hitze noch möglich ist. Die übertreiben aber auch immer!«

»Wer?«

»Die das Wetter machen. Petrus vielleicht, ich weiß es nicht. Entweder ist es eiskalt und verregnet, oder man stirbt vor Hitze. Ein Mittelding gibt es nicht. Siebenunddreißig Grad hab ich bei mir gemessen! Und dann hab ich mein Thermometer weggeschmissen, wirklich, das hab ich getan. Und jetzt auch noch der Fußball! Die Türkei hat gegen Japan gewonnen, hast du das mitgekriegt?«

»Ja, natürlich ...«

»Aber Merle, das ist doch schrecklich! Jetzt schießen die Türken wieder ihre Kinder tot.«

»Sie tun was – ?«

»Na, sie feiern und schießen herum. Vorhin sind sie hier schon vorbei gefahren wie die Verrückten und haben gehupt. Können die sich nicht kultivierter freuen? Und dann schießen sie in die Gegend und treffen natürlich ihre Kinder, weil sie immer so viel davon haben. In jedem Schützenverein lernst du als erstes: Ziele nie auf Menschen und schieß nie einfach in die Gegend. Ich darf gar nicht daran denken, dass die vielleicht Weltmeister werden. Womöglich auch noch gegen Deutschland, das gibt doch Mord und Totschlag…«

»Frau Wieland…«

»Ja, entschuldige. Warum hast du denn angerufen, Merle?«

»Jessica hat mich heute Morgen benachrichtigt…«

»Es ist was mit Angelika, nicht? O Gott, ich hab so was geahnt! Ist sie tot?«

»Nein. Es geht ihr ganz gut. Ich hab gestern mit ihr telefoniert.«

»Aber sie hat schon wieder Dummheiten gemacht? Ist sie irgendwo betrunken und voller Rauschgift gefunden worden? Hat sie versucht, sich umzubringen?«

»Ja, sie war wohl sehr deprimiert und hat schlimme Ängste.«

»Ach, Merle, die hab ich auch. Vor allem um meine Kinder, am meisten um Angelika. Man tut alles für sie und bemüht sich, sie zu behüten und ihnen einen guten Start ins Leben zu ermöglichen, und dann kann man zusehen, wie sie scheitern. Die Firma von Andreas ist pleite, hast du das gehört?«

»Nein.«

»Aber das wissen Angelika und Jessy doch. Na, inzwischen ist es schon fast keine Schande mehr. Jeder geht pleite. Das ist wie ein Virus. So, es geht ihr also ganz gut? Kleine Kinder, kleine Sorgen, große Kinder, große Sorgen. Sei bloß froh, dass du keine Kinder hast, Merle. Ja, und soll ich sie jetzt anrufen?«

»Nein, ich glaube nicht. Noch ist sie ja ziemlich durcheinander. Ich werde sie Donnerstag besuchen. Dann geht es ihr bestimmt schon viel besser. Dann sag ich ihr, sie soll Sie mal anrufen, ja?«

»Ja, das wäre nett. Du bist eine gute Freundin, Merle. Ich hab früher immer gedacht, mit dir geht das schief, so, wie du als kleines Mädchen gewesen bist. Wenn du noch Eltern hättest, die wären zufrieden mit dir.«

»Danke, Frau Wieland, das ist lieb, dass Sie das sagen. Aber ich finde, Sie können trotz allem mit Ihren Kindern auch zufrieden sein. Angelika ist so ein unendlich liebenswerter Mensch, jeder hat sie lieb…«

»Ja, meinst du? Aber was nützt das?«, fragte die alte Frau grämlich. »Na, falls du sie nicht dazu bekommst, sich bei mir zu melden, dann rufst du mich an, wenn du zurück bist, ja? Vielleicht kommst du mal zum Tee?«

»Gerne, Frau Wieland …«

»Sie ist einsam«, sagte Merle, nachdem sie aufgelegt hatte. »Und sie leidet natürlich unter der Hitze. Für alte Leute muss das sehr unangenehm sein. Frau Wieland sagt, sie hat bei sich siebenunddreißig Grad gemessen und dann das Thermometer weggeworfen …«

»Vielleicht«, sagte Nando, »hätte sie nicht rektal messen sollen?«

Merle kicherte. »Na, ich werde sie jedenfalls wirklich zum Tee besuchen, die alte Schraube. Sie hat ja Recht: sie sagt, diejenigen, die das Wetter machen, übertreiben immer.«

»Mein Verdacht ist, sie haben da oben ein neues Computerprogramm, und keiner wird damit fertig. Du fliegst Donnerstag früh?«

»Ja. Du, ich hab inzwischen drüber nachgedacht; vielleicht hat Angelika zu allem dazu auch noch Liebeskummer.«

»War sie denn in irgendwen verliebt?«

»Eigentlich hat sie immer romantische Gefühle gebraucht. Ich glaube, sie war sogar mal eine Weile in Butz verknallt.«

»In ihren Retter? In deinen Vater war jede Frau verknallt, soviel ich weiß. Er muss ein Phänomen gewesen sein, vor dem Sturz.«

»Immer, wenn ihn eine meiner Freundinnen zum ersten Mal gesehen hat – auch Angelika –, dann kam unweigerlich: ›Ist *das* dein Vater?!‹ – so mit diesem Beiklang. Und Angelika hat natürlich noch gesagt, er sieht aus wie ein Filmstar. Wie Curd Jürgens oder so.«

»Stimmt eigentlich. Die stahlblauen Augen und der zwingende Blick – so furchtbar viel Haare hatte er auch nicht mehr, als ich ihn kennen gelernt hab, und ganz schöne Tränensäcke.«

»Bei Männern wie Butz ist das egal.«

»Schon gut, ich versteh schon. Männer wie ich sind auf ästhetische Schönheit angewiesen, weil uns die animalische Ausstrahlung fehlt, richtig?«

Merle lächelte ihn an. »Richtig. Was für ein Glück, dass du so schön bist.«

»Du wirst lachen, ich war in gewisser Weise selbst von deinem Vater fasziniert. Er war eine Legende unter den älteren Kollegen, die ihn aus der Zeit vor dem Knast kannten. ›Der Voß kann jede Frau haben‹ und ›Der Voß säuft jeden unter den Tisch‹. Und natürlich tausend Geschichten über Schlägereien. Als ich ihn zum ersten Mal sah, kam er mir vor wie ein hinkender Löwe, den ein jüngerer vom Rudel vertrieben hat. Immer noch majestätisch, immer noch imponierend. Die jungen Kollegen haben sich allerdings über ihn lustig gemacht. Die nannten ihn ›Darth Vader‹, wegen seiner Größe und der Atemgeräusche.«

Merle nickte betrübt. »Ich weiß. Das hat er mir mal erzählt und so getan, als fände er es selbst komisch. In Wirklichkeit hat es ihn tief verletzt. Er war ja so stolz.«

Nando betrachtete Merle von der Seite. »Zu Recht. Er war was ganz Besonderes. Deshalb hat er ja auch so ein Staatsbegräbnis gehabt. Weißt du was? Jetzt hol ich uns einen Piccolo und wir trinken auf deinen Vater!«

»Am helllichten Tag und bei der Hitze?«

»Willst du auf eine kalte Nacht warten, um auf Butz zu trinken?«

Er holte Sektgläser und die kleine Flasche, öffnete sie und goss ein. Sehr wenig für Merle: »Hier ist dein Fingerhut voll.«

Sie schnupperte am Glas. »Weißt du eigentlich, warum ich so mäßig bin?«

»Weil es dir nie verboten war, denke ich? Du durftest Bierschaum schon als Baby trinken und immer an Butz' Zigarette ziehen, deshalb war es nie interessant für dich. Hat er das eigentlich pädagogisch so geplant oder einfach nicht drüber nachgedacht?«

»Er war, ohne es zu wissen, ein Vorläufer der antiautoritären Erziehung. Er wollte, dass ich in Freiheit aufwachse, ungehemmt und ungeknebelt. Er hat bestimmt nicht darauf spekuliert, dass ich dadurch besonders mäßig werde …«

Die Wohnung in der Beethovenstraße war mittelgroß, weder hell noch luxuriös, doch recht gemütlich. Sie lag praktischerweise nur anderthalb Straßen entfernt von der Eckkneipe Butz und Batsch. Dafür war der Schulweg ziemlich lang: Merle besaß wieder ein Fahrrad, das sie im Keller des Hauses aufbewahren durfte.

Esau, der kahle Mops, war kurz nach dem Umzug – und Gott sei Dank, nachdem sein Herr wieder aus dem Krankenhaus zurück war – im Schlaf gestorben, eine Tatsache, um die Opilein seinen Hund glühend beneidete. Problematisch für den alten Mann war, dass er nun bei Gewitter niemand mehr trösten konnte; Merle lehnte das nämlich von heute auf morgen ab und behauptete, es mache ihr nicht das Geringste aus.

Merle hatte sich überhaupt sehr verändert, nicht nur, weil sie so wuchs. Ihr nicht mehr geschnittenes Haar stand zunächst, wie früher, wolkenartig rund um den Kopf. Irgendwann wurde es dann zu schwer und legte sich ergeben auf ihre Schultern. Sie hielt sich inzwischen gerade, und sie hatte sich angewöhnt, die Menschen voll und durchdringend anzusehen, meist mit leicht hochgezogenen Unterlidern.

Merle trug grundsätzlich Hosen für Männer, bei denen der Reißverschluss vorn (und nicht links auf der Hüfte, wie bei Frauenhosen) saß. Sie war zwölf, fast dreizehn, und das größte Kind in ihrer Klasse, größer als alle Jungen – größer als alle Mädchen sowieso. Sogar größer als ein Lehrer und eine Lehrerin. Im Winter, angezogen mit einer dicken Jacke, die ihre Busenlosigkeit verbarg, und mit rot angemalten Lippen, war sie ohne weiteres in einen Film ab 18 gekommen.

Opilein hatte es lange widerstrebt, Butz' Hilfe beim Abstottern seiner Schulden anzunehmen. Das beschämte ihn, und er konnte dadurch nicht mehr, wie früher, auf dem Schwiegersohn herumhacken und ihm seine Sünden vor Augen führen. Irgendwann gab er den Widerstand auf; Butz durfte ihm sogar einen Fernseher kaufen: »Aber ein klein', un nich mit Farbe, das tut nich Not für das büschen Gucken was ich tu …« Nun kochte er wieder für seine Enkelin, gute, derbe Hausmannskost; er legte ihr abends wieder Spiegelei auf Brot, mit weichem Dotter und knusprigem Rand. Er fragte nachmittags, ob sie die Hausaufgaben schon gemacht hätte; er bestand darauf, dass sie bei kaltem Wind eine Mütze aufsetzte, vor allem, wenn sie Fahrrad fuhr.

Manchmal aß Merle auch in der Kneipe. Da gab es eine begrenzte, doch leckere Auswahl von Speisen: Ochsenschwanzsuppe,

Bratkartoffeln mit Sülze oder Roastbeef, Würstchen und Kartoffelsalat, Frikadellen und saftige Salzgurken. Manchmal kochte sie auch selbst, mit Butz und seiner italienischen Freundin Renata zusammen oder mit Butz alleine.

»Komm, ich zeig dir, wo die Getränkeautomaten stehen …«

»Moment mal! Ist da nicht eben ein Mädchen auf die Jungentoilette gegangen?«

»So 'n Großes mit langen roten Haaren? Das war Merle Voß. Der Feuervogel. Die darf das.«

»Ich versteh kein Wort. Was für'n Vogel? Wieso darf die das? Wer sagt das?«

»Sie selbst. Das ist so eins der Zeichen dafür, dass sie alles darf. Ich weiß nicht, wie die Lehrer drüber denken – die tun so, als ob sie nichts merken. Pass einfach auf, dass du dich nie mit ihr anlegst. Notfalls, wenn du merkst, sie wird sauer auf dich, entschuldige dich eben schnell.«

»Wieso? Wofür denn, wenn ich nichts getan habe?«

»Ist doch egal. Das Weib ist gefährlich, mein Lieber. Ich hab zugesehen, wie die einen Zehntklässler vermöbelt hat, der hatte keine Chance. In ihre Klasse geht Sören Claassen – guck, da hinten steht er. Der war so ungefähr der Boss hier bei uns, bis sie vor'n paar Jahren aufgetaucht ist. Die beiden haben zig Schlägereien miteinander gehabt am Anfang, dann war klar, dass sie ihm einfach über ist. Vielleicht nicht stärker, ich weiß nicht – vielleicht ist sie verrückter oder gemeiner. Ihr ist alles egal, ob sie sich wehtut oder ob sie jemand kalt macht.«

»Das ist ja zum Piepen! 'n rothaariges Mädchen, das superstark ist – Pippi Langstrumpf, was?«

»Du, das ist nicht komisch. Du musst ihr Gesicht sehen, wenn sie wütend wird! Da kriegst du Alpträume. Sie ist der totale Killer. Ihr Alter hat 'ne Kneipe Ecke Weidestraße, da geht mein Vater nicht mehr hin, der hat ihn nämlich mal im Genick gepackt und auf die Straße gesetzt, also der kann auch so sauwütend werden. Na ja, und der alte Voß sagt Feuervogel zu seiner Tochter. Kannst du hören, wenn er sie mal abholt.«

»Nennt ihr sie auch so?«

»Sind wir lebensmüde? Nee. Wir nennen sie möglichst gar nicht.«

»Aber ihre Freunde?«

»Die hat keine Freunde. Nicht hier auf der Schule jedenfalls. Die hat nur Fürchter. Guck, da kommt sie. Guck nicht so hin. Siehst du die Gummibänder um ihr rechtes Handgelenk? Die hat sie immer um. Wenn's losgeht, wenn sie anfängt, sich mit jemand zu hauen, dann bindet sie sich schnell ihre Haare zurück, damit man sie daran nicht festhalten kann. Viele, die sehen, dass sie die Gummibänder abmacht, die sagen schon immer: ›Is ja gut, reg dich nicht auf, Merle!‹ Und dann kriegt sie, was sie will. Also, ich rate dir: Geh der Voß aus dem Weg. Geh ihr einfach aus dem Weg. Fährst du besser mit. Und wenn sie auf die Jungenstoilette geht: lass sie doch. Vielleicht pinkelt sie ja im Stehen. Würd' mich gar nicht wundern …«

Merle liebte ihr rotes Fahrrad. Es war ein Körperteil von ihr. Sie fuhr freihändig um Kurven, sie hüpfte über hohe Kantsteine, sie fuhr dauernd, nicht nur zur Schule und zurück. Manchmal besuchte sie damit sogar Angelika, obwohl Barmbek wirklich nicht sehr nahe an Lokstedt lag. An diesem sonnigen, schon recht warmen Nachmittag wollte sie in die Bücherei fahren, zum einen, um Gisela zu sehen, zum anderen, um Bücher zu bekommen: Gisela schusterte ihr immer mal wieder alte Exemplare zu, die ausgemustert worden waren.

Merle wechselte die Straßenseite, fragte sich gleich darauf, warum sie das wohl getan hatte, drehte sich kurz im Fahren um und erblickte jetzt bewusst die vier, fünf Kinder, Jungen und Mädchen um acht oder neun, die dort spielten. Das hatte sie schon öfter an sich beobachtet: wenn sie nicht aufpasste, nahm sie aus alter Gewohnheit immer noch Reißaus vor Kindern, vor allem, wenn es mehrere waren.

Merle hielt sich am Ampelmast fest, als neben ihr eine alte Frau mit Einkaufstüten stehen blieb und murmelte: »Welch Glückes Geschick! Wusste ich doch, dass wir zwei uns noch mal wieder begegnen …«

Merle blickte die Frau neugierig an, obwohl sie sich zunächst nicht angesprochen fühlte. Doch die starrte zurück, mit durchbohrenden schwarzen Augen unter weißem Haar. »Wie heißt du noch – du hattest so einen seltsamen Namen …«

»Frau Griguleit!«, erinnerte sich Merle. Der Name war ja wohl auch seltsam. »Die Hexe, die unsere Sturmflut gemacht hat.« Sie lachte. Sie wurde daran erinnert, was für ein armes, ängstliches Lämmchen sie bei ihrer ersten Begegnung mit dieser Frau gewesen war, und sie freute sich, nun ganz jemand anders zu sein.

Frau Griguleit musterte das große Mädchen in den Männerhosen. »Jetzt jagen sie dich wohl nicht mehr!«, sagte sie. Also hatte sie wohl ungefähr das Gleiche gedacht.

»Nein, jetzt rennen sie eher weg.«

»Also, wie heißt du noch?«

»Merle. Merle Voß.«

»Richtig. Und du wohnst mit lauter männlichen Verwandten zusammen und mit einer Katze.«

»Die Katze ist weggelaufen, als …«

»Als was?«

»Das ist ja ulkig. Mir fällt zum ersten Mal auf, dass Emma genau in dem Moment weggelaufen ist, als es mit uns traurig weitergehen sollte. Vielleicht hatte sie keine Lust darauf.«

»Kann bei Katzen stimmen. Du siehst nicht aus, als würdet ihr traurig leben. Das Rad ist teuer. Und du bist hässlich angezogen, aber nicht ärmlich.«

Merle zog die Augenbrauen zusammen. »Hässlich? Das ist ja Geschmackssache. Aber stimmt – ärmlich sind wir nicht. Ganz kurz darauf ist etwas passiert, und danach hat sich alles geändert. Eben sah es noch so aus, als würden wir in die Katastrophe steuern. Dann hab ich eine Art Erkenntnis gehabt, und wumms – sind lauter Sachen passiert, die woanders hin gesteuert haben. Verstehen Sie?«

»Nein. Aber ich würde es gern verstehen. So was interessiert mich. Pass auf, ich wohne hier fünf Häuser weiter. Komm eben mit rauf und erzähl mir von deiner Erkenntnis und so weiter.«

Da die Ampel inzwischen grün und wieder rot geworden war, fand Merle, sie könnte eben so gut Frau Griguleit einen kleinen Besuch machen. Sie schob das Rad neben der Frau her – die war nun einen Kopf kleiner – und stellte es ins Treppenhaus.

»Schließ es hier an die Leitung, dann wird es nicht geklaut. Ich wohne im ersten Stock. Halt mal die Tüte, damit ich aufschließen kann. Möchtest du… Nein, Milch magst du nicht…«

Merle hatte den Eindruck, die Wohnung sah nicht viel anders aus als die in Willhelmsburg. Wieder lief ihr eine Katze entgegen, diesmal eine schwarze.

»Mietz?«, sagte Merle versuchsweise. Die Katze kam näher und ließ sich kraulen, während Frau Griguleit ihren Mantel auszog.

»Vielleicht Kakao?«, bot sie an.

»Gerne.«

Merle setzte sich an den Küchentisch und sah durch die Balkontür in einen Hof, in dem eine große Kastanie stand. An den Enden ihrer Äste saßen dicke Pfropfen von Blattknospen. Frau Griguleit setzte als erstes den Wasserkessel auf, stellte einen Porzellanfilter auf eine Thermoskanne, stülpte Filterpapier hinein und kippte mehrere Messlöffel voll Kaffee in das Papier. Dann packte sie ihre eingekauften Sachen in den Kühlschrank.

»Erzähl, während ich Kakao koche! Was ist genau passiert, als es bergab gehen sollte und dann plötzlich bergauf ging?«

Merle erzählte von der Gewitterangst an sich, von Opilein und Esau und von Gunnar Reiher, von Butz' plötzlichem Auftauchen (sie sagte nicht, wo er hergekommen war), von seiner Kneipe mit Batsch und dem neuen, ziemlich soliden Wohlstand, in dem sie nun lebten. Inzwischen rührte ihre Gastgeberin Kakaopulver in einem zweiten Becher mit Zucker und etwas Milch zusammen zu dunklem Schlamm, goss zwei Fingerbreit Sahne dazu und füllte mit heißem Wasser auf. Gleichzeitig filterte sie für sich selbst den Kaffee. Als alles fertig war, setzte sie sich Merle gegenüber an den Küchentisch und schob die Kakaotasse vor das Mädchen. »So war das also. Weißt du, was du da gemacht hast, damals, als auf einmal alles ganz anders wurde, als du erwartet hattest? Du hast die Zukunft geändert. Du hast etwas erkannt – der wichtigste Schritt und unsere einzige Möglichkeit, uns außerhalb vom Paradies zurechtzufinden. Dieser schöne Ort aus der Bibel, falls du von der schon mal was gehört hast…«

»Ich lese seit Jahren die Bibel«, bemerkte Merle etwas pikiert.

»Bist du verrückt?« Frau Griguleit runzelte die Stirn und pustete in ihren Kaffee. »Warum? Was soll das?«

Merle reckte sich trotzig auf. »Ich will wissen, was drin steht.«

»Ach so, das ist in Ordnung. Darum geht es ja. Erkenntnis. Du hast also eine Erkenntnis gehabt, das war der erste Schritt. Und dann bist du hingegangen und hast den Nutzen daraus gezogen. Dadurch hast du aktiv deine Zukunft geändert.«

Frau Griguleit nahm mehrere große Schlucke Kaffee und sah sehr zufrieden aus.

»Sie meinen, wenn ich nicht in den Regen rausgerannt wäre und wenn ich mich nicht gegen diesen Kerl gewehrt hätte, dann wäre mein Vater überhaupt nicht aufgetaucht? Dann wäre er geblieben, wo immer er war? Das kann nicht stimmen. Er ist ja praktisch in derselben Minute aufgetaucht, in der ich aktiv geworden bin. Da ist er Stunden früher aufgebrochen. Und dass er los konnte, hat sich Tage oder Wochen vorher entschieden. Lange, bevor ich was getan hab.«

»Hast du schon mal was von Parallelwelten gehört? Durch unsere Entschlüsse oder Nicht-Entschlüsse verharren wir in einer Welt – oder springen plötzlich in eine andere.«

»Ich weiß nicht. Das kommt mir doch sehr unwahrscheinlich vor…«

»Oh? Damit bist du den meisten deiner Mitmenschen bereits voraus. Denen kommt das normalerweise völlig unmöglich vor. Sie glauben, nicht eingreifen zu können. Sie denken, was passiert, entscheidet das Schicksal oder ein lieber Gott oder sonst wer.«

Merle fühlte sich unbehaglich. Ihr Gottesbegriff war etwas verschwommen und vor allem durch die Lektüre der Bibel erschüttert worden – gleichwohl empfand sie es als gewagt, so respektlos von Ihm zu reden.

»Wir Menschen haben unseren freien Willen als verbrieftes Geburtsrecht. Das will bloß keiner wissen. Und weißt du, warum nicht? Weil es bedeuten würde, sie sind selbst Schuld. Sie dürften nicht mehr jammern. Sie müssten sich bemühen, zu erkennen – der erste Schritt – und zu handeln – der zweite Schritt. Handeln ohne Erkenntnis ist blöde und blind. Aber Erkennen, ohne zu handeln, das ist kläglich.«

Frau Griguleit stand auf, um sich an ihrem Gasherd eine Zigarette anzuzünden. Sie nahm einige tiefe Züge und funkelte Merle aus ihren großen dunklen Augen an. »Du willst also keine Hexe sein, was? Soll ich dir mal deine Zukunft verraten?«

»Sie haben mir doch eben gerade gesagt, die mache ich selbst. Aha, deshalb haut das nie hin mit Horoskopen und so!«

Wanda Griguleit lachte. Wie bei Butz ging ihr Lachen in Husten über.

»Schaust du dir manchmal nach der Tagesschau die Wetterkarte an, mein gescheites Kind?«

»Natürlich.«

»Natürlich, das tust du. Und dann kommt es ganz anders, als die Meteorologen es vorausgesagt haben. Und dann sagst du auch: Das haut nie hin mit dem Wetterbericht. Voraus sagen kann die Wetterforschung, ob Tiefs oder Hochs in der Nähe eines Gebietes sind. Vermuten kann sie, wann sie sich wohin bewegen. Mehr nicht. Trotzdem ist sie als Wissenschaft anerkannt. Aber dann komm mal mit – wie hast du gesagt: ›Horoskopen und so‹. Wehe, da trifft nicht alles hundertprozentig zu! Dann wird es verhöhnt und beschimpft…« Frau Griguleit kniff den Filter ihrer Zigarette mit ihren langen krummen Fingernägeln, als hätte er sich über Horoskope mokiert. »Selbstverständlich ist auch eine astrologische Aussage oder eine andere Prophezeiung nur etwas, das die wahrscheinlichsten Möglichkeiten nennt. Ich kann zu dir sagen: Dies und das ist für dich möglich. Und dies und das ist unmöglich.«

»Was ist denn für mich unmöglich?«

»Du wirst niemals Präsident von Amerika in diesem Leben. Um ehrlich zu sein: Du wirst nicht einmal Kanzler der Bundesrepublik.«

»Ach ja, das will ich auch gar nicht.«

»Was willst du denn?«

»Ich will zum Beispiel auf keinen Fall mehr weiter wachsen. Keinen Millimeter.«

»Wie groß bist du?«

»Eins siebenundsiebzig.«

»Du hast Recht, das reicht. Du wirst nicht mehr wachsen. Keinen Millimeter.«

»Und ich will nie Kinder bekommen.«

»Mit solchen Wünschen sollte man vorsichtig sein. Was ist, wenn du deine Meinung noch mal änderst?«

»Bestimmt nicht. Ich kann Kinder nicht ausstehen. Sie sind schmutzig, sie machen Lärm, sie sind tückisch und quälen Tiere. Oder manchmal auch andere Kinder. Mir wird immer ganz übel, wenn ich jemand rumschwärmen höre von ›unschuldigen Kindern‹.«

»Du bist doch auch ein Kind – oder du warst zumindest eins.«

»Nie! Und das hab ich oft genug zu hören bekommen. Ich war nie ein ›unschuldiges Kind‹. Ich war höchstens zu Unrecht eingesperrt in einen Kinderkörper!«, sagte Merle mit Nachdruck.

Frau Griguleit beobachtete sie aufmerksam, während sie ihre Zigarette ausdrückte.

»Also niemals Kinder, wie? Es eilt nicht, nehme ich an. Oder hast du schon einen richtigen Freund?«

»Ich?« Merle lachte.

»Machst du dir etwa auch nichts aus Männern?«

»Doch, Männer mag ich. Bei Frauen weiß ich nie so genau, was sie machen werden. Da ist keine Logik drin. Bei Männern funktioniert das viel besser.«

»Du meinst, sie sind berechenbarer? Manipulierbarer?«

»Ich finde, sie sind klarer oder ehrlicher. Ich hau mich lieber mit Männern – oder mit Jungen – als mit Mädchen. Auch, wenn die Jungen stärker sind. Aber bei denen kann ich viel eher voraussehen, wie sie reagieren.«

Frau Griguleit kniff die Augen eng zusammen. »Du haust dich? Mit Jungen?«

»O ja.«

»Weshalb?«

»Weil ich das gut kann. Und weil alles Spaß macht, was man gut kann, oder?«

»Du bist ja komisch. Du bist wirklich komisch. Du musst mich bald wieder besuchen, Merle Voß – du amüsierst mich!«, stellte Wanda Griguleit fest.

# Das 8. Kapitel
## beschäftigt sich mit Wallenstein und mit der Frage: Wer ist eigentlich ›man‹?

»Ich bin so verknallt!«, vertraute Angelika ihrer besten Freundin leise an. Sie saßen in den Zweigen der großen Schattenmorelle über ihrem gemeinsamen Indianerzelt, Merle war über das Wochenende zu Besuch. Frau Wieland zeigte weniger Vorbehalte, seit das rothaarige Mädchen von dem leibhaftigen (sehr attraktiven und charmanten!) Herrn Voß im glänzenden roten VW-Käfer gebracht worden war. Dieser Vater hatte also offenbar, sobald er von der schweren Erkrankung seines Schwiegervaters hörte, in Skandinavien alle Zelte abgebrochen und war in Windeseile in Deutschland erschienen, um hier nun als Gastronom tätig zu sein. Das hätte er schlechter machen können, fand Frau Wieland. Merle kam ihr seitdem auch irgendwie ausgeglichener vor. Zudem fiel es Angelikas Mutter leichter, die Seltsamkeit der großen Merle zu akzeptieren. Jetzt wirkte sie nicht mehr ganz so abwegig wie die der kleinen Merle, deren mangelnde Kindlichkeit sie immer irritiert hatte.

»Verknallt? In Rainer?«, fragte Merle verständnisvoll und pflückte sich eine der glänzenden, glasigen Kirschen, die so erfrischend sauer schmeckten. Rainer ging in dieselbe Klasse wie Angelika, war jedoch schon fast sechzehn, weil einmal kleben geblieben, und wurde offenbar von allen Mädchen angeschwärmt. Merle hörte oft und geduldig alle möglichen ›Und da hab ich gesagt – und da hat er so geguckt – und da hat er gesagt‹ – Geschichten an.

»Nein – nicht in Rainer. Oder eigentlich – doch, das auch. Mein Herz kann sich nicht entscheiden.« Angelika zog ihr geheimes, plattgedrücktes Zigarettenpäckchen aus der Hemdenbrusttasche, angelte eine Zigarette heraus, drückte sie vorsichtig wieder rund und klemmte sie zwischen ihre Lippen. Dann holte sie unter beträchtlich größerer Mühe eine Streichholzschachtel aus ihrer Hosentasche, sammelte zwischen vielen abgebrannten ein ungebrauchtes Streichholz hervor, riss es an, deckte die Flamme geübt mit der Hand ab und steckte ihre Zigarette an. Nach dem ersten tiefen Zug spähte sie misstrauisch durch den Garten, ob ihre Mutter sie auch von nirgendwo her beobachten konnte, ließ den Rauch zwischen den Vorderzähnen hervor sprudeln und fügte hinzu: »Im Moment träume ich Tag und Nacht von Kulle.«

»Von was?«

Angelika kicherte. »Ich weiß nicht genau, wie er richtig heißt. Vielleicht Kurt? Also, er ist sehr groß und etwas dünn, er hat sehr schöne blaue Augen, aber eine Brille, hat sowieso ein sehr intelligentes Gesicht. Er raucht filterlose französische Zigaretten und trinkt Pernod. Er hat blonde Locken bis auf die Schultern. Er hat hartes, kräuseliges Haar auf der Brust. Und er hat mich so richtig im Sturm erobert.«

»Hört sich an, als wäre er schon etwas älter?«

»Na, wenn du mich so fragst, muss ich ehrlich sagen: zweiundzwanzig!« Angelika guckte Merle triumphierend an.

»Ui. Wie bist du an den ran gekommen?«

Angelika lehnte sich zurück und holte tief Luft. »Also, das war so. Ich sollte Renate letzten Freitag an der Alsterwiese treffen – meine Kusine, weißt du? Da beim Harvestehuder Weg. Wir wollten ins Kino. Na, und wer nicht auftaucht, ist meine Kusine. Ich war ein bisschen zu spät, vielleicht 'ne Viertelstunde, höchstens zwanzig Minuten. Ich konnte überhaupt nichts dafür, der Verkehr in der Innenstadt war so wüst. Also bin ich nicht davon ausgegangen, dass sie schon da war und wieder weggegangen ist, sondern, dass sie noch kommt. Ich hab meine Strumpfhose sehr diskret ausgezogen, um beim Warten braunere Beine zu kriegen und mich so seitlich unter einen Baum auf die Wiese gesetzt. Und er – also Kulle – liegt ein Stück davon entfernt, in Jeans, mit nacktem Oberkörper, versucht, in einem Buch zu lesen – er studiert Politologie und Germanistik – lässt seine Augen aber immer wieder zu mir rüber wandern. Du, da lagen kreuz und quer die schönsten Frauen im Bikini, mit großem Busen und allem – und er guckte immer nur in meine Richtung!«

»Also ein Mann mit Geschmack«, bemerkte Merle. Angelika war eine gute Freundin. Sie machte ihr gern ein Kompliment.

»Das hast du jetzt gesagt.« Aber Angelika machte ein Gesicht wie ein Kätzchen, das Sahne bekommen hat. »Na, jedenfalls hat's ihn wohl irgendwann unwiderstehlich zu mir rübergezogen, er setzt sich neben mich und lächelt mich an. Und er sagt, Jaa, und wie ich denn heiße und was ich hier mache, und ich hab gesagt, ich warte auf wen, der wohl nicht kommt, und er sagt, Jaa, und das darf doch nicht wahr sein und derjenige ist schwer zu verstehen. Ich hab natürlich nicht gesagt, dass ich auf meine Kusine warte! Dann hab ich auf die Uhr geguckt und gesagt, jetzt hat der Film wahrscheinlich sowieso schon angefangen. Und er sagt Jaa, und ob er sich dann nicht mal opfern soll und mir einen schönen Abend machen? Er hat sich dann sein Hemd übergezogen. Ich hab meine Strumpfhose ausgelassen den ganzen Abend, weil mir das peinlich war, sie aus der Tasche zu holen. Wir sind mit seinem Rad los, ich auf dem Gepäckträger. Zuerst in so ein putziges Lokal im Mittelweg, da ist eine riesige Pappgurke vor der Tür und es heißt Gurke, da haben wir Maiskolben gegessen, unheimlich lecker! Er hat mich eingeladen, erwachsene Männer laden ein. Ich hab so ein Zeug getrunken, halb Sekt und halb irgendwas, und ich bin etwas beschwipst geworden. Später sind wir noch in ein anderes Lokal, das heißt Nach 8, und da waren einige Prominente – glaube ich wenigstens. Ich komm jetzt nicht drauf, wer das war… Und dann sind wir zu ihm nach Hause! Er hat mir ja den ganzen Abend immer flott Zigaretten angeboten und so. Hat nicht gefragt, wie alt ich bin. Ich hab mindestens eine halbe Packung allein geraucht, immer auf Lunge. Am nächsten Tag war mir richtig etwas übel. Einmal hat er gefragt, was ich studiere, da hab ich gesagt, ich geh noch zur Schule. Aber das heißt ja nichts. Na, und dann waren wir bei ihm. Er hat eine ganz süße Einzimmerwohnung unter dem Dach mitten in der Stadt, in der Hermannstraße. Also, nicht zu verwechseln mit der Herbertstraße, bitte, da ist der Schaufensterstrich…«

Merle nickte verständig. Das wusste sie auch. Das wusste jeder.

»Vor seinem Fenster wohnen Tauben, morgens haben sie uns wach gegurrt…«

Merle war nicht gern auf Kommando schockiert. Jetzt sollte sie also die Augen aufreißen und fragen: ›Du hast bei diesem Mann übernachtet?‹ Sie griff sich noch eine Kirsche und kaute schweigend.

Angelika wartete einen Augenblick. Als keine Reaktion erfolgte, erzählte sie von selbst weiter: »Also zuerst mal haben unsere Lippen sich gefunden. Ich sage dir: Männer küssen ganz anders als Jungens in unserem Alter!«

Merle, obwohl ein Jahr älter, hatte nicht die geringste Vergleichserfahrung.

»Ich war richtig auf Wolke sieben. Er hat auch rumgefummelt und fand meine kleinen Knospen so süß…« Angelika guckte wohlgefällig in den Ausschnitt ihres T-Shirts. »Und dann hat er gemerkt, dass ich keine Strumpfhose an hatte. Und dann hat er aus heiterem Himmel gefragt: ›Wie alt bist du eigentlich?‹ Ich hab erst gesagt, das fragt man eine Dame nicht und so. Aber zu guter Letzt hab ich es zugegeben. Ich dachte erst, der schmeißt mich raus! Vierzehn! Da mach ich mich ja strafbar, hat er gesagt. Du kleine heiße Lolita. Und er hat gesagt: Jetzt ist es zu spät, jetzt hab ich mich schon in dich verknallt. Er war so süß…« Angelika blickte in den Himmel und lächelte erinnerungsschwer. »Ja, so hat das angefangen mit uns. Gestern vor einer Woche. Ich glaube, es ist ganz große Liebe. Wahrscheinlich werden wir heiraten. Natürlich nicht heute und nicht morgen… Er ist Wassermann. Das passt sicher gut zu Fischen, hat ja auch mit Wasser zu tun. Ich glaube, wir haben ganz viel gemeinsam. Er hat unheimlich viel von sich erzählt, das tun Männer auch nur, wenn ihr Herz berührt ist. So seine politischen Ansichten und dass diese Kapitalistenschweine alle abgemurkst gehören. Er ist sehr für das Volk, also ein richtiger Idealist. Er will später für Zeitungen schreiben und dem Volk die Augen öffnen. Ich will doch auch später mal schreiben, aber Bücher. Vielleicht Kinderbücher. Na, als es halb zwölf war, sind wir noch mal runter zu einer Telefonzelle, ich hab meine Mutter angerufen und gesagt, dass ich bei Renate schlafe…«

»Hast du Renate auch angerufen?«, erkundigte sich Merle.

»Nein. Wieso?«

»Damit sie sich nicht am nächsten Tag bei deinen Eltern meldet und fragt, wo du Freitag geblieben bist!«

Angelika kicherte. »Stimmt, hätte ich tun sollen. Ach, ehrlich gesagt, meine Kusine ist nicht nur unzuverlässig, die ist auch unhöflich.

Die entschuldigt sich nicht. Na, und dann sind wir wieder rauf zu ihm … Und in sein Bettchen …«

Da Merle absolut nicht fragte, fügte Angelika wieder freiwillig hinzu: »Passiert ist nichts wirklich Schlimmes. Also, ich bin noch Jungfrau, weißt du. Kulle sagt, er will ganz langsam und geduldig sein. Ist das nicht süß? Wir haben fast die ganze Nacht geschmust und geredet. Was er so werden will und was er erreichen will. Das war hochinteressant. Ich hör jetzt immer Nachrichten, damit ich mehr Ahnung kriege, was politisch so passiert. Mir war früher auch nie richtig klar, dass meine Eltern bsch … busch … burschwas sind. Also Spießer.«

»Mein Vater«, sagte Merle überzeugt, »ist bestimmt kein Spießer.«

»Nein, da hast du Recht. Auf deinen Vater kannst du stolz sein. Sogar meine Mutter hat gesagt, Herr Voß ist eine imponierende Persönlichkeit. Kulle hat nur Ärger mit seinem Vater. Der will ihm neuerdings nicht mehr die Studiengebühren bezahlen und die Miete und die Lebenshaltung – also essen und so. Deshalb hat er auch kein Auto mehr und muss Rad fahren. Kulle sagt, sein eigener Vater ist der mieseste Kapitalist von allen.« Angelika rupfte mehrere Früchte ab und hängte sich Zwillingskirschen über die Ohren. »Weißt du, was ich an Kulle besonders toll finde? Er ist unheimlich zynisch.«

»Moment mal – ich denke, er ist Idealist?«

»Ja, auch. Was das Volk angeht und seine Zukunftspläne. Aber so im alltäglichen Leben, da ist er sehr zynisch.«

»Hältst du das für eine sympathische Eigenschaft?«, fragte Merle zweifelnd.

»Ich find 's sexy. Er ist dadurch immer irgendwie so überlegen.«

»Wem?«

»Jedem. Mir auch. Ich komm mir dann ganz klein und dumm vor.« Angelika legte den Kopf schief und lächelte ihr bezauberndes Lächeln. »Er sagt auch immer ›Kleines‹ zu mir. So möchte man doch genannt werden.«

Merle dachte, dass ein Mann, der sie ›Kleines‹ nannte, selbst an krankhaftem Riesenwuchs leiden musste. Oder aber, natürlich, er müsste Zyniker sein. Jemand, der neben ihr herwanderte, sie von unten her ansah und dann ›Kleines‹ sagte …

Merle seufzte. Angelika hielt das für Zustimmung.

»Wir haben uns jetzt schon dreimal gesehen. Weißt du, ich glaube, ich bin geschaffen für geheime Liebesbeziehungen. Wenn das alles einfach erlaubt wäre, er würde meine Eltern kennen und mich öffentlich abholen und so – das wäre ja langweilig.« Sie schob die Unterlippe vor und dachte nach. »Nein, ich habe kein schlechtes Gewissen!«, sagte sie dann entschieden, obwohl Merle nicht gefragt hatte. »Das ist doch eigentlich normal. Man lügt seine Eltern an und man wird von ihnen angelogen.«

»Bei uns …«, fing Merle an. Angelika nickte sofort: »Ich weiß, natürlich. Bei euch ist das anders …« Sie drückte den Rest ihrer Zigarette sehr vorsichtig am Kirschbaumstamm aus und legte den Stummel zurück in die Packung. »Du, würdest du meine Mutter nachher mal fragen, ob ich nächstes Wochenende bei euch übernachten darf?«

»Aber in Wirklichkeit?«

»Aber in Wirklichkeit werde ich beim Aufwachen wieder die Tauben gurren hören …«

Herr Dr. Heyse betrat den Klassenraum, seine abgeschabte Aktentasche unter dem Arm. Zur Zeit nahmen sie in Geschichte den ersten Weltkrieg durch, sowohl in der achten als auch in der neunten Klasse. Die Kinder der achten steckten noch in Sarajewo, die aus der neunten machten sich bereits auf die Kapitulation gefasst. Im Wesentlichen ganz lenkbare Schüler, trotz Oswald Kolle, antiautoritärer Erziehung, Rolling Stones und ›Bravo‹, trotz dieser unsäglichen Pauker-Filme sogar. Ein paar Rabauken oder schwer zu Lenkende gab es immer. In der neunten waren das vor allem Sören Claassen und Merle Voß. Zum Glück konnten die beiden sich gegenseitig nicht leiden. Entsetzlich, wenn die sich verbündet hätten!

Dr. Heyses Schwager unterrichtete in Niedersachsen in einem kleinen Ort. Da standen die Schüler noch auf, wenn der Lehrer den Klassenraum betrat oder wenn sie antworteten. Da konnte man als Lehrer sagen: ›Setzen!‹

Hier blieben sie bei seinem Eintritt sitzen oder, falls sie noch nicht saßen, rutschten auf die glatten Drehstühle. Immerhin blickten ihn alle an. Auch Sören Claassen und seine ungefähr ein Jahr jüngere Schwester Silke, die nebeneinander saßen wie ein Regenbogen und sein Schatten, unzertrennlich: Eine Rarität, befand der Lehrer. Meist waren Geschwister sich nicht übertrieben grün, vor allem, wenn sich's um gemischtgeschlechtliche Kinder handelte. Inniges Verstehen gab's noch am ehesten zwischen zwei Schwestern oder zwei Brüdern. Die Claassens waren hübsche Kinder, zumindest, was man landläufig darunter verstand; mit dunklem Haar, glatten, eigenartig flachen, brünetten Gesichtern und länglichen hellblauen Augen. Silke besaß das flinkere Mundwerk, Sören neigte zu Gewalttätigkeiten, nahm sich aber der Autorität gegenüber häufig noch zusammen. Beide waren berüchtigt dafür, andere Kinder zu tyrannisieren und gegeneinander auszuspielen. Dabei wurden sie irgendwie von Merle Voß gebremst – behaupteten die anderen Schüler. Wie, blieb unklar. Warum erst recht. Bestimmt nicht, um anderen zu helfen oder sich Freunde zu machen.

Merle sah ihn nicht an. Sie pulte versunken an einem Fingernagel herum.

»Guten Morgen!«, sagte der Lehrer, scharf und laut. Er freute sich wie immer über seine durchdringende Stimme.

Die Klasse antwortete entsprechend, etwas leiernd versetzt. Merle sprach nicht mit, weil sie jetzt an ihrem Fingernagel herumbiss. Dr. Heyse erwog kurz, ob es lohne, sie zurechtzuweisen. Stattdessen wies er ein anderes Kind an, die dünnere grüne Übergardine gegen die Sonne zu schließen. Er setzte sich an den Schreibtisch – oder das ›Lehrerpult‹ –, verstaute seine Tasche und musterte die Klasse. Sechzig Augen blickten zurück, inzwischen sogar die wimpernlosen zimtfarbenen der langen Voß, skeptisch und gelangweilt.

Das Mädchen war Dr. Heyse ein Rätsel. Ein Einzelgänger (und es war typisch, dass er nicht dachte eine Einzelgängerin). In der vorhergehenden Klasse noch die Längste, nun allmählich wuchsen ihr andere – vor allem männliche – Schüler über den Kopf. Gefürchtet blieb sie trotzdem, angeblich auch wegen ihres Schandmauls – sie sollte sehr verletzend sein. Dr. Heyse konnte sich das nicht so recht vorstellen: Das Mädchen war eine schlechte Schülerin, nicht besonders intelligent, reagierte häufig eher dumpf, hörte nicht zu, gab kurze und phantasielose Antworten. In mehreren Fächern hinkte sie deutlich hinter den anderen her und raffte sich kurz vor der Zensurgebung auf, ein wenig mehr zu tun. Auf diese Art hatte sie bisher vermeiden können, eine Klasse zu wiederholen; knapp war es jedes Mal gewesen und die Zensuren kläglich. Und die sollte zu geschliffenen, boshaften Redeattacken fähig sein?

Er hatte sogar davon gehört, dass sie stark wäre oder irgendwelche asiatischen Kampfsportarten beherrschte. Das konnte er sich genau so wenig vorstellen. Im Sport war das Mädchen zweifellos eine Niete, langsam, ungeschickt und undiszipliniert.

Um die Claassens gab es wechselnde Freunde und Vasallen. Vielleicht auch, weil ihr Vater Konditoreibesitzer war und die Kinder über eine Menge Taschengeld plus Süßigkeiten verfügten.

Merle Voß trat prinzipiell allein auf, hatte weder Freund noch Freundin. Feinde: ja, eben Sören und Silke, der Lehrer beobachtete hasserfüllte Blicke und angedeutetes Gerangel.

»Wer möchte mir eine kurze Zusammenfassung geben? Wie war das mit dem Luftkrieg zwischen England und Deutschland?« Dr. Heyse schaute suchend umher. Hier und da hob sich eine Hand, selten mit aufgestrecktem Zeigefinger, oft lässig am Arm gehalten von der anderen Hand.

Er hatte seine Favoriten unter den Schülern, das gab er sich selbst gegenüber offen zu. Ein Mensch ist keine Maschine, natürlich wandelte ihn Sympathie und Antipathie an. Die Claassens mochte er nicht leiden, vor allem ihre Arroganz. Merle Voß war ihm aus Gründen zuwider, die er selbst nicht billigte. Ihr Aussehen stieß ihn ab, die spitzen Wangenknochen, die Sommersprossen, der große Mund, der mürrische Ausdruck. (Wobei man zugeben musste, dass diese Flut lockiger roter Haare, den Rücken hinunter, einen englischen Jugendstilkünstler vielleicht begeistert hätte.) Am unangenehmsten berührte ihn ihre Ausstrahlung, die deutlich besagte: Ich will nicht, dass du mich magst! Ich brauche niemanden! Das war beleidigend für einen Menschen, der gern behilflich sein wollte.

Sie hatte ihn zurückgewiesen.

Ganz am Anfang, als er die Klasse übernahm – vor etwa zwei Jahren – versuchte er, ihre Sympathie zu gewinnen. Er wollte gern der einzige sein, der das Untier zwischen den Ohren kraulen durfte. Sie reagierte in keiner Weise, und das ärgerte ihn über Gebühr. Er hätte gelassen bleiben sollen, doch er wurde emotional. Vor der Klasse bemerkte er ironisch: »Nomen est Omen. Namen haben immer eine tiefere Bedeutung. Wisst ihr alle, was Voß bedeutet? Denn das ist ja ein plattdeutsches Wort, nicht wahr?«

Einige Kinder wussten das und äußerten halblaut: »Fuchs. Voß heißt Fuchs.«

Und Dr. Heyse sagte in künstlich humorvollem Ton zu Merle: »Sieh an, also trägst du dein rotes Fell zu Recht.«

Sie antwortete nicht. Sie betrachtete ihn gelangweilt, das Gesicht auf eine Faust gestützt.

Und aus dem Hintergrund der Klasse bemerkte irgendwer leise, doch klar verständlich: »Eigentlich heißt sie ja Feuervogel …«

Dr. Heyse konnte mit der Bemerkung wenig anfangen. Feuervogel? War das geeignet, Merle zu verteidigen oder zu beleidigen? Die Kinder kicherten, Sören und Silke drehten die Köpfe, um die Wirkung zu beobachten. Das Mädchen selber jedoch hatte den Namen mit einem verhaltenen, triumphierenden Grinsen zur Kenntnis genommen. Er hatte nie herausgefunden, warum.

»Na, Merle, fällt dir was ein zum Thema Luftkrieg?«, fragte er jetzt, obwohl er sich eben noch vorgenommen hatte, sie einfach zu übersehen.

Sie zuckte mit den Schultern und blickte ihn ausdruckslos an, ohne zu antworten. Zur Zeit beschäftigte sie sich intensiv mit Echnaton, dem Ketzer-Pharao, mit den Dynastien, die nach ihm kamen, sowie mit der altägyptischen Religion und Totenkultur. Kaiser Wilhelm und sein Kanzler Bismarck waren ihr ausgesprochen egal.

Stumpfsinnig, dachte Dr. Heyse. Eva Siemers meldete sich. Er winkte ihr mit der Hand wie ein Fürst, der eine Bitte gewährt. Die kleine Siemers war ein nettes, normales Kind. Sie gehörte zu seinen Lieblingen. Falls sie mal ein Buch vergaß, bemerkte er es nicht. Und wenn er nicht ein wenig seine persönlichen Gefühle achten durfte, dann würde er in diesem schwierigen Beruf abstumpfen und seelisch veröden.

»Heute vor acht Jahren habe ich deinen Vater kennen gelernt!«, teilte Renata Benfatto Merle mit, die nicht recht wusste, wie sie reagieren sollte. Sie antwortete versuchsweise: »Herzlichen Glückwunsch!« – doch das war falsch.

»Glückwunsch, eh? Ja, danke, danke, grazie! Gratulier mir mal zu meiner Blödheit. Die schlimmsten acht Jahre meines Lebens, rate mal, wann die waren?«, regte Renata sich auf.

Wegen ihrer Endlos-Affäre mit Butz hatte Renata sich mit ihrem Bruder Carmine überworfen, der die Ansicht vertrat, sie sollte gefälligst einen ehrbaren Mann heiraten, anstatt sich mit einem Barbarossa-Taugenichts einzulassen und aus purer Liebe ohne Bezahlung in seiner rustikalen Kneipe zu servieren. Lieber hätte sie (ebenfalls aus purer Liebe und ohne Bezahlung) im eleganten italienischen Restaurant ihres Bruders servieren sollen, seiner Meinung nach.

Renata verdrehte ausdrucksvoll die großen hellbraunen Augen und schlenkerte eine Hand in der Luft umher: »Ah, ich habe gelitten! Deshalb seh ich auch schon so alt aus …« Was in keiner Weise stimmte. Sie war inzwischen sechsundzwanzig, ungefähr halb so alt wie Merles Vater, und nie schöner gewesen. Natürlich trug sie längst keine Bienenkorb-Frisur mehr. Sie schlang ihr schwarzes Haar zu einem tiefen Nackenknoten, aufgelockert durch feine Kringellöckchen an den Schläfen und vor den Ohren, oder ließ es einfach von einem Madonnen-Scheitel aus über die Schultern fließen. Viele Stammkunden kamen zu Butz und Batsch, um die Italienerin anzuschmachten.

Renata wohnte halb in einer kleinen Wohnung an der Mundsburg – zu Fuß kaum eine Viertelstunde zur Wohnung der Voß' und zur Kneipe. Halb wohnte sie jedoch auch bei Butz. Sie teilte sein Schlafzimmer, im Badezimmerschränkchen gab es ein Fach mit ihren Cremes und Wässerchen, auf dem Schränkchen neben Butz' breitem Bett stand das silbergerahmte Bild einer grimmig guckenden italienischen Oma, daneben lag ein kleines, geschnitztes Kruzifix. Ein Drittel von Butz' Kleiderschrank war mit Kleidern, Röcken, Blusen, spitzenumsäumten Büstenhaltern, Höschen und flachen Strumpfhosen-Packungen belegt. Renatas bittersüßes Parfum lagerte über und neben Butz' Rasierwasserduft.

Opilein ging das ganz schrecklich auf die Nerven. Er konnte Renata nicht ausstehen und fürchtete dauernd, sie könnte schlechten Einfluss auf seine Enkelin ausüben.

»Ich will zur Beichte – kommst du mit in die Kirche, Merle? Danach geh' ich in die Ecke…« Innerhalb der Familie nannten sie das Butz & Batsch Ecke, einfach, weil die Kneipe nun mal an einer Ecke lag.

Sie gingen zur St. Sophienkirche an der Elsastraße, zu der ein Dominikanerkloster gehörte. Die Kirche sah sonderbar trutzig aus: im zweiten Weltkrieg war ihr das spitze Kirchturmdach weggebombt worden, und da sie sonst unbeschädigt blieb, hatte man es so belassen. Wahrscheinlich glaubt sie, sie wäre Notre Dame, dachte Merle, am stumpfen, kurzen Kirchturm hochblickend. Dabei hat sich der Architekt das mal ganz anders gedacht…

Sie betraten durch den Seiteneingang, aus dem lauten, bunten, warmen Sommernachmittag, die kühle, weihrauchduftende Ruhe. Merle tippte so geläufig wie Renata Zeige- und Mittelfinger der rechten Hand in das Weihwasserbecken und bekreuzigte sich, als sie den Innenraum der Kirche betraten. Sie machte auch einen kleinen Knicks in Richtung des Altars und folgte Renata zur Maria, um eine Kerze anzuzünden.

Während Renata im Beichtstuhl verschwand, um ein weiteres Mal ihre sündige Beziehung zu beichten (sie würde eine Buße, aus Gebeten und Rosenkränzen bestehend, aufgebrummt bekommen und dann beruhigt weiter sündigen), saß Merle in einer der Kirchenbänke. Sie beobachtete, wie das Nachmittagslicht etwas schräg durch das wunderschöne bunte Altarfenster fiel, auf dem ein milder Jesus am Kreuz hing und seinerseits mitfühlend auf die herabblickte, die mit ihm litten: Johannes und die Mutter Maria. Über ihm flog der Geist Gottes als Taube.

Merle erinnerte sich wie an einen alten, verblichenen, gesprenkelten Film daran, wie sie damals mit Butz in dem italienischen Eiscafé an der Alster saß und wie bezaubert auch sie von der reizenden Renata gewesen war.

Jetzt gehörte sie zu ihnen und packte tüchtig in der Kneipe mit an. Dass die beiden sich stritten, kam Merle normal vor: Alle Frauen von

Butz hatten mit ihm gestritten. Wahrscheinlich stritten überhaupt alle Paare. Noch auf der Höhe ihrer Romanze konnte es passieren, dass Frau von Matzendorf Opilein anfuhr, da sei sie aber gänzlich anderer Meinung – »Lieber Freund!«, sagte sie dann, immer schön per Sie, aber es klang wie ›dämlicher Hammel‹. Oder Angelika. Letzte Woche hatte Merle zugesehen, wie die Freundin mit dick geheulten Augen da saß und vor Bockigkeit mit den Beinen strampelte, wenn sie erzählte, wie Kulle ihr den Mund verbot, sobald seine Freunde zugegen waren: ›Kleines, das verstehst du noch nicht, da halt dich mal raus …‹

Nun kam Renata aus dem Beichtstuhl, ihre hohen Absätze klackerten auf dem Steinboden. Sie ging nach vorn und kniete vor dem Altar, sie betete den Rosenkranz, den sie aus ihrer Handtasche geholt hatte, sie zündete noch verschiedene Kerzen an und bekreuzigte sich immer wieder, wobei sie zwischendurch ihren Daumenknöchel küsste. Sie wirkte sehr aufgewühlt.

»War der Pfarrer böse?«, fragte Merle auf dem Heimweg in Renatas ungewöhnliche Schweigsamkeit hinein.

»Nein, nein. Ich bin böse. Mit mir selbst. Weil ich so dumm bin. Du weißt, ich bin als ganz kleines Mädchen nach Deutschland gekommen, aber jedes Jahr sind wir runter gefahren nach Hause zu unseren Verwandten. Es gibt da einen Mann, Aldo, der wollte mich immer heiraten. Hübsch sieht er aus, nur etwas klein. Er ist solide. Er trinkt nicht. Er ist treu. Und weißt du, warum ich diesen guten Mann nicht nehme?«

Merle blickte Renata von der Seite an und wartete.

»Weil er gut ist. Er hätte mich schon vor zehn Jahren geheiratet, dann würde ich jetzt in einer schönen Wohnung sitzen ohne Sorgen, sicher hätte ich Kinder … Aber was muss ich tun? Gleich, als ich deinen Vater getroffen hatte, wusste ich, er hat schon eine Freundin und lebt bei ihr und wir können uns nur heimlich sehen. Dann hab ich ihn jahrelang im Gefängnis besucht und ihm geschrieben, blöd wie ich war. Ich hab auf ihn gewartet! Ich war ihm treu! Blöd wie ich war. Den armen Aldo mag ich gern, aber ich kann ihn nicht lieben. Lieben kann ich nur einen bösen Mann wie deinen Vater …«

»Na ja …«, sagte Merle warnend. »Also ›böse‹ …« Doch sie hatte keine Lust, Renata einen Vortrag zu halten wie damals Birgit, wie man ihren Vater behandeln, was man von ihm erwarten – und was man lieber nicht erwarten sollte als seine Geliebte. Wenn schon Birgit damit nichts anfangen konnte, dann wäre es für Renata noch viel weniger verständlich.

Opilein empfing sie im Flur, den weißen Flaum gesträubt und sehr ungnädig: »Kannich ma wissn, wo ihr gewesn seid? Inne Kirche, seh ich das richtich?«

Merle gab es zu, Renata sprach gar nicht mit dem alten Mann. Sie verschwand in Butz' Schlafzimmer, um sich für die Kneipe umzuziehen.

»Du soss mir nich inne katolsche Kirche!«, nörgelte Opilein. Er war nun achtzig, klein, zart und knochig, sein Rücken beugte sich zunehmend, seine Augen sackten immer tiefer, wurden kleiner und runder.

Merle umarmte ihn und gab ihm einen Kuss. »Warum denn nicht, Opilein? Ich geh gern in die Kirche.«

»Aber du bis nich katolsch! Himmelkreuzdonnerwetter!«

»Na und? Ist der liebe Gott etwa evangelisch?«

Auf so etwas antwortete ihr Großvater nicht. Er erklärte stattdessen: »Alle Katolschen lügen. Die könn nich die Wahrheit sagn. Fraach ein was, un er lücht dich an.«

»Warum denn das?«

»Na, die tun ja beichtn. Da könn die vorher lügn wie sie wolln, wenn die das denn gebeichtet ham, denn issas wieder gut.«

»Du sagst doch immer, keiner lügt so viel wie Butz, und der ist nicht katholisch.«

Opilein äußerte sich ungern über den Charakter seines Schwiegersohns seit seiner eigenen Heiratsschwindel-Pleite. »Mädel, wenn du inne Kirche wills, denn geh doch inne evangelsche!«

»Och nö. Die sind immer zu, außer, wenn der Pastor redet, und dann muss man dauernd aufstehen und sich hinsetzen und mitbeten und singen, wenn man gar nicht will. Und Weihwasser und Kerzen, um sich was zu wünschen, gibt's auch nicht …«

Opilein lief richtig rosig an vor Ärger. »Denn mussu konvertiern!«, krähte er.

»Wozu? Ich darf doch in jede Kirche, wenn ich möchte. Übrigens gehst du ja auch nie in eine evangelische Kirche …«

»Ich brauch da auch nich hin. O Mann, o Mann, o Mann! Ich kann sehr gut mit den Herrn alleine redn, da brauch ich kein Paster nich zu!«, versetzte der alte Mann wütend und verschwand türenknallend in seinem Zimmer, um sich die Nachmittags-Kindersendungen anzusehen.

Renata kam, wie eine Figur aus einem Wetterhäuschen, gleichzeitig aus Butz' Schlafzimmer, fertig umgezogen, die Handtasche über der Schulter. »Was hat er denn? Ist er sauer auf dich, weil du mit mir weg warst?«

Merle schüttelte lächelnd den Kopf. »Er ist nicht sauer auf mich. Er liebt mich.«

»Da bin ich ja richtig froh, dass er mich nicht liebt«, meinte Renata. »Kommst du mit in die Ecke? Wir machen Sauerbraten, das haben einige Gäste sich gewünscht. Aber du musst dich umziehen … Du musst mehr aus dir machen, Cara …«

Cara, wusste Merle inzwischen, hieß Liebchen. Renata ging ganz selbstverständlich in Merles Zimmer, öffnete den Schrank, sah hinein und stöhnte: »Ah, entsetzlich! Sieht aus wie bei einem Jungen, nur nicht so unordentlich. Was ist mit diesem Kleid? Warum ziehst du das nicht an?«

Merle betrachtete, was Renata ihr auf einem Bügel unter die Nase hielt: »Ich fühl mich darin nicht wohl. Ich trag lieber Jeans.«

Renata nickte traurig. »Ein Jammer. Du könntest hübsch sein …«

»Könnte ich nicht.«

»Doch! Setz dich hin, ich bürste dein Haar …« Renata drückte Merle auf ihr Bett, holte aus ihrer Handtasche eine kleine Bürste mit Naturborsten und begann mit langen Strichen, Merles Schopf zu bürsten. »Das ist gut, nicht? Jetzt glänzt es gleich. So … und so … Und jetzt streich es nicht gleich wieder hinter die Ohren. Lass es auf die Schultern fallen. Schön.« Renata holte weitere Gegenstände aus ihrer Handtasche. »Komm, einen Hauch Puder auf deine Nase … und jetzt tusche ich deine Wimpern. Stillhalten, sonst stech' ich dir ein Auge aus. Du, das gibt es ja nicht, die sind ja irrsinnig lang und dick, das hab ich noch nie richtig gesehen! Die unten auch! Guck nach oben! Nicht zucken! Ah, Merle, schau mal, wie gut das aussieht: völlig anders …« Renata klappte ihre Puderdose noch einmal auf und hielt Merle den Spiegel vor.

Merle sah einen kleinen Ausschnitt ihres Gesichts. Der wirkte in der Tat vollkommen verändert. Da, wo für gewöhnlich ihre Augen bleich und wie blind schauten, saßen plötzlich richtige Menschenaugen, nein, mehr als das: schöne Frauenaugen! Ihre Wimpern, normalerweise unsichtbar oder, schlimmer, die Augen selbst hell und stumpf verdeckend, wurden auf einmal zum schwarzen, dichten Rahmen. Aus irgendeinem Grund änderte das sogar die Augenfarbe; Merles Iris, sonst nahezu orange, wirkte nun wie Honig oder Bernstein. Merle starrte ungläubig in den kleinen Spiegel. Renata blickte ihr aus nächster Nähe ins Gesicht. Dann schauten sie sich an und lachten gemeinsam entzückt. »Hier, nimm! Ich kauf mir morgen neue!« Renata drückte dem Mädchen die Tusche in die Hand. Merle schüttelte den Kopf und gab das silberne Röhrchen zurück: »Ich kann in der Schule nicht plötzlich geschminkt aussehen …«

»Oh, ich verstehe …« Renata nickte. Sie verstand jedoch keineswegs; sie glaubte, in der Schule sei den Schülerinnen Make-up verboten. Falls das so sein sollte, hielt sich kein weibliches Wesen ab zwölf daran.

Merle fürchtete um ihr Image als gefährliche, unbesiegbare Amazone, die auf die Jungentoilette ging, um zu zeigen, dass sie sich alles erlauben konnte. Getuschte Wimpern mochten noch so gut aussehen, sie signalisierten den Wunsch, zu gefallen. Ein unbesiegbarer Krieger wollte ganz bestimmt nicht gefallen.

Renata steckte die Tusche wieder weg und dachte nach. Während sie nachdachte, setzte sie sich neben Merle und begann, ihr sanft den Nacken zu massieren, die Kopfhaut, die Schläfen. »Ah, jetzt weiß ich! Du musst zum Friseur und deine Wimpern färben lassen! Das sieht nicht geschminkt aus, ist es ja auch nicht. Hält zwei oder drei Wochen.« Sie lehnte ihre Stirn an Merles Schulter, rutschte mit dem Mund etwas tiefer und küsste die nackte Haut am Oberarm.

Merle, ebenfalls tief in Gedanken, verzog ein wenig das Gesicht: »Lass das, Renata …«

Renata schmollte: »Nie wollt ihr schmusen, Familie Voß. Butz mag das auch nie. Es ist doch so schön. Du riechst so gut. Du riechst ein bisschen wie dein Vater…« Und anstatt aufzuhören, küsste sie weiter, setzte winzig kleine Bisse auf Merles Arm und saugte zwischendurch an der Haut.

Merle stand so plötzlich auf, dass Renata fast vom Bett gefallen wäre. »Komm, du musst doch in die Ecke. Und ich will mit… Los, verschwinde mal eben, ich will mich umziehen.«

Renata stand beleidigt auf. »Ich guck dir schon nichts weg. Dann geh ich eben voraus und du kommst hinterher.«

Die mittelgroße Eckkneipe Butz und Batsch war ganz schlicht. Irgendwelche Originalität hatte sie nicht nötig, da niemand die Absicht hegte, Gäste von weit her anzulocken. Der Gästestamm stand von vornherein fest: die Männer (und einige Frauen) der Umgebung. Normalerweise begrüßten die Wirte jeden Hereinkommenden mit Namen, häufig sogar mit Vornamen.

An den beiden Fensterreihen entlang standen die Tische mit den hochlehnigen Holzbänken, um die beiden Tresenseiten gab es Hocker. Ein Fernseher befand sich hoch oben im Regal, von jedem Platz aus zu sehen, aber er lief sehr selten, fast nur bei Fußballspielen.

Es war später Nachmittag, als Merle den Raum betrat. Bisher war nur ein einziger Gast anwesend, eine Frau in einem engen roten Kleid, die nahe der Bierzapfmaschinen am Tresen saß, den Oberkörper weit vorgeneigt, um mit Butz zu sprechen, der hinter dem Tresen stand, ebenfalls weit vorgebeugt. Es hätte eine freundschaftliche Unterhaltung sein können, wenn Butz nicht ab und zu hastige Blicke über die Schulter Richtung Küche geworfen hätte, wo Renata herumhantierte. Merle musterte die Frau neugierig. Sie war um die vierzig, blond, ihr nicht mehr ganz neues Puppengesicht war sorgfältig zurechtgemacht, ein Spürchen ordinär.

Bevor sie selbst auch in der Küche verschwinden konnte, bemerkte ihr Vater sie, und er strahlte auf. »Da ist meine Tochter! Merle, kommst du mal? Das ist Frau Maus. Sabine. Sie ist vor einigen Tagen hierher gezogen…« Merle trat etwas näher und nickte Frau Maus zu. Sie hatte ihre getuschten Wimpern schon wieder vergessen und hielt Sabine unwillkürlich für kriecherisch, weil die mit anerkennendem Blick bemerkte: »Ein apartes Mädchen! Die wird hier Köpfe verdrehen, was? Wie alt sind Sie, Merle? Siebzehn?«

»Nein. Fünfzehn.«

»Hach, beneidenswerte Jugend«, seufzte Sabine Maus und fischte mit den Augen bei Butz nach Komplimenten für ihre Altersklasse. Er füllte gerade zwei Schnapsgläschen mit Korn, reichte ihr eins und hob salutierend sein eigenes.

Merle verschwand in der Küche. Hier schmorte der Sauerbraten auf dem Herd, daneben stand ein Topf – Merle hob schnuppernd den Deckel – mit Rotkohl, der Apfel- und Nelkenaroma ausströmte. Am Tisch beschrieb Renata die simplen kleinen DIN A5-Speisekarten mit ihrer sauberen Schulmädchenschrift, während Batsch mit dem Rücken am Geschirrschrank lehnte, eine Zigarette rauchte und vor sich hin träumte. Neben ihm dampfte ein Becher Kaffee. Beide freuten sich, als Merle eintrat, und Renata rief: »Batsch, guck dir ihr Gesicht an! Fällt dir etwas auf?!«

Er guckte aufmerksam. »Irgendwas ist dramatisch anders, ich weiß bloß nicht genau, was. Fräulein flammende Nachtigall, Sie sehen hinreißend aus! Was habt ihr gemacht?«

Renata erklärte es ihm und er studierte den Effekt gründlich. »Nicht zu fassen! Ich hab mir immer gedacht, dass du eines Tages eine aufregende Frau sein wirst, aber das hier … Toll!«

»Und? Sitzt dein Vater immer noch mit der alten Kunstblondinen-Maus da?«, fragte Renata mit möglichst unbekümmerter Stimme.

»Die ist doch wirklich keine Konkurrenz für dich«, versuchte Batsch sie zu trösten.

Sie erwiderte bitter: »Butz ist egal, ob eine Frau schön oder klug oder nett ist. Hauptsache, sie ist neu.«

Indessen verabschiedete sich die neue Sabine im Gastraum gerade von Butz, und einige Minuten später kam er auch in die Küche. »Was steht ihr denn hier alle rum?«

»Hätten wir dir flirten helfen sollen?«, fragte Renata streitlustig.

Batsch zeigte seine Pferdezähne in einer Grimasse. »Butz, ich muss mit dir reden.«

Butz nahm sich einen Porzellanbecher aus dem Küchenschrank und goss ihn aus der Thermoskanne auf dem Tisch voll. »Leg los.«

»Nein, ich dachte, wir gehen nach vorn.«

»Weshalb?«

»Komm einfach mit nach vorn.«

»Warum?!«

»Weil nicht jeder zuhören muss, wenn ich dich fertig mache!«, rief Batsch gereizt.

Merle sah, wie die Kiefernknochen ihres Vaters ganz eckig wurden. »Du kannst mich nicht fertig machen. Du nicht«, sagte er leise.

Batsch schüttelte ärgerlich den Kopf. »Will ich ja auch nicht, verdammt noch mal. Aber – na ja, du weißt ja sicher, worum es geht? Du hast gestern Abend schon wieder mal …«

»Ja. Ich hab einen ausgegeben. Und?«

»Nicht einen. Drei Lokalrunden, und es war voll. Das kostet uns … Butz, was uns das kostet!«

»Na und? So 'n bisschen Großzügigkeit gehört dazu. Du sagst selbst, es war voll. Ist es doch beinah jeden Abend. Ganz sicher auch deshalb, weil die Leute hier ab und zu mal was spendiert kriegen.«

»Blödsinn!«, schnappte Batsch. »Die würden genau so kommen, wenn nichts spendiert werden würde, einfach, weil sie drum rum wohnen und wir der einzige Zapfhahn am Platz sind. Aber weil du hier drei- bis viermal die Woche alle frei hältst, bringen die allmählich ihre weiteren Familienmitglieder und entfernteren Bekannten mit. Butz, deine grenzenlose Menschenliebe wird mir allmählich etwas zu grenzenlos, weißt du!«

Butz' Augen glitzerten gefährlich, aber er rang um Beherrschung. »Mein Lieber, das sind beileibe keine entfernteren Bekannten unserer Stammkundschaft. Gerade gestern waren einige gute alte Freunde von mir hier …«

Zu Merles Entsetzen unterbrach ihn Renata: »Ach Butz, was du so ›gute Freunde‹ nennst! Bloß, weil du mit denen schon mal zusammen sternhagelvoll warst … Dieser kleine glubschäugige Kerl war auch wieder dabei, dieser Hotte, das ist doch ein ganz mieser Zuhälter …«

Butz brüllte auf und warf seinen vollen Kaffeebecher nach ihr. Sie konnte ihren Kopf gerade noch in den Armen bergen. Der Becher zerbrach an der Tischkante. Etwas vom heißen Kaffee bespritzte Renatas Beine, und sie schrie. Butz drehte sich um, mit verzerrtem Gesicht, riss die Schranktür auf, griff nach weiterem Geschirr und schmetterte es in Renatas Richtung, zwei Becher, zwei Untertassen. Die Scherben sprangen und rutschten und rotierten auf den Bodenfliesen umher. Renata saß zusammengeduckt und weinend neben dem Tisch, Batsch starrte seinen Partner mit geöffnetem Mund an, die kleinen braunen Äuglein so weit aufgerissen, dass rundherum das Weiße zu sehen war. Er sah aus wie ein tollgewordenes Pferd.

Merle ging ohne Eile zum Küchenschrank und schloss die Tür wieder. Als Butz zu ihr herumfuhr, sagte sie ruhig: »Eben ist jemand vorn reingekommen …«

Und wirklich rief eine Stimme: »Hallo, keiner da? Ist euch was hingefallen da hinten?«

Batsch räusperte sich und rief einigermaßen munter: »Momentchen – ich komm gleich!«

»Gut«, knurrte Butz gedämpft, »übernimm du das mal. Ich werd heute Abend frei nehmen, dann entsteht der Kneipe wenigstens kein Schaden. Komm, Feuervogel …« Er griff nach ihrem Arm, ohne sie anzusehen und zog sie hinter sich her, marschierte mit gesenktem Kopf an dem Gast vorbei, der ihn grüßte, und antwortete nicht. Merle nickte dem verdutzt in der Kneipe stehenden Mann kurz zu.

Butz lief mit seiner Tochter zu seinem Wagen, der in der Beethovenstraße vor dem Haus parkte, in dem sie wohnten. Hier ließ er sie los. »Ich fahr raus, brauch frische Luft. Hast du Lust, mit zu kommen?«

»Klar«, sagte Merle.

Sie dachte nicht darüber nach, dass ihr Vater mit der blonden Sabine sicherlich nicht nur ein volles Glas Korn gekippt hatte. Ein leichter Alkoholdunst gehörte zu Butz wie Zigarettenaroma. Und er wurde nie betrunken, jedenfalls nicht so peinlich-weinerlich-lallend wie andere Männer. Manchmal lachte er ein bisschen viel, manchmal redete er bemüht langsam und deutlich, das war alles.

Butz startete den Motor, murmelte: »Hau ab da, du Hornochse!«, weil ein nichts ahnender Fußgänger schräg versetzt über die ruhige Straße trödelte, gab Gas und hielt auf den Verschreckten zu, der sich mit einigen Sätzen auf den Gehweg rettete.

Sie fuhren nach Garstedt, ein wenig behindert durch den Feierabendverkehr. Butz schimpfte und fluchte auf andere Fahrer, wechselte ununterbrochen die Spur, regte sich über Ampelschaltungen auf, fuhr meist noch bei Gelb und entspannte sich nach und nach immer mehr. Sie hielten da, wo es keine Häuser mehr gab, nur noch Wiesen und Kühe und Wald.

Butz atmete tief durch. »Eines Tages«, sagte er, »will ich nicht mehr in der Stadt wohnen. Arbeiten ja, meinetwegen, so lange es sein muss. Aber ich brauch die saubere Luft und die Weite …« Er sah sich in der flach hingestreckten Landschaft um. »Dieses Land liebe ich. Das einzige, das ich je kennen gelernt hab, wo du noch weiter gucken kannst, ist das Meer. Da gibt es auch keine Berge und Zäune und Gitter und nichts, was dich begrenzt.«

Er betrachtete seine Tochter von der Seite, und auch er bemerkte den Wimperntusche-Effekt, ohne zu erkennen, woran es lag. »Du wirst wirklich immer hübscher, das hab ich dir ja immer gesagt.«

Sie gingen eine Weile schweigend über Feldwege. Merle dachte über ihren Vater nach. So weit sie verstand, war es ganz seine Sache, zu erobern, doch die Eroberung langweilte ihn bald. Er fürchtete Gewohnheit und sogar Sicherheit, weil sie ihm ein Gefühl von Unfreiheit vermittelten. Er liebte Abenteuer, das Gefährliche, das Ungewisse. Armer Batsch.

Schließlich sprach Butz wieder. »Es ist so schön, mit dir zusammen zu sein, Vögelchen. Alle Menschen meckern immer bloß mit mir rum, seit jeher. Nur du nicht.«

Ich werde mich hüten, dachte Merle. Solange ich nichts von dir will, ist es sowieso überflüssig. Und wenn ich was von dir will, ist Meckern die allerschlechteste Methode, es zu bekommen. Sie lächelte ihn an und er lächelte zurück. Obwohl ihre Gesichtszüge nicht besonders ähnlich waren, trugen sie ganz genau den selben Ausdruck.

»Sieh mal, da gibt es schon Haselnüsse. Warte, ich werd mal eine aufbeißen, ob sie schon reif sind!«, rief Butz. »Das heißt, reif sind sie ja erst, wenn sie gelagert worden sind. Anfang August schmecken sie wie frische Erbsen oder so ähnlich, ganz weich und saftig. Hier, probier mal – da!«

Es stellte sich heraus, dass die Haselnüsse bereits essbar waren, und sie pflückten und sammelten eine Weile. Butz aß keine einzige selbst, obwohl er den Geschmack liebte, er gab sie alle seiner Tochter, half ihr jedoch, sie aufzubeißen, und freute sich, dass sie ihr schmeckten.

»Das hier hat alles mal Dänemark gehört, weißt du das? Haben sie dir in der Schule was beigebracht über die Geschichte von Schleswig und Holstein?«

Merle schüttelte den Kopf. »Ich höre meistens sowieso nicht zu. Erzähl du mir davon, Butz.«

Er zog sich eine Zigarette aus der Schachtel, zündete sie an, blinzelte durch den Rauch und sammelte seine Gedanken. »Ja, gerne, wenn es dich interessiert…«, sagte er glücklich.

»Wallenstein gefällt mir«, murmelte Merle, während sie mit ihren großen, schmalen Händen Möhren schälte. Sie kochte in Giselas Küche für Gisela, und die Bibliothekarin sah ihr dabei zu. Sie hatte sich ›etwas Altmodisches, Bürgerliches‹ gewünscht und bekam panierte Kalbsschnitzel mit Petersilienkartoffeln und Leipziger Allerlei.

»Wallenstein? Bist du mit den Pharaonen schon fertig?«, fragte Gisela erstaunt.

»Erst mal. Echnaton und Hatschepsut, Ramses senior und Ramses junior… Ich hatte plötzlich Lust auf was Jüngeres.«

Das fand Gisela komisch: »Und da hast du dir den knackigen Herzog von Friedland ausgesucht? Was meinst du mit: gefällt dir? Doch hoffentlich nicht als Mann?«

Merle tippte sich nachdenklich mit der geschälten Möhre ans Kinn, was einen gelben Fleck hinterließ. »Warum eigentlich nicht? Ich mag seine Wangenknochen.«

»Ich wusste bis jetzt nicht, dass der Kerl so was hatte. Ich dachte immer, er hatte einen Schmollblick und einen Haaransatz wie Micky Maus.«

»Er hatte nachdenkliche, traurige Augen. Er sah intelligent aus. Was er ja auch war.«

»Er hat an Astrologie geglaubt!«

»Das haben damals viele Leute getan. Er war doch erfolgreich, Gisela.«

»Ja, er ist ermordet worden.«

Merle schälte energisch vier mitteldicke Spargelstangen. »Erst ganz zum Schluss. Nachdem er viel erreicht hatte. Übrigens sind die Leute in dem Jahrhundert doch ununterbrochen ermordet worden. Das war schon fast die normale Todesart. Was mir am besten gefällt, ist sein Wappenspruch …«

»Invita Invidia, den Neidern zum Trotze.«

»Heißt das so? Bei Zierer steht: Dem Neid zum Trotz. Egal, die Aussage ist schließlich dieselbe.«

»Stimmt, der Spruch ist auf jeden Fall originell. Wallenstein hat nicht vorgetäuscht, an Menschenliebe zu leiden. Das gibt sonst keiner zu. Nicht einmal du, oder?«

Merle lachte. »Jederzeit. Mich fragt bloß keiner.«

Sie stellte die kochenden Kartoffeln klein.

»Warum kochen sie bei dir nicht über? Bei mir tun sie das sofort«, beklagte sich Gisela.

»Wahrscheinlich nimmst du zu viel Wasser. Außerdem hat Opilein mir einen Trick gezeigt. Hast du das vorhin nicht gesehen? Ich hab ein winziges Stückchen Butter in den Topf getan, bevor ich die Kartoffeln zum Kochen gebracht habe. Das Fett verhindert das Überkochen.«

»So was weiß man also, wenn man professionell kocht.«

Merle zog die Stirn in Falten. »Wer ist ›man‹, Gisela? Kannst du mir das erklären?«

»Natürlich. Der Vorname von ›man‹ ist Jeder.«

»Also ›wir alle‹?«

»Genau.«

»Und wenn jemand nicht dazu gehört?«

»Dann wird er aus dem Hof gehackt. Weil man jemanden nicht leiden kann, der nicht dazu gehört.«

»Woher weiß ›man‹ denn, dass ›man‹ dazugehört?«

»Das hat mit Wissen nichts zu tun, das ist eine Glaubensfrage. Glaubst du, dass du ein Jedermann bist?«

»Auf keinen Fall. Und du?«

»Ich glaube nicht. Aber die meisten Menschen glauben, dazu zu gehören. Und es ist wichtig für sie. Es vermittelt ihnen die Geborgenheit in der Gemeinschaft. Ohne die fühlen sie sich nackt und bloß und ausgeliefert. Sie müssten eine eigene Meinung entwickeln und dafür auch noch die Verantwortung übernehmen!«

»Was für eine Meinung haben sie denn normalerweise?«

»Na, die, die ›man‹ hat! Auch ›Vorurteil‹ genannt.«

Merle salzte das Kochwasser, deckelte den Topf zu und stellte die Herdplatte an. »Moment mal – es gibt ja immerhin verschiedene Ansichten: Religionen, politische Richtungen …«

»Natürlich. Das sind verschiedene Vorurteils-Gruppen. Die eine versteht die andere nicht im mindesten und weiß, das sind entweder die Dummen oder, schlimmer, die Bösen. ›Man‹ muss sie aufklären, notfalls mit Gewalt. Auf jeden Fall ist man ständig im Recht. Man hat oft nicht die geringste Ahnung, aber auf jeden Fall eine Meinung. Das macht man so.«

Merle räumte den Tisch von Kartoffelschalen frei, wischte ihn ab und stellte drei Teller fürs Panieren hin. Einen füllte sie mit Mehl, einen mit Semmelbröseln und auf dem dritten verschlug sie mit der Gabel ein Ei.

»Das macht man so …«, wiederholte sie. »Wenn ich das höre, werde ich immer ganz nervös. Gestern hörte ich im Radio, wie eine Sprecherin sagte: ›Wir haben doch alle Probleme damit gehabt, dass unsere Eltern uns nicht sein lassen wollten, wie wir sind …‹ Für mich ist das Blödsinn. Ich habe ganz andere Probleme gehabt, die offenbar den meisten Menschen unbekannt sind.«

»Würde dir denn daran liegen, dass andere deine Erfahrungen geteilt haben?«

Merle salzte und pfefferte die Schnitzel, wälzte sie im Mehl, zog sie durch das verschlagene Ei und panierte sie zum Schluss in den Semmelbröseln. »Nein, wozu?«

»Na, aus dem üblichen Grund der Jedermänner. Um dich geborgen zu fühlen in der Gemeinschaft.«

»Nein, danke. Da würde ich mich ganz bestimmt nicht geborgen fühlen, in diesem feigen Schnatterhaufen.« Merle guckte in die Kartoffel- und Gemüsetöpfe, stellte die Temperatur herunter und ließ Fett in der großen Pfanne verlaufen. »Ich las kürzlich, dass die Menschen früher, in der Steinzeit oder so, eine Gemeinschaftsseele hatten und ein Gemeinschaftsbewusstsein. Einer war gar nichts, alle zusammen waren was.« Sie legte die Schnitzel behutsam in die Pfanne.

»Wieso denn Steinzeit? Genau so ist es immer noch. Alle zusammen sind Jedermann. Oder jeder ist ›man‹. Es ist viel weniger gefährlich, zu sagen: ›Man macht das so‹, als zuzugeben: ›Ich mache das so‹. Du solltest lieber nicht sagen, dass du die menschliche Gemeinschaft für einen feigen Schnatterhaufen hältst.«

»Warum nicht?«

»Weil die menschliche Gemeinschaft dann schwer beleidigt ist.«

»Na und?«

»Und dann kommt die menschliche Gemeinschaft nicht in dein schönes erstes eigenes Restaurant, und wenn das Essen noch so gut ist. Sie geht vielmehr in irgendeinen stinkenden Imbiss, dessen Besitzer vor Menschenliebe aus allen Nähten platzt und jeden Satz anfängt mit: ›Das geht uns doch allen so …‹«

Merle drehte die Schnitzel um, schwungvoll und trotzdem so vorsichtig, dass kein Fett aus der Pfanne spritzte. »Dein Argument hat leider etwas Überzeugendes. Du meinst, wir sind alle aufeinander angewiesen oder so ähnlich?«

»Oder so ähnlich. Wenn du alle Leute zum Teufel jagst, hast du niemanden, der dir in der Not beisteht.«

Merle richtete sich auf. »In der Not hab ich mir bisher immer selber beigestanden. Ich finde es sogar vorteilhaft, keine Freunde zu haben. Je weniger Gefühl für andere du hast, desto weniger angreifbar bist du. Ich finde, es kämpft sich am besten mit dem Rücken zur Wand und ohne die Sorge, dass jemand, der zu mir gehört, etwas abbekommt.«

»Na, ich weiß nicht …« Gisela öffnete die Balkontür, um die Kochdünste heraus zu lassen. »Ich habe dir zum Beispiel damals geholfen, dein Problem mit der Post aus Schweden zu lösen. Oder deinen Opi in Krankenhäusern aufzustöbern. Soll ich den Tisch decken? Wann ist alles fertig?«

Merle sah auf die Uhr und auf den Herd. »In ungefähr vier Minuten. Leg bitte auf jeden Teller eine dünne Scheibe Zitrone und ein Büschelchen Petersilie.«

»Warum?«

Merle grinste. »Weil man das so macht.«

Fünf Minuten später füllte sie die petersilienbestreuten Kartoffeln auf die Teller, die Mischung aus Möhren, feinen Erbsen und Spargelstückchen, die goldbraunen Schnitzel. Sie setzten sich an dem kleinen Tischchen gegenüber und griffen zum Besteck.

»Mhmmmmm! Es schmeckt noch besser, als es aussieht. Wie machst du das?«

»Alle möglichen Tricks vermutlich.«

»Und du bist erst fünfzehn. Ich hab mein Leben lang nicht annähernd so gut kochen können. Schön!«

Eine Weile aßen sie schweigend, dann sagte Merle: »Du hast natürlich Recht. Ganz ohne Freunde wäre das Leben ziemlich trostlos. Ich bin ja auch glücklich, dass ich dich kenne. Und Angelika. Und sogar diese Frau Griguleit.«

»Wer ist das?«

»Eine Kartenlegerin. Sie sagt von sich selbst, sie ist eine Hexe.«

»Nun, die gehört wohl kaum zur ›Jedermann‹-Gesellschaft. Und ich falle auch scharf aus dem Rahmen. Bloß deine Freundin Angelika scheint ein durch und durch normaler Mensch zu sein, so, wie du sie immer schilderst. Eine Jedermännin. Wie kommst du eigentlich zu der? Und wie kommt sie zu dir?«

»Das war ein glücklicher Zufall. Angelika ist wirklich völlig normal. Und trotzdem liebenswert …«

»Das macht mir Hoffnung«, sagte Gisela und spießte ein Spargelstück auf ihre Gabel. »Das macht mir Hoffnung, dass du nicht so endest wie Wallenstein.«

## *Im 9. Kapitel*
### *geht es darum, ob Tun böse und Lassen gut ist und um griechische Tragödien, mit und ohne Bratpfanne*

Als Merle sechzehn Jahre und einige Tage alt war, wurde sie auf einmal hübsch. Möglicherweise fing es damit an, dass sie endlich dem Ratschlag von Renata und ihrer Freundin Angelika folgte und sich Wimpern und Augenbrauen beim Friseur färben ließ. Die dichten, langen, weißlichen Wimpern wurden kompromisslos schwarz und verwandelten erneut das Orange ihrer Augen in einen warmen Goldton. Merles Augenbrauen dagegen färbte der Friseur – darauf hatte Angelika bestanden, die viel Ahnung von diesen Dingen besaß – in einem leicht rötlichen Braunton. Nach dem Färben wurden sie von Angelika eigenhändig dünner und in Form gezupft. Das war ihr Geburtstagsgeschenk für ihre Freundin, und sie bezahlte auch das Färben beim Friseur.

»Und ganz kurz danach ging es los mit mir«, pflegte Merle zu sagen, »Da kriegte ich eine Figur! Plopp – plopp hatte ich einen Busen. Ganz plötzlich.«

Das war nicht die einzige Veränderung. Merles Hüften bogen sich ebenso plötzlich leicht nach außen, während ihre Taille einen Schwung nach innen bekam. Ihre langen Beine, bis dahin immer etwas zu dünn, polsterten sich mit der richtigen Form. Ihr knochiges Gesicht setzte ein wenig mehr Fleisch an, die Wangenknochen stachen nicht mehr so hungrig hervor, und ihr voller Mund wirkte herausfordernd auf eine völlig neue Art. Sie besaß bei weitem nicht Angelikas angenehme, regelmäßige Züge. Sie sah stattdessen aufreizend aus, beunruhigend, und zufälligerweise entsprach sie damit ganz genau dem Trend.

Doch wie konnte das passieren?

Angelikas Theorie dazu lautete: »Na, ist doch klar. Du hast ein paar Tage lang in den Spiegel geguckt und dir endlich mal gefallen mit den schwarzen Wimpern. Du hast dich schlicht und ergreifend mit dir selber wohl gefühlt und das hat ruck zuck deine Hormone auf Trab gebracht. Schon bist du stolze Besitzerin einer Traumfigur, von der Stummelzwerge wie ich nur träumen können…«

Die neuen Körperteile erwiesen sich unter anderem als Behinderung. Merle blieb bei einer schnellen Drehung damit am Türrahmen hängen und konnte nicht mehr vernünftig in ihrer Lieblingshaltung schlafen: auf dem Bauch.

Darüber hinaus kamen ihr Bedenken, ob der Busen beim Kämpfen nicht im Weg sein könnte. Andererseits waren nahezu alle ihre Feinde inzwischen sowieso derart eingeschüchtert, dass Merle nur noch mit den Gummibändern an ihrem Handgelenk spielen musste, um ihren Willen durchzusetzen.

Ungefähr im Mai, in einem Paar eng sitzender Jeans und einem knappen, zugeknöpften Baumwolljäckchen, machte Merle im Supermarkt eine neue, amüsante Erfahrung. Sie stand ganz ruhig in der Schlange, vor sich im Einkaufswagen Kekse und Brause, und guckte müßig im Laden herum, als sie den Lehrling im weißen Kittel bemerkte, der eine Kiste mit Joghurt in den Lagerraum bringen sollte. In den Anblick der Kundin Merle versunken, verpasste er haarscharf die Türöffnung, sehr zum Schaden der Joghurtbecher.

Sie hatte vorher stets Aufsehen erregt und sie erregte immer noch Aufsehen. Nur das Ergebnis war unterschiedlich.

Obwohl ihre Lehrer das nicht ahnten, hatte Merle seit jeher schnell gelernt. Auch jetzt lernte sie in sehr kurzer Zeit, was sich mit ihrem neuen Aussehen anfangen ließ.

Da sie früher alle für hässlich hielten (von ihren nahen Familienangehörigen abgesehen) hatte sie bald selbst daran geglaubt wie an eine feststehende Tatsache. Dabei war sie vielleicht nie wirklich hässlich gewesen. Sie strahlte diese Ansicht jedoch aus; die Überzeugung von ihrer eigenen Hässlichkeit übertrug sich beim ersten Blick auf andere. Jetzt war es umgekehrt. Da einige Betrachter sich, einfach durch die auffallende Änderung ihres Aussehens, einbildeten, sie sei nun schön – was sie vielleicht gar nicht wirklich war –, glaubte sie es bald und strahlte es aus. Diese Überzeugung übertrug sich ganz genau so auf andere. Letztendlich hatte Merle wohl, unbewusst, immer damit gerechnet. Die einzige Daseinsberechtigung für ein hässliches Entlein war es schließlich, eines Tages zum schönen Schwan zu explodieren. Den Neidern zum Trotze.

Sie entfernte die Gummibänder von ihrem Handgelenk und trug neuerdings gern auch mal Röcke. Wenn ihr etwas oder jemand im Weg stand, zog sie nicht mehr jedes mal, wie früher, drohend die Augenbrauen zusammen. Sie leckte stattdessen leicht an ihrer Unterlippe herum oder spielte mit ihrem Haar. Der Aufwand war gering, der Effekt überwältigend.

Ihre Mitschüler boten zwar nicht an, ihr die Schultasche zu tragen; so was war erstens ganz aus der Mode und zweitens albern bei Merles Statur. Sie machten sich jedoch ansonsten nach Kräften lächerlich, überboten sich in blöden Witzen, um sie zum Lachen zu bringen und ließen sich hierhin und dorthin schicken, was wirklich zum Lachen war.

Merle benutzte jetzt wieder die Mädchentoilette, es gab keinen Anlass mehr, ihre Macht zu beweisen.

Dr. Heyse bemerkte wohl, dass sich an Merle etwas geändert hatte. Nein, ihre schulischen Leistungen waren so traurig geblieben wie vorher. Doch die schroffe, kalte Ablehnung in ihrer Haltung und ihrem Ausdruck hatte sich gelöst.

Der Lehrer fand dafür eine ähnliche Erklärung wie Angelika: die Hormone! Da sich unzweifelhaft im Aussehen der Schülerin allerlei gewandelt hatte, mochte das alles damit zusammen hängen, dass sich hier eine geschlechtslose Jungfrau zur Frau mauserte … oder so ähnlich …

Jedenfalls hatte sie ihm schon zwei- oder dreimal zugelächelt, auf eine durchaus nette und angenehme Art. Dr. Heyse ertappte sich dabei, in letzter Zeit diese Merle ganz gern mal zu betrachten. Und als sie ihr Biologiebuch vergessen hatte, fiel ihm das nicht weiter auf.

Sabine Maus gehörte zu den ausdauerndsten Stammgästen bei Butz und Batsch. Sie saß nahezu jeden Abend am Tresen, meist rot gekleidet, als sei sie die vereinbarte Dekoration und würde dafür bezahlt.

Hinter der Küche der Kneipe gab es einen kleinen, gemauerten Hof, in dem Batsch und Butz alles Mögliche aufbewahrten, soweit es draußen stehen und nass werden durfte. Auch die Mülltonnen hatten hier ihren Platz. Merle ging an einem Winternachmittag mit mehreren vollen Mülltüten dort hin, um sie weg zu werfen, fand, dass die Kisten schlecht gestapelt waren und räumte ein wenig um, bevor sie, inzwischen ziemlich frierend, zurück in die warme Küche trat. Da huschte etwas Rotes schnell hinaus in Richtung Gastraum, Merle hörte die eiligen Absätze klackern. Was hatte Sabine in der Küche gewollt? Merle sah in die betreffende Richtung und bemerkte dort Renatas Handtasche.

Sie guckte kurz in den Schankraum. Sabine saß allein am Tresen vor einem Bier und tat nach Kräften harmlos. Renata stand in der Fensterecke und war in ein herzliches, heiteres Gespräch mit zwei Gästen vertieft. Batsch und ihr Vater mussten gleich kommen, der eine war, soviel Merle wusste, beim Zahnarzt, der andere bei der Bank.

Sie trat neben Sabine, die ihr sofort ein freundliches Gesicht zudrehte, spitznasig, kulleräugig und ein wenig schlaff ums Kinn. »Na, meine Merle? Wie geht's dir denn so?« Sie drehte nervös ihr goldenes Feuerzeug in den Händen, die korallenrot lackierten Fingernägel schimmerten.

»Zieh mal deinen Mantel an und komm mit raus, wir gehen ein bisschen an die frische Luft«, verlangte Merle.

»Warum denn das? Ich warte hier auf Butz, und …«

Merle ging mit schnellen Schritten zum Garderobenhaken, holte Sabines blauen Samtmantel samt rotem Schal und hielt ihr beides hin. »Los«, sagte sie sachlich. Sie guckte so kalt und bedrohlich wie früher, wenn sie im Begriff war, eine Schlägerei anzufangen.

Sabine rutschte eingeschüchtert vom Hocker. Diese Art Blick kannte sie von Butz. »Na schön, wenn du willst …«

Merles Kapuzenmantel hing ebenfalls im Gastraum. Sie zog ihn an, griff Sabine mit kräftigem Druck um den Oberarm und zog sie zur Tür. »Wir sind gleich wieder da, Renata!«

Draußen regnete es graue Schneeflocken, die hörbar am Boden zerpatschten.

»Was wolltest du bei Renatas Sachen?«, fragte Merle nach einer Weile. »Du willst sie doch nicht beklauen?«

Sabine schwieg, schlug ihren Kragen hoch, kroch tiefer in den Stoff und blinzelte mit ihren getuschten Augen gegen die Nässe an.

»Du hast jetzt die Chance, ehrlich zu sein. Wenn ich nachher in der Kneipe vor Butz und Renata noch mal dasselbe frage, hast du nur die Chance, ausdauernd und intelligent zu lügen. Ich will dir ja nicht zu nahe treten, aber ich glaube, so richtig genial bist du darin nicht«, vermutete Merle.

»Und wenn ich es dir sage …«

»Wenn du es mir sagst, dann halte ich dicht.«

Sabine drehte den Kopf nach allen Seiten, als hätte sie Angst, von ihrem eigenen Kragen erwürgt zu werden. Sie flatterte nervös mit den nassen Wimpern und bekam schon eine dunkel gefärbte Linie unter den Augen. »Es ist ja gar nichts Schlimmes. Mit dir hat es überhaupt nichts zu tun …«

»Darum geht es nicht. Ich habe gern Klarheit.«

»Ach, Scheiße!«, sagte Sabine Maus mit großem Nachdruck. »Also – ich brauche irgendwas von dieser Renata. Irgendwas, das ihr gehört. Dann kann meine Beraterin etwas damit anfangen. Nur dafür sorgen, dass Renata bald verschwindet. Also, um Gottes willen, verschwindet im Sinne von abreist oder so. Nichts, was ihr schadet. Bloß weg soll sie.«

»Was ist das denn für eine Beraterin?«

»Mann, eine kluge Frau halt. Die kann Liebende zusammen führen und so weiter. Und Widerstände aus dem Weg räumen. Dazu brauche ich eben was von Renata. Ihr Taschentuch oder ihr Lippenstift. Merle – kannst du mir nicht so was besorgen? Du wohnst doch mit ihr zusammen. Sieh mal, es ist vielleicht sogar besser für die Renata, so jung und schön, wie sie ist, wenn sie sich endlich mal von Butz trennt. Heiraten wird er sie nie, Kinder kann sie auch vergessen. Sie, als Italienerin, will doch bestimmt gern Kinder haben! Und er ist doch eindeutig zu alt für sie. Sie ruiniert sich ihre Jugend in dieser Kneipe. So gut verstehen sie sich auch nicht, ich meine, wenn das eine ideale Liebe wäre, dann würde er sie nicht mit so was wie mir betrügen.«

»Glaubst du, du passt besser zu ihm?«, fragte Merle.

Sie gingen an der Front eines großen Möbelladens entlang und guckten in die Schaufenster, als ob sie eine gemeinsame Wohnzimmereinrichtung suchten.

»Ich liebe ihn. Ich hab noch nie einen Mann so geliebt. Er ist…« Sabine drehte den Kopf hin und her, nach Worten suchend. Dann holte sie, überwältigt, ihr kleines, parfumduftendes Stofftaschentuch aus der Manteltasche und putzte sich die Nase.

Merle studierte eine Anrichte in Eiche und die dazugehörige Sofagarnitur. »Wenn Renata nicht mehr da ist, kommen andere. Du wirst nie die einzige sein.«

Sabine nickte tapfer. »Ich weiß. Das weiß ich, Merle. Nur… die sind vielleicht nicht so jung oder so schön wie Renata. Und selbst, wenn… Dann bin ich vor ihnen da. Dann bin ich die angestammte Geliebte. Die anderen sind dann die Nebenfrauen.«

Sie bummelten nebeneinander her zum nächsten Schaufenster, einer Kücheneinrichtung.

Merle schüttelte den Kopf. »Warum suchst du dir nicht einen Mann, der ganz alleine zu dir gehört und dir treu ist?«

Sabine lächelte verächtlich. Auf einmal sah ihr Puppengesicht sehr alt aus. »So einen hatte ich zweiundzwanzig Jahre lang. Netter Kerl. Ich würde immer wieder die zweiundzwanzig Jahre tauschen gegen eine Woche mit deinem Vater. Du warst wohl noch nie verliebt?«

»Nein. Und wenn ich mir das so angucke, hätte ich wahrscheinlich lieber noch mal die Masern.« Merle schüttelte den Kopf. »Wenn mein Vater so lieb und nett wäre, wie dein Mann gewesen ist, wenn er treu wäre und nur dich allein liebt – wärst du dann genau so verschossen in ihn?«

Sie drehten sich um und bummelten durch den Schneematsch langsam zurück zur Eckkneipe. Sabine kniff vor Nachdenken die Augen zusammen. »Wenn Butz so wäre wie –? Dann wäre er nicht Butz. Er ist ein Raubtier. Er ist unabhängig. Er ist ein richtiger, wirklicher Mann. Wie er riecht… So etwas kann man nicht zähmen. Was dann von dem stolzen Hengst übrig bleibt, ist ein trauriger Wallach.«

Sie sahen beide Batschs blaues Auto gegenüber der Kneipe halten. Gleich darauf stieg er aus, schloss hastig die Wagentür ab und stürmte gebückt zum Kneipeneingang, um nicht nass zu werden. Er bemerkte die beiden Frauen vor den Möbelschaufenstern nicht.

»Deine Beraterin – ist das zufällig Wanda Griguleit?«

Sabine ruckelte mit dem Kopf und sagte: »Ich bin nicht befugt, darüber Auskunft zu geben. Also, wirst du mir was von Renata besorgen?«

»Nein. Ich halte nichts davon, ins Schicksal anderer Menschen einzugreifen, wenn es mich nichts angeht. Mir ist egal, mit wem mein Vater zusammen ist und wer sich als Erstfrau und wer sich als Zweitfrau fühlt. Außerdem mag ich Renata gern. Dich mag ich nebenbei bemerkt auch gern. Wenn mich irgendjemand bitten würde, ihm was von dir zu besorgen für Zauberzwecke, würde ich genauso Nein sagen.«

Das tröstete Sabine wenig. Sie zockelte voran, zurück in die Kneipe, den kleinen Mund gekränkt zusammengekniffen.

Als Merle am Montag in die Schule kam, herrschte hier eine seltsame, angespannte Stimmung, die nicht nur mit der bevorstehenden Lateinarbeit zu tun haben konnte. Sie erfuhr, dass ein Mädchen aus ihrer Parallelklasse sich am Wochenende in die Elbe gestürzt hatte. »Bei dieser Kälte!«, murmelte Merle beeindruckt, und der Mitschüler, von dem sie die Information hatte, stimmte zu: »Sie ist wohl mehr erfroren als ertrunken.«

Es schien um Liebeskummer zu gehen, das Mädchen hatte einen entsprechenden Abschiedsbrief hinterlassen. Liebe ist nicht nur schädlich, dachte Merle, sie ist ausgesprochen lebensgefährlich.

Dr. Heyse hielt vor dem Unterricht eine kurze, ernste Ansprache. Dann machte er einen rührenden Versuch, jedem einzelnen seiner Schüler persönlich ernst in die Augen zu sehen (was ihm nur mit wenigen gelang, zum Beispiel mit Merle) und zu versichern, er sei jederzeit für jeden da, der ein Problem hätte, Tag und Nacht!

Das sagst du jetzt, dachte Merle. Ich möchte dich sehen, wenn einer von uns dich nachts rausklingelt mit einem Problem.

Nach der Schule fuhr sie nicht nach Hause, sondern mit der U-Bahn in die Innenstadt: sie war mit Angelika im Alsterpavillon verabredet, um halb vier. Merle kam wohlweislich erst um Viertel vor, musste jedoch trotzdem auf ihre Freundin warten. Endlich erschien Angelika, rosig von der Kälte, das lange blonde Haar quoll kleidsam unter einer rosa-grünen Strickmütze hervor. Sie versicherte als erstes, dass sie nichts dafür konnte, so spät zu sein und erklärte die Umstände, die dazu geführt hatten.

Sie bestellten Kuchen, Angelika Kaffee, und dann musste sie sich vor allem eine Zigarette anzünden. »Ich muss dir viel erzählen!«, begann Angelika. »Wir haben uns ja ewig nicht gesehen …«

»Zehn Tage.«

»Ewig. Telefonieren ist auch immer schlecht, weil unser Telefon nun mal im Flur steht und meine Mutter mir dann auf die Pelle rückt und ganz zufällig dauernd in meiner Nähe zu tun hat, um bloß nichts zu verpassen. Also! Glaubst du, dein Arzt würde dir die Anti-Baby-Pille verschreiben?«

»Ich hab keinen Arzt.«

»Merle, was machst du, wenn du krank bist?«

»Ich bin nicht mehr krank, seit ich angefangen habe, Leute zu verhauen.«

Angelika seufzte. »Wenn ich könnte, würde ich auch Leute verhauen. Scheint gut zu sein für die Gesundheit. Hm … Du hast also keinen Arzt?«

»Worum geht es denn?«, fragte Merle geduldig und packte sich einen Klecks Sahne in die Kaffeetasse.

»Na, du kannst dir ja denken … Mit Kulle und mir ist es jetzt also ernst geworden. Er hat ja lange genug gewartet, was? Mehr als anderthalb Jahre. Er ist immerhin ein erwachsener Mann.«

»Und du? Hast du auch lange genug gewartet?«

»Ich? Wieso? Um mich geht's da ja nicht so. Ich hätte sicher noch länger warten können. Andererseits freu ich mich natürlich auch, dass er mich so sehr liebt, dass er es nicht mehr aushält.«

»Und? Macht es Spaß?«

Angelika lachte etwas verlegen. »Was? Die Liebe? Na jaaaa … Mich reißt es nicht vom Hocker. Das kommt wohl noch. Wehtun tut es. Kulle sagt, keine Frau hat von Anfang an was davon.« Sie beugte sich weiter über den Tisch und flüsterte: »Hast du eine Ahnung, wie ein Orgasmus sich anfühlt? Das wüsste ich nämlich gern. Vielleicht hatte ich schon einen und weiß es bloß nicht?«

»Mein Vater hat mir mal erklärt, es ist so, als ob man dringend niesen muss, und dann wird es immer schlimmer, und dann kann man gar nicht mehr anders, es kommt von selbst – und dann kommt es. Aber schöner als Niesen, hat er gesagt. Und weiter unten.«

Angelika errötete ein wenig. »Das hat dein Vater zu dir gesagt? Jungejunge. Na, wenn das so ist, dann hatte ich noch keinen. Ist ja auch nicht so wichtig.«

»Wenn ich dich richtig verstehe, dann hatte Kulle durchaus einen. Und du hättest gern die Pille?«

Angelika nickte. »Kulle mag keine Gummis. Ich war bei einem Gynäkologen, das ist scheußlich, sage ich dir. Du kommst dir vor wie so 'n Brathähnchen, das ausgenommen werden soll. Und der Knallkopf sagt doch zu mir, er verschreibt mir gern die Pille, aber in Anbetracht meines zarten Alters muss er dazu mit meinen Eltern sprechen. Sonst tut er es nicht. Ich glaub, ich spinne!« Sie schüttelte grimmig den Kopf und rührte gewaltsam in ihrer Tasse.

Merle überlegte. »Ich werde Renata fragen. Nein, ich glaube, die nimmt sie selber … Ich könnte Sabine fragen. Das ist so eine Frau, die Hintertürchen kennt.« Merle dachte angestrengt nach, den Mund voller Kuchen. Dann schluckte sie hinunter und lächelte: »Klar. Ich werde ihr etwas geben, das sie haben möchte. Nur wird es nicht von der betreffenden Person sein, von der sie es haben möchte. Sondern irgend was ganz Neutrales. Oder nein, noch besser, ich frage gleich Wanda Griguleit!«

»Ich versteh immer nur Bratkartoffel. Wer ist Wanda Gru …«

»Griguleit. Eine Hexe, sagt sie selbst. Legt die Karten und so was.«

»So eine kennst du? Ich glaub', ich steh im Wald! Genau, was ich immer suche! Ist das teuer?«

»Ich weiß nicht. Mir will sie die Zukunft seit jeher geradezu aufdrängen.«

Angelika lutschte ihre Kuchengabel ab und versank in Träumerei. »Ich möchte doch gern wissen, ob ich Kulle heiratete. Obwohl ich dann Frau Keller heißen würde. Wieland finde ich eigentlich schöner.«

Merle lachte. »Der Mann heißt ›Kulle Keller‹? Das hast du mir noch nie verraten, Gelika. Glaubst du, er will dich heiraten?«

»Tja. Wenn ich das wüsste! Manchmal denke ich, ja. Dann sagt er wieder, so was ist ihm viel zu bourgeois.« Sie seufzte. »Und wie ist es mit dir? Immer noch kein Interesse an der Liebe?«

Merle schob mit der Kuchengabel alle Krümel auf ihrem Teller zusammen. »Nein, danke. Wenn ich so rundherum höre, wie sehr die Liebe alle Menschen beglückt – vielen Dank. Ich denke manchmal, das ist nur was für Dumme. Oder für Leute, die von Herzen gern unglücklich sind.«

Angelika schwieg und drehte am Tischtuchsaum. Als sie wieder aufsah, hatte sie Tränen in den Augen. »Vielleicht hast du Recht«, flüsterte sie. »Trotzdem – du tust mir Leid, Babylein …«

Merle fuhr mit der U-Bahn zurück nach Hause. Die Bahn war ziemlich leer, in einer Ecke döste ein alter Mann, hin und her geschüttelt von den Bewegungen der Bahn. An der Station Uhlandstraße stieg ein junger Mann ein und setzte sich Merle gegenüber. Merle studierte das hellbraune, dichte Haar ihr gegenüber, wunderte sich noch, woher sie wohl die kleine Stülpnase kannte – da blickte er hoch und in ihr Gesicht, sie erinnerte sich grell und scharf, ihr ganzer Körper erinnerte sich, jede Zelle schrillte Alarm. Er erschrak genau so, er zuckte richtig zusammen.

Für einen ganz kurzen Augenblick war sie wieder das gejagte Kind, das hässliche Entlein. Ihr direkt gegenüber saß der Feind, einer ihrer Peiniger. Er hätte eben so gut eins der Kinder vom Ostsee-Müllplatz sein können oder einer ihrer Schulkameraden aus Altona. Genau so wenig wie alle anderen hatte er etwas gegen sie persönlich gehabt. Er kannte sie ja gar nicht, so wenig wie die anderen sie kannten. Sie alle hatten nie ein Interesse gehabt, sie kennen zu lernen. Sie waren einfach ihrer naturgegebenen, instinktiven Mission gefolgt, das Fremde, Beunruhigende auszumerzen.

Da saß also wirklich Gunnar Reiher, ihr ehemaliger Nachbar, der erste Mensch, gegen den sie sich gewehrt hatte.

Als zwölf- oder dreizehnjähriger Junge hatte er hübsch ausgesehen. Jetzt störte die kindlich hochgestülpte Nase in dem Männergesicht, der aufgeworfene Mund wirkte dauerhaft, gewohnheitsmäßig entrüstet. Er sah aus wie jemand, der ständig Ärger mit seiner Umwelt bekam und ständig verlor. Sein heller Anorak zeigte Schmuddelränder die Nähte entlang. Etwas dümmlich und schrecklich banal sah er aus, ihr Feind. Außerdem beunruhigt und schockiert über ihr Auftauchen. Sie musste ihm vorkommen wie ein Gespenst der Vergangenheit, das aus dem Kasten springt.

Merle fühlte, wie der Hass warm und angenehm in ihr aufstieg. Sie verspürte die größte Lust, diesen völlig normalen Menschen da gegenüber, diesen Jedermann, gleich noch einmal zu verhauen. Wie köstlich würde es sein, ihm einen Sahnebaiser ins Gesicht zu quetschen oder seinen dummen Kopf bei den Ohren zu packen und irgendwo gegen zu schmettern.

Dabei fiel ihr auf, wie wenig ein U-Bahn-Abteil sich dafür eignete. Nichts Hartes und Kantiges bot sich an, alles war aus abgerundetem, weichem Plastik, wie in einer Gummizelle. Als hätten die Erbauer geahnt, was für Emotionen ihre Fahrgäste hier überkommen würden. Mutmaßlich hatten sie nur Angst, jemand könnte sich in den Kurven stoßen.

Gunnar stand auf, begab sich über den schlingernden Boden weg von ihr, von Haltegriff zu Haltegriff, zur Tür, immer mit dem Gesicht zu ihr. Die nächste Station war Mundsburg. Hier stieg er schon wieder aus, vielleicht, weil er wirklich am Ziel war, vielleicht auch, um nicht weiter mit seiner peinlichen Vergangenheit in einem Abteil zu sitzen. Bis zuletzt beäugte er sie, halb ängstlich und halb ungläubig. Er riss nervös und ungeschickt an der Tür, sprang hinaus und eilte den Bahnsteig entlang davon. Das ist richtig, mein Lieber. Flüchte vor mir.

Kurz vor Weihnachten starb Renatas Tante. Merle saß in ihrem Zimmer an einer entsetzlich öden französischen Hausarbeit, als es klingelte. Butz befand sich in der Ecke. Opilein hörte sowieso nichts, erstens, weil seine Ohren in letzter Zeit immer schlechter wurden (zumindest in dem Ausmaß, in dem er nicht hören wollte. Da, wo er nichts hören sollte, funktionierte sein Gehör überraschend gut) und zweitens, weil er genau deswegen das Nachmittags-Kinderprogramm mit beachtlicher Lautstärke dröhnen ließ. Renata, die in der Küche bügelte, rief: »Machst du auf, Merle? Ich kann jetzt nicht …«

Merle öffnete also die Wohnungstür und stand einem Mann

gegenüber, der sie genau so interessiert betrachtete wie sie ihn. Ein längliches, mageres Gesicht, schwarzes Haar mit silbernen Schläfen. Große, hellbraune Augen mit langen Augenlidern, eine schmale Nase, ein feiner, genießerischer Mund. Beim Lächeln zeigte er kleine, regelmäßige Zähne. Wo hatte sie den schon mal gesehen?

»Mein Name iste Benfatto«, sagte der Mann. »Meine Schwester wohnt hier, nichte wahr?« Er sprach mit ganz leisem Akzent.

Renatas Bruder Carmine! Der ehemalige Eiscafé- und jetzige Restaurantbesitzer! Der junge Mann, der damals zu Butz ›Signor Barbarossa‹ gesagt hatte!

Sie brachte Benfatto in die Küche. Renata stellte das Bügeleisen mit einem Knall auf die umgedrehte Untertasse. Sie kniff ihren vollen Mund zusammen.

»Renata, Tante Raffaela iste gestorben. Übermorgen iste Beerdigung…«, fing ihr Bruder an, und dann verfiel er in ein rasendes Italienisch. Renata antwortete entsprechend. Ihren Gesichtern war nicht zu entnehmen, ob sie sich stritten oder nicht. Vielleicht ging es einfach um die Einzelheiten der Beerdigung.

»Bueno, bueno, bueno, basta!«, rief Renata schließlich und zog mit einem Ruck den Bügeleisenstecker aus der Wand. Und zu Merle: »Ich muss für ein paar Tage verreisen. Das Flugzeug geht in zwei Stunden. Sag bitte Butz, ich ruf ihn heute Abend von Siena aus an… Dio, ich hab ja keinen Koffer hier – ?«

Carmine Benfatto steckte beide Hände in die Taschen seines eleganten schwarzen Mantels, lehnte sich an die Wand und sah aus wie jemand, der geduldig, aber unerbittlich wartet.

»Opilein hat einen neuen kleinen Koffer, den hatte Butz ihm für seinen Kuraufenthalt gekauft… Ich frag ihn mal…«

»Ach«, Renatas Gesicht verzog sich traurig, »dein Großvater hilft mir doch nicht!«

»Wenn es dazu beiträgt, dass du ein paar Tage weg bist, vielleicht schon«, gab Merle zu bedenken.

Sie klopfte mit der Faust an Opileins Tür, um seinen Fernseher zu übertönen, verschwand in seinem Zimmer und kam ziemlich schnell zurück: »Du kannst den Koffer haben, Renata. Ich hol ihn dir eben schnell aus dem Keller, ich weiß, wo er steht.«

Während Renata packte, unterhielt sich Merle mit dem interessanten Italiener in der Küche.

Er zog seinen Mantel aus – Merle hängte ihn in der Garderobe auf – und zeigte darunter einen bildschönen blauen Kaschmirpullover über einer blauen Jeans. Hui, hat der schmale Hüften, dachte Merle.

»Wie lange wird Renata wegbleiben?«, fragte sie.

»Ungefähr eine Woche, länger bestimmte nichte. Ich fliege mit zurück, ich kann nichte länger weg von meine Restaurant.«

Merle nickte. »Wo ist das eigentlich?«

»Das Sapporito? In Eppendorfer Weg. Kommen Sie einmal und essen Sie bei mir. Sie sind herzlich eingeladen.«

»Danke schön. Ich esse sehr gern italienisch. Renata kocht ja manchmal für uns…«

Carmines Miene verdüsterte sich etwas. »Renata sollte wirklich wieder zu mir kommen. Entschuldigen Sie, ich will Ihre Vater nichte beleidigen, aber was tut sie hier, eh? Was macht sie hier? Ich brauch Hilfe in meine Küche, ich brauch jemand, der gut servieren kann. Das könnte Renata alles sehr schön machen. Aber nein…« Er rollte die Augen.

Merle fiel darauf keine Antwort ein, so lächelte sie nur, den Kopf in die Hände und die Ellbogen auf den Küchentisch gestützt. Carmine Benfatto lächelte zurück. Das ist wie damals zwischen Renata und Butz, dachte Merle. Wenn wir uns in die Augen sehen, kann man kleine Sektgläser hören…

Renata kam aus Butz' Schlafzimmer, Opileins Köfferchen in der Hand. »Ist dein Wagen vor der Tür?«, fragte sie ihren Bruder, und der nickte.

Carmine zog seinen Mantel über und Renata ihre Jacke. Dann hob sie den Koffer wieder auf. Er schien schwer zu sein, sie hatte wohl viel hineingequetscht. Merle nahm Renata den Koffergriff aus der zarten kleinen Hand, denn ihre eigenen Hände waren viel größer und kräftiger. Aber Signore Benfatto, der gut mit ansehen konnte, wie seine Schwester sich abschleppte, nahm Merle sofort den Koffer ab: »Nein, nein, den trage ich!«

Sie brachte die beiden nach unten (sie war auch etwas neugierig auf Carmines Auto, natürlich, ein schwarzer BMW), umarmte Renata und ließ sich geduldig von ihr knuddeln und küssen. Renata war dicht am Weinen. »Ich habe die ganze Zeit das Gefühl, als käme ich niemals wieder! Merle, sag Butz, wie sehr ich ihn geliebt habe!«

»Du kommst bestimmt wieder, Renata, das sagt mir mein Gefühl!«, versicherte Merle.

Ein sehr eindrucksvoller Blick von Renatas Bruder traf sie noch, bevor er einstieg.

Den, dachte Merle, hab ich bestimmt nicht zum letzten Mal gesehen.

Als sie einige Tage später aus der Schule kam, hörte sie schon im Treppenhaus die Musik von Tom und Jerry oder dem rosaroten Panter. Meine Güte, vielleicht sollte Opilein sich doch mal so was wie ein Hörgerät verschreiben lassen, dachte sie.

Nachdem sie aufgeschlossen hatte und ihren Mantel aufhängte, sah sie, warum ihr Großvater eine Schallmauer um sich aufbaute: Am Garderobenhaken hing nicht nur Butz' langer Ledermantel, sondern daneben einer aus dunkelblauem Samt, über den ein roter Schal drapiert war.

Das findet Opilein bestimmt geschmacklos, obwohl er Renata ja eigentlich nicht mag, dachte Merle – und sie fand es selbst geschmacklos. Sie nahm sich vor, das Bett ihres Vaters neu zu beziehen, kurz, bevor Renata zurückkommen würde.

Sie ging in ihr Zimmer und packte ihre Schultasche aus. Dr. Heyse hatte heute gesagt, sie würde in Latein Nachhilfeunterricht brauchen und sollte darüber mal mit ihrem Vater sprechen. Im Moment wohl besser nicht, dachte Merle.

Eine Weile später hörte sie, durch Opileins Gedröhne hindurch, wie Butz ins Bad ging, um zu duschen. Sabine lag wohl noch im Bett, denn die Federn quietschten.

Komisch, dachte Merle, wieso müssen die eigentlich unbedingt hierher kommen, wo ein Greis und ein Mädchen rumwuseln und sie beobachten? Ist es jetzt der aktuellste Reiz, sich beobachten zu lassen? Soviel ich weiß, hat Sabine doch eine geräumige Wohnung zur Verfügung? Hat sie Angst, ihr toter Gatte spukt da rum, wenn sie einen anderen Mann mitbringt?

Dann fiel ihr ein, dass Sabine vermutlich darauf bestanden hatte, in Butz' Bett zu gelangen, in das Bett, das er normalerweise mit Renata teilte. Vielleicht wollte sie hier ihre Duftspur hinterlassen?

Sie hörte Sabine wieder wild mit den Bettfedern quietschen. Die Frau war wohl aufgestanden. Jetzt glaubte Merle zu hören, wie nebenan die Schranktür aufgemacht wurde (die quietschte nämlich auch stark). Was wollte Sabine denn im Schrank von Butz?

Merle warf ihre Schultasche an die Wand, riss die Tür auf, rannte hinaus und ohne zu überlegen ins Schlafzimmer ihres Vaters. Da stand Sabine Maus, üppig, rosig und ganz nackt, vor dem geöffneten Kleiderschrank, die blonden Haare verstruwwelt in die Höhe stehend, das Mündchen zu einem überraschten ›O‹ geöffnet. In den Händen mit den spitzen, rot lackierten Nägeln hielt sie ein gelbes Rüschenhöschen von Renata.

Merle merkte, wie die Wut in ihr hoch sprudelte. Sie fetzte Sabine das kleine Wäschestück aus der Hand und brüllte sie an: »Verdammt noch mal, ich hab's dir doch verboten!« – ohne groß darüber nachzudenken, ob es ihr zustand, Sabine etwas zu erlauben oder zu verbieten.

Die nackte Frau grabschte nach dem gelben Höschen, bemüht, es Merle wieder zu entreißen.

Nun betrat Butz die Szene, frisch geduscht und duftend, im Bademantel. Er war ganz außerordentlich überrascht durch den Anblick, der sich ihm bot: Seine Tochter stand in seinem Schlafzimmer und rangelte mit seiner Geliebten um ein Stückchen Stoff!

»Was ist denn hier los?!«, fragte er, zunächst noch einigermaßen amüsiert. Und dann: »Lasst doch mal los, was soll denn das?«

Genau an diesem Punkt riss Merle vollkommen die Geduld, sie holte kurz aus und klebte Sabine eine. Die Frau fiel hin und schrie, kroch jedoch gleich wieder auf Merle zu und krallte sich in das Höschen.

»Warum gibst du es ihr nicht? Gib es ihr doch!«, wunderte sich Butz. Er fuhr zurück, als Merle ihn anbrüllte: »Es gehört ihr aber nicht! Es gehört zufällig Renata, und Sabine wollte es klauen!« Damit zerrte sie den Stoff wieder aus Sabines Händen und warf das Kampfobjekt oben auf den Kleiderschrank.

Die Maus kauerte sich vor dem Bett zusammen und erlitt einen kurzen Weinkrampf. Gleich darauf wischte sie sich Tränen und Schminke mit beiden Händen ab und begann schluchzend, sich anzuziehen. Merle und Butz sahen zu. Ein schwarzes Korsett, an dem Strapse hingen, schwarze Nylonstrümpfe (einer davon mit Laufmasche), eine rote Bluse und ein dunkelblauer, enger Lederrock, seitlich ziemlich hoch geschlitzt.

Sabine Maus war noch lange nicht fertig. Sie musste erst noch ihr Geschmeide vom Nachtschrank raffen, wo es neben dem Bild der italienischen Omi und dem Kruzifix gelegen hatte: zwei breite goldene Armbänder, vier Ringe mit Gold und Rubinen sowie kleinen Brillanten. Zwei riesige goldene Ohrclips. Anschließend rutschte sie in dunkelblaue Pumps mit Schleifchen. Sie zupfte ein wenig an ihrem Haar herum und räusperte sich abschließend. »So. Ich geh dann mal. Du kannst dir ja von deiner Tochter erklären lassen, was sie gegen mich hat …«

Butz hielt ihr die Tür auf, half ihr jedoch nicht in den Mantel und sagte auch nichts zu ihr. Sie hatte soeben Merle zu ihrer Feindin erklärt, und er hielt von vornherein und ohne jede Debatte zu seiner Tochter.

Nachdem Sabine die Wohnung verlassen hatte, fragte er leise, immer noch erstaunt: »Was war denn bloß los, Vögelchen?«

»Hab ich doch gesagt: ich hab sie dabei ertappt, wie sie Renata was wegnehmen wollte.«

»Renata was weg – ? Ich versteh das alles nicht. Entschuldige, aber die haben doch völlig verschiedene … ähm … Hinterteile. Das passt Sabine doch bestimmt überhaupt nicht?«

»Sie will's ja nicht anziehen. Sie hat mir das letzte Woche erklärt. Sie wollte sogar, dass ich ihr was von Renatas Sachen besorge: Sabine schleppt das zu so 'ner Hexe, und die macht damit irgendeinen Zauber, damit Renata dich verlässt und Sabine an ihre Stelle rückt.«

»Wie bitte?! Hexe! Liebchen, du glaubst doch bitte nicht an solchen Quatsch?«

»Darum geht es nicht, Butz. Auch, wenn ich nicht dran glaube, finde ich es ganz einfach gemein Renata gegenüber. Und von dir finde ich das auch gemein! Wie kannst du bloß diese blöde Kuh mit hierhin nehmen, in das Bett, in dem sonst Renata schläft? Durch deine Schuld kam die überhaupt nur an Renatas Sachen ran – Mensch, die hat doch eine Wohnung hier in der Nähe, warum muss sie unbedingt hier mit hin, um sich hier breit zu machen und sich in dem Gefühl zu wälzen, dass sie Renata jetzt alles wegnimmt, was ihr gehört?!«

Noch während Merle redete – laut und hastig, wenig beherrscht – war ihr klar, dass sie hier mit einer wichtigen Regel brach, an die sie sich bis jetzt immer gehalten hatte: Sie machte ihrem Vater Vorwürfe. Sie meckerte an seinem Verhalten herum.

Sein Gesicht wurde glatt und kühl. »Ich weiß nicht, was du da redest. Ich gehöre Renata nicht, insofern kann Sabine mich ihr auch nicht wegnehmen. Was sind denn das für miefige, piefige Ansichten? Halt dich doch bitte aus meinen Angelegenheiten heraus!«

»Ich hab mich immer aus deinen Angelegenheiten herausgehalten, das weißt du! Aber dann sorg bitte auch dafür, dass deine Angelegenheiten sich von mir fern halten! Ich möchte nicht damit behelligt werden, dass du am helllichten Tag hier mit irgendwelchen ordinären Weibern, die ihre Grenzen nicht kennen …« Merle war immer lauter geworden. Sie sah sehr wohl, dass Butz' Gesicht sich rötete, dass seine Augen starr wurden und hervor zu treten schienen. Vermutlich sah sie selbst ähnlich aus.

Wupps, da hatte er ihr eine gelangt, so wie sie selbst vorher Sabine. Und genau wie Sabine fiel sie erst mal rückwärts, knallte mit dem Rücken gegen die Bettkante und rutschte dann zu Boden.

Sie starrten sich gegenseitig ungläubig an. Das war noch nie passiert; Butz Voß schlug seine Tochter doch nicht!

Merles erste Regung war Empörung. Am liebsten wäre sie aufgesprungen und hätte zurückgeschlagen, doch ein Rest ihrer klaren Vernunft sagte ihr, dass sich die Freundschaft mit ihrem Vater von so einer Prügelei nie mehr erholen würde.

Butz guckte rechts und links an ihr vorbei, er schien sich nicht wohl zu fühlen.

»So darfst du nicht mit mir sprechen«, erklärte er ernst und leise, »das darfst du einfach nicht!«

Und du darfst mich nicht schlagen, dachte Merle. Mich nicht!

Sie stand auf, lief, wie eben Sabine, nur bedeutend schneller, durch die immer noch offen stehende Tür zur Garderobe im Flur, riss ihren Mantel herunter und rannte damit aus der Wohnungstür, die sie hinter sich zu schmetterte. Schwach glaubte sie zu hören, dass Butz ihren Namen rief.

Noch im Erdgeschoss vernahm sie Opileins Kinderstunde. Der hat, dachte sie erstaunt, von diesen ganzen griechischen Tragödien, die sich in seiner nächsten Nähe abgewickelt haben, nichts mitgekriegt. Stattdessen sieht er lauter komische Tiere, die sich gegenseitig mit Bratpfannen platt schlagen oder Kleiderschränke aufeinander fallen lassen. Im Prinzip auch nicht viel anders als wir. Bloß etwas witziger…

## *Im 10. Kapitel*
### *verlässt eine Ameise freiwillig den Regenwurm und gärtnert ein Bock vor sich hin*

Merle lief durch Schneematsch, unter Weihnachtsstern-Beleuchtung hinweg, rempelte viele Leute an, ohne sich zu entschuldigen oder es überhaupt zu registrieren, knöpfte ihren Mantel nicht zu und merkte nicht, dass ihr Haar ganz nass wurde.

Gegen achtzehn Uhr wanderte sie zurück in heimatliche Gebiete. So, da drüben lag das Butz und Batsch. Merle kroch so tief wie möglich in ihren Mantelkragen, schlich sich von der Seite heran und blickte vorsichtig um die Fensterecke. Richtig, dort servierte Batsch an einem der Tische zwei Glas Bier und plauderte ein wenig mit den Gästen, und da, am Zapfhahn, stand ihr Vater. Er schien im Becken daneben Gläser heiß abzuspülen. Traurig und elend sah er aus. Er tat Merle Leid. Mit Sicherheit bereute er die Ohrfeige. Er war selbst immer so stolz darauf gewesen, dass er seine Tochter nie schlug.

Wenn Merle sich selbst gegenüber ehrlich war (und das war sie meistens) musste sie zugeben, dass die wenigsten Eltern gelassen mit ihrem anmaßenden Ton und dem frechen Text fertig geworden wären. Andererseits boten wohl auch die wenigsten Eltern ihren Kindern das, was Butz so lieferte.

Egal übrigens; selbst wenn er theoretisch im Recht gewesen war, durfte sie ihm das auf keinen Fall durchgehen lassen. Wenn er es sich einmal erlaubte, konnte es leicht einreißen. Beim nächsten Mal wäre das Tabu schon sehr viel kleiner, beim dritten Mal wäre es verschwunden. Immer, wenn Merle gesehen hatte, wie ihr Vater irgendwen schlug, hatte sie gedacht: Das darf man sich nicht gefallen lassen! Sonst bleibt es dabei und er denkt, das wäre sein gutes Recht …

Insofern konnte sie jetzt auf keinen Fall – was sie eigentlich gern getan hätte – in die Kneipe gehen, ihn umarmen und trösten und sich womöglich noch ihrerseits entschuldigen. Im Moment wäre ja alles Seide und Honig. Auf lange Sicht jedoch Pappe und Kleister.

Merle wollte gerade ihren Beobachtungsplatz verlassen, als Sabine Maus das Butz und Batsch betrat. Sie steuerte schnurgerade auf die Zapfhähne oder besser gesagt auf Butz zu und schien sofort in einen Wortschwall auszubrechen. Butz guckte grimmig und antwortete zunächst mal nicht. Vielleicht fand er auch keine Lücke, um zu Worte zu kommen. Dann aber bewegte er den Mund, äußerte irgendetwas, kurz und knapp. Sabine plapperte dagegen an. Dann blickte sie plötzlich zu dem Fenster, hinter dem Merle stand und spionierte. Merle wich vorsichtig zurück, in die Dunkelheit hinein. Sie wollte zu einer Telefonzelle.

Zwanzig Pfennig erbettelte sie von Vorbeigehenden: »Entschuldigen Sie, es ist ganz dringend, und ich habe keine Tasche und kein Portmonee dabei …« Sicher hielt man sie mal wieder für erwachsener, als sie war. Von einer Frau bekam sie einen Groschen, mehr fand die nicht zwischen ihrem Kleingeld, ein Familienvater spendete den zweiten.

Merle rief in der eigenen Wohnung an. Um diese Zeit machte Opilein den Fernseher aus, wenn sie Glück hatte, hörte er das Telefon.

»Meiners bei Voß?«, meldete er sich.

»Ich bin's, Merle.«

»Mädelchen, das' gut, dassu anrufn tus, ich mach mir hier schon Sorgen! Butz sacht, da is was passiert, was, sacht er nich, un du bis wech gelaufn? Er hat gesacht, ich soll ihn gleich Bescheid geben, wenn du nach Hause komm tus. War nich diese aufgetakelte alte … diese Frau Maus, war die nich hier?«

»Ja. Sie wollte was von Renata klauen, und ich hab ihr eine gescheuert, da ist sie weggerannt, dann haben Butz und ich uns gestritten und er hat mir auch eine gelangt!«

»Ich kannas nich glaubn! Butz hat dir – ? Das hätt ich nie gedacht. Oh nee, oh nee, oh nee!«

»Opilein, du musst mir bitte helfen, damit das nie wieder vorkommt.«

»Ja. Wie denn?«

»Ich werde ziemlich spät nach Hause kommen. Du musst bitte inzwischen in der Ecke anrufen und Butz Angst machen.«

»Wie das?«

»Na, indem du sagst, du machst dir solche Sorgen um mich, ich wäre immer noch nicht da und wo ich wohl bin und so. Du musst ihn fragen, was passiert ist. Dräng ihn so lange, bis er's dir erzählt. Und dann musst du sagen: ›Oh, wie konntest du nur!‹ Und dass du Angst hast, ich tu mir was an. Erinnere ihn an meine Mutter, hörst du?«

»Och nee. Warum nu das?«

»Du wolltest doch immer sein schlechtes Gewissen sein!«

»Ja, ja. Aber so …«

»Und wenn er die Polizei anrufen will, dann versuch, das zu verhindern. Du könntest sagen … warte mal … Du könntest sagen, vielleicht kommen euch sonst die Jugendämter ins Haus und so weiter … Ich glaube, dann ruft er die Polizei nicht an.«

»Och, Mädel, ich weiß nich. Warum sachs du ihm nich einfach, er sollas nie wieder tun?«

»Darauf hat er noch nie gehört.«

Opilein schwieg so lange, dass Merle fürchtete, sie würde zwei weitere Groschen brauchen.

»Also, willst du mir helfen?« Jetzt fuhr sie schon ihren armen alten Großvater ganz schroff an.

»Ja, schon. Ich fintas nur so … Merle, was bissu bloß raffiniert. Wo hassu so was bloß her?«

»Ich hab meinen Vater seit sechzehn Jahren beobachtet und gesehen, wie er mit anderen umgeht.«

»Ja, un wer von den hat dir das vorgemacht? Wer hat ihn so bannich Angs eingejaacht?«

»Keiner. Niemand. Deshalb konnte er ja immer mit allen Leuten machen, was er wollte. Aber nicht mit mir!«, rief Merle wütend. Sie reagierte umso empfindlicher, als Opilein sie exakt auf den Nerv traf. Wenn sie überhaupt einen Menschen auf der Welt liebte, dann Butz.

»Schön, ich mach das. Wann kommstu denn nu wirklich?«

»Zwischen zehn und elf. Ich werd versuchen, dich vorher noch mal anzurufen. Opilein, du machst dir doch keine Sorgen?«

»Nee, nee. Höchsens, weil ich mich fraach, wie du das fertich kriechs, so kaltschnäuzich zu sein.«

»Man nennt das Konsequenz«, verbesserte Merle. »Bis nachher, Opilein.«

Sie legte auf, griff automatisch in das Fach für Wechselgeld, holte zu ihrer eigenen Verwunderung eine blanke Mark heraus (das Geld fürs nächste Telefonieren war auf jeden Fall da) und fragte sich zum ersten Mal, wie ihre Mutter wohl über diesen Fall dachte. Meinte sie auch, ihre Tochter wäre zu kaltschnäuzig? Hätte sie lieber, Merle würde wie alle anderen auf Butz reagieren, nämlich hilflos, aber gut?

Oder wäre sie vielleicht auch lieber konsequent gewesen, entweder, indem sie sich von ihrem Mann trennte – oder, indem sie ihm Grenzen setzte?

Merle entschied für sich, dass Elke Voß mit ihrer Tochter einverstanden war. Sonst hätte sie die Mark nicht gefunden. Sie glaubte immer noch, dass alle ›nicht erklärlichen‹ Dinge von ihrer Mutter eingefädelt wurden.

Dr. Heyse hatte darum gebeten, dass seine Schüler, falls in Bedrängnis, ihn Tag und Nacht heimsuchen sollten. Nun tat Merle ihm den Gefallen.

Um zehn nach zehn klingelte sie an seiner Wohnungstür – die Adresse hatte sie sich vorher aus dem Telefonbuch gesucht.

Eine Frau öffnete, eine nett und mollig aussehende brünette Dame im Morgenrock über dem Nachthemd. Merle erhaschte einen Blick in den Flur, antike Möbel, Tannenzweige, in denen goldene Sternchen hingen, in einer Tonvase.

»Ja, bitte?«, sagte die Frau. Sie wirkte verwundert, jedoch nicht völlig verblüfft. Immerhin wusste sie ja, dass ihr Mann diese Altersklasse unterrichtete.

»Entschuldigen Sie bitte …«, flüsterte Merle. Sie hatte vorher ihr Haar verwirrt und verwuschelt, den Mantel wieder aufgeknöpft, und hoffte, einen hilfsbedürftigen Anblick zu bieten. »Ist Herr Dr. Heyse da?«

Wenn nicht, möchte ich mal wissen, wo er sich rumtreibt, dachte sie.

Aber ihr Lehrer erschien, fast überraschter als seine Frau. (Die ahnte ja nicht, dass er mit jedem anderen Schüler eher gerechnet hätte.)

»Merle? Kind, was ist denn passiert?«

Es fiel Merle leicht zu weinen. Sie befand sich seit ungefähr sechseinhalb Stunden in permanenter Nervenanspannung. Es tat gut, einfach loszuschluchzen. Dr. Heyse legte den Arm um sie und führte sie in sein Wohnzimmer, setzte sich mit ihr auf ein Ledersofa. Seine Frau verließ taktvoll den Raum, nachdem sie den Fernseher ausgeknipst hatte. Auf dem Sofatisch brannte eine Kerze, daneben stand eine Holzschale voller Kekse. Merle roch Zimt und andere Weihnachtsgewürze. Sie hatte seit der großen Pause in der Schule nichts gegessen.

»Nun erzähl mal, was ist denn passiert?«, fragte der Lehrer. Merle spürte, wie wohl ihm seine Rolle tat. Der war tatsächlich nicht böse, nachts gestört zu werden.

»Mein Vater hat mich geschlagen. Das hat er noch nie getan…« Merle weinte stürmischer, weil die Wut sie wieder überkam.

»Weshalb denn? Wegen der Nachhilfe in Latein?«

Merle hätte fast gefragt, was er meinte. Das mit der Nachhilfe hatte sie inzwischen völlig vergessen. »Nein. Das hab' ich ihm noch gar nicht gesagt. Es ging um…« Sie blickte auf, in seine verständnisvollen, väterlichen Augen. »Sie sagen das doch bestimmt niemandem weiter?«

»Niemandem. Versprochen.«

»Es ging um seine… um seine neue Freundin. Ich hatte Streit mit ihr… Sagen Sie ihm bloß nie, dass ich Ihnen das erzählt habe!«

»Nein, bestimmt nicht. Ich verstehe. Das ist ja wirklich eine komplizierte Situation. Wann ist denn das passiert?«

»Heute Nachmittag, so um vier.«

»Und du bist aus dem Haus gelaufen?«

»Ja.«

»Wo warst du denn die ganze Zeit?«

»Ich bin einfach so rumgelaufen.«

(Und hab meinen Großvater aufgehetzt. Beim zweiten Gespräch hat er gesagt, Butz hat gestanden, mir eine geklebt zu haben und bereut es. Butz macht sich große Sorgen. Wenn ich bis elf nicht da bin, wird er wohl doch die Polizei anrufen – oder rumfahren und mich selber suchen. Oder beides. Inzwischen schien die Sache Opilein wohl doch Spaß zu machen. Er hatte vor Schadenfreude richtig gekräht und fand: »Das geschieht Butz Voß ma recht, mussich sagn!« Na also.)

»Rumgelaufen – Kind, du musst ja ganz erschöpft sein. Hast du Hunger?«

Merle nickte scheu. Sie wurde mit jeder Minute kleiner und zarter. »Ich hab seit heute Morgen nichts gegessen ...«

Nun wurde Mutter Heyse mobil gemacht, belegte in der Küche Brote, wollte gerne wissen: »Was ist denn passiert?«, und bekam von ihrem Mann zu hören: »Das ist Vertrauenssache, Gertrud.«

Während Merle aß, rief Dr. Heyse in der Kneipe an und beruhigte den Vater: »Keine Sorge, Ihre Tochter ist bei mir, es geht ihr gut. Sie isst gerade etwas, sie hat ja seit heute Morgen nichts mehr zu sich genommen und ist die ganze Zeit umher geirrt ...«

Recht so, noch mehr glühende Kohlen auf Vaters Haupt.

»Ich bringe Merle gleich zu Ihnen, Herr Voß«, versprach der Lehrer. Und zu ihr sagte er: »Er wird sofort aus der Gaststätte nach Hause kommen. Er war sehr erleichtert.«

Merle verabschiedete sich von Frau Heyse mit einem Knicks – ein für sie sehr ungewöhnliches Verhalten (außer in der katholischen Kirche). Das schien im Moment hundertprozentig in ihre Rolle zu passen.

»Sag das mit der Nachhilfe in Latein man mal noch nicht zu deinem Vater«, meinte er nach längerem Nachdenken. »Mal sehen, ob wir das nicht irgendwie unter uns regeln können. Mir fällt da schon was ein ...«

Er lächelte sie an. Ein bisschen ähnelten seine Wangenknochen denen von Wallenstein, und dasselbe Schmollmündchen hatte er auch. Merle lächelte, blass und zaghaft, zurück.

Vor ihrer Haustür weigerte sie sich auszusteigen. »Ich geh nicht rauf. Ich hab Angst ...«

Dr. Heyse ließ sie im Auto und ging allein, um mit Butz Voß zu sprechen. Nach einer knappen Viertelstunde kam er zurück: »So, Kind, du brauchst wirklich keine Angst zu haben. Deinem Vater tut es unendlich Leid, das wird er dir auch sagen. Ich glaube, ihm ist wirklich aus Versehen die Hand ausgerutscht, du warst wohl auch etwas schnippisch, obwohl er meint, er könnte das inzwischen verstehen. Du hast ja selbst gesagt, es war das erste Mal, und das beteuert er auch. Übrigens, wenn ich es richtig verstanden habe, hat er sich inzwischen sogar von dieser Frau getrennt, das gab wohl noch eine Aussprache mit der entsprechenden Konsequenz. Komm, Merle, vertrag dich mit ihm. Ich glaube, eigentlich ist er ein sehr liebevoller Vater. Es ist ja auch nicht einfach für ihn so als Witwer …«

Butz saß in der Küche, unsäglich zerknirscht. Alles, was sie hören wollte, hatte ihr ja schon Dr. Heyse gesagt, deshalb reichte es nun, dass sie sich in die Arme fielen und sich knuddelten. Opilein stand gerührt dabei und bekam auch seinen Teil Umarmung ab. Nicht viel, aber besser als nix.

Dann gingen sie sehr schnell alle in ihre Betten: Am nächsten Tag war ja Schule.

Merle lag noch eine Weile wach und überdachte, was passiert war. Nein – was sie hatte passieren lassen. Kaltschnäuzig, in der Tat. Indessen schien es so, als seien alle Beteiligten zufrieden, mit Ausnahme vielleicht von Sabine.

Am folgenden Nachmittag rief Angelika sie an. Butz hatte am vergangenen Abend natürlich auch bei ihr gefragt, ob Merle dort sei. Sie konnte die ganze Nacht nicht schlafen vor Sorge. Was war denn bloß passiert?

Merle wollte Butz nicht mehr bloßstellen, als nötig war. »Ich hatte ein bisschen Streit mit meinem Vater und bin ausgerissen. Hat sich aber schon wieder alles geregelt. Du, Gelika? Ich soll dir die Telefonnummer von meiner Hexe Wanda Griguleit geben, sie wird dich gern beraten, was Verhütung angeht.«

»Oh, das ist lieb. Unverhofft kommt oft – bloß in dem Fall erst mal zu spät. Ich hab morgen Nachmittag einen Termin bei einem anderen Gynäkologen, der will mir eine Spirale einmontieren. Er hat gesagt, ich würde mich hinterher vielleicht nicht so gut fühlen für ein, zwei Stunden. Aus diesem kühlen Grunde wollte ich fragen, ob ich hinterher zu dir kommen darf?«

»Klar, natürlich. Ich bin zu Hause«, sagte Merle erfreut. »Dann können wir uns ja mal wieder ausführlich unterhalten.«

Als Angelika jedoch am nächsten Nachmittag bei Merle klingelte, sah sie nicht so aus, als hätte sie Interesse daran, sich zu unterhalten. Sie hing im Türrahmen, so elend, so krank, dass Merle ganz erschrocken zurückfuhr.

»Entschuldige ... es tut so wahnsinnig weh ...«, flüsterte Angelika.

Merle trug die Freundin halb in ihr Zimmer, zog ihr die gesteppten Stiefelchen aus, die Jacke und die dicke Hose, und steckte sie in ihr Bett. Dann rannte sie ins Badezimmer, um ein dickes Frotteehandtuch zu holen und unter Angelika zu praktizieren, weil ihr aufgefallen war: »Du blutest ... Ist das richtig so? Sag mal, hat der dir wirklich nur die Spirale eingebastelt oder war das 'ne Abtreibung?«

Angelika krümmte sich hierhin und dahin, mit verzerrtem Gesicht. Sie konnte nur leise sprechen, als ob sogar das Schmerzen bereitete. »Nein, das war schon ... nur die Spirale ... das Blöde ist, die kann man nur reinmachen ... wenn du deine Tage hast ... und das tut bei mir doch sowieso immer schon so weh ... und weil meine Gebärmutter nicht weit genug geöffnet war ... Auaaaaa! Scheiße, Scheiße, Scheiße ... hat er die mit irgend so 'ner Eisenstange geweitet ...«

Merle verzog das Gesicht beim Zuhören fast ebenso wie Angelika. »Mit einer Eisenstange??«

»Na, mit so einem Metallstab. Ich hab bestimmt ... sein Wartezimmer leer gebrüllt ...«

»Darfst du Schmerzmittel nehmen?«

»Hat er mir schon gegeben, noch und nöcher ... Ich muss ganz ehrlich sagen, benommen bin ich auch ... und kotzübel ist mir ... nur die Schmerzen bringt 's nicht weg ... Na ja, ich hab mir das jetzt selber eingebrockt ...«

»Und dann musst du die Suppe natürlich auch auslöffeln. Soll ich dir Tee kochen?«, fragte Merle, die gern etwas unternommen hätte, damit es Angelika irgendwie besser ging. »Oder möchtest du, dass ich dich bewusstlos schlage?«

Angelika, in ihrem Schmerz, kicherte ein bisschen. »Au ja, bitte ...«

Bei der ersten Zigarette, die sie sich ansteckte, musste sie sich übergeben – »Nur, weil's so wehtut, glaub ich.« Dann krümmte sie sich wieder und stöhnte. Merle nahm ihr die ganze Packung und die

Streichhölzer weg. Dann rief sie verschiedentlich bei dem Arzt an, doch, wie die Sprechstundenhilfe ihr versicherte: »Herr Doktor kann nicht ans Telefon, der behandelt...«– in einem Ton, als spreche sie von einem Oberpriester, der gerade damit beschäftigt war, Wunder zu tun.

In Merle wuchs der Zorn. Beim dritten Anruf sagte sie zu der Sprechstundenhilfe: »Passen Sie mal auf, ich bin ein ungewöhnlich jähzorniger Mensch und ich habe nicht den geringsten Respekt vor weißen Kitteln, unser Käsehändler trägt auch einen. Wenn Sie mir nicht auf der Stelle Ihren Herrn Doktor ans Telefon zerren, dann komm ich selbst in Ihre Praxis und mache da ein Höllentheater, das verspreche ich Ihnen – und am besten bring ich gleich die Polizei mit, die interessiert sich vielleicht dafür, dass ein Arzt eine Minderjährige malträtiert und anschließend nicht mehr für sie zu sprechen ist, wenn sie an den Folgen seiner Pfuscherei vielleicht gerade krepiert!!« Merle hatte, wie sie es liebte, in Zimmerlautstärke angefangen und mit akzentuiertem Gebrüll aufgehört. Am anderen Ende der Leitung war es still, offenbar hatte ihre Gesprächspartnerin den Hörer von sich geworfen. Gleich darauf meldete sie sich wieder: »Herr Doktor kommt sofort selbst vorbei. Sagen Sie mir mal eben Ihre Adresse?«

Knapp zwanzig Minuten später stand Herr Doktor vor der Tür, wütend wie eine Hornisse. Er funkelte Merle durch seine dicken Brillengläser an: »Waren Sie das, die in diesem unglaublichen Ton mit meiner Assistentin gesprochen hat?«

Merle funkelte zurück: »Allerdings war ich das! Wollen Sie jetzt gern im Treppenhaus mit mir diskutieren, dann hol ich meinen unglaublichen Ton gern wieder vor, oder wollen Sie sich Ihre Patientin ansehen?«

Er zog letzteres vor, untersuchte Angelika murrend, meinte, es sei alles wie erwartet, und er hätte die Patientin ja gewarnt, es würde nicht ohne Schmerzen abgehen, so, wie sie gebaut sei, aber sie wollte die Spirale ja unbedingt haben, das hätte man von seiner Gutmütigkeit... Das alles äußerte er Angelika gegenüber oder vor sich hin, zu Merle direkt sagte er nichts. Entweder, weil er sie dessen nicht für würdig hielt, oder, weil er Widerworte fürchtete.

Er verpasste Angelika zwei Schmerzzäpfen, ließ zwei weitere da und empfahl für den nächsten Tag noch Bettruhe.

»Das heißt, heute kann sie nicht mehr zu sich nach Hause fahren?«, fragte Merle, und wurde angebellt: »Natürlich nicht!«

Also rief Merle Frau Wieland an und machte ihr am Telefon plausibel, Angelika hätte sich an irgendetwas den Magen verdorben und sei nicht transportfähig.

»Dauernd wird meine arme Mutter angelogen«, grämte sich Angelika, der es, seit sie die Zäpfchen bekommen hatte, besser ging. »Dabei hat sie mir eingeimpft: Man darf nicht lügen!«

»Butz hat das nie zu mir gesagt. Das wäre auch schwierig geworden. Ich musste schon als kleines Kind öfter zur Tür und den Gerichtsvollziehern erzählen, mein Vater wäre nicht da«, erklärte Merle.

»Ich bin ja eigentlich immer für die Wahrheit …«, verkündete Angelika.

»Wie originell. Sag das in der Schule, in einem Kloster, in einer Straßenbahn, in einem Puff, im Hauptquartier der Mafia – jedes Mal wirst du nichts als Zustimmung ernten. Kein Schwein wird aufstehen und rufen: Ich lüge aber lieber! Mein Gott, Angelika, wenn du die Wahrheit so liebst, warum sagst du Kulle nicht, dass er sich lieber mit sich selber im Klo einschließen soll und dich noch eine Weile in Ruhe lassen, weil du nichts als Jammer und Schmerzen davon hast? Warum hast du deine Eltern nicht mit der Tatsache vertraut gemacht, dass du die Pille brauchst, falls sie keinen Wert auf vorzeitige Enkel legen? Die wissen überhaupt nichts von Kulle, du hast ihnen seine komplette Existenz unterschlagen und bist Experte im Ausredenerfinden. Warum bist du nicht ehrlich, wenn dir soviel an der Wahrheit liegt?«

Angelika zog den Kopf ein. »Weil das natürlich nicht geht. Meine Eltern hätten am liebsten, dass ich bis zur Ehe Jungfrau bleibe. Wobei … Wir haben uns das mal ausgerechnet, meine Brüder und ich. Entweder ist Michael ein Sechsmonatskind gewesen, und davon war nie die Rede, oder meine Eltern waren auch nicht so brav, wie sie immer tun. Ich seh ja ein, dass Notlügen manchmal nicht zu umgehen sind. Natürlich lügt jeder mal. Ich finde nur, man sollte das ungern tun. Nicht so mit gutem Gewissen wie du und dein Vater.«

»Das ist doch Heuchelei! Ich finde es wichtig, ehrlich zu mir selbst zu sein. Im übrigen lügt jeder. Sogar Gott.«

»Merle! Wie kannst du so was sagen?«

»Entschuldige bitte, das steht auch in der Bibel. Ich lese sie gerade zum zweiten Mal. Beim ersten Mal hat mir sowieso immer nur der Mund offen gestanden.«

»Und da soll stehen, dass Gott lügt?« Angelika guckte ganz besorgt.

»Pass auf, ganz am Anfang, in der Schöpfungsgeschichte, sagt der Herr doch zu Adam und Eva, wenn sie vom Baum der Erkenntnis essen, werden sie sofort sterben. Dann kommt die Schlange und meint, das wär alles Quatsch, sie würden stattdessen nur merken, was Gut und Böse ist. Die Menschen essen also vom Baum, und sie sterben keineswegs. Gott hat, meinetwegen aus pädagogischen Gründen, gelogen. Es war die Schlange, die die Wahrheit gesagt hat.«

»Ich glaube, auf die Art sollte man die Bibel nicht lesen.«

»Tut man ja auch nicht. Ich weiß zwar nicht, wie sie's machen, aber normale Menschen entdecken so was wohl nicht darin.«

»Ach, lass doch die Bibel. Was war eigentlich gestern los? Warum bist du weggelaufen?«

Merle schilderte die Vorfälle des vergangenen Tages, und Angelika urteilte: »Manchmal denke ich, du bist ein richtiges Biest. So was macht man einfach nicht.«

»Das glaube ich dir. ›Man‹ scheint sowieso recht gehandicapt zu sein, was das Machen angeht. Wanda Griguleit – die Hexe, weißt du? – hat neulich mal zu mir gesagt, die meisten Menschen leiden an dem Aberglauben, das Machen böse und Nichtmachen gut ist. Wenn ihr alle nur die lieben kleinen Opfer sein wollt, wo nehmt ihr dann die Täter her?«

Angelika drehte sich unruhig wieder auf den Rücken. »Meinst du nicht, nun kann ich mal eine rauchen? Mir geht's schon wieder viel besser…«

»Nicht in meinem Bett!« Aber Merle brachte ihr trotzdem ihre Zigaretten und einen Aschenbecher.

Angelika atmete den Rauch tief ein und schloss die Augen. »Du hast ganz wenig von den normalen Ängsten, die Menschen so haben, Babylein, stimmt 's?«

»Stimmt, Engelchen. Ich hab sehr wenig Ängste.«

»Ich könnte mir denken, dass du deshalb anderen Leuten unheimlich bist. Irgendwie beneidenswert find ich's schon. Wie macht man das, keine Angst zu haben?«

»›Man‹ kann das überhaupt nicht.«

Angelika machte die Augen wieder auf. »Gut, wie machst du das?«

»Ich weiß nicht genau. Vielleicht hab ich die mir zugeteilte Portion an Lebensangst in meiner idyllischen Kindheit aufgebraucht.« Merle schaltete ihre Stehlampe an und zog die Gardine zu. »Das wird heute Nacht eng werden, mein Bett ist nicht sehr breit. Ich sollte vielleicht lieber auf dem Sofa im Wohnzimmer schlafen.«

Silvester ging es bei Butz und Batsch hoch her. Weihnachten saßen die Gäste belämmert herum, hörten Weihnachtslieder und soffen, bis sie das heulende Elend ereilte. Silvester herrschte eine ganz andere Stimmung, da wurde getrunken, bis die Gäste vor Lachen Schluckauf bekamen.

Renata hatte die Kneipe sehr hübsch mit Luftschlangen und Lampions geschmückt. Sie trug einen kleinen Pappzylinder mit Gazeschleier schräg auf dem Kopf. Batsch wurde von einem spitzen goldenen Kegelhütchen gekrönt. Butz trug keinen albernen Hut; er hasste es, sich lächerlich zu machen.

An diesem Abend war Opilein auch anwesend, in seiner schönsten Strickjacke, einem Weihnachtsgeschenk, mit einer neuen Blechschachtel ›Feuervogel-Zigarillos‹, ebenfalls einem Geschenk, und mit weichen Hausschuhen, die er in einer Tüte mitgebracht hatte. Seine rheumageplagten Zehen konnten nicht die ganze Nacht feste Schuhe ertragen.

Merle hatte zum ersten Mal eine eigene Silvestereinladung bekommen und angenommen: ein Junge aus ihrer Klasse wollte sie mitnehmen in ein Restaurant im Hafen und kurz vor zwölf zu den Landungsbrücken. Da gab es ein besonders schönes Feuerwerk und alle Schiffe würden tuten.

Angelika feierte den Jahreswechsel zähneknirschend im Kreis

ihrer Familie; es war ihr nicht gestattet worden, eigene Wege zu gehen.

»Ich werde mit Eltern und Besucherfamilie auf dem Sofa hocken, fernsehen, Salzstangen mampfen, ab und zu auf dem Klo aus dem Fenster rauchen und hinterher Zähne putzen. Gut, dass meine Eltern auch beide qualmen, die riechen so gut wie nichts. Um zwölf krieg ich dann mein eigenes halbes Glas Sekt. Ist das super! Meine Brüder dürfen natürlich die ganze Nacht wegbleiben. Mädchen sind immer benachteiligt. Das Leben ist öde und leer, Babylein! Guten Rutsch wünsche ich dir …«

Kurz vor Mitternacht ist am 31. Dezember die entscheidende Phase. Wo befindet man sich um diese Zeit? Wer steht neben einem? Wo ist die Uhr? Wo ist der Sekt?

Im Butz und Batsch herrschte große Aufregung. Der Fernseher oben auf dem Regal zeigte ein Zifferblatt: noch anderthalb Minuten bis 1972.

Auf dem Tresen stand eine angebrochene Champagnerflasche in einem silbernen Eiskübel, der allerdings bedeutend mehr Wasser als Eis beherbergte. Butz füllte aus der Flasche Sektgläser für Batsch, Renata, Opilein und sich selbst. Renata lief umher und füllte den Gästen Sekt nach. Opilein war aus seiner gemütlichen Ecke, in der er mit zwei anderen Gästen Skat gespielt hatte, heraus gekommen, lehnte mit einer Schulter am Tresen und hielt sein frisch gefülltes Glas abwartend in der Hand. Er war gerüstet.

Noch eine Minute. Die Tür wurde aufgezogen, und Sabine Maus erschien in einer Silberfuchsjacke, unter der sie ein enges rotes Paillettenkleid trug. Sie hielt in beiden Händen mehrere Wunderkerzen, die in alle Richtungen sprinkelten. Sie torkelte langsam auf sehr hohen Absätzen Richtung Tresen. Butz sah ihr finster entgegen. Batschs Gesicht verzog sich misstrauisch. Renata war so mit den Gästen beschäftigt, dass sie Sabine noch gar nicht bemerkt hatte.

Noch 50 Sekunden. Die Tür wurde wieder aufgezogen, und Merle kam herein. Sie lief auf flachen, grünen Wildlederschuhen, über dem Kleid trug sie ihren normalen, wasserdichten weißen Anorak, mit dem sie sonst zur Schule fuhr. Auch sie bewegte sich direkt auf ihren Vater zu.

Butz griff hinter sich nach einem leeren Glas für Merle, füllte es und rief nach Renata. Die machte sich aus der Umarmung eines sehr betrunkenen Gastes frei und sah sich nach Butz um.

Noch 45 Sekunden. Merle und Sabine kamen fast gleichzeitig am Tresen an und sahen sich gegenseitig erst in diesem Augenblick. Renata war um den Tresen herum gelaufen und stand jetzt neben Butz. Sabine schleuderte eine der flirrenden, Goldfunken spuckenden Wunderkerzen nach Renata, die auswich. »He, was soll das?!«, grollte Butz mit gerunzelter Stirn. Und zu Sabine: »Lass den Blödsinn!«

Noch 42 Sekunden. Sabine hielt eine andere Kerze an Merles Jacke und rief mit reichlich betrunkener Stimme: »Pros' Neujahr, das brennsoschön …«

Und das tat es. Das beschichtete Material krümmte sich bräunlich und schmolz beiseite, das Synthetikfutter darunter stieß eine kleine blaue Flamme aus, die schnell zu einer größeren, orangefarbenen gedieh.

Noch 41 Sekunden. Butz flankte aus dem Stand über den Tresen hinweg, stieß dabei mit den Beinen seinen Schwiegervater zu Boden, drehte sich im selben Augenblick um, griff den silbernen Eiskübel und schüttete das Wasser mit einigen halbgeschmolzenen Eisstückchen über seine Tochter.

Immer noch 41 Sekunden. Butz stieß Sabine eine Hand vor die Brust, was sie nach hinten taumeln und auch fast fallen ließ, entriss ihr die restlichen Kerzen, warf sie wütend in das Abwaschbecken für Gläser hinter dem Tresen, schubste Sabine noch weiter zur Tür und brüllte: »Wenn du dich hier noch ein einziges Mal blicken lässt, wirst du auch ersäuft!«

Sabine drehte sich schluchzend um und torkelte wieder aus der Tür.

Noch 33 Sekunden. Batsch und Merle halfen Opilein auf und klopften ihn ab. Er bekam ein neues Glas – sein eigentliches Silvester-Anstoß-Glas hatte den Sturz nicht überlebt – und noch einmal Champagner.

Noch 11 Sekunden. Butz untersuchte Merles Schulter. Tat es weh? Ein bisschen … Der Stoff war mit der Haut eine sehr enge Beziehung eingegangen.

Noch 3 Sekunden. Alle hoben die Gläser, holten tief Luft, schauten das große Zifferblatt an und brüllten gemeinsam: »Prost Neujahr!« Dann stießen sie miteinander an, Butz mit Merle und Opilein und Renata und Batsch, dann mit allen Gästen und alle Gäste untereinander. Ungefähr eine Minute nach zwölf tranken sie Sekt oder Champagner. Geküsst und umarmt wurde auch.

Danach erlaubten sie sich, über Sabine zu erschrecken. Wo war sie nur hergekommen? Was hatte sie vorgehabt? War das ein richtiger Anschlag gewesen auf Renata und Merle, oder nur das sinnlose Tun einer Betrunkenen?

Renata holte Müllschippe und Handfeger und entfernte die Scherben von Opileins erstem Glas.

Batsch wollte den Notarzt anrufen, Merle war dagegen. Also rief er seinen eigenen Hausarzt an, der in der Nähe wohnte, wünschte ihm ein erfolgreiches Neues Jahr und fragte, ob er Lust hätte auf die erste Patientin Neunzehnhundertzweiundsiebzig. Der Arzt versprach, gleich vorbeizukommen.

»Was machst du eigentlich hier, Vögelchen?«, wunderte Butz sich erst jetzt. »Ich dachte, du wolltest mit einem Jüngling im Hafen sein?«

»Waren wir ja auch. Aber der Mensch war so entsetzlich langweilig, dass ich gesagt habe, ich würde das neue Jahr doch lieber ohne ihn anfangen. Er soll mich sofort hierher bringen.«

Renata, die das hörte, machte große Augen: »Wo war der arme Kerl denn genau um zwölf?«

»Vielleicht in der Bahn. Oder noch im Hafen.«

»Du hättest ihn hierher mitnehmen sollen!«

»Renata, du hast nicht zugehört. Ich wollte ja gerade ohne ihn ins Neue Jahr feiern.«

»Warum hast du dich überhaupt mit ihm verabredet?«

»Er hat ständig gebettelt. Da hab ich ihm den Gefallen getan.«

»Du hast ihn bestimmt sehr traurig gemacht«, meinte Renata. Sie guckte selbst ganz traurig.

»Ja, kann sein. Er war ungefähr so traurig wie ein Regenwurm, von dem endlich eine Ameise abgelassen hat.«

Inzwischen kam schon der Arzt, den Batsch angerufen hatte, sein schwarzes Täschchen in der Hand. Er ging mit Merle in die Küche, zog ihr mit größter Vorsicht den Anorak aus und nahm eine kleine Schere aus seiner Tasche, um dem Mädchen das Kleid von der Schulter zu schneiden. »Teufelszeug, diese dämlichen Wunderkerzen«, murmelte er vor sich hin. »Ich habe eine Patientin, die wird bis an ihr Lebensende das Muster von einer Strumpfhose im Oberschenkel haben, auch durch so ein Ding. Das könnte jetzt wehtun – so… Gut, dass du das Kleid darunter an hattest! Das ist Naturmaterial, stimmt 's?«

»Ja. Reine Baumwolle.«

»Was für ein Segen. Das Zeug von der Jacke hätte sich ganz und gar in deine Haut gebrannt. So ist es nur ganz wenig geschehen, Millimetersache. Das hier sind normale Brandblasen. Ich tupfe hier mal – ja, das löst sich… Ich glaube, wenn das heilt, wirst du kaum eine Narbe behalten. Ist der Gast gestolpert, der dich damit berührt hat?«

»Kann man so sagen.«

Der Arzt nickte. »Ich gebe dir für alle Fälle eine Spritze, weil ich nicht genau weiß, was für ein Zeug in der synthetischen Jacke steckte und wie weit dein Blut damit in Berührung gekommen ist. Dann bleibst du bitte noch ungefähr eine Viertelstunde hier sitzen, ja? Und dann wär's schön, wenn du ins Bett gehen würdest. Ich weiß, das ist eine Zumutung gerade heute Nacht und gerade für ein junges Mädchen…«

»Ach nein, eigentlich hab ich genug Spaß gehabt«, versicherte Merle.

Der Arzt stieß im Gastraum mit Batsch und Butz und einigen anderen an, dann ging er. Batsch kam nach einer Weile in die Küche, um Merle ein bisschen Gesellschaft zu leisten. Sein spitzes goldenes Hütchen saß noch viel schiefer als am Anfang des Abends, und er sah müde aus.

»Das wird noch eine lange Nacht«, meinte er. »Wie geht's dir? Wie dein Vater dich gerettet hat! Bevor ich überhaupt annähernd begriffen hatte, was passiert war, ist er schon über den Tresen gehopst. Schnell ist er und instinktsicher. Begabt und talentiert. Intelligent und ohne jeden Zweifel potent – entschuldige. Dein Vater ist ein Teufelskerl. Ich wünschte, ich wäre ihm nie begegnet. Im Moment lädt er gerade wieder alle ein. Je mehr er selbst trinkt, desto großzügiger wird er. Dieser Mann dürfte unter keinen Umständen Gastwirt sein. Ich habe nicht geahnt, in welchem Ausmaß ich hier den Bock zum Gärtner gemacht habe. Er ist der Urbock, der Bock an sich. Beneidenswert. Grässlich.« Batsch zeigte in einem Gähnen seine langen gelben Zähne. »Soll ich dir was anvertrauen, schöne Jungfer Feuervogel? Ich hab die Sache hier satt. Ich will in die Sonne. Mallorca oder so. Eine kleine Bar in einem Touristenzentrum. Nur nachts geöffnet. Tagsüber in der Sonne schlafen. Traumhaft, was? He, du sagst ja so wenig?«

»Schönes Neues Jahr«, murmelte Merle schläfrig.

## Das 11. Kapitel
### *hat etwas für Überraschungen übrig und zeigt den tiefen Fall eines Eroberers*

Im Spätsommer 1973, ziemlich genau neun Jahre, nachdem Hinnerk Meiners von einer Heiratsschwindlerin um sein ererbtes Geld gebracht worden war, bekam er ein zweiseitiges Schreiben von der Staatsanwaltschaft. Darin stand, die gesuchte Freifrau Leonora von Matzendorf alias Gräfin Anastasia zu Holpsattel, in Wirklichkeit Ruth Schmidt, sei wegen dieser und jener und anderer Vergehen dingfest gemacht worden. Mit Geld durfte Opilein nicht rechnen. Obwohl die findige Dame viele ältere Herrn um beträchtliches Vermögen betrogen hatte, war sie im Endeffekt absolut pleite.

Opilein saß melancholisch da, als Merle aus der Schule kam, das Gesicht in eine Hand gestützt, den Brief hielt er schlaff in der anderen. »Schmidt!«, sagte er zu Merle. »Schmidt auch noch! Ich fassas nich. Hier, lissas ma selber.«

Merle überflog die beiden amtlichen Seiten. »Schade. Von der ist wohl nichts mehr zu erwarten, Opilein.«

Der schüttelte den Kopf und wiederholte betrübt: »Schmidt! Oha, oha, oha. Da 's ja Meiners noch besser. Das war 'ne ganz gewöhnliche Frau war das …«

»Meinst du? Ich fand sie eigentlich ziemlich ungewöhnlich.«

»Jaa – so meinich das nich. Ich will sagn, sie war ja nu keine Aristokratin nich«, meinte Opilein, dem das Wort fast im Gebiss hängen blieb.

»Was hättest du davon, wenn sie eine gewesen wäre?«

Der alte Mann blickte sinnend nach draußen, in die dunkelgrünen Blätter der Kastanie, die vor dem Wohnzimmerfenster stand. »Na, so Leute mit blaues Blut, da merkt man so das Feine.«

»Fändest du es erfreulicher, wenn sie wirklich eine Aristokratin gewesen wäre und dich begaunert hat – oder wenn sie eine einfache Frau gewesen wäre und dich nicht begaunert hätte?«

»Also, ich hab lieber mit feine Leute zu tun als mit gewöhnliche. Aber da tus du kein Gefühl für ham. Hat dein Vater auch nie gehabt. Keine Ehrfurcht vor was hör steht. Immer gegenan un bloß nie Gehorsam so von inn her. Er mach ja kein über sich habn. Ich mein, man muss doch eine Sache dien' wolln. Der Führer…«

»Ach nein, Opilein, nicht der Führer!«

»Um Kopf un Kragn hat dein Vater sich geredet, frech wie er war.«

»Das weißt du doch gar nicht. Da habt ihr euch noch nicht gekannt. Du bist Butz doch erst Jahre nach dem Krieg begegnet.«

»Aber erzählt hatter mir das«, beharrte ihr Großvater. »Karrjere hätter machen könn ganz in Schwarz un in Reitstiefel. Angebotn ham sie ihm das, bei seine Figur.«

»Ich bin froh und stolz, dass mein Vater nicht bei der SS war. Wenn er da Karriere gemacht hätte, wie du sagst, dann wäre er doch ganz tief gefallen, als die Nazizeit vorbei war!«

Opilein rieb listig seine Nase. »So, glaubsu. Ich hab Leute gesehn, die ham Erfolch gehabt vorm Kriech und im Kriech un nach'm Kriech ers recht. Die ham das immer geschafft. So is Butz Voß nich. Der schafftas nie. Dabei kanner so viel un weiß so viel. Intelligent is er wohl, aber nich kluch. Denkt immer nur von hier nach da un wie ihm grade zumute is. Da kann ja nix bei rausguckn.«

»Na, wenn du meinst. Ich muss jetzt Hausaufgaben machen«, sagte Merle und verschwand in ihrem Zimmer. Dort setzte sie sich an den Tisch, holte ein Heft heraus, schraubte ihren Füller auf und starrte ihrerseits aus dem Fenster.

Intelligent ist er wohl, aber nicht klug. So ähnlich sah das auch Batsch. Die Kneipe machte Verluste, Batsch meinte, durch Butz' Schuld, Butz meinte, durch Batschs Schuld. Tatsache war, dass Butz sich schon mal mit Gästen anlegte. Nicht nur Sabine hatte Lokalverbot. Durch sein Flirten entstanden auch immer wieder Probleme. Nach wie vor trank er viel, und in letzter Zeit war es ihm schon mal anzumerken.

Batsch hatte erst letzte Woche zu Merle gesagt: »Es gibt da so ein spezielles Problem schöner Menschen, glaube ich. Dein Vater war sein Leben lang eine Lichtgestalt, wenn er nur den Saal betrat, hauchten alle: Aaahh! Nun ist er dreiundfünfzig, die Haare werden immer dünner, die Tränensäcke immer dicker, die Wampe lässt sich nicht mehr ganz verbergen, und das bereitet ihm Melancholie. Deshalb muss er mehr saufen. Vielleicht säuft er sich sein eigenes Spiegelbild schön? Bei mir ist das anders. Ich sah grotesk aus, seit ich auf der Welt bin, erst wie 'n junges Pferd, allmählich werd' ich 'n altes Pferd, das ist sogar etwas sympathischer. Butz hat immer viel vom Leben erwartet. Er wollte es nicht erarbeiten, sondern erobern, mit blitzendem Schwert. Er hat gedacht, das Leben fällt ihm errötend an die Brust, er kann es auf sein weißes Pferd heben und damit abgaloppieren. So ist das Leben nur nicht – das ist eine trockene alte Tante, die fragt nach Zeugnissen und Referenzen und hält dir die Stechuhr hin.«

Merle riss ihren Blick aus der Baumkrone los, konzentrierte sich auf ihr Heft und wollte zu schreiben beginnen. Leider war dem Füller inzwischen die Tinte eingetrocknet, sie musste ihn erst schütteln und auf dem Löschblatt ausstreichen …

»Findest du, ich sollte mich von Kulle trennen?«, fragte Angelika. Sie saß im Butz und Batsch am Tresen auf dem Hocker, rauchte eine Filterzigarette und trank aus einem großen Glas Alsterwasser. Merle stand ihr gegenüber, durch den Tresen getrennt. Die Kneipentür war weit aufgesperrt, um ein wenig frische Luft einzulassen, sogar den dicken Filzvorhang hatte Batsch beiseite gezogen.

»Wie soll ich das beurteilen? Ich kenne ihn nicht mal«, erwiderte Merle. Sie tauchte ein paar leergetrunkene Biergläser in das heiße Seifenwasser im Waschbecken und drückte und drehte sie auf der dort befestigten Bürste herum, zog sie heraus und stellte sie verkehrt herum auf das saubere Geschirrtuch daneben.

Einige Gäste saßen an den Fenstertischen. Fast alle guckten immer mal wieder zu den hübschen Mädchen hinüber. Angelika trug ihr honigblondes Haar halblang. Sie war, wie jeden Sommer, goldbraun; das wurde durch ihr weißes Kleid noch unterstrichen. Aber auf ihren Wangen, unter den tiefblauen Augen, lag immer ein rosiger Hauch.

Merles Haut leuchtete eigentlich genau so hell wie im Winter, mit dem Unterschied, dass sie von der Stirn bis zu den Zehen überall da, wo etwas Sonne hin gelangt war, voll hellbrauner Sommersprossen war. Ihr Haar wallte über Schultern und Rücken, und sie hob es ab und zu mit beiden Händen an der Kopfhaut hoch, weil sie schwitzte. Sie schminkte sich inzwischen ziemlich stark, ihr voller Mund leuchtete orangerot, die gelben Augen umrandete sie mit schwarzen Strichen und tuschte die Wimpern kräftig. An ihren Ohren schaukelten, wie fast immer, große goldene Kreolen.

»Ich dachte mir, dass du das sagst. Deshalb möchte ich, dass du dir Kulle mal ansiehst. Ich bin jetzt mit dem Menschen seit drei Jahren zusammen, mir fehlt der Abstand.«

»Du wolltest ihn doch immer heiraten?«

»Pustekuchen. Er hat mir gestern mal so nebenbei gesteckt, dass er heiraten spießig findet. Er kennt irgendwelche tollen intellektuellen Journalisten, die haben ›Lebenspartnerinnen‹. Also, das stinkt mir!«, erklärte Angelika und ließ ihre Wut an ihrem Zigarettenstummel aus, den sie im großen Aschenbecher zerknautschte. »Und mir geht auf den Keks, dass er immer genau dann Lust auf Sex hat, wenn ich nicht will oder nicht kann. Manchmal beneide ich dich, weil du dich mit so was nicht rumärgern musst. Möchtest du eigentlich nie einen Freund haben? Heiraten willst du ja sowieso nicht. Aber auch nie Sex?«

»Doch. Aber ich muss vorsichtig sein.«

»Das müssen wir alle. Was meinst du, wie mich die widerliche Spirale quält…«

»Nein, so meine ich das nicht. Ich hab das Gefühl, wenn ich einmal damit anfange, kann ich nicht wieder aufhören. Deshalb muss ich das sorgfältig planen.«

»Liebe plant man doch nicht! Ach, Babylein, ich glaube, da bist du auf dem Holzweg. Auch, wenn du meinst, Sex wär so schön, dass man damit nicht wieder aufhören kann. Männer vielleicht… Ich könnte auf das Eigentliche gut verzichten. Wenn ich mal schmusen will, einfach nur schmusen – dann will Kulle entweder jetzt gerade nicht – oder es wird doch wieder Sex draus. Und wenn ich mich darüber beklage, dann sagt er: ›Was machst du mich auch an?‹«

Merle nickte. »Bis auf die Sache mit dem Nicht-heiraten hast du mir das alles schon oft erzählt. Warum soll ich den Mann eigentlich noch groß kennen lernen? Lass ihn laufen.«

»Gut, nur… Ich hab ihm jetzt schon gesagt, er soll heute Abend mal hier vorbeikommen. Eigentlich müsste er längst da sein. Ich bin ja auch nicht immer ganz pünktlich, aber so schlimm wie er bin ich nicht.«

Merle zapfte ein kleines Helles, das gerade geordert worden war. Während sie es servierte, betrat eine etwas ältere Blondine die Kneipe. Irgendetwas an ihr kam Merle bekannt vor. Wo hatte sie nur die dunklen Augen mit den ausgeprägten Unterlidern schon mal gesehen?

Plötzlich lächelte die Frau und sagte: »Das ist doch Merle?! Mensch, das ist Merle!«

Und jetzt erkannte sie endlich Birgit Hansen – und umarmte sie stürmisch. Birgit duftete nach ›Diorissimo‹, wie früher. Sie stellte die erstaunte Angelika und die etwas verlegene Birgit einander vor. »Was möchtest du trinken? Bitte, setz dich…«

Birgit wehrte ab. »Nein, ich geh gleich wieder. Ich hab nur im Vorbeifahren den Namen über der Tür gelesen: Butz und Batsch. Und da war ich einfach neugierig… Was ist Batsch? Bist du das?«

»Nein, das ist der Partner meines Vaters, der heißt mit Nachnamen Baczinski, und alle nennen ihn Batsch.«

Birgit blickte Merle noch einmal von oben bis unten an, jetzt mit einem breiten Lächeln: »Kind, was bist du bildhübsch geworden! Wer hätte das gedacht…«

»Ich nicht!«, sagte Merle, womit sie ohne weiteres zugab, früher hässlich gewesen zu sein und jetzt sehr gut auszusehen.

»Lebt dein Großvater noch?«

»Opilein? Der ist frisch und munter.«

»Grüß ihn bitte schön von mir.« Und sehr nebenbei: »Ja, wie geht's deinem Vater?«

»Ganz gut. Er hat heute frei, ist mit einem Bekannten unterwegs.«

In diesem Augenblick steckte Batsch seinen Pferdekopf aus der Küche, begrüßte Birgit, Angelika und alle anderen Gäste, sofern sie ihn ansahen, und fragte Merle: »Wo steckt denn bloß Renata? Die wollte doch längst hier sein…«

»Ich vermute, sie ist noch bei ihrem Bruder«, antwortete Merle. »Der hat sie heute Nachmittag angerufen und wollte, dass sie zu ihm kommt. Sicher wird sie gleich hier sein.« Und bis dahin, dachte sie weiter, sollte Birgit lieber gegangen sein. Die erkennt garantiert auch soviel Jahre später noch die schöne Frau, an der Butz öffentlich rumgeküsst hat, und das tut ihr nur unnötig weh.

Glücklicherweise verabschiedete Birgit sich im selben Augenblick. Sie würde vielleicht mal vorbeikommen…

Kurze Zeit später trafen Renata und ihr Bruder ein. Angelika flüsterte: »Wer ist denn dieser Adonis in der gelben Hose? Der ist ja umwerfend!«

Der Adonis war Carmine Benfatto, etwas silberhaariger und wieder über alle Maßen schick und modisch gekleidet. Sein Hemdkragen hatte absolut die topaktuelle, lange Form, und genau *so* legte ein eleganter Mann die Ärmel des leichten Sommerpullovers von hinten über die Schultern und ließ sie links und rechts über der Brust liegen.

Merle hatte ihn, als er damals Renata zur Beerdigung der Tante abholte, zum letzten Mal gesehen. Jetzt rollte er seine großen goldbraunen Augen immer wieder zu ihr hin, während er mit Batsch und seiner Schwester sprach. Als sie ihn endlich richtig ansah, zeigte er lächelnd seine regelmäßigen kleinen Zähne und nickte ihr grüßend zu. Angelika stöhnte.

»Ich komm gleich wieder zu dir, ich will mal eben schnell zu Renata…«, flüsterte Merle.

»Auf jeden Fall!«, flüsterte Angelika zurück. »Würde ich auch tun, so, wie der dich anguckt.«

»Nur für die nächsten drei, vier Wochen, solange es schön warm iste«, sagte Carmine gerade. »Ich habe achte Tische auf eine Terrasse, die Leute lieben das Draußensitzen, das iste wie Urlaub.«

»Das verstehe ich durchaus«, antwortete Batsch und kratzte sich am Kinn. »Trotzdem finde ich, Renata und Butz müssen das untereinander ausmachen. Offiziell war Renata nie meine Angestellte, das läuft ja alles über meinen Partner…«

Carmine Benfatto trat einen Schritt zurück und gab Merle einen vollen, feurigen Blick. »Wie iste es mit Ihnen? Wollen Sie ein bisschen helfen in mein Restaurant?«

Merle schüttelte den Kopf. »Ich würde gerne, aber das geht leider nicht. Ich geh ja noch zur Schule.«

»Aaahhh…«, machte Renatas Bruder verstehend. »Schade, schade.« Er holte mit der linken Hand seine zusammengeklappte Sonnenbrille aus der Hemdenbrusttasche, um an einem der Bügel zu kauen, und dann sprach er wieder italienisch auf Renata ein, wie damals in der Küche der Familie Voß. Seine Schwester antwortete: »Nein. Nein!« Oder auch: »No! No! Determinato no!« Das schien Carmine zunehmend zu ärgern. Beim letzten ›No‹ holte er plötzlich aus, wie um ihr mit dem Handrücken ins Gesicht zu schlagen. Merle hielt seinen Unterarm fest und drückte ihn nach unten. Er sah sie unendlich erstaunt an. »Das ist nicht gut für die Gäste!«, sagte sie leise.

Carmine Benfatto gab durch ein leichtes Schulterzucken zu, dass sie Recht haben mochte. Er setzte sich die Sonnenbrille auf seine schmale Nase, nickte seiner Schwester kurz zu – Batsch beachtete er nicht weiter –, nahm Merles Hand, die seinen Arm jetzt nur noch lose festhielt, und gab ihr einen unerwarteten, schnellen Kuss in die Handfläche. Dann drehte er sich um und verließ die Kneipe.

Einige Gäste in Nähe der Tür, die interessiert zugesehen hatten, applaudierten und riefen Merle zu: »Gut gemacht!« Einer meckerte hinter Benfatto her: »Arroganter Itaker!« Das hörte der jedoch sicher nicht mehr.

Ungefähr zehn Minuten später betrat Kulle Keller die Kneipe. Er trug blonde Schafslocken und eine John-Lennon-Brille. Er steuerte auf Angelika zu, die jetzt mit Merle an einem der Tische saß – denn nun musste ja Renata nicht mehr vertreten werden.

»Beinah eine geschlagene Stunde zu spät!«, regte Angelika sich auf. »Wo hast du denn bloß wieder rumgetrödelt? Die besten Sachen hast du sowieso verpasst. Hier hätte es fast eine Prügelei gegeben, wenn Merle es nicht verhindert hätte! Hier, übrigens: Merle, das ist Kulle, Kulle, das ist Merle, meine beste Freundin.«

Kulle nahm nicht einmal Platz. Er blieb etwas gekrümmt stehen und betrachtete die beiden Mädchen aus schwimmenden blauen Augen, dann seufzte er, und dann kratzte er sich ausführlich am Magen.

»Das darf doch nicht wahr sein, der Kerl ist stoned!«, zischte Angelika. »Hat sich zugekifft, bevor er hier erscheint. Sag mal, Kulle Keller…«

»Nee«, unterbrach Kulle sie. »Nee, warte mal, Anschi. Ich muss dir was sagen…« Dann kratzte er sich den Unterarm.

»Was willst du mir denn sagen?«, fragte Angelika ihn ungeduldig. Sie zündete sich eine neue Zigarette an der letzten an und zwinkerte wütend durch den Rauch auf ihren Liebsten.

»Ja, ach so. Mit uns ist Schluss. So. Das wollte ich nur sagen«, deklamierte Kulle langsam, drehte sich um und wandelte aus der Kneipe.

Die Mädchen blickten sich entgeistert an.

»Er hat mit dir Schluss gemacht. Und was machen wir jetzt?«

»Jetzt«, sagte Angelika heiter, »jetzt gehen wir ins Kino!«

Zwei Tage später besuchten sie gemeinsam Wanda Griguleit.

Die Hexe war gereizt, denn die Mädchen kamen fast eine halbe Stunde zu spät. (Angelika konnte, nebenbei gesagt, nichts dafür; im letzten Moment war ihr eine Strumpfhose beim Anziehen völlig zerrissen, sie musste schnell zur Drogerie und eine neue kaufen, und in der Drogerie standen sie Schlange.)

Angelika strahlte Wanda an, und die wurde, beim Blick in das hübsche Gesicht, schon wieder milder. »Es geht um meine ganze Zukunft! Sie werden mir sagen, was alles Schönes in meinem Leben passiert.«

Wanda lächelte schief, die Zigarette im Mundwinkel, und begann, ein Kartenspiel zu mischen. »Sie sind eine gute Klientin«, munterte sie Angelika auf. »Die da –«, sie wies mit dem Kinn auf Merle, »glaubt an nichts.«

Sie legte zweierlei Karten, machte – hastig, mit Bleistift auf einem Block unter ständigem Gemurmel – eine Horoskopskizze und blickte in Angelikas Handflächen.

»Hör bloß genau zu!«, hatte Angelika vorher gebeten, als sie Merle überredete, mitzukommen. »Wenn ich aufgeregt bin, kann ich mir nichts merken.«

Nun machte Merle also – ebenfalls auf einem Block – Notizen für ihre Freundin, zunehmend misstrauisch beäugt von Wanda Griguleit. Die rief endlich: »Wollt ihr mich festnageln? Ich rede immer nur von Möglichkeiten…«

Zu ihrer Beruhigung drehte Merle den Block um und zeigte ihn Wanda. Oben drüber hatte sie geschrieben: Angelikas Möglichkeiten, 30. August 1973.

»Und? Was ist nun alles rausgekommen?«, wollte Angelika wissen.

Merle las vor: »Behütete Kindheit ...«

»Das kann ich euch flüstern!«

»... danach wahrscheinlich eine relativ frühe Eheschließung ...«

»Hurra!«

»... mit einem dunkelhaarigen, großen Mann.«

»Ha, dunkelhaarig! Tschüss, Kulle!«

»Mindestens drei Kinder.«

»Na ja«, sagte Angelika dazu nur. Inzwischen war sie nicht mehr ganz so wild auf viele süße Babys.

»Nie besonders viel Geld.«

»Ach, Geld!«, meinte Angelika wegwerfend. »Zum Glück brauch ich kein Geld, sondern Liebe und Romantik. Du bist da ja anderer Meinung, Merle ...«

»Ja. Ich war schon ganz armes Kind und ziemlich reiches Kind und der Unterschied ist gewaltig. Es geht nicht nur darum, was zu kaufen. Geld hat mit Freiheit zu tun und mit Macht und mit Respekt. Dabei sind ja Scheine und Münzen nur ein Symbol.«

»Das ist schrecklich«, sagte Angelika. »Hör auf damit. Von großer Armut war doch nicht die Rede, oder?«, fragte sie Wanda, und die schüttelte den Kopf.

»So, und dann konnte Wanda leider nicht umhin, etwas über deine Gesundheit zu sagen«, fügte Merle finster hinzu.

»Sie hat extra gefragt!«, verteidigte sich die Griguleit.

»Demnach hast du immer wieder Krankheiten oder Unfälle, vor allem so ab Ende zwanzig.«

»Früher hab ich immer gedacht, so alt werde ich nicht mal«, gestand Angelika. Alles in allem war sie ganz zufrieden mit dem Blick in ihre Zukunft.

»Und du?«, fragte Wanda Merle und mischte verführerisch an ihren Karten herum.

»Ich? Ich will dir meine Zukunft sagen. Ich werde mit Butz in einem gepflegten, teuren Restaurant arbeiten. In meinem Restaurant. Ich werde eines Tages – nicht zu spät – ein weißes Haus haben, so, wie ich's mir vorstelle. Und vielleicht sogar noch ein zweites Restaurant.«

»Ach jemine. Und die Liebe?«, fragte Wanda. Angelika nickte zustimmend.

»Ich werde meine Restaurants natürlich lieben. Ja, ich weiß, das meint ihr nicht. Also, ich denke schon, dass ich einen oder vielleicht mehrere Partner haben werde. Nacheinander, versteht sich. Aber ohne mich in Sentimentalitäten zu verwickeln.«

Angelika hielt sich mit beiden Händen die Augen zu.

Wanda lachte und lachte und hustete so schlimm, dass sie aufstehen und einen Schluck Rum direkt aus der Flasche trinken musste.

Das Butz und Batsch war ab nachmittags bis mindestens Mitternacht geöffnet, jeden Tag, auch an Feiertagen, auch in den Schulferien. Am Montag aber war es geschlossen. So kam es, dass der Montag sich im Lauf der Jahre ein wenig zum Feiertag entwickelte. Montags schlief Familie Voß aus (bis auf Merle, die leider zur Schule musste), montags wurde eingekauft. Nach Möglichkeit wurden auch Unpässlichkeiten auf den Montag gelegt.

An einem Montag Mitte November fuhr Butz zu einem Matrosen, dem er vor einigen Monaten wieder begegnet war, Fiete hieß der. Sie hatten zusammen auf einem Skandinavien-Dampfer angeheuert, Anfang der Fünfziger Jahre. Butz hätte ihn auch gern mal seiner Familie vorgestellt, wenn der Mann nicht so entsetzlich menschenscheu gewesen wäre. Opilein erinnerte sich ebenfalls daran, dass dieser Fiete sich am liebsten vor allen Menschen versteckte. Witwer war er schon lange, er hatte eine Tochter und einen Enkel und lebte ganz beschaulich vor sich hin.

An diesem Tag wollte Renata zum Friseur gehen und zu ihrem Frauenarzt zur Routineuntersuchung. Merle sollte mitkommen. Das Wetter war absolut grauenhaft, es stürmte und regnete ganz enorm. Andererseits war ein einsamer Nachmittag zu Hause (Opilein tief in seinem Fernseher versunken) noch trostloser. Mit Renata konnte sie vielleicht etwas Spaß haben.

Renatas Friseur befand sich am Glockengießerwall. Es gelang ihm nicht, Merle zu irgendeiner Änderung an ihrer roten Mähne zu überreden. Die blätterte nur in Zeitungen, die eine Menge über die bevorstehende Hochzeit der englischen Königstochter brachten. Renata ließ ihr Haar wie gewohnt schneiden und schwarz färben, denn in ihrer Familie wurden die Köpfe sehr früh weiß.

Ohne die vielen Lichtreklamen und Straßenlaternen und beleuchteten Bürohäuser wäre der Himmel längst stockfinster gewesen, als Renata und Merle den Friseur verließen und sich auf den Weg zum Arzt machten. Aber das war egal, weil bei diesem Regen sowieso niemand nach oben schauen konnte.

Der Arzt hatte eine neue Praxis bezogen in einem gerade renovierten Haus in der Ferdinandstraße. Im Fahrstuhl studierte Renata stirnrunzelnd den Zettel mit der Adresse. »Ich werde zu spät kommen«, sagte sie zu Merle. »Er hat gesagt, spätestens um halb sechs. Und nun finden wir ihn nicht …«

Pappschilder hingen über Türklinken und warnten: Frisch gestrichen ! Plastikplanen deckten die Flure ab. Hier und da standen noch Farbeimer und Wischpinsel herum.

»Gespenstisch ist das hier. So leer und still«, fand Renata.

Sie fuhren versuchsweise wieder ein Stockwerk tiefer. Da befand sich an der Wand ein Schild mit dem Namen der Arztpraxis!

»Müssen wir nun rechts durch die Glastür oder links? Man kann auch keinen fragen, weil die Bürozeit vorbei ist …«, beklagte sich Renata.

Sie liefen gemeinsam den Flur hinunter, Merle in Gummistiefeln, Renata, viel kleiner und zierlicher, in ihren nassen Wildlederschuhen, ein Kopftuch über das Kunstwerk gebunden, das ihr Friseur geschaffen hatte.

Am Ende des Flurs lehnte wieder ein Praxisschild an einer Tür. »Heißt das nun, hier ist es?«

Sie öffneten, nachdem auf Klopfen niemand reagierte, und blickten in ein schönes, weißgestrichenes, völlig leeres Zimmer, das noch eine weitere Tür besaß.

Renata sagte: »Lass uns noch mal gucken, was hinter dieser Tür ist …«

Hinterher überlegte Merle oft, warum sie das eigentlich wollte. Sie glaubte doch wohl nicht, dass ihr Frauenarzt in einem Raum hinter einem leeren Zimmer praktizierte?

Renata öffnete die Tür und ging hinein. Sie knipste an dem Schalter an der Wand, und als nichts passierte, murmelte sie: »Hier gibt's noch kein Licht…« Anstatt jedoch den Raum zu verlassen, ging sie weiter, auf das Fenster zu. Merle trapste hinterher. Sie fühlte sich unbehaglich und wusste nicht, warum.

Von hier aus blickten sie in einen schmalen Lichthof und auf die Hausreihe gegenüber, nur fünf oder sechs Meter weit entfernt. Büros lagen da, leere Büros, entweder dunkel oder noch beleuchtet. In einem arbeitete energisch eine dicke Putzfrau im bunten Kittel.

»Guck mal, da!«, sagte Renata.

Schräg unter ihnen brannten mehrere Kerzen auf einem Schreibtisch. Eine Frau mit einem blonden Schopf saß auf dem Schoß eines Mannes, in einen leidenschaftlichen Kuss versunken. Sie sahen seine Arme und Hände, die ihren Rücken drückten. Es sah bezaubernd aus: die beiden in dieser romantischen Pose im Kerzenlicht in dem Büro.

Und dann war das Gesicht des Mannes zu erkennen, mit geschlossenen Augen, über der Schulter der Frau.

Merle und Renata fuhren gleichermaßen zurück, als hätte sie jemand unerwartet mit kaltem Wasser bespritzt. Renata stieß einen leisen Jammerlaut aus. Merle zog energisch an ihrem Mantel. »Komm! Bitte!«

Renata starrte sie aus riesengroß aufgerissenen Augen an, beleuchtet nur von den Lichtern des gegenüberliegenden Hauses. »Aber – das ist…«

»Ja. Komm trotzdem.«

Renata senkte den Kopf auf eine ergebene Art, als ob sie akzeptierte, nun hingerichtet zu werden. Sie folgte Merle mit schlurfenden Füßen über die plastikbedeckten Flure zum Fahrstuhl.

Sie sprachen beide nicht mehr davon, den Arzt noch weiter zu suchen. Sie sprachen überhaupt nicht. Renata lief im Regen dahin, ohne sich darum zu kümmern, dass ihr Kopftuch durchweichte und ihre neue, teure Frisur zerstört wurde.

Sie muss den Schirm in diesem blöden Zimmer stehen oder liegen gelassen haben, dachte Merle.

Die U-Bahn war voll, sie standen eingekeilt, hielten sich an den Griffen fest und sahen aneinander vorbei. Merle war klar, dass Renata ganz dicht am Weinen war. Hätte jemand sie geschubst oder rüde angesprochen, hätte Merle denjenigen von Herzen gern zusammengeschlagen. Leider zeigte niemand sich auch nur im geringsten rücksichtslos.

Merle wurde, während die Bahn sie hin- und herschaukelte, einiges klar. Dieser ›schüchterne Matrose‹, den Butz seit einigen Monaten immer traf – den gab es also überhaupt nicht. Oder, Moment, doch, es musste ihn geben, denn Opilein hatte ihn auch gekannt. Butz hatte ihn demnach als Vorwand benutzt. Sie erinnerte sich plötzlich an ihre Verwunderung, dass ihr Vater, wenn er Montagabends zurück kam, schwach nach diesem Maiglöckchenparfum, diesem Diorissimo, duftete. Registriert hab ich es, dachte sie, aber mehr auch nicht. Seltsam, jetzt tut Birgit Renata genau so weh wie Renata vor vielen Jahren Birgit. Dabei kennen sie sich nicht mal. Falls sie sich kennen würden, hätten sie sich das nicht angetan. Sie sind beide liebe Frauen, kein Biest so wie ich. Aber sie richten viel mehr Schaden an als ich …

Sie stiegen an der Hamburger Straße aus, kämpften sich schräg gegen Regen und Sturm nach Hause und trafen Opilein in der Küche, der fragte, ob sie Bratkartoffeln haben wollten.

Nach dem Essen begann Renata, ihre Sachen zu packen. Inzwischen besaß auch sie in dieser Wohnung einen kleinen Koffer, den hatte sie sich angeschafft, nachdem sie damals von der Beerdigung ihrer Tante zurückgekommen war.

Merle stand ratlos in der Tür zu Butz' Schlafzimmer und guckte zu.

Einmal hörte Renata plötzlich auf und starrte Merle ins Gesicht. »Verstehst du das? Wie kann so etwas passieren? Eine so riesige Stadt mit so vielen, vielen Menschen, und ich werde genau dort hin geführt, wo ich es sehen kann?!«

Merle nickte. »Ich finde auch, das ist ein haarsträubender Zufall.«

»Zufall? Nein. Dort hat mich die Madonna hingeführt. Damit ich endlich begreife und weglaufe, bevor es zu spät ist…«, sagte Renata.

Nachdem sie gepackt hatte, ging sie zur Tür, und weil hier Merle stand, ließ sie ihren Koffer fallen und brach in Tränen aus. Sie umarmten sich lange Zeit. Merle gestattete sich, mitzuheulen. Sie hatte Renata wirklich sehr gern.

»Lässt du was von dir hören?«, fragte sie.

»No. Nein, Merle. Ich will deinen Vater vergessen, da muss ich auch seine Tochter vergessen, versteh das bitte!«, sagte Renata so energisch wie möglich, obwohl es ihr schon wieder die Mundwinkel weg zog.

»Ich werd dich schrecklich vermissen. Ich wünsche dir alles, alles Gute, Renata…«

Opilein tappte in seinem karierten Schlafanzug auf den Flur und fragte sich, warum die beiden da standen und weinten. »War was im Fernsehn?«

Butz kam spät nach Hause und freute sich, dass Merle noch wach war. »Das ist ja schön, dass ich dich noch sehe, Vögelchen! Schläft Renata schon?«

»Renata ist weg.«

»Weg? Wohin denn?« Er ging in die Küche, holte die Milch aus dem Kühlschrank und goss sich ein Glas ein.

»Ganz weg. Aus unserem Leben verschwunden. So wie damals Birgit Hansen. Erinnerst du dich an die?«

Butz drehte sich langsam zu seiner Tochter um. Sein Gesicht verdüsterte sich. »Komisch, dass du von ihr sprichst. Birgit hab ich heute gesehen, am frühen Abend, bevor ich zu Fiete gefahren bin.« Er setzte sich an den Küchentisch und zog das Milchglas zu sich heran. »Was war denn mit Renata?«

Merle setzte sich auf einen anderen Stuhl. Der Regen prasselte an das Küchenfenster. »Also, wir haben Renatas Arzt gesucht, in einem Haus in der Ferdinandstraße. Da haben wir in die Fenster des gegenüberliegenden Hauses sehen können und da waren Kerzen auf einem Schreibtisch…«

Butz hatte aufmerksam, mit ungläubiger Miene, zugehört. Jetzt lächelte er ironisch. »Ausgerechnet! Mein Gott, da war nichts – nichts! Wir haben uns verabschiedet, Merle!«

»Verabschiedet?!«

»Ja. Vorher war auch nichts.«

Merle zog beide Füße auf den Stuhl. »Also, weißt du, Butz, ›nichts‹ würde ich zu dem, was wir gesehen haben, nun auch wieder nicht sagen. Selbst, wenn's nicht mehr geworden ist – das war schon ›ab zwölf Jahre‹, weißt du.«

»Ja?«, fragte Butz erstaunt. »Aber wir haben uns nur geküsst, ich meine …«

»Versuch mal, dir vorzustellen, eine deiner Freundinnen würde irgendwen so küssen.«

Die großen blauen Augen ihres Vaters blickten sie völlig verblüfft an. Er sah so aus, als könnte er sich das einfach nicht vorstellen. »Das würden sie nicht tun. Keine Frau, die ich kenne …«

»Na, aber wenn doch?«

»Tja … Na, ich glaube, lieb wäre mir das nicht«, meinte Butz Voß. Er schüttelte jedoch gleichzeitig den Kopf, um diese Vorstellung schnell wieder loszuwerden.

»Kannst du mir erzählen, weshalb ihr euch ›verabschiedet‹ habt, Birgit und du?«

»Ja, sicher. Sie kam irgendwann im September spät abends in die Ecke, als Renata nicht da war. Hat sich ein bisschen mit mir unterhalten. Dann sind wir mal ungefähr einen Monat später an der Alster spazieren gegangen. Na, und gestern hat sie mich gefragt, ob ich sie noch mal sehen will, sie geht für ihre Firma – eine Versicherung ist das – nach Belgien. Nächste Woche.«

»Das heißt, diesen Matrosen gibt es wirklich? Und du bist wirklich montags immer bei dem gewesen und nicht bei einer anderen Frau?«

»Natürlich.«

»Entschuldige bitte, ich kann mir einfach keinen schüchternen, menschenscheuen alten Matrosen vorstellen, der nach Maiglöckchen riecht. Andererseits benutzt Birgit so einen Duft.«

»Tut sie das?« Butz sah ein wenig schuldbewusst aus. »Vielleicht war das ja auch das Parfum von Marion.«

»Wer zum Teufel ist Marion?«

»Die Tochter von Fiete. Wir sind uns im letzten Vierteljahr ein bisschen näher gekommen …«

»Du und die Tochter des schüchternen Matrosen?!«

»Na ja …«

Merle begann, vor Lachen leise zu glucksen, sie konnte es nicht unterdrücken. Butz guckte in sein Milchglas, erst noch ernst und ein wenig beschämt, dann musste er mitlachen.

»Ich werde mit Renata sprechen«, sagte er. »Ich kann ihr das mit Birgit erklären, glaube ich. Das wird sie doch verstehen.«

»Dann erklär ihr nicht aus Versehen auch die Sache mit Marion. Die würde ich an deiner Stelle im Dunkeln lassen«, empfahl Merle.

Am nächsten Tag war das Wetter womöglich noch schlimmer. Wenn es nicht regnete, hagelte es, und zwischendurch grummelten Gewitter. Merle saß mit Opilein am Küchentisch und biss hungrig in ein Schmalzbrot, als es an der Wohnungstür schloss und Butz herein kam. Er hatte sehr schlechte Laune, das sahen die beiden in der Küche sofort.

»Renata ist tatsächlich weg!«, sagte er zu seiner Tochter, ohne Opilein auch nur zu begrüßen. »Sie ist mehr als weg. Ihre Wohnung ist leer und ausgeräumt. Sie muss praktisch gestern Nacht noch ausgezogen sein …«

»Ja, so machn sie das«, rief der alte Mann lebhaft. »Das kanns habn! Das hat Frau von Matzendorf mir auch zugefüücht, Butz! Bei Nacht un Nebel war sie wech … Ich rate dir man bloß, guck man gleich, ob dein Geld noch da is …«

Butz beachtete seinen Schwiegervater nicht weiter. »Was hat sie denn zu dir gesagt, Merle, wo sie hin will?«

»Nichts. Im Gegenteil, sie wollte sich nie wieder melden, um uns alle ein für alle Mal zu vergessen.«

Butz steckte sich eine Zigarette zwischen die Lippen, ohne sie anzuzünden, und verschränkte nachdenklich die Arme vor der Brust. »Ihr Bruder wird es doch wohl wissen. Würdest du …?« Er blickte Merle an. Es war keine Bitte, nur ein Vorschlag. Er ging davon aus, dass ihr genau so viel daran lag, Renata zurück zu holen.

Merle nickte. »Aber du musst mich fahren, ja?«

Eine kleine grüne Markise wölbte sich über der Tür des Sapporito, links und rechts standen zwei Zypressenbabys in Tonkübeln. Das sah sicher alles noch viel schöner aus, wenn es nicht so vom Regen gepeitscht wurde.

Carmine Benfatto kam ihr entgegen. Er trug einen türkisfarbenen Anzug mit Weste, ein blaugrünes Hemd und eine smaragdgrüne Krawatte. Sogar seine Socken harmonierten. Er sah überrascht aus – weder erfreut noch erzürnt, ein wenig misstrauisch vielleicht. »Fräulein Voß?«

»Guten Tag, Herr Benfatto. Entschuldigen Sie bitte, wissen Sie, wo Ihre Schwester ist?«

Er kniff die Augen ein wenig zusammen. »Soll das heißen, sie iste verschwunden?«

»Ja. Sie ist aus ihrer Wohnung in Mundsburg ausgezogen, ich glaube, letzte Nacht.«

Carmine blickte grübelnd an Merle vorbei, fing den Blick eines eintretenden Gastes und lächelte sofort strahlend, unter Einsatz aller Zähne. Dann sah er wieder Merle ins Gesicht. Sein Lächeln wurde dünner und verlor sich. »Wenn Renata etwas passiert iste, werde ich Ihre Vater eigenhändig die Kehle durchschneiden«, sagte er sehr leise. Merle fand sein Benehmen melodramatisch.

»Eigenhändig. Ich werd's ausrichten«, wiederholte sie, betont unbeeindruckt. »Ihr Anzug ist übrigens todschick«, fügte sie hinzu, um ihn zu ärgern.

»Italienische Mode!«, erklärte er, und plötzlich lächelte er sie wieder sehr nett an. Er hatte das Kompliment, so eigenartig es an dieser Stelle war, einfach ernst genommen. Sie lächelte unwillkürlich zurück. Sie wollte sich umdrehen und gehen, als er sie noch einmal rief – sehr diskret, damit bloß keiner der Gäste etwas davon mitbekam: »Fräulein Voß? Wenn Sie etwas von Renata hören, würden Sie mich dann bitte informieren?«

Merle nickte.

»Kommen Sie bald einmal zum Essen. Und bringen Sie Ihre Papa mit.«

»Damit Sie ihm …« Merle machte eine entsprechende Bewegung vor der Kehle.

Benfatto schmunzelte. Einer seiner Kellner rief ihn zu einem der Tische, und er schlenderte sofort dort hin, nicht wie ein Dienstleistender, sondern wie ein stolzer Gastgeber.

Merle rannte durch den Regen, riss die Autotür auf und warf sich neben Butz. »Der hat keine Ahnung. Er wusste noch nicht mal, dass Renata ausgezogen ist. Ich soll dir sagen, wenn ihr was passiert ist, schneidet er dir eigenhändig die Kehle durch.«

»War er grob zu dir, Vögelchen?!« Butz bremste den gerade angefahrenen Wagen schon wieder ab und riss wütend die Augen auf.

»Nein. Nein, eigentlich war er nett, von der Drohung abgesehen. Und wie ernst er die eigentlich meint, weiß ich auch nicht.«

Also fuhr Butz weiter, kopfschüttelnd. »Die Kehle, ja? Na, der hat sich ja was vorgenommen. Manche Menschen haben sich überhaupt nicht unter Kontrolle… He, Idiot, verdammter! Gurkengesicht! Pass doch auf!«

Als sie nach Hause kamen, wunderten sie sich über zwei große Kisten im Flur: »Hinnerk, was ist das denn? Wo kommt das her?«

Opilein berichtete, das sei für Butz Voß abgegeben worden.

Butz riss ungeduldig die eine der Kisten auf. Ganz obenauf lag sein dunkelblauer Troyer, ein Pullover mit Reißverschluss, den besaß er noch aus seiner Seemannszeit. Der hatte in den letzten Jahren immer an der Küchentür der Kneipe gehangen. Darunter, zusammengefaltet, die gelbe Wachstuchdecke vom Küchentisch aus der Kneipe. Butz' persönlicher Kaffeebecher – sein kleiner Reklamekugelschreiber, mit dem er Rechnungen schrieb oder Bierdeckel anstrichelte – das Feuerzeug, das ihm damals noch Sabine geschenkt hatte.

»Das ist unser gesamter Krempel aus der Ecke!«, sagte Merle erstaunt.

Butz riss die zweite Kiste auf. In der lag zuoberst ein weißer, zugeklebter Briefumschlag. Butz fetzte ihn so heftig auf, dass er den Brief darin zerriss. Er musste die beiden Teile aneinander halten, um zu lesen.

Merle stellte sich hinter ihn und guckte über seine Schulter. Opilein stand ratlos in der Küchentür und traute sich nicht, zu fragen.

*12./13. November 1973*

Mein lieber alter Freund!

Ich nenne Dich zum letzten Mal so, weil ich vermute, dass Du in Zukunft keinen Wert mehr darauf legen wirst.

Ich hatte Dich gern, das weißt Du. Bemerkenswerterweise hast Du das große Talent, die Zuneigung und Geduld Deiner Mitmenschen so lange zu strapazieren, bis sie aufgeben.

Ich gebe jetzt auf. Renata kam vorhin zu mir – kurz nach zehn – sehr verzweifelt und sehr zermürbt. Ich fürchte, Du hast nie gewußt, was Du an ihr hast oder hättest haben können.

Eine Reihe von Zufällen ergab, daß ich unser Butz und Batsch auf der Stelle und noch in dieser Nacht verkaufen konnte. Der neue Besitzer heißt Meinert Kolbe, Du kennst ihn ja. Sein Schild wird in den nächsten Tagen angebracht, er will das Ding ›Zur Tränke‹ nennen. Alles Geschmackssache.

Morgen vormittag wird das Schloß ausgetauscht, deshalb haben Renata und ich alle Deine Sachen eingesammelt. Hier sind sie. Hoffentlich fehlt nichts.

Ich bin sogar ohne besonderen Verlust aus der Zeit unserer gemeinsamen Kneipe hervorgegangen. Ich hoffe, daß Du von Dir dasselbe sagen kannst.

Renata kommt mit mir auf eine Sonneninsel. Da wir Deinen olympischen Zorn fürchten, sagen wir nicht, welche. Solltest Du uns eines Tages aufstöbern, sei uns bitte gnädig und denk immer daran, daß Du vorbestraft bist.

Ich werde versuchen, Renata halbwegs so glücklich zu machen, wie Du sie unglücklich gemacht hast.

Ich weiß, sie tauscht einen Königshummer gegen eine Käsestulle. Vielleicht wird sie trotzdem satter.

Grüß bitte Deine wunderbare, kaltblütige Tochter, Fräulein Feuervogel, von mir. Ich habe sie sehr bewundert. Sie wird nie untergehen.

Ich hoffe, Du auch nicht, trotz allem.

*Dein Batsch*

Butz ließ die beiden Briefstücke sinken und starrte vor sich hin. Merle sah, dass seine Hände zitterten.

»Das kann er doch nicht machen!«, rief sie empört. »Die Kneipe gehörte doch anteilig dir!«

Opilein, alles andere als im Bilde, nickte energisch.

Butz stand noch eine Weile bewegungslos, dann schüttelte er den Kopf. »Nein. Sie hat immer nur Batsch gehört. Es war sein Geld, von Anfang an. Ich hatte doch keins... Wir wollten einfach gemeinsam...« Er starrte vor sich hin auf den Boden. Nach einer Weile fuhr er fort: »Was für ein Glück, dass ich zuerst hierher gekommen bin und das gelesen habe. Ich glaube, wenn ich gemerkt hätte, dass mit den Schlössern was nicht stimmt, hätte ich die Tür aufgebrochen oder die Fenster eingeschlagen. Und das wäre nicht gut gewesen. Wie Batsch sehr richtig schreibt, darf ich nicht vergessen, dass ich vorbestraft bin. Na, er wird mich noch vermissen. Ich habe die Hauptarbeit in der Ecke gemacht. Ich hab die Leute hingezogen, das steht fest, ich war der Magnet. Batsch kann doch gar nicht mit Menschen umgehen. Ohne mich wird er kläglich scheitern.«

Butz ging in die Küche, setzte sich an den Tisch, starrte in den Regen und klopfte mit dem zweigeteilten Brief auf den Tisch. »Das war ja eine emsige Nacht für unseren Freund Batsch und seine neue Gefährtin«, meinte er plötzlich sarkastisch. »Stellt euch mal die Eile vor, in der sie ihren ganzen Kram zusammengepackt haben, und unseren Kram, dann Verträge gemacht mit diesem Kerl, diesem Kolbe – vielleicht haben sie ja sogar noch einen Notar aus dem Bett geklingelt. Alles von heute auf morgen. Warum denn nur die Eile? Müssen die eine Angst vor mir haben...«

Opilein setzte sich neben seinen Schwiegersohn und griff mit seiner kleinen alten Klaue nach Butz' großer, schmaler Hand. »Das kennich!«, versicherte er. »Ich sach dir, ich weiß, wie das tut...«

Butz ließ seinen Blick vom Fenster langsam zurück in die Küche wandern und auf das winzige, runzlige Gesicht gegenüber. Er griff Opileins Hand fest, drückte sie und nickte ihm zu: »Danke, Hinnerk. Du bist ein guter Kerl...«

Dann sprang er auf, die Brieffetzen schwebten auf den Boden, Butz lief zur Wohnungstür. »Ich muss mal sehen...«, rief er, griff seine nasse Jacke, die er eben an die Garderobe gehängt hatte, und lief hinaus. Die Tür ließ er hinter sich offen stehen.

»Was musst du sehen?«, fragte Merle hinterher.

Da fiel unten schon die Haustür zu.

Wieder blieb Merle lange auf, wie schon am Vorabend. Allmählich, dachte sie, stehe ich den Unterricht auch nur noch durch, indem ich mit den Händen meine Augen offen halte. Nachts und in den aufregenden Situationen, die sich jetzt ergaben, spürte sie keine Müdigkeit. Die kam vormittags, wenn die Schule sie langweilte.

Opilein sah Fernsehen bis zur Nationalhymne, dann gab er auf und ging ins Bett.

Gegen zwei fielen dann auch Merle die Augen zu, aber sie war so übernervös, dass sie, statt einzuschlafen, immer wieder zusammen zuckte, als hätte ihr jemand einen scharfen Tritt verpasst.

Kurz nach vier glaubte sie, ein seltsames Geräusch zu hören.

Sie ging auf den Flur. An der Wohnungstür kratzte und wummerte etwas.

Merle öffnete die Tür einen Spalt, sah hinaus und erkannte nichts, weil das Licht im Treppenhaus nicht brannte. Sie griff schnell zur Wand neben sich, knipste das Flurlicht an und öffnete die Tür weiter.

Jetzt konnte sie ihren Vater erkennen, der in einer eigenartigen Haltung, auf allen vieren, fast wie ein Hund, vor ihrer Haustür hockte. Er murmelte und nuschelte leise vor sich hin.

»Butz?«

Der Hund Butz erstarrte und guckte dann mit schiefem Kopf nach oben. Gleich darauf fing er an, zu lachen, und dann hustete er. Es war wirklich Butz, kein Zweifel.

»Was machst du denn da?«

Er sagte etwas, aber die Worte klebten aneinander und überlappten sich gegenseitig, obwohl er sich bemühte, sehr langsam und akzentuiert zu sprechen: »Mmmimmschossissasnnorrnun..«

»Was?« Sie hockte sich hin.

Butz sah sie an, schien sie auf einmal zu erkennen und sich über ihren Anblick zu freuen: »Mmmere!«

»Willst du nicht reinkommen? Komm, ich helf dir hoch …«, schlug sie vor. Während sie ihn mühevoll in die Höhe zog, wiederholte er den Satz noch einmal, an dem er sich vorher versucht hatte, noch viel langsamer und bemühter: »Mmmitdem Schoss iswas nichinorrnung …«

»Mit dem Schloss ist was nicht in Ordnung? Mit unserem Türschloss hier?«

Butz nickte heftig, völlig übertrieben. So betrunken hatte Merle ihn noch niemals gesehen. Sie begriff, dass er es nicht geschafft hatte, aufzuschließen. Vielleicht war ihm da die Idee gekommen, nicht nur in der Kneipe, sondern auch hier wären die Schlösser ausgewechselt worden.

»Komm, komm rein, Butz, du musst ins Bett«, sagte sie sanft. Er nickte wieder. Doch anstatt in die Wohnung zu kommen, bog er sich nach rückwärts, vielleicht, um das Gleichgewicht zu halten. Er murmelte etwas von ›Kannalleinegehn‹ – mit einem Lächeln, ruderte mit den Armen und trat einen Schritt beiseite, dann einen zurück, wobei er Merle aus den Händen rutschte. Noch einen Schritt und noch einen ging er rückwärts, wobei er seine Tochter die ganze Zeit liebevoll ansah, als merke er gar nicht, was seine Beine mit ihm anstellten. Dann war er ganz plötzlich verschwunden – und Merle hörte, wie er mit nicht endendem Gepolter die Treppe hinunter fiel.

Sie knipste das Treppenhauslicht an und rannte die Stufen hinunter.

Da lag ihr Vater, ganz unten auf den Fliesen, sehr verkrümmt, den Hinterkopf auf der untersten Stufe. Er muss sich überschlagen haben, dachte Merle, sonst würde er doch nicht verkehrt herum liegen?

Aus seinem rechten Nasenloch sickerte dunkles Blut. Seine Augen waren offen und erstaunlich klar, und er sah so schön aus wie immer.

Seine Stimme klang auf einmal viel weniger betrunken, aber er rang schwer nach Luft, als er zu Merle sagte: »Dassiss doch komisch. Ich habimmer die Welt erobern wolln. Undnu bin ich einfach runtergefalln … Plumps.«

# Im 12. Kapitel

## geht es mit Butz schon wieder bergauf, während die Götter Blut wollen (und es auch kriegen)

Merle saß mit im Unfallwagen, der durch die Stadt fuhr und dabei immer wieder seine Sirene ertönen ließ. Sie erinnerte sich, auf dem Schulhof mal neben einem Jungen gestanden zu haben, der das Signal eines vorbeifahrenden Unfallwagens dolmetschte mit: »Zuu-späät, zuu-späät, zuu-späät …«

Butz war jetzt ohne Bewusstsein, das war er schon, seit die Männer in den weißen Kitteln ihn auf ihre Trage gelegt hatten. Merle hielt seine Hand und spürte, dass er noch lebte: Die Hand war warm, wie immer, und im Handgelenk klopfte es.

Eine andere Erinnerung kam Merle in den Kopf – wie einer der Stammgäste aus der Ecke über Butz geäußert hatte: »Voß kriegt keiner unter. Nur er selbst.«

Einer der beiden Pfleger saß hinten mit im Wagen. Sie sagte leise zu ihm: »Mein Vater ist unglaublich vital. Er hat tausend gefährliche Sachen überlebt, noch vor dem Krieg beim Sport, dann im Krieg und dann auf See. Sein Körper ist voller Narben, das werden Sie ja sehen, der Kopf auch. Einmal ist er einen halben Tag herumgelaufen mit einem geplatzten Blinddarm und er hat nur gesagt, er hat etwas Bauchweh.«

Der Pfleger sah sie zweifelnd an: »Ja?«

Der Wagen fuhr in die Einfahrt des Krankenhauses, das merkten sie am Holpern. Butz wurde aus dem Wagen gehoben und gerollt, dann den Krankenhausflur entlang und irgendwo hin, wo er sofort gründlich untersucht und vielleicht auch operiert werden sollte.

Merle bekam es mit einer hübschen jungen Oberschwester zu tun, die ihre schneeweiße Haube rechts und links mit je drei im genau gleich Winkel angesetzten blonden Haarklemmen fixierte. Sie sah gesund und patent aus, ihre feinporige Haut glänzte, als wollte sie betonen, dass so was wie Puder nie in ihre Nähe käme.

»In welcher Kasse ist Ihr Vater?«

»In was – ? Ach so. Nein. In keiner.«

Die Oberschwester ließ vermutlich nichts an ihren Magen heran, was unverdaulich schien, und genauso ließ sie nichts an ihr Gehirn heran, was undenkbar schien.

»In welcher Krankenkasse ist Ihr Vater?«

»Mein Vater ist nicht krankenversichert.«

Runde, taubenblaue Augen, die nichts von Wimperntusche ahnten, musterten Merle ungläubig. »Wieso?«

»Er ist nirgends angestellt. Er ist immer sehr gesund gewesen. Er hat es nicht als Notwendigkeit betrachtet. Er hat nie daran gedacht, glaube ich.«

»Aber«, rief die Schwester empört, und der ganze Sinn ihres Lebens schwang in ihrer Stimme, »man muss doch krankenversichert sein!«

»Das muss man wohl. Mein Vater ist es jedenfalls nicht.«

»Ja, wie hat er sich denn das gedacht? Hat er denn nie daran gedacht, dass ihm was passieren könnte?«

»Offenbar nicht.«

Die Schwester legte einige Formulare weg, holte andere herbei und wirkte, soweit es ihre energische Natur zuließ, ziemlich verstört.

»Ja, und was soll nun …? Ich meine – wie wollen Sie –? Das kann ja sehr teuer werden, ist Ihnen das klar?«

Merle antwortete nicht. Sie sah der Schwester in ihr glattes, gesundes Jedermann-Gesicht und dachte: Wenn wir beide in dieselbe Schule gegangen wären, dann hättest du nach mir gehackt. Dich bringt alles in Panik, was nicht aussieht wie ein normales Huhn, ausgenommen vielleicht noch ein Hahn.

Nun wurden also mit recht vorwurfsvollen Blicken und gekränkter Stimme Butz' Personalien aufgenommen. Zum Schluss gestattete die Schwester sich noch die sehr angebrachte und wohlmeinende Bemerkung: »Das ist aber doch Ihnen gegenüber ausgesprochen leichtsinnig und egoistisch von Ihrem Vater, das muss ich sagen!«

Merles gelbe Augen begannen zu glühen. »Nein, das müssen Sie durchaus nicht sagen. Ich sehe nicht ein, was Sie zwingt, Ihrer persönlichen Meinung Ausdruck zu verleihen. Dazu sitzen Sie nicht hier. Sie haben keine Ahnung von den Hintergründen und Sie kennen meinen Vater nicht. Ich würde Ihnen raten, sich einfach zurückzuhalten!«, sagte sie scharf.

Die Schwester ruckte zweimal mit dem Kinn, schluckte schwer und suchte dann etwas Wichtiges in einem Karteikasten.

Merle stand auf. »Wo kann ich telefonieren?«

»Da draußen in der Halle ist ein Münzfernsprecher ...«

»Hallo, Opilein. Sie nehmen an, er hat einen Schädelbruch, und einige Rippen sind gebrochen, das ist insofern schlecht, als die ihm in die Lunge gedrungen sind. Ich bleib natürlich hier, bis ich besser Bescheid weiß. Die Schule fällt morgen für mich aus. Ich werd nachher mit einer Taxe nach Hause fahren, dann klingele ich, und du musst mit Geld runter kommen, ja?«

»Ja, mach man, Mädelchen. Hatter noch was gesacht, dein Vater?«

»Kurz, bevor der Krankenwagen da war, hat er gesagt – na ja, 'n bisschen undeutlich, er war ja wirklich blau, und Luft hat er irgendwie auch nicht gekriegt – also er hat gesagt: ›Mach dir keine Sorgen, ich schaff das schon. Das geht wieder bergauf mit Familie Voß.‹«

Opilein seufzte. »Seit ich dein Vater kenn tu, gehtas mit ihn berchauf.«

Merle nickte, obwohl er das nicht sehen konnte. »Also, bis nachher, Opilein. Versuch mal, etwas zu schlafen. Das tu ich hier auch ...«

Sie setzte sich auf einen der Holzstühle und döste vor sich hin. Bald geriet sie in einen Zustand zwischen Schlafen und Wachen, in dem sie mit offenen Augen da saß und ihren Gedanken dabei zusah, wie sie durcheinander liefen, bunt und seltsam. Dinge, die ihr in einer Sekunde wichtig vorkamen und in der nächsten nur noch absurd, Bilder aus der Vergangenheit und vielleicht aus der Zukunft machten sich selbstständig. Sie hörte die Stimme von Großtante Käthe, schnell und schnatterig, ohne ein einziges Wort zu verstehen, sie hörte ihren Vater singen: »Einmal schafft's jeeeeder, jeder kommt dran, wenn er wirklich was kann ...«

Würde Butz Voß es jemals schaffen? Und was bedeutete es für ihn eigentlich, es zu schaffen? Ein eigenes weißes Haus? Oder Disziplin zu lernen, zuverlässig zu werden, seiner Vernunft zu folgen und nicht jeder neuen Laune?

Zunächst mal bedeutete es nur, zu überleben.

Eine Hand rüttelte sie leicht an der Schulter, und Merle fuhr hoch. Vor ihr stand der Arzt.

»Ja?«, fragte Merle ganz entsetzt. Er sah so aus, als könnte er nur von sich geben: ›Er ist tot. Wir hatten nichts anderes erwartet.‹

»Nun, Fräulein Voß, wir haben Ihren Vater zweieinhalb Stunden lang operiert, und wir werden ihn noch einmal operieren müssen. Im Moment liegt er in der Intensivstation unterm Sauerstoffzelt. Die Rippen haben ihm einen Lungenflügel zerstört, das ist, soweit wir es bis jetzt beurteilen können, die gefährlichste Verletzung. Der Rest des Lungenflügels sowie Teile der Rippen mussten entfernt werden. Auch sein Herz hat etwas abbekommen, das beobachten wir noch. Es ist, als hätte er sich selbst mit mehreren Lanzen aufgespießt. Wir haben sehr viel Blut aus der Brusthöhle geholt, er hat selbstverständlich mehrere Transfusionen bekommen. Nun müssen wir sehen, ob die andere Lunge es schafft – verletzt ist die leider auch. Und ob das Herz mitmacht. Ja, soviel kann ich Ihnen bis jetzt sagen.«

»Und sein Kopf?«

»Ah so, ja. Ein einfacher Spaltbruch, der würde von selbst heilen. Schädelbruch, da kriegt der Laie immer einen Schreck. Wenn's das nur wäre …«

»Wird er …« Merle hatte so einen trockenen Mund, dass sie kaum sprechen konnte, »wird er – überleben?«

»Nun …«, sagte der Arzt wieder und betastete sein Kinn und seine Kehle. Er sah müde und erschöpft aus. Sicher strengte es an, mitten in der Nacht so lange zu operieren und verantwortlich zu sein für Leben oder Tod. »Nun, ich will mal so sagen: Wenn es entfernt wohnende Verwandte gibt, die Ihren Vater gern noch mal sehen möchten, dann würde ich an Ihrer Stelle nicht zögern, sie zu benachrichtigen. Man kann nie wissen, vielleicht schafft er es ja …« Der Arzt kniff den Mund zusammen. Seine Miene drückte aus: Aber ich bezweifle es.

Wieder sang es in Merles Kopf los: ›Einmal schafft's jeeeeder …‹

»Danke«, sagte sie. Drehte sich um und stapfte auf ihren Gummistiefeln den langen Gang entlang, während ihr die Tränen herunterliefen.

Stirb nicht, Butz, bitte, stirb nicht!

Es hatte endlich aufgehört, zu regnen. Nur Merle weinte immer noch weiter. Ein hässlicher, grauer Morgen kam über der Stadt Hamburg zur Welt. Es war der Mittwoch, an dem Prinzessin Anne von England heiratete.

Merle wurde durch das Telefon geweckt.

Wanda Griguleit fragte: »Wie geht es dir? Du hast irgendetwas Unangenehmes erlebt, oder?«

»Woher weißt du das denn?«, fragte Merle verblüfft.

»Oh, ich hab so kleine Kerlchen um mich herum, die tragen mir so was zu.«

»Nimm Insektenspray«, riet Merle, und Wanda lachte aus den Bronchien.

»Können deine kleinen Kerlchen auch sagen, wie es weitergeht?«

»Die konnten mir nicht einmal genau sagen, was passiert ist. Nur, dass etwas passiert ist …«

»Dann will ich wissen, ob dieses Etwas gut oder schlecht ausgeht.«

Wanda sagte lange Zeit nichts, Merle hörte sie nur atmen. Ab und zu räusperte sie sich. »Da sind verschiedene Kräfte am Werk. Eine Zusammenballung. Diese wollen dieses und jene wollen jenes. Schwer zu sagen, wer gewinnt.«

»Kann ich es beeinflussen?«

»Ach? Ich dachte, du greifst nie ein? Ah, es geht um deinen Vater.«

»Wie kommst du darauf?«

»Weil du so was nur machst, wenn du jemanden wirklich liebst. Ich zum Beispiel könnte vor deinen Füßen röchelnd verenden, und du würdest nichts dazu sagen.«

»Doch. Ich würde sagen, du hättest nicht soviel rauchen sollen. Wanda, du redest Unsinn. Ich habe «

»Du hast nichts für die Menschen übrig. Das ist in Ordnung. Das hab ich auch nicht. Sie haben uns selbst dazu erzogen. Aber deinen Vater liebst du sehr, nicht?«

»Er ist der Vater aller Väter«, erklärte Merle. »Lieb und geduldig und humorvoll –aufbrausend und launenhaft und rücksichtslos ist er nur zu anderen. Er hat ganz große blaue Augen und er kann wunderbare Geschichten erzählen. Er riecht immer gut, sogar, wenn er schmutzig ist …« Ihr gerieten Tränen in die Kehle. Sie schüttelte heftig den Kopf und redete weiter: »Er hat mir beigebracht, meine Geschmacksnerven zu gebrauchen. Seit ich ganz klein bin, hat er mir tausend Leckerbissen präsentiert. Vorher hat er manchmal erklärt, wie es ungefähr schmeckt, zum Beispiel, dass Oliven ein bisschen schockieren und die Zunge sie zunächst für einen Irrtum hält. Er hat mir immer den allerschönsten Happen gegeben, das Herz vom Salat oder die Filetstückchen hinten am Huhn. Er hat das aufgespießt und mir hingehalten und gesagt: ›Da!‹ und ganz beglückt zugeguckt, wenn es mir geschmeckt hat. Als ich klein war, hat er mich ständig getragen, sagt mein Großvater. Alle hatten schon Angst, ich würde niemals laufen lernen.«

»Väter«, sagte Wanda, »erwarten und verlangen immer. Sie können dich nicht einfach bedingungslos lieben, du musst erst etwas leisten, worauf sie stolz sein können. Dann lieben sie dich zur Belohnung.«

»Mein Vater liebt mich immer, egal was ich tue oder nicht.«

»Bemerkenswert. So, jetzt hör mir zu: Du kannst Kontakt aufnehmen zu den Mächten, die miteinander um deinen Vater kämpfen. Versuch, sie nach Bedarf umzustimmen. Du hast doch die Bibel gelesen. Dann weißt du, dass es möglich ist, mit den höheren Mächten zu verhandeln. Und denk daran, dass es nichts umsonst gibt. Du wirst bezahlen müssen«, sagte Wanda und legte auf.

Bezahlen. Natürlich. Merle war bereit, für ihren Vater jeden Preis zu bezahlen. Sie bedauerte, in der zivilisierten Welt des zwanzigsten Jahrhunderts zu leben, die Dinge wie geopferte Widder oder Stiere unmöglich machte. Was opferte man denn heutzutage auf dem Altar? Kerzen. Aber das kam ihr absurd vor. Eine Kerze für fünfzig Pfennig, um Butz Voß zu retten! Soviel Kerzen, wie er wert war, passten nicht in eine Kirche.

Wenn ich eine Fürstin aus alter Zeit wäre, dachte Merle, würde ich geloben, eine Kathedrale zu bauen. Butz ist absolut mindestens eine Kathedrale wert. Und dazu würde ich die Steuergelder meiner Untertanen benutzen …

Mittags wachte Opilein auf und schlurfte in der Wohnung herum.

»Erzähl mir von Butz – aber nichts Schlechtes!«, verlangte Merle.

»Denn kannich ja gleich mein Mund haltn«, knurrte Opilein. Und, ihrem Blick ausweichend: »Nee, stimmt schon, dich hatter immer lieb gehabt.«

Und er erzählte ihr ein weiteres Mal, wie Butz sie herumgetragen hatte, als sie ein Kleinkind war, auch immer aufgefangen: er brachte ihr bei, in seine Arme zu springen, von hohen Schränken herunter oder draußen in der Natur, indem er sie auf Mauern stellte. Elke und Opilein sahen das nicht so schrecklich gern, es wirkte doch häufig recht gefährlich. Aber Merle quietschte vor Vergnügen und konnte nicht genug davon bekommen. Einmal, bei einem kleinen Ausflug, stand sie oben auf einer Mauer, und Butz, mit einem Bekannten redend, ungefähr drei, vier Meter tiefer. Er wusste nicht, dass seine kleine Tochter da oben war. Plötzlich war das Kind gesprungen, ohne etwas zu sagen, hops und in die Tiefe. Elke und ihr Vater sahen das aus einiger Entfernung.

»Geschrien ham wir beide! Wir ham gedacht, nu issas aus mit dir!«

»Und dann?«

»Un denn hat Butz Voß das irgenwie gesehn, wach isser immer gewehsn u fix, un supps! schnellter so beiseite und fängt dich auf un sich selber noch dazu, nich ma hingefalln seid ihr beiden. Er war ja'n büschen blass, aber du has gestrahlt wie'n lüttes Honichkuchenferd. Du has keine Angs nich gehabt, weil du ja wohl immer gedacht has: mein Vater fängt mich immer un überall. Ja, 'n guter Vater isser, da kanns nix bei meckern. Vielleicht 'n bessern, als ich meine Elke gewesen bin, der Herr mach das richten. Nu inzwischn machen die Väter ja viel mit ihre Kinder, aber früher nich. Un Butz hat dich gewickelt, wie du'n Baby wars, un dir die Flasche gegebn un alles. Das war nich normal, dass 'n Vater so was tut. Meine Elke hab ich öfter mal 'n Backs gehauen, so war das ebn. Butz hat dir genau einmal ein gelangt un denn hatter sich inne Hosn gemacht, wie du wech wars, du altes Aas, gesessn hatter hier un gejammert: ›Ich hab mein Kind geschlagn!', oha, oha, oha. Wie wenn nu die Welt unnergeht. Un an den Abend vor ein Jahr oder wannas war hat er zu mir gesacht:

›Hinnerk, das einzigste, was ich in mein Leben richtich gemacht hab, das' Merle. Das' mein klein Feuervogel.‹«

Merle schwamm in Tränen, und Opilein schimpfte: »Zu was sollas nu gut sein, dass ich dir so'n Zeuch erzähln muss un du heuls dich wech?!«

Sie saßen sich traurig am Mittagstisch gegenüber und aßen, was noch im Kühlschrank gewesen war, denn sie trauten sich nicht, einzukaufen und damit ihr letztes Geld auszugeben.

»Opilein, jetzt sind wir schon wieder reif für den Himmel.«

»Was? Was meinssu?«

»Du weißt doch, das Kamel und das Nadelöhr. Jetzt sind wir schon wieder mal arm. Butz ist in keiner Krankenkasse. Die Wohnung kostet Miete. Wir haben keine Einnahmen – außer deiner Rente. Du hast noch Schulden von der Matzendorf her?«

Opilein rieb sich die Nase. »Frau Schmidt? Ja, habbich. Aber nich mehr viel, Butz hat mir geholfn. Da hatter orntlich hingelangt immer, wollte er wohl den dickn Max markiern un mir'n schlechtes Gewissn verpassn …«

»Hör bloß auf, Butz deine eigenen miesen Motive zu unterstellen! Der hat nichts davon, anderen ein ›schlechtes Gewissen‹ zu machen, der ist nicht wie du!«, brüllte Merle ihren Großvater an. Der Zorn war so schnell über sie gekommen, dass sie selbst etwas überrascht dem Aschenbecher hinterher guckte, der eben an der Kachelwand in tausend Scherben zerspritzte.

Opilein barg den Kopf in den Händen und jammerte: »Oh nee, oh nee, oh nee, jetz fängt die auch noch an, mit Gegnstände zu schmeissn!«

Merle stand etwas beschämt auf, holte Müllschippe und Handfeger unter dem Waschbecken hervor und beseitigte die Scherben.

»Tut mir Leid, Opilein …«

»Na, is gut. Hass ja Recht. Du, ich hab immer ma 'n büschen beiseite gelecht von Kostgeld. Warte ma, ich guck ma …«

Er schlurfte in sein Schlafzimmer, wühlte im Kleiderschrank herum, unter den Schuhen, kam endlich zurück mit vier Feuervogel-Blechschachteln und schüttete aus, was darin war, Scheine und

Münzen. Sie zählten gemeinsam, machten kleine Stapel aus den Münzen und falteten das Papiergeld.

»Einhunderteinundsiebzig Mark, Opilein.«

»Na also. Is ja nich viel, aber besser als nix.«

Nachmittags rief Merle Angelika an.

»Tut mir das Leid! Ach Mensch, dein armer Vater. Das muss unheimlich deprimierend für dich sein. Kannst du schlafen?«

»Wenn man mich lässt. Ich hab bloß immer ein ganz bestimmtes Lied im Kopf, eins, das mein Vater gern singt, ich werd 's nicht los, das ist ziemlich gemein.«

»Babylein, ich sag dir was: Am Freitagabend gehst du mit mir in den Copie-Club. Das ist seit ein paar Monaten der Geheimtipp, total in. Ich muss ganz ehrlich sagen: Spitze. Da treten sehr gute Musiker auf, die nie berühmt werden wollen.«

»Was sind das denn für welche?«

»Studenten zum Beispiel, die nebenher aus Spaß Musik machen. Die kopieren haarklein irgendeine Gruppe, die weltberühmt ist. In dieser Woche spielt da Prokult Harem, die imitieren natürlich Procol Harum.«

»Wen?«

»Ach, du weißt doch: ›A Whiter Shade of Pale‹, das haben wir so oft im Indianerzelt gehört… Ich war gestern da, war toll. Ich hab bloß zu viel Zeugs zu mir genommen. Da ist so gute Musik, da macht sich dein Ohrwurm auf und davon.«

Bevor Merle abends in die Kirche ging, hatte sie mit Opilein darüber debattiert: »Was wollen die Höheren Mächte wohl als Bezahlung haben?«

Seine Ansicht lautete: »Dassu lieb un gut bis un immer tus, was richtich is!«

Das klang Merle verzweifelt nach dem Verlegenheitswunsch mancher Erwachsenen, wenn ein Kind, das Taschengeld in der Hand hin und her drehend, sie fragte, was sie denn gern zum Geburtstag hätten.

»Ich glaube, Götter wollen Blut«, überlegte sie.

So was regte Opilein auf: »Was meinssu mit Götter, willich ma wissn? Gott is nur ein einzign, und der mach kein Blut!«

»Na, das ist das Neueste!«, fand Merle. »Das geht schon los mit Kain und Abel, Kain verbrennt Vegetarisches, Abel die Steaks, und der Herr entscheidet sich eindeutig für Fleisch und Blut! Das macht Kain so wütend, dass er auch gleich Blut fließen lässt …«

»Das wissn wir nich, wozu das gut sein soll, was so inne Bibel stehn tut.«

»Warum sollen wir sie dann überhaupt lesen? Angelika hat die Bibel nie gelesen und will auch nicht und glaubt in aller Ruhe an einen lieben, guten Gott mit Bart, der besteht überhaupt nur aus Liebe und Gerechtigkeit. Das ist aber bestimmt nicht der aus dem Alten Testament! Der hat seinem Volke Israel das Gelobte Land gegeben, indem er gesagt hat: Guckt mal, da drüben liegt es, nun kämpft mal schön – das war ja nicht unbewohnt! Am schlimmsten finde ich, dass sie, nachdem sie Jericho erobert hatten, nicht nur alle Menschen töten mussten, sondern alle Tiere! Und da sagst du, der Herr mag kein Blut!«, rief Merle aufgebracht. Opilein hatte nun die Nase voll von theologischen Gesprächen, winkte heftig ab und verschwand in seinem Zimmer.

Merle wanderte durch nasse, windige Dunkelheit zur St. Sophienkirche, die jetzt ganz anders wirkte als tagsüber, wenn Sonnenlicht durch die bunten Scheiben fiel. Sie befand sich allein im Kirchenschiff. Die Atmosphäre tat ihr gut, die Stille, der Weihrauchduft.

Sie zündete eine Kerze an und befestigte sie sorgfältig im Halter, dann setzte sie sich vorn auf die erste Kirchenbank und überlegte, wie sie es anstellen sollte, mit ›Höheren Mächten‹ ins Gespräch zu kommen. Vielleicht, dachte Merle, sollte ich erst mal mit meiner Mutter reden. Schließlich ist sie ja schon eine Weile da drüben.

Sie stellte sich Elke Voß vor. Das ging ganz leicht, schon saß sie neben ihr und betete. Merle wartete geduldig ab, bis ihre Mutter ihr den Kopf zudrehte.

›Was kann ich tun, um Butz zu helfen?‹, fragte sie innerlich.

Elke wiegte den Kopf. ›Wo hin helfen?‹

›Zur Gesundheit. Ich möchte, dass er lebt.‹

Ihre Mutter blickte traurig und nachdenklich in der Kirche umher. ›Wenn seine Zeit gekommen ist, dann ist es besser, wenn er geht, weißt du, Herzchen …‹

›Aber seine Zeit kann noch nicht gekommen sein!‹, riefen Merles Gedanken. ›Weil er so unglücklich ist! Er darf nicht so unglücklich sterben. Er tut zwar immer so, als wäre alles prima, und er redet davon, dass er es schafft und dass es nun bergauf geht – aber er weiß doch, dass er schon ziemlich alt ist, und dass er sich immer wieder selbst ein Bein stellt … Er ist nicht zufrieden mit sich. Ich glaube, das ist das Schlimmste: zu sterben, ohne jedenfalls ein bisschen zufrieden mit sich selbst zu sein …‹

Merle musste nun derart weinen, dass sie nicht weiterreden konnte. Endlich beruhigte sie sich. Elke saß immer noch neben ihr.

›Mit wem kann ich sprechen? Wen kann ich um Hilfe bitten? Wanda hat gesagt, da kämpfen zwei Mächte um Butz. Welche sind denn das?‹

›Leidenschaft und Liebe‹, antwortete Elke ohne zu zögern.

›Welche von beiden ist mächtiger?‹

Ihre Mutter lächelte sie an. ›Die Liebe.‹

›Gut, dann muss ich mit der reden …‹

›Rufe sie, Herzchen.‹

Und das tat Merle. Während ihre Mutter neben ihr immer blasser und durchscheinender wurde und verschwand, rief sie die Macht der Liebe. Ihr war ein wenig unheimlich dabei: Wer oder was würde sich ihr zeigen?

Leider passierte nicht das geringste.

Merle wartete. Vielleicht war die Macht gerade noch beschäftigt.

Sie sah auf ihre Uhr: gleich halb neun. Opilein liebte es, sich Sorgen zu machen, und er würde diese wunderbare Gelegenheit nicht ungenutzt vorüber ziehen lassen.

Also rief sie noch einmal die Macht der Liebe, dringlicher diesmal. ›Entschuldigung, aber es ist wirklich eilig, ich muss nämlich gleich gehen …‹

Da ertönte eine gewaltige Stimme in ihrem Kopf: ›WAS WILLST DU?‹

Das war nicht der Zeitpunkt, darüber nachzudenken, ob sie jetzt gerade völlig übergeschnappt war. Merle musste sich so schnell wie möglich auf ihr Anliegen konzentrieren.

›Ich will nicht, dass mein Vater stirbt.‹

›IHR SEID STERBLICH.‹

›O Mann, ja, ich weiß. Ich meine ja nicht, nie. Nur jetzt nicht.‹

›UM WIE VIELE JAHRE BITTEST DU?‹, fragte die hallende Stimme.

Es war furchtbar schwierig, so ein wichtiges Gespräch zu führen ohne Konzept und Vorbereitung. Merle erinnerte sich an Märchen, in denen derjenige, der auf einmal aus dem Stand etwas wünschen sollte, nur auf Blödsinn verfiel. Sehr verständlich …

›Ich bitte um so viel Zeit, wie mein Vater braucht, um mit sich selbst zufrieden zu sein.‹

Schweigen. War die Macht der Liebe noch da?!

›Ich werde dafür bezahlen!‹, versicherte Merle noch schnell.

Aha, darauf reagierte die Macht: ›WOMIT WILLST DU BEZAHLEN?‹

›Was immer du haben willst‹, versprach Merle. Sie kniff die Augen zusammen und mochte lieber nicht daran denken, wohin das führen könnte.

Stille.

Waren sie denn nun zu einer Einigung gelangt? Dann wusste Merle immer noch nicht, was sie zu tun hatte, um ihren Anteil zu erfüllen.

Sie blieb noch ungefähr zehn Minuten sitzen, bis sie merkte, dass sie einzuschlafen begann. Kein Wunder, sie hatte wenig Schlaf gehabt in den letzten Tagen.

Sie stand auf, schritt den Mittelgang entlang zum Weihwasserbecken, bekreuzigte sich und machte ihren Knicks zurück zum Altar, bevor sie aus der Kirche ging.

Draußen stürmte es, feiner, scharfer Regen ritzte das Gesicht.

Merle band sich ihren Schal um die fliegenden Haare. Sie stand vor der gläsernen Anzeigentafel, die von einem eigenen Lämpchen beleuchtet wurde und las automatisch, wann der nächste Kindergottesdienst stattfand und wohin man alte Kleider und Schuhe bringen sollte. Sie las auch das kleine blaue Zettelchen unten im Schaukasten. Darauf stand: ›Das Allgemeine Krankenhaus Eilbek sucht Blutspender‹.

Merle ließ den Kopf sinken und atmete einmal keuchend aus.

Na super.

Ausgerechnet.

Aber vielleicht betraf das gar nicht sie? Vielleicht war es ein blöder Zufall?

Wenn die Macht der Liebe Wert auf eine Blutspende legte, hätte sie ihr das bestimmt selbst gesagt, solange sie sich unterhielten.

Was hatte das Krankenhaus Eilbek schon groß mit der Macht der Liebe zu tun?

Nichts; außer dass es zufällig dasjenige war, in dem ihr Vater lag und vielleicht starb.

Merle ging sehr langsam und schwerfällig nach Hause.

Es hatte keinen Sinn, sich etwas vorzumachen; die Götter wollten Blut. So waren sie nun einmal.

Am nächsten Tag fuhr sie ins Krankenhaus und meldete sich zum Blutspenden an.

Abends traf sie sich mit Angelika vor dem Copie-Club.

»Du siehst kaputt aus, Babylein. Ich weiß, du stehst nicht drauf, aber heute Abend solltest du mal was rauchen …«

»Bloß nicht!«

»Sei doch nicht so stur. In deiner Situation ist es goldrichtig, ein bisschen abzuschalten. Ich würde mich schlicht und ergreifend voll dröhnen! Dann vergisst du für ein paar Stunden deine Sorgen … Alles wird ein bisschen weich und verschwommen …«

»Du weißt doch, dass ich gerne klar sehe. Lass uns rein gehen, hier werden wir bloß nass.«

Sie gingen in den mäßig großen, aber sehr hohen Raum. Um zwei Drittel herum lief eine Art Galerie.

Rauchschwaden nebelten bis unter die Decke. Hier brauch ich nicht selbst was zu rauchen, dachte Merle. Es reicht sicherlich, ganz normal zu atmen, um ein bisschen high zu werden.

Eine Musikgruppe packte gerade ihre Instrumente ein, die nächste etablierte sich gleichzeitig auf der Bühne.

Die Mädchen hatten Glück: Auf einer Eckbank ganz in Nähe der Bühne stand gerade ein Pärchen auf, um zu gehen. Sie rutschten sofort auf diese beiden Plätze. Bevor sie richtig saßen, kam eine Frau mit tiefem Dekolleté, um sie zu fragen, was sie trinken wollten. Merle hätte gern nur eine Cola gehabt, erfuhr jedoch, Alkohol sei Pflicht.

»Warum denn das?«

Angelika erklärte es ihr: »Weißt du, der Copie-Club muss ein bisschen Geld verdienen. Die Bands kosten sie ja auch was.«

»Warum nehmen sie kein Eintrittsgeld?«

»Dann würden viele vielleicht nicht kommen. Andererseits, wenn sie einfach alkoholfreie Getränke verkaufen würden, würden die Zuhörer sich den ganzen Abend an einer Brausepulle festhalten. Dabei macht der Club kein Geschäft. Nimm doch etwas Rum in deine Cola. Du weißt ja, ich lade dich ein.«

Das schöne Mädchen mit dem tiefen Ausschnitt hatte gelangweilt und ungeduldig zugehört. Jetzt sagte sie: »Also Cola mit Rum, oder wie?«

»Nein!«, widersprach Merle. Was sie vor allem reizte, war der Ausdruck der Serviererin, der deutlich besagte: Was ist das denn für eine! Sie war eine nahe Verwandte der blonden Krankenschwester, wenn beide das auch weit von sich gewiesen hätten, weil sie auf verschiedenen Hühnerhöfen lebten. In der Jedermann-Welt dieses Mädchens trank man Alkohol und nahm man vermutlich auch Drogen, alles andere war zickig oder nicht normal. Auch sie bezog ihr Selbstbewusstsein daraus, zu tun, was ›man‹ machte. Auch ihre Scheuklappen waren aus Beton.

»Wieso – deine Freundin hat dir doch gerade erklärt …«

»Du bringst mir jetzt eine Cola ohne was drin und berechnest sie so, als hättest du Rum rein gegossen. Meinst du, dass du das fertig bringst?«

Das Serviermädchen rauschte ab.

Angelika runzelte die Stirn: »Warum tust du denn so abstinent? Du trinkst doch Silvester auch mal ein Gläschen Sekt oder nimmst ’n kleinen Cognac, wenn dir übel ist!«

»Ich lass mich nicht gern zu irgendwas zwingen. Auch nicht zu meinem Glück.«

Angelika seufzte. »Schade. Du hättest dir den Rum in einem Extraglas bringen lassen sollen. Dann hätte ich ihn noch in meine Cola kippen können... Hier befindet sich übrigens die halbe Uni. Die Zuhörer, die Musiker, die Mädchen, die servieren. Ich weiß nicht, warum, aber es ist so. Und eines Tages gehöre ich auch dazu! Ich werde Germanistik studieren, vielleicht Lyrik...« Sie strahlte. »Was willst du eigentlich studieren?«

»Nichts. Ich glaube, selbst wenn ich wollte, könnte ich nicht. Das hat nichts damit zu tun, ob es Butz wieder besser geht, oder ob er... oder ob es ihm nicht so gut geht. Die Kneipe hat uns ernährt, und die ist weg. Ich werde sehen müssen, dass ich Geld verdiene.«

Angelika nahm einen großen Schluck aus ihrem Glas. Sie sah betroffen aus. »Ich bin ja oft sauer auf meine Eltern. Jetzt denke ich gerade, ich weiß eigentlich gar nicht, wie gut es mir geht.«

»Mir zerreißt es nicht das Herz. Ich geh nicht gern zur Schule und ich hätte nicht studieren mögen.«

»Ich lerne eigentlich gerne!«

Merle lächelte. »Oh, ich auch. Es gibt kaum etwas, das ich lieber tue. Bloß brauch ich dazu weder eine Schule noch eine Universität.«

»Hast du das Lied noch im Kopf, das du nicht loswerden kannst?«

»Seit Stunden.«

»Gleich wird es in die Flucht geschlagen werden. Das da sind Prokult Harem, von denen ich dir erzählt hatte...«

Die fünf Musiker schienen im Wesentlichen so weit zu sein. Einer saß am Klavier, einer stand hinter der Hammondorgel. Zwei der jungen Männer hielten Gitarren, und einer sortierte noch am Schlagzeug herum. Nun kamen zwei weitere Musiker auf die Bühne, die beide blitzende goldene Instrumente in den Händen trugen: Trompeten! Sie wurden mit Gelächter und besonderem Beifall begrüßt.

Die verschiedenfarbigen Scheinwerferkegel konzentrierten sich auf die beiden Trompetenspieler und auf den Mann am Klavier. Er hatte sehr langes, leicht gewelltes dunkles Haar und trug einen Bart, der von der Oberlippe aus die Mundwinkel umrahmte.

»Wahnsinn!«, wisperte Angelika Merle ins Ohr. »Der sieht Gary Brooker sogar ähnlich, das ist mit vorgestern schon aufgefallen. Und er singt haarklein so! Die Trompeten waren Dienstagabend noch nicht da …«

Als erstes begann der Mann an der Orgel zu spielen, ganz zart und leicht, auf den hohen Tönen, so dass es fast wie das Zirpen von Geigen klang. Dann schmetterten die beiden Trompetenmänner los, jeweils nur kurze Signale, was an Spanien und Stierkampf erinnerte. Das wechselte eine Weile ab und steigerte die Spannung. Endlich sang der Mann am Klavier in sein Mikrophon, während er gleichzeitig zu spielen begann, begleitet vom Schlagzeug. Das erste Wort, das Merle hörte, lautete: »Conquistador …«, und sie zuckte zusammen.

Conquistador – Eroberer …

Das Englisch war leicht zu verstehen, nicht amerikanisch zerdehnt oder zerknautscht. Der Text, andererseits, schien kompliziert zu sein. Angelika wollte mittendrin etwas zu Merle sagen und bekam den Mund zugehalten.

Soweit Merle verstand, wurde einer der alten Eroberer Mittel- oder Südamerikas angesungen, der, längst tot, als Gerippe dalag. Sein Brustpanzer hatte im Lauf der Jahrhunderte jeden Schimmer verloren, in seiner Schwertscheide wuchs das Gras und auf dem silbernen Schild saß ein Geier. Der Refrain klang seltsam verzweifelt, der Mann am Klavier weinte ihn mehr, als dass er ihn sang: »And though I hoped for something to find, I can see no place to unwind …«

Merle versuchte, es zu übersetzen: Und obwohl ich hoffte, etwas zu finden, kann ich keinen Platz sehen –?

Nach den ersten zwei Strophen kam ein Zwischenteil, in dem der Gitarrist sein Können zeigte. Merle starrte immer nur auf den dunkelhaarigen Sänger am Klavier. Sein Gesicht war schmal und ernst, die Nase, im Profil, gebogen.

Wieder kündigten die Trompeten dramatisch den Gesang an. Auch diese Strophe, wie alle anderen, begann mit dem Wort: ›Conquistador‹. Der Sänger verabschiedete sich von dem toten Krieger. Eigentlich hatte er ihn verhöhnen wollen, doch nun verließ er ihn mit Bedauern. ›Obwohl du mit hocherhobenem Schwert gekommen bist, hast du nichts erobert – bist nur gestorben …‹

Merle merkte erst, weil Angelika sie umarmte und ihr ein Papiertaschentuch in die Hand drückte, dass ihr die Tränen schon wieder über das Gesicht liefen. Der Sänger oben auf der kleinen Bühne jammerte immer wieder: »And though I hoped for something to find …«

Noch einmal schmetterten die Trompeten, und Merle putzte sich die Nase. Dann klatschte sie wild, wie Angelika und alle anderen.

Nachdem das Publikum sich beruhigt hatte, verließen die beiden Trompetenmänner die Bühne, und die Gruppe spielte ein anderes Lied. Ihre Lieder waren ungewöhnlich und brillant. Trotzdem erschütterte kein anderes Merle so wie das erste. Irgendjemand – die Macht der Liebe? – hatte es für ihren Vater spielen lassen.

In einer Pause tranken die Musiker etwas und redeten miteinander sowie mit ihren Freunden, die auf die Bühne kamen. Merle stand auf. Sie wollte zum Sänger der Gruppe. Dem fehlt, dachte sie, selbst nur der Brustpanzer und der Helm, um ein Conquistador zu sein. Er sieht spanisch aus und antik, wie jemand aus dem 16. Jahrhundert.

Er unterhielt sich mit zwei Freunden und bemerkte sie nicht. Vielleicht durch den dunklen Rahmen seines Bartes wirkten seine Zähne ganz besonders weiß beim Sprechen. Merle stieg mit einem großen Schritt nach oben und lehnte sich an das Klavier. Nun sah er sie an. Er war nicht mehr sehr jung, vielleicht schon Ende zwanzig, um seine Augen saßen tiefe Linien. Immer noch wirkte er traurig auf sie, vielleicht, weil sie das melancholische Lied vom toten Eroberer mit ihm verband.

»Hallo?«, sagte er. Und: »Na?« Seine Freunde hatten sich, seinem Blick folgend, ebenfalls umgedreht und blickten Merle sehr interessiert an.

»Was bedeutet: No place to unwind?«, fragte sie.

»Nicht ›Place‹, sondern ›Maze‹, Rätsel, Puzzle, Irrgarten. Der Refrain sagt: ›Wiewohl ich hoffte, etwas zu finden, sah ich kein Rätsel, es zu entwinden‹«, erwiderte er. Sie konnte die Farbe seiner Augen nicht definieren, sie schillerten in braun und grün, vielleicht sogar dunkelblau …

»Danke!«, sagte Merle. »Es war großartig. Ich glaube, das beste, was ich je gehört habe.«

»Wir sind eine Kopie. Dein Dank gilt Procol Harum«, sagte der Mann bescheiden. Aber er lächelte mit sehr weißen Zähnen in seinem schwarzen spanischen Bart.

Merle stieg wieder von der Bühne und ging zurück zu ihrem Platz. Leider hatten den inzwischen andere Gäste besetzt, denn Angelika war auch aufgestanden und irgendwo hin gegangen.

Sie beobachtete, dass einer der beiden, die sich mit dem Sänger unterhalten hatten, von der Bühne stieg, und als er dicht an ihr vorbei ging, schenkte sie ihm ein strahlendes Lächeln. Er blieb sofort stehen und grinste zutraulich.. »Hey. Nettes Ding, der Copie-Club, nicht? Und sie…«, er zeigte mit dem Kinn auf die Bühne, »sind ganz schön gut, was!«

Merle nickte. Sie sah auch zur Bühne, auf den Sänger. »Wie heißt er?«

Der junge Mann antwortete bereitwillig: »Der? Cortés.«

Merle war entzückt. Nun sah er nicht nur aus wie einer der spanischen oder portugiesischen Eroberer Süd- und Mittelamerikas, nun hieß er auch noch so!

Da klopfte ihr Angelika auf die Schulter: »Wir haben unseren Platz verloren. Wollen wir uns irgendwo hinstellen? Guck, ich hab dein Glas gerettet, da war noch so viel drin…«

Angelika hatte sich ein wenig ›Zeugs‹ besorgt und auf der Toilette zu sich genommen. Nun hing sie schwer und schwerer in Merles Arm, trug ein etwas törichtes Lächeln im Gesicht und wurde immer schweigsamer.

Das machte nichts; die Gruppe spielte und sang wieder. Merle hörte versunken zu. Vielleicht war sie ja doch ein bisschen benommen durch all das ›Zeugs‹, was in der Luft herumwaberte.

Es war spät, als sie den Copie-Club verließen, fast zwölf Uhr, und beide mussten am nächsten Tag früh aufstehen, um… »Weißt du, was ich gerade entschieden habe? Ich gehe nicht zur Schule!«, sagte Merle.

»Morgen nicht?«, fragte Angelika schläfrig.

»Nie wieder. Ich bin fast neunzehn. Für mich besteht keine Schulpflicht mehr! Jedenfalls schlafe ich morgen aus.«

»Beneidenswert!«, seufzte Angelika. Von drinnen, hinter ihnen, dröhnte immer noch Musik, eine andere Gruppe inzwischen. Vor ihnen plätscherte der Regen in einen Gully, und die frische, kalte Luft wirkte richtig aufdringlich.

»Jetzt brauchten wir einen netten jungen Mann mit eigenem Auto, der wild darauf wäre, uns nach Hause zu fahren!«, seufzte Angelika.

»Hat mich jemand gerufen?«, fragte eine Männerstimme hinter ihnen.

Da stand ein sehr großer, brünetter Mann mit einem Grübchen im Kinn. Er sah umwerfend gut aus. »Wo müsst ihr denn hin?« Ganz leise klang ein rheinischer Tonfall durch.

»Ich muss nach Barmbek. Und Angelika nach Lokstedt«, antwortete Merle.

»Na herrlich. Dann fahren wir erst Angelika, die engelhafte, nach Lokstedt. Und dann …?« Er hob die Augenbrauen und sah sie fragend an.

»Merle.«

»Merle! Die Amsel! Dann bringe ich die Amsel mit den Tigeraugen nach Barmbek.«

»Und wer bist du?«, wollte Merle wissen.

»Ich bin der liebe Malte. Althoff, wie eine sehr, sehr alte Hoffnung. Da steht meine ebenfalls alte Karre.«

Sie stiegen alle drei in die kleine, verbeulte Ente, Merle hinten, Angelika auf dem Beifahrersitz. Denn als Malte die Tür öffnete, stand Angelika zufällig weiter hinten, sodass er den Sitz zuerst für Merle nach vorn klappen musste. Nun blickte er häufig in den Rückspiegel.

Einmal drehte sich Angelika während der Fahrt um und fragte leise: »Bist du denn deinen Ohrwurm nun losgeworden?«

Merle nickte. »Das Lied ist weg. Dafür sitzt ein neues in meinem Schädel.«

›And though I hoped for something to find, I can see no maze to unwind …‹

Als sie ausstieg, verabschiedete sich Angelika mit einer Umarmung von Merle und flüsterte ihr ins Ohr: »Ist der nicht süüüß?! Das ist ja wohl der wonnigste Mann des Universums!« Von ihm verabschiedete sie sich nur mit einem Handschlag, aber sie lächelte schelmisch: »Jetzt bin ich dir einen Gefallen schuldig, Malte.«

Sie rannte auf ihren Hauseingang zu.

»Komm, setz dich nach vorn, sonst bin ich hier so einsam«, verlangte Malte.

Merle wäre gern auf dem Rücksitz geblieben, um über den Abend nachzudenken, über verschiedene Conquistadoren, über das Blutspenden. Doch sie sah ein, dass dieser Malte schließlich kein Taxifahrer war. Wenn er Gesellschaft und Gespräch brauchte, sollte er das haben.

Sie stieg um und er fuhr an. »Ich finde, der Copie-Club wird überschätzt«, begann er das Gespräch. »Die kopieren alle doch nur. Das ist nicht kreativ. Oder?«

»Mir hat es sehr gefallen!« Sie sah ihn kriegerisch von der Seite an.

»Oh, ich glaube, vor dir muss man sich vorsehen, was?«, sagte er. »Du bist alles andere als ein gewöhnliches Mädchen. Ich hab dich schon im Club beobachtet, deine flammende Haarflut im Scheinwerferlicht… Ihr seid also Freundinnen, du und die Kleine?«

»Angelika.«

»Angelika. Seid ihr die Gute und die Böse? Sie das Engelchen und du das Teufelchen?«

»Und was bist du? Das Opferchen?«

Malte lachte, sah sie schelmisch an und erwiderte: »Vielleicht bin ich das ja ganz gern, mal sehen. Sag mal, wohnst du allein? Oder noch bei Mama und Papa?«

»Zur Zeit wohne ich mit meinem Großvater allein, weil mein Vater im Krankenhaus ist. Sonst mit beiden zusammen.«

»Studierst du?«

»Du hast doch hinter uns gestanden, als wir darüber gesprochen haben, dass wir noch zur Schule gehen.«

»Stimmt, das hatte ich ganz vergessen. Hast du nicht gesagt, du wolltest nicht mehr hin?«

»Ja. Ich bin nie gern zur Schule gegangen, und nun hab ich einen wirklich guten Grund, damit aufzuhören.«

»Du, das denkt man leicht, dass man einen guten Grund hat, mit der Schule aufzuhören. Vor allem, wenn es schon spät ist, und man sich etwas zugedröhnt hat und ans frühe Aufstehen denkt. Aber wenn man später kein Abitur hat und nicht studieren kann, dann bereut man das!«

»Ich bin nicht ›man‹.«

»Haha, das sind wir alle nicht.«

»Oh doch, das seid ihr.«

»Ah, Madame Amsel glaubt, etwas Besseres zu sein?«

»Auf jeden Fall etwas Anderes.«

»Da kannst du Recht haben. Du bist faszinierend!«, flüsterte Malte.

Dann begann er, von sich selbst zu reden, etwas, was Männer nach Ansicht von Angelika nur taten, wenn ihr Herz berührt war. Merle bezweifelte diese Theorie. Ihrer Meinung nach redete jeder irdische Mann jederzeit gern von sich selbst, ob nüchtern oder betrunken. Sie hatte oft genug in der Kneipe zugehört.

Malte Althoff war dreiundzwanzig Jahre alt und ursprünglich aus Bonn, bis seine Familie vor zehn Jahren nach Hamburg zog. Er hatte kürzlich angefangen, Volkswirtschaft zu studieren und litt unter Differenzen mit seinem zu strengen Vater und seiner zu anhänglichen Mutter. Seine drei Schwestern schienen soweit in Ordnung zu sein. Malte liebte Asterix-Bücher, die Provence und intelligente Chansons. Sodann sprach er über eine verflossene Liebe.

Schade, dachte Merle, dass Angelika nicht da ist. Das würde ihr alles gefallen. An mir ist es verschwendet. Ich finde, er redet Kitsch und nimmt sich selbst ungewöhnlich wichtig.

Nun waren sie auch schon in der Beethovenstraße, Malte Althoff verabschiedete sich: »Hat Spaß gemacht, mit dir zu reden. Inzwischen weißt du alles über mich und ich so gut wie nichts über dich – außer, dass du anders bist als alle anderen Menschen. Und gefährlich.«

»Danke fürs Bringen. Gute Nacht!«, sagte Merle, stieg aus und ging auf ihre Haustür zu. Nun sprang Malte hastig aus seinem Auto und rief hinter ihr her: »Mensch, ich wollte dich zur Tür bringen, wie sich das gehört!«

Merle lächelte ihm kurz zu, schloss die Haustür auf und war verschwunden.

Sie war gerade dabei, ihre Zähne zu putzen, als das Telefon klingelte.

Um ein Uhr nachts?!

Merle stürzte hin und meldete sich. Wenn es nur nicht das Krankenhaus war!

»Na, Madame Amsel? Ich wollte dir nur noch Gute Nacht sagen.«

»Malte? Was fällt dir ein, so spät hier anzurufen?! Ich glaube, du hast meinen Großvater geweckt!«, zischte Merle wütend – obwohl sie wusste, dass Opileins Ohren taub genug waren, ihm einen durchgehenden Nachtschlaf zu bescheren.

»Oh, Entschuldigung, daran hab ich nicht gedacht. Wird er sauer? Kriegst du Ärger?«

»Es wäre sein gutes Recht, ärgerlich zu sein. Was gibt es denn noch?«

»Huu, das klingt ganz schön abweisend, weißt du das? Du siehst so feurig aus mit dem roten Haar und den goldenen Raubtieraugen, aber du klingst wie die Schneekönigin persönlich. Bist du so kalt?«

»Malte! Du hast doch wohl nicht etwa mitten in der Nacht bei mir angerufen, um ein bisschen zu plaudern?!«

»Ich hätte vorhin gern noch etwas mehr geplaudert. Ist dir aufgefallen, dass wir uns nicht zum Abschied geküsst haben? Das hatte ich eigentlich vor. Bist du nicht erstaunt, dass ich deine Nummer rausgefunden habe? Ich hab mir die Namen neben allen Klingelknöpfen angeschaut. Da war nur ein einziges Schild mit Doppelnamen: Voß/Meiners. Du hast doch erzählt, du wohnst mit Vater und Großvater zusammen. Und im Telefonbuch steht das dann sogar mit zwei Männernamen davor: Burkhard Voß und Hinrich Meiners. Da hab ich mir gedacht, das muss es sein!«

»Toll. Genial. Ruf mich bitte mal tagsüber an, ja?«

»Ganz bestimmt. Ich glaube nämlich … nein, das sage ich jetzt nicht.«

»Sehr vernünftig. Sag es nächstes Mal«, schlug Merle vor und legte auf.

# *Das 13. Kapitel*

## *bringt uns die Kunst des richtigen Wünschens bei und lässt uns teilnehmen am Gespräch zweier Bosse*

»Was wissu? Blut spenn?!«, regte Opilein sich auf. »Wie kannas angehn, sonne dünne Dern, un denn will sie, man soll sie zur Ader lassn! Hassu sie noch alle? O nee, o nee, o nee!«

Worauf Merle ihm von ihrem Zwiegespräch mit der Macht der Liebe erzählte.

»Inne katolsche Kirche? Da geb ich was auf! Wer da wohl mit dir geredet hat…«

Aber es imponierte ihm doch. Merle benahm sich ja wirklich wie einer der Propheten oder sonst wer aus der Bibel, die ganz rigoros ihrem Glauben folgten und anschließend dafür belohnt wurden. Denn es stimmte: Butz starb einstweilen nicht. Am Samstag war es ihm ein wenig besser gegangen, und nun schien sein Zustand wie eingefroren.

»Wenn issas denn so weit?«

»Ich weiß noch nicht. Die melden sich.«

»Denn sach mir man gleich Bescheid. Ich kauf dir 'n schön Markknochn und mach 'ne Bulljong für dich. Dassu wieder auffe Beine komms nachher. Un denn mussu viel liegn un dich ausruhn. Un viel trinken, das' wichtig!«

»Lass das mal sein mit der Bouillon, Opilein. Wir haben doch nur so wenig Geld…«

Der alte Mann seufzte. »Mit nächsn Monat kriech ich Rente. Denn is wieder was da.«

»Das reicht gerade für die Miete. Wir brauchen eine billigere Wohnung. Weißt du überhaupt, wie hoch die Miete hier ist?«

Opilein schüttelte verzagt den Kopf.

»Ich auch nicht. Und ich weiß nicht, wie Butz das immer gemacht hat mit der Bank. Vielleicht hat er ja was auf einem Sparkonto oder so?«

»Butz Voß un sparn?« Opilein gestattete sich ein schmutziges Kichern.

»Na ja, ich glaub's ja auch nicht. Wir müssen abwarten, bis wir Mahnschreiben bekommen – oder vielmehr, bis er welche bekommt. Ich glaube, in so einem Fall dürfen wir seine Post öffnen, nicht? Aber eine andere Wohnung müssen wir trotzdem suchen. Und ich muss Geld verdienen …«

Drei Straßenecken weiter befand sich ein kleines Geschäft. ›Lebensmittel Warncke‹ stand oben drüber. Vor fünfzehn Jahren, als Warncke senior regierte, verkündete das Schild sogar noch: Kolonialwaren. Inzwischen spielte der kleine Laden Supermarkt und wirkte dabei wie eine Sechsjährige, die in Mamas Pumps herumrutscht und sich das Gesicht mit Lippenstift verschmiert. Jede Art von Ware gab es nur noch abgepackt, der Käufer durfte selbst in einen Korb einsammeln, was er wollte, sich zwischen den engen Regalen hindurchquetschen und an einer Kasse bezahlen, hinter der ein flottes Fräulein mit langen roten Fingernägeln saß und alles eintippte.

Seit einigen Wochen war das flotte Fräulein verschwunden, Frau Warncke senior saß selbst an der Kasse und tippte mit kurzgeschnittenen, unlackierten Nägeln die Preise ein. Dass dies kein Dauerzustand sein sollte, sagte ihre Miene. Und im Fenster klebte ein Schild: Kassiererin gesucht!

Herr Warncke kannte Merle natürlich als Kundin. Er hatte die schlaksige, in Schwarz und Nieten gekleidete Merle gesehen und er hatte kommentarlos und vermutlich gedankenlos ihre Wandlung zur Beauty miterlebt. Gut und schön. Doch was wollte sie nun von ihm?

»Ich möchte mit Ihnen reden«, leitete Merle ein. »Ich bin interessiert an dem Job. Kassiererin.« Und sie schilderte kurz, wie es dazu kam.

Herr Warncke war platt. Er überlegte sich eine Frage: »Können Sie denn rechnen?«

»Also, ich dachte, ich tippe die Summen in die Kasse ein, und dann rechnet die Kasse?«

»Ja, das stimmt. Hm – und wann wollen Sie anfangen?«

»Morgen?«

»Ja, warum nicht. Was hatten Sie denn für Gehaltsvorstellungen?«

»Ich dachte, so fünfhundert Mark?«

Jetzt verschwand der tölpelhafte, verdutzte Ausdruck von Herrn Warnckes Gesicht. Nun bekam er Größe, denn hier ging es um Höheres.

»Fräulein Voß, das ist zunächst mal, möchte ich mal sagen, unmöglich. Sehen Sie mal, Sie haben selbst eben gesagt, Sie haben so was noch nie gemacht. Sie waren bis gestern noch Schülerin, will ich mal sagen. Also da müssen wir sozusagen ein bisschen klein anfangen, nicht? Ich sag mal, so mit sagen wir dreihundertfünfzig« – er bemerkte Merles Blick und fuhr fort: »Also dreihundertachtzig, woll 'n mal sagen. Da stehen Sie nicht schlecht da. Versicherung natürlich und Krankenkasse und so weiter extra. Also dreihundertachtzig praktisch netto, das ist eine hübsche Summe.«

Bevor sie zustimmen oder widersprechen konnte, fügte er schnell hinzu: »Ich brauch dann Ihre persönlichen Papiere und Schulzeugnisse, Abmeldung von der Schule und so weiter.«

Merle versprach, die nötigen Papiere nachmittags vorbei zu bringen – die Abmeldung von der Schule würde sie nachliefern – und bekam schon ein wenig von der weinerlichen alten Frau Warncke gezeigt, wie das mit der Kasse so funktionierte.

Sie sollte am kommenden Tag um sieben Uhr erscheinen.

»Um sieben?«, fragte Merle erstaunt. Das Geschäft öffnete um acht.

»Selbstverständlich, es muss aufgeräumt und einsortiert werden, täglich kommt frische Lieferung. Ebenso gehört es dazu, dass Sie abends mit meiner Mutter gemeinsam das Geschäft reinigen.« Herr Warncke musterte seine neue Kassiererin noch einmal und bat sich aus: »Die Haare stecken Sie bitte glatt hoch, nicht? Das muss schon sein …«

Merle dachte an die goldene Lockenfülle der flotten Kassiererin, die waren nie hochgesteckt. Aber vielleicht hätte Herr Warncke das ja auch gern gehabt und hatte sich bei der nur nicht getraut, es zu verlangen.

Das Krankenhaus rief an und teilte Merle mit, dass ihr Blut die Prüfung bestanden hatte: Sie durfte spenden. Dafür würde es auch Geld geben! Zwar, wie Opilein sagte, nicht viel. Aber besser als nix.

Angelika rief ebenfalls an, um endlich lange und ausführlich über Malte zu plaudern, denn ihre Mutter war beim Friseur. »Sonst sitzt sie daneben und giert mir jedes Wort ab. So sind Mütter eben.«

Malte also: so ein Traummann. »Wenn ich das nächste Mal in den Copie-Club gehe, werde ich ihn vielleicht wieder sehen. Ich muss sagen, ich brenne förmlich darauf. Seit ich dem begegnet bin, lauf ich rum wie Falschgeld. Dieses Grübchen im Kinn! Und die süße, freche Art...« Irgendwann fiel ihr auf, dass Merle wortkarg reagierte. »Was ist los, Babylein? Hast du dich auch in ihn verguckt? Dann trete ich sofort zurück...«

»Nein, nein... Es ist nur so... Als er mich Donnerstag gebracht hat, hat er sich meine Telefonnummer beschafft und gleich hinterher angerufen. Inzwischen schon dreimal. Und heute hab ich einen Brief von ihm bekommen mit einem kleinen Pfeifchen drin...«

Angelika versagte fast die Stimme: »Pfeifchen –?«

»So 'ne kleine silberne Trillerpfeife, wie für'n Schiedsrichter, an einem Lederband, zum um den Hals hängen. Dazu hat er nur geschrieben: ›Wenn du mich brauchst...‹«

»Wie Humphrey Bogart! Das darf doch nicht wahr sein! So eins hat der seiner Frau geschenkt und die ihm. Sie hat ihm das Pfeifchen sogar mit ins Grab gegeben, nachdem er tot war. Gott, ist das romantisch! Und das hat er dir geschenkt? Merle, er muss sich auf den ersten Blick in dich verliebt haben... Ist ja auch kein Wunder. Ich meine, du siehst Aufsehen erregend aus, das ist mir völlig klar. Wenn ich ein Mann wäre, würde ich mich auch jederzeit in dich verlieben und nicht in mich. Du wirkst sexy und geheimnisvoll und so. Ich bin bloß niedlich. Ich reiße eben niemanden vom Hocker. Na, es hat nicht sollen sein. So ist das Leben. Ich gratuliere dir auf jeden Fall von Herzen.«

»Angelika! Hör doch mal auf! Ich mach mir nichts aus dem Jungen. Ich fand höchstens die Idee mit dem Pfeifchen ganz originell. Und jetzt ist die nicht mal von ihm, sondern von Humphrey Bogart...«

»Also Merle, manchmal denke ich, du bist richtig undankbar dem Schicksal gegenüber.«

»Nein, ich bin dankbar. Butz lebt noch, es geht ihm sogar eine Spur besser. Die Ärzte sagen, sein Zustand hat sich ›konsolidiert‹. Das heißt, es wird zumindest nicht schlimmer. Wenn es ihm nur ein bisschen besser geht, können sie ihn noch mal operieren, an der übrig gebliebenen Lunge und am Herzen. Dann könnte er im Prinzip wieder gesund werden. Jetzt lauf ich gleich los und hol mir das Abendblatt von Samstag, das krieg ich umsonst von Opileins Zigarrenhändler. Vielleicht find ich da noch eine Wohnung für uns. Und morgen fang ich in einem kleinen Supermarkt an als Kassiererin.«

»Alle Achtung. Doch, entschuldige, ich kann verstehen, dass dir im Moment die Mütze nicht nach Verliebtheit steht. Du hast einfach was anderes im Kopf. Vielleicht siehst du Malte mit ganz anderen Augen, wenn deine Sorgen nicht mehr so schlimm sind. Ich find 's jedenfalls toll …«, Angelika holte tief Luft, »dass er sich in dich verknallt hat. Ja. Mir lacht bestimmt auch bald wieder das Glück …«

Frau Hugedoll kaufte täglich 100 Gramm Quark im Plastiktöpfchen. Sie hätte für fünf Tage ein Pfund kaufen können, das wäre billiger gewesen. Vielleicht besaß sie keinen Kühlschrank? Außerdem kaufte sie Graubrot, manchmal Weintrauben, die musste Merle abwiegen und auf den Kilopreis umrechnen – das machte sie schriftlich, mit Bleistift auf einem Block, und Frau Hugedoll wartete geduldig und verständnisvoll.

Der alte Herr Schmidt kaufte eine Tageszeitung und Futter für seine Katzen.

Frau Schinder hatte Extrawünsche: die Clementinen waren abgepackt zu sechs Stück, sie brauchte aber bloß zwei, die hatte sie sich aus der Packung gepult. Das ginge doch wohl? In solchen Fällen rief Merle nach Herrn Warncke, darum hatte er ausdrücklich gebeten.

Da kam eine Hand voll Kinder, und Merle wurde nervös. Haut wieder ab, dachte sie, spart euer Taschengeld oder geht davon ins Kino …

Sie nahmen sich jedoch Gummimäuse und Lakritzstangen und

Salinos und Negerküsse, alberten herum, lachten und kreischten und packten ihre ausgesuchte Ware vor die neue Kassiererin.

Die Gören grinsten sie an und machten sich über sie lustig. Zumindest kam es Merle so vor. Sie wurde jederzeit mit jedem Erwachsenen fertig. Sie fürchtete sich immer noch vor Kindern, und sie hatte darüber hinaus Angst, dass die Kinder das merkten. Sie blieb noch eine Weile nervös und angespannt, nachdem sie gegangen waren. Wer mich in die Flucht schlagen will, dachte Merle, braucht nur eine Kinderarmee anzuheuern.

Und als sie sich in genau dieser Stimmung befand, betrat ein Paar den Laden, ein junger Mann und ein Mädchen. Sie hatten beide dunkles, glattes Haar und trugen sehr elegante Winterjacken mit Lammfellkragen, Partnerlook. Sie fixierten Merle mit ihren eigenartig flachen, hellblauen Augen, sobald sie durch die Tür waren, sprachen leise miteinander, lachten unterdrückt und stießen sich mit den Ellbogen.

Zuerst bezahlte noch Oma Mierke ihre Erdbeermarmelade, dann packten die beiden eine Anzahl von Waren vor Merle hin: Milch, Sahne, Knäckebrot und zwei Kilodosen Sauerkohl.

Merle blickte die Claassens so gelassen wie möglich an, griff zu der Milch und tippte den Preis in ihre Kasse ein.

»Och, guck mal, wie brav Frau Brathuhn heute aussieht!«

»Aber Silke, die heißt doch ›Feuervogel‹!«

»Also, wie brav Frau Bratvogel heute aussieht. Die Haare so weggesteckt, wie 'n abgeleckter Kater ...«

»Aber hier macht sie sich doch viel besser als in der Schule, findest du nicht? Ist mehr ihr Niveau. Hier hat sie genau ihren Platz. Das ist auch ihrem Intelligenzquotienten angepasst.«

»Meinst du? Ich wär mir da nicht so sicher. Die kann doch nicht rechnen. Die vertut sich bestimmt dauernd und bringt den Laden hier in die plötzliche Pleite. So wie ihr Vater seine Kneipe ...«

Merle hatte alle Waren eingetippt und wollte die Endsumme nennen, als Silke plötzlich nach einer der großen Sauerkohlbüchsen griff: »Jetzt hab ich eine zu viel genommen! Mutti braucht doch nur eine! Die bring ich mal lieber wieder zurück ...«

Merle schnappte schneller zu und hielt die Dose fest. »Die ist eingetippt und die wird gekauft, und wenn du an dem Zeug erstickst!«, knurrte sie – ziemlich leise, sie wollte ja Herrn Warncke in seinem ›Hinterzimmer‹ nicht erschrecken durch den plötzlichen rauen Ton seiner Kundschaft gegenüber.

»Du spinnst wohl – ich muss doch hier nicht Sauerkohl kaufen, den ich nicht brauche …«

Die Kassiererin und die Kundin rangen einen kurzen Augenblick um die Dose, dann gelang es Merle, Silke Claassen die Büchsenkante mit aller Wucht auf die Fingerspitzen zu dreschen.

Silke schrie. Ihr Bruder schrie. Er schrie nicht nur, er packte die Kassiererin am weißen Kittel und zog sie hoch. Daraufhin bekam er die Sauerkohlbüchse gegen ein Ohr geknallt. Er schrie gleich noch mal. Merle schrie nun auch: »Raus mit euch! Ungeziefer wird hier nicht geduldet!«

Sie stieß mit dem Fuß nach Silke, rammte Sören die unerschöpfliche Dose in den Magen, worauf er nach vorn knickte, und schlug ihm mit der geballten Faust von oben auf den Kopf. Sören Claassen sackte in die Knie. Silke lutschte an ihrer verletzten Hand herum.

Herr Warncke, der mit geweiteten Augen aus seinem ›Hinterzimmer‹ in den Laden geeilt war, ächzte fassungslos: »Aber … Fräulein Voß, ich bitte Sie … Sie können doch nicht … Nein, nun hören Sie aber auf!«

Er hatte sich so weit gesammelt, dass er energischen Schrittes auf seine junge Angestellte zukam und ihren Oberarm mit festem Griff umspannte, um sie an weiteren Kampfhandlungen zu hindern.

Wenn es etwas gab, das Merle über alle Maßen hasste, dann waren das Friedensengel, die sich im unpassendsten Moment einmischten. Sie stieß wütend den Ellbogen mit großer Wucht in Warnckes schlaffes, leicht gerötetes Kaufmannsgesicht, klatschte mit der anderen Hand Silke eine Ohrfeige, krallte sich in das schwarze Haar des immer noch knienden Sören und knallte seinen Schädel seitlich gegen den Kassentisch.

»Fräulein Voß! Beherrschen Sie sich!«, quäkte Warncke mit blutender Unterlippe.

Da fuhr sie zu ihm herum, eine verzerrte Dämonenmaske mit funkelnden Raubtieraugen, und fauchte ihn mit gekrauster Nase an:

»Halt die Klappe, Mann, sonst schieb ich dich in die Kasse und mach sie zu!«

Wanda Griguleits neueste Mietz war weiß und reichlich dick. Merle bekam selbst gebackenen Kuchen und sollte erzählen. Wie ging es ihrem Vater?

»An dem Tag, an dem ich Blut gespendet habe, ist er zu sich gekommen. Geradezu märchenhaft. Du kannst dir denken, wie froh ich bin ...«

»Welch Glückes Geschick. Blut ist ein besonderer Saft«, sagte Wanda. »Das steht schon in Goethes ›Faust‹.«

»Du bist eine gebildete Hexe. Sie haben Butz bereits zum zweiten Mal operiert, und es sieht alles sehr gut aus. Morgen kann ich ihn besuchen. Immerhin wird er wohl noch mindestens drei Wochen im Krankenhaus bleiben müssen. Wanda, ich wollte dich fragen, ob du vielleicht was von einer kleinen Wohnung gehört hast. Du kennst doch so viele Leute, alle, die zu dir kommen und sich die Karten legen lassen.«

»Eine Wohnung? Hier in der Nähe?«

»Überall in Hamburg.«

»Solltest du nicht in der Nähe von deinem Job wohnen?«, fragte Wanda und riss das Zellophan von einer neuen Zigarettenpackung.

»Ich hab keinen Job. Ich bin gestern rausgeflogen.«

»Hui, das ging schnell. Drei Tage?«

»Vier Tage.«

Wanda sprach mit wippender Zigarette zwischen den Lippen: »Was hast du angestellt?«

»Zwei Kunden verhauen. Herrn Warncke auch ein bisschen. Er wollte dazwischen gehen, der dumme Kerl.«

Wanda zog ironisch eine Augenbraue hoch: »Du wirst deine Gründe gehabt haben.«

»Hatte ich auch. Es war mehr oder weniger Notwehr. Das hat mir Herr Warncke zum Schluss dann auch geglaubt, vor allem, als die Kunden einfach schnell bezahlt haben und abgehauen sind mit ihrem blöden Sauerkohl. Ich hab mich auch gleich bei ihm entschuldigt und geweint und ganz zerknirscht getan, das hat ihn wieder versöhnt. Behalten wollte er mich trotzdem nicht, weil er jetzt Angst vor mir hat.«

»Also eine kleine Wohnung. Nein, ich kenne niemanden, der ausziehen will. Hast du dich schon an die höheren Mächte gewandt?«

Merle machte große Augen: »Wegen einer Wohnung?«

»Natürlich. Egal, worum es geht. Wünsch sie dir!«

»Das tu ich seit anderthalb Wochen.«

»Ach jemine, und immer noch nicht umgezogen! Da hast du wohl falsch gewünscht.«

Merle schmuste mit der dicken Katze, die auf den Stuhl neben ihr gesprungen war. »Wie wünsche ich denn richtig?«

Wandas Gesicht verschwand fast hinter der blauen Rauchwolke, die sie ausstieß. »Zunächst mal musst du genau wissen, was du willst. ›Eine Wohnung‹ ist zu wenig. Auch ›eine kleine Wohnung‹ ist zu wenig. Was genau würdest du zu einem Makler sagen, damit er dir nicht erst das Falsche zeigt?«

»Wir brauchen zweieinhalb Zimmer, eine kleine Küche und so was wie ein Bad. Notfalls reicht eine Dusche und ein Klo. Alles so billig wie möglich. Dicht an einer Bahn- oder Bushaltestelle. Kann ich noch mehr verlangen?«

»Verlang alles, was du willst. Wichtig ist nur, dass du weißt, was du willst.«

»Dann sollte sie hell sein und gut riechen. Es sollten nette, ruhige Nachbarn rundherum wohnen. Keine Kinder! Glaubst du, ich kann mir einen Balkon wünschen?«

Wanda rollte nur ihre dunklen Augen.

»Also einen kleinen Balkon.«

»Warum keinen großen?«

»Zu einer kleinen Wohnung kann doch kein großer Balkon gehören.«

»Du sollst hier nicht festlegen, was nicht sein kann, du sollst wünschen. Alles ist möglich. Stell dir eine nette kleine Wohnung vor mit einem großen Balkon. Schließ die Augen! Kannst du es vor dir sehen?«

»Ja.«

»Siehst du. Es ist vorstellbar. Es ist denkbar. Alles, was denkbar ist, ist möglich.«

»Und jetzt bekomme ich sie, weil ich sie mir vorgestellt habe?«

»Nein, noch nicht. Du musst richtig bestellen. Bei den Höheren Mächten. Beim Universum. Beim lieben Gott. Mit wem hast du verhandelt, was das Leben deines Vaters anging?«

»Mit der Macht der Liebe.«

»Hm. Ich würde mich, was Wohnungssuche angeht, nicht unbedingt an die Macht der Liebe wenden. Sonst kriegst du vielleicht die Wohnung und der Mann deines Lebens ist der Vermieter. Ich meine, für die meisten Leute wäre das ja kein Beinbruch. Aber du hast doch mit Romantik nichts im Sinn. Wie kamst eigentlich ausgerechnet du auf die ›Macht der Liebe‹?«

»Den Tipp hatte ich von meiner Mutter.«

»Von der, die schon so lange tot ist?«

»Ja. Ich spreche ab und zu mit ihr.«

Wanda nickte langsam. »Es ist eine Sünde und eine Schande, dass ein Mädchen von deinem Talent nichts mit Magie im Sinn hat. Du könntest dir so das Leben erleichtern …«

Merle sprang so heftig auf, dass die Katze sich unter das Küchenwaschbecken flüchtete. »Ich will es mir nicht erleichtern. Ich will es anpacken, so, wie es ist, und reinbeißen …«

»Mit diesen großen weißen Zähnen? Das arme Leben. So, hör mir zu, bevor du gehst – du bist zu Recht aufgestanden, mein nächster Kunde kommt gleich – es gibt vier Zeiten im Jahr, da sind die da oben weit offen für Wünsche. Das ist jeweils die Tagundnachtgleiche im Frühjahr und im Herbst, sowie der längste und der kürzeste Tag des Jahres. In Zahlen: immer der einundzwanzigste März, Juni, September und Dezember. Das wäre jetzt noch etwas mehr als ein Monat, deshalb solltest du dich mit einer Sonder-Dringlichkeitseingabe an die Mächte wenden. Nenn deinen Namen, damit klar ist, wer wünscht! Sprich deine Wünsche laut aus, es muss ja nicht dort sein, wo andere dich hören. Gut wäre, sie auf einen Zettel zu schreiben, vorzulesen und anschließend den Zettel zu verbrennen. Zweifle nicht an der Erfüllbarkeit. Zweifle schon gar nicht, dass du es wert bist, zu bekommen, was du willst. Wünsch nicht für andere, weder Gutes noch Böses. Dafür hättest du gegebenenfalls ja deine Macht der Liebe.«

Wandas Türklingel schnarrte.

»Öffnest du bitte?«, verabschiedete sich die Hexe. Die dicke weiße Katze lief mit zur Tür und huschte hinaus ins Treppenhaus, sobald geöffnet wurde. Eine aufgeregte Frau stand vor Merle: »Legen Sie Karten?«

»Die weise alte Frau sitzt in der Küche am Tisch und wartet auf Sie«, gab Merle Auskunft.

Was im Krankenhausbett lag, sah aus wie eine frischgewaschene, etwas eingelaufene und nicht gefüllte Butz-Hülle. Es kostete ihn Mühe zu lächeln. Doch seine Augen leuchteten Merle liebevoll an, und er drückte immer wieder ihre Hand.

»Wie geht es denn Hinnerk?«, fragte er leise. Das hatte er schon mal gefragt; der Arzt hatte ihr versichert, eine gewisse ›Trägheit im Denken‹ käme durch die langen Narkosezeiten und würde sich bald wieder geben.

»Opilein geht es prima. Und dir wird es auch bald besser gehen. Du wirst wieder zu Kräften kommen«, wiederholte sie dauernd. Sie hoffte, diese Trägheit im Denken würde ihn einstweilen hindern, darüber nachzudenken, wie sie zurechtkamen, wie es mit ihren Finanzen weitergehen sollte. Am liebsten hätte sie ihm erzählt, dass sie in absehbarer Zeit einen ungeheuer reichen Mann heiraten würde und alle Sorgen damit ein Ende hätten. Leider kannte sie noch nicht mal einen mäßig reichen Mann.

Im Nebenbett lag ein Patient, der telefonierte. Er schien mit seiner Frau zu sprechen. Weil eine Schwester kam und einen Tropf über Butz' Kopf auswechselte, hörte Merle dem Gespräch neben ihr zu.

»Dann müssen wir für vier Monate doppelte Miete bezahlen! Wie denkst du dir das, Anneliese? Bin ich Krösus?«

»Und im Abendblatt? Hast du auch im – ? Ja? Das versteh' ich nicht. Ich denke, alle Welt sucht Wohnungen?«

Die Schwester verließ das Zimmer und Merle setzte sich wieder dicht neben ihren Vater. Dem sanken gerade die Augen zu. Sie fasste erschrocken seine Hand und er zuckte ein wenig. Er schlief nur ein. Sicher, dachte Merle, braucht er viel Schlaf, um wieder zu Kräften zu kommen.

Sie legte Butz' große Hand sanft auf die Bettdecke zurück, drehte sich zu dem anderen Patienten um und flüsterte: »Entschuldigen Sie, ich habe ja eben mitgehört... Ich suche nämlich eine Wohnung...«

Der Mann nickte erfreut: »Schellingstraße, erster Stock. Sie ist klein, gerade mal drei Zimmerchen, eigentlich zweieinhalb, und nur 'n kleines Duschbad, aber nett und neu. Kleine Küche nach Norden, also nach vorn, nicht wahr. Und hinten ein Riesenbalkon, das ist das Schönste daran, ein Südbalkon, fast wie 'ne Terrasse...«

Merle blickte den Mann verdutzt an. »Wieso hat so eine kleine Wohnung so einen großen Balkon?«

»Das kann ich Ihnen sagen. Weil's ursprünglich mal 'ne sehr große Wohnung gewesen ist. Später sind zwei Türen zugemauert worden und einige neue Wände gezogen und neue Wohnungstüren reingebrochen. Jetzt sind es drei Wohnungen. Und der Balkon gehört eben zu der, für die wir einen Nachmieter brauchen. Miete fünfhundert Mäuse warm. Wann können Sie denn einziehen? Anfang Dezember?«

»Keine Kaution – kein Makler und so?«, fragte Merle ganz betäubt.

»Nö, nix. Der Vermieter ist ja froh, wenn er neue zuverlässige Mieter hat. Sie müssen einfach nur ein regelmäßiges Einkommen nachweisen, das die Miete garantiert.«

Merle nickte. »Glauben Sie, der würde auch eine Rente gelten lassen? Mein Großvater bekommt jeden Monat siebenhundert Mark...«

»Na, das reicht doch. Darauf lässt der sich bestimmt ein. Moment, ich ruf ihn gleich mal an...« Der Kahlkopf wählte schon. Während er darauf wartete, dass sein Vermieter abnahm, fragte er Merle: »Ja, haben Sie denn auch schon einen Nachmieter? Sonst müssen Sie doppelt bezahlen, nicht wahr...«

Merle dachte bei sich: Wenn es bis hierhin so gut geklappt hat, dann kriegen wir garantiert auch einen Nachmieter.

Sie fand es außerordentlich nett, dass das Universum (oder wer immer) nicht erst darauf gewartet hatte, bis sie den Zettel schrieb, um ihn vorzulesen und zu verbrennen.

Malte Althoff hatte Merle seine Telefonnummer geradezu aufgedrängt. Am Abend rief sie ihn an, bekam zunächst seine anhängliche Mutter an den Apparat, die sich sehr nett anhörte und ihren Sohn holte. Als er sich meldete, trillerte Merle ihm mit seinem Pfeifchen ins Ohr.

Worauf er den Hörer auflegte.

Immerhin rief er ziemlich schnell darauf wieder an: »Entschuldige, warst du das gerade? Ich hab mich so erschrocken – und dann ist mir eine Sekunde später erst eingefallen, dass du wahrscheinlich Hilfe brauchst, was?«

»Richtig. Jetzt kannst du beweisen, wie ernst dein Angebot gemeint war.«

»Ich tu alles für dich. Außer vielleicht Mord. Na, sagen wir, außer Massenmord.«

»Wie süß von dir. Ich brauche Hilfe bei einem Umzug. In genau einer Woche, am Ersten. Ganz toll wäre natürlich, du könntest noch jemand mitbringen, vielleicht sogar jemand mit einem größeren Auto.«

Schweigen.

»Bist du noch da?«

»Das ist der erste Advent, oder?«

»Fast. Der Samstag davor.«

»Richtig. Ja, ich helfe dir. Hast du sonst noch jemanden, der schwere Sachen tragen kann? Noch einen Wagen?«

»Nein. Du bist der einzige.«

»Dein Vater ist noch im Krankenhaus, nehme ich an? Wie ist das mit deinem Großvater?«

»Der wird Kartoffelsalat machen.«

»Ich meine: kann er tragen helfen?«

»Opilein? Der muss fast selbst getragen werden.«

»Gut, ich werde sehen, was sich machen lässt. Ich melde mich«, versprach Malte.

Diesmal, dachte Merle, klang er nicht so schmelzend und witzig wie sonst. Er war wohl nicht darauf gefasst, dass ich die Trillerpfeife wirklich anwenden würde…

In der Woche vor dem Umzug gab es fürchterlich viel zu tun, und Merle musste fast alles alleine machen, obwohl Opilein ja tat, was er konnte.

Malte brachte ihr ein paar Kisten und Pappkartons, die seine Familie auf dem Boden aufbewahrt hatte. Bananen- und Hundefutterkartons schmeichelte Merle Herrn Warncke ab, der mit seiner verschorften Unterlippe schmollte, sich jedoch über ein Küsschen auf die Wange freute und nur noch brummelte.

Sie bemühte sich, das bisschen restliche Geld, das es noch im Hause gab, so lang wie möglich zu ziehen. Nachdem sie den letzten Pfennig ausgegeben hatte, brachte sie einige Gegenstände zu einem Pfandhaus in der Langen Reihe.

Sie war von sieben Uhr morgens bis elf Uhr abends ununterbrochen auf den Beinen. Sie packte und packte und zwischendurch putzte sie. Sie pfiff und trällerte und strahlte den ganzen Tag. Die Schule hatte sie endgültig hinter sich, Butz lebte, es würde ihm langsam besser gehen. Das Leben lag vor ihr, und sie war dabei, wie sie zu Wanda gesagt hatte, es festzuhalten und sich große Happen heraus zu beißen.

Am Montag der letzten Novemberwoche fiel ein wenig Schnee, am Dienstag war alles weiß. An diesem Tag wusch Merle ihr Haar, schminkte sich sorgfältig, zog ihr rostrotes enges Strickkleid an und ihre rostroten Stiefel, hängte sich ihre größten Kreolen an die Ohren und fuhr nach Eppendorf, wohlweislich gegen drei, nach der Hauptmittagessenszeit. Es schneite immer noch weiter, ihr Haar war bepudert, als sie ins Sapporito eintrat. Carmine Benfatto half ihr als Erstes aus dem Mantel und schüttelte ihn ein bisschen im Windfang des Restaurants aus. Die Fürsorge galt wohl in erster Linie seinen Fußböden.

»Kann ich Sie sprechen?«, fragte Merle. Sie war um wenige Zentimeter größer als er, aber die Stiefel hatten vollkommen flache Sohlen. Das Strickkleid pries schamlos ihre Figur an. Carmines bernsteinfarbene Augen unter den schweren Lidern nahmen alles sorgfältig zu Protokoll.

Er bat sie in ein Hinterzimmer mit Biedermeiermöbeln, Leinenvorhängen und geschnörkelten Messinglampen, setzte sich hinter seinen Schreibtisch, wies auf das Stühlchen davor, faltete die Hände unter dem Kinn und wartete. Er war sich völlig bewusst, welche Augenweide er selbst darstellte in dem blaugrauen Anzug mit der Seidenkrawatte.

Merle musterte die geschmackvolle Einrichtung, blickte in den Winternachmittag vor dem Fenster und schauderte leicht. Daraufhin bot er ihr etwas Heißes zu trinken an und er bestellte es übers Telefon in seiner Küche.

»Haben Sie inzwischen etwas von Ihrer Schwester gehört, Herr Benfatto?«

Carmines Gesicht verzog sich beleidigt. »Die dumme Gans iste auf Gran Canaria mit dem Signorer Pferd, dem Kompagnon von Ihre Papa. Sie schreibt, es iste warm und schön. Und sie iste ganz wahnsinnig traurig, weil Sie Ihre Papa vermisste. Sie macht sich Sorgen um Barbarossa!«

»Nicht ganz zu Unrecht«, erklärte Merle. Sie schilderte, was mit Butz passiert war. Benfattos Reaktion bewegte sich zwischen Augenbrauen hochziehen, Schulterzucken und bedauerndem Schnalzen.

Ihr wurde von einem anklopfenden Kellner eine dampfende Tasse serviert. Der Kellner ging mehr oder weniger rückwärts wieder hinaus, wie das Protokoll es Königen gegenüber vorschreibt.

Auf dem Getränk, das nach Kaffee duftete, schwammen weiße Spiralen. Auf den weißen Spiralen lag ein Hauch dunkler Puder, Kaffee oder Kakao.

»Was ist das?«

»Cappuccino. Kaffee mit eine Kapuze aus geschäumte Milch. Das bestellen sich Deutsche, die in Italien waren und da nichte nur Würstchen mit Sauerkraute zu sich genommen haben. Probieren Sie! Sie mögen es …«

Benfatto beobachtete aus schläfrigen, lauernden Augen, wie sie an ihrer Tasse nippte. »Und wie soll es jetzt weiter gehen mit Ihnen, Fräulein Voß?«

»Vielleicht haben Sie eine Idee?«

Sie sahen sich gegenseitig eine ganze Weile an, bis sie beide lächelten.

Er nickte. »Ja, ich brauch immer noch eine gute Kraft. Sie können nichte servieren, denke ich mir? Nichte für ein Restaurant?«

»Bisher nicht. Aber ich lerne sehr schnell.«

Carmine nickte. »Das glaub ich Ihnen. Buono. Achthundert Mark Anfangsgehalt. Das iste gut, aber ich glaub, Sie sind gut. Sonnabend iste der erste Dezember, können Sie da anfangen?«

Merle schüttelte den Kopf. »Leider nicht. Am kommenden Wochenende ziehen wir um! Ab Montag auf jeden Fall – Sie können mir ja die beiden Tage abziehen ...«

Solche fitzeligen Ideen wies er mit großer Geste von sich. »Sie fangen an ersten Dezember an und kommen eben an dritten. Das geht nur mich was an, ich bin der Boss hier. Sie wissen das? Sie haben rote Haare und sind eigenwillig? Ich bin der Boss!«

Merle lächelte ihn beruhigend an. Sie fand Carmine Benfatto attraktiv, seit sie ihn zum ersten Mal gesehen hatte, und mit Bossen hatte sie nicht das geringste Problem. Ihr eigener Vater war der schlimmste, den wickelte sie um den Finger, seit sie ein Säugling war.

»Sie sind der Boss. Herr Benfatto, ich bin Ihnen sehr dankbar. Das Angebot ist großzügig. Ich hoffe, ich gebe Ihnen nie Grund, es zu bereuen. Ich freu mich darauf, in so einem schönen und geschmackvollen Restaurant zu arbeiten.«

Sie stand auf, ließ – aus taktischen Gründen – sehr bedauernd den Rest des schönen Cappuccinos stehen und streckte ihm die Hand hin. Er stand ebenfalls auf, nahm ihre Hand und hielt sie fest.

»Sie sind Jungfrau?«, erkundigte er sich, als hätte er nach der Lohnsteuerkarte gefragt.

Sie sah ihm ruhig und fest in die Augen. Dabei fiel ihr zum ersten Mal auf, dass sie beide ungefähr dieselbe Augenfarbe hatten. »Bis heute noch, ja«, sagte sie. »Und ich entscheide, wann sich das ändert. Auf dem Gebiet bin ich der Boss.«

Er zeigte seine hübschen kleinen Zähne in einem amüsierten Lächeln. »Abgemacht. Ich bin ein recht geduldiger Mann.«

Merle empfand, dass jedes weitere Wort den bis hierhin für ihr Empfinden erfreulichen Dialog nur zerstören würde. Sie nickte ihm noch einmal zu, hielt ihn mit einer kurzen Handbewegung zurück, sie hinauszubegleiten, und schlüpfte auch schon durch die Tür.

Im Spiegel der Garderobe, als sie den Mantel anzog, sah sie, wie ihr Gesicht glühte. Das lag wohl an der Kälte draußen, der Wärme hier drinnen und dem heißen Cappuccino.

»Er hat gefragt, ob du Jungfrau bist?!«, fragte Angelika entsetzt. »Das darf doch nicht wahr sein! Vielleicht hat er das Sternzeichen gemeint?«

»O nein, ganz sicher nicht.«

»Dieses alte Ferkel! Männer sind doch wirklich alle gleich. Oh, Merle, er ist also hinter dir her –?«

»Das will ich hoffen.«

»Ich meine, ich muss ganz ehrlich sagen, er ist ja ein bildschöner Mann, da gibt's nichts dran zu tippen, aber doch so alt – !«

»Du tust ja, als wäre er ein sabbernder Greis. Benfatto ist Anfang dreißig!«

»Älter nicht? Er hat doch schon so viel weiße Haare …«

»Benfatto ist ungefähr vierzehn Jahre älter als ich.«

»Na ja, so gesehen … Ich glaube, das war auch so in etwa der Altersunterschied von Scarlett O'Hara und Rhett Butler. Trotzdem, ich weiß nicht. Ideal ist doch ein Altersunterschied von zwei bis vier Jahren. Am idealsten sind drei Jahre.«

»Wer sagt das?«

»Ach, das weiß man einfach.«

»Du meinst natürlich: er drei Jahre älter als sie, und nicht umgekehrt, oder?«

»Natürlich!« Angelika lachte. »Ein bisschen älter muss der Mann auf jeden Fall sein. Genau so, wie er ein bisschen größer sein muss. Das ist doch logisch.«

»Was ist daran logisch?«

»Das liegt doch auf der Hand, Babylein. Weil er sonst nicht überlegen wäre. Weil man dann als Frau nicht zu ihm aufschauen kann!«

»Also, mir gefällt der Italiener. Obwohl das mit dem Aufschauen Probleme machen könnte. Vielleicht sollte ich ihm Cowboystiefel schenken?«

## *Im 14. Kapitel*

### *lernen wir einen schüchternen Postboten kennen und haben Gelegenheit, einer Beiwohnung beizuwohnen*

Am Samstag vor Weihnachten kam Butz Voß aus dem Krankenhaus in sein neues Heim in der Schellingstraße. Benfatto hatte Merle für diesen Nachmittag frei gegeben und wiederholt darauf hingewiesen, wie großzügig das von ihm sei; abends musste sie auf jeden Fall kommen und natürlich auch am darauf folgenden Sonntag sowie am Montag, der Heiligabend war. Merle gab ihm recht. Sie wusste aus ihrer Erfahrung in der Kneipe, wie sehr einsame Menschen an den Festtagen in Gaststätten jeder Art flüchteten, um nicht zu merken, wie alleine sie waren.

»Wir sind übrigens umgezogen. Etwas kleiner, aber sehr nett«, hatte Merle an einem der letzten Tage im Krankenhaus zu ihrem Vater gesagt. Sie glaubte inzwischen, dass er nicht aus geistiger Benommenheit, sondern aus purer Angst nicht mit ihr über die Zukunft sprach, oder auch nur darüber, wie sie zurechtkamen. Irgendwelche Gedanken musste er sich ja wohl machen, wovon sie und Opilein lebten? Konnte es sein, dass er die alle beiseite drängte?

Auf die Information über den Umzug hin hatte er bloß genickt. Nicht einmal gefragt: »Wohin denn?«

Sie holte ihn am späten Vormittag mit einem Taxi ab. Butz war kurzatmig, die eine, nicht sehr steile Treppe machte ihm zu schaffen. Er sah schmal aus, blass und erschöpft, das war im Krankenhausbett nicht so deutlich gewesen. Sein Bäuchlein, das ihm im letzten Herbst so viel von seinem dynamischen Aussehen genommen hatte, war völlig verschwunden.

»Ist das hübsch!«, sagte er, als er sein Zimmer ansah. »Wer hat denn das so schön getüncht?«

»Merle!«, sagte Opilein triumphierend, als hätte er seiner Enkelin das andressiert. »Un Merle hattas alles hingekricht mit den Umzuch un so weiter. Ihre Freunde ham da alle geholfn.«

Butz kaute an einer schweren Frage. Er untersuchte die Ärmelkante seines Pullovers, als er sich ziemlich leise erkundigte: »Hattest du noch … was Gespartes, Hinnerk?«

»Wehnich genuch. Das war ja denn bald wech. Nee, das' zum ein meine Rente un vor allm Merles Gehalt. Die verdient ja dicke. In den Restorang von Renata ihrn Bruder.«

»Hast du da ausgeholfen?«, fragte Butz erstaunt.

»Nein. Benfatto hat mich richtig eingestellt. Ist kein leichter Job, macht aber viel Spaß.«

»Angestellt?« Butz' große blaue Augen weiteten sich. »Gehst du nicht mehr zur Schule?«

»Nö. Ich hatte schon lange keine Lust mehr, und jetzt bin ich aus dem Verein ausgetreten.«

Butz schlug wieder die Augen nieder und zupfte an seinem Ärmel herum. »Das kann ich verstehen«, sagte er leise. »Spaß gemacht hat mir die Schule auch nie. Gut, ich würde dir da nie reinreden. Es ist deine Entscheidung …«

Bald darauf murmelte er, er fühle sich doch recht flau und würde sich gerne hinlegen.

»Denn krichstu dein Essen im Bett!«, entschied Opilein. »Passt ja gut, is Labskaus, kannstu nix bei auskippen …«

Während er mit Merle in der Küche hantierte, fragte der alte Mann: »Sach ma, glaubstu, der denkt wirklich, du bis aus Jux und Dollerei ausse Schule wech? Meinssu, der denkt da gar nich über nach, dass wir alle nich leben könntn ohne dein Geld?«

Merle zuckte mit den Schultern. »Ich glaube, er kommt sich ziemlich mies und schuldig vor, deshalb denkt er da drum rum. Lass man, Opilein, ich bin kein armes Opfer. Ich weiß schon, du würdest Butz gern wieder auf sein Gewissen drücken – bloß wäre das Heuchelei. Ich hab die Schule doch wirklich nicht leiden können, ich hatte große Lust dazu, das hier alles zu organisieren, und der Job im Sapporito ist wirklich toll. Ich bin mit allem sehr zufrieden. Es hat mir noch nie so viel Spaß gemacht, Merle Voß zu sein.«

Opilein hörte auf, Gürkchen zu würfeln, und seufzte tief. »Aber so 'n klein büschen schuldich fühln düfte er sich wohl doch«, fand er. »Na ja, lass ihn ma ers ma. Ich hab mich bös verjaacht, wie ich ihn gesehn hab. Sieht ja nich aus wie früer. Un schnaufn tut er, wie wennas nu gleich zuende gehn tut mit ihm …«

Malte Althoff hatte Merle tatsächlich beim Umzug geholfen – neben Angelika, Gisela und einigen Verehrern von Merle. Das mit den Verehrern hatte Malte gewurmt. Für Silvester hatte er Merle fest eingeplant und erfuhr, da sei sie natürlich im Sapporito. Was war daran natürlich?

»Wieso jobbst du ausgerechnet Silvester bei dem Italiener?«, fragte er aufgebracht.

»Ich jobbe da nicht. Ich bin da angestellt.«

»Komm, das ist doch unmöglich! Eben warst du noch in der Schule und schon bist du angestellt, was? Du meinst, du lernst da? Machst du eine Lehre in dem Restaurant?«

»Ich lerne da. Aber ich mache keine Lehre. Ich bin angestellt.«

»Das geht gar nicht. Das kann man nicht«, erklärte Malte.

»Ich kann.«

»Das kommt mir alles so merkwürdig vor und so unsicher, was du da machst. Ich fürchte die ganze Zeit, du versaust dir deine Zukunft, Mädchen. Weiß dein Vater eigentlich, was da so läuft?«

Merle guckte an Malte vorbei. Ihren mahlenden Kiefernknochen war anzusehen, dass ihre Geduld nur noch aus winzigen Restpartikelchen bestand.

»Dann muss ich also, wenn ich dich Silvester überhaupt sehen will, in dieses Sapporito gehen?«

»Du müsstest, theoretisch. Ich würde es dir aber nicht empfehlen. Du wirst mich wirklich nur sehen, wenn ich mit Tellern und Schüsseln an dir vorbeiflitze. Wir werden kaum ein Wort reden können. Ich kann noch nicht mal versprechen, dass ich an deinem Tisch serviere. Vielleicht macht das Mario, der hat Hasenzähne.«

»Okay, ich kann dich wenigstens sehen. Das reicht doch schon für ein sehnsüchtiges Herz …«

Merle bezweifelte, dass es ihm reichen würde. Andererseits konnte sie Malte schlecht verbieten, seinen Jahreswechsel in Benfattos Restaurant zu verbringen.

Er kam tatsächlich, so gegen neun Uhr abends, mit einer seiner

Schwestern, einer niedlichen Brünetten, die Merle neugierig und etwas ängstlich entgegenstarrte. Malte war tief gekränkt, als sich herausstellte, dass kein Tisch mehr frei war.

»Hast du denn keinen bestellt?«, fragte Merle, ganz erschüttert über soviel Blödheit.

»Ich dachte natürlich, das wäre nicht nötig. Du wusstest doch Bescheid. Ja, und jetzt?«

Jetzt geht ihr eben woanders hin, hätte Merle ihm am liebsten geraten. Stattdessen trug sie Carmine das Problem vor. Der peilte den schönen, großen jungen Mann aus den Augenwinkeln an: »Iste das dein Freund? Mit seine Schwester, sieht so aus?«

»Seine Schwester ja, mein Freund nein. Eigentlich noch nicht mal richtig ein Freund… Obwohl er das sicher glaubt.«

Daraufhin entspannte sich der Boss und ließ ein Zweiertischchen in den Raum stellen – ein bisschen vor der Garderobe und neben den Toiletten, aber immerhin.

»Das ist ja unheimlich nett«, freute sich Maltes Schwester schüchtern, während er selbst nur nörgelte: »Warum tut er so was für dich? Hast du was mit dem?«

»Nein«, sagte Merle. »Aber er tut wirklich viel für mich.«

Das stimmte: Benfatto war ungerecht seinen Angestellten gegenüber. Er zog Merle, die Jüngste, nicht Ausgebildete, deutlich den anderen vor. Interessanterweise wurde das sowohl von Mario mit den Hasenzähnen als auch von Herbert, dem deutschen Kellner, in aller Ruhe akzeptiert. Merle war nun einmal etwas Besonderes. Sie servierte vielleicht noch nicht perfekt, das fiel jedoch bestimmt keinem Gast auf. Dafür war sie in der Lage, jederzeit in der Küche auszuhelfen. Sie sprach stundenlang mit dem Koch, dem dicken Lucca, und ließ sich von ihm Saucen- oder Pastazubereitung zeigen. Sie nahm sich Zeit für Carmines Wünsche und Probleme, ging geduldig und verständnisvoll mit seinen Launen um, zeigte jedoch deutlich ihre Grenzen. Und wenn sich herausstellte, dass es für die Gattin des Stammgastes keinen Diätsekt mehr gab, dann steckte Merle schon im Mantel und rannte los, um den Weinhändler herauszuklingeln und schnell eine Flasche zu holen.

Merle war nun seit einem knappen Monat im Restaurant Sapporito, ursprünglich wohl als eine Art Aushilfskraft. Es wunderte niemanden – und gab noch nicht einmal Anlass zu Anzüglichkeiten –, dass sie und der Boss sich fast sofort duzten. Undeutlich kam es allen so vor, als seien die beiden weitläufig verwandt, durch Renata etwa. Inzwischen fragten sie sich nur noch, wann Merle wohl vom Chef geheiratet werden würde, um dieses Goldstück fest ans Haus zu binden.

Der Faktor, der solchen Plänen im Wege stand, betrat an diesem Silvesterabend das Restaurant auf silbernen Wildlederpumps und im rasierten Blaufuchsmantel, bekam von Benfatto die Hand und die Wangen geküsst und zupfte ihm ihrerseits unsichtbare Fusseln vom Anzug, um ihren Besitzanspruch zu dokumentieren. Die elegante Dame trug den weniger eleganten Namen Rosa Stumpen, denn sie stammte zwar aus Sizilien, hatte jedoch später einen Deutschen namens Stumpen geheiratet, war Witwe geworden und seit einigen Jahren die Freundin des Restaurantbesitzers.

Rosa stellte den einzigen Grund dar, weshalb Merle dem Italiener nicht bereits sehr viel näher gekommen war. Geschult durch das Leben an der Seite ihres Vaters hatte sie nämlich rechtzeitig (das heißt ganz am Anfang) gefragt, wie man im Dunkeln fragt: »Ist da jemand?«

Damals waren sie beide nachts damit beschäftigt, die kleinen Tischvasen mit frischen Blumen zu füllen.

Und Benfatto, der durchaus nicht feige war, hatte wahrheitsgemäß geantwortet: »Ja, da iste jemand.«

Worauf sie erklärte, solange da jemand sei, könne er mit ihr – betreffs Vergabe der Jungfernschaft – nicht rechnen.

Das verdross ihn; er führte an, die Beziehung zur Stumpen sei alt und brüchig, von ständigem Streit geschwächt, schon fast vorbei. Merle riet ihm, alles in Ruhe zu beenden, bevor er etwas Neues anfing.

»Was soll das? Biste du so moralisch?«, fragte Benfatto missmutig und stöpselte gelbe Margariten in die Öffnungen der Vasen.

»Eher so hochnäsig. Ich bin mir zu gut dafür, mich in eine bestehende Beziehung zu quetschen. Ich habe keine Lust, um einen Mann zu kämpfen. Ich habe keine Lust, mein Gewissen zu belasten. Das ist mir zu schmuddelig.«

Er dachte darüber nach, was sie gesagt hatte, und entschied: »Das iste alles nichte schmeichelhaft für mich. Du fühlst nichte, du kalkulierst.«

»Ja. Deshalb bin ich in deinem Lokal so nützlich. Du hast doch Renata verübelt, dass sie's nicht getan hat…«, hatte sie ihn erinnert und die fertig gefüllten Vasen verteilt.

Seitdem lebten sie in einer Art Wartezustand. Carmine teilte ihr immer mal wieder mit, er würde sie eines Tages ›besitzen‹, ›begatten‹ oder ihr ›beiwohnen‹. Die Wiederholung dieser Ankündigungen schien für ihn bereits eine gewisse Erleichterung darzustellen.

Merle war damit ganz einverstanden. Hätte er überhaupt nichts gesagt, hätte sie befürchtet, er könnte das Interesse verlieren; sentimentales Herumgesäusel hätte sie ebenso unangenehm berührt wie Vulgärsprache. Das ständige Verkünden derselben Absicht in altmodischen Redewendungen gefiel ihr gut und ließen ihre Erwartungen wachsen.

Rosa Stumpen ahnte natürlich, was ihr durch Merle drohte. Keine normale Frau hätte ihren Mann gern in ständiger Berührung mit einem Mädchen gewusst, das aussah wie dieses Fräulein Voß. Da sie nichts von Merles Prinzipien ahnte, entschied sie für sich, Carmine würde sich vermutlich das aufreizende Mädchen schmecken lassen und dann schnell satt sein.

Da ihm das verwehrt wurde, sammelte sich die Begierde in Benfatto an und vermittelte ihm über kurz oder lang das Gefühl, ernsthaft verliebt zu sein – oder Schlimmeres. Er träumte nachts von seiner neuen Serviererin und er verlor sich in Phantasien, während sie um ihn herum lief.

Er war nicht der Mann, eine Frau, die ihn abwies, demütig zu betatschen. Er hätte es, andererseits, unerträglich gefunden, sie nicht zu berühren. So war allmählich die Atmosphäre im Sapporito mit Hormonen aufgeladen, was in den Gästen, je nach Veranlagung, Behagen oder Besorgnis auslöste.

Merle hatte einen einfachen Trick entdeckt, sich den tätlichen Angriffen zu entziehen, falls sie es für nötig hielt: Carmine verabscheute es, daran erinnert zu werden, dass sie zwei Zentimeter größer war als er. Sobald das Mädchen irgendwo saß (und niemand sie beobachtete), drückte und knetete er an ihr herum. Stand sie auf, ließ er los. Das war ein praktischer Mechanismus.

Nun servierte sie der blasiert blickenden Rosa Stumpen in der Silvesternacht Hummercocktail, nickte dem schmollenden Malte hinten an seinem Katzentisch zu und eilte in die Küche. Lucca hatte sie gebeten, schnell ein paar Schalotten zu hacken. Niemand zerkleinerte Zwiebeln schneller und perfekter als Merle.

Sie erschnupperte an der Rasierwasserwolke den Eintritt des Chefs und setzte sich schnell auf einen der beiden Küchenhocker, während Lucca ausgerechnet jetzt von Mario zu einem schwierigen Gast gebeten wurde, der seine Sonderwünsche dem Koch selbst erklären wollte.

Sobald sie alleine waren, machte Carmine einen schnellen Schritt auf Merle zu, griff in ihr Haar und fing an, sie zu küssen, bei ihm eine recht bedrohliche Angelegenheit: Er enteignete ihren Mund geradezu, biss ihn auf und nahm Besitz von seinem Inhalt. Gleichzeitig schob er seine Hände auf geschickte und raffinierte Art unter ihre Kleidung, um warme Haut zu ertasten. Merle wurde unwillkürlich an die von ihr beobachtete Szene zwischen der guten Frau von Matzendorf/Schmidt und ihrem angeblichen Neffen erinnert, das Tellerklappern im Hintergrund verstärkte die Vision. Die Küche mit den laut rauschenden Dunstabzugshauben pulsierte vor Hitze, Benfatto und Merle atmeten beide heftig und waren gleichmäßig durchfeuchtet. Der Boss machte nun etwas wahr, wovon ihre Freundin Angelika immer nur redete: Er riss das Mädchen buchstäblich vom Hocker und presste es in arg verkrümmter Haltung derart fest an sich, dass Merle, trotz der festeren Konsistenz der Winterkleidung, detaillierte Auskunft über seine Anatomie hätte geben können – falls sie jemand gefragt hätte.

Schon nahten Luccas schwere Schritte, schon klimperte Herbert mit abgegessenem Geschirr herbei, das Paar fuhr auseinander, starrte sich noch für einen ganz kurzen Augenblick gegenseitig in die glühenden gelben Augen und wandte sich wieder dem Dienst zu, dem Hacken der Zwiebelchen, dem Charmieren der Gäste.

Malte ging gegen eins, gelangweilt und frustriert, obwohl seine Schwester gern noch geblieben wäre. Immerhin hatte er es geschafft, Merle zwischen Tisch und Küche eine Verabredung für einen ihrer freien Tage in knapp einer Woche abzuringen. Er wollte mit ihr spazieren gehen.

Malte trug einen hellen Norwegerpullover und ein glückliches Lächeln auf dem Gesicht, als er aus seiner Ente ausstieg, um Merle abzuholen. Er sah so hell, männlich und sauber aus, dass Opilein, hinter der Gardine, meinte, der junge Mann hätte dem Führer gefallen. Das hätte er schon beim Umzug gemerkt.

»Der ist doch nicht blond, Opilein.«

»Das tut nix. Der Führer war selber nich blond.«

»Ach, aber er hat doch für die nordische Blondheit geschwärmt!«

»Das verstehs du nich. Was an den jung Mann so herrlich is, das' die hohe Gestalt und der männliche blaue Blick. So hatter Kaiser auch geguckt!«

Denn dem war Opilein auch noch begegnet, bei Kaiserwetter.

Gleich darauf klingelte der prachtvolle deutsche Mann an der Wohnungstür, wartete ungeduldig, bis Merle endlich im Mantel steckte und zog sie im Trab die Treppe hinunter und zu seinem Auto.

Merle hatte sich einen grauen Wollschal um das Gesicht gewickelt, aus dem hinten der rote Haarbusch über ihren Rücken hing.

»Ich habe darüber nachgedacht, wie viel du mir bedeutest«, fing Malte an, sobald sie drei Schritte am Elbufer entlang gegangen waren, nur, um sofort unterbrochen zu werden: »Das ist doch Unsinn. Wir haben uns dreimal gesehen, beim Kennenlernen, beim Umzug und Silvester, jedes Mal waren andere Leute dabei, wir haben ein bisschen telefoniert, ohne Inhalt eigentlich. Wir wissen ganz wenig übereinander. Ich kann dir unmöglich viel bedeuten.«

»Das sehe ich nicht ein. Liebe geht doch nicht über den Kopf. Es gibt auch so was wie ein Inneres Wissen, ein seelisches, intuitives.«

»Das ist kein Wissen, das ist Fühlen«, gab Merle zu bedenken.

»Ja, richtig, genau das meine ich. Also, ich kann sehr wohl fühlen, was du mir bedeutest, auch, wenn ich nicht viel über dich weiß«, fasste Malte zusammen. »Und auch, wenn wir uns noch nie geküsst haben. Was nun wirklich bald fällig ist. Halte das jetzt bitte für keine Floskel: Ein Mensch wie du ist mir noch nie begegnet.«

»Das ist ganz gewiss keine Floskel.«

»Danke. Merle … ist dir mal aufgefallen, wie gut dein Name zu meinem passt? Malte und Merle …« Er blieb stehen und packte ihre Schultern: »Ich spüre ganz deutlich, dass wir für immer zusammen bleiben werden.«

»Ich spüre ganz deutlich: Das ist ein Irrtum!«

»Wie kommst du darauf?!«

»Ich spüre es eben.«

»Komm, hör auf damit. Du musst das irgendwie begründen!«

»Das ist weder logisch noch sachlich. Eben hast du noch erklärt, Gefühle könne man nicht begründen.«

Malte ließ die Arme sinken und stellte entsetzt fest: »Jetzt kommt die mir mit Logik! Was bist du eigentlich für eine Frau?«

»Jedenfalls bestimmt nicht die richtige für dich.«

Malte flatterte mit den Armen. Er konnte sich immer noch nicht beruhigen: »Die sagt, ich bin weder logisch noch sachlich! Das ist doch nicht zu fassen! Sonst war das immer mein Text …«

»Du meinst, du hast das deinen Freundinnen vorgeworfen?«

»Klar. Zeig mir die Frau, die in einem Partnerschaftsgespräch logisch und sachlich bleibt!«

»Hier steht sie.«

»Aber das ist ekelhaft!«, rief Malte ganz außer sich, sein hübsches Gesicht rötete sich. »Frauen sind doch gerade deshalb bezaubernd und geheimnisvoll, weil ihnen Dinge wie Logik fremd sind. Und dann auch noch jemand wie du, die personifizierte, sinnliche Weiblichkeit. Ist deine erotische Ausstrahlung denn nur gespielt?«

»Was meinst du damit? Hat Erotik was mit Intelligenzmangel zu tun?« Merle hatte sich umgedreht und ging zurück zu seiner verbeulten kleinen Ente, die am Straßenrand parkte.

Malte kam hinterher. »Was jetzt?!«

»Jetzt möchte ich nach Hause.«

»Noch nicht. Ich fahre hier noch nicht weg, bis das geklärt ist.«

»Gut, dann bleib hier. Ich geh da rüber zur Hauptstraße und seh zu, ob mich einer mitnimmt …«

»Kommt gar nicht in Frage …« Malte hielt sie am Arm fest.

Merle betrachtete seine Hand auf ihrem Arm. »Sei so gut und lass mich auf der Stelle los. Ich bin sonst gezwungen, dich noch viel mehr zu schockieren, indem ich dir die Tracht Prügel deines Lebens verpasse.«

Er ließ sie los, lachte aber ein bisschen. »Merle, rede nicht so. Warum legst du so viel Wert darauf, unweiblich zu sein? Tracht Prügel … wie sich das anhört! Aus dem Mund von einem achtzehnjährigen Mädchen! Das ist abstoßend … Komm, wo willst du denn hin? Lass das – ! Also schön, steig ein, ich bring dich nach Hause …«

Sie fuhren eine Weile schweigend. Dann drehte Malte ihr sein Gesicht zu, das jetzt zornig und verbissen aussah. »Was hast du eigentlich mit mir vorgehabt? Wolltest du mich nur ausnutzen für deinen Umzug – oder war da noch mehr dahinter?«

»Als ich dich kennen gelernt habe, wusste ich noch nicht, dass wir demnächst umziehen würden. Und wenn ich gewusst hätte, wie sehr es dich echauffiert, anderen mal zu helfen, hätte ich bestimmt nicht in dein dämliches Humphrey-Bogart-Pfeifchen gepustet. Du bist nicht der einzige, der eine Kommode tragen kann!«

Er war gezwungen, nach vorn zu sehen, weil der Verkehr dichter wurde. Deshalb schimpfte er jetzt die Windschutzscheibe an: »Gibt dir das was, Männer zu demütigen und auszusaugen? Brauchst du das für dein Ego? Du weist ehrliche Liebe kalt zurück.«

»Oh, hör doch bitte auf mit diesem Schlagertext-Gefasel! Du solltest dich wirklich darauf beschränken, gut auszusehen und das Reden anderen überlassen.«

»Ich hab mal was gelesen über solche Wesen wie dich. Ihr seid keine richtigen Menschen. Deshalb glaubst du auch, du bist anders als alle anderen. Das stimmt nämlich auch. Du bist wahrscheinlich ein Zwischenwesen, weißt du, was das ist? Elfen oder Feen oder Wassernixen oder solche Geschöpfe. Sie haben kein Herz, sie ziehen den Männern nur Energie ab. Das sieht man ja schon an deinem Haar und deinen seltsamen Augen. Du bist nicht menschlich …«

»Du dafür umso mehr. Du bist geradezu zum Erbrechen menschlich!«

Sie stritten sich zwanzig Minuten lang, dann war die Autofahrt zu Ende. Merle stieg wortlos aus, ließ die Tür hinter sich offen stehen und ging zu ihrer Haustür. Sie hörte, wie er die Wagentür zuschlug,

Gas gab und abfuhr. Hoffentlich, dachte sie, ist er jetzt beleidigt genug, um sich nie wieder zu melden!

Das Glück hatte Angelika wieder gelacht, Amor wieder zugeschlagen: Ihr neuer Freund hieß Timo Wachtel, ein ausgesprochen hübscher Kerl, wenn man davon absah, dass seine dunkelbraunen, verträumten Augen dazu neigten, zu verrutschen. Er war sanft und lieb und machte Angelika einstweilen nur Kopfzerbrechen, wenn sie sich vorstellte, sie müsste eines Tages Frau Wachtel heißen.

Timo wohnte in Gemeinschaft mit drei patenten Mädchen, die den Haushalt bewältigten, und einem zweiten sanften jungen Mann, der ebenso wenig wie Timo jemals einen Krümel wegräumte. Angelika wäre gern mit in diese große, gemütliche Wohnung gezogen, ohne elterliche Aufsicht. Ihr war das Rauchen immer noch verboten. Zwar wurde sie im März achtzehn, und das war nicht mehr lange hin, doch erst von ihrem Geburtstag an durfte sie sich die Gesundheit ruinieren, meinten die Eltern.

Ein Nachteil des hübschen Timo, zumindest in Merles Augen, war die Tatsache, dass er noch viel mehr als der gute Kulle dazu neigte, ›Zeugs‹ jeder Art zu konsumieren. Eigentlich hätten sich Angelikas Eltern darum mehr Sorgen machen müssen als um das Zigarettenrauchen ihrer Tochter. Doch sie waren ganz ahnungslos.

Angelika kam hin und wieder ins Sapporito, manchmal mit Timo, manchmal allein. Carmine Benfatto war nett zu ihr, weil sie Merles Freundin war und weil sie ihn auf so niedliche Art anhimmelte, sie aß und trank des Öfteren auf Kosten des Hauses. Allerdings konnte sie kaum jemals, wie früher im Butz & Batsch, in Ruhe mit Merle sprechen; dazu war hier zu viel zu tun.

Merle verbrachte überdurchschnittlich viel Zeit im Restaurant, manchmal fast rund um die Uhr. Als Carmine sie fragte, wann sie denn Urlaub haben wollte, nahm sie ihm das richtig übel. Sie lernte immer mehr über die italienische Küche und über die Gastronomie an sich; sie guckte Benfatto die geschickte Art ab, mit den Gästen zu sprechen, charmant und witzig, doch nie kriecherisch.

An einem Samstagvormittag war Merle als Erste im Restaurant (sie besaß inzwischen einen eigenen Schlüssel), lüftete den Gastraum und die Küche und korrigierte etwas auf der Speisekarte, als es an der Tür klingelte. Sie erwartete, Lucca oder einer der Kellner wären, aus welchen Gründen auch immer, zu früh, und ging öffnen.

Da stand der Postbote vor ihr, sein gelbes Rad lehnte an der Wand, er selbst hielt einen Brief hoch: »Hier, gucken Sie mal – der ist an ›Herbert Kunze bei Benfatto‹ und diese Adresse. Haben Sie so jemanden hier?«

Merle nickte. »Herr Kunze arbeitet im Restaurant. Geben Sie her, ich lege ihn auf die Kommode am Eingang, da sieht er ihn gleich.«

Sie war schon dabei, die Tür zu schließen, da bemerkte sie, wie er sie anschaute, und sie nahm ihn überhaupt erst richtig wahr.

Ein zartes, lockiges Kerlchen in Pastelltönen, rosa Bäckchen wie Angelika, lange Wimpern wie eine Schlafpuppe und anbetende Augen. Es war unmöglich, nicht geschmeichelt zu sein.

»Kann ich noch etwas für Sie tun?«, fragte sie.

»Mommsen«, war die Antwort. »Ich heiße Mommsen. Heiner. Zweifellos haben Sie mich noch nie bemerkt. Ich bin seit einem Vierteljahr Ihr Postbote. Ich hatte immer gehofft, es gibt mal ein Einschreiben für Sie oder irgendwas. Um mal mit Ihnen zu reden. Da hat mir der Herr Kunze geholfen. Indem er sich einen Brief hierher schicken ließ, da konnte ich klingeln und Sie fragen.«

»Und wozu?«

»Um Sie ganz geschickt kennen zu lernen.«

Merle lächelte ihn mütterlich an (er schien ungefähr Anfang Zwanzig zu sein) und meinte: »Aber jetzt haben Sie sich ja gerade das Geschickte und Raffinierte wieder kaputtgemacht, indem Sie mir alles gestanden haben!«

»Ich weiß. Ich kann nicht lügen. Außerdem wusste ich nicht, was ich sonst mit Ihnen reden soll. Würden Sie vielleicht mal mit mir ins Kino gehen?«

»Ich hab zu wenig Zeit, das tut mir Leid!« Merle fing wieder an, die Tür zu schließen und lächelte verabschiedend.

»Gehen Sie vielleicht mal mit mir tanzen?«, fragte der Postbote schnell.

»Ich kann überhaupt nicht tanzen. Hab's nie gelernt …«

Die Tür schloss sich weiter.

»Ich könnte es Ihnen ja beibringen!«, rief Heiner Mommsen durch den Spalt. Nun war die Tür zu. Merle hörte, wie er davor zu sich selbst sagte: »Na, hab ich mir gedacht.«

Ende Mai brütete eine Amsel im dichten Efeulaub an einer Hauswand in Eppendorf. Sie saß Tag für Tag auf ihren hellgrün gemusterten Eiern, bekam hin und wieder von ihrem Männchen einen Wurm oder Käfer gebracht und war für jede Unterhaltung dankbar – solange die nicht darin bestand, dass eine Katze hinaufgeklettert kam oder eine Elster sie vertrieb, um ihre Eier zu konsumieren.

In diesem Haus wohnte ein Menschenmännchen, das manchmal von oben aus dem Fenster zu ihr hinunterblickte und nette Geräusche machte. Später sah sie ihn oft auf die Straße treten und in eins der großen, glänzenden Transportdinger steigen, um dicht über dem Boden weg zu fliegen.

Eben kam das schwarze Transportding von irgendwo zurück, das Menschenmännchen stieg aus, lief herum und half einem Weibchen auf die Straße. Dann gingen beide ins Haus, und kurze Zeit später hörte die Amsel sie oben hinter dem geöffneten Fenster miteinander zwitschern.

Das Männchen sagte: »Warum heute? Warum nichte letzten Dienstag? Da hab ich dir schon gesagt, jetzt iste alles aus mit Rosa.«

Das Weibchen sagte: »Besser heute als nächsten Dienstag. Gib mir mal die Flasche, bitte.«

»Was musst du dich betrinken, wenn ich dich begatte?«

»Angelika sagt, es tut so weh. Ich glaube ihr das zwar nicht unbedingt – aber wer weiß? Ich werd ganz schnell betrunken, weil ich sonst nie trinke. Ein bisschen Narkose kann nicht schaden …«

»Du biste verrückt. Komm her, ich geb dir Narkose!«, rief das Männchen, und dann raschelte es stark. Vermutlich gab es eine zweite Efeuhecke innen im Haus, und die beiden tobten in den Blättern herum.

»Lass das«, sagte gleich darauf das Weibchen. »Hör auf mit dem Geknutsche, das mag ich nicht. So hat deine Schwester schon immer an mir rumgeknabbert …«

»Aufhören? Geknutsche?! Madonna, was fällte dir ein? Du bekommst hier die beste Variante von lateinische Erotik wie von Frank Sinatra, jede Frau stirbte für Zärtlichkeit, was plumpe Germanen nichte in den Fingerspitzen haben, habe ich – und du sagst aufhören, eh?«

»Ich mach mir nichts aus Geschmuse, Carmine. Im Restaurant warst du doch immer anders. Da hast du mich viel fester angefasst…«

»Da war ich gierig und eilig. Jetzt haben wir Zeite für Eleganz.«

»Lass das mit der Eleganz. Los, zieh das hier aus und lass uns zur Sache kommen…«

»Dio mio!«, rief das Männchen, und sie raschelten wieder im Efeu.

Kurz darauf jammerte das Weibchen. Es jammerte genau dreizehnmal – zwischendurch holte es Luft – in derselben Lautstärke, dann sehr viel länger und sehr viel lauter, und dann sagte es: »Uuuu, war das gut. Ich habe geniest, ich habe geniest! Kannst du das noch mal?«

Und das Männchen: »Was meinst du mit noch mal? Ich habe noch nichte geniest, falls es dich interessiert! Vielleicht darf ich auch mal?«

Nach entsprechendem Geraschel und Schnaufen des Männchens war es eine Weile ganz ruhig. Dann brummte er: »Du hast mich belogen. Du warst keine Jungfrau.«

»Ach – und was ist das hier?«

»Egal. Darum geht es nichte. Eine Jungfrau iste scheu und ängstlich, man muss sie ganz lange überreden und mit viel Zärtlichkeit verführen. Vielleicht weint sie. Sie hat nichte beim ersten Mal ›geniest‹, wie du sagst, und wenn wirklich, dann braucht sie ganz lange. Das iste sehr enttäuschend. Du warst keine Jungfrau. Du biste ein Kaninchen…«

Das Weibchen kicherte.

»Hat es wehgetan oder nichte?«

»Wenn, dann angenehm.«

»Gut, dann gib mir den Schnaps. Ich muss mich jetzt betrinken. Ich habe Rosa Stumpen eingetauscht gegen ein rotes Kaninchen. Aber ein schönes. Sieh mal dein Haar in der Sonne, Bella. So schön.

Und Millionen von kleine goldene Sommersprossen. Und das iste …«

»Carmine«, sagte das Weibchen, »müssen wir so viel reden? Ich bin ganz müde jetzt, ich will etwas schlafen. Und hör bitte auf, an meinem Haar rumzufummeln …«

»Das iste kein Kaninchen. In meine Bett liegt ein verdammte verkleidete Mann«, rief das Männchen. »Er will keine Zärtlichkeit – er iste sofort fertig – er will gleich noch mal – und wenn er nichte gleich noch mal darf, will er schlafen statt reden. Wer biste du, Kerl?!«

Das Männchen bekam keine Antwort mehr. Vielleicht schlief das Weibchen schon.

»Was ist los mit dir?«, zischte Merle im Vorbeirennen. Sie servierte am Nebentisch, hatte jedoch ihre Freundin dabei sehr wohl im Auge, die mit leise schwankendem Kopf dasaß und den Bläschen im Mineralwasser zusah.

»Ich hab kein' Bock!«, äußerte Angelika ziemlich laut und mit schwerer Zunge. Timo, neben ihr, zündete zwei Zigaretten an, gab ihr eine und betrachtete sie mit leicht besorgtem Gesichtsausdruck. Die Gäste am Nachbartisch zogen befremdet die Schultern hoch.

»Das iste hier keine Opiumhöhle«, stellte Carmine mit unterdrückter Stimme fest, der das Pärchen aus dem Hintergrund beobachtete.

»Ich gebe dir vollkommen Recht. Wirf sie raus!«, murmelte Merle. Sie war ziemlich böse auf Angelika.

»Deine Freundin, die kleine? No. Aber diese Lümmel mit Schielaugen …« Der Boss straffte seinen schlanken Körper und schlenderte auf Timo und Angelika zu. Er nickte grüßend: »Bon Giorno! Guten Tag, Fräulein Angelika. Wie geht es Ihnen?«

Angelika lächelte verschwommen in ihr Glas. Ihre Zigarette rauchte sich selbst.

»Sie hat kein' Bock!«, teilte Timo dem Restaurantbesitzer mit.

»Ah, ja, ich sehe. Herr … eh?«

»Wachtel.«

»Herr Wachtel, wir kümmern uns um Signorina Angelika, das iste Ihnen doch recht?« Carmine zog mit einer schnellen, geschickten Bewegung Angelikas Stuhl nach hinten, fing das Mädchen im Taumeln auf und schob und zog Angelika, fast wie ein Tänzer seine Partnerin, zum Eingang der Privaträume. Angelika schlurfte mit, so gut sie vermochte, mit verträumtem Lächeln. Sie ließ unterwegs ihre Zigarette fallen. Merle rannte mit einem feuchten Geschirrtuch, fing die Kippe ein und wischte die Asche vom Boden. Dann ging sie zu Timo: »Du möchtest jetzt sicher bezahlen?«

»Ja, gut«, sagte Timo ohne jede Aggression. »Was bekommst du denn?«

Als sich herausstellte, dass sein Portemonee (zu seiner eigenen Überraschung) praktisch leer war, winkte Merle ihn mit dem feuchten Lappen aus dem Lokal und machte sich ans Abräumen.

Carmine teilte ihr kurze Zeit später mit, Angelika sei auf dem Sofa in seinem Büro sofort eingeschlafen. »Vielleicht iste sie schon eingeschlafen auf dem Weg dahin. Lassen wir sie erst mal in Ruhe, eh?«

Am frühen Abend, als Merle mit Vorbereitungen in der Küche beschäftigt war, rief Herbert: »Der Boss sagt, du sollst bitte mal ins Büro kommen. Deine Freundin ist aufgewacht.«

Angelika lag in Benfattos Büro auf dem schönen geblümten Leinensofa und weinte.

»Was hat sie denn jetzt?!«

»Ich weiß nichte. Ich habe nichts gesagt.«

»Sie hat ein Problem.«

»Sie iste ein Problem. Coniglio, ich geh in die Küche. Kümmere du dich …«

Benfatto verließ sein Büro.

Merle nahm ein Paket Kleenex aus einem Schrank und setzte sich zu ihrer Freundin.

»Hier, putz dich.«

Angelika nahm ein Papiertuch, zerknautschte es und weinte weiter. Merle streifte die Ärmel von Angelikas T-Shirt hoch und guckte sich die Armbeugen ihrer Freundin an.

»Was machst du denn da?«

»Ich suche dein Problem.«

»Ach, was du dir so alles vorstellst. Ich spritz das Zeugs doch nicht. Ich schnupfe es bloß. Und auch nur manchmal. Wenn ich nicht weiter weiß.«

Angelika wischte sich nun doch die Augen ab und putzte sich ihre kleine Stupsnase.

»Wo ist Timo geblieben?«

»Nach Haus gegangen. Schöne Grüße«, improvisierte Merle.

»Gut, dass er weg ist. Ich weiß nämlich nicht, was ich machen soll…« Angelika brach die Stimme.

»Vielleicht kann ich dir helfen. Was ist denn los?«

»Ich will Schluss machen!«, weinte Angelika. »Ich schaffe mein Abi wahrscheinlich nicht. Das ist mir auch ganz egal. Ich hab keinen Bock mehr auf Schule. Ich kann mich auf die Schule nicht mehr konzentrieren, weil… Also ich liebe Timo, das muss ich mal feststellen. Ich liebe ihn. So. Und vor ungefähr einem Monat hab ich jemanden getroffen… Wiedergetroffen. Ich wollte es nie jemandem erzählen. Du bist der erste und einzige Mensch… Malte Althoff. Im Grünspan. Wir haben die ganze Nacht getanzt, ohne ein Wort zu reden, uns nur immer angesehen. Dann sind wir zu ihm, in seine kleine Wohnung, die kennst du ja.«

»Nein.«

»Nein? Ach so… Ich hab ihm nichts von Timo erzählt. Wir sehen uns so dreimal die Woche. Und die anderen Tage seh ich Timo. Beiden erzähle ich, ich hab so wenig Zeit, weil ich immer für die Schule büffeln muss. Und beide sind so verständnisvoll…« Jetzt musste sie wieder weinen. »Und ich liebe ihn doch so sehr!«

»Welchen?«

Angelika seufzte. »Beide. Manchmal den einen mehr. Und dann wieder den anderen mehr. Beide sind mir so sehr ans Herz gewachsen, das kannst du dir gar nicht vorstellen. Mein Herz ist einfach zu groß. Wusstest du, dass Malte auch Wassermann ist, wie Kulle? Wassermänner sind irgendwie mein Schicksal, glaube ich. Malte hat gesagt, er spürt genau, dass wir füreinander bestimmt sind und bis in alle Ewigkeit zusammen bleiben werden. Er begreift nicht mehr, wieso er mich am Anfang nicht bemerkt hat. Er sagt, das liegt daran, dass du so dominant bist, du saugst alles Licht um dich her auf wie ein schwarzes Loch.«

»Hat er sich das allein ausgedacht oder irgendwo gelesen?«

»Jetzt bist du gekränkt.«

»Nicht sehr tief.«

»Er will immer, dass ich mich von dir trenne. Aber wenn ich auch alles für ihn tun würde – das nicht!«

»Wenn du alles für ihn tun würdest, dann trenn dich doch von Timo. Was du brauchst, ist Klarheit.«

»Du mit deiner Klarheit. Beneidenswert irgendwie. Mensch, Merle, du hast einfach Glück. Mit dem Mann zusammen, den du liebst – wenn ihr heiratet, hast du dein eigenes Restaurant, das hast du dir immer gewünscht.«

Merle spielte mit dem Kleenex-Karton.

»Ich empfinde große Sympathie für Carmine. Ich geh ausgesprochen gern mit ihm ins Bett. Er imponiert mir, ich bewundere ihn. Er ist gescheit und sinnlich und witzig. In einigen Beziehungen ist er angeberisch und kleinlich …«

»Merle, Schatz, das ist Liebe!«

»Ja? Oh. Aber heiraten werde ich ihn bestimmt nicht. Dann hätte er das Gefühl, dass ich ihm gehöre, und dann würde er anfangen, mich etwas schäbiger zu behandeln. Außerdem will er Kinder. Er weiß ganz genau, dass ich keine will. Was das Restaurant angeht: es ist seins, in jedem Fall. Das sehe ich so und das sieht er so. Wenn ich Frau Benfatto wäre, wäre ich in gewisser Weise immer noch seine Angestellte – nur schlechter bezahlt.«

Benfatto klopfte kurz an und blickte durch den Türspalt. »Alles in Ordnung, Coniglio?«

»Alles bestens!«, erwiderte Merle.

Der Italiener nickte Angelika kurz zu und verschwand wieder.

»Wie nennt er dich? Vanille? Konilljo?«

»Coniglio.«

»Ist das Feuervogel auf italienisch?«

»Das heißt Kaninchen. Carmine weiß gar nicht, was ein Feuervogel ist …«

Basil, der irische Wolfshund, hockte auf den Hinterpfoten und blickte mit winselnden Augen von einem zum anderen.

»Mitnehmen ist unmöglich. Der wird verrückt in der Kiste im Flugzeug. Hinterher braucht er psychologische Betreuung.«

»Aber im Caso Fortunato ist er auch hinderlich, Vögelchen. In der Küche darf er nicht sein. Im Restaurant verbrüdert er sich mit allen Gästen, kriegt tausend Häppchen und kotzt die zum Schluss genau den Leuten vor die Füße, die keine Tiere mögen.«

»Da hast du Recht. Nando, was machen wir bloß mit dem armen Basil?«

Der arme Basil ließ zur Illustration ganz besonders die Ohren hängen und den großen Kopf dazu.

Nando schnipste mit den Fingern. »Wir bringen ihn zu seinem alten Freund Benfatto. Der hat doch gesagt, ›Immer wieder mal gern‹. Und die beiden sind sich doch sehr sympathisch …«

»Stimmt. Carmine ist nett mit Tieren. Ich ruf ihn gleich mal an. Wenn er will, bringe ich den Köter gleich rüber, dann kann der schon da schlafen und wir haben ihn morgen früh nicht voll Abschiedsschmerz am Hals.«

Nando nickte: »Das ist genial. Es wird Basil das Gefühl vermitteln, nicht wir fahren weg, sondern er fährt weg.«

Merle stieg über ihre halb gepackte Tasche zum Telefon.

»Ist die Nummer einprogrammiert? Ja, ist sie … – Carmine? Entschuldige die späte Störung … stimmt, so spät ist es nicht … Du, wir haben ein Problem mit vier Pfoten … Nein, nur für zwei Nächte und anderthalb Tage. Also, wenn es geht, würde ich ihn gleich zu dir bringen, und dann holen wir ihn Freitag vormittag wieder ab?… Wunderbar, ich danke dir! Grüße von Nando! Bis gleich!«

Sie legte das Telefon beiseite und strahlte Nando an. »Er war richtig glücklich. Komm, lass uns die Näpfe einpacken …«

Carmine Benfatto wohnte in Hochkamp, kaum zehn Minuten Autofahrt. Er stand wartend in seinem Garten, mit verschränkten Armen, in einer leichten schwarzen Leinenhose und einem gelben Seiden-T-Shirt. Basil trabte freudig hechelnd auf ihn zu, machte Anstalten, sich auf die Hinterbeine zu stellen, um seinen Freund zu umarmen und wurde zurückgepfiffen. »Du siehst umwerfend gut aus, alter Mann!«, sagte Merle und gab Carmine einen Kuss auf die Wange. Sein volles, silberweißes Haar war exakt gescheitelt und so dicht wie eine Perücke.

»Kommt mit, setzen wir uns.« Er legte ihr einen Arm um die Schulter und zog sie ums Haus. »Biste du schon wieder gewachsen oder schrumpfe ich?«

»Wir sind so groß wie immer, alle beide, kein Grund zur Sorge.«

»Setze dich. Trinke etwas Rotwein. Ich weiß, ich weiß – nur ein Schlückchen …«

»Ja, gut, danke. Aber nur kurz, Carmine. Ich muss noch zu Ende packen und morgen früh zum Flughafen. Ich besuche Angelika.«

Der Hund warf sich neben dem Rattanstuhl zu Boden, auf dem der Italiener saß, drehte sich auf den Rücken, zog die Vorderpfoten an, ließ sich die Brust kraulen und grinste, über kopf, ekstatisch wie ein Krokodil. Er bekam zu hören: »So, mein Freund, du wirste für ein paar Stunden meine Einsamkeit teilen, Schmutzpfoten auf dem Teppich machen und deine Schnauze nach dem Essen an meine guten Hosen reiben, eh?«

Und zu Merle: » Zu Angelika willst du? Nach München?«

»Ja. Sie hat gerade ein paar Probleme.«

»Sie hat keine neuen Mann?«

»Sie hat, glaube ich, ein wechselndes Privatleben. Wir telefonieren nicht mehr so oft wie früher, hauptsächlich, weil sie beruflich sehr eingespannt ist.«

»Eine hübsche, niedliche Frau war sie immer. Hat sie denn nichte ihre Tochter bei sich?«

»Das ist bei denen nicht so wie bei dir und deiner Tochter … Wie geht es Fiorella? Wie geht es Bernardo?«

Carmine lächelte breit. »Sehr gut! Der Schwiegersohn stellt sich geschickt an im Sapporito, hatte ich nicht anders erwartet. Er hat viele neue Ideen. Der nimmt dir noch alle Gäste weg, wirste du sehen. Stell dir vor, Fiorella iste wieder schwanger seit ein paar Wochen. Ich freue mich. Vielleicht mal ein Mädchen? Wenn es so weit iste, werde ich die beiden Jungen bei mir haben, so wie euren Hund.«

»Wie alt sind deine Enkel jetzt?«

»Vier und sechs. Juliano wird immer grandioser. Sehr viel Sinn für Humor. Schlimm iste, er hat Schwierigkeiten in der Schule.«

»Was? Schon in der ersten Klasse?«

»Nichte im Unterricht. In den Pausen. Juliano iste mit einem blauen Auge nach Hause gekommen. Stell dir das bitte vor! Von andere Kinder verhauen. So klein, wie sie sind. Das sind Zeiten!« Benfatto nahm einen Schluck Wein und schüttelte den Kopf. »So was gab es früher nichte. Das iste jetzt diese schreckliche Zeit, die Kinder sehen Brutalität im Fernsehen und schießen im Computerspiel Männchen ab und denken, das iste alles normal. Sie verlieren die Hemmungen und werden grausam. Früher waren Kinder anders. Unschuldiger, sauberer …«

»Ach ja? Ich bin mir da nicht so sicher, Carmine.« Merle nahm zwei große Schlucke Wein, um nicht zu viel zu reden. Ein dunkler Nachtfalter kam aus einem Gebüsch geflattert und versuchte aufgeregt, sich zurechtzufinden. Der Hund sprang auf, mit tapsigen Pfoten bemüht, den Falter zu fangen. Als das Insekt ihm gegen die Nase flog, blieb er stehen, schüttelte sich und nieste mehrmals.

»Und wie geht es dir und Nando? Und eurem Jungen? Iste er schon Professor?«

Merle lachte stolz. »Auf dem Weg dahin ist er bestimmt. Der studiert mit Leidenschaft. Er ist ja auch immer gern zur Schule gegangen.«

Carmine lächelte. »Im Gegensatz zu dir, eh?«

»Ach, du, in die Internationale Schule wäre ich vielleicht auch gern gegangen. Da gibt es beinah nur ›besondere‹ Kinder, so viele verschiedene Rassen und Hautfarben und dauernd wieder Neue, weil die Diplomateneltern ständig umziehen. Mir kam das immer vor wie eine Schule voller Außenseiter, die sich gut miteinander verstehen. Keine Möglichkeit für engstirniges Hühnerhof-Denken.«

»Euer Kleiner ist doch schon vierundzwanzig – wann wirste du denn endlich Oma, Coniglio? Fiorella hat mich eher beglückt. Hat so früh angefangen wie meine Mama …«

»Oma? Hoffentlich bald. Auf Enkel hab ich Appetit – süße kleine Racker zu Besuch, die nicht ewig bleiben … Aber im Augenblick hat der Junge sich gerade von seiner Freundin getrennt. Das dauert wohl noch etwas, bis eine neue Möglichkeit für Enkel kommt.«

»Ha, übrigens habe ich eine neue Liebe.«

»Wirklich? Erzähl mal!«

»Sie iste ein bisschen jünger, na ja… Anna heißt sie. Eigentlich eine Freundin von meine Tochter…« Carmine lachte leise vor sich hin. »Ich stelle sie euch mal vor, wenn es hält.« Er klopfte dem Hund, der sich wieder neben ihm hingeworfen hatte, den Rücken. »Ich hoffe, dass es hält. Ich bin nicht gemacht fürs Alleinsein. Meine Scheidung hat mich traurig gemacht. Was iste, kommt ihr mal zum Essen an einen der nächsten Wochenenden? Dann iste sie auch da, Anna. Dann sagst du mir, was du von ihr hältst, eh?«

»Gerne.«

Er streckte die Hand aus, bis er ihre Fingerspitzen erreichte, und sie verschränkten für einen Augenblick die Hände, blickten in den Abendhimmel und erinnerten sich.

»Sag mal, habt ihr nichte im selben Jahr geheiratet, die kleine Angelika und du, Coniglio?«

# *Das 15. Kapitel*

## *verdeutlicht Merles perfide Rachepläne und beinhaltet zwei Heiratsanträge*

1978 war das Jahr der Eheschließungen. Die erste Hochzeit fand an einem strahlenden Freitag Ende Mai statt.

»Angelika Althoff – wenn das nicht gut klingt!«, sagte die Braut morgens auf dem Standesamt glücklich, während sie mit ihrem neuen Namen unterschrieb. Da steckte sie noch in einem hellgrauen Kostümchen und trug dazu einen zartgrauen Strohhut, ihr Mann hatte ebenfalls etwas Graues an und bemühte sich, kühl und unbeteiligt über die Trauzeugin Merle hinweg zu sehen.

Mittags gab es die kirchliche Trauung in der Hochzeitskirche in Eppendorf. Angelika kam um Einiges zu spät, was nur Malte und seine Familie nervös machte. Alle, die sie schon länger kannten, hatten es einkalkuliert.

Winzige Stöpsel, denen Merle auswich, warfen mit Blumenköpfen – auch gegeneinander – einer machte sich mitten auf dem Kirchteppich in die bestickten Hosen, wurde abgeräumt und brüllte fürchterlich.

Angelika saß ein kleiner weißer Spitzenschleier, maiglöckchenverziert, auf dem hochgetürmten blonden Haar, sie trug ein langes Seidenkleid mit Puffärmelchen und lange weiße Handschuhe. Sie lächelte ihr bezauberndes Lächeln, so intensiv, dass sich ihre Augenbrauen fast weinerlich zusammenzogen. Sie sah derart gut aus, dass niemand den Bräutigam bemerkt hätte, wäre er nicht seinerseits so hübsch gewesen, groß und schlank, im weißen Smoking. Auf der Straße blieben eine Menge Leute stehen und guckten bewundernd: »Ein schönes Paar!«

Merle und Carmine standen in der vordersten Kirchenbank, als der Brautzug sich auf den Altar zu bewegte. Neben ihnen Angelikas Brüder, dahinter Frau Wieland, die trockenen Auges ihre neue Erzfeindin musterte, Maltes Mutter (die anhängliche), auf der anderen

Seite des Kirchgangs. Die hatte an ihrer Seite ihren Mann (den strengen) und ihre hübschen brünetten Töchter. Die zweitjüngste guckte Merle immer noch genau so fasziniert und erschrocken an wie damals an Silvester im Restaurant.

Da kam die strahlende Braut, die Sonne spielte in ihrem goldenen Haar, da stolzierte der Bräutigam, auch er strahlte nach hier und dort – allerdings vereiste sein Blick, sobald er Merle und Carmine traf.

»Wir sind der kleine Wermutstropfen in seinem Glück!«, flüsterte Merle.

Der Italiener zog nur kurz die Augenbrauen hoch.

Angelikas Happyend waren, wie es sich gehörte, dramatische Geschehnisse vorausgegangen.

Sie hatte, stets verwickelt in komplizierte Angelegenheiten ihres großen Herzens, nebenbei ihr Abitur bestanden, war häufig ins Sapporito gekommen, damit Merle sie abhören konnte. Auch Gisela Klincke, mit der sie seit Merles Umzug befreundet war, half ihr verschiedentlich auf diese Art.

Bald darauf fing sie schon ihr Studium an: Germanistik zunächst mal.

Sie machte (wie übrigens auch Merle) den Führerschein. Anschließend schenkte ihr Vater ihr ein kleines Auto.

Sie kämpfte tapfer gegen ihre Neigung zu Alkohol, Zigaretten, Tabletten und Drogen; immer, wenn sie einen Anlauf nahm, diese Neigung in den Griff zu bekommen, strapazierte irgendein Ereignis ihre Psyche, und sie brauchte die Stimulans, um zu überleben.

Dann starb ganz plötzlich ihr Vater. Das Herz des Herrn Wieland, seit langer Zeit krank, setzte aus. Angelika, die keine besonders innige Verbindung zum Vater gehabt hatte, war zutiefst geschockt. Merkwürdigerweise half ihr diese Erschütterung, anstatt sie noch stärker den Trost der Drogen suchen zu lassen, ein wenig in die andere Richtung. »Man kann so schnell sterben«, sagte sie zu Merle. »Ich werde jetzt besser auf meinen Körper aufpassen. Und ich werde deshalb mehr Klarheit in mein Leben bringen, wie du zu sagen pflegst.«

Nachdem sie es immerhin über fast dreieinhalb Jahre ausgehalten hatte, zwischen Timo und Malte zu schwanken, mit beiden befreundet zu sein und die Sache geheim zu halten, nachdem ihre Nerven (und ein Teil ihrer Gesundheit) unter diesem Druck reichlich zerrüttet waren – überraschte Malte sie, genau in dem Augenblick, als sie sich gegen Timo entschieden hatte und sich leidenschaftlich ein für alle Mal von ihm in ihrem Treppenhaus verabschiedete.

Malte begann eine Rangelei mit dem dafür vollkommen ungeeigneten Timo, der »Frieden, mein Freund!« rief und eiligst das Treppenhaus verließ, weil er das schließlich gerade mit Angelika abgemacht hatte.

Auch Malte machte sich davon und ließ nichts mehr von sich hören, und das war falsch; so hatte Angelika das nicht geplant. Sie rief ihn an – und wurde von seiner gerade zu Besuch weilenden Mutter als unzuverlässiges Flittchen abgekanzelt. Sie schrieb ihm Briefe, die ungeöffnet zurück kamen.

An einem regnerischen Tag stellte sie sich ohne Schirm auf die Straße vor sein Fenster und starrte hinauf, bis sie fast hinweggeschwemmt wurde. Schließlich barst er aus der Haustür und schloss sie schluchzend in die Arme. Danach bekam Angelika eine fiebrige Erkältung und einen Heiratsantrag und sie und Malte machten ihre wenig begeisterten Eltern mit der Tatsache vertraut, dass sie eine kleine Familie zu gründen gedachten.

»Warum gerade der?«, war der Einwand der Witwe Wieland.

»Erst mal sollte Malte sein Studium beenden!«, argumentierten seine Eltern. Ihr Wunsch war begreiflich; Malte hatte zunächst mit Volkswirtschaft, später mit Jura und kürzlich mit Betriebswirtschaft angefangen. Es wäre sicher erfrischend gewesen, ihn irgendein Fach beenden zu sehen.

Die Familien setzten sich zu einer Konferenz über den Fall zusammen, nur, um festzustellen, dass sie sich allesamt nicht riechen konnten. (Mit Ausnahme von Angelikas Brüdern, die Maltes Schwestern recht lecker fanden.)

Als Mittelpunkt einer tragischen Liebesgeschichte fühlte Angelika sich völlig am Platze. Ihre Erkältung weitete sich zu einer entzündlichen chronischen Bronchitis aus, die durch den ständigen, trockenen Husten lebhaft an das Schicksal der Kameliendame erinnerte. Unter dem Eindruck dieses kläglichen Hüstelns stellte Malte seine Eltern vor folgende Entscheidung: entweder, sie stimmten gutwillig seiner Heirat mit Angelika zu (was hieß, sie unterstützten das Ganze auch finanziell) oder die beiden würden ihr Studium abbrechen, sowie alle Kontakte zu ihren Familien, um ins Ausland zu gehen und dort mittellos zu verenden (oder so ähnlich).

Daraufhin seufzten die Althoffs und Frau Wieland schwer und sagten lustlos: »Meinetwegen!«

Das Mittagessen nahm die Hochzeitsgesellschaft im Sapporito ein, das war Merles und Carmines Hochzeitsgeschenk für Angelika. Eigentlich war es ja auch ein Geschenk für Malte, der dadurch in eine unangenehme Gemütslage geriet, denn er legte immer noch Wert darauf, dass Angelika ihre Freundschaft mit Merle abbrach. Zu allem Übel hielt sein Vater eine lange Rede auf das Brautpaar, die vor Ironie und unterschwelligen Anspielungen strotzte. Malte zu ärgern war leicht; er ging gern darauf ein, saß mit böse zusammengekniffenem Mund und funkelnden Augen da und schnauzte seine schöne Braut leise zusammen, als sie ihn aufrichten wollte.

Merle und Carmine saßen teilweise mit am Tisch und aßen, teilweise dirigierten sie das Personal – Herbert und die Neue, Rosanna, die den hasenzähnigen Mario seit einem halben Jahr ersetzte – und fassten selbst mit an. Lucca hatte grandios gekocht, und Angelika jubelte: »Ich liebe die italienische Küche!«

»Na, komm, die französische ist allemal exzellenter!«, widersprach Malte, und das war seiner Familie peinlich, die sich herzlich bei Carmine und Merle bedankten.

Am Abend wurde in Wielands Garten gefeiert. Benfatto blieb in seinem Restaurant, mit der Begründung, er könne es einfach nicht im Stich lassen. Merle als Trauzeugin und beste Freundin der Braut musste natürlich mit, obwohl sie auch keine große Lust mehr hatte.

In Wielands Garten setzte sie sich zu Gisela. Das Brautpaar tanzte zu Musik von Pink Floyd und The Doors, das hatten sie an dem Abend auch getan, als sie sich wiederbegegnet waren. Angelika sah herzzerreißend glücklich aus.

»Sieh sie dir an, die Menschen, wenn sie lustig sind«, forderte Merle Gisela auf.

»Hör sie dir an!«, gab die zurück. »Ein Onkel hat sich erkundigt, ob die Braut noch keusch ist. Ein Cousin hat geantwortet, die treibt es doch seit Jahren mit jedem. Eine ältere Bekannte hat wiederum der Meinung Ausdruck getan, Angelika bekäme ja jetzt schon ein Doppelkinn, und fand das bedauerlich. Wie sind wir eigentlich auf diesen Planeten geraten?«

»Irgendeine Fehlschaltung.«

»Wo wird das junge Glück denn wohnen?«, fragte Gisela. »Hier im Hause?«

»Die Familien haben eine nette kleine Zweizimmerwohnung unterm Dach aufgetrieben, sogar relativ in Uni-Nähe. Papa Althoff zahlt einstweilen die Miete, und beide Eltern überweisen monatlich ein wenig Geld, damit 's mit dem Studium voran geht.«

»Nobel! Warum sieht der ansonsten attraktive junge Mann eigentlich stets so grimmig aus? Das fiel mir damals schon bei deinem Umzug auf.«

»Sein männlicher Stolz wurde gekränkt. Das passiert ihm öfter.«

»An dem wird die kleine Angelika noch viel Freude haben.«

»Das fürchte ich auch.«

»Und wie kommst du klar mit deinem wunderschönen Italiener mit den schmalen Hüften?«

Merle spielte mit dem Strohhalm in ihrem Bowleglas. »Durch ständige Wachsamkeit. Ich geh nie in den Käfig ohne einen Hocker in der einen und eine Peitsche in der anderen Hand.«

»Das klingt gefährlich. Was würde denn passieren, wenn du diese Utensilien nicht bei dir hast?«

»Dann würde er mir im passenden Moment den Kopf abbeißen. Mit anderen Menschen macht er das so. Kürzlich hatte ich Magenschmerzen und war nicht hundertprozentig aufmerksam – versteh mich recht, ich meine nicht, dass ich es an Aufmerksamkeit im Restaurant fehlen ließ oder an liebevoller Aufmerksamkeit ihm gegenüber, es war nur so, dass ich die Peitsche und den Hocker nicht sehr hoch gehalten habe – da wurde er plötzlich gemein.«

»Dann hat er ein grundlegendes Problem, würde ich sagen.«

»Er ist sich seiner selbst nicht wirklich sicher. Würdest du nicht denken, so, wie er aussieht und sich gibt, stimmt 's? Aber weil das so ist, muss er ständig andere klein machen. Er versucht es bei jedem. Er bewundert und respektiert die wenigen, bei denen es nicht funktioniert und rüttelt immer wieder dran und wartet, dass du ihm die Bauchseite zeigst. Das ist spannend.«

»Also das Gegenteil von entspannend. Wie lange willst du dir das noch antun?«

Merle spießte ein Stück Ananas auf ihren Strohhalm und steckte es in den Mund. »So lange wie nötig. Es ist nicht so, dass ich ständig leide, sonst wäre ich längst weg. Carmine hat viele angenehme Seiten.«

»Ist er heißblütig?«, fragte Gisela und stupste Merle mit dem Ellbogen.

»Ich kann nicht klagen.«

»Wunderbar! Dafür brauchst du Männer, und manchmal, um schwere Sachen zu tragen. Weißt du, früher dachte ich noch, Frauen müssen schön sein und Männer klug. Inzwischen weiß ich, was das für ein Unsinn ist. Seit Jahren habe ich sporadisch Affären mit schönen, dummen Männern. Gern Handwerker, die haben die erfreulichsten Figuren. Ich sage dir, es ist die perfekte Verbindung! Das ganze übliche überflüssige Getue entfällt. Wenn ich sie bestelle, kommen sie. Wenn ich sie wegschicke, gehen sie. Und sind glücklich, wenn sie wiederkommen dürfen.«

»Warum?«

Gisela stützte den Kopf in die Hand und sah zu, wie Frau Wieland und einer von Angelikas Brüdern die kleinen Windlichter auf den Tischen anzündeten. »Ja, warum? Ich weiß auch nicht. Nicht, weil ich so schön bin. Wie intelligent ich bin, können sie nur erahnen, nicht erfassen. Vielleicht, weil die meisten Menschen zufrieden sind, wenn ihnen jemand sagt, was sie tun sollen: kommen oder gehen. Sie brauchen nicht selber zu entscheiden. Die Verantwortung liegt nicht bei ihnen.«

»Und mit solchen Leuten gehst du ins Bett?«

»Nur noch.«

Mit einem Plumps landete die Braut auf dem Stuhl zwischen ihnen und strahlte sie an. »Warum tanzt ihr nicht?«

»Kaputte Füße«, sagte Gisela, und Merle: »Das Kreuz!«

Angelika lachte ihr süßes, ansteckendes Lachen und spielte mit ihrem neuen, glänzenden Ring. Dann beugte sie sich weiter über den Tisch. »Kommt mal näher! Wisst ihr, was ich vorhin erfahren habe? Timo war vor der Kirche! Ich hab ihn nicht gesehen, Gott sei Dank, ich weiß nicht, was ich gemacht hätte …« Sie hatte sofort Tränen in den Augen. »Der arme Kerl! Wie muss er sich gefühlt haben? Er soll ganz bleich gewesen sein … Ich werde ein Buch schreiben. Vielleicht fange ich noch während des Studiums damit an. Ein Buch über eine Frau zwischen zwei Männern. Ich hab schon einige Kapitel im Kopf … Stellt euch vor, wenn er eine Pistole bei sich gehabt hätte!«

»Timo hätte zu viel Angst vor einer Pistole, um sie auch nur anzufassen«, gab Merle zu bedenken. »Außerdem ist er kein Rache-Mensch. Er ist bereit, zu verzeihen. Sicher ist er traurig und vermisst dich. Aber er denkt sich nichts Böses aus. Und er tut es schon gar nicht.«

»Wer ist denn ein Rache-Mensch?«, fragte Angelika.

»Ich«, sagte Merle.

Ihre Freundinnen blickten sie leicht besorgt an. »Ja?«

»Ja. Der Unterschied zwischen Timo und mir ist: Er hält nicht sehr viel von sich selbst, aber auch nicht sehr wenig. Er nimmt sich selbst nicht allzu wichtig. Ich nehme mich wichtig. Ich halte teilweise sehr wenig von mir und teilweise enorm viel. Deshalb bin ich angreifbar und ich greife an. Ich merke mir jede Verletzung und vergesse nicht und vergebe nicht. Ich werde Rache nehmen. An allen meinen Feinden, an allen, die mir je etwas getan haben. An allen, die mich nicht leiden können.«

»Wie denn?«, fragte Angelika, die offensichtlich Angst um ihren Mann bekam.

Merle lachte. Sie trank ihr Glas leer und knallte es auf den Tisch – denn die Musik spielte inzwischen recht laut, und die Gäste schnatterten und lachten genug, um solche Geräusche zu übertönen. »Ich werde Rache an ihnen allen nehmen, indem ich glücklich sein werde. Ich werde erfolgreich sein und alles bekommen, was ich mir wünsche, und sie werden es alle sehen und sich die Galle kaputt ärgern. Invita Invidia – den Neidern zum Trotze!«

Eine Woche später war sie erst mal selber neidisch.

Eines Abends saßen ein Mann und eine Frau im Sapporito, die Merle sehr interessierten.

Ein attraktives Paar: sie zierlich und mandeläugig, eine Japanerin oder Chinesin, er dunkel und hager, mit tief liegenden Augen und Adlernase.

Merle servierte am Nebentisch, hatte die beiden immer wieder im Blickfeld und stellte überrascht fest, dass der Anblick sie aufwühlte. Zuerst hielt sie es für Eifersucht – doch das konnte natürlich nicht sein; sie kannte den Mann ja gar nicht.

Nachdem sie die beiden den ganzen Abend beobachtet hatte, wurde es ihr klar. Es war der ungewöhnliche Gleichklang, der zwischen ihnen zu bestehen schien, die Art, wie sie ineinander versunken waren und die Außenwelt kaum wahrnahmen. Sie hatten ununterbrochen entweder miteinander gesprochen oder sich, wortlos, angesehen. Der Mann bezahlte und redete mit der bildhübschen Rosanna, der neuen Serviererin, ohne sie auch nur zu bemerken (normalerweise bemerkte sie jeder männliche Gast). Dabei wirkte er weder arrogant noch unhöflich, denn er sprach lächelnd, ruhig und freundlich. Seine ganze Aufmerksamkeit jedoch galt seiner Partnerin. Und dann die Art, wie er sie ansah! Nicht schwärmerisch oder himmelnd, nicht begehrend oder fordernd, nicht kumpelhaft-sich-gehen-lassend. Sondern mit einer Mischung aus Respekt und Vertrauen, Bewunderung und Zärtlichkeit …

Neben ihr, im Türrahmen, seufzte Rosanna. Merle zuckte zusammen, sie hatte nicht bemerkt, dass die Kleine neben ihr stand. Sie guckte auch zu dem interessanten Paar hinüber. Er stand jetzt auf, zog ihren Stuhl zurück, lächelte sie an, nahm ihren Arm und ging mit ihr hinaus. Weder war er rücksichtslos vorausgestolpert, noch hatte er Ungeduld gezeigt, weil es einen Augenblick dauerte, bis sie ihre Handtasche geschlossen und über die Schulter geschoben hatte.

Er öffnete ihr die Tür, legte ihr sanft einen Arm um die Schulter und führte sie davon.

Rosanna hauchte: »Hast du gesehen, sie hatten beide Eheringe, und nicht mal neue, glänzende! So eine Liebe möchte ich bitte auch haben! Ein dickes Trinkgeld hat er außerdem gegeben. Aber nicht, weil er weiß, dass ich eine Frau bin. Wenn ich ein rosa Elefant wäre, hätte er es genau so wenig bemerkt… Sieht übrigens auch noch gut aus, der Bursche, nicht? Die kleine Japanerin hat vielleicht ein Glück! Wo kriegt man solche Männer, Merle?«

Merle wusste es, aber sie sagte es nicht. Ihr war plötzlich eingefallen, dass sie den Mann sehr wohl kannte. Er war der Sänger, der sie damals mit dem Lied vom Conquistador so durcheinander gebracht hatte. Wie hatte er noch geheißen? Pizzaro? Nein – Cortés! Sie hatte ihn ganz zum Schluss erkannt, als er schon fast aus der Tür war und sie sein Profil sehen konnte. Sein dunkelbraunes Haar fiel immer noch vom Mittelscheitel aus in die Stirn, war aber viel kürzer geschnitten, nicht einmal mehr schulterlang. Ebenso hatte sich der lange spanische Schnauzbart gemäßigt und bedeckte nur noch gesittet die Oberlippe.

Cortés also. Was für ein ungewöhnlicher Mensch. Kein Jedermann, ganz offensichtlich. Tatsächlich – diese kleine Japanerin hatte großes Glück…

Merle schlief nicht mehr sehr oft in der netten kleinen Wohnung mit dem großen Balkon. Ihr Bett wurde fast ständig als Sofa benutzt, Opileins Fernseher stand nun hier: Im Grunde war Merles Zimmer zum Wohnzimmer geworden.

Wenn sie doch einmal über Nacht blieb, so wie heute, dann nahm ihre Familie grundsätzlich an, dass es Schwierigkeiten mit Benfatto gegeben hatte.

»Hassu Streit mit dein Süssn?«, fragte Opilein sofort, dessen kleines Köpfchen aus dem Sessel hochschoss, umgeben von weichen, zarten kleinen Haarbüschelchen, die wie Antennen in alle Richtungen standen. Er missbilligte ihr unsittliches Verhältnis mit einem ›katolschen Gastarbeiter‹. Andererseits hätte er ein eheliches Verhältnis womöglich noch viel mehr missbilligt.

»Nein, verdammt«, sagte Merle und gab ihm einen Kuss auf die Glatze. »Wo ist Butz?«

»Der tut Geld verdien mit Taxe fahrn. Aber nu musser bald nach Hause komm. Bis elf, hatter gesacht.«

Opilein sah zu, wie Merle einen Pyjama aus dem Schrank nahm und fragte unlustig: »Nu mussich wohl hier aussen Zimmer verschwindn, richtich?«

»Richtig. Aber lass dir Zeit, ich dusche erst mal.«

Als Merle im Badezimmer fertig war, hatte Opilein ihr Zimmer verlassen. Es roch nur noch leicht nach seinen Zigarillos. Und gerade schloss es an der Tür und ihr Vater kam nach Hause.

Butz Voß war jetzt achtundfünfzig, es wirkte jedoch, als sei er in den letzten fünf Jahren um fünfzehn Jahre gealtert. Er sah nicht dick aus, aber gedunsen, er bewegte sich langsam und schwerfällig und hatte keinerlei Ähnlichkeit mit dem Mann, der in einer Silvesternacht geistesgegenwärtig und geschmeidig über den hohen Tresen geflankt war, um seine Tochter mit Eiswasser zu löschen. Sein Atem ging mühsam und laut, es erschöpfte, ihn zu hören.

»Ach, du bist da… Das ist schön…«, sagte er tonlos. Eine halbgerauchte Zigarette hing in seinem Mundwinkel und wackelte beim Sprechen auf und ab. Er bewegte sich langsam in die Küche, ein bisschen wie jemand, der auf einem schlingernden Schiff das Gleichgewicht halten muss. Seine Fahne roch billig und süßlich. Merle war sich nicht sicher, ob sie frisch war oder vom Vortag stammte; irgendwie gehörte der Fuseldunst inzwischen zu ihm wie die Fliegen um ein Pferdemaul.

Merle wusste, dass es überhaupt keinen Sinn hatte, etwas wie: ›Du solltest nicht trinken, wenn du Taxi fährst‹ zu sagen. Er wusste das schließlich selbst, und offensichtlich gab er nichts darauf.

Butz sammelte die Zigarette aus seinem Mund, ohne zu merken, dass die Asche auf sein Hemd fiel, goss sich ein Glas Mineralwasser ein und trank durstig. Dann musterte er mit müdem Blick seine Tochter. »Krach mit Benfatto?«

»Nicht richtig. Ich bin vorher gegangen. Gut, dass ich die Möglichkeit hab, einfach woanders zu schlafen.«

Ihr fiel ein, dass sie jetzt genau so lebte wie damals Renata: mit einem Bein bei ihrem Geliebten, mit dem anderen in der eigenen Wohnung, mit doppelter Kosmetik und doppelter Unterwäsche.

Butz nickte traurig. Opilein genierte sich nicht, seine Meinung heraus zu posaunen; Butz, der es verabscheute, wenn sich jemand anderes in seine Angelegenheiten mischte, hielt sich auch damit zurück, Merle Ratschläge zu erteilen oder sie zu fragen, wie das denn wohl weitergehen sollte.

Sie saßen eine ganze Weile am Küchentisch. Das einzige Geräusch war das leise Singen der Kohlensäure in seinem Glas und das Ticken der Küchenuhr. Butz sagte: »Manchmal frage ich mich, warum ich eigentlich noch aufstehe und mich wasche und so weiter. Ich hab es nicht geschafft. Nichts von dem, was ich wollte. Kein Wunsch, der in Erfüllung gegangen ist. Ja, da sind wir also gelandet. Nicht so schön, wie ich dir das versprochen hab …«

»Ach, in keiner Weise!«, widersprach Merle scharf und funkelte ihren Vater aus ihren großen gelben Augen an. »Wir sind noch lange nicht gelandet! Wir befinden uns immer noch im Höhenflug, sage ich dir!«

Butz blickte erstaunt auf, bemerkte ihren Blick und begann, ein bisschen zu schmunzeln. »Tatsächlich?«, sagte er. »Das freut mich zu hören, mein Feuervogel …«

Heiner Mommsen war immer noch Postbote in Eppendorf. Inzwischen kannte Merle ihn ganz gut. Zweimal war er mit seiner Mama ins Sapporito zum Essen gekommen. Die Mama sah ebenso zart und verletzlich aus wie ihr Sohn und sie guckte Merle halb bewundernd und halb eifersüchtig an. Sie wohnte eigentlich in Detmold, und so innig war die Beziehung zu ihrem einzigen Sohn im Grunde nicht, doch sie sollte sich Merle wohl auf jeden Fall ansehen. Übrigens machte sie sich nichts aus italienischer Küche und fragte jedes Mal, ob es keine Salzkartoffeln gäbe.

Merle überhörte gewohnheitsmäßig Heiners umständliche kleine Komplimente (sie war glattere, gewaltigere gewöhnt), kochte ihm jedoch hin und wieder einen schönen Cappuccino, wenn sie daran dachte, dass er gleich kam, und behandelte ihn nett und freundlich.

An diesem Vormittag Ende September hatte Heiner Glück, Merle noch im Sapporito anzutreffen. Sie war mit Wanda Griguleit verabredet, hatte ihr kleines Auto in die Werkstatt bringen müssen und überlegte gerade, ob sie mit der Bahn zur Hexe fahren sollte oder sich ein Taxi leisten.

»Wo willst du hin? Barmbek-Uhlenhorst? Da bring ich dich schnell!«, sagte Heiner beglückt.

»Wie meinst du das? Auf dem Gepäckträger?«

Er lachte. »Nein, doch nicht auf dem Fahrrad! Mit meinem Auto. Ich hab ein eigenes Auto. Steht fast hier gegenüber. Na ja, bei der Post natürlich. Die ist doch hier gleich. Ich stell mein Rad mit der Posttasche solange hier bei euch in den Flur…«

»Und was ist mit all den Leuten, die auf ihre Briefe warten?«, fragte Merle erstaunt.

»Die warten eben ein bisschen. Die meisten sind sowieso zur Arbeit und merken nicht, wann ihre Briefe genau gekommen sind. Nachmittags ist die Post da und fertig!«, sagte Heiner ganz energisch. Er sah auf die Armbanduhr um sein zartes Handgelenk. »Wir beeilen uns einfach etwas. Komm, steig gleich ein!«

Der Himmel war bedeckt, ein ganz feiner Regen machte sich nur dadurch bemerkbar, dass er Perlchen auf die Windschutzscheibe setzte.

Merle grübelte vor sich hin und hörte kaum auf das, was der gute Heiner so redete. »Sieh mal, Merle, da ist das Geschäft von meiner Tante Edeltraut. Ein Secondhand-Laden für Kindermode. Läuft ganz gut…« Plapperplapper. Und dann plötzlich drang doch in ihr Bewusstsein, was er sagte: »… denn ich hab schon oft gedacht, Merle kann zaubern. Du hast so was… Irgendwie magisch. Alles, was du haben willst, kannst du kriegen. So, wie du guckst, also deine Augen… Du kannst zweifellos Leute hypnotisieren…«

Er merkte, dass sie ihn ansah, und er bekam sofort frischere Farbe in seine sowieso rosigen Bäckchen: »Verzeihung, ich hoffe, ich beleidige dich nicht?«

»Ich kann niemanden hypnotisieren.«

»Nein, natürlich nicht. Entschuldige bitte. Du hast nur so eine starke Persönlichkeit. Ich hab dich neulich mal über den Eppendorfer Weg gehen sehen, mitten im dicksten Gewimmel. Du bist auf der falschen Seite gegangen…«

»Was heißt das, auf der falschen Seite?«

»Ich meine, gegen den Strom. Also, wir haben ja Rechtsverkehr, auch auf den Gehwegen, sollten wir jedenfalls haben. Du bist aber auf der linken Seite gegangen, sehr schnell. Und niemand hat dich angerempelt. Mir passiert das oft – ich steh mitten im Laufen jemand gegenüber, dann will ich nach rechts ausweichen und der gleichzeitig nach links, und dann versuchen wir's beide umgekehrt – verstehst du? Also, wir stehen uns immer wieder gegenüber und behindern uns gegenseitig. Und du bist da durch wie das Messer durch die Butter – einfach geradeaus und Zisch. Alle sind dir ausgewichen. Das fand ich phänomenal! Da dachte ich auch wieder, irgendwie magisch. Wie machst du das?«

»Ach das. Das ist einfach. Ich seh keinen an.«

»Das verstehe ich nicht. Dann müsstest du doch erst recht an andere dran knallen? Man verständigt sich doch mit den Augen, irgendwie – ?«

»Eben. Man verständigt sich mit den Augen und dann kann das passieren, was du gerade gesagt hast, weil die Verständigung nicht funktioniert. Ich guck vor mich hin oder über die Köpfe hinweg. Dann passen alle auf, dass sie mir nicht im Weg sind, weil sie ja sehen, ich werde nicht aufpassen, sondern sie übermangeln.«

»Ach. Aha«, sagte Heiner betreten.

Eine Weile fuhren sie, ohne zu reden. Dann fing er wieder an. Er redete, ohne Merle ein einziges Mal anzusehen: »Ich meine, wenn wir schon zusammen fahren, kann ich es dir ja eben so gut sagen. Vielleicht habe ich nie wieder Gelegenheit dazu. Also, die Sache ist die, ich liebe dich. Das kriegst du zweifellos sehr oft zu hören, von deinem noblen Chef und allen möglichen vornehmen und reichen Gästen. Kann ich mir denken. Dass ich dir das sage, kann dir ja nichts bedeuten. Ich bin ein Nichts, ein Niemand. Ich kann dir nur versichern, dass niemand dich so ausschließlich liebt wie ich. Du bist irgendwie – irgendwie mein Leben. Zu Hause in meinem Zimmer habe ich zwei Bilder an der Wand überm Bett. Eins hab ich nachts mal selbst gemalt, eine ganze Nacht lang, immer wieder. Tausend Skizzen weggeworfen, und die eintausenderste, die war's dann, die sah dir richtig ähnlich. Und das andere hab ich aus einem englischen Magazin ausgeschnitten, aus einem Modeheft, glaub ich. Da ist eine Frau drauf, die sieht genau aus wie du. In England haben ja viel mehr Menschen rotes Haar. Das Mädchen auf dem Bild läuft durch eine Allee, hinten ist so Nebel, ihr Haar fliegt hinter ihr her, auch stark lockiges, ganz langes Haar, sie hat auch so einen Mund und die großen goldenen Augen. Und ein langes schwarzes Kleid an, mit Spitze. Wenn ich die Augen etwas zusammen kneife, kann ich mir gut einbilden, das bist du. Bevor ich einschlafe, gucke ich immer die beiden Bilder an, jede Nacht. Manchmal hab ich Glück und träume von dir. Nichts Unsittliches, keine Sorge. Ich könnte jahrelang mit dir verheiratet sein, ohne dich auch nur zu berühren. Nicht, dass ich nicht wollte, aber ich könnte mich beherrschen, weil ich viel zu viel Achtung vor dir habe. Du bist so was wie eine Traumkönigin. Ich meine, ich hoffe, du nimmst mir nicht übel, wenn ich von Verheiratetsein rede. Gar kein Zweifel, dass so was völlig außerhalb meiner Reichweite liegt, auch, wenn es mein größter Wunsch überhaupt ist. Wenn mich nachts eine gute Fee wachrüttelt, jederzeit, aus dem tiefsten Schlaf, und sagt, ich hab einen Wunsch frei, dann kann ich jederzeit klipp und klar antworten: Merle zur Frau – wenn sie will. Das ist natürlich der Haken, denn du würdest so was wie mich nie wollen. Einmal hab ich geträumt, du hast mir über den Kopf gestreichelt, da bin ich weinend aufgewacht. So, jetzt hab ich mich also endlich bis auf die Knochen blamiert vor dir. Du wirst zweifellos nie wieder was mit mir zu tun haben wollen. Ich kann nur hoffen, du hast nicht zugehört, was ich da alles …«

»Da drüben wohnt meine Freundin. In dem grauen Haus da!«, sagte Merle.

Heiner drehte rücksichtslos, mit kreischenden Bremsen, quer über die Straße. Ein anderer Wagen hupte ihn empört an. Merle griff ihre Handtasche und suchte den Türgriff.

»Danke, Heiner. Das war ganz lieb von dir. Bitte, sei nicht böse, ich hab dir nicht richtig zugehört, weil ich so in Gedanken war. Wenn du nächstes Mal zum Kaffee kommst, bleibst du ein paar Minuten länger, dann unterhalten wir uns ein bisschen, ja?« Merle griff sein Kinn und drehte sein Gesicht zu sich hin, denn er hatte immer noch über das Steuer hinweg geradeaus gestarrt. Sie beugte sich schnell vor und gab ihm einen kurzen Kuss auf den Mund. Dann stieg sie aus.

Warum hab ich das nun getan? fragte sie sich, während sie auf

Wandas Haustür zuging. Na, wahrscheinlich, um ihn zu beruhigen …

»Du wolltest mich sprechen?«, fragte Wanda gravitätisch, als sie ihre Tür öffnete.

»Ja, weise Frau. Spiel dich bloß nicht so auf.«

»Setz dich. Kaffee?«

»Nein, danke. Ich bin nervös genug. Wo ist deine Katze?«

»Welche?«

»Irgendeine. Du hast immer irgendeine Katze.«

»Zur Zeit nicht.«

»Gut, macht nichts. Wanda – du hast mir mal gesagt, damals, als mein Vater verunglückt war, wie man richtig wünschen kann, erinnerst du dich? Irgendwelche Daten. Viermal im Jahr sind die Ohren von denen da oben, die Wünsche erfüllen, besonders offen oder so. Kannst du mir das bitte noch mal erklären?«

Wanda musterte Merle mit abweisendem Gesicht. »Haben sich deine Wünsche, deinen Vater betreffend, erfüllt?«

Merle atmete tief durch und massierte ihre Hände. »Er lebt. Darum hatte ich gebeten.«

»Erzähl mir nicht, sie haben ihm Unsterblichkeit geschenkt?«

»Sei nicht albern. Die Abmachung lautete …«

»Ja?«

»Er wird so lange nicht sterben, bis er nicht zufrieden mit sich selbst ist.«

»Raffiniert. Und – ist er zufrieden mit sich selbst?«

Merle starrte bitter vor sich hin. »Er war nie unzufriedener.«

Wanda lachte und hustete. »Ah, wie drollig. So lange er in dieser Gemütsverfassung bleibt, brauchst du dir nie Gedanken um seine Beerdigung zu machen, was?«

»Um darüber zu reden, bin ich nicht hergekommen.«

»Hattest du dir das für ihn gewünscht?«

Merle fuhr sich mit beiden Händen in die Haare und massierte ihre Kopfhaut. »Nein. Ich möchte, dass er glücklich ist. Dass er sich wohl fühlt.«

»Obwohl dein Innerstes weiß, dass er dann stirbt? Was für eine

Zwickmühle. Zeigt, wie gefährlich das Wünschen ist. Du hast die Möglichkeit, ihn praktisch als traurigen Untoten zu erleben – oder zuzulassen, dass er sich wohl genug fühlt, um zu gehen. Das grenzt dann an Vatermord.«

Merle nickte. »Ich weiß. Wanda, ich wollte eigentlich nicht in erster Linie verhindern, dass er stirbt – nur, dass er unglücklich stirbt. Was kann ich tun?«

Die Griguleit tippte sich mit dem Filter einer frischen Zigarette nachdenklich gegen die Vorderzähne. »Loslassen, das ist so ein modernes Schlagwort geworden, aus der Psychologie und aus der Esoterik. Ich schätze, das ist es, was du tun solltest. Wenn du bereit bist, ihn gehen zu lassen, dann wird er die Gelegenheit bekommen, mit sich zufrieden zu sein. Aber du wolltest dir etwas anderes wünschen?«

»Das Schiff, auf dem ich in den letzten Jahren gefahren bin, hat irgendwie ein Leck bekommen.«

»Nanu? Das italienische Restaurant geht pleite?«

»Nicht doch. Das ging nie besser. Nein, meine Beziehung zu meinem Chef wird inzwischen – schwierig. Ich kann sehr viel. Ich bin im Grunde perfekte Köchin, Gastronomin und Serviererin. Alles praktisch und nichts auf dem Papier. Könnte sein, wenn es hitzig wird, dass Benfatto mir alles verweigert, was ich brauchen würde, um woanders unterzukommen – du weißt schon, Zeugnisse und so was.«

»Komisch. Ihr habt euch doch jahrelang ganz gut verstanden. Was ärgert ihn an dir?«

»Ich bin ihm zu tüchtig, das vor allem. Wenn ich untüchtig wäre, könnte er mich immer wieder belehren und abkanzeln. Das braucht er. Außerdem möchte er gern eine Familie gründen, da bin ich im Weg.«

»Nun will also die Ratte das Schiff rechtzeitig verlassen und sucht nach einem neuen Transportmittel? Nein, halt, sag mir nicht, was du dir wünschst. Sag deine Wünsche nur denen da oben, die sie erfüllen können. Keinem Menschen, nicht vorher und nicht nachher. Du würdest dadurch den Schwung heraus nehmen. Also, pass auf: viermal im Jahr, das ist richtig. Am einundzwanzigsten März, Juni, September …«

»Morgen?!«

»Ganz genau. Du hättest nicht passender fragen können. Welch

Glückes Geschick, dass du mich kennst! Schreib deine Bestellungen auf ein Papier, lies sie den Höheren Mächten vor, verbrenn den Zettel anschließend. Und sei vorsichtig. Du hast ja schon gemerkt, wie powervoll das werden kann mit dem Wünschen. Du wirst den Mut haben, es trotzdem zu tun?«

»Allerdings.«

»Braves Mädchen. Oder nein, eigentlich stimmt das nicht. Braves Mädchen bist du nur, wenn du mit dir machen lässt, was das launische Schicksal will. Selber eingreifen ist nicht brav.«

»Mich hat ein Mann hergefahren, der meint, ich wäre magisch und würde Menschen hypnotisieren.«

Wanda lachte. »Hat er Angst vor dir?«

»Er glaubt, er liebt mich. Er ist fasziniert.«

»Das ist dasselbe wie Angst haben.«

»Und er hat irgendetwas in der Richtung gesagt, er meint, ich könnte alles bekommen, was ich will.«

»Das kann jeder, solange er nur den Mut hat zum Wollen. Natürlich hat den keiner. Deshalb sind wir ihnen so unheimlich.« Wanda pustete eine weiße, störrische Strähne aus der Stirn und sagte plötzlich: »Ich mache mir Sorgen um den neuen Papst.«

Merle sah erstaunt auf. »Bist du katholisch?«

»Ich bin gar nichts, das weißt du doch. Muss ich katholisch sein, damit ich mir um den Papst Sorgen machen darf? Wir hatten da kürzlich eine Mondfinsternis, die Venus stand direkt neben dem Vollmond, als er blutig wurde … Der Mann macht sich unbeliebt.«

»Der nette Kerl, der so lieb lächelt?«

»Er macht sich nicht bei den Menschen unbeliebt, im Gegenteil. Bei den Patriarchen. Er will nicht, dass vor ihm gekniet wird. Er hat gesagt, Gott ist ebenso weiblich wie männlich. Daran müssen sie ersticken. Sie werden befürchten, dass er noch viel tiefer herabsteigt aus Hochmut und Dünkel und Engstirnigkeit. Dass er womöglich das Zölibat abschafft. Er macht sich fast so unbeliebt wie Jesus. Das ging auch nicht gut aus.« Wanda schüttelte den Kopf und steckte ihre Zigarette endlich an.

Merle stand auf. »Ich danke dir, Wanda. Morgen also: Wünsche aufschreiben, vorlesen, verbrennen. Irgendeine Uhrzeit?«

»Vormittags oder mittags am besten. Und wende dich nach Osten. Wenn der Zettel sofort brennt, geht alles glatt. Wenn das Feuer immer wieder ausgeht, gibt es Schwierigkeiten mit irgendeinem Wunsch.«

»Es können mehrere sein?«

»Liebes Herz, so viele du willst!«

Merle umarmte die Hexe.

Die sagte spöttisch: »Na, na. Wir werden doch wohl nicht weich werden?«

Der neunundzwanzigste September war ein trüber Freitag. Merle, die in letzter Zeit wieder ziemlich häufig in der Schellingstraße übernachtete, kam vormittags ins Sapporito, um Lucca in der Küche zu helfen, Pesto herzustellen, die grüne Gewürzpaste aus Kräutern, Knoblauch und Olivenöl. Sie waren gerade fertig geworden und zufrieden damit, als der Boss hereinrauschte, im Kaschmirmantel und Seidenschal und so schlecht gelaunt, dass er knisterte. Er probierte das Pesto: »Ah, no! Was habt ihr denn da gemachte! Lucca! Manchmal biste du grandios und manchmal drittklassig. Schade um die Zutaten …«

Lucca kostete, völlig verwirrt, selbst noch einmal. Merle verließ schnell die Küche, um im Restaurant zu decken. Sie hörte aus der Küche Luccas zaghafte Verteidigung und Carmines temperamentvolle Entgegnungen. Nun erschien auch Rosanna, zog schnell den Mantel aus und half ihr, die Servietten zu falten. Sie rollte mit den dunklen Augen.

Benfatto verließ die Küche und blieb bei Merle stehen. Sie sah ihn nicht an, aber sie spürte seine Stimmung. Lucca war vernichtet – das reichte noch nicht. Es machte ihn wütend, dass Merle sich entzog: »Was soll das, warum gehst du raus, wenn ich sage, das Pesto iste nicht gut? Du hast das doch mit versaut!«

Merle rückte die Gläser an ihren Platz.

»Redest du nichte mit mir?!«

Sie hob langsam den Kopf und funkelte ihn an. Sie dachte: Das kannst du von mir aus mit allen anderen machen. Aber nicht mit mir. Mit mir nicht! Schon gar nicht so öffentlich.

»Was guckst du so drohend, eh? Das iste mein Restaurant, und wenn meine Angestellte hier Mist machen, muss ich das doch wohl sagen dürfen!«

Merle nickte langsam. »Ja, das musst du wohl.«

»Also!«, sagte er, warf den Kopf zurück und ging endlich in sein Büro, um den Mantel in seinen Schrank zu hängen und sich mit Steuerkram am Schreibtisch zu ärgern.

Rosanna sah sie an, die Unterlippe in die Vorderzähne gezogen. Merle hatte das Mädchen in Verdacht, scharf auf den Boss zu sein. Sie lächelte flüchtig und ging zum nächsten Tisch, um hier zu decken. In ihr kochte der Zorn, sie konnte ihn brodeln hören. Sie hatte die allergrößte Lust, in Benfattos Büro zu stürmen und ihm einen größeren Gegenstand auf den Kopf zu hauen.

Er kam wieder und sagte etwas auf Italienisch zu Rosanna. Die riss die Kulleraugen auf und bekreuzigte sich. Merle erhielt einen kurzen Triumphblick vom Boss, weil sie ausgeschlossen war. Doch inzwischen verstand sie bereits eine ganze Menge Italienisch: »Was ist mit dem Papst?«

Rosanna antwortete: »Er ist tot im Bett gefunden worden. Madonna! Er war nur einen Monat lang auf dem heiligen Stuhl.«

Das hatte Wanda doch befürchtet. »Wie ist er gestorben, Carmine? War es ein natürlicher Tod?«

»Was soll es denn sonst gewesen sein?«, knurrte er. »Wir sind nichte mehr in der Renaissance!«

Wenn sie es sich doch leisten könnte, zu gehen! Ihn einfach im Stich zu lassen mit netten, aber etwas schwerfälligen Leuten, die ohne genaue Anweisung wenig zuwege brachten. Da würde er merken, wie wichtig sie war, damit alles klappte.

Gleich darauf rief sie sich selbst zur Vernunft: erstens würde er niemals zugeben, dass es ohne sie schlechter klappte. Er würde tausend andere Gründe finden und erfinden und sie selber glauben. Zweitens war es lächerlich, nur gehen zu wollen, um eine Lücke zu hinterlassen. Sie sollte gehen wollen, um etwas Besseres zu finden. Merle dachte enttäuscht an ihren Wunschzettel für die Höheren Mächte. Konnten die sich nicht ein bisschen beeilen?

Im Hintergrund murmelte Carmine etwas über Rechnungen und

Belege. Ganz plötzlich fiel ihr wieder die Sache mit der Bezahlung ein. Davon erwähnte Wanda diesmal nichts. Damals, als es Butz so schlecht ging, war im Moment ihres Blutspendens die Besserung eingetreten.

Mal sehen – was würde sie für einen guten neuen Job bezahlen wollen oder können?

Merle grübelte. Wozu hatte sie überhaupt keine Lust? Dann fiel ihr etwas Langweiliges ein. ›Ich werde mit dem Postboten Heiner Mommsen ins Kino gehen. Oder tanzen. Oder in Gottes Namen, beides.‹

Carmine sah entrüstet, wie Merle, während sie Servietten faltete, vor sich hin lächelte. Er war kurz davor, sie zu fragen, was denn so komisch wäre, das versaute Pesto oder der tote Papst. Aber da kamen die ersten Gäste, und er lächelte ihnen entgegen.

Mitte Oktober war Merle mit Briefträger Mommsen schon zweimal tanzen gewesen, und am vergangenen Wochenende hatte sie sich mit ihm zusammen Peter Ustinov als Hercule Poirot in ›Tod auf dem Nil‹ angesehen. Sie fragte sich schon, ob die Höheren Mächte dem armen Briefträger für nichts und wieder nichts falsche Hoffnungen machen wollten. Da klingelte es, und er stand weinend vor der Hintertür des Restaurants.

»Heiner? Was ist denn passiert?!«

Seine Augenlider waren rot und geschwollen. Jetzt sah sie auch, dass er weder das gelbe Rad noch die Posttasche bei sich hatte.

»Meine Mama ist tot!«, sagte Heiner. Fiel ihr um den Hals und schluchzte ein bisschen, aber verhalten. Merle klopfte ihm auf den schmalen Rücken, zog ihn ins Restaurant und ging an die Alkoholvorräte, eingedenk der guten Lehre: ›Das wärmt die Seele‹!

Heiner kippte tapfer einen Schnaps und noch einen und einen dritten. Er hörte auf zu weinen und wurde anschmiegsam. Merle machte ihn freundlich darauf aufmerksam, dass sie an Schmuserei kein Vergnügen fand. Da trank er noch einen Schnaps.

Dann erzählte er: Sein Onkel und seine Tante Traute – also Edeltraut – und die Mama hatten alle ein Haus besichtigt, das zum Verkauf stand. Dabei war eine Mauer eingebrochen und hatte die drei unter sich begraben. Der Onkel starb erst im Krankenhaus, die Schwestern waren gleich tot.

Heiners Augen schwammen wieder, er beichtete Merle, dass er nie nett genug zu seiner Mutter gewesen sei. Es hatte immer wieder Streit gegeben. Er hatte ihr einen Lebensgefährten vergrault, weil er als Kind glaubte, sie müsste doch dem toten Papa treu sein. Und nun sollte er doch traurig sein, und das war er ja auch – aber er merkte, dass er sich über die Erbschaft freute! Und das fiel ihm aufs Gewissen.

Merle schenkte noch einmal ein, sich selbst jetzt auch. Erbschaft?

Ja, eine Menge! Er war der einzige Erbe von allen, da kam einiges zusammen. Dazu gehörte auch der Secondhand-Laden der Tante am Grindel, den hatte er Merle ja neulich im Vorbeifahren gezeigt.

»Der ist nicht gemietet, sondern Eigentum?«

»Die Geschäftsräume gehören seit zwei Generationen unserer Familie. Ganz zu Anfang war's mal ein Handschuhgeschäft. Ja, und dann kriege ich Versicherungsgeld und zwanzigtausend Mark von der Firma, der dieses gefährliche Haus mit den einstürzenden Wänden gehört hatte. Stell dir vor, von denen hab ich überhaupt erfahren, dass meine Familie tot ist! Die haben sofort angerufen. Soviel wollten die schon freiwillig geben! Ich hab dann mal kurz mit einem Anwalt telefoniert, der meinte, da sei zweifellos noch viel mehr rauszuholen.«

Merle war erstaunt. Der schmerzdurchweichte Heiner hatte gleich mit einem Anwalt telefoniert?

Ja; deshalb fühlte er sich ja so mies. Er war ein eiskalter Materialist.

Merle sah ihn sich in aller Ruhe an, den eiskalten Materialisten. Zart war er, ungefähr genau so groß wie sie und ein paar Jahre älter. (Nach Angelika ein Erfolgsrezept.)

Sie hatte sich nicht über alle Maßen amüsiert an den drei Abenden mit ihm – sich jedoch auch nicht grauenhaft gelangweilt. Er war nicht dumm, nur zaghaft und schüchtern. So was konnte sich ja auswachsen.

»Wo sind denn deine Postsachen?«

Inzwischen hatte Heiner Schluckauf. »Ich hab gekündigt. Fristlos.

Ich mach jetzt den – hick! – Secondhand-Laden und sonst nichts mehr. Oder was meinst du? Zweifellos kannst du mir raten, wie es jetzt weitergehen soll.«

»Ich meine, du gehst jetzt nach Hause und legst dich ein bisschen hin. Und heute Abend um sechs treffen wir beide uns vor der Post und gehen irgendwo essen.«

»Essen? Warum nicht hier im Sappo – Hick! – rito? Das kann ich mir jetzt leisten.«

»Nein, lieber nicht hier. Meine Kollegen würden uns die ganze Zeit anstarren. Ich möchte mich gern ungestört mit dir unterhalten«, erklärte Merle. Das konnte Heiner verstehen. Er ging brav in seine Wohnung, legte sich unter die beiden Bilder, die Merle wirklich ähnlich sahen, und schlief ein bisschen.

Kurz vor sechs an diesem freundlichen, sonnigen Herbstabend bekam Merle entsetzliches Zahnweh, hielt sich eine Gesichtshälfte und teilte Benfatto undeutlich mit, sie würde sofort zu einem Zahnarzt gehen, sie hatte dort schon angerufen und müsste sich beeilen. Da stand er – fast alle Tische bestellt und eine kleine Feier für zehn Personen ab acht! Er redete mit rasender Geschwindigkeit auf Merle ein, lief neben ihr her, als sie Mantel und Tasche holte und hielt sie sogar am Ärmel fest. Sie machte einen kurzen Ruck mit dem Arm und war frei. Aus der Tür rief er ihr plötzlich Zärtliches hinterher und nannte sie sogar wieder Coniglio, was er lange nicht mehr getan hatte. Sie klackerte auf ihren Stiefelchen davon, ohne sich umzudrehen, Richtung Post.

Da stand der Alleinerbe mit hochgeschlagenem Kragen und wartete. Er sah blasser aus als gewöhnlich, ernst und grüblerisch, das stand ihm gut. Als er Merle sah, leuchtete sein Gesicht auf, er lief ihr entgegen, umarmte sie und fragte vertrauensvoll: »Wo gehen wir hin?«

Der hat nicht viel im Sinn mit Machtgerangel, dachte sie. Das könnte angenehm sein …

Sie entschied, dass sie bei einem Chinesen um die Ecke etwas aßen. Das ging schnell, das Publikum war anspruchslos und mit sich selbst beschäftigt. Dann wollte sie zu Heiners Entzücken mit in seine Wohnung kommen.

Er wohnte in einem Hochhaus in der Bundesstraße im sechsten Stock, klein, aber nett, und für jemand, der eben gerade Vollwaise geworden war und nicht auf Besuch gefasst, sogar recht proper. So ordentlich sah es bei Angelika nie aus.

Merle betrachtete ihre Portraits über seinem Bett, die selbstgemalte Skizze (gar nicht schlecht!), nur das Gesicht, halb von Haar verdeckt, ein großer Kreolenohrring guckte hervor – und dieses Modefoto eines englischen Mädchens, das durch eine neblige Allee hetzt.

So schön wie die fand sie sich selber beileibe nicht. Aber wenn er meinte …

Heiner stand etwas verlegen da, räumte hier und da etwas beiseite und bemerkte: »Na, ich hab dir ja erzählt, dass du bei mir an der Wand hängst. Ich hoffe, du findest das nicht frech? Ich weiß gar nicht mehr, was ich dir damals im Auto so alles gesagt habe … Du hast ohne Zweifel nicht viel mitbekommen, was?«

»Doch«, sagte Merle, immer noch im Mantel und die Hände in beiden Taschen, »ich habe alles gehört, was du gesagt hast. Was du dir jederzeit von einer Fee wünschen würdest, wenn sie dich nach deinen Wünschen fragt. Oder hat sich daran was geändert?«

Heiner bekam nun wieder sehr frische Gesichtsfarbe, er stellte schnell zwei Tassen ineinander, die auf dem Tisch standen. Gleich würde er den Staubsauger hervor holen. »Daran hat sich nichts geändert und wird sich auch nichts ändern. Du bist mein Leben«, sprach er in die Tassen und trug sie in die Kochnische. Merle kam hinterher. »Das sieht gut aus hier. Ganz schön viele Gewürze! Kannst du kochen?«

»Ja, ein bisschen. Wenn du möchtest, koche ich mal für dich. Ich hab mich bis jetzt nicht getraut, dich hierher einzuladen, das ist so aufdringlich …«

»Findest du? Hast du eigentlich inzwischen mal mit der Fee gesprochen?«

Heiner wusste ganz und gar nicht, welche Antwort nun erwartet wurde.

»Wünschst du dir immer noch, mich zu heiraten?«

Er sagte nichts, er schaute sie nur an und sah aus wie ein kleiner Engel, der in den Himmel guckt.

Merle ging zu ihm und legte ihre Arme um seinen Hals. »Ich habe mir kürzlich auch ein paar Dinge gewünscht. Vielleicht haben sich unsere Wünsche getroffen?«

Der Expostbote suchte in ihrem Gesicht und in ihren Augen und konnte eins ganz bestimmt nicht finden: »Du liebst mich doch nicht?«

»Nein.« Merle steckte ihre Hände wieder in die Taschen. »Ich finde dich sympathisch. Du bist ein netter Kerl. Ich könnte mir vorstellen, dass wir gut miteinander auskommen.«

Er lehnte sich an die Küchenwand, weil er jetzt Halt brauchte. »Es hat damit zu tun, dass ich geerbt habe? Das Geld ist wichtig, ja?«

Merle sah ihm voll ins Gesicht. »Sicher. Ich würde dich auch ohne Geld nett finden, das weißt du ja. Aber ich würde ohne deine Erbschaft nie auf die Idee kommen, dir einen Antrag zu machen. Du hast gesagt, die gute Fee soll mich zu deiner Frau machen, wenn ich will. Du hast nicht gesagt, weil ich dich liebe. Also, wollen tu ich.« Sie ging zum Fenster hinüber und sah auf die Lichter der Fenster ringsumher und die Scheinwerfer der Wagen.

Heiner kraulte in seinen dunkelblonden Locken herum und meinte mit schmerzlichem Lächeln: »Du bist jedenfalls ehrlich. Und dass ich dich nie anrühren würde, selbst wenn wir jahrelang verheiratet sind, hatte ich ja auch gesagt. Ich nehme an, das gehört dann mit zur Abmachung?«

Merle drehte sich erstaunt zu ihm um. »Würdest du dich darauf einlassen?«

Er schluckte. »Natürlich. Vielleicht bin ich der größte Idiot des Jahrhunderts, aber das würde ich. Zweifellos würde ich darunter leiden. Andererseits leide ich sowieso, seit ich dich kenne. Und was du mir da vorschlägst – sofern du das wirklich ernst meinst und mich nicht auf den Arm nimmst – das ist viel mehr, als ich jemals erhofft hatte. Ich würde doch voraussichtlich ziemlich viel mit dir zusammen sein und dich häufig sehen dürfen?«

»Das ganz bestimmt. Nur muss ich deine Erwartung in einer Beziehung enttäuschen: Ich kann nicht ohne Sex leben, und ich halte nichts von Ehebruch. Insofern wirst du dich schon bequemen müssen, regelmäßig mit mir zu schlafen. Sagen wir, einmal täglich. Mehr Zeit werden wir nicht haben, außer im Urlaub.«

Heiner riss die Hand aus seinen Locken, so dass sie schockiert in die Höhe standen. »Was?!«

»Wenn ich mit dir verheiratet bin, möchte ich auch mit dir ins Bett gehen! Ich brauche das, um gut schlafen zu können. Oder bist du dazu nicht in der Lage?«

»Aber wenn du mich nicht liebst –?«

»Meine Güte, Heiner Mommsen, überall auf der Welt treiben es in dieser Sekunde Tausende von Menschen miteinander, die sich noch nicht mal ausstehen können! Und ich kann dich sehr gut ausstehen …« Merle fiel etwas ein, was erwähnt werden musste. Sie zog die Augenbrauen zusammen. »Eins muss allerdings ganz klar sein: Ich werde nie Kinder bekommen. Das steht fest. Ist das für dich auch in Ordnung?«

»Hast du Angst vor der Geburt?«

»Nein. Ich habe Angst vor Kindern. Oder kannst du nicht leben ohne kleine rotznasige Stammhalter?«

»Ich hab noch nie drüber nachgedacht. Irgendwie ist es ja deine Sache. Ich halte mich da raus. Wenn du eines Tages doch welche willst …« Er lächelte plötzlich, weil ihm klar wurde, was für Perspektiven in Zukunft bestanden – »dann musst du es sagen.«

»Abgemacht. Dann sollten wir morgen früh gleich zum Standesamt gehen und alle Formulare unterschreiben. Ja, und Ringe kaufen«, überlegte Merle, während sie ihren Mantel auszog und ihn über eine Stuhllehne legte. Dann streifte sie den Pullover über den Kopf und legte ihn darüber. Sie zog die Reißverschlüsse auf und schüttelte ihre Stiefel ab, öffnete den Rock und stieg heraus, zerrte die Strumpfhose von den Beinen, öffnete den Büstenhalter und drapierte ihn auf dem Kleiderhaufen, zupfte zuletzt das Höschen von den Hüften und warf es hinterher. Sie spazierte über den Teppichboden auf Heiner zu. Als sie dicht vor ihm stand, befanden sich ihre Augen nicht mehr ganz auf gleicher Höhe, weil er noch Schuhe trug.

Er schluckte vorsichtig und so leise wie möglich.

Merle fing seine Unterlippe ein und saugte sie in ihren Mund. Er wehrte sich nicht. Seine Reaktion bestand darin, die Augen zu schließen. Sie ließ ihn los und wartete, bis er sie wieder aufklappte.

»Muss ich irgendwie noch ›Bitte-bitte‹ machen, oder kommst du deinen Gastgeberpflichten jetzt mal nach?«, fragte sie.

Gegen elf schlief Heiner noch, während Merle schon wieder aufgewacht war. Sie gönnte ihm zwar die Ruhe nach all den Schocks – andererseits hatte er den ganzen Nachmittag gepennt. Sie rüttelte ihn ein bisschen: »He, wach mal auf!«

Heiner fuhr hoch, sah sie ungläubig an und grinste töricht. »Nicht zu fassen – es war gar kein Traum?«

»Nein. Nur völlig reale Wunscherfüllung. Du, ich finde, wir sollten uns jetzt anziehen.«

Er setzte sich sofort auf. »Natürlich. Du möchtest nach Hause, ja? Ich fahre dich …«

»Fahren sollst du mich schon, nur nicht nach Hause. Wenn es möglich ist, würde ich gern hinterher wieder hierher kommen und bei dir übernachten. Ist dir das recht?«

»Ob mir das recht ist, fragt sie!« Heiner schluchzte vor Lachen. »Aber wo willst du denn dann jetzt hin, mitten in der Nacht?«

»Zum Secondhand-Laden deiner Tante.«

»Ah – jetzt? Ja, wenn du meinst …« Heiner zog sich schon an, er trödelte nicht. Merle betrachtete ihn wohlgefällig im Licht der kleinen Wandlampe über ihrem Kopf. Ein gutgewachsener Junge war das, welch angenehme Gratisbeilage. Er hätte eben so gut Erbe und von dürftiger Gestalt sein können.

Merle streckte sich, sprang aus dem Bett (das war leider zu schmal für zwei, sie würden sich mindestens eins im Kingsize-Format anschaffen müssen) und in ihre Sachen.

Das Geschäft ›Das zweite Händchen‹ lag in einem schnörkeligen, gepflegten Kasten aus den Gründerjahren. Zwei große Schaufenster, aparterweise mit oben abgerundeten Kanten, eine bezaubernde alte Tür mit Holzschnörkeln.

»Hast du schon den Schlüssel?«

»Leider noch nicht …«

Merle legte ihr Gesicht zwischen ihre Hände und versuchte, hinein zu sehen. »Wie viele Quadratmeter hat es?«

»Ich glaube, nicht ganz zweihundert, alles in allem, mit der Wohnung dahinter. Ursprünglich war der Laden mal viel kleiner. Inzwischen gehört meiner Familie – also jetzt ja mir – das ganze Untergeschoss.«

»Zweihundert? Dahinter ist eine Wohnung? Ist das Bad weit weg? Wir brauchen bestimmt mindestens zwei Toiletten, lieber vier…« Sie sprang zurück, ihrem Zukünftigen an den Hals und drückte ihn lachend an sich. »Das ist toll! Phantastisch! Das wird wunderbar!«

Heiner freute sich, dass sie sich freute. »Willst du den Laden mit den Kinderkleidern führen?«

»Nein. Das wird kein Laden für Kinderkleider mehr sein. Heiner, wir werden ein Restaurant daraus machen!«, rief sie und strahlte ihn an.

»Ach so?«, sagte er verdutzt.

# *Im 16. Kapitel*
## *bricht ein Frühstücksei entzwei, außerdem geht es um den Fluch des Wissens*

Merle wartete seit einer guten Viertelstunde am Straßenrand. Angelika erschien ein bisschen zu spät, wofür sie nichts konnte, im letzten Augenblick hatte das Telefon geklingelt, ein Anruf für Malte, und diese Tante von der Uni hatte sich nicht abschütteln lassen. Nun war sie ja da, sie räumte in aller Eile ihre Handtasche, einen Taschenschirm, eine leere Kekstüte, ein Päckchen Papiertaschentücher, eine Zeitschrift, ein Schlüsselbund, eine staubige Sonnenbrille und eine angerissene Pfefferminzbonbonrolle auf den Rücksitz, damit Merle einsteigen konnte.

»Mist, jetzt haben wir kaum noch Zeit zum Kaffeetrinken, was? Lass dich mal angucken. Du siehst großartig aus! Und so schlank – das liegt auch daran, dass du so groß bist. Ich seh immer dick aus wie eine gestopfte Wurst, weil ich so klein bin. Allerdings wiege ich seit einiger Zeit wirklich etwas viel. Ich rauche ja nicht mehr, und seitdem setzt das kleinste Häppchen an, furchtbar! Dazu kommt der Stress. Ich muss ganz ehrlich sagen, je mehr meine Nerven beansprucht sind, desto mehr muss ich essen, ganz ulkig.«

»Woher hast du Stress?«

»Na, ich bin verheiratet. Das ist Stress, meine Liebe. Das kannst du dir gar nicht vorstellen. Dauernd muss man sich irgendwie einigen, und Männer sind ja so schwerfällig und stur. Malte ist sehr launenhaft, und in seiner Familie herrscht wohl ein gewisses Spießertum, er meint: ›Jaa, und natürlich müssen Betten jeden Tag gemacht werden, das gehört sich einfach so!‹ Er hält es sonst für unappetitlich, da rein zu kriechen. Ich finde, es reicht völlig, sie etwas aufzuschütteln, was meinst du? Er hätte wohl am liebsten noch ’ne rosa Rippchendecke drüber und ein großes Kissen mit Kniff, denke ich manchmal. Und im Bett könnte es auch perfekter sein. Leider. Also, es gibt ja so rein körperliche Probleme, manchmal…«

Das war Merle zu rätselhaft, um zu antworten. Sie nickte einfach verständnisvoll.

»Tja, wir haben das ja gewusst, natürlich. Aber wenn man bis über beide Ohren verliebt ist, dann denkt man, das ist nicht so schlimm und kommt nicht so drauf an. Und mit der Zeit stellt sich dann heraus, es ist doch ganz schön blöd. Jetzt spricht er schon seit zwei Tagen nicht mehr mit mir…« Angelika verrutschte mit der Gangschaltung, das Auto zitterte und blieb stehen. Hinter ihr wurde gehupt. Sie startete den Motor neu und fuhr weiter. »Er hat mal gesagt, Jaa, und er wird mich auf Händen tragen. Davon merke ich nicht viel.«

»Das klingt ja alles wenig ermutigend. Dabei wollte ich dir gerade anvertrauen, dass ich in ein paar Wochen auch heirate.«

»Du?!«, rief Angelika laut und entzückt, stellte die Scheibenwischer an, weil sie blinken wollte und parkte erst mal am Straßenrand, um sich zu beruhigen. »Das ist ja supertoll! Also hat er dich endlich doch überredet. Heißt das, du bist jetzt auch bereit, Kinder zu bekommen?«

»Nein. Und falls du mit ›er‹ Carmine meinst – den heirate ich nicht.«

Angelikas blaue Augen wurden so groß und rund wie die einer Zeichentrick-Figur. »Wen denn dann?!«

»Er heißt Heiner. Heiner Mommsen.«

»Ja und –? Wo kommt er her? Was ist er – wer ist er?«

»Er war Postbote. Hat jeden Vormittag im Sapporito die Briefe abgeliefert.«

»Postbote – ?!«

»Jetzt ist er kein Postbote mehr. Er hat gekündigt.«

Angelika griff in den Handschuhkasten, holte Zigaretten heraus, riss die Zellophanhülle ab und öffnete die Schachtel. Merle hielt sie fest. »Ich dachte, du rauchst nicht mehr?«

Angelika zog an der Schachtel. »Lass mich, das ist meine geheime Notschachtel, die muss ich jetzt haben. Ich bin ja ganz außer mir! Nun erzähl doch um Gottes willen mal, wie das gekommen ist! Wie konntest du dich so plötzlich derart verlieben, dass du alle Prinzipien über Bord wirfst und bereit bist, den Gang zum Traualtar zu wagen?«

Merle erzählte also, wie das alles gekommen war.

Angelika steckte die noch nicht angezündete Zigarette vorsichtig in die Packung zurück und schob alles wieder in den Handschuhkasten. »Das meinst du doch nicht ernst, oder?«

»Wir heiraten am fünfzehnten November, das steht fest.«

Angelika guckte aus dem Fenster auf eine Frau, die einen Kinderwagen vor sich herschob. Sie holte die Zigaretten ein weiteres Mal hervor und zündete sich diesmal eine an. Mit dem ersten Rauch zusammen sagte sie, ohne Merle anzusehen: »Was ist denn der Fünfzehnte für ein Wochentag?«

»Mittwoch, glaube ich.«

Angelika schüttelte den Kopf. »Man heiratet doch nicht mittwochs. Das bringt doch kein Glück. Freitag ist der richtige Tag, frag mal Wanda Griguleit. Um alles in der Welt, Merle, warum tust du das?«

»Mittwochs heiraten?«

»Ach, verdammt noch mal, diesen armen Menschen heiraten! Ohne Liebe.«

»Nicht ohne Liebe. Er liebt mich. Sagt er jedenfalls. Ich mag ihn gern. Und ein armer Mensch ist er schon gar nicht, ganz im Gegenteil.«

»Das ist so tückisch von dir …«

»Wieso tückisch? Ich hab ihm die Wahrheit gesagt.«

»So was macht man nicht! Ja, ich weiß, du bist nicht ›man‹. Aber es geht dir doch nur um sein Geld. Das ist wie – Prostitution.«

»Tut mir Leid, das schockiert mich nicht. Ich hab keine moralischen Vorurteile gegen Prostituierte. Höchstens gegen ihre Ausbeuter.«

»In diesem Fall bist du ja wohl der Ausbeuter. Dass du dich gar nicht schämst! Du ›magst ihn gern‹! – Also wirklich! Entschuldige, aber ich muss dir leider sagen: Du bist berechnend.«

»Natürlich bin ich berechnend. Ich berechne grundsätzlich, was ich tue. Was ist denn daran ehrenwerter, blind gegen die Wand zu laufen? Wenn ich sagen würde, ich bin über alle Maßen verknallt, dann hätte alles seine Richtigkeit?«

»Wenn du das nicht nur sagen, sondern auch meinen würdest.«

»Und wenn ich das sagen und meinen und mich irren würde? Und wenn ich dann irgendwann meinen Irrtum plötzlich einsehen würde?«

»Dann wär's nicht schlimm. So was passiert eben – das kann jedem passieren.«

Merle setzte sich aufrecht hin, stützte den Ellbogen aufs Armaturenbrett und das Kinn auf die Hand. Sie sagte, ohne Angelika anzusehen: »Ich versteh' schon, was du meinst. Nicht das Tun ist so schlimm, sondern das Wissen. Das ist übrigens die größte Sünde überhaupt. Schon in der Bibel.«

»Ach, jetzt lass doch deine Bibel…«, bat Angelika.

»Nein, warum? Wenn es um Gut und Böse geht, können wir uns sehr gut an der Heiligen Schrift orientieren. Die ersten Menschen hatten im Paradies ein einziges Verbot. Nicht, dass ihnen gesagt wurde, sie dürften nicht töten oder nicht stehlen oder sich streiten oder andere Bewohner im Paradies aufessen; das hätten sie alles machen dürfen. Nur eins nicht: vom Baum der Erkenntnis essen. Sie sollten nicht wissen. Und nachdem sie's doch taten, reichte diese unendliche Sünde, um aus dem Paradies zu fliegen. Sie reichte, um alle Frauen zu strafen, weil sie die erste Sünde begangen hatten. Wissen ist böse.«

Angelika seufzte. »Nein, Unsinn, so ist das nicht gemeint…«

»Doch, genau so ist das gemeint. Jesus hat am Kreuz für seine Mörder gebeten, mit dem einzigen Argument, das zieht: Vater, vergib ihnen, denn sie wissen nicht, was sie tun! Und das ist heute noch Gesetz. Wenn einer einen anderen massakriert, und hinterher stellt man fest, er war so betrunken, dass er nicht mehr wusste, was er tat, dann kann er dafür nur ganz milde bestraft werden. Es kommt allein darauf an, nicht zu wissen – schon ist ›man‹ nicht wirklich verantwortlich. Günstig sind auch wilde Emotionen, die sind ebenso verzeihlich. Alles, was aus den niederen Trieben aufsteigt, aus Eifersucht oder Gier, ist ein mildernder Umstand. ›Im Affekt‹ heißt das.« Merle kurbelte das Fenster auf ihrer Seite herunter, weil inzwischen immer mehr blauer Qualm im Wagen herumwaberte. Sie hatte zuletzt ziemlich hart und laut gesprochen, und so fuhr sie auch fort: »Ihr könnt den größten Mist machen, entsetzliche Dinge, Hauptsache, es passiert aus Versehen oder euer Gehirn war gerade abgeschaltet. Dann wird euch vergeben.«

»Wirst du denn nie von deinen Gefühlen überwältigt?«

»Ich strebe es zumindest nicht an. Ich will von niemand überwältigt werden, auch nicht von meinen Gefühlen.«

»Da entgeht dir aber viel!«, rief Angelika aufgebracht.

»Du sagst ja auch, dass mir viel entgeht, wenn ich kein Haschisch rauche. Ein Rausch ist doch eigentlich nichts weiter als eine Steigerungsform von ›Ich kann nichts dafür!‹«

»Das ist einfach unsympathisch, wenn jemand gar keine Gefühle hat, wenn bei einem Menschen alles immer nur so über den Kopf geht!«

»Ich weiß. Das ist mir klar. Nichts schließt dich mehr und endgültiger aus der erstrebenswerten Gemeinschaft aus. Seit Jahrtausenden tun sich Menschen Entsetzliches an. Sklaverei oder Seeräuberei, Inquisition oder Vernichtung der Indianer, die Bartholomäusnacht und der gesamte Dreißigjährige Krieg – furchtbar, doch verzeihlich. Alles das ist aus Nichtwissen oder Leidenschaft geschehen, notfalls aus niedrigen Emotionen wie Habgier. Man entrüstet sich und schüttelt den Kopf, aber man kann schließlich vergeben. Unverzeihlich ist, was die Nazis gemacht haben. Das steht ganz einmalig da, weil es kühl kalkuliert war, straff geplant und organisiert, emotionslos. Das wird ihnen nie jemand vergeben. Weltweit. Sie haben sich das Allerschlimmste geleistet: Sie wussten, was sie taten.«

»Du hast doch keine Sympathie für so was?«

»Nein. Ich verachte jede Art von Fanatismus, auch kalten. Ich bin ein hemmungsloser Individualist, ich verabscheue Gleichmacherei und Engstirnigkeit und Schubladendenken und Vorurteile, und darin waren die richtig gut.« Merle sah auf ihre Uhr und fuhr in anderem Ton fort: »Tut mir Leid, ich muss in ungefähr zehn Minuten im Sapporito sein …«

Angelika fuhr los, Merle kurbelte das Fenster zu.

Sie redeten beide eine Weile nicht. Kein Gespräch, das sie miteinander geführt hatten, war je einem Streit so nahe gekommen.

»Was sagt denn Benfatto dazu?«, fragte Angelika schließlich, kurz, bevor sie vor dem Restaurant hielt.

»Du bist die erste, die es erfahren hat.« Merle nahm ihre Tasche und öffnete die Autotür. »Danke fürs Fahren …«

»Nicht der Rede wert. Ja, dann … Ich wünsche dir auf jeden Fall, dass du trotzdem glücklich wirst …«

Merle blickte ihrer Freundin nachdenklich ins Gesicht. »Trotzdem? Obwohl ich mir das Glück ergaunern will? Du hast die Sympathien auf deiner Seite, Angelika. Egal, ob es besser wird mit dir und deinem Liebsten, oder ob ihr beide kreuzunglücklich werdet und sich das in Wellen ausbreitet und andere unglücklich macht – du kannst ja nichts dafür. Man wird dich beglückwünschen oder bedauern. Wenn ich unglücklich werde, wird es heißen: Siehste! Konnte ja nichts werden. Sollte es aber gut gehen, dann ist es immer noch nicht richtig, denn ich habe es nicht zugeteilt bekommen, sondern genommen. Vielleicht war das ja auch die Erbsünde: nicht das Essen der Frucht, sondern das Nehmen. Vielleicht hätte Gott Adam und Eva am selben Nachmittag freiwillig das Wissen gegeben, und dann wäre es jetzt nicht so unverzeihlich …«

Hinter Angelika regte sich ein Autofahrer auf, weil er nicht vorankam. Merle stieg schnell aus, knallte die Tür hinter sich zu und lief aufs Sapporito zu.

Sie klopfte an die Tür von Carmines Büro, hörte ein brummeliges: »Ja, was iste denn?« – trat ein, schloss die Tür hinter sich und setzte sich auf den Stuhl ihm gegenüber. Er hob zunächst die Augenbrauen, dann die Augendeckel, um anzudeuten, dass ihm nicht nach einem Gespräch zumute war. Dann sah er ihren Ausdruck, und er richtete sich auf. »Na?«

»Carmine, ich habe im Dezember dreiundsiebzig im Sapporito angefangen, fast genau vor fünf Jahren. Wir hatten nie eine Art von Vertrag. Du hast mich gut bezahlt, du hast dreimal mein Gehalt erhöht. Du hast mich ausgenutzt, und ich hab mich gern ausnutzen lassen, weil ich den Job geliebt habe. Ich hab, soviel ich weiß, in den fünf Jahren ungefähr vier Wochen Urlaub gemacht, alles in allem. Ich hatte ja kein Interesse dran, also das war nicht deine Schuld. Du wirst nie zugeben, was du an mir hattest. Ich werde wahrscheinlich nie zugeben, wie viel ich hier gelernt habe und wie viel ich dir verdanke …«

»Du willst weg?«

»Ich bleibe noch eine Woche. Vielleicht schaffst du's, bis dahin einigermaßen vernünftigen Ersatz zu bekommen.«

Carmine zog die Augenbrauen zusammen. »Das iste knapp! Was iste passiert?«

»Ich werde heiraten.«

»Du?! Du haste immer gesagt, du heiratest nie. Wen denn?«

»Den kennst du nicht. Glaube ich wenigstens.«

»Das iste zwar traurig, denn ich erwarte, es ändert unsere persönliche Beziehung. Aber deshalb kannste du doch weiter hier arbeiten? Oder gehst du ins Ausland?«

»Nein, nein, ich bleibe in Hamburg. Na ja, die Sache ist die, ich werde mein eigenes Restaurant eröffnen.«

Carmine Benfattos Augen starrten sie an wie hervorquellende Bernsteinkugeln. »Ein eigenes Restaurant? Du? Was für eins?«

»Da ich am meisten von italienischem Kochen verstehe, dachte ich, ein italienisches …«

»Hast du noch irgendeine gute Nachrichte für mich? Du hauste ab aus meine Bett, du kündigst von heute auf morgen, du wirst mir Konkurrenz machen!« Er sprang auf und lief im Zimmer herum. »Willste du mich ruinieren? Soll ich mich erschießen?«

»Quatsch. Mein Restaurant wird klein und niedlich sein, keine Konkurrenz für deinen großen, bekannten Laden.«

Carmine blieb stehen und sah sie schmerzlich an. »Du hättest meine Frau werden können, du dumme Kuh, und Mitbesitzerin hier!«

»Ich wollte aber immer ein eigenes Restaurant haben!«

»Dann hättest du ein bisschen warten müssen, bis ich sterbe, und mich beerben!«

»Ja, und dann dauert das ewig, bis du stirbst. Nein, ich wollte doch etwas aus eigener Kraft …«

»Wovon bezahlste du denn die Bude?«

»Mein zukünftiger Mann hat …«

»Ha! Aus eigener Kraft, eh? Stronzata!«, unterbrach Carmine sie verächtlich und schnipste mit den Fingern.

Merle stand auf. »Na, auf jeden Fall danke. War nett bei dir. Und mit dir auch.«

Er stellte sich ihr in den Weg. »Coniglio! Was kann ich tun, damit du bleibst?«

»Nichts.«

»Du brichste einfach mein Herz. Du kannste nicht gehen! Was soll ich machen ohne dich?«

»Gib Rosanna eine Chance."

»Rosanna?« Er sah so erstaunt aus, dass Merle ihm glaubte. »Du meinst, die hat Absichten auf mich?«

Merle grinste breit. »Absolut.«

»Ah...« Benfatto, immer noch verblüfft, rieb sich das Kinn. »Sie iste doch noch so jung?«, sagte er zu sich selbst.

»Wir werden immer Freunde bleiben. Wenn ich Rat brauche, komme ich zu dir und werde dich so lange bearbeiten, bis du ihn mir gibst...«, schlug Merle vor.

Carmine setzte sich wieder hinter seinen Schreibtisch. »Wir werden sehen. Fang erst mal an, du wirste dich wundern. Es iste nicht so einfach, ein Restaurant zu führen«, prophezeite er. Immerhin wirkte er etwas heiterer, seit sie Rosannas Interesse an ihm erwähnt hatte.

In der Tür fiel Merle noch etwas ein. »Carmine, was heißt auf italienisch: ›Glücksfall‹?«

»Caso Fortunata.«

Sie lächelte vor sich hin.

»Willste du es so nennen, eh? Ha, du solltest es lieber ›Tana del Coniglio‹ nennen. Das heißt Kaninchenbau«, schlug er vor. Diesmal zog er nur eine Augenbraue hoch.

»Wir brauchen ein breiteres Bett!«, sagte Merle am Morgen und streckte ihre verkrampften Beine. »Irgendwie bin ich gewohnt, nachts mehr Platz zu haben. Und ich brauche meinen Schlaf, bei allem, was ich so tue!«

Heiner nickte bestätigend. Er sah ja, was sie alles tat: arbeitete immer noch im Sapporito (noch drei Tage lang), suchte Personal und Einrichtung ihres Restaurants aus, stritt sich dazwischen mit den Ämtern herum und war in ständigem Zwiegespräch mit dem Architekten, Herrn Seehase, einem älteren Männchen mit Mauseaugen, nach Ansicht aller bekannter Gastwirte und Experten der beste seiner Art.

Es kam Merle so vor, als gäbe es tausende von Auflagen, die meisten kosteten so viel Geld, als sollten potenzielle Restaurants von vornherein am Entstehen gehindert werden.

»Wer kann sich denn das leisten?«, jammerte Merle. »Ich muss extra Personaltoiletten einbauen lassen, von den Toiletten für die Gäste ganz zu schweigen. Ich träume nachts von Toiletten! Die Restaurantküche muss mindestens zwei Meter hoch gefliest sein! Das muss ich mit Herrn Seehase noch mal besprechen. Die Abzugsanlage muss übers Dach gehen, da können wir ja froh sein, dass dieses Haus bloß fünf Stockwerke hat. Alles muss schallisoliert sein wegen der Mieter oben drüber. Vielleicht wäre es billiger, die Wohnung direkt darüber zu kaufen, dann können die Gäste auf dem Tisch tanzen. Und damit wir endlich mal ein bisschen Geld loswerden, müssen wir uns für die Parkplätze freikaufen!«

»Was müssen wir?«

»Also, wir müssten entweder Parkplätze hier herum nachweisen, am liebsten vermutlich einen netten, eigenen kleinen Parkplatz, wenn wir den bauen, können sie das Rathausdach neu kupfern von unserem Geld – ja, und wenn wir das nicht können, müssen wir für jeden nicht vorhandenen Parkplatz bezahlen. Das berechnet sich nach den Sitzplätzen. Immer acht Gäste ergeben einen Parkplatz. In unserem Fall wären das ... warte mal ... vierzig Sitzplätze werden wir haben. Herr Seehase sagt, ich soll aber nur zweiunddreißig zugeben ... Ein Parkplatz ist im Prinzip schon da, die Stellfläche direkt vor dem Geschäft ... Also ungefähr 18.000 Mark.«

Heiner wuschelte in seinen Locken herum. Merle umarmte ihn und legte ihre Stirn an seine Stirn. »Du wolltest dir von deinem Geld wohl auch was anderes leisten als nichtvorhandene Parkplätze, hm?«

Er schüttelte den Kopf, wodurch sich ihre Nasenspitzen eskimohaft rieben. »Nein, das ist schon in Ordnung. Ich hätte mir sowieso immer nur dich leisten wollen.«

Merle lächelte ihn kurz an, dann wanderten ihre Augen beiseite und ihre Gedanken weiter. »Lucca hat sich gestern getraut zu kündigen. Er hat es sogar lebend überstanden. Carmine dürfte mir ungefähr ein halbes Jahr lang böse sein. Ich werde jemand zum Putzen brauchen, was mich ärgert, aber wenn ich halber Koch bin und einziger Kellner und sonst noch alles organisiere, fehlt mir einfach die Zeit zum Putzen…«

»Das könnte ich doch tun«, schlug Heiner vor.

Merle verzog das Gesicht. »Klar, ich schaff mir von deinem Geld ein Restaurant an und du darfst dann darin putzen. Ich glaube, das ist keine gute Idee. Heute Nachmittag bin ich mit einem Menschen in Berne verabredet, der mir haufenweise schlichtes weißes Geschirr besorgen kann mit winzigen Fehlern.«

»Heute Nachmittag«, traute sich Heiner einzuwenden, der sich einen Kimono überzog und langsam Richtung Kochnische tapste, um Frühstück zu machen, »heute Nachmittag ist doch die Beerdigung…«

»Beerdigung?«

»Von meiner Mutter und Onkel und Tante.«

Merle zog sich selbst an den Haaren. »Das hab ich ganz vergessen!«

Heiner setzte Kaffeewasser auf. »Na, lass ruhig. Noch sind wir ja nicht verheiratet. Meine Mutter hast du bloß zweimal gesehen und die anderen beiden kanntest du überhaupt nicht. Was sollst du auf der Beerdigung? Ach so, ja, was das breitere Bett angeht – sollten wir damit nicht warten, bis wir umgezogen sind?«

»Richtig, unser Umzug…« Merle holte ihre Handtasche unter dem schmalen Bett hervor und kramte nach dem Kalender. »Weißt du, es ist so blöd – genau um den Fünfzehnten herum werden die Umbauten im Laden ja schon anfangen, und das Rausreißen der Wände ist das Schlimmste. Ich weiß nicht, ob es klug wäre, genau dann einzuziehen. Ich möchte mal sagen, es wird ein bisschen stauben. Die Möbel können wir natürlich vorher schon da unterbringen…«

»Das müssen wir auch«, stimmte Heiner mit besorgter Miene zu. »Ich weiß nicht, wohin sonst mit meinen Sachen. Am ersten November muss ich zweifellos raus hier. Aber wo bleiben wir dann?«

»Am besten in meinem Zimmer in der Schellingstraße. Dann können meine Leute dich auch gleich kennen lernen.«

Heiner kam zurück zum Bett und setzte sich neben Merle. »Was hat denn dein Vater überhaupt dazu gesagt, dass du mich heiratest?«

»Er hat gemeint, ich bin selbst dafür verantwortlich, was mit mir passiert, er redet mir nicht rein. Mein Großvater ist da anders. Er geniert sich nicht, seine Meinung abzuliefern. Er findet alles viel zu schnell, die Leute werden denken, ich bin schwanger. Er ist ein goldiger alter Kläffer, würde mich wundern, wenn du ihn nicht magst.«

»Aber glaubst du, sie werden mich mögen?«

Merle zuckte mit den Schultern. »Warum nicht? Du bist doch nett. Heiner, jetzt hat das Wasser im Kessel schon gekocht und ist wieder kalt geworden. Mach doch bitte schnell Kaffee, ich zieh mich an und schmink mich inzwischen, ich muss ja gleich los. Kannst du mir ein Toastbrot machen? Du bist ein Schatz. Wie machen wir das nur mit den Teppichböden? Synthetik ist am billigsten, natürlich, aber dann kriegst du dauernd überall einen elektrischen Schlag, wenn du servierst, und das strapaziert die Nerven unendlich. Außerdem ist jeder harte Boden wie Fliesen oder Linoleum oder so natürlich unempfindlicher. Nur wirkt das dann gleich so kühl. Ich möchte doch gern eine plüschige Atmosphäre …«

Ab ersten November wohnten Merle und Heiner also vorübergehend beide in der Schellingstraße. Sie brachten nur zwei Koffer mit: das Nötigste für täglich aus Heiners Schrank und all der Kram, den Merle im Lauf der Jahre bei Carmine angesammelt hatte.

Opilein versuchte knurrend, den Fernseher wieder in sein Zimmer zurück zu befördern, Heiner sprang hinzu und trug den Kasten. In Opileins Zimmer wurde er zu einem Malzbier und einem Feuervogel-Zigarillo eingeladen, bekam Fotos von Elke Voß und Merle als Kleinkind gezeigt und musste seine politischen Ansichten offenbaren.

Inzwischen kam Butz aus seinem Zimmer. Es war sieben Uhr abends, er war gerade aufgestanden, denn er fuhr jetzt nur noch nachts Taxi. Er duschte und rasierte sich, kam mit einer Mischung aus Rasierwasserduft und alter Alkoholfahne aus dem Bad in die Küche, in der Merle am Tisch saß, in einem Gläserkatalog für die Gastronomie blätternd, und zündete sich die erste Zigarette an.

»Wo ist denn dein Zukünftiger?«

»Opilein hat ihn erst mal vereinnahmt. Er muss beweisen, dass der Führer und Kaiser Wilhelm keinen Anstoß an ihm genommen hätten. Keine Sorge, du lernst ihn schon noch kennen.«

Butz frühstückte, die Zigarette in einer Hand, indem er zarte Haferflocken in ein Glas Milch rührte und trank. Zunehmend ernährte er sich flüssig. Seine Erklärung dafür lautete: »Ich hab keinen Appetit.« Opilein vertrat die Ansicht, das käme vom Saufen: ›Denn sein Magn is in Eimer, da geht nix Hartes mehr rein. So sin die Wege des Herrn. Kanns nix bei machen.‹

»Du, Butz, vorhin, als du noch geschlafen hast, hat eine Frau für dich angerufen. Klang ein bisschen beschwipst. Wollte ihren Namen nicht sagen. Du wüsstest schon Bescheid, und du sollst zurückrufen.«

Butz nickte: »Klang sie schwäbisch? Ja? Das war Irmi.« Er seufzte einmal tief. »Eins von Hottes Mädchen. Ich werd morgen anrufen.« Er sah auf die Uhr. »Ich muss los. Alle Wagen sind von einem neuen Mann übernommen worden, der ist genauer als der frühere, wir müssen pünktlich sein. Gut, dann lerne ich deinen Heiner also erst morgen kennen. Grüß ihn schön. Er wird mir ja sowieso gefallen, weil er dir gefällt. Gute Nacht!«

Er ging, schwer atmend und schwerfällig. Merle schaute ihm mit aufgestütztem Kopf hinterher. Er hatte sich immer etwas Eigenes gewünscht, ein eigenes Restaurant, ein eigenes Haus. Nun besaß sie demnächst einen seiner Wünsche. Sicherlich gönnte er ihr das. Es erinnerte ihn jedoch schon wieder daran, dass er selbst es nicht geschafft hatte, und das verbitterte ihn zusätzlich. Vielleicht, dachte sie, hätte ich ihm einen größeren Gefallen getan, wenn ich ständig vor mich hin versagt und es auch nicht geschafft hätte. Dann wäre er sich weniger mies vorgekommen. Dann hätte er sagen können: Guck mal, man kommt einfach nicht dagegen an. Das Glück hat was gegen Familie Voß…

Heiner Mommsen besaß ein paar gute Freunde, teilweise noch aus seiner Schulzeit. Die hatten Merle beim Kennenlernen angestarrt, als wäre sie eine Fantasy-Gestalt, kaum ein Wort mit ihr gesprochen und hinterher Heiner gratuliert. Am vierzehnten November, abends, wollten sie mit ihm das Ende des Junggesellentums feiern. Ohne Merle natürlich, das war ja der Sinn der Sache.

Sie hatte nichts dagegen. Sie blieb lange im entstehenden Restaurant und nachdem die Handwerker schon gegangen waren, räumte sie noch Schutt beiseite und wanderte in den Toiletten umher.

Opilein saß noch vor dem Fernseher und teilte ihr mit, Butz sei unterwegs: »Aber nich so lange heute, hatter gesacht, weil morgen willer ja frisch sein bei deine Hochzeit.«

Aus demselben Grund ging der alte Mann auch früh schlafen, sein feinster Anzug, (der Hinfall-Anzug aus der Frau-von-Matzendorf-Zeit und eigentlich inzwischen etwas zu üppig für das zarte Opilein), hing außen an seinem Schrank und wartete auf den großen Tag, umschlungen von einer ziemlich hässlichen geblümten Krawatte.

Merle machte sich im Bad fertig, bürstete ihr langes Haar aus und dachte darüber nach, ob sie es in Zukunft vielleicht lieber als Nackenknoten tragen sollte. Das machte älter; als Restaurantbesitzerin musste sie ernst genommen werden.

Dann klingelte es, und sie ging in ihrem hellgrünen Schlafanzug etwas erstaunt zur Wohnungstür. War Heiner schon wieder zurück von seiner Junggesellentour? Und warum benutzte er nicht den Schlüssel, den sie ihm mitgegeben hatte?

Von außen kratzte etwas an der Tür. Merle zuckte zusammen; das erinnerte sie an die Nacht, in der Butz nicht aufschließen konnte und anschließend die Treppe hinunter gefallen war. Sie riss die Tür auf – und stand ihrem schwankenden Vater gegenüber. Eigentlich konnte man nicht sagen, dass er stand. Er hing vielmehr halb im, halb über dem Arm eines zweiten Mannes, ein wenig kleiner als Butz, aber offenbar ziemlich drahtig, er konnte gegenan stemmen. Die Augen ihres Vaters waren zwar geöffnet, doch er schien nichts wahrzunehmen, er wirkte geradezu bewusstlos, sein Gesicht blieb ohne Ausdruck.

»Wohnt Herr Voß hier?«, fragte der andere Mann.

»Ja. Bringen Sie ihn bitte rein …« Merle lief voraus und öffnete Butz' Zimmertür. Der Mann zog und schleifte Butz hinter sich her, wobei sich zeigte, dass er selbst ziemlich stark hinkte, und legte ihn auf das Bett. Merle zog ihrem Vater die Schuhe aus, alles im Licht der Flurlampe, das durch die Tür fiel. Sie rannte in die Küche, um einen Eimer zu holen, den sie neben das Bett stellte: »Vorsichtshalber«, sagte sie mit schiefem Lächeln zu dem Mann.

»Allerdings. Als ich ihn herbrachte, hatte ich die ganze Zeit Angst um mein Taxi«, erwiderte der. Sie ging zurück in den Flur, der Mann hinkte hinterher, und nun stand er Merle zum ersten Mal im hellen Licht gegenüber und sie erkannte ihn, das schmale Gesicht, die tief liegenden Augen, die Adlernase. Entweder litt sie an schweren Halluzinationen, oder er war der Conquistador, der Sänger aus dem Copie-Club, der zärtliche Ehemann einer Asiatin.

»Ich danke Ihnen. Darf ich Ihnen irgendetwas anbieten?«

»Irgend was Warmes gerne. Haben Sie Tee?«

»Kommen Sie mit in die Küche.« Merle füllte schon den Wasserkessel. »Setzen Sie sich. Sind Sie ein Kollege meines Vaters?«

Er zog seine dicke, teddygefütterte Jacke aus und hängte sie über die Stuhllehne. »So ähnlich. Ich hab vor einer Weile die Wagen gekauft, das heißt, er arbeitet jetzt für mich …«

»Ach. Ich dachte, Sie studieren irgendwas?«

»Hab ich auch. Woher wissen Sie das?«

Sie lächelte. »Ich kenne Sie. Sie heißen Cortés, nicht?«

»Sie sprechen es ein bisschen komisch aus, als wäre es spanisch. Ich heiße einfach Kortes. So nennt mich jeder, weil keiner meinen Vornamen leiden kann. Ich auch nicht. Und woher kennen wir uns?«

»Sie haben vor einigen Jahren im Copie-Club gesungen. ›Conquistador‹. Das war unglaublich. Das werde ich nie vergessen.«

»Ja? Danke schön«, sagte er ohne besondere Anteilnahme.

»Was ist mit Ihrem Bein passiert?«

»Autounfall. Schon fast fünf Monate her …«, murmelte er und rieb sich die Stirn. Er sah müde und abgespannt aus. Sie bemerkte, dass er inzwischen gar keinen Bart mehr trug.

Merle goss das kochende Wasser in den Teebecher und bohrte weiter: »Sie sind jetzt also Taxiunternehmer?«

»Ja.«

»Singen Sie nicht mehr? Nie?«

»Nein. Nicht mal im Taxi.« Er blickte sie amüsiert an, sah zu, wie sie den Teebeutel im Becher auf und ab tunkte. »Ich singe nicht mehr und ich studiere nicht mehr, ich verdiene nur noch Geld. Und Sie sind der Feuervogel, das fleißigste, cleverste Mädchen unter der Sonne, zielgerichtet wie keine zweite.«

Merle war so überrascht, dass sie den nassen Beutel einen Augenblick lang einfach in die Luft hielt, bis ihr heißer Tee auf die nackten Füße tropfte. »Aua. Woher wissen Sie das?!«

»Von Ihrem Vater natürlich. Er redet viel von Ihnen. Sie sind sein ganzer Stolz. Sie sind so voll Temperament und Begeisterungsfähigkeit wie ein arabisches Vollblut, sagt er.«

»Wie ein Pferd?«

»Wie das schönste aller Pferde. Glaube ich wenigstens.« Er lachte, die Zähne waren auch ohne den Rahmen des schwarzen Bartes sehr weiß.

Sie stellte ihm den Tee hin, Zuckertopf und Löffel dazu.

»Und Sie heiraten morgen?«

Sie sah auf ihre Uhr, obwohl die keine Datumsanzeige hatte. »Ja. Morgen Nachmittag.«

»Das ist schön. Ich wünsche Ihnen sehr viel Glück.«

»Für meine Ehe? Ich brauche vor allem Glück für mein Restaurant. Das wird gerade umgebaut, im Februar will ich eröffnen.«

»Dafür wünsche ich auch gerne alles Gute. Aber wieso nicht für die Ehe?«

Merle setzte sich neben ihn an den Tisch. »Ich glaub nicht an Glück in der Ehe. Das ist etwas, was die Leute sich vormachen.«

»Mein Gott, wenn Sie das denken, warum heiraten Sie dann?«

»Aus praktischen Erwägungen. Das ist eine solidere Basis als Verliebtheit.«

»Meinen Sie?«, fragte der Conquistador leise. »Ich hatte eine märchenhaft glückliche Ehe. Vier Jahre lang.«

Das habe ich gesehen, hätte Merle fast gesagt. Stattdessen meinte sie kühl: »Vier Jahre ist ziemlich kurz.«

»Da haben Sie Recht. Ich hätte es gut noch länger ausgehalten. Leider war das nicht möglich.«

»Was ist passiert?«

»Der Autounfall. Uns ist jemand frontal in den Wagen gefahren. Mein Bein war kaputt und meine Frau tot. Der Fahrer völlig betrunken. Ach ja, das bringt mich zu einem unerfreulichen Punkt: Ihr Vater ist hiermit fristlos entlassen. Ich hatte ihn schon ein paar Mal gewarnt. Ich bin letztendlich verantwortlich. Sehen Sie, er ist doch kein gesunder Mann, und er ruiniert sich den Rest seiner Gesundheit mit großem Eifer. Entweder findet sich eine Tätigkeit für ihn, in der er weder andere noch sich selbst gefährden kann. Oder er muss das Sozialamt in Anspruch nehmen …«

»Das will er unter keinen Umständen!«

»Ich weiß. Das hat er mir auch immer erzählt. Das nützt nur nichts; solange er sich nicht unter Kontrolle hat, darf er nicht Auto fahren. Wir müssen ja nicht alle ruhig abwarten, bis eine Katastrophe passiert.«

Er schlürfte vorsichtig den heißen Tee und sah sie mit den schillernden Augen über dem Becherrand an. Grün oder blau oder braun? Sie konnte nicht herausfinden, was er für eine Augenfarbe hatte.

Er setzte den Becher ab und sagte: »Sie sehen aus wie eine irische Fee mit diesem Haar. Sehr eindrucksvoll.«

»Oh, das hat mir schon mal jemand vorgeworfen. Der hat gesagt, ich wäre ein Zwischenwesen, eine Fee oder Wassernixe ohne Herz, nicht menschlich. Er wollte mich wohl beleidigen. Das hat nur nicht funktioniert; ich mach mir nicht viel aus Menschen.«

»Tatsächlich? Schade. Ich bin einer«, erwiderte Kortes. »Ich glaube, ich weiß schon, was derjenige gemeint hat. So auf den allerersten Blick könnte man denken, Sie sind ein leidenschaftlicher Mensch mit diesem Gesicht und diesen Raubtieraugen. Aber ich kann hinter den Augen Ihr Gehirn ticken hören. Ich habe Frauen kennen gelernt, die wirkten anfangs sehr damenhaft und kühl, was sich bei näherem Kennenlernen als Irrtum herausstellte. Die waren wie Feuer unterm Eis. Sie sind genau umgekehrt, Eis unterm Feuer. Ich bewundere Ihren zukünftigen Mann. Ich hätte Angst vor Ihnen.«

Er trank den Rest aus dem Becher, stand auf und hinkte zur Tür.

»Danke für den Tee.«

Sie stand auf und brachte ihn zur Wohnungstür. Er wickelte plötzlich ihr Haar um seine Hand, sehr schnell, bis er mit dem Handrücken an ihrer Schläfe landete, und zog ihr Gesicht zu sich. Aus nächster Nähe sagte er leise: »Wenn Sie daran glauben, dass es Glück in der Ehe gibt, können Sie es auch erleben. Ich habe vor langer Zeit einen alten Herrn kennen gelernt, der seit zwölf Jahren mit einer bewundernswerten Dame verheiratet war, eine Ehe voller Zuneigung und Vertrauen und bestimmt immer noch voll Erotik. Ich war noch sehr jung und hab ihn gefragt, wie das möglich wäre. Die Ehe von meinen eigenen Eltern war, na ja, normal. Er sagte: ›Ich war mit der wunderbarsten Frau der Welt verheiratet, achtunddreißig Jahre lang. Wir haben nie gestritten und waren jeden Tag glücklich, den wir miteinander verbrachten. Dann wurde sie krank und starb, und ich dachte: Ich bin alt und ich habe etwas erlebt, was den wenigsten Menschen passiert. Ich muss sehr dankbar sein. Nun kommt natürlich nichts mehr. Doch dann lernte ich meine jetzige Frau kennen, zwei Jahre später, und das ist wieder so schön und so harmonisch wie meine erste Ehe. Glauben Sie daran, junger Mann, alles ist möglich!‹ Das hat er gesagt.«

Er ließ ihr Haar los, öffnete die Tür und hinkte ins Treppenhaus.

Sein Atem hatte angenehm gerochen. Nach klarer Luft oder frischem Wasser. Und nach schwarzem Tee.

Merle schloss die Tür hinter Kortes und ging zu Butz, der inzwischen schlief – falls er nicht schon vorher geschlafen hatte, nur mit offenen Augen. Der Eimer neben ihm war leer und sauber. Sie zog ihm behutsam seine Jeans und den Pullover aus und deckte ihn zu.

Dann ging sie in ihr Zimmer, legte sich auf das Bett und weinte eine Weile. Sie hatte nicht mehr geweint, seit Butz die Treppe hinuntergefallen war, und sie empfand es als sehr erfrischend. So, sie wirkte also wie Eis unterm Feuer.

Sie hatte lange nicht an die allererste Feuervogel-Geschichte gedacht, die Butz ihr erzählte. Nun fiel ihr plötzlich wieder ein, dass der Inhalt des Feuervogels ja ein kleiner Eiszapfen gewesen war.

Mittwoch, der fünfzehnte November, zeigte sich so grau und unfreundlich, wie von diesem Datum erwartet werden durfte. Merle, Butz, Opilein und Heiner fuhren am frühen Nachmittag zusammen zum Standesamt. Merles Verwandte agierten als Trauzeugen.

Der Brautvater wankte immer noch etwas, dünstete eine ganze Kneipe aus, litt deutlich an Kopfschmerzen und bewegte sich nur vorsichtig – reden tat er überhaupt nicht, er schnaufte nur. Der Bräutigam wirkte bleich und erschrocken, als erwarte er jeden Moment, aufzuwachen und zur Rechenschaft gezogen zu werden. Die Braut hatte Schwellungen unter den Augen, guckte leer und starr in die Gegend, sprach hin und wieder über schwimmenden Estrich und irgendwelche Quadratmeter und war so wenig bei der Sache, dass der Standesbeamte zweimal fragen musste, ob sie denn nun wollte. Der Brautgroßvater schien der einzige zu sein, der alles von ganzem Herzen genoss, er schmunzelte vor sich hin, er schnüffelte sogar gerührt, putzte sich dröhnend die Nase und ersetzte so eine weichherzige Brautmutter, er warf urplötzlich mit einigen Reiskörnern, die er aus seiner Jackentasche zog und begegnete dem empörten Blick des Beamten – Reis auf dem Linoleum! – derart heiter und seelenvergnügt, dass der seinen Verweis für sich behielt.

Vor dem Standesamt lauerte, bereits dunkelnd und kalt, der Wochentag. »Ich will gleich zu Herrn Seehase …«, fing Merle an, wurde jedoch von Opilein unterbrochen: »Keineswechs, keineswechs! Jetz steign wir alle in dein Wagn un fahrn zu Frau Angelika ihre Mutter …«

»Zu Frau Wieland?«

»Ja, dass' schon richtich. Gib man Gas, Mädelchen.«

So fuhr die melancholische Hochzeitsgesellschaft mit dem strahlenden Opilein nach Lokstedt, zu Angelikas Elternhaus. Das war hell erleuchtet, die Tür flog auf und Angelika drückte ihre Freundin ganz fest: »Herzlichen Glückwunsch, mein Babylein, und alles, alles Gute! Jetzt haben wir beide ein Doppelmonogramm, ist das nicht urkomisch? Du wie ein Star: MM – Merle Mommsen, sehr hübsch. Meins ist leider nur AA, wie Kleinkinder in dringenden Fällen zu sagen pflegen …«

Hinter Angelika im Haus standen alle mit Sektgläsern in der Hand und feierlich gekleidet, Frau Wieland und Angelikas Brüder, Malte mit seinen Schwestern, Wanda Griguleit und Gisela Klincke. Merle und ihre Familie erhielten auch volle Sektgläser, und es wurde, sobald alle im Haus standen, angestoßen.

Der große Tisch in Wielands Wohnzimmer war bis zu seiner letzten Reserve ausgezogen für die anwesenden vierzehn Personen. Angelika trug, zusammen mit Maltes Schwestern, aus der Küche ein Festmahl auf: Leberknödelsuppe und Lachsfilet mit grünen Nudeln und Schweinemedaillons mit Prinzesskartoffeln und feinem Gemüse sowie eine ungeheure Eistorte.

»Natürlich haben wir das liefern lassen, ich kann nicht kochen, so schon gar nicht«, erklärte Angelika mit einem schnellen Seitenblick auf ihren Mann, offenbar war das ein Streitthema. »Schmeckt es dir? Schmeckt es Ihnen, Herr Voß?«

Alle bestätigten, dass es wundervoll schmeckte, sogar Herr Voß, der im Grunde den Inhalt seines Tellers mit der Gabel von einer Stelle auf die andere räumte. Das Eis aß er allerdings mit Vergnügen.

Angelika freute sich und lachte ihr reizendes Lachen. »Das war ich dir doch schuldig, meine Liebe, zur Revanche! Wie du mir, so ich dir.«

Nach dem Essen scherte sich die junge Weiblichkeit in die Küche, um abzuwaschen und aufzuräumen, während die Herren, sprich der verkaterte Butz, das glückliche Opilein, der verlegene Heiner und der verdrossene Malte sich zum Rauchen und zu einem Schnäpschen niedersetzten, gemeinsam mit Frau Wieland, Wanda und Gisela.

Frau Wieland ließ manch erschrockenen Blick zu dem ehemals so charmanten und attraktiven Herrn Voß wandern, du liebe Güte, hatte der Mann sich verändert, sah der verwüstet aus! Er atmete (und qualmte) wie eine Dampfmaschine, was ihr in Erinnerung rief: Er hatte ja einen schweren Unfall gehabt und eine Lunge eingebüßt, das verursachte wohl sein elendes Aussehen. Was für ein Jammer! Sie war noch beim Friseur gewesen und hatte sich auf einen kleinen Flirt mit diesem Prachtkerl gefreut, jetzt guckte er mit glasigen Augen aus dem Fenster und wirkte kaum ansprechbar. Andererseits schienen ihm die Schnäpschen gut zu tun (was der Sekt nicht geschafft hatte), nach und nach blühte er auf.

Angelika machte Musik an und tanzte mit ihrem Mann, mit ihren Brüdern und mit Heiner. Und Opilein tanzte mit der Braut! Er reichte seiner Enkeltochter kaum bis zum Busen, schwenkte sie jedoch energisch hin und her über den Wielandschen Teppich und warf ab und zu pfiffige Blicke ins begeisterte Publikum. Nachdem er sich das geleistet hatte, kam noch ein Tango mit Wanda Griguleit. Danach musste er die Jacke ausziehen, seine Hosenträger zeigen und bekam von Gisela mit einer Papierserviette kühle Luft zugefächelt. Immerhin war er inzwischen achtundachtzig, und der kräftigste sowieso nie gewesen.

Malte nutzte die gute Gelegenheit, sich mit Merle auszusöhnen. Er war nicht mehr ganz so böse auf sie, seit sie sich von diesem hochnäsigen Italiener getrennt hatte. Er setzte sich mit seinem Glas zu ihr und redete eine ganze Weile darüber, dass es erwachsenen und reifen Menschen trotz gewisser Unstimmigkeiten möglich sein sollte, miteinander befreundet zu sein. Merle ging gutwillig darauf ein, sie fühlte sich viel zu erschöpft, um Widerstand zu bieten. In ihren Ohren sang der Conquistador, Heiners ererbtes Vermögen war praktisch ausgegeben, bevor das Restaurant fertig war, ihr fehlten noch gut sechzigtausend Mark, um über die ersten Monate zu kommen, bis sich dann hoffentlich – und was, wenn nicht? – alles zu rentieren begann.

Sie fragte den verblüfften Malte nach seinen Ansichten über Bankkredite aus, schließlich hatte sie ja die Immobilie selbst als Sicherheit, und er gab schließlich geschmeichelt seine Meinung zum Besten.

Als sie neben Wanda saß, wollte sie wissen, wie die weltwirtschaftliche Lage eigentlich rein astrologisch aussah. »Mach dir mal keine Sorgen, du kommst schon klar«, war die Antwort. »Wo hast du nur das Lämmchen her?«, fragte die Hexe und betrachtete sich Heiner Mommsen, der auf der Stuhlkante saß und artig mit Frau Wieland plauderte.

»Er war Postbote bei uns«, sagte Merle. »Er war schon seit einer Weile verliebt in mich, und nachdem ich die Höheren Mächte angekurbelt hatte, erbte er plötzlich eine Menge Geld und ein Geschäft, das sich bestens für ein Restaurant eignete. Da hab ich ihn natürlich geheiratet …«

Daraufhin lachte Wanda derart, dass sie fast erstickte.

Merle trank am Anfang dieses Abends bedeutend mehr Sekt als gewöhnlich. Wenn man das machte, um in bessere Stimmung zu geraten – warum sollte sie's nicht auch mal versuchen? Das Ergebnis enttäuschte sie. Sie blieb in derselben trüben, deprimierten Verfassung, nur war ihr zusätzlich schwindelig und schließlich sogar etwas übel. Von da ab nahm sie nur noch Mineralwasser zu sich.

Gisela beglückwünschte sie noch einmal speziell zu ihrem Mann: »Reizend, ganz reizend. Was für eine zarte Haut! Und dann hat er einen ziemlich großen Mund, habe ich vorhin gesehen, das stimmt ja meist mit der Größe von ganz anderen Sachen überein, nicht? Ja, du lachst. Was hat denn dein geliebter Vater zu dem Schwiegersohn gesagt? Nebenbei bemerkt: ein attraktiver alter Knochen, dein Vater. Also der hat was, wenn auch in wüst. Er müsste doch allem menschlichen Ermessen nach vor Eifersucht lodern?«

»Nein, nein, er hat nicht im geringsten gelodert. Sie haben sich gesittet unterhalten, Heiner sehr ängstlich, nicht zu gefallen, und mein Vater etwas zerstreut. Gisela, Butz hat keinen Grund, eifersüchtig zu sein. Ich liebe ihn. Heiner liebe ich nicht. Das hab ich ihm zwar nicht so gesagt, aber er fühlt es bestimmt.«

»Du liebst ihn nicht? Sehr vernünftig«, fand die Bibliothekarin. »Genieße die Liebe mit dem Körper, ohne deinen Geist zu vernebeln.«

Angelika fand auch: »Süß ist der doch, der Heiner! Ich könnte mir vorstellen, dass du dich noch in den verliebst, so ein hübscher Junge.« Und gedämpft: »Stimmt es mit euch denn wenigstens im Bett?«

»Ganz kolossal«, beruhigte Merle sie wahrheitsgemäß, »wenigstens, was mich angeht; ich kann nur hoffen, dass er genau so zufrieden ist. Ich glaube, er würde gern mehr schmusen.«

Das kam Angelika so unwahrscheinlich vor, dass sie glaubte, sich verhört zu haben. Laut genug war es. Butz war gerade aufgewacht, plauderte mit schwerer, doch charmanter Zunge auf Gisela und Frau Wieland ein, die sich vor Lachen kaum zu fassen wussten. Angelikas

Brüder holten ihre alten Platten hervor und ließen den guten alten Jimmy Hendrix dröhnen. Alle wurden zunehmend heiter bis albern. Nur Merle saß bei ihrem Mineralwasser und freute sich, dass ihr langsam nicht mehr so schwindelig war.

Die Mehrzahl der entfesselten Gäste wurde im Taxi abtransportiert oder übernachtete gleich im Haus. Ihr Vater sah gleich wieder traurig aus, weil er sich erinnerte, dass Kortes ihn rausgeschmissen hatte. Das musste ihm Merle ja noch vor dem Gang zum Standesamt mitteilen, und seitdem hatte er es geschafft, nicht mehr daran zu denken. Vielleicht, um sich abzulenken, umarmte er die bestürzte Frau Wieland zum Abschied und versank mit ihr in einem heißen Kuss. Malte schien zu überlegen, ob er seiner Schwiegermutter zu Hilfe kommen sollte, entschied sich jedoch dagegen: Butz' Statur war immer noch einschüchternd. Darüber hinaus wirkte die Geküsste nicht wirklich gequält, sie streichelte sogar den Nacken von Merles Vater und blieb aufgelöst, verwirrt und zaghaft lächelnd zurück.

Nun fuhren sie durch die Finsternis wieder zurück nach Hause, Merle, ihr Mann, ihr Vater und das heiter vor sich hin singende und quiekende Opilein. Der meinte, als sie sich im Flur alle gute Nacht sagten: »So hab ich mich lange nich ammesiert! So, nu hassu auch 'ne kleine Feier gehabt, Mädelchen. War ja nicht viel, aber besser als nix!«

Merle und Heiner verbrachten ihre Hochzeitsnacht in dem viel zu schmalen Bett ganz unterschiedlich. Sie schlief diesmal nach der Liebe nicht gleich ein, sondern lag wach und wanderte irgendwann gegen Morgen in die Küche, um ein wenig Wasser zu trinken, absurderweise nicht aus einem Glas, sondern aus einem Teebecher. Sie kalkulierte die Preise des Teppichbodens im Caso hin und zurück und dachte sich in dieser Nacht aus, was auf den Tisch kommen würde, während die Gäste noch die Speisekarte lasen und erst einmal Getränke bestellten: eine mit Knoblauch gewürzte Creme, Weißbrotscheibchen und, in einem Glas, langgestielte Riesenkapern! Das war etwas Besonderes, nicht übertrieben teuer, sicherlich appetitanregend.

Sie schlief ein, als die Autos schon über die Hauptstraßen brausten. Als sie aufwachte, war es kurz nach neun. Merkwürdig, dachte

Merle, die ihren schlafenden Gatten betrachtete, der mit sanft geröteten Wangen neben ihr lag, die langen, dunkelblonden Wimpern ganz rührend nach oben gebogen – merkwürdig, keiner von uns muss dringend irgendwo hin zur Arbeit. Heiner hat gekündigt. (Was er wohl in Zukunft tun wird? Er hat mehrfach angedeutet, dass er sich doch auch im Restaurant nützlich machen könnte. Wie denn bloß?) Butz darf nicht mehr Taxi fahren. (Jetzt wird er doch einsehen, dass ich ihn im Restaurant brauche.) Opilein kann ausschlafen wie ein Kind, das noch nicht zur Schule muss. Und ich? Wie eigenartig, nicht mehr ins Sapporito zu fahren und da als erstes aufzuräumen und zu lüften.

Sie stand auf und ging in die Küche, um ein richtig schönes Frühstück zu bereiten, als Nachklang zu der Hochzeitsfeier. Sie setzte in einem Töpfchen Wasser auf, denn sie wollte für jeden ein Ei kochen, vier Eier waren genau noch im Kühlschrank. Sie deckte so hübsch wie möglich. Da kam sogar die Sonne heraus und schien schräg durchs Fenster. Leider fiel ihr ein rohes Ei aus der Hand, bevor sie es ins Töpfchen legen konnte. Merle putzte ärgerlich die Schalen und den Glibber vom Boden. Na, dann würde sie eben auf ihr Ei verzichten und behaupten, sie hätte keinen Appetit darauf gehabt.

Als alles fertig war, weckte sie zuerst Heiner und dann Butz, was bedeutend mehr Zeit kostete. Zuletzt klopfte sie an Opileins Tür, zweimal, bevor sie leise öffnete. Da lag er auf dem Rücken, ein Lächeln auf dem kleinen Gesicht, eine Hand entspannt auf der Brust, die andere neben dem Kopfkissen. Auf dem Sessel, in dem er immer das Fernsehen anguckte, saß Elke Voß – für einen kurzen Augenblick. Sie lächelte auch, bevor sie verschwand.

Merle kam langsam näher und legte eine Hand auf die Stirn ihres Großvaters – dann die andere auf seine Brust.

Dann ging sie weinend in die Küche. So fanden sie Butz und Heiner, die gähnend, verkatert mit verklebten Augen, dazu kamen.

»Er hat noch mal so viel Spaß gehabt!«, tröstete Heiner seine Frau. »Und dann, einfach so still im Schlaf rüberzugehen, das wünschen wir uns doch alle!«

Butz rührte in seiner Tasse, quälte sich ein wenig festes Essen herunter, trank drei Tassen Kaffee und rauchte dabei. »Der brave alte Knabe. Er hat ja lange ausgehalten, um auf dich aufzupassen, damit ich dich nicht ins Unglück reiße. Jetzt weiß er dich in guten Händen, Vögelchen«, meinte er – und Heiner errötete vor Freude.

Keiner bemerkte, dass Merle nur drei Eier gekocht hatte.

## *Das 17. Kapitel*
### *beginnt mit einem Glücksfall und endet mit einem Unglücksfall*

Nach einem unendlich langen und schneereichen Winter, der den Umbau ziemlich behindert hatte, eröffnete das kleine italienische Restaurant Caso Fortunato – ›Glücksfall‹ – am 3. März 1979. Immer noch lag rundherum schmutziger und schmelzender Schnee, die Gäste hüpften über Pfützen und waren dankbar, wenn sie den kleinen rot-weiß-grünen Nylonteppich erreichten, der heute Abend quer über die Straße gerollt war.

Merle trug ein tiefdekolletiertes grünes Seidenkleid, denn Grün war die vorherrschende Farbe im Caso Fortunato. Es war ihr gelungen, eine Riesenmenge smaragdgrünen Samt fast umsonst zu bekommen; ursprünglich war er der Vorhang eines gerade pleitegegangenen Kinos am Stadtrand gewesen. Nun besaßen die beiden altmodischen, schnörkeligen Fenster des Restaurants tiefgrüne, plüschige, faltige Vorhänge und alle Stühle waren mit dem Samt bezogen. Dazu passte der grün-gelb-gemusterte Teppichboden aus Synthetik. (Zwar würden die Kellner sich daran statisch aufladen, doch das Material war sehr unempfindlich und ließ sich wunderbar reinigen.)

Merle trug zum ersten Mal ihren großen Nackenknoten. Sie strahlte wie eine Braut. Sie war so glücklich wie noch nie in ihrem Leben.

Alles klappte hervorragend, Butz und Lucca arbeiteten in der nagelneuen Küche Hand in Hand, als ob sie sich nicht erst seit wenigen Tagen kennen würden. Mario Hasenzahn, früher Kellner im Sapporito, und Merle servierten. Viele der unbekannten Gäste betrachteten ihn zunächst als den Inhaber, revidierten jedoch ihre Meinung, sobald sie ein paar Worte mit Frau Mommsen gesprochen hatten.

Zwei Gäste kamen, über die sie sich besonders freuten. Das war zunächst mal Carmine Benfatto, ganz kurz nur, der sein Auto mit Warnblinkanlage am Straßenrand parkte, mit hochgeschlagenem Mantelkragen und flatterndem Seidenschal durch das Restaurant eilte, um sich alles anzusehen, auch die Küche (wobei er absolut über Lucca hinweg sah und ihn auch nicht grüßte; Butz ja, mit freundlichem Kopfnicken). »Wer hat dir das Restaurant eingerichtet? Sehr geschmackvoll!«

»Ich selber!« und: »Du siehst gut aus!«, sagte Merle sehr dankbar und weich gestimmt zu ihm, und er erwiderte: »Ja, jetzte bereust du schon, eh?«

Er drückte ihr, bevor er wieder in seinen Wagen sprang, ein Paket in die Hand, auf das mit der breiten Schleife ein Bündel Möhren gebunden war. Merle riss, sobald sie dazu kam, in der Küche das Papier ab und fand ein ganz dickes italienisches Wörterbuch und ein deutschsprachiges Kochbuch mit dem Titel: ›Geheimnisse der italienischen Küche.‹

Der zweite Gast, über den sie sich besonders freute, war Kortes, der Conquistador. Er hatte sogar Blumen mitgebracht. Er kam allein, hinkte bedeutend weniger als noch im November, soviel sie sehen konnte, aß mit Bedacht und großem Vergnügen Antipasti, Nudeln und Spinat. Sie veranlasste Mario, ihr diesen Gast zu überlassen und kam so zu einem sehr kurzen Gespräch mit ihm (zu mehr war an diesem Abend einfach keine Zeit).

»Es sieht wunderhübsch aus!«, meinte Kortes anerkennend, einmal rundum blickend. »Sehr stimmungsvoll. Das Essen ist auch hervorragend. Ich glaube, ich werde öfter kommen.« Dann zwinkerte er ihr noch zu und fragte: »Was macht Ihre Ehe?«, und Merle lächelte sonnig und antwortete: »Ach, die gedeiht ebenfalls.«

Und das war ja nicht gelogen, auch wenn ihr armer Ehemann ausgerechnet an diesem Abend mit einer fiebrigen Grippe hinter dem Restaurant im extrabreiten Bett lag, umgeben von Papiertaschentüchern.

Gisela Klincke hielt die vorbeieilende Restaurantbesitzerin am Ärmel fest und fragte: »Wer ist der Mann da, der aussieht wie Robespierre, wenn er darüber nachdenkt, wer als nächster zu köpfen wäre?«

»Wer? Der da? Mein Architekt. Herr Seehase. Ein enorm tüchtiger Mann. Ohne ihn wäre ich nie rechtzeitig fertig geworden.«

»Aber warum muss er so aussehen? Hättest du nicht einen Architekten nehmen können, der wie Saint-Just aussieht? Der ästhetische Standpunkt wird viel zu selten berücksichtigt.«

Merle antwortete nicht, sie lächelte Gisela nur an und gab ihr schnell ein Küsschen auf die Schläfe.

Angelika sah wunderschön aus in einem roten Samtkleid mit V-Ausschnitt. Auch sie trug eine neue Frisur: das blonde Haar dauergewellt, aber nicht eingedreht, sondern flapsig gekringelt wie Spanielohren und pyramidenförmig geschnitten. Sie kam ohne Malte, denn der Haussegen hing, wie sie beteuerte, gerade mehr als schief. »Na, jetzt hast du ja die Eröffnung endlich hinter dir und wirst in nächster Zeit wieder ein bisschen länger mit mir telefonieren können«, bildete sie sich ein.

Wie kommt sie darauf? fragte sich Merle, die zurück zur Küche eilte. Wie kommt sie darauf, dass ich in den nächsten dreißig Jahren Zeit zum Telefonieren haben werde?

Sie gab einige Bestellungen weiter und sah mit zunehmender Sorge, dass ihr Vater die Rotweinflasche, die er ursprünglich zum Würzen neben sich stehen hatte, nun immer häufiger dazu benutzte, sich selbst zu erfrischen; inzwischen übrigens die zweite. Er korkte sie schon gar nicht mehr zu. Wie sein eigener Vater, dachte sie bekümmert. Da steht er und trinkt den guten Rotwein direkt aus der Flasche …

Solange er allerdings korrekt den Küchenarbeiten nachkam, solange ihm die Flasche nicht aus der Hand und direkt in die Sauce fiel, solange ihm nicht über den Speisen schlecht wurde, mochte es ja hingehen. Sie gab Lucca einen beschwörenden Blick, ja aufzupassen, und der zwinkerte beruhigend zurück. Dabei hatte er wirklich mit dem bloßen Kochen genug zu tun …

Im Morgengrauen verabschiedete Merle die letzten Gäste und ihre treuen Helfer. Butz war inzwischen schweigsam geworden, vermutlich, weil er seiner Sprachfähigkeit nicht mehr traute. Er lächelte still vor sich hin, die Zigarette im Mundwinkel. Lucca half ihm in den Mantel, setzte ihm seine Schirmmütze auf und packte ihm einige erlesene Speisereste in Behälter und die Behälter wiederum in Plastiktüten. Merle steckte ihrem Vater einen größeren Schein in die Manteltasche und bedankte sich noch einmal innig. Würde er am nächsten Nachmittag wieder kommen? Butz nickte mit diesem träumerischen Lächeln. Wer weiß, ob er zuhörte.

Sie sah ihm hinterher, wie er, in jeder Hand eine volle Plastiktüte, durch den halbgeschmolzenen Schnee davon torkelte, in großen Schlangenlinien, mal auf dem Gehweg, dann auf der Straße, gut, dass alles so ausgestorben dalag. Und plötzlich wurde ihr mit einem scharfen Schmerz in der Magengrube bewusst, dass er, so von hinten, wie ein Penner aussah, wie ein alter beduselter Stadtstreicher. Die Plastiktüten verstärkten diesen Eindruck. Was soll nur aus ihm werden? dachte sie erschrocken. Er hat doch keine Art von Altersversorgung.

Es hatte keinen Sinn, sich etwas vorzumachen: Butz Voß war inzwischen Alkoholiker. Es ging immer mehr und immer schneller bergab mit ihm. Ihn im Fallen fest zu halten wurde durch seinen Stolz behindert und durch seine Bitterkeit.

Er wollte nicht im Caso Fortunato arbeiten. Er hatte sich für die Eröffnung zur Verfügung gestellt und darüber hinaus noch für so lange, bis Merle einen guten Assistenten für Lucca gefunden haben würde. ›Nein, wenn ich je wieder ins Gastgewerbe gehe, dann wirklich nur, wenn es ganz mein eigener Betrieb ist. Ich möchte meine Selbstständigkeit genießen ...‹ Doch während er das sagte, guckte er so hoffnungslos und resigniert, dass niemand glauben konnte, er würde es je dahin bringen. Er selber wohl auch kaum, obwohl er Lotto spielte.

Seine Selbstständigkeit genoss er einstweilen, indem er nach Opileins Tod in ein großes leeres Zimmer in Eimsbüttel gezogen war, ein Zimmer mit Waschbecken hinter einem gestreiften Vorhang und Vormittagssonne in der Altbauwohnung einer allein stehenden Dame, die ihn hochinteressant fand, trotz der tiefen Furchen in seinem Gesicht und obwohl er inzwischen auf Stirn und Schädeldecke kaum noch Haare hatte. Merle wusste nicht genau, wovon er lebte; einstweilen schien er immer noch finanzielle Hilfe vom Staat zu verschmähen. Dazu kam, dass er, entgegen dem Rat der Krankenhausärzte, nach wie vor rauchte. Darüber war mit ihm natürlich nicht zu reden.

Merle schloss die Tür ab hinter Mario und Lucca, wanderte auf dem Teppichboden umher und schaute sich ihr Restaurant an, ihr eigenes Restaurant. Auf dem schmalen Büfett stand ein Blumenmeer, mindestens fünfzig Sträuße jeder Größe und Farbzusammenstellung in eigenen Vasen (wenige), geliehenen Vasen (mehr) und in Behältern wie großen Einweckgläsern, Gießkannen oder einem Keramik-Schirmständer, wassergefüllt. Es würde Stunden kosten, sie am nächsten Tag zu beschneiden, zu sortieren und ihnen frisches Wasser zu geben.

In grünen Holzrahmen hingen Ölbilder und Aquarelle von Toscana-Landschaften und von Zypressen in roten Tontöpfen. Die Tischtücher ließen müde ihre langen, seidigen grünen Fransen auf den Boden hängen. Alles roch noch neu, aber schon ein wenig nach Öl, Knoblauch und schalem Zigarettenrauch.

Es war zum Heulen schön, und Merle, ihre Pumps in der Hand, auf Strumpfhosen mitten zwischen den Tischen stehend, weinte ein bisschen. Dann schnupfte sie die Nase hoch, setzte sich in das kleine Büro hinter dem Gastraum und kontrollierte die Einnahmen des Abends. Die waren großartig, doch natürlich durfte sie sich nicht einbilden, dass es nun so weiterging. Nicht jeder Abend war ein Eröffnungsabend. Und trotzdem: was für ein guter Anfang!

Sie saß da und rechnete und schätzte und spielte mit Möglichkeiten. In vier, spätestens fünf Jahren wollte sie das zweite Restaurant haben. Im Moment sah alles finanziell viel besser aus, als sie noch vor einigen Monaten befürchtet hatte. Das lag vor allem an dem hervorragenden Anwalt, den sie sich für die Schadensersatz-Sache genommen hatten. Er war ihnen empfohlen worden als ›einer, der sich nicht so lau mit seinen Kollegen einigt, sondern ihnen an die Kehle geht und nicht mehr loslässt, ein richtiger Terrier!‹. Ein noch recht junger Mann, der eine abgeschabte Fliegerjacke und Turnschuhe trug und eine grüne Jaguarlimousine fuhr, in deren Rückfenster das Greenpeace-Zeichen klebte. Gisela sah ihn zufällig kurz, und er fand ihre volle Zustimmung: »So müssen sie aussehen! Was für ein Kinn! Es sollte eben immer auch der ästhetische Standpunkt berücksichtigt werden!« Auf jeden Fall holte der ästhetische Anwalt achtzigtausend Mark aus der eingestürzten Mauer, und Merle konnte wieder ruhiger schlafen.

Sie schloss die Kasse ab, stapelte die Belege und heftete sie ein, gähnte herzhaft und ging nach hinten, in die kleine Wohnung, die sie mit dem grippekranken, sicher fest schlafendem Heiner jetzt bewohnte. In fünf Stunden musste sie frisch und schön und wach sein – da öffnete das Caso Fortunato wieder…

»Ich würde gern eine kleine Hochzeitsreise mit dir machen«, wagte Heiner zu bemerken. Er zog, als er den Blick seiner Frau bemerkte, den Kopf ein, beharrte jedoch, wenn auch leiser: »Eine ganz kleine wenigstens. Vielleicht ein verlängertes Wochenende?«

»Wenn wir aus dem Gröbsten raus sind«, versicherte Merle, leicht gereizt. Dass es bis dahin noch etwas dauern würde, musste jeder Holzkopf sehen. Butz kam zwar noch zum Helfen, aber unregelmäßig, und er ging grundsätzlich sternhagelvoll nach Hause. Lucca, Mario, Merle und Frau Krämer, eine handfeste, energische Putzfrau, waren im Wesentlichen allein mit einem Restaurantbetrieb für 40 Gäste, der auch noch beanspruchte, ganz besonders feines und erlesenes Essen zu servieren. Heiner Mommsen langweilte sich. Im Restaurant wollte Merle ihn nicht haben, zumindest nicht als Arbeitskraft; essen durfte er da. »Heinerle, sei nicht böse, aber bis wir dir das alles erklärt haben, haben wir's selber gemacht!«

Zur Post wollte er bestimmt nicht zurück. Den ganzen Tag vor dem Fernseher zu sitzen, das erinnerte ihn zu sehr an Merles lieben alten Großvater. Er durfte seiner Frau nicht im Wege sein, soviel war klar. Heiner schleppte sich, den Sommer über, einen Liegestuhl in den Garten und bräunte sich. Er ging auch in ein nahe gelegenes Fitnessstudio und stählte seinen Körper. Merle freute sich darüber, wie gut er aussah. Sie wollte wirklich täglich Sex, sie bestand sogar darauf. Danach hatte Heiner sich lange Zeit verzehrt. Er hatte gedacht, dass er bereit wäre, absolut alles dafür zu geben, nur einmal mit ihr… Und nun also dauernd.

Weil er nicht glücklicher war, machte er sich ein schlechtes Gewissen. Er merkte, dass es keineswegs selbstverständlich ist, glücklich zu sein, bloß weil alle Wünsche in Erfüllung gehen. Da schien immer noch etwas zu fehlen. Alles in allem verübelte er der guten Fee, dass sie ihm so moralisch kam.

Eines Tages saß Günther Vollmer mittags im Caso Fortunato, aß Pasta Funghi und sah ganz harmlos aus. Er war nicht zum ersten Mal hier. Niemand ahnte, was es mit ihm auf sich hatte. Ein nicht sehr großer, dicklicher Mann mit graublondem Haar, vielen Falten auf der Stirn und sonnigem Grinsen. Merle servierte ihm selbst und fand ihn spontan sympathisch, vielleicht vor allem, weil er zwei quengelige Kinder am Nebentisch, mit denen ihre Eltern in keiner Weise fertig wurden, freundlich, aber fest bändigte, so dass sie ruhig und still wurden und aufhörten, ihre Sauce auf das Tischtuch zu schmieren.

Dann schnitt Lucca sich den Daumenballen auf am Rand einer Tomatenmark-Büchse, blutete literweise auf die Küchenfliesen, behauptete, es mache gar nichts und wurde im nächsten Augenblick fast ohnmächtig. Merle rief einen Krankenwagen, Lucca wurde abtransportiert und die Katastrophe begann, sich abzuzeichnen. Was nun?

Merle rannte zum Telefon, um Butz anzurufen, doch der war nicht zu Hause. Anschließend erwog sie, Carmine zu fragen, ob er vielleicht, wenn sie sich selbst demütigte und im Büßerhemd auf Knien vor dem Sapporito umherrutschte, aushilfsweise seinen Hilfskoch zur Verfügung stellen würde? – als der nette, dickliche Mann an Tisch neun, der von seinem Platz aus Einblick in die Küche gehabt hatte, sie darauf ansprach: »Entschuldigen Sie, Frau Mommsen, brauchen Sie Hilfe? Ich hab das gerade mitgekriegt mit Ihrem Koch … Ich bin nämlich ursprünglich auch Koch, und zwar hab ich zwölf Jahre lang in einer Hotelküche in Venedig gearbeitet.«

Merle zog den Mann sanft an den Jackenaufschlägen hoch und brachte ihn in die Küche, wo er die Jacke ablegte, die Ärmel aufkrempelte und begann.

Sie sah zu, wie er mit einer Hand perfekt ein Ei trennte, wie er sich in kürzester Zeit zurechtfand, hier und da ein paar Gewürze umstellte, weil's ihm so logischer vorkam, wie er Knoblauch schälte mit der Routine eines Menschen, dem diese Pflanze vertrauter ist als die Kartoffel. Dann entspannte sie sich und hörte ihm zu, der beim Kochen seine Lebensgeschichte erzählte, ohne sich irritieren zu lassen, immer weiter da, wo er stehen geblieben war, während sie hinaus- und hineineilte, leere Teller und neue Bestellungen brachte, fertige Gerichte servierte und ihm zwischendurch zur Hand ging. Seinen Eltern hatte bereits eine Gastwirtschaft gehört und serviert hatte er auch schon viel in seinem Leben. Keine Familie belastete ihn, seine letzte Scheidung lag gerade ein halbes Jahr zurück und hatte ihn so geschreckt, dass er neue Beziehungen fürchtete.

Er machte einiges anders, aber keineswegs schlechter als Lucca. Merle kostete und lächelte. Wo und was arbeitete er zur Zeit? In einer Großkantine für täglichen Einheitspamps, gab er selbst verächtlich Auskunft. Das war nicht geschäftstüchtig von ihm. Er hätte nicht zu erkennen geben sollen, wie viel ihm daran lag, ins Caso Fortunato überzuwechseln. Dann hätte Merle ihm ganz gewiss ein größeres Gehalt zukommen lassen.

Als Lucca mit dem genähten, umwickelten Daumen zurück kam, war er außerordentlich erstaunt über den neuen Gehilfen. Am frühen Abend stießen sie mit Prosecco an, und es war abgemacht, dass Günther Vollmer so schnell wie möglich aus seinem Einheitspamps-Vertrag aussteigen und zu Merle überwechseln würde. Er ging strahlend, drehte sich in der Küchentür noch einmal um und bat die Anwesenden, Merle, Lucca und Mario, ihn einfach Günthi zu nennen. Das sei er so gewohnt.

Merle redete an diesem Abend so viel von Günthi, dass Heiner ganz besorgt und eifersüchtig wurde. Nachdem er Günthi zum ersten Mal besichtigt hatte, beruhigte er sich wieder.

Durch Günthi, der sich nach und nach, in unaufdringlicher Art, um alles kümmerte und an alles dachte, kam Merles Mann dann tatsächlich zu seinem verlängerten Flitterwochenende. Von Freitagfrüh auf Sonntagabend machte sie sich von ihrem Restaurant los – natürlich rief sie inzwischen dauernd dort an, als hätte sie einen kranken Säugling zurück gelassen.

Heiner Mommsen und seine Frau fuhren nach Norderbühl, wohnten in einer netten kleinen Pension, blinzelten benommen über das glitzernde Wasser und den weißen Sand, liefen bei Ebbe über das geriffelte, feuchte Watt und suchten nach Bernstein, ohne welchen zu finden, worauf sie sich mit schöngeformten Muscheln zufrieden gaben.

Merle sagte Heiner, was sie sich wünschte: einen Strandkorb hinten an den Dünen, in dem wollte sie mit ihm sitzen. Er sollte sie mit Sonnenmilch einreiben und dabei (ausnahmsweise war Zärtlichkeit erlaubt) ihren Nacken und ihre Ohren küssen. Fotos konnte er von ihr machen, soviel er wollte, und wenn sie vom Baden aus der Nordsee kam, dann möge er ihr bitte mit einem großen Badetuch entgegeneilen und sie abtrocknen. Genau das hatte sie vor langer Zeit, hinter einem Strandkorb versteckt, an der Ostsee beobachtet und geplant, es eines Tages ebenso zu machen. Merle schaute sich um, ob irgendwo ein sommersprossiges kleines Mädchen dasaß und zu ihr hinüberblickte. Aber alle Kinder tobten nur im Wasser oder im Sand, kreischten und lachten und zeigten nicht das geringste Interesse daran, Erwachsene zu observieren.

Genau so, wie sie verliefen, hatte Heiner sich seine Flitterwochen heimlich vorgestellt, nur nicht ernsthaft damit gerechnet, dass er damit den Geschmack seiner Frau treffen würde. Er fotografierte sie übrigens nicht nur, er skizzierte sie auch, denn er hatte seinen großen Malblock mitgenommen. Er zeichnete Merle im Strandkorb und Merle mit Strohhut und Merle im Badeanzug und Merle ohne Badeanzug, im Pensionszimmer. Da es in dem kleinen Nest wenig Ablenkung oder Sensation gab, widmeten sie sich vermehrt der Liebe, die hier bedeutend geruhsamer und weniger geschäftsmäßig praktiziert wurde als zu Hause.

Sie verbrachten drei sehr angenehme Tage miteinander, hatten großes Glück mit dem Wetter, das sonnig und freundlich blieb, erzählten sich eine Menge übereinander und fuhren Hand in Hand zurück, er auf seinem gebräunten und sie auf ihrem von Sommersprossen gesprenkeltem Gesicht ein sanftes Lächeln. Später dachte Heiner oft, dass diese drei Urlaubstage den Höhepunkt ihrer Ehe darstellten.

Sie kamen am Sonntagabend gegen acht Uhr zurück nach Hamburg. Während Heiner auspackte, zog Merle sich in aller Eile um und ging nach vorn, ins Restaurant. Es ergab sich, dass genau an diesem Abend Hader und Zank zu Gast waren in Gestalt des Geschwisterpaars Claassen. Offenbar waren die beiden zufällig da, also ohne zu wissen, wem das Caso Fortunato gehörte. Denn als Silke aus der Speisekarte aufblickte und Merle mit ihrer hellgrünen Schürze über den langen dunkelgrünen Seidenhosen entdeckte, die ein paar Tische weiter mit einem ihrer Lieblingsgäste plauderte (dem Conquistador), piekte sie ihren Bruder sofort mit dem Ellbogen und sagte aufgeregt etwas.

Merle fühlte sich erholt, in Bestform und in Kampfstimmung. Sie hielt Mario zurück, der gottergeben an dem Tisch der Geschwister bediente und auf seinen großen Füßen gerade dort hin wollte, um die Getränke zu servieren, nahm ihm das Tablett ab und nickte: »Ich mach das schon!«

Sie stellte Sören und Silke ihre Flaschen und Gläser auf den Tisch und beobachtete konzentriert die hübschen, flachen Gesichter mit den hellblauen Augen, die sie feindselig anstarrten. »Die Herrschaften haben schon gewählt?«, schnurrte Merle.

»Sag bloß, du kellnerst jetzt hier? In so einem noblen Lokal?«, fragte Sören.

Merle nickte. »Das war ein Glücksfall«, zitierte sie den Namen ihres Restaurants.

»Na, hoffentlich machst du das auch richtig. Dann gibt's vielleicht ein Trinkgeld«, verhieß Silke. Die Geschwister bestellten – Minestrone und Tomaten-Basilikum-Mozzarella, nur was Leichtes. Wenn alle hier nur an den Vorspeisen herumpicken würden, wäre ich in kurzer Zeit pleite, dachte Merle. Sie wartete die ganze Zeit auf den Beginn der Feindseligkeiten, weil sie sich einfach nicht vorstellen konnte, dass die Claassens diese Gelegenheit vorüber gehen lassen würden.

Genau so war es: Als Merle mit der Gemüsesuppe und dem Teller voller Tomatenscheiben kam, begannen ihre Gäste, sich aufzuspielen: »Was soll das denn? Haben Sie nicht richtig hingehört? Ich hatte Pizza bestellt!«

»Und ich Nudeln. Was soll ich denn mit dieser Suppe? Sie sind ja unfähig, Fräulein!«

Merle sah für einen kurzen Augenblick zu, wie Sören mit dem Löffel in Günthis guter Minestrone herumpanschte, dann nahm sie ihm den Löffel mit einem kurzen Ruck weg. »Wenn die Herrschaften darauf bestehen zu randalieren, muss ich Sie bitten, das Restaurant zu verlassen. Ich sehe mich sonst gezwungen, die Polizei zu rufen«, sagte sie, immer noch leise und diskret.

»Das könnte dir so passen! Ich will sofort den Geschäftsführer sprechen!«, dröhnte Sören. Jetzt drehten einige der anderen Gäste erstaunt ihre Köpfe in Richtung dieses Tisches. Merle bemerkte, wie Kortes gespannt herüber sah. Vielleicht plante er, ihr notfalls zu Hilfe zu kommen.

»Wir haben hier keinen Geschäftsführer, du jämmerlicher krummbeiniger, schlangengesichtiger kleiner Angeber, und wenn du dich weiter so ungezogen aufführst, dann zieh ich dir die Hosen runter und schleif dich auf deinem nackten Hintern aus meinem Restaurant«, hauchte Merle, noch viel diskreter und mit liebenswürdigem Gesicht. Um sie herum saßen wunderbare potenzielle Zeugen, die ihren Text nicht verstanden, aber ihr korrektes Verhalten gut beobachten konnten.

»Als ob der Laden dir gehört, du dumme kleine Maus!«, erwiderte Silke scharf, und im Gegensatz zu Merle absolut verständlich.

Merle senkte die gefärbten Wimpern, tastete friedlich ihren großen Nackenknoten auf eventuell lockere Kämme ab und flüsterte: »Du wirst dich totlachen, Süße, der gehört mir wirklich, und ich schmeiße jeden raus, der sich hier daneben benimmt, sogar in Fällen offensichtlicher geistiger Verwirrung und sozialer Verwahrlosung…«

An dieser Stelle sprang Sören Claassen auf und schlug Merle ins Gesicht. Das war der verächtliche Klaps eines Herrn gegenüber der dummen Dienerin, und es war das, worauf Merle geduldig gewartet hatte. Sie sah aus den Augenwinkeln, dass nicht nur Kortes, sondern noch einige andere Gäste aufsprangen, und bevor ihr jemand den Genuss vereiteln konnte, hieb sie Sören das runde silberne Tablett gegen die Stirn, was einen wunderbaren, vollen Gongklang ergab. Dann griff sie ihn an der Hemdbrust, schüttelte ihn zweimal kräftig durch und zerrte ihn, der sich halb sträubte und halb hinter ihr her taumelte, zur Restauranttür. Die wurde bereits vom herzugeeilten Mario aufgehalten. Hinter ihr gab es Gerangel und Geschimpfe, da rauften einige Gäste mit Silke, die sich wohl hatte einmischen wollen, und schoben sie gleich darauf ihrem Bruder hinterher auf die Straße. Für einen kurzen Moment hatte Merle das flache Gesicht ganz dicht vor sich und sie zischte: »Ihr habt hier Hausverbot, ein für alle Mal!«

Mario ließ die Tür zufallen. Merle, etwas überrascht, sah sich von ihren Gästen gefeiert. Einer bestand darauf, ihr einen Grappa zu bestellen. »Auf den Schreck, Frau Mommsen!« Es wirkte beinah, als ob sie zur Gemeinschaft gehören würde.

Gleich darauf erschien die Polizei, diesmal hatten die Claassens Merle angezeigt. Sie selbst brauchte sich nicht weiter zu verteidigen, alle Gäste redeten auf den Beamten ein, der sich schmunzelnd Notizen darüber machte, wie es ›wirklich gewesen war‹.

Als sie später bei Kortes kassierte, grinste der und meinte: »Also, ich hab schon Bud Spencer gesehen und jetzt hab ich Sie gesehen. Ich würde im Zweifel eher mit Ihnen keinen Streit anfangen ...«

Montags war Ruhetag, das lag Merle inzwischen im Blut und sie hatte es beibehalten. An einem Montag im August besuchte sie ihren Vater. Am Samstag hatte sie ihn angerufen, da klang er seltsam matt und meinte, es ginge ihm nicht so gut. Das beunruhigte sie. Butz gab eigentlich nie zu, dass es ihm nicht gut ging.

Frau Thielse öffnete ihr die Tür, die Wohnungsinhaberin, eine zierliche Frau mit braunen Kulleraugen und einem Mund, der immer staunte, auch, wenn sie redete. Merle wusste ziemlich viel über Frau Thielse. Es war unmöglich, eine Minute lang neben ihr her über den Flur zu gehen, ohne zu erfahren, dass Herr Thielse, ihr Geschiedener, ein Taugenichts erster Ordnung war und sich bereits wieder von seiner neuen Freundin getrennt hatte, was ja keinen wunderte, ihr die Bratheringe vom vergangenen Abend schwer im Magen lagen, und nun glücklich die dritte Türkenfamilie ins Haus gezogen sei, im Treppenhaus käme man sich manchmal vor wie auf dem Basar, wenn sie Türken sehen wollte, würde sie in die Türkei reisen, es sei übertriebenes Entgegenkommen der Türkei, die Häuser in Eimsbüttel zu füllen.

»Sie wollen Butz aufheitern, was?«, fragte Frau Thielse vor seiner Zimmertür. »Der Arme, das kann er wohl brauchen!«

Aha, dachte Merle. Bis vor kurzem war das für sie noch ›Herr Voß‹. Die Wirtin klopfte sachte und zwitscherte, um alle Zweifel gleich zu beseitigen: »Butz? Deine Tochter ist da…«

Butz schien im Bett zu liegen, was er früher tagsüber nur getan hatte, wenn er nachts Taxi fuhr. Krank war er aus Prinzip nie, höchstens ließ er sich von Unfällen wie dem Treppensturz ereilen. Er kam langsam zur Tür und öffnete.

»Deine Tochter ist da und will dich aufheitern!«, versicherte Frau Thielse ein weiteres Mal. Sie sprach wie zu einem Blinden, dabei war nur eins seiner Augen zugeschwollen, mit dem anderen konnte er Merle erkennen. Frau Thielse zwinkerte mutwillig, kündigte an, sie würde Kaffee kochen, bestand darauf, das sei doch selbstverständlich, obwohl niemand widersprach, und enteilte hüpfend.

Merle küsste ihren Vater und erschnupperte das vertraute Aroma von Alkoholfahne und kaltem Zigarettenrauch. Eigentlich roch er auch nicht sehr sauber, zumindest sein Hemd kam ihr muffelig vor. Durch alles hindurch drang sein eigener Körpergeruch, herb und etwas süßlich und immer noch unendlich angenehm. Was ja wohl auch alle anderen Frauen fanden.

Butz ließ sich wieder schwer auf sein Bett fallen, viele Kissen stützten seinen Rücken hoch. Merle setzte sich auf einen knirschenden, rotlackierten Korbsessel ihm gegenüber. Ihr Vater saß im hellen Sonnenlicht, durch eine Häkelgardine gefiltert, und blinzelte sie aus seinem gesunden Auge an. Aus dem Hemd kräuselte sich sein dichtes Brusthaar, noch stellenweise rostrot, vor allem weiß und grau, der stoppelige Bart, in den es vom Hals aus überging, zeigte dieselben Farben. Das linke Auge hatte jemand mit Bedacht getroffen, noch war es mehr rot und glänzend zugeschwollen, bald würde es blau anlaufen. Butz' Oberlippe sah dicker aus als gewöhnlich, die Unterlippe links von schwarzem Schorf umgeben.

»Wer hat das gemacht?«

»Hotte. Mein alter Freund Hotte. Er muss unendlich lange darauf gewartet haben.«

»Hotte?!« Das schmächtige kleine Kerlchen mit den ängstlichen Froschaugen?

Butz lachte hustend. »Klar, er hatte drei Mann zur Verfügung, die mich festgehalten haben, leicht hab ich's denen auch nicht gemacht. Und Hotte musste richtig angestrengt hochspringen, um an mein Gesicht zu kommen.« Er lachte weiter, hustete lange und schmerzlich und um Atem ringend und zündete sich eine Zigarette an.

»Was hatte Hotte denn für Gründe, dich zu züchtigen?«

»Oh, nichts Wildes. Ich hab mal Geld von ihm geliehen, und das benutzt er seit einer Weile als Hebel, um mich nieder zu drücken. Dabei ist es viel für mich und wenig für ihn. Gestern – oder eigentlich heute früh – ist er frech geworden, ich habe ihn hochgehoben und durchgeschüttelt, wie man das mit bösen kleinen Hunden macht. Da hat er seine Leibgarde herangepfiffen. Nachdem sie ein bisschen auf mir herumgehauen haben, wurden sie melodramatisch und warfen mich zwischen die Mülltonnen. Geschmacklos. – Was mich ärgert – « Butz zog an seiner Zigarette, »das ist, dass sie Irmi auch verprügelt haben. Irmi ist eins von Hottes Mädchen, die wollte dazwischen gehen. Für so ein Mädchen ist es eine Katastrophe, im Gesicht beschädigt zu sein. Als ob man einem Klavierspieler die Finger bricht. Na, die Freundschaft ist für mich erledigt. Aus und vorbei. Hotte wird mir noch hinterher weinen, ich hab immer viel für ihn getan«, erklärte er.

Dann klopfte Frau Thielse und servierte Kaffee, und Butz sagte: »Danke, Gabriele!«, und lächelte ihr zu, worauf sie ganz hektisch wurde und beim Gehen nicht die Tür öffnete, sondern die Türklinke herausriss.

»Richtig, das wollte ich reparieren!«, gab Butz sofort zu.

»Ich bringe dir heute Abend mal meinen Handwerkskasten!«, versprach seine Wirtin und flatterte hinaus.

Um Gottes willen, ausgerechnet Butz, der zwei linke Hände hat und sich immer mit allen Gegenständen rauft! dachte seine Tochter. Da bekommt Frau Thielse was geboten.

Sie fragte: »Gabriele?«

»Ja, sie ist ein ganz liebes Mädchen«, meinte Butz versonnen, rührte in seiner Tasse und zündete sich eine neue Zigarette an. »Sie hat Ersparnisse und einer ihrer Träume war immer ein kleiner Imbiss. Warum nicht? Ein kleiner Imbiss kann was Nettes sein. Ich könnte ihr meine gastronomischen Erfahrungen zur Verfügung stellen. Das würde viele meiner derzeitigen Probleme lösen, weißt du. Und ich würde mich wieder ein bisschen nützlicher fühlen …«

Als Merle ging, pfiff sie im Treppenhaus vor sich hin. Sie hörte auf, als sie merkte, was es war: Einmal schafft 's jeder …

Die Sonne blendete sie, als sie aus dem dunklen Treppenhaus kam, und sie stieß fast mit drei Leuten zusammen, einem Mann und zwei Frauen, die ein kleines Kind hinter sich herzogen. Merle und das Kind rempelten sich unwillkürlich an, eine der beiden Frauen zeterte: »Passen Sie doch auf!«, und Merle schnappte giftig zurück: »Transportieren Sie Ihre Brut gefälligst achtsamer!« Der Mann blieb stehen und holte Luft, begegnete jedoch Merles Augen und behielt lieber für sich, was er hatte sagen wollen. »Ach, kommt doch bloß!«, raunzte er stattdessen seine Frauen an und schritt hastig weiter.

Merle fröstelte plötzlich, mitten in der Sonne. Diese ewige Feindseligkeit! Na, Familie Voß ist nicht sehr beliebt auf diesem Planeten, das ist nun mal so.

Sie hatte die größte Lust, das kleine Froschgesicht Hotte aufzusuchen und mit den Schwimmhäuten an die Wand zu nageln. Sicher hatte Butz Recht: darauf, den großen Voß mal zusammenschlagen zu dürfen, hatte der klägliche kleine Kerl bestimmt seit langer Zeit gewartet. Das beste war, nicht mehr daran zu denken.

Merle stapfte über das sonnige Pflaster und dachte, mit finster zusammengezogenen Augenbrauen und mahlenden Kieferknochen, nicht mehr daran.

Freitag, der zwölfte, war ein märchenhaft milder, warmer und sonniger Tag gewesen, so golden, wie der Oktober nur sein kann, wenn er es richtig macht. Am Abend dieses schönen Tages erlebten ein paar frühe Gäste in dem kleinen italienischen Restaurant Caso Fortunato, wie ein riesenhafter, ungepflegter älterer Mann, das Gesicht voller Falten, mit schütterem, strähnigem Haar auf dem Kopf und einen ungepflegten, rot-weiß-grauen Prophetenbart über dem Kragen, in beiden Händen mehrere vollgestopfte Plastiktüten, durch die Tür getorkelt kam, unsicher stehen blieb, hin und herschwankend, und dann mit dunkler, heiserer Stimme brüllte: »Feuevöchen? Mein Feuevohl, wobissudenn?«

Worauf die Inhaberin des Restaurants aus den Küche hervorschoss, den Penner packte und mit sich zog, zurück in die Küche.

»Was ist denn passiert, Butz?«

Er ließ seine Tüten einfach los, die auf den Boden knallten, und fiel selbst mit schwerem Plumps auf den einzigen Stuhl der Restaurantküche, diskret bestaunt von Lucca, der ja mal kurzfristig mit Merles Vater zusammen gearbeitet hatte. Günthi neigte seine weiße Mütze über eine Pfanne und war nicht anwesend.

»Hassu wassutrinkn?«

»Hab ich. Aber nur, wenn du auch was isst!«, bestimmte seine Tochter. Sie schöpfte Butz einen Teller voll Minestrone, entkorkte eine neue Flasche Rotwein und stellte beides vor ihn hin. Er begann, zu löffeln, trank einen großen Schluck Wein aus der Flasche – Lucca wandte sich diskret ab, Günthi rührte voll Eifer – und begann dann, rau zu schluchzen.

Merle war völlig bestürzt. Sie hatte ihren Vater in ihrem ganzen Leben noch nie weinen sehen. Opilein hatte behauptet, Butz hätte an dem Abend geweint, als er sie geschlagen hatte und sie davongelaufen war. Das hatte sie sich jedoch nie wirklich vorstellen können.

Lucca ließ den Herd im Stich und machte sich fluchtartig aus der Küche in Richtung Personaltoilette. Günthi zeigte Geistesgegenwart, indem er ein paar Herdknöpfe herunter drehte, bevor er sich wieder über seiner Pfanne versteckte. Mario erschien mit Stielaugen, stellte mit fliegenden Händen einige gefüllte Teller auf sein Tablett und rannte auf seinen großen Füßen schleunigst zurück in den Gastraum.

Merle hockte sich neben den Stuhl, auf dem ihr Vater saß, und umarmte ihn. »Was ist denn nur geschehen? Sag doch mal?«

Butz weinte schwer und würgend, seine Atemlosigkeit machte

ihm dabei zu schaffen. »Jetzisalls aus. Jetzisendgülli alls aus. Ich kannichmehr …«, flüsterte er. Merle suchte in seiner Manteltasche, fand Zigaretten und Feuerzeug, entzündete eine Zigarette – lange nicht mehr geschmecktes Aroma – und steckte sie Butz zwischen die zitternden, murmelnden Lippen. Eine mehr würde nun auch nicht viel schaden.

»Butzi, wer hat dir denn was getan?«

Langsam beruhigte er sich, wischte mit unsicheren Händen an seinem Gesicht herum. Sein gescheckter Bart glänzte von Tränen.

Butz schluchzte ein letztes Mal schwer. Plötzlich glaubte Merle zu wissen, wie der kleine Junge mit den großen blauen Augen ausgesehen hatte, der seine Mutter kennen lernen wollte und rausgeworfen wurde.

Diesmal war Butz von Gabriele Thielse rausgeworfen worden. Seine Möbel behielt sie da, als Entschädigung oder als Pfand für einige nichtgezahlte Mieten.

»Ich dachte, ihr versteht euch ganz gut?«, wunderte sich Merle.

»Ja. Gansgut. WirwolltnImbisszusammmachn. Daswirihrnochleitun. Ich haballe ihr Türklinkn repariert. So 'n Mist!« Butz schüttelte den bärtigen Kopf.

»Aber dann?«

»AbadannisIrmigekomm. Son Pech. Arme Irmi. Hottehatsie wegge … abge …« Butz machte eine große Armbewegung und riss die Rotweinflasche vom Tisch. Günthi fing sie im Flug, stellte sie auf den Tisch zurück, so sanft, als sei sie mit Nitroglyzerin gefüllt, und zerhackte auch schon wieder, mit abgewandtem Gesicht, eine Knoblauchzehe.

»Wegissi jehnfalls«, beendete Butz die Geschichte von Irmis Niedergang. »Undaissi zumir gekomm, weilich immer ihrFreun gewehsnbin …«

Merle nickte. So was konnte eine Frau wie Gabriele Thielse schon missverstehen.

Sie sah auf die umgekippten Tüten. »Du hast aber deine wichtigsten persönlichen Sachen mitgenommen? Das ist schön. Pass auf, du nimmst jetzt den Rotwein mit – ja, mehr Suppe musst du nicht essen – und bringst deine Tüten nach hinten. Heiner sieht fern, glaube ich. Der freut sich bestimmt, wenn du kommst. Du bleibst erst mal ein bisschen bei uns, und dann sehen wir weiter …«

Günthi drehte sich jetzt vom Herd her um, sammelte alle vier Tüten auf, lächelte Butz zärtlich aus seinem derben runden Gesicht an und fragte: »Darf ich Sie nach hinten zur Privatwohnung bringen?«

Butz nickte abwesend, wurde untergehakt und weggebracht. Merle dachte über eine Gehaltserhöhung für Günthi nach und gab ihm jedenfalls, als er wiederkam, einen dicken Kuss auf die Nase.

Lucca erschien wieder vom Personalklo, stellte alle seine Herdknöpfe groß, sah Merle mit völlig zerknautscher Stirn an und meinte leise: »Du weißte, Merle, wenn ich irgendwas tune kann, oder für deine Herr Vater, was auch immer, du weißte ja, du kannste dich ganze und gare auf mich verlassen …«

Merle klopfte ihm auf den Rücken. Ihr war absolut zum Heulen zumute, teils aus Kummer um den armen Butz, teils vor Rührung über ihr Personal, das nur aus Engeln zu bestehen schien. Sie versagte es sich dann jedoch, ihrerseits auch noch in große Gefühle auszubrechen und begab sich lieber in den Gastraum, denn inzwischen tauchten immer mehr Gäste auf. Die Abendbrotszeit begann.

»Ich kann überhaupt nichts dafür«, versicherte Angelika. Sie und Malte kochten in ihrer Studentenwohnung auf Gas an einem altmodischen kleinen Herd. Wenn ihr etwas daneben gelang, pflegte Angelika dem Herd die Schuld zu geben. Jetzt war er auch noch kaputtgegangen. Die Knöpfe ließen sich nicht mehr richtig drehen, oder vielmehr, das Drehen beeinflusste die Gasflammen nicht im gewünschten Maße

»Malte hat mir Geld für die Reparatur gegeben, das stimmt schon, aber leider musste ich das inzwischen für andere Sachen ausgeben. Jetzt ist der nächste Krach vorprogrammiert, sobald mein Göttergatte merkt, dass das Ding noch nicht repariert ist. Dann will er wissen, was mit dem Geld passiert ist … Dieser Herd ist symptomatisch für mein verpfuschtes und versautes Leben!«, erklärte Angelika mit etwas schwerer Zunge, denn sie hatte zum Cappuccino schon vier Cointreau getrunken.

Draußen nieselte ein trüber Herbstnachmittag mürrisch vor sich hin. Angelika war derzeit der einzige Gast im Caso, Merle konnte sich mal neben ihre Freundin setzen und zuhören.

»Ich hab alles so satt! Meine Ehe ist im Eimer. Mein Studium stagniert immer mehr. Ich bin noch nicht mal vierundzwanzig und meine Leber ist schon angegriffen, ich hab tausend Unterleibsprobleme. Ich bin so oft beim Arzt, dass ich alle Büchermappe-Zeitschriften auswendig kenne. Ich hab keinen Beruf, keine Kinder, ich werde immer dicker und kann nichts dagegen machen. Wir haben dauernd Geldsorgen. Er sagt, Jaa, tu was, such dir einen Job. Wie stellt er sich denn das vor? Ich hab den Haushalt und mein Studium. Zumindest hätte ich's, wenn ich dran arbeiten würde. Wenn ich jetzt anfange, irgendwie Geld zu verdienen, dann mach ich doch garantiert keinen Strich mehr in der Uni.« Sie stützte den Kopf in die Hand und seufzte schwer. »Babylein, ich hab überhaupt keine Lust mehr zu leben. Einfach einschlafen und nicht mehr weitermachen! Dabei kann ich nicht schlafen ohne Pillen. Manchmal nehm ich sogar tagsüber eine halbe Schlaftablette, wenn mir die Pfoten zittern und mein Mund so trocken ist, das beruhigt mich wenigstens …«

In diesem Augenblick erschien Butz Voß im Gastraum. Seit er bei Merle und Heiner wohnte, half er selbstverständlich in der Küche, resigniert, aber willig, und immer so weit nüchtern, dass alles gut ging. Merle hatte seinen Bart sauber und glatt geschnitten; deshalb blieb es immer noch ein superdichter Prophetenbart, unordentlich rot-weiß-grau gescheckt. Butz setzte sich sehr vorsichtig an den Tisch der beiden jungen Frauen. In letzter Zeit taten ihm oft die Knochen oder die Gelenke weh, er konnte sich nur langsam bewegen.

»Haben Sie Kummer?«, fragte er mit ungewohnter Aufmerksamkeit. Vielleicht sah die sonst meist strahlende Angelika wirklich besonders verzweifelt aus.

»Ihr Gasherd ist kaputt. Jedenfalls die Knöpfe«, teilte Merle ihm mit, denn sie wusste nicht, inwieweit Angelika ihre anderen Kümmernisse vor Butz auspacken wollte.

Er ließ sich das Problem mit den Herdknöpfen gern ausführlich schildern und meinte, mit genau demselben Defekt hätte er es mal in einer Hotelküche zu tun gehabt, da gab es weit und breit keinen Mechaniker, und er hatte den Schaden ausgeglichen, indem er normale Streichhölzchen in die Schalter klemmte.

»Wie?! Wo?« Angelika hätte das gern nachgemacht, begriff jedoch leider nicht genau, was er meinte.

»Ich komme in den nächsten Tagen vorbei und richte Ihnen das!«, versprach Butz. Angelika bedankte sich überschwänglich. Sie schrieb Butz ihre Adresse auf einen Zettel. »Sie brauchen sich vorher nicht anzumelden, ich bin über Mittag wirklich immer zu Hause, von heute gerade mal abgesehen.«

»Das ist lieb von dir, dass du ihr helfen willst!«, sagte Merle, als Angelika gegangen war.

Zwei Tage später fragte sie: »Warst du schon bei Angelika?« Er hatte es ganz vergessen, nahm eine neue Streichholzschachtel aus der Küche mit und schlurfte, schwer atmend, aber lächelnd, los. »Ich bin auf jeden Fall bald wieder da!«, versprach er.

An diesem Tag aß Heiner im Restaurant seiner Frau. Das machte er nicht täglich. Manchmal, wenn es voll war, holte er sich lieber ein wenig Essen nach hinten in die Wohnung. Er saß tief in Gedanken da, denn er wollte ein Problem mit Merle besprechen und rang noch nach aussagekräftigen Formulierungen, während sie um ihn herum lief und andere Gäste bewirtete.

Kortes, der Conquistador, ließ sich endlich einmal wieder sehen, der war seit der Prügelei mit den Claassens im Juli nicht mehr da gewesen. Merle hatte schon befürchtet, dass er es trotz seiner anerkennenden Worte eher abstoßend fand, wie sie Sören nach draußen befördert hatte.

»Ich müsste da mal mit dir reden!«, verkündete Heiner am Ende seiner Gedankengänge halblaut und hielt Merle am Ärmel fest. Die war auf so etwas weder gefasst noch eingerichtet: »Was, jetzt? Liebchen, das ist unmöglich. Lass uns heute Abend miteinander sprechen.«

Heiner nickte und seufzte. Kortes blickte ihn nachdenklich an, was Merle gar nicht bemerkte.

Eine halbe Stunde später klingelte das Telefon im Caso Fortunato. Günthi stand am nächsten und nahm ab, denn Merle unterhielt sich gerade mit Gästen. Sie schaute jedoch zu ihm hin, sah, wie er blass wurde, wie seine Unterlippe den Halt verlor, wie er sie mit ängstlichen Augen suchte: »Frau Mommsen? Entschuldigung, Sie müssen bitte gleich mal ans Telefon kommen, das Krankenhaus, Ihr Vater …«

Merle rannte hin. Der Gasherd! dachte sie. Natürlich, der ist ihnen um die Ohren geflogen. Ich hätte verhindern müssen, dass Butz den anfasst.

Eine Krankenhausstimme, ein Dr. Evers aus Eppendorf, gab gemächlich Auskunft (Merle hatte ein für alle Mal geglaubt, Krankenhäuser würden am Telefon darauf verzichten): »Frau mh Mommsen? Der Herr mh Voß liegt bei uns auf der mh – tscht – Intensivstation, ein Unfall in der mh Nähe. Er hat versucht, die mh junge Dame zu retten. Herr mh Voß ist Ihr – tscht – mh Vater, nicht wahr?«

»Ja.«

»Frau mh Mommsen, wenn Sie Ihren mh Vater noch sprechen wollen, kommen Sie mh bitte so – tscht – schnell wie mh möglich«, verlangte Dr. Evers. Er kostete jedes Wort aus und produzierte zwischendurch noch nachdenkliche Summ- und Schmatzlaute.

Merle verübelte ihm das. Wenn es tatsächlich um Sekunden ging, dann sollte er nicht so viel unnütze Zeit für sein Gerede beanspruchen.

Sie knallte den Hörer auf: »Ich muss sofort ins Krankenhaus, mein Vater liegt da!« – riss sich die grüne Schürze ab und blieb ratlos stehen: »Meine Güte, jetzt fehlt ja mindestens einer, Lucca hat frei, Mario muss gleich weg, was mach ich denn nun?«

Verschwommen und ungern dachte sie an ihren Mann. Heiner, der servierte oder mit den Gästen redete? Sie blickte ihn an, er schien die Ohren eng an den Kopf zu klemmen in der Hoffnung, nicht gesehen zu werden.

Jemand nahm ihr die Schürze aus der Hand. »Ich vertrete Sie einfach, bis Sie wieder da sind!«, sagte Kortes. Er sah sie mitfühlend und besorgt aus diesen seltsamen Augen an, blau-grün-oder-braun, schillernd wie Metallic-Lack.

»Danke!«, rief Merle hastig und rannte zur Tür. Über die Schulter rief sie: »Mario und Günthi werden Ihnen alles zeigen, es ist nicht schlimm!«

Er rief zurück: »Machen Sie sich keine Sorgen. Und alles Gute für Ihren Vater …«

# *Im 18. Kapitel*
## *wird klar, dass Butz Voß es doch noch geschafft hat, während Angelika mal zu früh dran ist*

»Gasexplosion? Nicht doch, keineswegs!«, sagte der junge Arzt entschieden. Er war nicht Dr. Evers, der betuliche Schmatzer, er antwortete schnell und exakt.

Merle erfuhr, dass es in Angelikas Wohnung einen Schwelbrand gegeben hatte, dass ihre Freundin offenbar bereits ohne Bewusstsein war, als Butz kam. Auf sein Klingeln wurde nicht reagiert, aber er roch den Rauch.

»Wenn ich es richtig verstanden habe, hat Ihr Vater sehr geistesgegenwärtig gehandelt. Er hat zunächst versucht, die Tür einzudrücken, was ihm nicht gelungen ist. Dann hat er ein Treppenhausfenster geöffnet, sich an der Hauswand entlang gehangelt, das Küchenfenster von Frau Althoff eingeschlagen und ist hineingeklettert. Im vierten Stock, immerhin! Drinnen war alles voller Qualm. Ihr Vater hat Frau Althoff gesucht und schließlich im Schlafzimmer auf dem Bett entdeckt. Er hat sie durch die Wohnung getragen, raus ins Treppenhaus und da hingelegt. Und dann hat er bedauerlicherweise selbst das Bewusstsein verloren und ist ein Stück die Treppe hinunter gefallen.«

Merle schloss die Augen und biss fest die Zähne zusammen. Nicht schon wieder!

Der Arzt schüttelte bedauernd den Kopf. »Es sieht nicht gut aus, um ehrlich zu sein. Seine verbliebene Lunge ist stark beeinträchtigt. Er ist bei Bewusstsein, aber sehr schwach. Wir geben einfach ein bisschen Sauerstoff, das erleichtert ihm das Atmen. Sehen Sie zu, wenn Sie mit ihm reden, dass er nicht viel spricht. Am besten reden Sie – kriegen Sie das hin?«

Merle nickte.

»Ein unerhört tapferer Mann, Ihr Vater, das muss ich sagen. Frau Althoff hat eine mittelschwere Rauchvergiftung und Verbrennungen an einer Hand, aber sie wird's schaffen. Sie hatte wohl Schlaftabletten genommen ...« Der Arzt verzog kritisch den Mund. »Deshalb ist sie so fest eingeschlafen. Und es sieht so aus, als hätte sie vorher vergessen, ihre Zigarette auszumachen. Vielleicht ist sie ihr aus der Hand auf den Teppich gefallen. Manchmal schaffen es solche Schwelbrände, dass jedes Stück in einer Wohnung in Asche zerfällt – normalerweise der betreffenden Raucher zuerst, weil er schnell durch den Qualm bewusstlos wird und später erstickt. Frau Althoff hat riesiges Glück gehabt.«

Der junge Arzt öffnete ihr die Tür, und sie trat in ein kleines Zimmer, in dem es nur ein hohes, schmales Bett gab. Butz hatte eine durchsichtige Plastikmaske über Mund und Nase. Er atmete unendlich schwer. Als er hörte, wie sie einen Stuhl heranzog, öffnete er die Augen. Sie hatten ihm den Prophetenbart abrasiert, vielleicht, damit die Sauerstoffmaske besser passte. Butz lächelte, nur mit den Augen. Er sah unendlich erschöpft aus und trotzdem gewissermaßen heiter.

Merle griff seine Hand, und er drückte fest und herzlich zurück.

»Ich bin wahnsinnig stolz auf dich«, flüsterte sie. »Du hast Angelika gerettet. Das war wieder mal typisch für dich. Ganz schnell und ganz mutig. So warst du immer. Es geht ihr gut. Fühlst du dich einigermaßen? Nein, sag nichts, du kannst ja nicken oder den Kopf schütteln..«

Butz nahm, obwohl sie protestierte, die Maske vom Gesicht und flüsterte langsam, unterbrochen von schweren Atemzügen: »Es geht mir sehr, sehr gut. So gut ist es mir lange nicht gegangen. Kannst du das verstehen ...« Er rang nach Luft und wurde für einen Moment grünlich um die Augen herum, bekam dann wieder etwas mehr Farbe. »Kannst du das verstehen: Ich bin zufrieden mit mir ...«

Merle nickte, während ihr die Tränen in die Augen stiegen. Nach ihrer Abmachung mit der Macht der Liebe waren das wohl seine Abschiedsworte. Sie sollte sich freuen. Sie musste sich freuen. Genau das hatte sie sich schließlich gewünscht.

»Du warst das Beste in meinem kaputten Leben, Feuervögelchen. Du bist so wunderbar geworden, so vernünftig und mutig, und ...«

Sie nahm ihm vorsichtig die Sauerstoffmaske aus den Hand und legte sie wieder über sein Gesicht. »Und du warst der beste aller Väter, Butz. Ohne dich hätte ich ja nie so werden können.« Ohne sein warnendes Beispiel, das ihr einhämmerte, bloß nicht dieselben Fehler zu machen wie er, hieß das. Aber das sagte sie nicht. Sie fügte stattdessen hinzu, und auch das stimmte: »Ich wusste immer, wie sehr du mich liebst und wie wichtig ich dir bin. Etwas Besseres hättest du mir nicht geben können. Andere Väter sind ordentlich und erfolgreich und versichert, aber das können sie nicht geben. Kein Haus mit Wintergarten wäre dagegen angekommen …«

Er schien eingeschlafen zu sein. Merle saß heulend da und durchwühlte ihre Handtasche nach trockenen Taschentüchern. Die Sauerstoffmaske fiel herunter und neben das Bett. Plötzlich bemerkte sie, dass er nicht mehr um Luft rang. Sein Gesicht wirkte anders als noch vor einigen Minuten. Das Gequälte, Gehetzte, das in den letzten Monaten immer zu sehen gewesen war, löste sich auf. Er sah so glatt und schön aus wie vor vielen Jahren. Und immer noch, das vor allem: heiter und zufrieden.

»Wie kannst du noch meine Freundin sein?«, weinte Angelika einen Tag später im Krankenhausbett. »Ich habe deinen Vater auf dem Gewissen! Ich hab ihn umgebracht. Das kannst du mir doch nie verzeihen, oder?«

»Du hast ihn nicht umgebracht. Seine Zeit war abgelaufen, und du hast ihm die Möglichkeit gegeben, noch mal eine Heldentat zu begehen. Er ist ziemlich glücklich gestorben durch deine Hilfe. Dafür bin ich dir dankbar. Böse bin ich, weil du so verantwortungslos dir selbst gegenüber bist. Immerhin hättest du dich fast selbst verkokelt.«

Angelika nickte so wild, dass ihre Tränen in kleinen Tropfen um sie herum flogen. »Du hast Recht. Merle, du wirst sehen, dass ich daraus gelernt habe. Ich gebe meiner Ehe noch eine Chance. Malte war vorhin da …« Angelika blickte lächelnd auf den Strauß neben sich in der Krankenhausvase, zehn rote Rosen mit Schleierkraut. »Wir wollen ganz von vorn anfangen. Er hat nicht mal besonders darüber geschimpft, wie die Wohnung aussieht. Nur ganz etwas. Meine

Mutter und seine Eltern wollen die gesamte Renovierung bezahlen, weil sie alle so froh sind …« – hier brach Angelika wieder die Stimme, sie sprach ganz piepsig weiter: »… dass ich überhaupt noch lebe …« und weinte in beide Hände. Merle umarmte sie und weinte zur Gesellschaft ein bisschen mit.

»Kommst du zur Beerdigung von Butz? In einer Woche bist du doch wieder auf den Beinen?«, fragte sie dann. Das nahm Angelika auch an. »Natürlich komme ich. Er hat mir das Leben gerettet, dein lieber Vater. Und Malte wird natürlich auch mitkommen und selbstverständlich meine Mutter.«

»Glaubst du? Das ist schön. Ich möchte gern, dass so viel Trauergäste kommen wie möglich. Ich fände es schrecklich, wenn nur zwei, drei Personen da wären …«

Im Caso Fortunato mussten sie derzeit ziemlich oft ohne Merle fertig werden. An diesem Nachmittag lief sie auf dem Kiez herum. Ein netter Polizist brachte sie zu einem dunkelbraunen Haus in einer Nebenstraße. Sie klingelte und wurde von einem Mann mit zerknautschter Nase eingelassen und zu Hotte gebracht. Alt war er geworden, mit kleinem weißem Schnauzbärtchen unter den Quellaugen.

»Guten Tag, Herr Seitz. Ich bin die Tochter von Butz Voß«, sagte Merle. »Mein Vater ist gestern gestorben. Ich weiß, dass Sie beide kürzlich Differenzen hatten, aber ich weiß auch, dass Sie über lange Jahre gute Freunde gewesen sind. Mein Vater hat immer sehr gut von Ihnen gesprochen und oft gemeint, Sie sind sein bester Freund und ein ganzer Kerl. Ich möchte Sie gern zu der Beerdigung einladen, ich bin sicher, dass meinem Vater viel daran liegen würde. Soviel ich weiß, ist er Ihnen irgendeine Summe schuldig geblieben. Das würde ich jetzt gern …«

Aber Hotte hielt ihre Hand fest, die in der Tasche nach dem Portmonee suchte. »Nein, nicht doch, lassen Sie das, Fräulein Voß! Das war doch eine Kleinigkeit. Ich werde gern kommen. Wann ist denn das Begräbnis?«, blubberte er, ausgesprochen gerührt. Merle klärte ihn darüber auf, dass sie Frau Mommsen war, sagte ihm den Termin und nannte die Kapelle auf dem großen Friedhof Ohlsdorf.

»Herr Seitz, würden Sie bitte auch dafür sorgen, dass ein Mädchen namens Irmi zur Beerdigung kommt?«

Auch das versprach Hotte ihr.

Eine Woche später war die große Beerdigung von Butz Voß. Wie es sich gehörte, gab es weichen Nieselregen auf die schwarzen Schirme.

Eine kleine Kapelle spielte, und drei Herren sangen auch ziemlich nett: ›Einmal schafft 's jeder‹.

Merle hatte alles organisiert, dem drögen Pastor die Predigt praktisch vorgegeben nach dem 139. Psalm: Nähme ich Flügel der Morgenröte und bliebe am äußersten Meer, so würde auch dort deine Hand mich führen und deine Rechte mich halten – bezogen auf Opileins kleine Geschichte, wie Butz das kleine Mädchen sogar dann auffing, wenn er gar nicht wissen konnte, dass sie sprang: ›Du has keine Angs nich gehabt, weil du ja wohl immer gedacht has: Mein Vater fängt mich immer un überall.‹

Sie gestand dem Pastor, dass dieses Zutrauen zu ihrem Vater ihr im Grunde ihr tiefes Lebensvertrauen vermittelt haben mochte, dieses Gefühl, immer gehalten und getragen zu sein. (Ohne hinzuzufügen, wie sehr sich dieses Gefühl verstärkt hatte, seit sie ihren Feinden feste eins auf die Nase haute.) Der Mann war ausgesprochen beeindruckt und wohlinspiriert und schilderte Butz Voß zur milden Verwunderung der Trauergäste als einen Mann, der seine Mitmenschen im Glauben gestärkt hatte.

»Der schlimmste Moment«, war Merle gewarnt worden, »das ist, wenn man hört, wie die Erde auf den Sargdeckel fällt. Dann weiß man erst richtig, dass der geliebte Mensch nie wieder kommt.«

Sie hörte die Erde auf das Holz fallen und spürte den Verlust nicht stärker. Dass er nie wieder kommen würde, war ihr vorher klar gewesen. Dass er irgendwo noch steckte, vielleicht gerade jetzt amüsiert die Gemeinde musterte, die sie zusammengetrommelt hatte, schien genau so klar.

Alle Trauergäste fuhren zum Essen ins Caso Fortunato und wurden aufs Allerfeinste bewirtet. Ein paar Stühle mussten sie dazu stellen, denn es gab mehr als vierzig Gäste; Kortes hatte zum Beispiel fünf Taxifahrer mitgebracht, die Butz alle gut gekannt hatten und ihm die letzte Ehre erweisen wollten. Gabriele Thielse war da, guckte an Irmi vorbei und erzählte Merle wehmütig, dass sie keine ihrer Zimmertüren mehr ordentlich auf- oder zumachen konnte, seit Butz sie repariert hatte. Sabine Maus hatte mit roten Augen eine langstielige rote Rose auf den Sarg geworfen und stierte nichtsdestotrotz jetzt recht interessiert auf Carmine Benfatto, obwohl der neben seiner Frau Rosanna saß, die wiederum ihr Töchterchen Fiorella im Arm hielt. Harry war da mit seiner Frau Loni und dem inzwischen ellenlangen kleinen Manfred.

Merle hatte in ihrer Erinnerung und in alten Adressbüchern gestöbert und durch sentimentales Geschwafel Menschen, die glaubten, ein für alle Mal mit Butz Voß fertig zu sein, dazu gebracht, zu erscheinen und gut über ihn zu reden. Erstens war er jetzt tot und konnte keinem mehr was tun; und zweitens waren viele seiner Sünden, aus der Ferne der Erinnerung betrachtet, nicht mehr so schlimm.

Als spezieller Knüller saßen Batsch und Renata an einem Tisch. Über die hatte Merle sich besonders gefreut. Allerdings waren sie nicht extra von ihrer Sonneninsel angeflogen, sondern zufällig genau in diesen Tagen zu einem Besuch in Italien gewesen, um der Familie ihre Kinder zu präsentieren und verbrachten, gewissermaßen auf dem Rückweg, ein paar Tage bei Carmine. Als Merle ihn anrief und zur Beerdigung ihres Vaters einlud, sagte er deshalb sofort: »Ah, das iste ein komischer Zufall. Meine Schwester und Signore Gaul sind gerade in mein Haus. Hättest du die gern dabei?«

Insofern war Merle ganz froh, dass es ihr nicht gelungen war, Birgit Hansen in Belgien zu erreichen. Das hätte weder ihr noch Renata Spaß gemacht.

Renata sah an Butz' Grab ernst und nachdenklich, jedoch nicht völlig verzweifelt aus, und sie drückte ein paar Mal die Hand ihres Mannes, was Merle gut gefiel und Carmine ärgerte; er nahm Batsch einfach sein Gesicht übel. Die ältere ihrer Töchter saß still und brav neben den Eltern, die jüngere war unter der Obhut irgendeiner zuverlässigen Person in seinem Haus geblieben.

Merle ließ ihre Augen über die redenden, essenden und, je später es wurde, durchaus auch lachenden Menschen gleiten, registrierte ungefähr dreimal so viel Frauen wie Männer – normalerweise hatte Butz mit den Frauen geschlafen und die Männer betrogen. Aber alle hatte er an irgendeiner Stelle der Bekanntschaft mit seinem Charme bezaubert und mit seiner Persönlichkeit fasziniert.

Heiner Mommsen hatte sich dazu durchgerungen, seiner Frau einen grundsätzlichen Entschluss mitzuteilen – als sein Schwiegervater plötzlich starb. Es ging alles so drunter und drüber, sie vergaßen sogar ihren ersten Hochzeitstag. Er sah ein, dass er die Aussprache nun besser ein wenig verschob. Und nachdem er sie eine Weile verschoben hatte, wusste er nicht mehr genau, was er alles hatte sagen und wie er die Sache hatte begründen wollen. Deshalb platzte er dann eines Nachts, als Merle sich – müde, doch einverstanden mit dem Tag und mit der Tageseinnahme – auszuziehen begann und ihn schläfrig anlächelte, plötzlich damit heraus: »Nein! Entschuldige, aber ich will nicht!«

»Was?«, fragte seine Frau, grenzenlos verdutzt.

»Ich kann nicht …«, meinte Heiner, schon etwas kleinlauter, indem er, ohne es zu wissen, Angelikas Devise aufgriff, dass es nicht so schlimm ist, wenn man nichts dafür kann.

»Wieso nicht?«

»Weil ich … Ich bin … Also ich bin ein Mensch und keine Maschine. Das zunächst mal. Das ist alles so mechanisch. Und wir reden nie miteinander …«

»Das stimmt doch gar nicht! Erst gestern haben wir uns ganz lange unterhalten!«

»Ja – dass du die Restaurantküche vergrößern willst.«

»Na ja?«

»So was meine ich nicht. Ich meine, wir reden nicht über uns.«

»Im Urlaub haben wir lange über uns geredet. Du hast mir alles von dir erzählt und ich hab dir alles von mir erzählt.«

»Urlaub, sagt sie! Diese drei Tage, noch nicht mal ganz …«

»Mehr gibt's über mich sowieso nicht zu erzählen. Heinerle, komm jetzt her zu mir und hör auf mit diesem Quatsch.«

»Nein! Ich komm mir manchmal vor wie … wie so ein Insektenmännchen, das nur dazu da ist, die Königin zu bespringen, um für neue Arbeiter zu sorgen.«

Merle lachte. Dann ging sie ihrerseits zu ihm hin und nahm sein Gesicht in die Hände. »Das ist schon deshalb völlig falsch, weil du ja weißt, dass ich keine Kinder will. Insektenmännchen!« Sie lachte wieder. »Du bist süß.«

»Merle, bitte, lass das… Ich kann nicht…«

»Na, ich weiß nicht. Ich glaube, du kannst.«

»Lass – lass das… Ich will nicht!«

»Doch, ich glaube, du willst. Guck mal, du willst doch! Sieh mal, wie du willst, mein kleines Insektenmännchen…«

»Ich hab inzwischen durchaus Reingewinn, ich komm allmählich aus meinen Schulden raus. Ich verdiene ungefähr so viel wie eine mittlere Angestellte. Aber ich will mehr!«, sagte Merle und streichelte eine rabenschwarze, noch sehr junge Mietz.

Wanda schlürfte einen Schluck heißen Kaffee. »Was willst du denn noch?«

»Ein zweites Restaurant. Ein eigenes, weißes Haus mit Wintergarten. Beides kann ich mir nie leisten, wenn das so weitergeht. Ohne das zweite Restaurant kein weißes Haus. Und ohne mehr Einnahmen kein zweites Restaurant.«

»Du hast den höheren Mächten deine Wünsche mitgeteilt?«

»Dauernd. Es nützt bloß nichts. Das Restaurant ist hübsch. Wir haben einen guten Kundenstamm. Ich habe tolles Personal und ich reibe mich auf für den Laden, Tag und Nacht und wirklich gerne. Aber zu Reichtümern kommen wir einfach nicht…«

Wanda lachte sehr vorsichtig, um ihre Bronchien nicht zu reizen. »Wünschen allein reicht nicht.«

»Ich weiß, es geht auch ums Bezahlen…«

»Wer sagt das? Das hatte ich dir ein einziges Mal geraten, als dein Vater zum ersten Mal sterben wollte. Du bist eine Krämerseele, deshalb kommt dir das Bezahlen so zwingend vor. Nein, es geht darum, dass die Möglichkeiten da sind. Ohne Möglichkeit keine Wunscherfüllung. Wenn du eine gesunde junge Frau bist und wünschst dir vom Kosmos nichts so sehr wie ein Kind, dann nützt das überhaupt nichts, solange du auf einer einsamen Insel sitzt oder eingesperrt in einem Nonnenkonvent ohne einen einzigen Mann. Die Möglichkeit fehlt. Dir fehlt auch die Möglichkeit. Das, was du hast, mag fein sein, doch es reicht nicht für das, was du willst.«

Merle nickte grämlich. »Du hast leider Recht. Wir haben zu viel Kosten und zu wenig Einnahmen. Das Restaurant ist zu klein und zu exklusiv.«

»Dann musst du groß und ordinär werden«, riet die Hexe. »Ich will dich jetzt mal trösten. Du magst deine Schwierigkeiten haben, doch du wirst am Ende bekommen, was du willst.«

»Warum eigentlich?«

»Aus zwei Gründen. Zunächst mal, weil du weißt, was du willst. Die meisten Menschen wissen noch nicht einmal, was sie nicht wollen. Und zweitens, weil du dich deswegen nicht schämst. Würdest du, wenn ich tot bin, so alle paar Monate einmal an mein Grab kommen und etwas Kaffee darauf gießen?«

»Glaubst du, du hast dann noch was davon?«

»Nein. Aber ich will, dass du dich mir verpflichtet fühlst. Dass du auch etwas Absurdes für mich tust. Also, wirst du's tun?«

»Klar. Aber du lebst doch bestimmt noch lange ...«

»Ja, ja, lass nur. Meine Lunge ist voller Wasser. Ich bin bereit, zurück zu gehen. So schön ist es auf dieser Seite auch wieder nicht. Glaub nur nicht, dass ich dich unbeobachtet lasse, bloß, weil ich weg bin.«

»Tröstlicher Gedanke, Wanda.«

Die alte Frau konnte nicht umhin, vor Vergnügen zu bellen. »Du hast mir immer viel Spaß gemacht, du verhinderte Hexe. Ach ja, und du kümmerst dich sicher freundlicherweise um die letzte Mietz. Die wird mich nicht mehr verlassen bis dahin.«

Merle richtete sich beunruhigt auf. »Das hört sich allmählich an, als hättest du's ganz schön eilig?«

»Was soll ich lange rumtrödeln?«, fragte Wanda schroff. »Und jetzt räum deinen Hintern von meinem Stuhl, gleich kommt ein Mann, der wissen will, wie es mit ihm und seinen zwei Geliebten weitergeht ...«

Merle saß mit Günthi in ihrem kleinen Büro, plante und rechnete. »Das kommt alles etwas plötzlich, aber wenn wir so einen guten Preis geboten bekommen... Das heißt, bevor wir unsere Küche vergrößern lassen, vergrößern wir uns gleich ganz und gar, was meinst du?«

»Unbedingt. Ich würde nur darauf bestehen, dass du den Namen mitnehmen kannst. Der Name ist Gold wert...«

»Caso Fortunato? Den lassen sie mir bestimmt. Die wollen ja kein italienisches Restaurant. Und dieser Kasten hier...« Merle betrachtete das Foto vorn auf einem Immobilienangebot, »den könnte man nett herrichten. Es würde einen Bruchteil dessen kosten, was dies kleine Ding hier geschluckt hat, weil ja alles schon fertig ist, Schallisolierung, Personal- und Gästetoiletten, alles drin. Wir würden mindestens vier Leute mehr brauchen, und ich sage dir: Wir haben trotzdem noch Gewinn, und zwar praktisch von Anfang an!«

Sie grinsten sich begeistert zu, klackten ihre dicken Rotweingläser aneinander und stießen an: »Auf das neue Caso Fortunato in Winterhude!«

Günthi trank schmatzend und voll Behagen, Merle nippte nur, stellte ihr Glas gleich wieder hin und setzte hinzu: »Mein Mann hat großartig reagiert. Schließlich war es ursprünglich sein Geschäft und seit Generationen in der Familie. Aber er hat sofort eingesehen, dass wir so ein Angebot nicht ablehnen sollten. Ich glaube sogar, er freut sich auf das neue Restaurant, weil die Wohnung darüber sehr hübsch und ziemlich groß ist.«

Günthi kratzte sich hinter einem Ohr. »Wie geht es deinem Mann überhaupt? Man sieht ihn nie...«

»Er macht einen Malkurs oder so was. Perspektiven. Heiner ist recht talentiert. Er malt wirklich schöne Bilder...« Merle seufzte und gab zu: »Ich hab zu wenig Zeit für ihn, und das tut mir auch Leid. Er ist ein lieber, netter Kerl. Er hat das eigentlich nicht verdient. Aber wenn du ein Restaurant hast und bist gleichzeitig auch noch verheiratet, dann kommt einer zu kurz, und das ist der Partner.«

Günthi kannte das: »Hab ich mehr als genug Erfahrung mit, kann ich dir sagen. Am besten sind beide im Betrieb – oder keiner. Die

Nachtarbeit und der Alkohol … Dabei kommt der bei dir ja nicht mal zum Tragen. Also, lass uns einfach mal annehmen, du kriegst den Laden in Winterhude, Merle. Im April, oder?«

»Ja. Dann hatte ich dieses Caso hier gerade mal dreizehn Monate. Du, bis dahin schrauben wir unseren Anspruch schon mal runter, damit hinterher keiner von den Stammgästen sagt, seit sie den großen Kasten haben, schmeckt alles nur noch so billig. Und da wir gerade von billig reden: Die Preise schrauben wir natürlich auch ein bisschen runter. Wenn du noch etwas Zeit hast, würde ich mit dir gleich mal eine Liste von Rezepten durchgehen. Wir müssen genau absprechen, wo wir kürzen und vereinfachen …«

In diesem Augenblick klingelte das Telefon neben ihr. Merle schrieb mit der rechten Hand weiter, nahm mit der linken ab, meldete sich und hörte: »Erinnerst du dich, Babylein, dass ich meiner Ehe eine neue Chance geben wollte? Das hab ich am zweiten November zu dir gesagt, weißt du noch, im Krankenhaus. Und heute haben wir nun den dreißigsten November!«

»Ich bin ganz deiner Ansicht. Und jetzt?«

»Und jetzt bin ich schwanger! Hier vor mir ist der Babytest, ein ganz goldiger kleiner Kringel! Merle – du wirst doch Patentante?«

Maximilian Felix Althoff sollte Anfang August zur Welt kommen. Angelika und Malte räumten ihre ganze Wohnung um. Zweieinhalb Zimmer bleiben zweieinhalb Zimmer, wie man es auch dreht und wendet, hatte Angelika geseufzt. Nun wurde eins (das größte) zum Wohn-, Arbeits- und Esszimmer, das zweite zum Kinderzimmer und das halbe zum Elternschlafzimmer. Dort passte eben gerade das große Bett hinein, für Nachtschränke blieb kein Platz und die Kleiderschränke mussten auf den Flur. Aber zum Schlafen braucht man nicht so viel Platz wie zum Spielen, erklärte die (immer dicker) werdende Mutter glücklich.

Mitte Juni tapezierte sie noch selbst das zukünftige Kinderzimmer mit kleinen Elefanten, während Malte in aller Ruhe zu einem Klassentreffen nach Bonn gefahren war, stolperte über den Kleistereimer, fiel hin und konnte gerade noch zum Telefon robben und

Merle in ihrem neuen Restaurant in Winterhude anrufen – anstatt den Krankenwagen oder den Notarzt. Merle kam, als hätte sie Blaulicht auf dem Dach. Unterwegs schrie und brüllte Angelika vor Schmerzen, Merle schrie und brüllte sie an, unter keinen Umständen ihr Kind in ihrem Auto zu kriegen, sondern gefälligst zu warten. Und kaum waren sie im Krankenhaus angekommen, da schrie und brüllte auch schon Jessica Sandra Marie Althoff.

»Wo ist denn das Zipfelchen?«, fragte Angelika verstört und suchte immer noch danach. »Dr. Müller hat mir doch auf dem Ultraschall ganz deutlich das Zipfelchen gezeigt!«

»Was auch immer da gezipfelt hat, du wirst dich damit abfinden müssen, dass deine Älteste ein Mädchen ist«, riet ihr Merle, fast so glücklich wie Angelika und unendlich erleichtert, dass ihre Patentochter es noch bis zum Krankenhaus geschafft hatte. Dann versuchten sie, den ahnungslosen Vater in Bonn zu erreichen und ihm vorsichtig beizubringen, was mit seinem Sohn Maximilian passiert war.

»Ist er im Brutkasten?«, fragte Malte erschüttert.

»Sie. Nein, das ist wohl nicht nötig. Es geht ihr ganz gut«, berichtete Merle, und dann entriss Angelika ihr den Hörer und erzählte ausführlich von dem Kleistereimer – sie konnte überhaupt nichts dafür – und ihrem Schreck und ihren Schmerzen und wie unendlich süß die kleine Jessica war.

»Die ist doch ganz fertig!«, hatte eine der Schwestern gleich nach der Geburt leise zu einer anderen gesagt. Sie meinte damit, dass dieses Baby nicht aussah wie eine Frühgeburt.

Der Arzt war sowieso der Ansicht: »Das haben wir ja noch prima hingekriegt!« Dabei kam er mit flatterndem Kittel erst angestürmt, als Jessica schon dagegen protestierte, dass ihr jemand Schleim aus dem Mund absaugen wollte.

»Nimm sie auch mal auf den Arm!«, verlangte Angelika und hielt das Baby Merle hin.

Die schüttelte den Kopf. »Ich guck sie mir lieber von hier aus an.«

»Ja, in der Größe ungefähr haben wir alle mal angefangen, du auch!«, sagte Angelika.

Und das konnte Merle nicht bestreiten.

Angelika hatte während der Schwangerschaft weitergeraucht, was Malte ihr übel nahm. Sie konnte es so erklären: »Der Arzt hat zu mir gesagt, Jaa, und wenn Sie jetzt nach mehr als zehn Jahren plötzlich mit dem Rauchen aufhören, Frau Althoff, dann kriegen Sie solche Entzugserscheinungen, die schaden dem Kind mehr als das bisschen Nikotin.«

Bei Bedarf fügte sie auch gern hinzu: »Meine eigene Mutter hat während aller Schwangerschaften gequalmt wie ein Schlot, und das hat meinen Brüdern und mir schließlich auch nicht geschadet.«

Hörte Frau Wieland das, dann fiel sie ihrer Tochter in den Rücken: »Das ist zwar richtig, Angelika, aber damals wusste ja auch noch niemand, wie gefährlich das Rauchen ist. Sonst wäre ich ganz bestimmt während der Schwangerschaften und in der Stillzeit verantwortungsbewusst genug gewesen, es bleiben zu lassen!«, versicherte sie. Und schon konnte Angelika was dafür.

Die beneidete ihre Freundin Merle. »Wie schlau von dir, dass du dir das Rauchen erst gar nicht angewöhnt hast. Das lag bestimmt daran, dass dein Vater es dir nie verboten hat. Mir kam es so reizvoll vor, weil es verboten war. Ich werde das mit Jessy und allen meinen anderen Kindern genau so machen wie dein Vater mit dir. Wenn sie wollen, dürfen sie rauchen. Ich bin mit Sicherheit bloß deshalb so süchtig geworden, weil meine Eltern es mir immer verboten haben.«

Aber woher auch immer es kam, nun konnte man nichts mehr daran ändern, Angelika rauchte, Malte fand das verkehrt und die kleine Jessica nieste vorwurfsvoll, wenn ihr der Qualm in die Knopfnase stieg.

An einem sonnigen Septembersonntag wurde Merles Patenkind getauft. Das Ehepaar Mommsen erschien, sehr fein gekleidet, in der Wohnung des Ehepaars Althoff. Darum hatte Angelika ausdrücklich gebeten: »Wir fahren hintereinander her zur Kirche, ja? Bitte! Malte ist in letzter Zeit so krötig, vielleicht nimmt er sich ein bisschen zusammen, wenn andere Leute dabei sind.«

Eine schwitzende, nur mit Unterwäsche bekleidete Angelika empfing sie: »Oh, seid ihr schon da? Wieso, wie spät ist es denn? Das darf doch nicht wahr sein, ist die Uhr schon wieder stehen geblieben? Malte!! Merle und Heiner sind schon da…«

Kaum eine Minute später klingelte es schon wieder, und nun stand auch noch Angelikas Mutter im Flur, ebenfalls furchtbar elegant und mit Hut. »Angelika, warum schreit denn das Kind so? Was liegt denn hier alles herum – hoppla, jetzt wäre ich fast gefallen, das ist ja lebensgefährlich… guten Tag, Malte, mein Junge, Tag Merle, guten Tag, Herr – äh? Richtig, Mommsen! Also, ich denke, der Gottesdienst beginnt um zehn? Wie willst du denn das schaffen, Kind, wenn du hier noch im Unterkleid rumrennst? Wo ist denn das Kind? Wo ist denn… ja, wo ist denn meine kleine Jessy? Ja, da ist sie ja! Kuckuck! Kuckuck! – Angelika, soll ich die Kleine anziehen? Wo ist denn – ja, sag mal, ist das hier etwa das Taufkleid? Hier auf dem Boden und ganz zerknautscht? Ja, denkst du denn nicht daran, was das gekostet hat? Wir müssen sie vorher doch noch windeln und waschen und so weiter… Wo sind denn die Pampers? Oh, Merle, gib mir mal – hier, halt mal… Moment… Nein, Schätzchen, lass… lass das! Jessica! Jetzt hat das Kind mir den Hut abgerissen. Na reizend. Das dauert ewig, bis ich den wieder richtig drauf hab. Wo ist denn mal ein Waschlappen? Ich brauch einen Waschlappen für den kleinen Popo, der ist, der hat… danke, Malte. Mein Gott, das Kind ist ja wund! Das ist ja ganz wund! Wie ist denn das möglich? Ja, Angelika, achtest du denn nicht auf so was?«

»Sie ist nicht wund. Sie hat Hautpilz«, stellte Angelika richtig, die sich gerade in ihr schönes Seidenkleid gewühlt hatte. Merle knöpfte es ihr auf dem Rücken zu.

»Hautpilz? Wie ist denn so was möglich? Sie braucht Puder – Malte, gib mir mal Puder.«

Angelika hielt die Luft an, damit Merle den letzten Knopf zubekam (das Kleid saß etwas eng) und schrie dann los: »Nein, kein Puder! Nur die Salbe da in dem blauen Topf… Merle, ist ein Knopf wieder aufgegangen? Das fühlt sich so an…«

»Hm, nein, aufgegangen nicht. Zwei sind abgesprungen«, meldete Merle und hob die Knöpfe vom Teppich auf. »Hier, ich leg sie hier auf den Tisch, damit sie nicht verloren gehen…«

»Gut, danke. Ich zieh jetzt sowieso den Blazer drüber, das merkt keiner«, beruhigte Angelika sich selbst.

Merle kämmte ihre Freundin.

Frau Wieland bemühte sich, Jessica in das Taufkleid zu stopfen.

Malte suchte im Schrank unter Fluchen und Schimpfen sein einziges sauberes, gebügeltes weißes Hemd.

Heiner stand unglücklich dabei und wünschte sich weit weg.

Angelika gab schließlich zu, das betreffende Hemd letzte Woche angezogen zu haben, als sie ›was zum vorne Knöpfen‹ gebraucht hatte, weil Jessy den ganzen Tag alle paar Minuten lang gestillt werden wollte. Und da hatte sie nur das Hemd gefunden. Nun war es leider in der Schmutzwäsche, ja, denn Jessy hatte sich ein bisschen darauf übergeben.

»Und was soll ich jetzt anziehen?! Soll ich mit nacktem Oberkörper in die Kirche?«, explodierte Malte.

Angelika weinte, weil er sie so anschrie.

Frau Wieland und Merle durchsuchten die beiden Schränke nach in Frage kommenden Hemden und fanden nur eins mit blauen Streifen, was zu Maltes eleganten braunen Anzug vielleicht nicht unbedingt passte.

Malte selbst suchte inzwischen nach einigermaßen passenden sauberen Socken.

Frau Wieland suchte für das blau gestreifte Hemd ein Bügelbrett und ein Bügeleisen und ein Ärmelbrett und einen Stuhl zum Bügeln, so lange konnte sie nicht stehen, sie hatte es im Kreuz. Sie schimpfte über die polnische Wirtschaft bei ihrer Tochter und bedauerte Malte, dass er soviel Ärger hatte mit einer so schlampigen Frau, so hätte sie Angelika bestimmt nicht erzogen.

»Nein, das glaube ich auch. Das hat sie selbst gemacht!«, stimmte Malte zornig zu. Er hatte nur rotbraune saubere Socken gefunden, alle anderen waren dreckig, kaputt oder lediglich als Einzelexemplar vorhanden. Merle umarmte die weinende Angelika und ließ sich ins Ohr flüstern, wie gemein Malte sei, nun kriegte sie es wenigstens mal selbst mit.

Heiner stand an der Wohnungstür und überlegte, ob er lieber im Treppenhaus warten sollte.

Dann begann Jessica zu schreien. Die Erwachsenen stürzten von allen Seiten herbei und berieten, was dabei zu tun sei.

»Sie ist müde, sie hat letzte Nacht kaum geschlafen«, erklärte Angelika sehr laut, um sich gegen ihre Tochter durchzusetzen. Obwohl frisch geschminkt, sah sie selbst ebenfalls müde aus. »Wo ist denn der Schnuller?«

Alle suchten den Schnuller. Sie fanden ihn im Ehebett im Elternschlafzimmer. Frau Wieland wunderte sich: »Warum ist denn hier das ganze Bettzeug von Jessylein? Und wo ist denn das Bettzeug von Malte?«

Ihr Schwiegersohn erklärte es ihr, während Angelika ihrem Kind mit dem Schnuller den Ton abstellte: »Das ist schon seit einigen Wochen so. Angelika findet, Jessica ist noch zu klein, um allein zu schlafen, wir würden sie vielleicht auch nicht hören, falls was passiert. Deshalb schläft Jessica zwischen uns. Jetzt ist das schon so, dass sie woanders gar nicht mehr schlafen kann. Und wenn sie so ein Getöse macht wie letzte Nacht, dann nehme ich doch lieber mein Kissen und meine Decke und schlafe auf dem Boden im Kinderzimmer. Da ist es etwas ruhiger, und da ist wenigstens Platz.«

Er bekam einen tiefgefühlt-mitleidigen Blick von seiner Schwiegermutter und lächelte tapfer zurück.

»Auf die Art machst du dir deine Ehe kaputt!«, sagte Frau Wieland halblaut zu Angelika. Dann marschierte sie ins Badezimmer, um sich ihren Hut wieder aufzusetzen. Als sie zurückkam, waren auch die Eltern und der Täufling fertig zum Losfahren. Das Baby, unter einem weißen Rüschenmützchen, kaute nachdenklich an seinem Schnuller herum.

Heiner öffnete erleichtert die Wohnungstür und hielt sie allen auf.

Malte spazierte voran, seine weiß gewandete Tochter auf den Armen, gleich daneben seine elegante Schwiegermutter.

Angelika stöckelte hinterher, nervös in ihrer Handtasche nach den Zigaretten suchend.

Ilse Wieland musterte ihre Tochter vom nächstniedrigeren Treppenabsatz und urteilte: »Angelika, du wirst immer dicker. Du musst Diät machen! Den Speck wirst du nie wieder los, und du bist mit einem bildschönen, schlanken Mann verheiratet. Leg rechtzeitig das Ruder um. Du darfst dich nicht so gehen lassen …«

Sie kamen nicht ganz eine Viertelstunde zu spät in die Kirche, wo Maltes Eltern schon vorwurfsvoll warteten.

Jessy spuckte als erstes ihren Schnuller in so hohem Bogen von sich, dass niemand ihn je wieder fand.

Frau Wieland war die zweite Patin. Sie trug das Baby in seinem malerischen langen Spitzenkleid auf den Armen für das Erinnerungsfoto vor dem Kirchenportal. Genau in dem Augenblick, als der Fotograf auf den Auslöser drückte, wurde ihr der Hut von einer Windbö vom Kopf gerissen und weggetrudelt.

Angelika war sowieso beleidigt, weil ihre Brüder und Maltes Schwestern alle etwas Besseres vorgehabt hatten.

Merle freute sich heimlich darüber, denn sie lud hinterher in ihr neues, viel größeres Restaurant ein. Hier versuchte Malte, seiner Frau die Zigaretten aus der Handtasche zu stehlen, was, als sie es bemerkte, zu kleinen Handgreiflichkeiten zwischen den Ehegatten führte. Merle hielt Jessy, solange Angelika mit ihren kleinen Fäustchen auf Maltes gepolsterte Schultern einschlug. »Guck mal!«, sagte sie leise zu dem Baby, »ist das nicht ein schönes Restaurant?«

Das zweite Caso Fortunato hatte mehr als dreimal so viel Platz wie das erste. Rote Ziegelböden und putzbeworfene Wände waren vorgegeben, es hatte sich angeboten, daraus ein Restaurant im Landhausstil zu machen, mit Gießkannen, Korngarben und großen Ölkrügen aus Ton. Dem angepasst war der Speisezettel: italienische Landhausküche, alles sehr frisch und mit viel Grünzeug. Das Caso Fortunato war jetzt erst ein voller Erfolg.

Malte entschuldigte sich inzwischen bei Angelika. Sie weinte und musste getröstet werden. Zum Schluss zündete er ihr eigenhändig eine Zigarette an, worüber Frau Wieland nur den Kopf schütteln konnte.

Wie schon im ersten Caso lag auch hier die Wohnung von Merle und Heiner mit im Haus, in diesem Fall oben drüber. Sie war größer als die vorherige, wenn auch noch immer nicht fertig eingerichtet; es hatte ja alles so schnell gehen müssen, und das Restaurant ging auf jeden Fall vor.

Immerhin besaß Heiner nun ein eigenes Zimmer mit gutem Licht zum Malen. Er hatte vorsichtig angeregt, getrennte Schlafzimmer zu beziehen, doch das lehnte Merle ab. Sie brauchte ihn nachts neben sich.

Gerade jetzt, in der Nacht nach Jessicas Taufe, fuhr sie mit einem Ruck aus dem Schlaf, ihr Herz hämmerte so, dass sie kaum atmen konnte. Heiner war davon aufgewacht und machte Licht. »Was ist passiert?«

Sie fuhr sich mit den Händen durch das Haar und schüttelte den Kopf. »Ich hab geträumt. Ganz schrecklich … Wir haben einen Ausflug gemacht, glaube ich, du und ich und meine Eltern. Ah, und deine Mutter war auch dabei. Wir sind in einer ganz schrecklichen Landschaft umher gelaufen, kahle Berge und Felsen und überall Steine … Nichts Grünes. Und so eine grelle Sonne.« Merle streckte die Hand nach ihm aus, und Heiner nahm sie zwischen seine Hände. »Dann bist du irgendwie gestolpert und plötzlich in so eine Gesteinsspalte gerutscht. Ich bin hingelaufen und hab versucht, dich festzuhalten, an den Armen und an den Ärmeln …«

»Das war nett von dir. Hat dein starker Vater mir nicht geholfen?«

»Nein, überhaupt nicht. Ich guckte dir über die Schulter und sah unter dir einen unendlich tiefen Abgrund. Allerdings mit einer schönen Landschaft, seltsamerweise. Mit der, in der wir uns befanden, nicht zu vergleichen. Unter dir, ganz tief unten, war ein tiefgrünes Tal. Darüber hast du gehangen. Ich hab deine Arme und Hände festgehalten, mit aller Kraft. Ich hatte Angst, dass du mir wegrutschst. Dann hat auf einmal mein Vater gesagt: ›Lass den armen Kerl los, Merle!‹ Ich war ganz entsetzt und hab ihn angeguckt, er sah ruhig und freundlich aus und hat genickt. Und ich konnte nicht anders, obwohl ich es nicht wollte, du bist mir aus den Händen geglitten …« Merle brach in Tränen aus.

Heiner umarmte sie und murmelte beruhigend vor sich hin. Er drückte sein Kinn in ihr Haar und sah sich im Schlafzimmer um. Eigentlich wollte er etwas sagen, er holte sogar mehrmals Luft dafür. Doch dann verließ ihn der Mut wieder und er streichelte nur Merles Kopf.

Als sie am Montagmorgen aufwachte, war er verschwunden. Er steckte nicht in der Küche, um Frühstück zu bereiten. Er saß nicht in seinem Zimmer, um zu zeichnen. Dieses Zimmer sah allerdings merkwürdig kahl aus, als ob entscheidende Teile fehlten. Merle begriff, dass Heiner seine Malutensilien eingepackt und mitgenommen hatte.

Sie öffnete seinen Schrank und stand leeren, schaukelnden Kleiderbügeln gegenüber. Seine beiden schönen neuen Koffer, Geburtstagsgeschenke, fehlten natürlich.

Zum Schluss fand sie den Brief. Er hatte direkt neben ihrem schlafenden Kopf gelegen, auf Heiners Kopfkissen.

Liebe Merle,
bitte verzeih mir. Wenn Dir schon Dein eigener Vater rät, mich los zu lassen, dann ist es bestimmt besser so für uns alle.
Ich hoffe, Du kannst mir verzeihen. Es tut mir so Leid. Du wirst mich nicht besonders vermissen, außer für einen Zweck, und dafür findest du auch andere Männer und wahrscheinlich bessere.
Das mit der Scheidung müssen wir irgendwie noch regeln, ich glaube, es wird keine besonderen Probleme geben. Ich will Dich auf keinen Fall behindern oder bremsen, ich bewundere zutiefst, was Du alles auf die Beine gestellt hast. Ich hätte mein geerbtes Geld ohne Zweifel längst irgendwie verschleudert, oder ich hätte, was ich ja wollte, das Secondhand-Kindergeschäft weitergeführt und in die Pleite. Du hast aus dem Geld wirklich was gemacht, deshalb bin ich auch der Ansicht, dass ich Dir auf keinen Fall das Restaurant wegnehmen darf. Vielleicht können wir eine Regelung der Art treffen, dass Du es weiter führst und mir monatlich soviel auf ein Konto zukommen lässt, wie Du entbehren kannst. Das wird im Lauf der Zeit zweifellos mehr werden. Aber wenn es mal einen Monat ausfällt, macht das auch nichts.
So, nun muss ich Dir von Rosemarie erzählen, es nützt ja nichts. Wir haben uns beim Malkurs kennen gelernt. Vor ungefähr dreieinhalb Monaten.
Also, ich kann es eigentlich selbst nicht glauben, aber ich schreibe es jetzt mal hin: Ich betrüge Dich seit mehr als einem Vierteljahr mit einer anderen Frau. Ich hoffe, Du wirst mir jemals verzeihen können. Ich bin sicher, daß Du mir immer treu gewesen bist.

Hauptsächlich, weil Du keine Zeit für Betrug gehabt hättest. Außerdem glaube ich, daß Dich außer Restaurants sowieso nichts wirklich interessiert. Wenn ich das mal sagen darf: Ich glaube, Du solltest eigentlich lieber nicht heiraten. Es hat nicht so sehr viel Sinn, meine ich.
Rosemarie ist bei weitem nicht so schön und auffallend und klug und talentiert wie Du. Sie ist ein ganz gewöhnlicher Mensch, so wie ich. Dir gegenüber war ich noch nie richtig unbefangen, in keiner Lebenslage. Mit ihr bin ich immer entspannt.
Für mich am schönsten ist, dass ich mit Rosemarie immer mal nur schmusen kann, ohne dass sie mehr will. Ich weiß nicht, ob Du das verstehst.
Ich hoffe, Du verzeihst mir. Es war schön mit Dir und ich werde es nie vergessen, es war die unerwartete Erfüllung meines größten Traums. Nun bin ich aufgewacht und bei mir ist Rosemarie, wir haben Alltag und Realität, und das ist auch sehr schön. Wir werden eine größere Reise durch Island machen, Rosemarie kennt die Gegend gut und will mir alles zeigen, da soll es unglaubliche Motive geben. Wenn ich zurück bin, melde ich mich bei Dir, damit wir die Scheidung regeln können. Bis dahin hast Du sicher alles längst verdaut.
Glaubst Du, ich werde eines Tages als Zeichner oder Illustrator berühmt? Nein, ich glaube es auch nicht. Es wird mir Freude machen, das ist auch genug.
Danke für alles. Ich habe Dich sehr geliebt, wirklich.
Entschuldige!
*Dein Heiner*

Merle las den Brief ein zweites Mal, dann ging sie in die Küche und machte sich alleine Frühstück. Sie sah aus dem Küchenfenster in ihren hübschen großen Garten, während sie darauf wartete, dass das Wasser kochte. Sie war eine gute Köchin, doch sie verstand wenig vom Frühstückmachen, das hatte Heiner viel besser gekonnt.

Rosemarie. Ach so.

Mit allem hätte sie gerechnet; damit nicht.

Nando war der beste Frühstücksmacher der Welt. Sein Kaffee suchte seinesgleichen, die Eier hatten exakt die richtige Konsistenz. Sie saßen im Wintergarten, die große Hitze war schnell wieder vorbei gewesen. Im Moment regnete es.

»Ich hätte dich nicht geheiratet, wenn du nicht so gut Frühstück machen könntest!«, sagte Merle und leckte zufrieden ihren Eierlöffel ab.

»Doch, das hättest du. Möchtest du, dass ich dich zum Flughafen fahre? Ich würde das gut noch hinkriegen, vor elf brauche ich nicht im Caso zu sein, oder?«

Merle wollte antworten, als es an der Tür dingdongte. Nando stand auf, öffnete und kam gleich darauf mit dem Besucher an den Frühstückstisch. Ein großer, schlanker Mann mit regelmäßig geschnittenem Gesicht und Grübchen im Kinn, die Augen wurden von den hängenden Lidern ein bisschen verschleiert, das dunkel-graumelierte Haar trug er ganz kurz geschoren, um zu vertuschen, dass es so dünn geworden war. Trotzdem: immer noch ein hübscher Mann.

»Malte!«

»Guten Morgen, Merle. Entschuldige die frühe Störung. Ich habe gestern Abend spät von meiner ehemaligen Schwiegermutter erfahren, was passiert ist. Mit Angelika, meine ich. Vorgestern hatte ich noch mit Jessica telefoniert, ohne dass sie es für nötig hielt, mir was über die neueste Eskapade ihrer Mutter zu erzählen.« Er sah sie vorwurfsvoll an.

»Nun guck nicht so beleidigt. Was können wir für dich tun?«

»Ilse Wieland sagte, du willst zu Angelika. Ich wollte dir anbieten, dich nach München zu fahren.«

»Oh! Das ist ja nett von dir. Aber mein Flug ist schon gebucht.«

»Ich wollte Merle gerade zum Flughafen bringen«, fügte Nando hinzu. Er mochte Malte nicht besonders, und er gab sich keine große Mühe, das zu verbergen. »Aber wenn Merle will, können Sie mir das ja abnehmen.« Er blickte seine Frau fragend an. Die blickte Malte fragend an.

»Ja, doch. Warum nicht? Jetzt gleich?«

»Ja, bitte.« Merle stand auf. »Meine kleine Reisetasche steht schon unten.« Sie griff zu ihrer Handtasche, holte eine Puderdose und einen Lippenstift heraus, puderte sich kurz die Nase, schraubte den Lippenstift auf, sah Nando an, fiel ihm um den Hals zu einem innigen Kuss (Malte starrte inzwischen aus dem Fenster in den Regen) und zog dann die Lippen nach.

»Ich rufe dich heute Abend an, Nando. Mach's gut. Grüß Günthi.«

»Pass auf dich auf. Ich liebe dich«, sagte Nando völlig ungeniert. Er sagte es so oft, dass es ihm locker im Mund saß.

»Ich dich auch!«

Sie lächelten sich an. Dann ging Merle hinter Malte her zu seinem Wagen.

»Übertreibt ihr nicht etwas?«, fragte er als erstes, noch bevor er den Motor anließ.

»Im Gegenteil. Wir geben uns Mühe, uns zu mäßigen«, prahlte Merle.

»Aber ihr seid doch jetzt auch schon seit …«, er versuchte, es auszurechnen und erinnerte sich nicht genau, »ganz schön lange zusammen. Und dann tut ihr immer noch so knutschi-butschi-frischverliebt?«

»So – was?« Merle lachte herzlich. »Wir sind verliebt, dagegen lässt sich nichts machen. Auch nach siebzehn Jahren nicht. Du bist ja bloß neidisch, weil du niemand hast, mit dem du knutschi-butschi-was?«

Malte machte ein verbissenes Gesicht und antwortete nicht.

»Deine Tochter hat mir erzählt, im Frühling hattest du eine ganz süße Freundin. Was ist denn aus der geworden?«

»Helena? Sie meinte wohl Helena. Das nützt ja nichts, wenn sie süß aussieht und ist innerlich kaputt. Absolut kaputt. Ich ziehe leider irgendwie solche Frauen an.«

Deshalb hast du mich auch nie angezogen, dachte Merle.

Malte war noch nicht zufrieden: »Was ist denn nun also genau mit Angelika passiert? Sag du mir das bitte mal. Meine Exschwiegermutter hat das nur so nebulös angedeutet. Sie wollte natürlich taktvoll sein.«

»Warum willst du das denn so genau wissen? Heute ist Angelika wieder zu Hause, und es geht ihr relativ gut.«

»Wenn's ihr gut geht, warum will sie sich dann umbringen? Angelika war immer suizidal.«

»Malte, du kennst Ausdrücke! Sag doch einfach selbstmordgefährdet, dann weiß jeder, was du meinst. Außerdem stimmt das nicht. Immer nicht. Sie hatte Phasen in ihrem Leben, in denen sie furchtbar traurig oder ängstlich war oder beides. Und große Phasen, in denen sie glücklicher und heiterer war als jeder andere.«

»Sie ist hemmungslos emotional. Durch und durch neurotisch. Vielleicht sogar psychopathisch.«

»Malte, Angelika ist warmherzig und mitfühlend und verständnisvoll. Sie war mir, solange ich sie kenne, eine unendlich treue Freundin …«

»Das hättest du jetzt nicht sagen sollen, dass Treue zu Angelikas Tugenden gehört. Man kann ihr vielleicht alles mögliche zuschreiben, aber Treue nicht. Ja, sie mag dir eine treue Freundin gewesen sein, weil du gleichgeschlechtlich bist. Ansonsten – die Frau kann gar nicht treu sein. Und wenn sie es nicht in der Realität auslebt, dann in ihrer Phantasie. Weißt du, wie das ist, wenn du mit jemand im Bett liegst und ahnst, der denkt an jemand anderen? Von Anfang an hat sie mich mit diesem Timo betrogen. Und dann mit Georg! Und zwischendurch vermutlich noch mit etlichen anderen. Das weißt du bestimmt besser als ich. Lange Affären oder Eintagsfliegen, da trau ich meiner Geschiedenen alles zu. Sag doch mal, Merle? Jetzt kannst du's mir doch ruhig sagen. Ich bin einfach nur neugierig. Wie oft hat Angelika mich eigentlich betrogen?«

Einfach nur neugierig ist gut, dachte Merle. Du fieberst ja richtig, mein Lieber. Warum ist denn das so wichtig für dich?

»Ich weiß auch nur von Timo und diesem Georg, Malte.«

Er schüttelte den Kopf. »Das glaube ich dir jetzt mal nicht. Merle – wir beide haben doch eigentlich auch eine Art Vertrauensverhältnis. Mit dir war ich schließlich zusammen, bevor ich Angelika richtig bemerkt habe. Obwohl …« Er warf ihr einen schelmischen Blick zu, »obwohl wir uns nie geküsst haben, wenn ich mich richtig erinnere?«

»Sag mal, wie findest du es denn, dass deine Tochter jetzt Rundfunkmoderatorin ist?«

Wie Merle richtig getippt hatte, war auch das ein Reizthema für Malte Althoff. Er begann, sehr genau gegliedert und begründet, zu erklären, wie unklug es von Jessica war, ihr Studium abzubrechen und sich auf einen so unsichere, noch dazu schlecht bezahlten Job einzulassen. Purer Leichtsinn! Von ihm hatte sie das nicht…

# *Im 19. Kapitel*

## *hat ein Roman fatale Folgen. Außerdem macht Merle den Geschwistern Claassen den Wallenstein*

Merle parkte ihren Wagen auf dem Friedhof Ohlsdorf. Sie stieg aus, die Thermoskanne in der Hand, und ging den Weg zwischen den Gräbern entlang, bis sie zu dem weißen Stein kam:

Wanda Griguleit

*13. 11. 1904

†3. 4. 1983

Hier blickte sie sich sorgfältig um, ob sie auch keiner beobachtete, und goss dann den heißen Kaffee vorsichtig über das Grab. Die roten Geranien gediehen sowieso nicht besonders, vielleicht gab sich der Friedhofsgärtner keine besondere Mühe damit. Anschließend nahm sie eine Zigarette aus einer Schachtel in ihrer Handtasche, zündete sie an und steckte sie mit dem Filter in die Erde. Darum hatte Wanda zwar nicht gebeten, doch Merle ging davon aus, dass sie's einfach vergessen hatte.

Sie setzte sich auf eine Bank, von der aus sie zusehen konnte, wie die Zigarette langsam vom Wind geraucht wurde, und sie stellte sich vor, dass Wanda neben ihr saß.

›Wie geht's dir denn so im Himmel?‹

Auch Wandas Geist hustete, wenn er lachte. ›Wie kommst du darauf, dass ich in der oberen Abteilung gelandet bin? Und was treibst du? Kommst du darüber weg, dass dein hübsches Lämmchen dir enthoppelt ist? Ist dir plötzlich klar geworden, dass du ihn liebst?‹

›Nein. Und so gesehen ist er bei seiner Rosemarie bestimmt besser aufgehoben als bei mir. Aber ich hoffe, ich hab daraus gelernt.‹

›Gelernt?‹

›Andere Menschen respektvoller zu behandeln.‹

›Ah, gut. Und wie kommst du rein körperlich über den Verlust weg?‹

Merle knuffte die imaginäre Wanda in die Seite. ›Du stellst Fragen! Zuerst habe ich jeden männlichen Gast angegiert und sogar Giuseppe in Betracht gezogen, den neuen Kellner, der ist fünf Jahre jünger als ich.‹

›Der Daus auch. Und dann?‹

›Dann war Wunschtag, und ich habe mir das Verlangen einfach weggewünscht einstweilen. Für so lange, bis ich es mir zurückwünsche.‹

›Patent, meine Liebe. Wie ich dich kenne, hast du im voraus dafür bezahlt?‹

Merle grinste. ›Klar. Einen Fastentag im Monat. Das ist billig und tut auch meiner Figur gut.‹

›Welch Glückes Geschick. Wie läuft dein Lokal?‹

›Hervorragend. Günthi ist unbezahlbar. Wir sind richtig gut befreundet, er und ich. Wir reden über alles, auch sehr persönliche Dinge.‹

›Wäre er – ?‹

›Nein, das nicht. Erotisch bin ich für ihn genau so uninteressant wie er für mich. Er liebt kleine, üppige Püppchen wie Angelika.‹

Wanda dehnte die Schultern und streckte die Beine aus. Sie ließ die Augen über die Gräber wandern, einmal rundum, bis sie Merle ansah, die ihr Kinn auf die Thermoskanne stützte und nachdenklich in die herbstlichen Baumkronen blickte.

›Nett, was du da anhast.‹

›Du solltest erst mal den Mantel sehen, den ich mir in Italien gekauft hab, Wanda!‹

›Zunächst mal staune ich, dass du dich so weit weg traust von deinem Lokal.‹

›Es war ein Wagnis. Ich musste Günthi vertrauen, und er ist prima mit allem fertig geworden. Ich habe Familie Benfatto besucht in der Toskana. Nette Leute, die Eltern von Renata und Carmine. Renata und Batsch und ihre kleinen Mädchen waren auch da! Renata und ich, wir sind für einige Tage allein nach Florenz gefahren, um die Kunst und die Kultur anzugucken – und die Mode! Und da hab ich mir in einer exklusiven kleinen Boutique also einen Mantel gekauft. Sündhaft teuer. Pass auf: lindgrün und schlank geschnitten, der Kragen und die Ärmelstulpen dicht mit Federn besetzt wie mit Pelz!

Mit eingefärbten Federn in verschiedenen Grün- und Braun- und Goldtönen. In dem Mantel seh ich aus wie eine Königin. Wie eine Feuervogel-Königin.‹

›Und wie geht es deiner gefühlvollen Freundin?‹

›Angelika? Sie hat ihr Studium endlich wirklich aufgegeben und volontiert seit einer Weile bei einer großen Frauenzeitschrift, in der Kulle, ihr Exfreund, als leitender Redakteur arbeitete. Sehr witzig: Der Mann hat mal davon geträumt, dem Volk die Augen zu öffnen. Jessica ist jetzt vier Jahre alt und richtig süß – große blaue Augen und dunkles Haar.‹

›Moment, Moment – du sprichst von einem süßen Kind?‹

›Jessy ist ja kein fremdes, feindseliges Kind. Sie ist ganz ähnlich wie Angelika als kleines Mädchen, eine freche, liebevolle kleine Plappertasche. Na, und Angelika ist natürlich wieder mal verliebt, leidenschaftlich und heimlich, in Maltes Chef. Malte hat endlich ausstudiert und arbeitet bei einem mittelgroßen Betrieb. Nicht, dass er besonders gut verdient nach all dem Studieren. Sie haben dauernd Geldprobleme. Und als Angelika Malte abholte in ihrem einzigen Auto, das Kind auf dem Rücksitz, läuft sie diesem Herrn Georg in die Arme, Claus Georg heißt er, Claus mit C. Und Zupp – Liebe auf den ersten Blick! Alles so romantisch vergeblich, er ist auch verheiratet. Sie telefonieren heimlich und ganz manchmal treffen sie sich heimlich. Aber Angelika ist wunderschön, obwohl ziemlich üppig, wie eine voll erblühte Rose, sie vibriert vor Glück und vor Leben. Sie schreibt an einem Roman über diese Romanze. Ich denke zwar, den kann sie nie veröffentlichen, weil dann ja alles rauskommt. Vielleicht schreibt sie nur für sich selbst.‹

Wanda schüttelte den Kopf. ›Aus dem Material dieser Frau macht man tragische Heldinnen. Wenn es wirklich romantisch ist, darf es nicht gut gehen. Süße Wehmut und so weiter. Sie schwebt in den Himmel und verliert den Boden unter den Füßen. Wie geht es meiner Katze?‹

›Bestens. Ich habe sie Wanda-Mietz genannt. Es hat eine Weile gedauert, bis die Leute begriffen haben, dass es keine Wander-Mietz ist.‹

›Das ist komisch. Wo willst du hin?‹

›Entschuldige, Wanda, der Kaffee ist versickert, die Zigarette hat sich geraucht, und ich bin da hinten noch mit meinen Eltern und mit meinem Großvater verabredet. Irgendwann muss ich ja zurück ins Caso.‹

Der Geist der alten Frau seufzte. ›Du lebst in der Zeit, natürlich. Na, ich freue mich, wenn du mal irgendwann wieder kommst.‹

›Das tu ich bestimmt.‹

›Schön, schön. Nein, ich will dich nicht weiter aufhalten‹, brummelte Wandas Geist mürrisch, verblasste langsam und löste sich in Dunst und Sonnenstaub auf.

»Nur übers Wochenende – bitte, Babylein!«, bat Angelika einmal wieder und gab Merle, die vor der Öffnung die Tischtücher auswechselte, auch gleich einen Kuss auf die Wange und einen auf die Nase. »Ich hab Malte gesagt, Jessy und ich fahren zu meinem Bruder Michael nach Lüneburg. Der weiß übrigens auch Bescheid, du sagst ja immer, ich soll mich absichern. Ihm ist es recht, er kann Malte sowieso nicht ausstehen. Die beiden sind verschieden wie Tag und Nacht.«

»Und wo wollt ihr wirklich hin, Claus mit C und du?«

»Er will mir ein süßes, altmodisches kleines Hotel in Niedersachsen zeigen, in dem er als kleiner Junge mal mit seinen Eltern war. Eine kleine Reise in die Vergangenheit. Zukunft haben wir ja doch keine. Ich lebe nur in der kurzen Zeit, in der ich mit Claus zusammen bin. Was sollen wir nur machen? Er leidet genauso. Er denkt immer öfter darüber nach, sich von seiner Frau zu trennen. Ich bin strikt dagegen. Der Älteste ist eben sechs, die Zwillinge noch nicht mal zwei! Da kann man doch Kinder nicht alleine lassen, oder was meinst du?«

Merle deckte Besteck und Servietten auf die Tische. »Ich weiß nicht, Gelika. Ihn hab ich ein einziges Mal gesehen, die Frau und die Kinder kenne ich überhaupt nicht. Kann sein, du machst seine Familie ein für alle Mal unglücklich. Kann genau so sein, denen kommt es aus verschiedenen Gründen zugute. Kann sogar sein, du lässt alles heil, und irgendwann haut die Frau ihrerseits ab. Oder die Kinder werden trotz allem zu Versagern.«

»Was würdest du denn tun?«

Merle kontrollierte die Parmesantöpfchen und schloss eins mit einem kleinen Knall. »Hörst du nicht zu? Ich hab dir gerade eben erklärt, das kann ich nicht beurteilen, weil ich diese Menschen nicht kenne. Du wirst entscheiden müssen.«

Angelika zog bekümmert die Unterlippe herunter. »Die Frau und die Kinder kenne ich ja auch kaum, wir waren einmal zum Grillen da. Ich kann doch nicht in ein fremdes Schicksal eingreifen, so oder so nicht.«

»Na also, dann hast du ja entschieden. Du wirst auf Scheidungen verzichten und weiter eine heimliche Affäre haben.«

Angelikas große Augen schwammen in Tränen. »Aber Claus geht kaputt dabei. Er hat schon Nierensteine und Koliken, nicht mit anzusehen …«

»Wanda hätte gesagt, es geht ihm an die Nieren. Wobei mir einfällt, Rognone fantastico könnten wir mal wieder auf die Speisekarte setzen. Wenn du seine Nieren retten willst, solltest du vielleicht eure sündige Liebe einfach ganz beenden.«

»Du weißt nicht, was du redest. Na ja, du hast eben noch nie geliebt. Du kannst nicht wissen, wie das ist. Und das schlimmste ist, ich liebe Malte auch immer noch irgendwie. Das macht mich völlig fertig.« Angelika putzte mit einem Trompetenstoß ihre kleine Stupsnase. »Was soll ich nur tun?«

»Was willst du denn?«

»Ich will am liebsten, dass alle glücklich sind.«

»Aha. Und wenn das nun darin bestehen würde, dass du Claus mit C ein für alle Mal seiner Familie überlässt und du dich deiner Familie widmest?«

»Nein, damit wäre Claus nicht glücklich. Und ich auch nicht.«

Merle löste ihren Nackenknoten auf, steckte sich die Kämme zwischen die Zähne, griff mit beiden Händen in ihr Haar, drehte es zusammen und steckte es langsam wieder fest. Als sie damit fertig war, sagte sie: »In meiner Wohnung lag neulich ein großes Wollknäuel, ein Geschenk von einem weiblichen Stammgast, die glaubt, dass ich Zeit zum Stricken hätte. Sie hat es gesehen und gekauft, weil es sie an meine Augenfarbe erinnert, das war ja sehr nett von ihr. Wanda-Mietz hat sich eines Tages diese Wolle genommen, und als ich nach Hause kam, hatte sie es geschafft, sie bis zum letzten Faden vom Knäuel abzurollen und sich völlig darin zu verheddern. Sie lag auf dem Teppich wie eine Porno-Darstellerin am Schluss der Bondage-Nummer, alle Pfoten an den Leib gefesselt. Ich bin hingerannt und hab angefangen, sie auszuwickeln, das arme Tier, bis ich gemerkt habe, dass sie sich nach Möglichkeit gleich von vorn verheddert hat. Jede Pfote, die ich freigelegt hatte, hat sie anschließend wieder in den Fäden verwurschtelt. Ich hab eine Weile gebraucht, bis mir endlich klar war, dass sie es irgendwie angenehm fand.«

Angelika sah Merle misstrauisch von unten her an. »Was willst du damit sagen?«

»Ich hab den Verdacht, du redest nicht über deine Probleme, um sie zu lösen, sondern, um sie zu genießen.«

Dazu sagte Angelika eine Weile nichts. Dann wechselte sie das Thema: »Hast du übrigens meinen Artikel gelesen?«

»Den über berufstätige Mütter? Ja, am späten Abend vor dem Einschlafen im Bett. Witzig und originell, steigert sich, bleibt interessant bis zum Schluss. Die Aussage gefällt mir auch.«

Angelika strahlte.

»Ich finde allerdings überflüssig, dass du so viele Klischees benutzt.«

»Klischees?«

»Ausgekaute Redewendungen und abgedroschene Vergleiche. Die junge Mutter geht ›mit dem Kamm bewaffnet‹ ins Kinderzimmer … Im Zoo ›vergeht die Zeit wie im Fluge‹ … Die Sozialpädagogin ›nimmt kein Blatt vor den Mund‹ … Mir fallen jetzt nicht alle ein …«

Angelika war gekränkt. »Das sagt man doch so.«

»Eben. Das ist ja das Schlimme. Warum sagst du es nicht so, wie du es sagst?«

»Ach, Babylein, sei nicht böse, davon verstehst du nichts. Du hast früher viel gelesen– jetzt kommst du ja wohl kaum noch dazu –, aber ich hab volontiert. Das ist schon ganz profihaft, so zu schreiben, so macht man das, glaub mir. Kulle sagt, ich bin ein großes Talent.« Angelika tastete mit den Fingerspitzen den Verschluss ihres Ohrrings ab, der sich zu lösen begann.

Merle hielt den Ohrring, bevor er fallen konnte und schob ihn vorsichtig wieder fest. »Na, dann ist doch alles bestens, Engelchen. So! Pass auf dich auf, hörst du?«

»Das tu ich. Dann bringe ich Jessy also am Freitagvormittag zu dir, ja? Ich danke dir!« Angelika umarmte Merle und lief aus dem Restaurant.

Jessica hatte gelbe Turnschuhe an ihren niedlichen kleinen Füßen, und diese Turnschuhe waren kaputt; die Sohlen gebrochen, der Stoff eingerissen. Als Merle das Kind danach fragte, kam heraus, dass die Schuhe darüber hinaus auch nicht mehr passten. Sie fuhren am Samstagvormittag in ein Einkaufszentrum, um neue zu kaufen. Merle war eigentlich sicher, dass sie Malte Althoff hier auf keinen Fall begegnen würden. Deshalb schrie sie vor Schreck geradezu auf, als sie ihm direkt in die Arme liefen.

»Papi!«, freute sich Jessica.

Malte beachtete seine Tochter nicht. Er sah blass und aufgewühlt aus. »So ein Zufall, was? Na? Bist du auch in Lüneburg bei meinem lieben Schwager?«, fragte er mit vor Sarkasmus überschnappender Stimme. Bevor Merle sich für eine glaubwürdige Lüge entscheiden konnte, sprach er schon weiter: »Spar dir das. Ich weiß genau, worum es geht. Ich hab heute Morgen Angelikas angefangenen Schnulzenroman gefunden. Sie ist ja so schlampig, sie versteckt sogar ihre Geheimnisse schlampig. Ich weiß nicht, wie sie auf den Einfall kommt, dass ich nicht in der Schmutzwäsche suche. Das muss ich dauernd tun, weil ich meine Sachen ja selber waschen muss! Und da liegt also ihr Machwerk mittendrin. Da trieft der Kitsch aus jeder Zeile mit Herz und Schmerz und pornografisch ist es auch. Jetzt weiß ich doch wenigstens ganz genau, auf welche Art sie's getrieben haben, Claus Georg und meine treue Gattin. Ekelhaft und peinlich. Du kannst ihr ausrichten, ich reiche Montag früh die Scheidung ein. Und ich werde ihr das Kind wegnehmen. Sie ist viel zu schlampig, um für ein Kind sorgen zu können. Das bleibt bei mir!« Er nickte streng, sah Jessy immer noch nicht an und eilte mit großen Schritten davon. Merle hatte eigentlich erwartet, dass er ihr das Kind wegnehmen würde, aber daran schien er nicht zu denken. Vielleicht hatte er an diesem Wochenende keine Verwendung für seine Tochter.

»Papi?«, sagte das kleine Mädchen hinterher.

»Papi hat zu tun«, erklärte Merle müde. »Komm, Schätzchen, wir essen jetzt Eis …«

Anfang Mai 1985 wurden Angelika und Malte geschieden. »Genau nach verflixten sieben Jahren!«, sagte Angelika.

Das Kind blieb schließlich, nach vielem Hin und Her, doch bei der Mutter. Malte wollte sich nicht wirklich damit belasten; er wollte nur Angelika treffen. Er zahlte bloß das absolut Notwendige. Übertrieben viel verdiente er ja tatsächlich nicht.

Claus Georg, Maltes Chef, hatte seine Beziehung zu Angelika gelöst. Seine Frau erfuhr noch an demselben Wochenende von Malte, wo ihr Mann sich wirklich befand, es gab einen großen Krach und eine große Versöhnung. Kürzlich war Angelika ihm auf dem Jungfernstieg begegnet, da hatte er schnell den Kopf gedreht und beiseite gesehen.

»Ich möchte meine neue Freiheit feiern!«, verkündete Angelika. Sie gab direkt nach der Verhandlung, die sehr früh angesetzt war, ein Sektfrühstück für ein Rudel Freundinnen, von denen Merle einige allenfalls vom Sehen kannte – die meisten überhaupt nicht. Teilweise waren es Journalistinnen, teilweise ehemalige Kommilitoninnen. Jessy befand sich an diesem Vormittag bei der Tagesmutter.

Merle schenkte zum heiteren Anlass ein besonders schönes Twinset in Kornblumenblau, genau passend zu Angelikas Augen. Sie machte sich Sorgen um ihre Freundin. Angelika sprudelte und sprühte zwar vor Heiterkeit, doch sie war sehr schmal geworden, vor allem im Gesicht (»Guckt mal alle, wie toll ich abgenommen habe! Seit ich allein lebe, ist das kein Thema mehr!«). Zur Feier des neuen Lebens hatte sie ihr honigblondes, glattes Haar ganz kurz schneiden lassen, es zipfelte am Hinterkopf und über der Stirn in kleinen Wirbeln in die Höhe. (»Findet ihr nicht auch, dass die Frisur jung macht? Der Friseur wollte sich mit mir verabreden!«)

Als die anderen gegangen waren, blieb Merle noch ein wenig, weil Angelika so darum bat. Weil sie schon mal da war, räumte sie schmutzige Teller und Gläser in die Küche und fing an, abzuwaschen, obwohl Angelika protestierte: »Hör auf, das ist so ungemütlich! Das mach ich nachher schnell, wenn du weg bist…«

»Setz dich da hin und erzähl mir was. Wenn ich nachher weg bin, freust du dich, dass weniger zu tun ist.«

Darauf wollte sich Angelika schon gar nicht einlassen, sie holte sich ein Handtuch von der Balkonleine, zündete sich eine frische Zigarette an, die sie in einen Mundwinkel klemmte, und trocknete ab. »So, jetzt geht es noch mal ganz von vorn los. Ich muss ganz ehrlich sagen, ich freue mich darauf. Ab Herbst werde ich wahrscheinlich in Kulles Redaktion übernommen, dann verdiene ich ja wohl ein bisschen besser als jetzt, dann können wir uns wieder etwas mehr leisten, Jessy und ich. Dieses ewige Pfennigumdrehen macht einen ganz nervös.« Sie zuckte zusammen und presste die Finger in ihren Unterleib.

»Was hast du?«

»Das Übliche, glaube ich. Mein Zyklus ist sehr unregelmäßig geworden in den letzten Monaten bei all der Aufregung. Und dauernd tut es weh. Ich glaube, mein Körper sehnt sich nach weiteren Kindern. Der ahnt ja nicht, dass ich mir das jetzt einstweilen nicht leisten kann.«

»Solltest du nicht lieber zum Arzt gehen?«

»Ach, Babylein, du kennst mich doch: Ich geh eher einmal zu oft zum Arzt. Da bin ich furchtbar vorsichtig. Ich hab noch viel vor, sage ich dir. Ich hab ja ziemlich abgespeckt, jetzt muss ich das Geschlabber in Form bringen. Hab mich in einem Fitnessclub angemeldet. Gelobt sei, was hart macht. Bisschen teuer, aber es wird sich lohnen! Das Rauchen werde ich mir auch abgewöhnen, sobald sich meine Nerven etwas beruhigt haben. Ach, Merle, ich hab so viele Ängste!«

Und Angelika warf unerwartet das Handtuch auf den Boden, die Zigarette ins Abwaschwasser und brach in Tränen aus, beide Hände hielt sie vor das Gesicht.

Merle umarmte sie erschrocken. »Wovor denn?«

»Das kannst du bestimmt alles nicht verstehen«, antwortete Angelika undeutlich. »Du findest sicher, ich bin eine blöde kleine Kuh…«

»Na, so klein bist du nun auch wieder nicht«, tröstete Merle, um Angelika ein bisschen zum Lachen zu bringen.

»Sieh mal, ich denke immer… Man liest ja auch dauernd so was oder hört es… Eine entsetzliche Katastrophe kommt auf uns zu. Vielleicht. Ich weiß nicht genau, was. Ich fürchte, dass sie alle unter einer Decke stecken. Die Bösen. Die Mafia und die Freimaurer und der Vatikan…«

Merle staunte. »Na, das ist eine Zusammenstellung! Du meinst, der Vatikan ist einer von den Bösen?«

»Ich glaube schon. Es wird immer wieder gesagt.«

»Von wem?«

»Von allen. Es ist eine weltweite Verschwörung. Nicht erst seit kurzem. Schon seit Jahrzehnten.«

»Also, wenn das schon seit Jahrzehnten läuft – was ja durchaus sein mag – und bis jetzt ist dir nichts dadurch passiert, warum soll es in der Zukunft schlimmer werden? Irgendwer baut doch immer die Irrgärten.«

»Was denn für Irrgärten, Babylein?«

»Das ist so eine Theorie von mir, Engelchen. Ich denke mir, ich lebe auf der Erde, um mit bestimmten Schwierigkeiten fertig zu werden. Damit ich meine Prüfungen ablegen kann, müssen zunächst die Voraussetzungen geschaffen werden. Die Irrgärten eben. Na, und eigentlich ist es doch nicht sehr wichtig, wer die Irrgärten baut. Hauptsache, ich finde wieder heraus.«

»Ich hab nur Angst, ich finde nicht heraus…« Angelika umklammerte ihren Unterleib. »Jetzt tut das schon wieder weh! Ob ich vielleicht mal zu einem anderen Arzt gehen soll? Meiner findet ja nie was…«

Eine knappe Woche später rief sie abends bei Merle an und sagte: »Bei dir ist Jessy auch am liebsten, du hast die Katze zum Spielen und immer das schöne Essen… Könntest du es vielleicht ermöglichen, das Kind ungefähr eine Woche oder etwas länger zu dir zu nehmen? Du kannst sie nachmittags in den Kindergarten bringen. Aber ich will ihr die Tagesmutter nicht auch noch vormittags und nachts antun…«

»Gelika, was ist denn bloß los?«

Die Antwort kam mit sehr verwaschener Stimme: »Ich werde morgen operiert. Ich bin zu einem anderen Gynäkologen, hatte ich dir ja gesagt. Ich dachte erst, ich hab vielleicht ein Myom…« Sie schluchzte eine Weile. Merle umklammerte nervös den Hörer. Angelika schnupfte auf. »Aber es ist irgendein böses Riesengeschwür. Sie wollen mich ganz ausräumen. Radikale Uterusextirpation heißt das, schönes Wort, nicht? Dann bin ich von innen so hohl wie eine Weihnachtsgans. Mein Blinddarm wird sich gruseln so alleine. Merle, jetzt bin ich erst neunundzwanzig, und ich kann nie wieder Kinder bekommen! So was verringert die erneuten Heiratschancen, sage ich dir. Ich werde wohl hinterher eine dunkle Stimme kriegen und Bartwuchs, glaube ich. Ich muss Hormone bekommen, die eher männlich sind. Und ich werde Wechseljahresbeschwerden haben! Aufsteigende Hitze und so was. Ich bin noch nicht mal dreißig und im Klimakterium! O Gott, meine Mutter hat das gerade glücklich hinter sich. Mein Busen ist sowieso schon schlapp, der wird weiter absacken…«

Merle band sich schon die Schürze ab. Wie gut, dass sie Günthi hatte! Der gab sowieso immer sein Äußerstes, und wenn es um Angelika ging, die er sehr gern mochte, erst recht. »Hör zu, Gelika, ich fahr auf der Stelle los und komm zu dir. Dann können wir noch ein bisschen reden, und ich nehme Jessy gleich mit…«

Am Dienstagabend telefonierte Merle mit dem Krankenhaus, erfuhr, dass es Angelika ganz gut ging (die telefonische Auskunftssperre wurde offenbar nicht mehr so streng gehandhabt wie früher) und dass sie wahrscheinlich am nächsten Nachmittag mit dem Kind einen kurzen Besuch machen durfte. Dann fuhr sie los, um Jessica vom Kindergarten abzuholen.

Der lag in einer netten kleinen Villa mit violettem Schindeldach und Türmchen. Merle ging suchend durch das Haus, guckte in die Küche – da roch es nach Pampf – und in die verschiedenen Räume voller bunter Stofftiere, bunter Bauklötzchen, bunter Hüpfmatratzen und bunter Bälle. Sie hörte Kinderstimmen im Garten und ging die paar Stufen hinunter, um sie zu suchen.

Kinderstimmen – Kreischen, Lachen, Quieken. Ihr Nackenhaare

stellten sich auf. Was für ein bedrohliches Geräusch. Wie viel angenehmer klang beispielsweise das Heulen einer Wolfsmeute.

Lass das endlich hinter dir, sagte sie sich selbst. Kinder sind nicht bedrohlich, sie sind niedlich. Jessy beispielsweise ist ein richtiger kleiner Schatz.

Der Garten war ungewöhnlich groß und dicht bewachsen mit Bäumen, Hecken, Stauden und Kriechgewächs jeder Art. Merle blieb stehen und lauschte. Rechts von ihr sangen Kinder einigermaßen gesittet, abwechselnd und im Chor. Links hörte sie unordentlichere Geräusche, Knuffen und Klatschen, kleine Schmerzenslaute und schadenfrohes Gekicher. Sie lief sofort nach links, mit beschleunigtem Puls. Sollte jemand Jessica etwas tun?

In einer Art Sackgasse des Gartens, vor dem Gitter mit den Mülleimern, standen fünf kleine Jungen und prügelten auf einen sechsten Winzling ein. Der stand geduckt da und hielt sich nur beide Arme vors Gesicht, ohne sich zu wehren.

Merle spürte, dass ihr Körper schlagartig solche Unmengen von Adrenalin produzierte, dass ihr ganz schwindelig davon wurde. Sie beherrschte ihren Zorn, so gut es eben ging, nahm die beiden größten Jungen am Nacken zurück und sagte möglichst ruhig: »Darf ich mitspielen?«

Die restlichen drei Prügler rannten sofort weg. Die festgehaltenen strampelten. Einer der beiden nölte: »He, lass das! Lass los!«

Merle ließ beide los, und sie rannten den übrigen hinterher. Sie beugte sich zu dem verhauenen Jungen, der langsam die Arme sinken ließ. »Hallo, du. Alles in Ordnung? Bist du heil geblieben?«

Der Junge war besonders zierlich und schwarzhaarig. Die Augen hinter der metallgefassten Brille standen schräg und schmal in seinem Gesicht wie kleine glänzende Mondsicheln. Er schnappte ein paar Mal nach Luft, konnte jedoch nicht sprechen.

Merle zog ihn ein Stück hinter sich her zu einer Gartenbank, setzte sich, nahm ihn auf ihren Schoß und klopfte ihm ermutigend auf den Rücken. »Willst du ein bisschen heulen? Das ist gut für die Nerven. Ich weiß, wie das ist. Du denkst jedes Mal, heute bringen sie dich um, nicht?«

Der kleine Junge nickte. Er machte von dem Angebot, ein bisschen zu heulen, keinen Gebrauch, blieb aber auf ihrem Schoß sitzen und lehnte den Kopf an ihre Schulter. Nach einer Weile sagte er mit zirpiger Stimme: »Die sind so feige, das sind sie!«

»Oh ja, das sind sie«, stimmte Merle zu.

»Ich kann etwas Karate!«, behauptete der Kleine. Dann fügte er abschwächend hinzu: »Also so ganz etwas …«

Merle blickte unauffällig auf ihre Armbanduhr. Sie musste sich um Jessy kümmern.

»Weißt du, wo Jessica Althoff ist?«, fragte sie das schlitzäugige Knäblein auf ihrem Schoß.

Er zuckte uninteressiert mit den Schultern und meinte: »Bestimmt bei den anderen. Die gehört zu den anderen.«

»Und zu wem gehörst du?«

Der Junge reckte sein dünnes Hälschen und stupste mit dem Zeigefinger hinter seinem Brillenglas herum, weil ihn da etwas kitzelte. »Zu keinem«, antwortete er sachlich.

Merle stellte ihn vor sich hin. »Ich muss die Jessy abholen, bitte, komm mit mir mit.«

Das tat er gern. Sie erinnerte sich, wie froh sie damals über jeden Erwachsenen gewesen war, der sie begleitete und dadurch weitere Übergriffe verhinderte.

Sie gingen auf die singenden Kinderstimmen zu.

Alle miteinander, auch die fünf kleinen Kerle, die ihren Freund verhauen hatten sowie die beiden Kindergärtnerinnen, saßen auf den Spielgeräten und dem Rand der Sandkiste und spielten irgendein Spiel, in dem viel herumgehopst und in kleinen Kurven gerannt und gejuchzt und gekreischt wurde. Jessica, in einer dunkelblauen Spielhose und mit Zöpfen, spielte strahlend mit. Als sie näher kamen und bemerkt wurden, hörte Merle: »Ach, da kommt der blöde Paul!« – und: »Das Schlitzauge!«

Die Kindergärtnerinnen schimpften nicht über diese Bemerkungen, sie taten vielmehr, als hätten sie nichts gehört. Merle dachte sich: Die wissen, was sie tun, die haben das schließlich gelernt. Aber da sie selbst irgendwelchen pädagogischen Regeln nicht zu gehorchen hatte, beugte sie sich herunter und legte einen Arm fest um den kleinen Paul. Jessy kam auf sie zugerannt: »Tante Merle? Was willst du denn mit dem?«, fragte sie erstaunt.

Bevor Merle antworten konnte, kam eine der Kindergärtnerinnen, ein langer, knochiger Mensch, auf Merle zu. »Sie sind die Tante von Jessy? Ich bin die Grit. Frau Althoff ist heute operiert worden?«

»Ja. Ich hab vorhin angerufen, es geht ihr ganz gut. Morgen können wir sie besuchen, da wird Jessy also nicht zu Ihnen kommen.«

»Ah, in Ordnung. Du, Paul, wir haben ein Problem…« Die große Kindergärtnerin ging in die Knie. »Dein Papa hat eben angerufen von unterwegs, der hat eine Autopanne – nein, krieg keinen Schreck, es ist nichts passiert, das Auto ist ganz von selbst kaputtgegangen. Aber es wird ein paar Stunden dauern, bis er in Hamburg ist, noch steckt er in Süddeutschland. Er hat gefragt, ob wir uns bis dahin um dich kümmern können. Nun ist es so: die Elfi muss gleich zu einem Kurs, der geht ganz lange heute Abend, da kann sie dich nicht mitnehmen. Und ich bin nachher in Glückstadt verabredet, also, da kannst du wirklich nicht mitkommen. Nun habe ich mit deinem Vater abgemacht, dass du mit einem anderen Kind nach Hause gehst. Er ruft in einer Viertelstunde noch mal an, damit wir ihm sagen, wo du bist. Jetzt kommen ja gleich alle Eltern, um ihre Kinder abzuholen, dann können wir fragen, wer dich mitnehmen möchte. Zu wem würdest du denn am liebsten gehen?«

Der kleine Paul betrachtete seinen linken Daumen, um den ein schmuddeliges Pflaster klebte, und antwortete nicht.

»Hoffenlich kommt der nich zu uns…«, murmelte ein hübscher kleiner Junge mit langen Locken.

Paul trat mit niedergeschlagenen Sichelaugen einen kleinen Schritt zurück und tastete nach Merles Hand.

»Tante Merle? Was willst du denn mit dem?«, fragte Jessy ein weiteres Mal, sehr viel dringlicher.

»Ich will ihn mit zu mir nach Hause nehmen. Wenn er möchte«, sagte ihre Tante zu ihrem Entsetzen.

»Den Paul? Och nö…«

»Ach doch. Es ist nämlich meine Wohnung, und ich kann mir aussuchen, wer da zu Besuch sein darf. Du darfst das. Und Paul darf das. Wenn er will?«

Paul lehnte seinen Kopf an Merles Hüfte.

»Gut, Frau …?«

»Voß. Ich gebe Ihnen meine Adresse und natürlich die Telefonnummer, dann können Sie dem Vater Bescheid sagen, wo Paul ist.«

Jessy schmollte mit ausgestreckter Schnute, was ganz entzückend aussah.

»Gut, nachdem das klar ist, können wir unser Spiel eben noch abschließen!«, verkündete die andere Kindergärtnerin, Elfi. »Paul, machst du eben auch noch mit?«

Paul schüttelte den Kopf und griff Merles Hand fester.

»Doch, doch, mein Freund, komm mal ruhig her. Dazu bist du ja im Kindergarten, um mitzuspielen!«, bestimmte die Grit. »Setz dich mal da auf die Schaukel.«

Elfi rief mit singender Stimme: »So, ich erklär 's euch noch mal schnell …«

Paul ließ ungern los und trabte zur Schaukel hinüber. Merle blieb mit verschränkten Armen neben der Grit stehen, die alles beobachtete und hin und wieder anfeuernd in die Hände klatschte oder in den Knien wippte.

»Ich kam vorhin dazu, wie einige der anderen Jungen Paul gemeinsam verhauen haben. Das kann Ihnen doch nicht neu sein? Warum verhindern Sie so etwas nicht?«

Die Kindergärtnerin verfolgte weiter mit den Augen die spielenden Kinder. »Das ist schlecht zu verhindern, Frau Voß. Der Paul muss sehen, wie er damit umgeht. Er muss lernen, sich irgendwie zu integrieren. Dass er ein Außenseiter ist, das liegt an ihm. Kinder haben von sich aus keinerlei Vorurteile.«

»Nein? Mir kam es vor, dass sie ihn ablehnen, weil er Asiate ist?«

»Nein, nein, nein«, sagte die Grit völlig überzeugt und lächelte unerschütterlich in die Abendsonne, »das liegt nicht an seinem Aussehen oder an seiner Rasse. Gucken Sie doch mal, da, der Sid und der Mehmet …« Sie wies auf ein schwarzes und ein ziemlich dunkles Kind, die eifrig mithopsten und mitkreischten. »Die sind voll integriert, ganz wurscht, wie die aussehen …«

Merle beobachtete staunend, dass die Grit Recht hatte. Keiner der Kleinen nahm Anstoß am anderen Aussehen der beiden Kinder.

Das wundervolle Spiel löste sich jetzt in einem einzigen, gemeinsamen Gekreisch auf. Die Grit erklärte: »Der Paul muss selbst dafür sorgen, nicht mehr ausgegrenzt zu werden. Was ihm passiert, liegt nur an seinem altklugen und elitären Verhalten.«

Die andere Kindergärtnerin, Elfi, war zu ihnen getreten und hatte die letzten Worte ihrer Kollegin aufgeschnappt. »Ich bin der Überzeugung, Paul ist ein hochbegabtes Kind«, vertraute sie Merle an, so leise, als hoffe sie, die Grit würde nicht verstehen, was sie sagte. Das tat sie aber doch: »Ach, du nun wieder mit deinem ›hoch begabt!‹ Das ist so ein modischer Scheiß. Kinder sind generell ein Produkt ihrer Umwelt. Die Intelligenz differiert nicht so besonders. Es kommt darauf an, wie sehr ein Kind gefördert wird. Man kann sie fördern, sollte man auch, und man kann sie unterfordern, das ist nicht so gut. Aber man kann sie natürlich auch viel zu viel fördern. Das ist bei dem Paul der Fall. Leider ist er auch noch Einzelkind. Er hat nie gelernt, sich anzupassen. Vielleicht wird er auch immer so bleiben. Manche Menschen sind so. Manche Kinder sind so. Die kann keiner leiden, und letztendlich sind sie einfach selbst schuld dran. Mal ehrlich«, sagte sie etwas leiser, »wer mag denn schon so ein unkindliches Kind wie Paul?«

»Ich«, sagte Merle halblaut, aber aggressiv. Die Grit musterte sie erstaunt und ging dann, um abholende Eltern zu begrüßen und Kinder zu verabschieden.

Elfi blieb noch bei Merle stehen. »Der Kleine kommt nach den Sommerferien zur Schule«, sagte sie. »Hoffentlich geht es ihm da gut. Ich mag ihn auch ganz gern. Er hat sich schon längst Schreiben und Lesen selbst beigebracht …«

Merle ging zu dem kleinen Paul hinüber, der immer noch auf der Schaukel saß. Als er Merle auf sich zu kommen sah, stand er auf und lächelte breit.

Jessy sprach im Auto zunächst kaum ein Wort, sie war böse mit Tante Merle. Diesen Paul mitzunehmen! Nach einer Weile vergaß sie ihren Ärger, denn bei Jessy ging alles schnell vorbei. Bevor sie angekommen waren, hatte sie Paul schon eine Menge erzählt über das Restaurant samt Nudeln und Eis, über Günthi-in-der-Küche und über die Wanda-Katze. Er gab nicht zu erkennen, ob er zugehört hatte und wie er darüber dachte. Als sie vor dem Restaurant ausstiegen, nahm er wieder Merles Hand.

Er wollte keine Nudeln mit Tomatensauce, obwohl Jessy nicht aufhörte, sie ihm anzupreisen. Stattdessen aß er Spinat mit viel Parmesan und, zu Merles Überraschung, Oliven und große Kapern. »Igittigitt, du bist doch verrückt!«, urteilte Jessy.

»Warum eigentlich?«, zirpte er – nicht zu Jessy, mit der sprach er gar nicht. Er fragte Merle.

»Sie meint, Kinder mögen so was normalerweise nicht. Kinder mögen meist Essen, das einfach und grell schmeckt, so wie Kaugummiaroma oder Ketchup. Kinder mögen ja auch meistens klare, einfache Farben, rot, gelb, blau, grün. Zwischentöne finden sie langweilig. Dafür bekommen sie erst später Sinn, wenn sie größer werden.«

Paul nickte. »Sie sind etwas doof.«

»He!«, sagte Jessy und knuffte ihn mit der Hand über den Tisch, aber nicht stark.

Merle bemühte sich, neutral zu bleiben. »Ich würde nicht sagen doof, ich würde sagen, sie sind noch etwas begrenzt. Später weiten sich die Grenzen aus, und die größer werdenden Menschen lassen sich auf eine breitere Skala ein. Auch nicht alle übrigens …«

Nach dem Essen brachte sie die beiden ins Bett, Jessy im Gästezimmer (früher Heiner Mommsens Zeichenatelier), das inzwischen fast schon ihr gehörte, voller Spielzeug und Teddybären. Wanda-Mietz, die Jessica sehr schätzte, lag zusammengerollt über den Füßen des kleinen Mädchens.

Paul steckte Merle in ihr eigenes Bett, er sollte ja nicht die ganze Nacht dort verbringen. Sie half ihm, seine Sneakers und die winzige Jeans auszuziehen und deckte ihn zu. Ohne Brille sah er kindlicher aus.

Bevor sie aus der Tür war, klang aus dem Bett hinter ihr ein zartes Zirpen: »Küssen Sie Ihre Gäste? So manchmal?«

Merle ging zurück und küsste ihren Gast.

Sie stand noch keine Viertelstunde in der Küche – es war nicht viel los an diesem Abend, sie sprach mit Günthi über Angelika –, da tauchte er neben ihr auf, in weißer Unterhose und T-Shirt, die winzigen nackten Füße krümmten sich unbehaglich auf den kalten Fliesen.

»Paulchen – was machst du denn hier?!«

»Ich kann leider nicht schlafen.«

Sie nahm ihn auf den Arm und setzte ihn mit Schwung auf ihre Hüfte, das hatte sie mit Jessy seit Jahren so geübt. »Dann werden wir uns ein wenig in den Garten setzen ...«

Sie griff im Vorbeigehen ein Tischtuch vom Stapel und wickelte ihn darin ein, bevor sie sich beide auf die rückwärtige Terrasse setzten.

»Ist es schön, ein Restaurant zu haben?«, begann Paul das Gespräch.

Merle dachte gründlich nach, bevor sie antwortete. »Es ist noch schöner, zwei zu haben.«

»Haben Sie zwei?«

»Noch nicht. Ich bin aber im Begriff, ein zweites zu kaufen.«

Daraufhin stellte der kleine Paul die monumentale Frage: »Sind Sie glücklich?«

Merle wollte gern aufrichtig antworten. »Ich glaube, ich hab so ziemlich alles, was ich mir immer gewünscht habe.«

»Ist der Blonde in der Küche Ihr Mann?«

»Günthi? Nein. Er arbeitet für mich. Und er ist ein guter Freund.«

»Wollen Sie keinen Mann?«

Merle zuckte mit den Schultern: »Weißt du, ich war verheiratet, und ich habe die Erfahrung gemacht: Wenn man ein Restaurant hat – oder womöglich sogar zwei –, dann muss man sich zwischen den Restaurants und dem Partner entscheiden. Man kann eben nicht alles haben.«

»Ja«, sagte der Junge verständig. »Aber sind Sie denn ›man‹?«

Merle stockte. »Jetzt hast du mich erwischt.«

»Na ja, ich meine bloß... Sie könnten vielleicht doch irgendwie beides schaffen. Ich glaube, Sie können alles schaffen. Wie haben andere Kinder es eigentlich hingekriegt, Sie zu verhauen? Sie sind so groß und stark. Sie sind doch verhauen worden? Sie haben gesagt: ›Du denkst jedes Mal, jetzt bringen sie dich um‹.«

»Ich wusste nicht, dass ich stark war. Das ist mir erst klar geworden, als ich neun war. Wie war das, du kannst ein bisschen Karate?«

»Ganz wenig.«

»Könntest du deinen Vater bitten, dich mehr lernen zu lassen?«

Paul richtete sich auf ihrem Schoß auf und raffte die Tischdecke um seine Arme herum. »Karate ist ganz schwierig, wenn man eine Brille trägt, glaube ich.«

»Bist du denn ›man‹?«

Darüber musste er kichern.

»Wer hat dir beigebracht, zu Erwachsenen ›Sie‹ zu sagen? Das machen wenige Kinder in deinem Alter heutzutage noch.«

»Mein Vater natürlich«, sagte Paul mit leichter Herablassung in seiner Zirpstimme, weil das doch wohl auf der Hand lag. »Die anderen kriegen das vielleicht auch von ihren Eltern gesagt. Die tun das bloß nicht.«

»Warum tust du's?«

»Mir gefällt es, zu Fremden ›Sie‹ zu sagen. Ich finde, Liebe oder Freundschaft sollte der einzige Grund für ›Du‹ sein. Die Menschen sagen aber oft ›Du‹, weil sie denken, jemand ist dusselig oder unterlegen. Sie sagen ›Du‹ zu Ausländern, weil sie denken, die sind doof. Dann lernen die Ausländer das und denken, das ist richtig und sagen auch ›Du‹. Und dann glauben alle erst recht, die sind blöd und haben kein Benehmen. Und die Menschen sagen zu Kindern und zu Tieren ›Du‹, weil sie denken, die sind doof und unterlegen. Aber Kinder müssen natürlich ›Sie‹ sagen, damit rauskommt, dass die Erwachsenen überlegen sind. Ich finde, Erwachsene müssten auch zu jedem, den sie nicht kennen, ›Sie‹ sagen. Egal, ob das ein Ausländer ist oder ein Kind oder ein Tier. Nur, wenn sie mit demjenigen befreundet sind, sollten sie ›Du‹ sagen. Finde ich. Ich bin nicht blöd, bloß, weil ich klein bin. Ich kenn 'n ganzen Haufen Erwachsener, die sind blöder als ich. Das wissen sie bloß nicht. Also, eigentlich haben Kinder Recht, wenn sie zu allen ›Du‹ sagen.«

Merle sah in der Dämmerung diesen Zwerg im Tischtuch an, der auf ihrem Schoß saß und gescheite Vorträge hielt. Er hatte vollkommen Recht. Sie kannte auch einige Erwachsene, die durchaus blöder waren als er.

Er pulte wieder an seinem Pflaster herum, und sie bemerkte das Gummiband um sein Handgelenk: »Wozu ist das?«

»Ach, das hab ich immer bei mir. Das ist mein Lesezeichen. Das hab ich mir so ausgedacht. Ein richtiges Lesezeichen fällt immer raus. Und wenn das Buch aufs Gesicht gelegt wird, schimpft mein Vater, weil es dann kaputt geht. Ich mach das Gummiband um die Stelle, wo ich war. Das schadet dem Buch nicht, und es fällt nicht raus.«

»Genial!«, sagte Merle. »Ich hab früher auch immer zwei Gummibänder um mein Handgelenk gehabt. Wenn ich kurz davor war, mich mit jemand zu hauen, hab ich damit schnell mein Haar zusammengebunden, damit mich keiner dran packen konnte.«

»Haben Sie die noch?«

»Meine alten Gummibänder? Ich denke doch. In der Tasche von meiner Lederjacke.«

»Wollen wir unsere Gummibänder tauschen?«, fragte Paul sehnsüchtig. »Vielleicht machen Ihre mich stärker.«

»Und du meinst, deins macht mich klüger? Gut, komm!«

Sie hob ihn auf und trug ihn der Einfachheit halber gleich die Treppe hinauf in ihre Wohnung. Paul litt offenbar an keinerlei Ambitionen wie: ›Ich bin doch kein Baby, ich kann alleine gehen‹.

Sie stellte ihn im Wohnzimmer auf den Boden, holte ihre Jacke und suchte in den Taschen. Der kleine Junge streifte sein Gummiband ab und reichte es Merle, bevor er mit sehr andächtiger Miene ihre beiden Gummis über sein dünnes, braun gebranntes Handgelenk rollte.

Bald darauf lag Paul sehr zufrieden wieder in Merles Bett. Er gähnte gewaltig, bestand auf einem weiteren Kuss und schlief schon, bevor sie die Tür leise hinter sich zugezogen hatte.

»Niedlicher kleiner Lümmel, was?«, meinte Günthi, als sie wieder in die Küche kam.

»Der ist mehr als niedlich. Der ist phantastisch. Den mag ich gar nicht wieder hergeben …« Und Merle stellte sich kurz vor, dass der japanische Vater den Weg ganz und gar verfehlte und nie ankam – oder seinen kleinen Jungen zur Adoption frei gab. Würde sie ihn wirklich nehmen? Jetzt, kurz vor dem Kauf ihres ›Caso Fortunato Secondo‹?

Merle seufzte. »Er hat gesagt, ich würde das auch schaffen, Familie und Restaurants unter einen Hut zu bringen.«

Günthi guckte skeptisch vom Kräuterhacken hoch. »Unmöglich!«

Zwei ganze Gäste saßen noch da, tranken in kleinen Schlückchen ihren Espresso und unterhielten sich leise. Merle beobachtete sie, an den Türrahmen der Küche gelehnt.

»Wollen wir schließen, wenn die weg sind? Es ist zwar erst kurz vor halb zwölf, aber ich glaube fast, heute kommt …« keiner mehr, wollte sie sagen, als die Tür aufging und ein Gast eintrat. Einer, den sie lange nicht mehr gesehen hatte: der Conquistador, Kortes.

Tatsächlich war er noch nie im neuen Restaurant gewesen. Merle war ihm zuletzt bei Butz' Beerdigung begegnet, vor fünfeinhalb Jahren. Sie hatte sich oft gefragt, ob sie ihn vielleicht, ohne es zu wissen, gekränkt hatte; oder ob ihm etwas passiert war. An dem Tag, an dem Butz starb, hatte er ja sogar Küchendienst im alten Caso gemacht, und Günthi meinte später immer, er hätte sich sehr geschickt angestellt.

Merle ging dem Mann schnell entgegen, mit herzlichem Lächeln. Sein dunkelbraunes Haar sah heller aus als früher, weil es inzwischen von viel Silber durchsetzt wurde. Im übrigen wirkte er immer noch interessant und aufregend. Und ein wenig misstrauisch. Er lächelte nicht.

»Guten Abend, Herr Kortes!«

»Guten Abend, Frau – Voß jetzt wieder, ja? Ich konnte es nicht glauben, aber es scheint ja wirklich zu stimmen …« Er sah auf einen bekritzelten Zettel und wieder in ihr Gesicht. »Paul ist irgendwie hier bei Ihnen?«

Nachdem der Kleine abtransportiert worden war, halb schlafend, kam Merle ganz fassungslos wieder zurück in die Küche: »Hättest du jemals gedacht, dass der eine der Vater von dem anderen ist, Günthi?«

»Nee. Ich dachte, der Junge ist aus einer Chinesenfamilie. Ausgerechnet Kortes… Er wirkte gar nicht so ganz erfreut?«

»Du sprichst es aus. Ich hab den unangenehmen Verdacht, dass er denkt, ich hätte seinen Sohn extra zu mir genommen, um ihn wieder zu sehen. Weil ich was von ihm will. Das ist ja auch ein so alberner Zufall …« Merle kaute wütend an ihrem Fingerknöchel.

»Ist es nur, wenn was zwischen euch wabert. Sonst ist es ein netter, lustiger Zufall und weiter nichts«, bemerkte Günthi. »Also, wenn bei ihm nichts wabern würde, könnte er ganz locker sein, in Ruhe nach Hause fahren und vielleicht mal mit dem Kleinen und der Mutter wieder kommen.«

»Pauls Mutter ist tot. Ich hab sie mal gesehen, eine schöne Asiatin. Ja, er hat mir von ihr erzählt, sie ist bei einem Autounfall gestorben …«, erinnerte sich Merle. »Deshalb hat Paulchen Mandelaugen und diese bräunliche Haut.«

Sie hing mit weit offenen, nachdenklichen Augen im Türrahmen, bis Günthi bei den letzten Gästen endlich abkassiert hatte und zurückkam: »Sei nicht böse, ich finde, du solltest jetzt in die Falle gehen. Morgen Vormittag willst du mit dem Makler die Lokalität angucken und mit den Besitzern verhandeln, da musst du frisch sein …«

Merle gab ihm recht und ging ins Bett.

Um die Lokalität anzugucken, zog sie am nächsten Tag ihren italienischen Mantel mit dem Federbesatz an, denn es war glücklicherweise kühl und windig geworden. Die Konditorei Claassen im Winterhuder Weg stand zum Verkauf. Als der Makler ihr das Haus anbot, hatte sie es kaum glauben können.

Herr Sieversen, der Makler, erklärte auf der Fahrt in seinem Auto, der alte Herr Claassen sei seit zwei Jahren verstorben, der hätte schon große Probleme gehabt, und seit sein Sohn die Konditorei übernommen hatte, ging alles drunter und drüber. Nun drohte die Pleite.

»Claassen junior wohnt mit seiner Schwester in den beiden Etagen über der Konditorei. Nach dem Verkauf werden sie natürlich ausziehen müssen.«

Sie hielten direkt vor dem alten, milchweißen Haus. Merle ließ sich wie eine Königin von Sieversen aus dem Wagen helfen. Sie war sich ihres Federkragens sehr bewusst. Hier war sie oft mit dem Rad vorbeigefahren, einen Blick unauffällig in die Fenster auf dekorierte Torten und kaffeetrinkende Gäste, immer bemüht, die Claassens nicht merken zu lassen, wie sehr ihr das imponierte.

Sie strich mit den Fingern skeptisch über den blätternden Putz der Hauswand und folgte dem Makler in die Konditorei. Um diese Zeit – oder nur heute? – war noch nicht geöffnet. Sören und Silke saßen blass und blasiert auf ihren eigenen Bistro-Stühlen. Immerhin stand Sören auf und reichte Merle die Hand. Was hast du denn da in deinen flachen blauen Augen? dachte sie. Wut? Ohnmächtige Wut? Hass? Du würdest mir gern den Hals umdrehen, aber du kannst es dir nicht leisten, einen Käufer abzulehnen.

Sie bemerkte aus dem Augenwinkeln, dass Silke der italienische Mantel nicht entging, und sie atmete tief und hielt sich noch gerader.

Sieversen führte das Gespräch, Merle machte sich Notizen, hörte aufmerksam zu und richtete hin und wieder eine leise Frage an den Makler. Mit den Geschwistern Claassen sprach sie nicht, sie blickte sie auch kaum an, wenn, dann kurz und uninteressiert.

Sören betonte an irgendeiner Stelle, dass die Konditorei seit vier Generationen in der Familie gewesen war, da schaute Merle ihn kurz und spöttisch direkt an. Sieh mal, und du hast es vermurkst, obwohl so altes Konditorblut in deinen Adern strömt, und musst nun alles einem Emporkömmling wie mir überlassen. Zu schade.

Ihr war ganz übel vor Triumph.

Anfang Juni rief Gisela aus Stockholm an, erzählte eine Menge über ihre Schwester Almut und über die knackigen blonden Schweden, kündigte an, dass sie im Herbst nach Hamburg kommen würde und fragte (obwohl sie das eigentlich schon vorher genau wusste), ob Merle sie vielleicht unterbringen könnte.

»Und wie geht es Angelika inzwischen? Ich hatte schon versucht, sie anzurufen, hab sie aber nicht erreicht …«

»Sie ist in einer Reha-Klinik in der Heide. So eine Totaloperation ist wohl ziemlich happig. Andererseits geht's ihr gar nicht mal so schlecht, einer der Assistenz-Ärzte hat sich in sie verguckt und schreibt ihr Gedichte und besucht sie ab und zu. Ich bin übrigens gerade auf dem Sprung, hinzufahren und sie zu besuchen. Frau Wieland, also Angelikas Mutter, ist inzwischen mit Jessy in Griechenland, in einem Robinson-Club. Da kann sie in Ruhe braun werden, und das Kind hat den ganzen Tag Leute, die hauptberuflich mit ihm rumtoben.«

»Und was ist mit deinem zweiten Restaurant? Willst du Claassens den Wallenstein machen?«

»Sieht so aus. Wir schachern noch ein bisschen um den Preis, der Makler rät mir dazu. Er meint, da sei nur noch ein zweiter Interessent, und der könnte bei weitem nicht so viel zahlen wie ich. Ich kann also ohne weiteres noch weiter runterhandeln.«

»Du böses kleines Ding.«

»Oh, Gisela, das ist alles völlig geschäftlich und emotionslos.«

»Da wir gerade von Emotionen reden: Wie sieht es eigentlich mit deinem Liebesleben aus? Findet nie mehr was statt? Dieses freiwillige Zölibat ist schädlich für die Drüsen, sage ich dir!«

»Du kannst mir ja einen knackigen Schweden mitbringen, wenn du im Herbst kommst«, schlug Merle vor.

Nachdem sie den Hörer aufgelegt hatte, fuhr sie wirklich in die Heide, zur Reha-Klinik. Angelika ging im Park spazieren, in einem weißen, bestickten, knöchellangen Kleid. Merle lief auf sie zu. Sie umarmten sich und riefen: »Babylein!« – und: »Engelchen!« – was eine vorbeigehende Schwester sehr sonderbar berührte, ihrem Gesichtsausdruck nach zu urteilen.

Angelika sah unendlich zart und elfenhaft aus. Ihr flotter, zipfeliger Kurzhaarschnitt war ein wenig herausgewachsen und wirkte im Moment wie eine Kleinkinder-Jungenfrisur der zwanziger Jahre.

»Ist dies die Frau mit dem starken Bartwuchs und der Bassstimme?«, fragte Merle. »Du siehst entzückend aus, so weiblich wie selten. War Dr. Dingsbums schon wieder da?«

»Dr. Hadrian.«

»Hat er einen Vornamen?«

»Ich sag ihn dir nur, wenn du versprichst, nicht zu lachen. Er heißt leider auch Klaus…«

»Auch mit C?«

»Nein, mit K. Er ist bescheiden. Du, das ist ein ganz lieber Kerl.«

»Ist der eigentlich verheiratet?«

»Nein.«

»Gelika, ich fürchte, das ist zu unkompliziert für dich. Können wir hier irgendwo Kaffee trinken? Gisela hat angerufen, sie kommt im Herbst. Ich soll dich ganz wild grüßen und dir alles weitererzählen, was sie über ihre Schwester geklatscht hat …«

Sie setzten sich in die kleine Cafeteria und redeten und redeten.

»Hast du noch Schmerzen?«

»Beinah nicht. Manchmal. Ich freu mich über die positiven Seiten. Nie mehr die monatliche Quälerei, keine Sorge ums Verhüten. Nimmst du eigentlich noch die Pille?«

»Wozu?«

»Ach, das darf doch nicht wahr sein! Du kannst doch in deinem Alter nicht bereits mit den Männern abgeschlossen haben!«

»Was habt ihr bloß alle? Wirke ich so unangenehm altjüngferlich?«

»Im Gegenteil. Du wirkst wie eine vitale, sinnliche Frau. So, wie dein Vater dich immer genannt hat: Feuervogel … So was darf doch nicht alleine bleiben!«

Merle guckte sinnend in ihre leere Kaffeetasse. »In letzter Zeit werde ich dauernd damit konfrontiert, dass andere sich Gedanken über meine Zukunft machen.«

»Machst du dir denn selbst Gedanken darüber?«

»Natürlich. Die Verhandlungen über mein zweites Restaurant laufen. Ich glaube, die Claassens sind schon ziemlich zermürbt.«

Angelikas Gesicht verdüsterte sich. »Ich weiß, die sind dir was schuldig, die waren furchtbar gemein zu dir … Aber musst du unbedingt Rache nehmen? Du steigst dazu ja auf ihre niedrige Stufe herab, du begibst dich in diese unangenehme Energie. Wenn du ihr Elternhaus und diese Konditorei kaufst und damit auch noch erfolgreich bist, dann neiden sie dir das bis in alle Ewigkeit, und ihre miesen Emotionen verfolgen dich dauernd unterschwellig. So was bringt keinen Segen …«

Merle schüttelte den Kopf, dass ihre Kreolenohrringe tanzten. »Hör auf! So eine Chance, Leute fertig zu machen, die es verdient haben, kommt nie wieder. Ich hab das Gefühl, ich krieg da was zurück für meine kaputte Kindheit… Nicht nur von den Claassens, sondern von allen, die mir was getan haben…« Sie blickte auf ihre Uhr: »Tut mir Leid, ich muss gleich zurück, ich kann Günthi nicht ständig im Stich lassen…«

»Ich find 's toll, dass du dich überhaupt losgerissen hast. Ruf mal an, wenn du ein bisschen Zeit hast.«

An einem Montag Ende Juni hatte Merle sich mit einem Porzellanhändler verabredet. Sie wollte Geschirr für das zweite Caso Fortunato aussuchen. Sie stieg in ihren Wagen, ließ den Motor an und bekam nur ein ungesundes Winseln zu hören. Ihr Helfer in allen Lebenslagen, Günthi, war erfreulicherweise trotz Ruhetag zugegen, denn er bastelte am Dunstabzug herum. Er steckte seinen Kopf unter die Motorhaube, kam wieder hervor und verkündete: »Geh zum Telefon, ruf die Werkstatt an und bestell dir ein Taxi.«

Am Steuer des Taxis, das schließlich kam, saß Kortes. Merle erinnerte sich daran, wie misstrauisch er ausgesehen hatte, als er Paulchen abholte. Sie riss die Wagentür auf und schnauzte: »Ich schwöre, ich kann nichts dafür! Mein Auto ist kaputt, da hab ich mir ein Taxi gerufen, das ist alles! Ich kann doch nichts dafür, dass Sie da drin sitzen!« – und während sie schimpfte, dachte sie: Jetzt rede ich schon wie Angelika.

Kortes lachte. »Hören Sie auf, mich anzupöbeln. Ich kann was dafür. Ich bin schuld. Als ich die Adresse gehört hab, hab ich mich vorgedrängelt. Steigen Sie nun ein?«

Merle stieg ein. Er fuhr durchaus nicht, er überlegte noch: »Oder soll ich mir Ihren Wagen mal ansehen? Ich versteh' ziemlich viel von Autos.«

»Danke, die schicken schon jemand von der Werkstatt.«

»Gut. Wohin wollen Sie denn?«

»Zu einem Porzellangroßhändler am Berner Heerweg, Moment, ich hab die Adresse hier… «

Nun fuhr er wirklich los.

»Warum haben Sie sich vorgedrängelt, um mich zu fahren?«

»Ich wollte mit Ihnen reden. Mein Sohn hat mir versichert, es lohnt sich.«

Und nachdem er das angekündigt hatte, fuhr er acht Minuten lang schweigend vor sich hin.

»Ich dachte, Sie wollten mit mir reden?«

»Wollte ich auch. Ich bin eigentlich wirklich ein gesprächiger Mensch. Ich suche immer noch den Anfang…«

»Darf ich Ihnen suchen helfen?«

»Ach, ja, bitte.«

»Weshalb sind Sie nie wieder in mein Restaurant gekommen? Weder in das alte noch in das neue? Nach der Beerdigung meines Vaters hab ich Sie praktisch nicht mehr gesehen. Was war los? Haben Sie mir übel genommen, dass ich Sie hab in der Küche arbeiten lassen? Ich weiß, ich hätte das natürlich irgendwie bezahlen müssen. Ich dachte vielleicht, ein Gutschein für mehrere Essen, auch mit Bekannten oder so…«

»Was? Ach, Blödsinn, das hatte ich doch selbst angeboten. Es hat auch Spaß gemacht, dieser Günthi ist ein sehr netter Kerl. Natürlich wollte ich keine Bezahlung dafür, das hätte mich beleidigt. Nein, das hatte damit nichts zu tun.«

Lange Pause.

»Womit denn dann?«

Kortes seufzte, kurbelte am Seitenfenster und trommelte mit den Fingern auf dem Steuer. »Wie soll ich das erklären… Ich eigne mich nun mal nicht dazu, hoffnungslosen Sachen hinterher zu jammern. Sie waren doppelt gebunden, an einen Ehemann etwas und an Ihr Restaurant sehr intensiv, da war für mich überhaupt keine Chance. Eine Weile hab ich's mir angetan, und als es zu schlimm wurde, hab ich gedacht, ich hau lieber ab, so lange ich noch kann.«

Merle beugte sich nach vorn und legte ihr Kinn auf die Rückenlehne, um ihn besser sehen zu können.

»Hören Sie auf, mich anzugucken, sonst fahr' ich irgendwo gegen…«

Sie lehnte sich wieder zurück. Sie bemühte sich immer noch, zu verdauen, was er gesagt hatte. »Soll das heißen, Sie haben sich für mich interessiert? Also, auf die Idee wäre ich nie gekommen!«

»Wirklich nicht? Sie sind aber blöd«, meinte er freundlich. Er schubste eine Kassette in sein Radio und stellte laut. Merle hörte düstere, melancholische Musik.

»Was ist das?«

»Ungebildet ist sie auch noch. Das ist ›Der Feuervogel‹, ein Ballett von Igor Strawinsky. Sagen Sie bloß, Sie kennen das nicht?«

»Nein, verdammt! Hören Sie bloß auf, so anzugeben. Ich kenne bestimmt massenhaft Sachen, von denen Sie keine Ahnung haben!«, schnappte Merle wütend.

Kortes lachte. »Ganz bestimmt tun Sie das. Ich dachte ja auch nur – wenn Sie selber der Feuervogel sind, müssten Sie natürlich das Ballett kennen. Das hab ich seit – ach, ich weiß nicht. Seit Jahren im Wagen.«

»Meinetwegen? Oder weil Sie so wild sind auf Strawinsky?«

»Ich weiß nicht, was Strawinsky für Augen hatte, aber die waren auf keinen Fall golden.«

»Aber...« Merle schüttelte so energisch den Kopf, dass ihr Knoten anfing, sich zu lösen, »Sie haben doch zu mir gesagt, ich wäre wie Eis unterm Feuer. Und Sie könnten mein Gehirn ticken hören.«

Kortes fuhr an den Straßenrand, schaltete den Motor aus und drehte den Taxameter ab. »Ich weiß. Das war ziemlich gemein von mir. Ich war sehr durcheinander an dem Abend. Ich war eifersüchtig und neidisch und hatte ein schlechtes Gewissen, alles zusammen, deshalb habe ich so geredet. Ich wollte Sie verletzen, weil mir selber alles wehtat.« Er drehte sich zu ihr um. »Das ist vielleicht menschlich, aber mies.«

Merle begriff nicht, was er meinte: »Was war denn los? Wieso waren Sie neidisch und so weiter? Oder geht mich das nichts an?«

»Doch, natürlich geht Sie das was an. Es ging ja um Sie. Zunächst mal war ich schon aufgewühlt, weil Ihr Vater so dunkelblau aus meinem Taxi vor meine Füße gekollert ist, laufen konnte er nicht mehr, aber gefahren ist er. Ich mochte ihn zwar aufrichtig gern, deshalb konnte ich so was trotzdem nicht zulassen. Ich hab ihn zurück ins Auto gehoben und nach Hause gebracht und dabei an unseren Unfall gedacht, das lag ja nahe, mein Bein war immer noch nicht in Ordnung. Ich dachte damals oft, wenn ich nicht fahren müsste, würde ich selbst saufen. Na, und wenn ich nicht den Kleinen gehabt hätte. Dann sind Sie erschienen wie die schlimmste Sorte Fata Morgana, in einem grünen Anzug und von diesem Haar umwallt und mit diesen Augen. Butz hatte ja erzählt, dass seine Tochter am nächsten Tag heiratet, da war ich sofort neidisch, andere Leute dürfen heiraten und Hanako ist tot. Außerdem war ich eifersüchtig auf Ihren zukünftigen Mann, weil Sie mir so gefallen haben. Und dann kriegte ich ein schlechtes Gewissen, eben weil Hanako gerade seit fünf Monaten tot war und mir eine andere Frau gefiel. Das war seitdem nicht mehr passiert. Ich war nämlich der Ansicht…« Er holte tief Luft und zwinkerte aus dem Fenster in die grelle Sonne, die plötzlich kurz durch die Wolken brach. »Also irgendwie bin ich schuld daran, dass ich Hanako verloren hab. Und in dieses ganze Gefühlsgewirr haben Sie dann in aller Ruhe gesagt, Sie lieben ihren zukünftigen Mann nicht und Sie glauben auch nicht an glückliche Ehen. Das hat mich enorm aufgeregt.«

Merle nickte unglücklich. »Kann ich verstehen.«

Kortes blickte kurz auf seine Uhr. »Ich erzähle Ihnen hier mein Leben und Sie kommen vielleicht zu spät?«

»Überhaupt nicht. Ich hab zu dem Mann gesagt, ich komm irgendwann im Laufe des Tages. Sein Geschäft ist bis sechs geöffnet. Sie können noch ungefähr drei Stunden lang Ihr Leben erzählen.«

Der Feuervogel von Strawinsky flog immer noch im Wagen herum. Merle lauschte. Ja, teilweise gefiel es ihr, aber im Wesentlichen: »Das klingt so bedrohlich und beängstigend. Erinnert Sie das deshalb an mich? Sie hatten ja damals gesagt, ich mache Ihnen Angst.«

»Ich finde nicht, dass es bedrohlich klingt. Ich hab Ihnen doch gerade erklärt, dass ich Sie verletzen wollte. Es tut mir Leid. Ich finde Sie nicht beängstigend.«

»Doch! Das haben Sie auch noch gesagt, als ich mal einen Gast rausgeschmissen hab!«

»Aber auch nicht so gemeint. Das war doch wirklich komisch, eine Frau, die einen Mann vor die Tür setzt! Er war größer als Sie und sah kräftiger aus.«

»Ich glaube, das war eher ein psychologischer Vorgang. Ich hatte ihn früher in der Schule schon immer verhauen, er war gewöhnt daran. Na, wie auch immer. Ich bin gewöhnt daran, dass die Menschen Angst vor mir haben. Deshalb kann mich keiner leiden.«

Kortes richtete sich auf und sah Merle mit zusammengezogenen Augenbrauen im Rückspiegel an. »Wer kann Sie nicht leiden?«

»Jeder. Oder andersrum: Keiner kann mich leiden. Das ist nun mal so. Das war immer so.« Merle hatte plötzlich das Gefühl, als ob in ihrem Innenleben ein Gefäß anfing, zu rumpeln, der Korken abflog und der Inhalt heraussprudelte. Sie konnte nicht weiter sprechen, nur noch den Kopf schütteln, während sie merkte, wie ihr die Tränen aus den Augen quollen. Und während sie ganz verzweifelt weinte, dachte sie gleichzeitig voller Wut: Das passt ja prima. Genau vor diesem Mann wollte ich mir schon immer mal das Make-up weg heulen!

Er sprang aus dem Wagen, stieg nach hinten um und setzte sich neben sie. »He, Feuervogel, was ist denn passiert? Wie kommen Sie darauf, dass Sie keiner leiden kann? Ihr Vater hat Sie vergöttert…«

Merle schluchzte: »Ja, der…«

»Und Ihr Großvater hat Sie doch auch sehr geliebt? Und diese kleine Blonde, Ihre Freundin…«

»Angelika. Ja, die Menschen, die mir ganz nahe stehen, die hatten mich immer lieb…«, gab Merle zu und versuchte, ihre Tränen so weg zu wischen, dass sie nicht ihr ganzes Gesicht verschmierte.

»Na, und Ihr Günthi würde sich wahrscheinlich für Sie aufhängen lassen, wenn es sich ergibt, überhaupt alle Ihre Angestellten…«

»Ja, das stimmt. Aber sonst keiner«, schluchzte Merle und durchwühlte ihre Tasche nach einem Taschentuch.

»Das ist nicht wahr. Ich war doch häufig in Ihrem ersten Restaurant, die meisten Ihrer Gäste haben Sie furchtbar gern gehabt! Wissen Sie noch, wie die sich sofort um Sie geschart haben, nach der Prügelei mit dem Gast?«

Merle hatte das Taschentuch endlich gefunden und schnaubte sich die Nase. »Ja. Na ja. Eigentlich schon…«

»Also, wieso sagen Sie, keiner mag Sie?«

Merle dachte nach. »Letzten Mittwoch hat ein Gast gesagt, es schmeckt alles nach Knoblauch und Öl und er kommt nie wieder…«

Als sie seinen Blick sah, musste sie selber lachen.

»Der hatte kein Problem mit Ihnen, der hatte ein Problem mit der italienischen Küche. Aber selbst, wenn er eins mit Ihnen gehabt hätte – so was passiert doch jedem Menschen mehrmals am Tag, dass irgendein anderer schlechte Laune hat und grantig wird. Was glauben Sie, wie oft mich Fahrgäste übel behandeln! Wenn ich mich hinterher jedes Mal hinsetzen und mir sagen würde: Mich kann keiner leiden… Ich glaube, ich weiß, was Ihnen fehlt. Sie sind zu empfindlich. Das hat bestimmt Vorteile: Sie sind deshalb so eine gute Köchin, weil Ihre Geschmacksnerven überempfindlich reagieren und Sie deshalb beim Würzen den kleinsten Zwischenton treffen können, denke ich mir. Es hat aber auch Nachteile, und dazu gehört, dass Sie die kleinste Regung bei Ihren Mitmenschen registrieren und dann meinen, Sie waren der Auslöser. Vielleicht bekommen Sie mehr mit als die selber. Mein Sohn ist auch so, der registriert viel zu viel.«

»Also, falls Paul Ihnen erzählt, andere Menschen sind gemein zu ihm, dann sagt er die Wahrheit.«

Er sah sie erschrocken an. »Was meinen Sie?«

»Ich kam dazu, wie er von fünf kleinen Jungen verhauen wurde. Die Kinder wollen alle nichts mit ihm zu tun haben. Und er will nichts mit ihnen zu tun haben. Die eine der beiden Kindergärtnerinnen hat sogar selbst geäußert: Wer mag schon so ein Kind?«

»Paul hat nie was darüber gesagt.«

»Dann will er nicht, dass Sie sich Sorgen machen. Ich hab das Butz auch nie erzählt, ich dachte immer, der hat schon genug Probleme. Gucken Sie mal, das sind echte Narben, keine eingebildeten…« Merle legte ihre Beine ausgestreckt über seine Knie und zeigte auf die hellen, kurzen Striche um ihre Knöchel.

Er strich vorsichtig mit den Fingerspitzen darüber. »Mir ist oft aufgefallen, dass Sie sehr schöne Beine haben. Die Narben sind mir noch nie aufgefallen. Woher stammen die?«

»Als ich sieben war, haben mich ein paar nette Kinder auf einen Müllplatz geschleppt, um mit mir zu spielen. Und damit ich nicht weglaufen konnte, haben sie mir zuerst Stacheldraht um die Beine gewickelt. Das hat sich später leider entzündet, deshalb sind einige der Narben so dick. Ich hab mir aber sagen lassen, Stacheldraht gibt immer lebenslange Narben.«

Er schüttelte den Kopf. »Kein Wunder, dass Sie überempfindlich sind. Ich will nicht, dass Paul irgendwelche lebenslangen Narben bekommt, weder äußerlich noch innerlich. Was kann ich tun?«

»Er sollte Karate lernen, damit er sich von Anfang an effektiv wehren kann. Er sollte aus diesem Kindergarten raus – entweder in einen anderen oder die paar Wochen bis zu den Ferien in keinen. Und ich sollte ihm erklären, wie er es anstellt, ein normales Kind zu spielen. Wir müssen ganz sorgfältig die richtige Schule für ihn auswählen … Entschuldigung, das klingt, als ob ich mich einmischen will.«

»Das ist völlig in Ordnung. Er ist schrecklich verliebt in Sie.«

»Das ist gegenseitig.«

»Er hütet zwei kaputte rote Gummibänder wie eine Reliquie.«

»Sind die kaputtgegangen? Natürlich, die waren uralt …«

Sie hatte ihre Beine immer noch quer über seinen Schoß gestreckt, und nun legte er endlich den Arm um ihre Schultern und zog ihren Oberkörper dichter zu sich heran. Merle drückte ihre Stirn an seinen Hals und fühlte in irgendeiner Ader seinen Herzschlag, ziemlich schnell.

»Ich will das nicht, aber es ist stärker als ich« – er zog die Kämme aus ihrem Knoten, warf sie auf das Polster neben ihr, verteilte das Haar über ihrem Rücken und kämmte es mit den Fingern. »Wie eine keltische Prinzessin!«, flüsterte er.

Sie hob den Kopf und sah ihn an, blickte aus einigen Zentimetern Entfernung in diese sonderbaren Augen. »Bitte, was ist das für eine Augenfarbe?«

»Die Frage ist nicht leicht zu beantworten. Als ich jung war, hatte ich's mit einem Passbeamten zu tun, der wollte das auch wissen. Ich hatte ›multicolor‹ eingetragen, und das gefiel ihm nicht. Ich musste mich auf einen Stuhl am Fenster setzen, und er nahm mich bei den Ohren und guckte aus jedem Winkel in meine Augen. Damals hatte ich noch sehr langes Haar, und eine seiner Mitarbeiterinnen kam rein und sah ganz entgeistert aus, weil ihr Kollege meinen Kopf hielt und mir so intensiv in die Augen schaute. Er hat vor lauter Verzweiflung zum Schluss ›grau‹ geschrieben. Ich glaube, das ist so ungefähr die einzige Farbe, die nicht in meinen Augen auftaucht …«

Merle studierte seine Augen und erinnerte sich, dass ihr schon mal aufgefallen war, wie angenehm sein Atem duftete.

»Multicolor metallic – die glänzen immer ganz stark.«

»Das liegt daran, dass ich Sie angucke.«

Er küsste sie in Zeitlupe, mit Bedacht, und nachdem er das getan hatte, sahen sie sich wieder an.

»Zu mir können wir nicht«, sagte Merle, »denn Günthi mag dich zwar gern, aber es würde ihn wahrscheinlich befremden, wenn wir an ihm vorbei die Treppe hoch stürmen.«

»Dann sollten wir zu mir fahren. Paul ist im Kindergarten – zum letzten Mal heute Nachmittag, das verspreche ich! – und sonst niemand da, den wir befremden könnten. Komm mit nach vorn, ja? Setz dich neben mich.«

Merle setzte sich nach vorn und erinnerte sich, dass Malte Althoff das auch verlangt hatte, an dem Abend, an dem Angelika und sie ihn kennen lernten, und wie lästig ihr das gewesen war.

»Ich hätte nicht erwartet, dass du sagen würdest, wir sollten zu mir fahren. Ich hätte gedacht, wenn es um Restaurants geht – du warst doch in Begriff, etwas dafür zu besorgen? – ist dir das immer am Wichtigsten.«

»War's bisher auch. Das hat sich gerade eben geändert.«

Er nahm ihre Hand und hielt sie fest – angenehmer Nebenaspekt einer Automaticschaltung.

»Jetzt geht es mir wie Angelika. Ich hab Angst«, sagte sie plötzlich.

»Wovor?«

»Ich bin bis jetzt sehr erfolgreich gewesen, ganz erstaunlich erfolgreich, wenn ich mir andere Leute so ansehe, mein Vater hat's beispielsweise nie geschafft, ein eigenes Restaurant zu besitzen, und hab mir gerade das zweite gekauft und lass es umbauen. Das erste läuft wahnsinnig gut, ich bin gesund – und jetzt auch noch du? Darf das denn sein? Ist das nicht zu viel? Soviel Glück ist doch eigentlich gar nicht erlaubt ...«

Er bremste ziemlich scharf, fuhr schon wieder an den Straßenrand (in der Innenstadt hätte er das nicht machen können) und sah sie streng an: »Hör auf! Ich hatte doch vorhin gesagt, dass ich glaube, ich bin selbst schuld, dass ich Hanako verloren habe? Genau, was du jetzt gerade machst, hab ich auch getan! Ich hab sie mir weggezweifelt. Ich bekam auf einmal Zweifel, ob man überhaupt so glücklich sein darf, wo doch alle Leute rundum so unzufrieden und sorgenvoll sind. Ich dachte: Wir lieben uns, das Baby ist gesund, ich bin immer erfolgreicher – was passiert jetzt? Eigentlich müsste einer von uns krank werden oder uns müsste sonst ein Unglück treffen, damit es mit rechten Dingen zugeht. Und dann hab ich prompt bekommen, was ich wollte, alles ging mit rechten Dingen zu. Ich durfte völlig normal unglücklich sein. Wir *dürfen* grenzenlos glücklich sein, hörst du?! Es gibt kein Gesetz dagegen! Und wenn wir es sind, dann trauen sich vielleicht auch andere …«

Er fuhr wieder auf die Straße.

»Gut. Das leuchtet mir ein. Dann hab ich eigentlich nur noch eine Frage: Wie heißt du mit Vornamen?«

»Ach, lieber nicht. Nachher überlegst du es dir anders. Sag einfach Kortes, das sagt jeder.«

»Ich will aber keinen Mann, der nur einen Namen hat wie ein Hund! Bitte, wie haben deine lieben Eltern dich getauft?«

»Siegwart.«

»Siegwart?!«

»Siegwart.«

Merle dachte gründlich nach, dann lächelte sie breit: »Wenn du nichts dagegen hast, werde ich dich Hernando nennen. Wie Hernando Cortés. Das passt zu dir. Wie gefällt dir das?«

»Besser als Siegwart.«

Sie mussten vor einer Ampel halten und sahen sich an.

»Wir sind gleich da«, tröstete er.

»Gott sei Dank. Ich werde vorher schnell noch den Porzellanhändler anrufen und erklären, dass ich heute nicht mehr bei ihm auftauchen kann. Dann fühlen wir uns nicht so gehetzt.«

»Aber um sechs müssen wir Paul abholen und der Kindergärtnerin mitteilen, was wir von ihr halten.«

»Beide?«

»Natürlich beide. Erstens freut sich Paul, und zweitens weißt nur du, welche der Tanten es war, die ihn nicht leiden kann.«

»Und dann fahren wir ins Caso und essen da zu dritt!«

»Du meinst, wenn wir zu dritt kommen und nicht die Treppe hoch stürmen, sondern einfach nur essen, ist Günthi nicht befremdet?«

Sie küssten sich, bis sie hörten, wie grün die Ampel inzwischen offenbar geworden war.

## *Im 20. Kapitel*
### *wird eine erfreuliche Tatsache festgestellt: Ninive ist stehen geblieben!*

»Iiigitt, was siehst du gut aus, das ist ja einfach widerlich!«, rief Angelika, nachdem sie Merle umarmt und ihre Jacke aufgehängt hatte. »Warum wirst du nicht endlich mal dick in deinem Alter? Das gehört sich so! Guck mich an!«

»Du bist nicht dick, Engelchen. Du bist etwas üppig.«

»Ach, hör auf. Wenn sie mir nicht ab und zu den Magen auspumpen würden, wäre ich längst eine Tonne. Mensch, so schöne Blumen – das wäre doch nicht nötig gewesen! Hast du schon gefrühstückt?«

»Heute ganz früh mit Nando. Im Flieger kriegen die Leute nichts mehr zu essen auf Kurzflügen, nur zu trinken. Wenn du mir etwas aufdrängen möchtest, hätte ich nichts dagegen.«

»Du bist natürlich doch geflogen, böses Mädchen. Komm, im Wohnzimmer ist der Tisch gedeckt.«

»Das ist aber hübsch hier!«, fand Merle und sah sich neugierig in der großen Altbau-Erdgeschosswohnung um.

»Sündhaft teuer. Wenn ich nicht ein Zimmer untervermieten würde … Die Gute ist eine angenehme Mieterin, muss ich ganz ehrlich sagen, eine Fotoreporterin, fast ständig verreist.«

Angelika zog Merle hinter sich her in ein großes Zimmer, in dem der Fernsehapparat leise vor sich hin schnatterte. Das Sofa, gegenüber, war bestreut und umgeben von bedruckten Manuskriptseiten, aufgeschlagenen Illustrierten und vollen Aschenbechern. Vor dem großen Fenster stand ein gedeckter Frühstückstisch voll leckerer Sachen.

»Gelika, das ist überwältigend!«

»Tee oder Kaffee?«

»Tee bitte – Kaffee hatte ich genug für heute. Also, die Alternative zum Fliegen wäre gewesen, mich von deinem abgelegten Gatten mit dem Wagen fahren zu lassen, das bot er mir heute Morgen ganz plötzlich an. Nando hat ihm erlaubt, mich zum Flughafen zu bringen.«

»Malte wollte dich zu mir fahren? Na sauber. Das hätte mich so richtig beglückt, sein vorwurfsvolles Gesicht vor der Tür, wenn ich mich auf dich freue. Wie kam er denn überhaupt dazu?«

»Deine Mutter wusste von mir, dass du im Krankenhaus warst und dass ich dich besuchen wollte, tut mir Leid, Jessy hatte mich darum gebeten. Und Mutter Wieland hat es ihm unbedingt weiterklatschen müssen.«

»Die beiden haben immer unter einer Decke gesteckt, meine Mutter und ihr supercooler Schwiegersohn. Erst wollte sie nicht, dass ich ihn heirate, und dann hat sie mir die Scheidung verübelt. Möchtest du Erdbeeren? Nimm dir, was du willst, Mittagessen gibt's nicht, ich bin noch zu pflegebedürftig zum Kochen. Oder anders gesagt, zu faul. Abends gehen wir essen, okay? Stört es dich, wenn ich rauche, während du isst?«

»Natürlich stört mich das. Puste gefälligst in die andere Richtung! Warum läuft der Fernseher, wenn keiner hinsieht?«

»Herrgottzeiten, schafft 's mir die Meckertante vom Hals! Ich hab ein Video geguckt, während ich auf meine Freundin Merle gewartet hab. Ein witziger alter Film, über den hat Jessy sich früher kringelig gelacht: Top Secret. Warte, ich schalte ihn ab …«

Angelika hantierte mit der Fernbedienung, das normale Vormittagsprogramm verschwand, und der Film war zu sehen, erst schnell rückwärts laufend, dann schnell vorwärts laufend, dann normal: Ein etwas unbedarft aussehender blonder junger Mann wurde von zwei Männern verprügelt und ohnmächtig. In seiner Bewusstlosigkeit träumte er offenbar, lief über einen Schulflur, fragte einen Schulkameraden nach einer Arbeit und murmelte entsetzt: »O nein, ich bin wieder in der Schule! Ich kann nicht glauben, dass ich wieder in der Schule bin …« Dann kam er langsam zu sich, inzwischen an die Gitterstäbe einer Zelle gefesselt und von den beiden Männern ausgepeitscht. Sein Gesicht verklärte sich in unendlicher Erleichterung, er flüsterte: »Gott sei Dank!«

Angelika schaltete sowohl das Band als auch den Fernseher aus und schmunzelte vor sich hin: »Das ist vielleicht ein Quatsch.«

Merle hämmerte ihrem Ei mit dem Eierlöffel auf den Kopf. »Nein. Ist es nicht. Ich kann das ganz und gar verstehen. Was auch immer mir später passiert ist – nichts war je wieder so schlimm. Damit hab ich mich im Notfall sogar getröstet, auf dem Weg zum Zahnarzt oder wenn die Steuerprüfung ins Restaurant kam: Jedenfalls bin ich kein Kind mehr und ich muss nicht mehr zur Schule. Das hat mich sofort aufgeheitert.«

Das Telefon jubelte, Angelika warf ihre Zigarette hastig in den Aschenbecher und rannte los, um es zu suchen. Sie fand es unter einer Illustrierten auf dem Sofa. »Hallo? – – – Ach, sieh an. Ich dachte schon, du lebst nicht mehr. Vor zwei Tagen hätte ich deinen Anruf dringend benötigt. – – – Doch, jetzt geht's mir wieder ganz gut, danke. – – – Im Moment habe ich Besuch von einer Freundin aus Hamburg – – – Aha. Und was ist mit übermorgen? Nein, nein, lass nur. Mach dir bloß keine Umstände. – – – Natürlich, die kleine Steffi, wie schön für dich. – – – Wer giftet hier? Ich wünsche euch eine gute Zusammenarbeit. Schließlich ist sie noch sehr jung und weniger kritisch und viel schlanker als ich. – – – Ach, halt bloß die Klappe! – – – Den Artikel kannst du haben. Natürlich bin ich damit fertig… Wann holst du ihn ab? – – – Aber sicher kann ich den auch mailen, kein Problem. Also, ich schätze, wir sehen uns irgendwann in diesem Leben. Alles klar. Servus!«

Sie schleuderte das kleine Telefon aufs Sofa, wo es ein paar Mal auf und ab hüpfte und kam zurück zum Tisch. »Das war mein direkter Vorgesetzter in der Redaktion, Beppi. Würdest du so nett sein, mal kurz zu lesen, was ich da geschrieben habe? Das soll ich ihm mailen – ich hab's ausgedruckt, du kannst da sitzen bleiben…«

»Dann sag ich was Kritisches, und dann bist du wieder gekränkt und erzählst mir, dass ich sowieso nichts vom Schreiben verstehe…«

»Du sollst ja nur den Inhalt beurteilen, als unbefangener Leser.« Angelika raffte die bedruckten Seiten vom Sofa zusammen, ordnete sie und legte sie neben Merles Teller. »Das ist ein Portrait von Ulf Oeder, du weißt schon, dem Talkshowmoderator.«

Merle leckte sich die Finger ab nach einem halben Schinkenbrötchen und goss sich noch eine Tasse Tee ein. »Ich dachte, du hast Urlaub?«

»Hab ich ja auch. Das hatte ich vorher schon angefangen, ich dachte, das hat Zeit. Und plötzlich wollen sie's bringen.«

»Kann ich das so anfassen, oder soll ich mir erst die Hände waschen?«

»Das kannst du beflecken und beknittern, Beppi bekommt es ja aus dem Computer.«

Merle las vertieft und konzentriert. Angelika rauchte nervös und beobachtete ihr Gesicht, freute sich, wenn sie lachte und runzelte die Stirn, wenn sie dasselbe tat.

»Sehr interessant. Das hast du gut aus ihm rausgeholt. Das wird bestimmt vielen Leuten Spaß machen.«

»Meinst du? Danke! Danke fürs Lesen.«

»Ich finde nur …«

»Nein! Komm mir jetzt nicht mit deiner persönlichen Stilkunde, Babylein.«

»Aber warum musst du zweimal schreiben ›er betont‹ und einmal ›er unterstreicht‹, wenn er das überhaupt nicht tut? Er sagt das ganz unbetont.«

»Ich kann nicht dauernd schreiben ›sagt er‹. Und das mit dem Betonen ist eine sehr aktuelle Formulierung.«

»Das scheint mir auch so. Ach, und hier … Da schreibst du, er ›schwärmt‹. Er schwärmt keineswegs! Er sagt nur etwas Positives. Etwas Positives sagen ist doch nicht schwärmen?«

»Ach, Merle, hör auf. Das …«

»Ich weiß. Das macht man so. Also, schick es deinem Beppi.«

»›Mein Beppi‹. Typischer Fall von denkste. In den letzten vier Wochen hatten wir eine heiße Affäre. Ich meine, der schläft eh mit jeder Frau, die nicht wie am Spieß ›Nein!‹ schreit. Trotzdem bildet man sich natürlich ein, diesmal ist es für ihn auch was Besonderes. Das Blöde ist, ich bin in den Mistkerl verliebt. Der ist gnadenlos attraktiv und kann Frauen haben noch und nöcher, von seiner eigenen lebt er getrennt. Sinnlos, sich einzubilden, man könnte den für sich alleine haben. Andererseits, wenn ich ihn wirklich immer um mich hätte, würde er nur nerven. Das gäbe sicher Mord und Totschlag. Je älter ich werde, desto deutlicher wird mir klar: Männer und Frauen verstehen sich einfach nicht.«

Merle spielte mit ihrem Teelöffel.

»Ja, ja, ich weiß, Babylein. Zu dir waren Männer ja schon immer anders, bei deinem Vater angefangen. Dein Stiefsohn liegt dir immer noch zu Füßen, was? Und mit deinem Liebsten säuselst du wahrscheinlich auch noch rum wie einst im Mai?«

»Ja, das stimmt. Bei uns zu Hause wird viel gesäuselt. Malte hat sich darüber auch schon aufgeregt. Vielleicht glaubt er, wir tun nur so, um andere Leute zu ärgern.«

»Ach, Malte! Der ist schlicht und ergreifend unzufrieden mit sich und seinem Leben und er wird immer verbitterter. Er verdient nach wie vor verdammt wenig und sein Privatleben ist ein Witz, nach allem, was ich von Jessy höre. Der ist einfach neidisch, genau wie ich. Du und dein Mann, ihr betrügt euch nicht, ihr versteht euch – er hat dir sogar Zärtlichkeit beigebracht, nicht? Wie kriegt ihr das hin, beide berufstätig, er mit seinem Taxiunternehmen und du mit deinen Restaurants? Andere Leute, die berufstätig sind, zoffen sich und entfremden sich. Ihr nicht. So was hab ich mir auch immer gewünscht. Mein Leben lang wollte ich eine schöne, liebevolle Partnerschaft. Wieso hab ich das nie geschafft? Ich konnte nichts dafür. Wie hast du das hingekriegt?«

»Ich kann was dafür.«

»Du meinst, du hast dir Nando selber besorgt? Na, ich weiß, im Grunde verdankst du ihn mir. Ich hab dich damals in den Club mitgeschleift. Dass das ein toller Mann ist, hab ich dir noch beigebracht. Aber dann später –?«

»Ich hab ihn mir beim Kosmos bestellt. Am Wunschtag, am einundzwanzigsten Juni 1985. Das weiß ich noch ganz genau. Morgen vor siebzehn Jahren.«

Angelika wuschelte in ihren blonden, heller und dunkler gesträhnten Locken herum. »Stimmt überhaupt, morgen ist Wunschtag! Vielleicht sollte ich auch mal wieder… Allein meine ständigen Geldsorgen sind wegwünschenswert. Nach dieser Methode von Wanda? Auf 'n Zettel schreiben, vorlesen und verbrennen?«

»Ja. Und ich pflege auch gleich zu bezahlen. Das ist meine eigene Idee. Wanda fand das immer drollig.«

»Bezahlen? Wie denn?«

»Vor siebzehn Jahren mit der Konditorei der Geschwister Claassen. Du hattest mir doch damals abgeraten, sie zu kaufen, weil ich dann Rache nehme und mich ein für alle Mal in ihren Energien verklebe, weißt du noch?«

»Nein. Aber wenn ich das gesagt habe, war es ganz schön klug von mir. Ach was, und deshalb hast du's bleiben lassen? Ich hab mich immer gewundert …«

»Ich hab meine Rache den höheren Mächten als Bezahlung angeboten.«

»Für Nando?!«

»An ihn hab ich, glaube ich, nicht gedacht. Er hat mir immer schrecklich imponiert, aber ich dachte damals, der macht sich nichts aus mir. Nein, ich hab mir schlicht ›eine erfüllte Liebe‹ gewünscht.«

»Merle! Das ist doch was für Dumme!«

»Ich hatte mir eben vorgenommen, es klug anzustellen. Und dann kam er ein paar Tage später in seinem Taxi.«

»Zufall?«

»Nicht ganz. Eigentlich fuhr er schon lange nicht mehr selbst. Schon wegen Paulchen. Als der ganz klein war, hat ihn ja immer noch Nandos Schwester aufbewahrt. Aber als der Kleine drei oder vier war, hat sie geheiratet, und zwar nach Basel. Von da ab ist Nando, wenn überhaupt, nur noch nachts ein paar Stunden gefahren. Konnte er sich auch leisten; da gehörten ihm schon fünfundzwanzig Wagen. Und manchmal hat er über Funk den Taxiruf gehört. Als da meine Adresse durchkam, hat er sofort angemeldet, dass er das machen will und ist losgefahren. Aber dass er das genau in dem Moment gehört hat, das war schon Zufall.«

»Sogar der Kosmos ist nett zu dir. Mir erfüllt der bestimmt nie was. Ach, und deshalb hast du nicht die Konditorei Claassen angeschafft, sondern das Restaurant in Fuhlsbüttel?«

»Ganz genau. Das war sogar preiswerter. Und es ist doch schön geworden?«

»Doch, unbedingt. Toll. Du hast eben Glück.« Angelika lächelte vor sich hin. Dann wurde ihr Gesicht wieder ernst und traurig. »Aber wenn die große Katastrophe kommt, dann trifft sie dich auch mit.« Sie stand auf und nahm ein dickes schwarzes Buch vom Regal: »Hier steht alles drin. Entsetzlich. Der Typ, der das geschrieben hat, ist völlig sicher: Da führt kein Weg dran vorbei. Deshalb hat er noch ein Buch geschrieben für die paar Überlebenden, wie die in so 'ner Art Steinzeit hinterher klarkommen. Das ist eigentlich noch viel schrecklicher. Dann vielleicht noch lieber schnell tot. Wenn du in den Büchern 'ne Weile drin liest, hast du das Gefühl, es hat keinen Sinn, noch irgendwas zu tun.«

»Dann hätten ja die Propheten umsonst prophezeit.«

»Wie meinst du das?«

Merle schob ihren Teller von sich, denn nun war sie wirklich satt.

»Propheten sind dazu da, den Menschen zu erzählen, was Schlimmes passieren wird, wenn sie sich nicht ändern. Es ist nicht so, dass sie sich hinstellen und verkünden: Dies und das wird garantiert geschehen, ganz egal, was ihr macht! Im Gegenteil. Es ist ganz wichtig, was die Leute, die so eine Warnung erhalten haben, anschließend tun. Denn sie können alles ändern.«

Angelika stützte ihren hübschen Lockenkopf auf die Fäuste und sah etwas aufgemuntert aus. »Wirklich? O ja, erzähl mal. Ich muss sagen, ich hatte gehofft, dass du mir was aus der Bibel vorträgst, Babylein. Du kennst die doch so genau. Irgendwas, wobei rauskommt, so schlimm wird es nicht. Mensch, ich fühl mich schon ein bisschen getröstet. Wie ist das mit den Propheten?«

»Also zunächst mal Abraham. Der hat mit Gott verhandelt, als es darum ging, Sodom und Gomorra zu zermatschen. Er hat gesagt, Herr, stell dir vor, wenn nun fünfzig Gerechte dort leben, die willst du doch nicht zusammen mit den Gottlosen kaputtmachen? Und Gott hat gesagt: wenn sich fünfzig Gerechte finden, dann würde er um ihretwillen die ganze Stadt verschonen. Dann fing Abraham an, zu handeln. Er sagte, wenn's jetzt nur fünfundvierzig sind? – oder vierzig? – zum Schluss hatte er Gott so weit, dass der bereit war, Sodom und Gomorra stehen zu lassen, sofern sich nur zehn Gerechte darin finden ließen!«

»Donnerwetter! Und, hat er sie gefunden?«

»Das wird nicht ausdrücklich gesagt. Es wird nur beschrieben, wie ferkelig die Bürger sich weiterhin verhalten haben, alle, bis auf Lot, der war wohl nach der Ansicht des Herrn in Ordnung. Ich persönlich hab da meine Zweifel. Zwei Engel besuchten Lot, kurz bevor es losging mit Feuer und Schwefel. Da kamen die männlichen Bürger von Sodom und verlangten, er möge die rausbringen, sie wollten sich über die Engel hermachen. Daraufhin hat Lot ihnen stattdessen angeboten, seine beiden Töchter rauszuschicken, die wüssten noch von keinem Mann, mit denen sollten sie tun, was ihnen gefiel.«

»Echt? Ist ja wonnig!«, meinte Angelika empört.

»Ja, ich fand das auch immer gelungen. Offenbar war Lot trotzdem ein Gerechter, denn er wurde gerettet. Du darfst nicht vergessen, dass Frauen in der Bibel wenig wert sind. Die Bibel ist ein sehr altes Buch. Übrigens haben dieselben Töchter später, nach der Flucht, den alten Lot betrunken gemacht und sind mit ihm ins Bett gegangen, weil sonst keine Männer mehr da waren. Daraus sind die Moabiter und die Ammoniter entstanden.«

Angelika riss die Augen auf. »Ist ja nicht zu fassen. Und so was hast du als kleines Mädchen gelesen?«

»Ich hab mich auch immer gewundert, dass viele Erwachsene es so nett fanden, wenn ich die Bibel las. Gut, aber zurück zu den Propheten. Es waren also neun Gerechte zu wenig in Sodom und Gomorra, sonst wäre da alles stehen geblieben.«

»Was sind überhaupt Gerechte? Gute Menschen?«

»Ich glaube, Gerechte sind solche Leute, die ihre höchstpersönliche Aufgabe perfekt erfüllen. Ein gerechter Schornsteinfeger fegt bestmöglich Schornsteine, trödelt nicht rum, haut niemand übers Ohr, ist nett zu seiner Frau und zu seinen Nachbarn, hat dauernd gute Laune und so weiter. Und eine gerechte Journalistin schreibt das, was anderen weiterhilft, möglichst in ihrem eigenen Stil und nicht, wie ›man‹ schreibt, um das allgemeine Niveau nicht noch platter zu machen …«

»Schon gut! Ich hab schon verstanden! Wenn wir uns alle gerecht benehmen, meinst du, dann passiert die Katastrophe nicht?«

»Strafen über Gerechte ergehen zu lassen ist doch überflüssig. Das schreckt andere potenzielle Gerechte ab. Na, und außerdem gibt es da noch den Propheten Jona, das ist überhaupt meine Lieblingsgeschichte in der ganzen Bibel.«

Angelika goss sich etwas kalten Tee ein und zündete eine neue Zigarette an. »Los, erzähl.«

»Du kennst die Fabel bestimmt: Jona wurde plötzlich vom Herrn angerufen, er sollte zu der Stadt Ninive gehen und dort predigen, weil die Leute sich da unmöglich aufführten, wahrscheinlich so ähnlich wie die von Sodom und Gomorra. Jona hatte keine Lust, irgendwelchen Wüstlingen zu sagen, wie wüst sie sind und dafür womöglich was an den Hals zu bekommen. Er schiffte sich in entgegengesetzter Richtung ein – dann wurde er zur Strafe von einem Fisch geschluckt und wieder ausgespuckt…«

»Ach, der war das. Alles klar.«

»Das mit dem Fisch hat ihn auch nicht amüsiert, er ist dann also doch nach Ninive und legte los mit seiner Endzeit-Rede. Und dann passierte etwas, das keiner erwartet hatte: Die Bürger von Ninive bekamen einen Heidenschrecken. Sie hörten alle auf der Stelle auf, zu sündigen, sie fasteten und bereuten und beteten. Jona hatte es sich inzwischen vor der Stadt gemütlich gemacht und wollte sich die Katastrophe angucken. Sieht man ja auch nicht jeden Tag, wie Feuer und Schwefel regnet. Und nichts passierte! Da war Jona stocksauer, er beschwerte sich bei Gott, wie er denn jetzt dastünde, er hätte den Untergang verkündet, und jetzt ging nichts unter! Da hat Gott zu ihm gesagt, er soll sich nicht so anstellen, rein aus Jux macht er doch nicht so viel gutes Material kaputt, eine Stadt mit mehr als hundertzwanzigtausend Menschen und vielen Tieren. Es hat mich immer gefreut, dass er auch an die Tiere gedacht hat. Also, siehst du: Es ist nichts passiert. Ninive ist stehen geblieben.«

Angelika streckte sich und lächelte ihr strahlendes Lächeln, die Augenbrauen fast schmerzlich zusammen gezogen. »Du meinst, wenn wir uns nur alle Mühe geben, so gerecht wie möglich zu sein – ?«

»Dann bleibt alles stehen. Nun sag nur, das lohnt sich nicht?«